2022

溧阳年鉴

LIYANG ALMANAC

溧阳年鉴编纂委员会 编

方志出版社
Publishing House of Local Records

图书在版编目（CIP）数据

溧阳年鉴. 2022 / 溧阳年鉴编纂委员会编. —
北京：方志出版社，2022.10
ISBN 978-7-5144-5371-3

Ⅰ. ①溧… Ⅱ. ①溧… Ⅲ. ①溧阳-2022-年鉴
Ⅳ. ①Z525.33

中国版本图书馆CIP数据核字（2022）第243736号

责任编辑：刘珊
责任校对：刘玉霞
责任印制：梅中英
出 版 者：方志出版社
地　　址：北京市朝阳区潘家园东里 9 号（国家方志馆4层）
邮　　编：100021
网　　址：http://www.zgfzcb.cn
发　　行：方志出版社图书营销中心（010-67110500）
印　　刷：溧阳市金宇包装印刷有限公司
开　　本：889毫米×1194毫米　1/16
印　　张：26.5
字　　数：774千字
版　　次：2022年10月第1版
印　　次：2022年10月第1次印刷
定　　价：280.00元

《溧阳年鉴（2022）》编纂委员会

名誉主任　叶明华
主　　任　周永强
副 主 任　庄松年　曹　俊　张　顺
委　　员　张国良　李　忠　王剑锋　夏国中　徐　彦　张富贵
　　　　　马俊浩　高　昱　沈黎敏　彭洪伟　吴志东　姜　卫
　　　　　楚　晋　丁　红　扈军华　殷洪雅　花建国　孙　斌
　　　　　周　莉　宋玲园　潘建中　庄晓治　王　勇

《溧阳年鉴（2022）》编辑部

主　　编　沈黎敏
副 主 编　董文博
执行主编　莫　俊
编　　辑　殷国富　莫　俊　陈　莉　尹少鹏　虞燕娟
　　　　　宋林珍　刘建华
特约摄影　查文君　车保华　史茵杰　余　琛　邹　迪
英文翻译　莫　俊

地区生产总值（亿元）

人均地区生产总值（元）

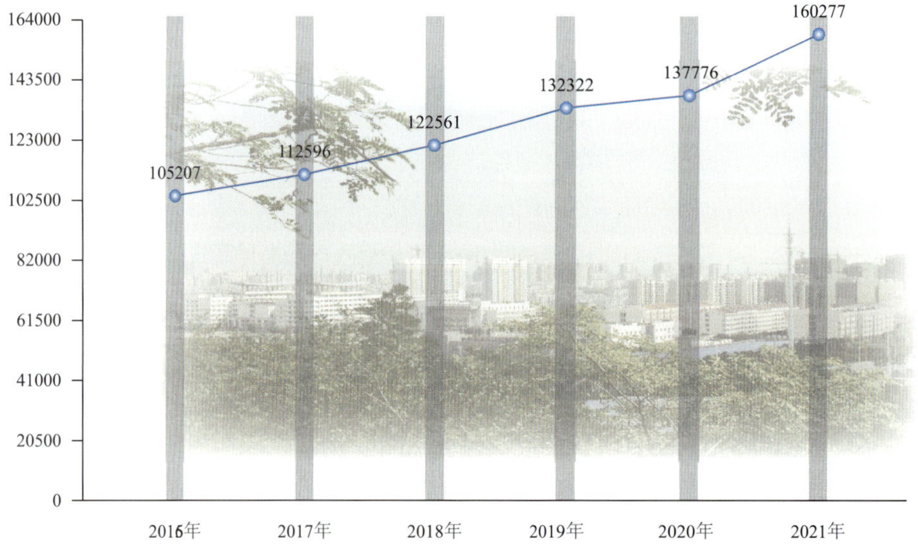

公共财政预算收入（亿元）

三次产业构成

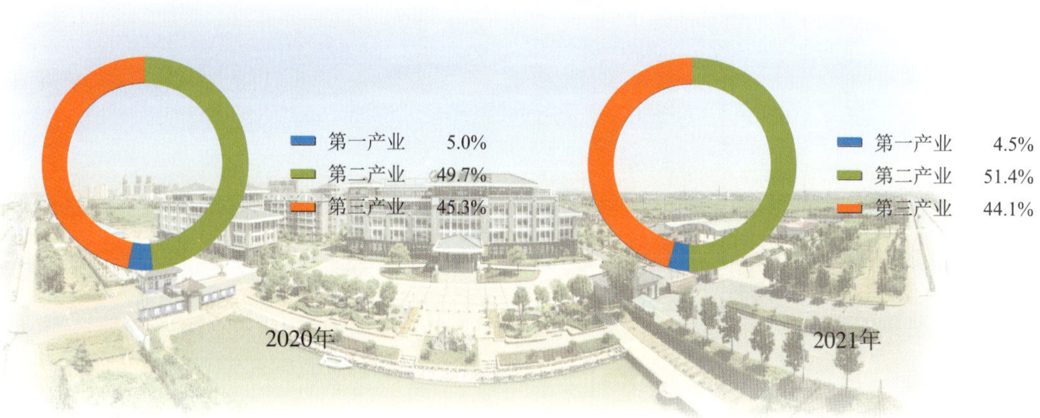

农林牧渔业总产值（亿元）

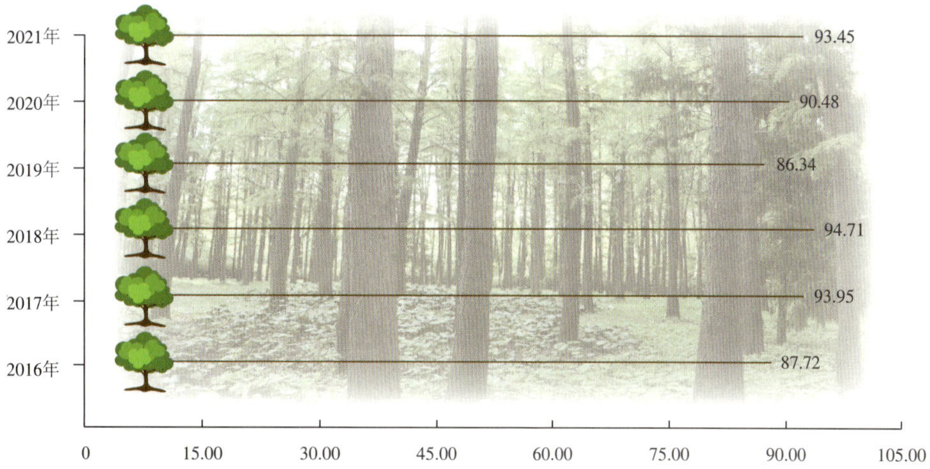

粮食总产量（万吨）

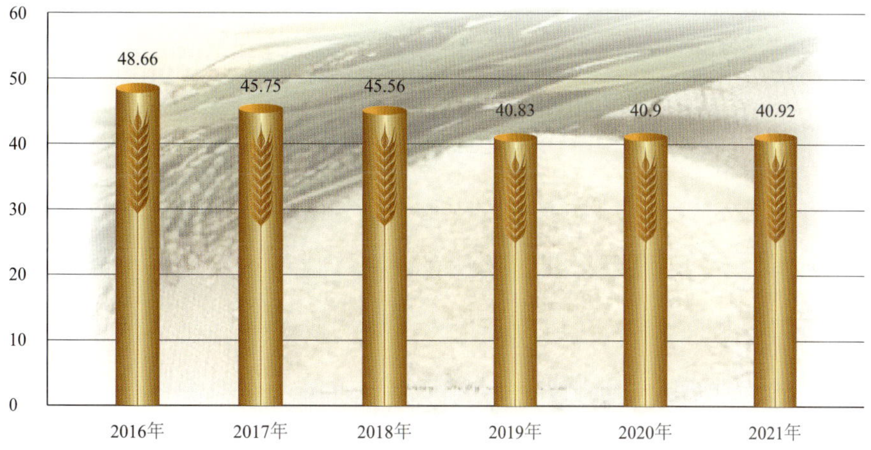

茶叶总产量（吨）

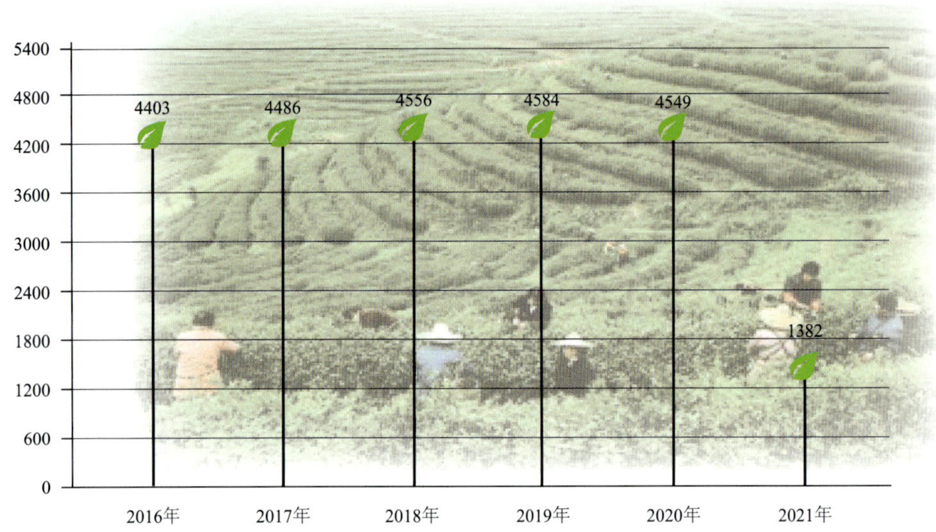

工业总产值（亿元）

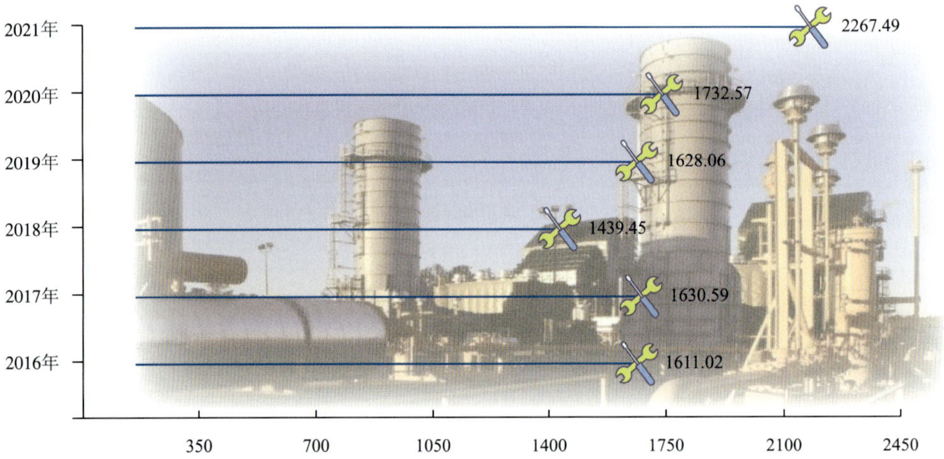

工业利税总额（亿元）

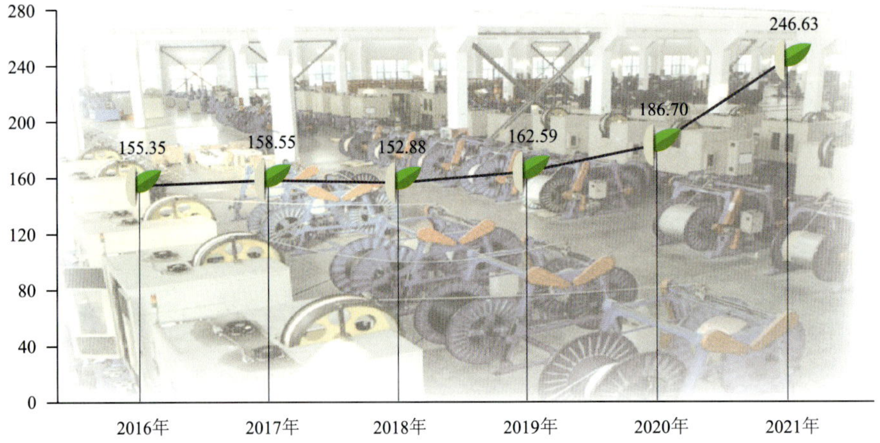

出口总额（万美元）

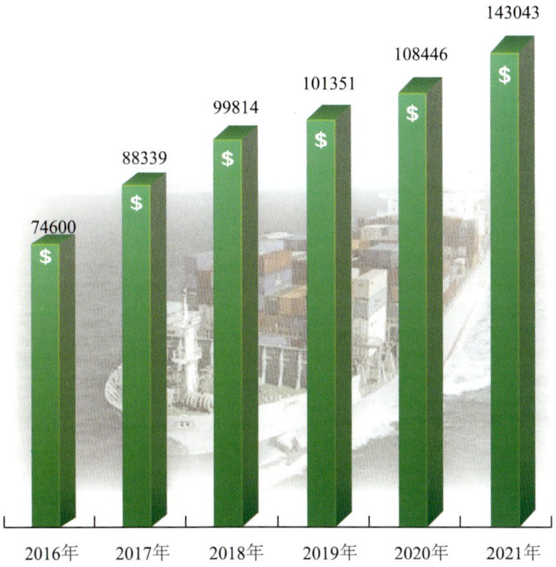

社会消费品零售总额（亿元）

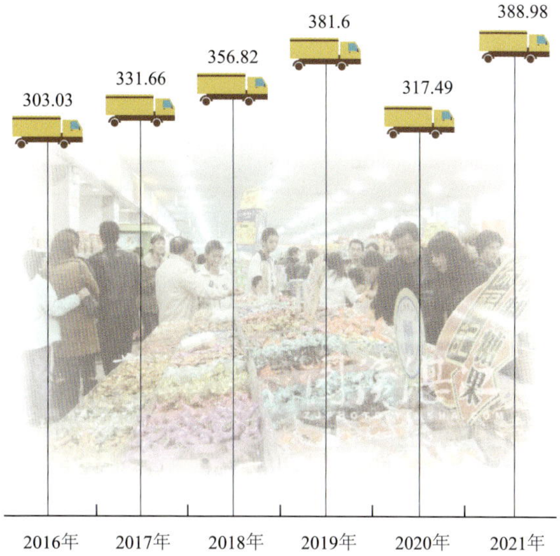

城镇居民人均可支配收入（元）

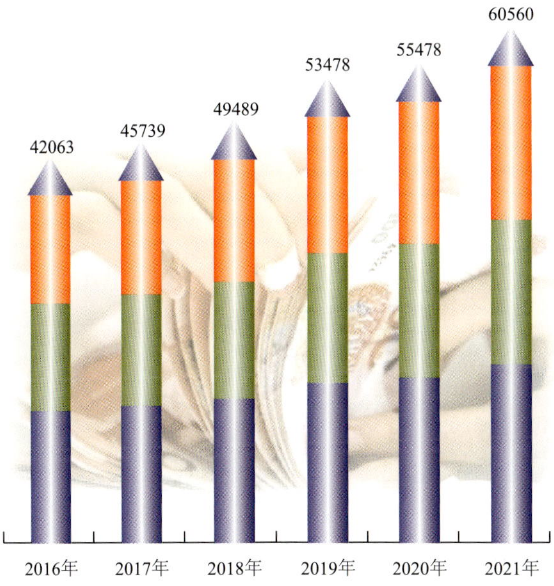

农民人均可支配收入（元）

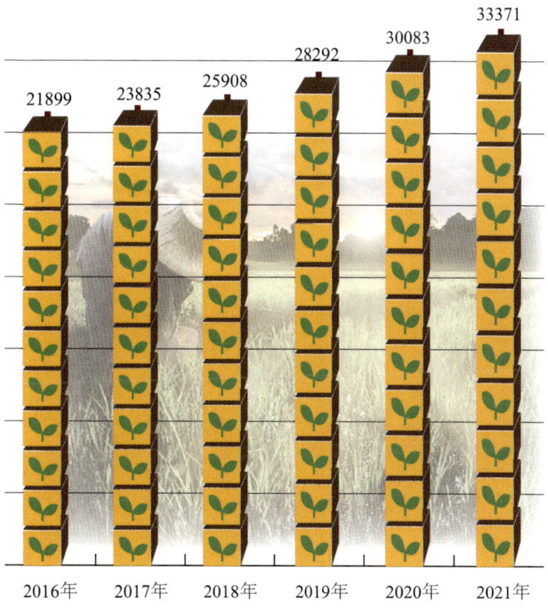

2021年，经济发展在疫后重振中全面恢复，主要经济指标均保持两位数增长。实施工业经济跃升行动。全年新增规模以上工业企业120家，新增销售超亿元企业58家。聚焦千亿级产业集群培育，深化招商引资“月通报、夺红旗”活动，完善市领导挂钩服务项目制度。全年签约总投资10亿元以上项目43个，其中时代上汽（二期）、德龙冷轧、瓦屋山低碳城等百亿元项目接续突破。

1

3

4

1.2021 年 1 月 28 日，全市 11 个项目集中开工，总投资逾 173 亿元

2.2021 年 6 月 18 日，总投资约 120 亿元的上汽时代、时代上汽先进动力电池产业化项目（二期）在溧阳高新区开工

3.2021 年 8 月 28 日，江苏溧阳经开区与中国绿发集团合作共建的总投资 220 亿元的瓦屋山低碳城项目签约仪式在天目湖畔举行

4.2021 年 9 月 16 日，江苏上上电缆集团有限公司获“中国质量奖提名奖”。至此，该公司已连续三届获此荣誉

5.2021 年 1 月，在重大项目招引中，江苏中关村高新区、溧阳经济开发区、社渚镇夺得流动红旗

2

5

东南大学
溧阳市人民政府
基础设施安全与智慧技术创新中心
签约仪式
江苏·常州
2021.2.2

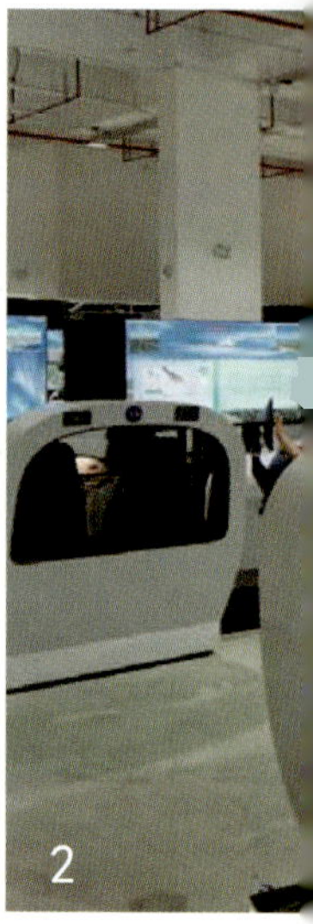
2

双创实践基地
INNOVATION AND VENTURE PRACTICE CENTER
4

5

3

深入实施创新驱动发展战略，高新技术产业产值增长53.7%，搭建重大科技创新平台4家，新认定国家专精特新“小巨人”企业3家、省级以上“三站三中心”12家。“名城名校合作行·创新创业赢未来”活动成效明显。中科院物理所长三角研究中心揭牌投用，重庆大学智慧城市研究院、东南大学溧阳基础设施安全与智慧技术创新中心、上海交通大学溧阳智能制造研究院等高端科研载体相继落户，经济开发区全省综合发展排名较上年跃升11位，苏皖合作示范区加快建设。

1. 2021年2月2日，溧阳市人民政府与东南大学合作共建基础设施安全与智慧技术创新中心
2. 南航天目湖校区型号飞行模拟实验室一角
3. 江苏安靠智能输电工程科技股份有限公司被工信部评为专精特新“小巨人”企业
4. 2021年4月9日，长三角物理研究中心新园区正式启用暨“双创实践基地”揭牌
5. 溧阳高新技术创业中心一角

践行“两山”理念，深化突出环境问题整改“百日攻坚”，集中精力打好“蓝天、碧水、净土”三大保卫战。全市 $PM_{2.5}$ 平均浓度为31.6微克／米^3，空气优良天数比例达86.6%，创21世纪最高水平；沙河、大溪两座水库上游获批省级生态安全缓冲区，国省现代化考核断面水质优Ⅲ比例保持100%，城乡生活垃圾分类集中处理率达95%。完成焦尾琴公园隧道双线贯通，“溧阳1号公路”品质持续提升，景詹沙河大桥成为网红打卡点。宝塔湾遗址公园建设如火如荼。三生共融”的“溧阳样本”入选生态环境部绿色发展案例。

2

1

3

5

1. 宝塔湾遗址公园一瞥

2. 溧阳“1号公路”曹山线被交通运输部评为全国十大最美农村路

3. 溧阳市景詹沙河桥在2021年全省公路系统“水韵江苏”十大最美乡村桥评选中，被评为“最美乡村桥”和“诗情画意桥”

4. 焦尾琴公园隧道双线贯通

5. 燕湖公园一景

4

1

2

3

4

5

2021年，溧阳市坚持把公园城市建设寓于城乡融合发展之中，省级美丽宜居城市试点建设不断深化。城市品质持续提升，城乡一体化管理量质并进，城市长效管理考核稳居常州第一。城乡融合迈出新步，乡村建设成效显著。省级特色田园乡村达11个，总数保持全省第一方阵。城乡居民公交出行享受同等待遇。城乡居民人均可支配收入差距显著缩小，共同富裕取得实质性进展。茶旅融合跻身全国县域十强。乡村振兴实绩考核获全省第一等次。“五堂一站”入选全国乡村治理典型案例。农村宅基地改革多点并进。

1. 树头岗水生植物种质资源引种示范基地
2. 美丽乡村溧城街道礼诗圩村一景
3. 南渡镇宅基地改革首批不动产证颁发现场
4. 江苏省农科院教授王才林（右）与南渡镇庆丰水稻新品种试验基地负责人王林松在检查水稻生长情况
5. 2021中国·溧阳茶叶节暨天目湖旅游节在长三角物理研究中心新园区拉开帷幕

在中国共产党成立100周年的特别之年，坚持以党史学习教育凝心聚力铸魂，市委常委会带头学习习近平总书记在庆祝中国共产党成立100周年大会上的重要讲话精神，与南京航空航天大学党委理论学习中心组开展联学联建，与“学习强国”长三角学习联盟开展沉浸式党课，以上率下推动学习教育取得实效。精心组织中国共产党成立100周年庆祝活动，丰富“五大场馆”，传承红色基因，开展“五个百”活动赓续绿色发展。水西村入选中组部红色美丽乡村试点，打响“长三角红色研学第一村”品牌。探索以城市党建馆为阵地、社区“大党委”为中心、“一轴三联三进”为载体的城市党建架构，不断丰富“全国城市基层党建示范市”内涵。沙河精神展览馆激励天目湖开发三十周年再出发；新时代文明实践提质增效；洑家村“山这边”党群驿站等特色阵地，姜下村、龙峰村、桂林村等党群服务中心“点亮”升级；“攻坚党支部”“行动党支部”等特色做法成为企业发展“红引擎”。正昌集团党委获评全国“先进基层党组织”，非公企业党建工作被《群众》杂志专题报道。

1. 水西村被评为长三角红色研学第一村
2. 城市党建馆打造城市红色新地标
3. 百集新四军抗战故事微纪录片——《水西百忆》举行开机仪式
4. 沙河精神展览馆一角
5. 竹箦镇姜下村党建引领乡村振兴

1

3

4

5

市委、市政府始终秉持民生为本理念，紧扣广大群众最关心、最直接、最现实的利益问题，全力办好为民实事，努力提升全体市民的幸福指数。为充分尊重民意、反映民情，在2021年年初召开的市十六届五次人代会上，溧阳市继续实行民生实事项目票决制，由全体市人大代表现场票决产生了城乡公交一体化提质工程等“五提质三提升”八大项20子项市重点民生实事项目。对此，市委、市政府高度重视，将八大项20子项重点民生实事项目全部纳入年度重点工程予以推进。一年来，市各有关职能部门坚持高标准、严要求，精心组织、高效实施，市重点民生实事项目全部完成时序目标任务，惠民效应逐步彰显。

城乡公交一体化

一、城乡公交一体化提质工程，共享绿色交通出行

整合公交经营主体，统一由溧阳市客运有限公司经营，并根据城镇空间分布、居民出行规律等实际情况，将原“三级公交”线网模式调整为二级融合式全域公交网络布局模式，行政村和集中居住点到市区（区域中心）的公交直达率75%以上。通过线路优化整合，减少运营车辆28辆，有效降低企业运营成本近5%；改造后实行2元一票制，全程票价平均降幅达60%，日均客流量由6.64万人次攀升至8.43万人次，同比增长26.84%，公交平均实载率达40%。持续加大交通基础设施投入，购置30辆电动公交车投入运营，在G233、奥体大道等国省干线和旅游度假区新改建250个智能化公交站亭，基本构建起了“布局合理、生态友好、清洁低碳、集约高效”的城乡公共交通出行体系，城乡居民对城乡公交一体化满意度测评达95%以上。全省城乡公交一体化暨城市绿色出行创建工作推进现场会在溧阳市召开。

既有小区充电设施建设

二、城乡停车功能提质工程，不断满足市民停车需求

大力推行“电动溧阳”，完善城乡既有小区、公共停车场充电设施，在金色嘉苑、景鸿花园等30个小区安装了300个电动汽车充电桩，完成永盛家园、蒋店新城等小区1000个电瓶自行车集中式智能充电位建设，在退役军人事务局、燕湖公园等政府机关院落及公共停车场建成快速充电站13个，提供充电车位161个，超额完成目标任务。继续推进公共停车位建设改造，在城区新增机动车停车泊位

1159个，对锦汇广场、文化公园等12个公共停车场共计2236个停车泊位进行智能化改造并实施停车收费，让有限的停车资源得到了最大化利用，大大缓解了市民停车难、充电难等问题。

三、全域安全供水提质工程，实现从"有水喝"到"喝好水"

始终把饮水安全作为关键民生，投入约5.32亿元，实施南部山区供水改造提升工程，完成天目湖水厂和27座配套增压泵站建设，改造供水管网约1120公里，受益户数达3万户。投资约1.23亿元，实施北山片区环网供水工程，敷设管网约33公里，顺利完成曹山未来城通水，初步建成北山片区环网供水体系。同时，大力推进主管管网环通，实现中心水厂与南渡水厂、天目湖水厂的主管连通，提高了突发事件快速反应、处置能力。当前，全市农村自来水普及率达100%，供水呈现由点到面、由小型分散供水到集中供水的转变，基本实现了"农村供水城市化，城乡供水一体化"的既定目标。

北山片区环状供水施工现场

四、城乡公厕提质工程，助力城乡人居环境品质提升

将改造提升城乡公厕与补齐社会文明和公共服务体系短板相结合，建立"一厕一档"，持续稳步推进。全年对城区53座老旧公厕进行提升改造，改善通风、采光等功能，新建4座装配式公厕，部分公厕增设环境监测系统、新风系统等智能化系统，因地制宜新建农村公厕36座、改建22座，充分满足了城乡居民更高生活需求。尤其是清溪路公厕打造成独具特色的"公厕+驿站"模式，自然融入周边环境，成为城市的一道风景线。

城乡公厕提档升级

江苏省中医院溧阳分院新院区主大楼封顶

五、医疗服务扩面提质工程，让百姓就医省时更省心

围绕打造“具有中医特色的花园式现代化综合医院”的目标，在生命康原新建江苏省中医院溧阳分院，目前已完成所有楼体主体封顶，计划2023年上半年竣工交付。投入近2亿元，完成戴埠、天目湖和马垫3家卫生院的改扩建和新昌卫生院建设。同时，持续推进村级卫生室建设，在湖边村等规划保留村新建20家村卫生室，并为83家已建村卫生室增配了医疗设备，市、镇、村三级医疗卫生服务网点得到进一步完善，有力提升了全市公共医疗服务水平，让老百姓能就近享受更加优质的医疗服务。

交警在平陵小学上下学时段进行交通疏散

六、城市交通畅通提升工程，破解“校门口”的拥堵难题

实地踏勘城区53所学校，编制完成城区学校交通管理标准化操作手册，并持续优化公安交通执勤管控模式，科学调整警力配置，灵活应用交通组织管控，全面开启“护学模式”，做好疏堵保畅。以建设西路“三校一园”为重点，制定上下学时段交通疏解优化方案，在外国语小学校内新建60个泊位的生态停车场，与幼儿园实行共享停车，启动省溧中附中北侧道路贯通工程，着手打造学生地下接送系统，待所有工程建设到位后，校园周边高峰期拥堵问题将得到最大程度缓解，有力确保学生上下学交通安全。

七、城乡助困惠老提升工程，持续关怀暖人心

镇区老年人日间照料中心及农村如意小食堂建设

聚焦城乡老弱及困难群众，扎实推进城乡低保提标、城乡居民基本养老保险基础养老金提标及农村特困人员供养标准一体化工作。2021 年 1 月起，城乡居民基本养老保险基础养老金由每人每月 220 元提标至 272 元；2021 年 7 月起，全市居民最低生活保障标准由每人每月 900 元提高到 940 元，分散、集中农村特困人员供养标准实现一体化，提高到每人每月 1222 元。优化整合老年人健康体检服务资源，积极为城乡老年人开展健康体检服务，全年 65 岁以上老年人体检 101037 人，65 岁以下企退人员、享受城乡居民基本养老待遇人员体检 16937 人。继续加大养老服务设施建设，分别在昆仑街道、古县街道、戴埠镇新建 3 家日间照料中心，在农村老人居住相对集中的地区新建 3 家如意小食堂。截至年底，共建成 39 家“如意小食堂”，助餐服务覆盖 8 万余名老人。

八、优质教育提升工程，促进学生健康快乐成长

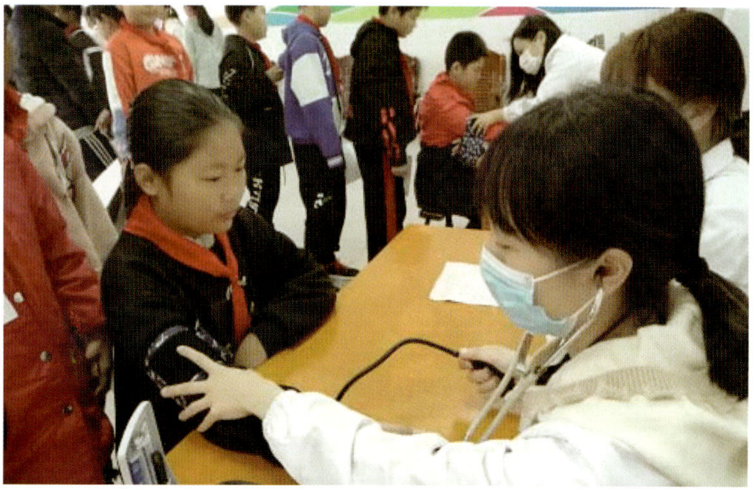

学生健康体检

以学生可持续发展为导向，把学生体质健康作为头等大事来抓，组建全市中小学生近视防控保健队伍，稳步推进基于地理空间数据的青少年近视防控大数据体系建设，完成 2 次全市中小学生视力筛查工作，筛查人次达 14 万人，近视率同比下降 5.4 个百分点。全年完成 28 所学校 623 个教室的健康灯、17 所学校 131 个教室的多媒体设备改造及 52 所学校新增直饮水机，实现中小学全覆盖，为学生健康筑牢硬件保障。同时，实施了 4 所学校校舍修缮改造工程，其中埭头中心小学已完成综合楼加固工程，其余 3 所学校陆续开工建设，均已完成年度目标任务。

溧阳市把推进特色田园乡村建设作为美丽乡村的“升级版”，按照“产业兴旺、生态宜居、乡风文明、治理有效、生活富裕”的总要求，结合丘陵山区、平原圩区等不同的地形风貌，充分利用南山、曹山、塘马水库等山水资源，挖掘红色文化、茶文化、客家文化、传统村落文化等特色文化、自然风貌及田园风光，培育观光农旅、特色民宿、特色餐饮、电商等产业，形成一村一景、一村一业、一村一特色，让各村“各美其美、美美与共”。截至 2021 年，已涌现出溧城街道礼诗圩村、上兴镇牛马塘村、别桥镇塘马村、 戴埠镇杨家村和李家园村、天目湖镇桂林村、竹箦镇陆笪村、上黄镇南山后村、南渡镇庆丰村、埭头镇钟家村、昆仑街道方里村等 11 个省级特色田园乡村。

溧城街道礼诗圩村

1

2

上兴镇牛马塘村

特色村主题

1. 共享村落　礼诗生活
2. 三塘拥田舍　悠然见曹山
3. 文艺塘马　睦邻原乡
4. 田卧峰岕　悠然南山
5. 山水写生地　同心长寿村

别桥镇塘马村

戴埠镇杨家村

荣誉批次

◎　2019年11月，礼诗圩村、牛马塘村、塘马村、杨家村分获“第一批次江苏省特色田园乡村”称号

◎　2020年7月，南山后村获“第三批次江苏省特色田园乡村”称号

上黄镇南山后村

竹箦镇陆笪村

埭头镇钟家村

特色村主题

6. 禅心诗境　乡音其情
7. 福禄钟家　乐活世界
8. 青春唤彩　山水桂林
9. 南山风情　竹海美宿
10. 同根方里　唯美水乡
11. 金色庆丰　艺术田野

天目湖镇桂林村

戴埠镇李家园村

昆仑街道方里村

荣誉批次

◎ 2020年7月，庆丰村获“第三批次江苏省特色田园乡村”称号

◎ 2020年9月，陆笪村获“第四批次江苏省特色田园乡村”称号

南渡镇庆丰村

荣誉批次

◎ 2021年7月，李家园村、方里村里方分获“第七批次江苏省特色田园乡村”称号

◎ 2021年12月，桂林村上桂林、前六村钟家村分获“第八批次江苏省特色田园乡村”称号

《溧阳年鉴（2022）》审稿单位

（按篇目先后为序）

市委办
市人大办
市政府办
市政协办
市人武部
市委组织部
市委宣传部
市委统战部
市委政法委
市纪委监委
市委党史工委、市志办
市统计局
市气象局
市文明办
市委巡察工作办公室
市委编办
市委党校
市委老干部局
市保密局
市信访局
市档案馆
市行政审批局
民盟溧阳市基层委员会
民建溧阳市基层委员会
市工商联
市总工会
团市委
市红十字会
市妇联
市科协
市侨联
市文联
市老促会
市退役军人事务局
市公安局
市检察院
市法院
市司法局
市商务局
海关溧阳办事处
江苏省溧阳高新技术产业开发区管委会
溧阳经济开发区管委会
天目湖生命康原建设指挥部
溧阳现代农业产业园指挥部
旧城更新与建设指挥部
市文体广电和旅游局
天目湖旅游度假区管委会
曹山旅游度假区管委会
市自然资源局
市住房和城乡建设局
市房屋征收与补偿办公室
市供电公司
常州市住房公积金管理中心溧阳分中心
市城管局
常州市溧阳生态环境局
市农业农村局
市水利局
市工信局
市交通运输局
中国邮政溧阳分公司
中国电信溧阳分公司
中国移动溧阳分公司
中国联通溧阳分公司
市烟草局
市盐业有限公司
市供销总社
市财政局
苏皖集团
城发集团
平陵集团
市税务局
市审计局
人行溧阳市支行
工行溧阳支行
农行溧阳市支行
中行溧阳支行
建行溧阳支行
农发行溧阳市支行
江南银行溧阳市支行
邮政储蓄银行溧阳市支行
溧阳浦发村镇银行
人保财险溧阳支公司
中国人寿溧阳支公司
人寿财险溧阳支公司
太保财险溧阳支公司
太保寿险溧阳中心支公司
东海证券溧阳营业部
南京证券溧阳营业部
市发改委
市市场监督管理局
市应急管理局
市人社局
市医疗保障局
市科技局
市地震局
市教育局
市融媒体中心
市卫健局
市民政局
市残联
市民宗局
市关工委
天目湖镇人民政府
上兴镇人民政府
社渚镇人民政府
埭头镇人民政府
戴埠镇人民政府
南渡镇人民政府
竹箦镇人民政府
上黄镇人民政府
别桥镇人民政府
溧城街道办事处
昆仑街道办事处
古县街道办事处

编辑说明

一、《溧阳年鉴（2022）》以马克思列宁主义、毛泽东思想、邓小平理论、“三个代表”重要思想、科学发展观、习近平新时代中国特色社会主义思想为指导，坚持辩证唯物主义和历史唯物主义的立场、观点和方法，旨在全面反映溧阳市基本自然状况和政治、经济、文化等社会各方面基本面貌，系统汇集溧阳市在建设长三角生态创新示范城市，全力以赴争创公园城市、全域旅游、产业集群、乡村建设、区域协作“五个示范”进程中所取得的巨大成就，为各级领导决策和管理、社会各界人士及中外投资者认识溧阳提供客观、翔实的最新信息资料。

二、《溧阳年鉴》是由中共溧阳市委、溧阳市人民政府主办，溧阳年鉴编纂委员会组织实施，溧阳市地方志办公室承办的综合性资料工具书，于2005年首次出版，国内外公开发行。

三、《溧阳年鉴（2022）》设特载、大事记、溧阳概况、中共溧阳市委员会、溧阳市人民代表大会、溧阳市人民政府、政协溧阳市委员会、中共溧阳市纪律检查委员会 溧阳市监察委员会、民主党派·群众团体、军事·法治、城乡建设、资源环境管理、开放开发、区域发展和合作、农业农村、工业、建筑业、商贸流通、旅游、邮政·通信、金融业、综合管理、科学技术、教育、文化·传媒、体育、卫生与健康、社会生活、镇·街道、人物·先进集体30个类目，全书77.4万字。

四、《溧阳年鉴（2022）》记载的地域范围以现行溧阳市行政区划为界，凡在溧阳市境内的各镇（区）、场圃、机关、团体、企事业单位等，不论其归属，均在记述范围之内；记载时间为2021年度，部分条目适当向前追溯，特载、先进个人、先进集体收录至2022年3月。

五、《溧阳年鉴（2022）》采用分类编辑的方法编辑，主体内容分为类目、分目、条目3个层次，以条目为记载实体。对条目间的交叉重复现象，一般分清主次和区别视角加以记述。为方便读者查阅，年鉴设有目录、索引等检索系统。《溧阳年鉴（2022）》有类目30个、分目203个、收录条目1071个、照片181幅（随文照片137幅）、表格80个、图表14个。

六、《溧阳年鉴（2022）》全书彩色印刷，图文并茂。制作系列公益专版，充分展示溧阳率先发展、科学发展、和谐发展的新成就；收录随文图片百余幅，增强可读性与信息量。

七、《溧阳年鉴（2022）》的“人物·先进集体”类目包括新任市领导、新闻人物、先进个人、先进集体分目。其中，“新任市领导”收录2021年5月至2022年3月新任的中共溧阳市委书记、副书记、常委，市人大常委会主任、副主任，市政府市长、副市长，市政协主席、副主席；“新闻人物”收录2021年1月至2022年3月受到省部级表彰的溧阳市先进人物。

八、《溧阳年鉴（2022）》采用的稿件均由各镇（区）和有关部门提供，并经单位领导审核。文中所列数据，由于统计口径不同而存差异，请读者在引用时加以注意。

九、数字用法、标点符号用法分别采用国家标准《出版物上数字用法》（GB/T 15835—2011）、《标点符号用法》（GB/T 15834—2011），计量单位采用国家技术监督局1993年12月发布的《量和单位》系列国家标准。

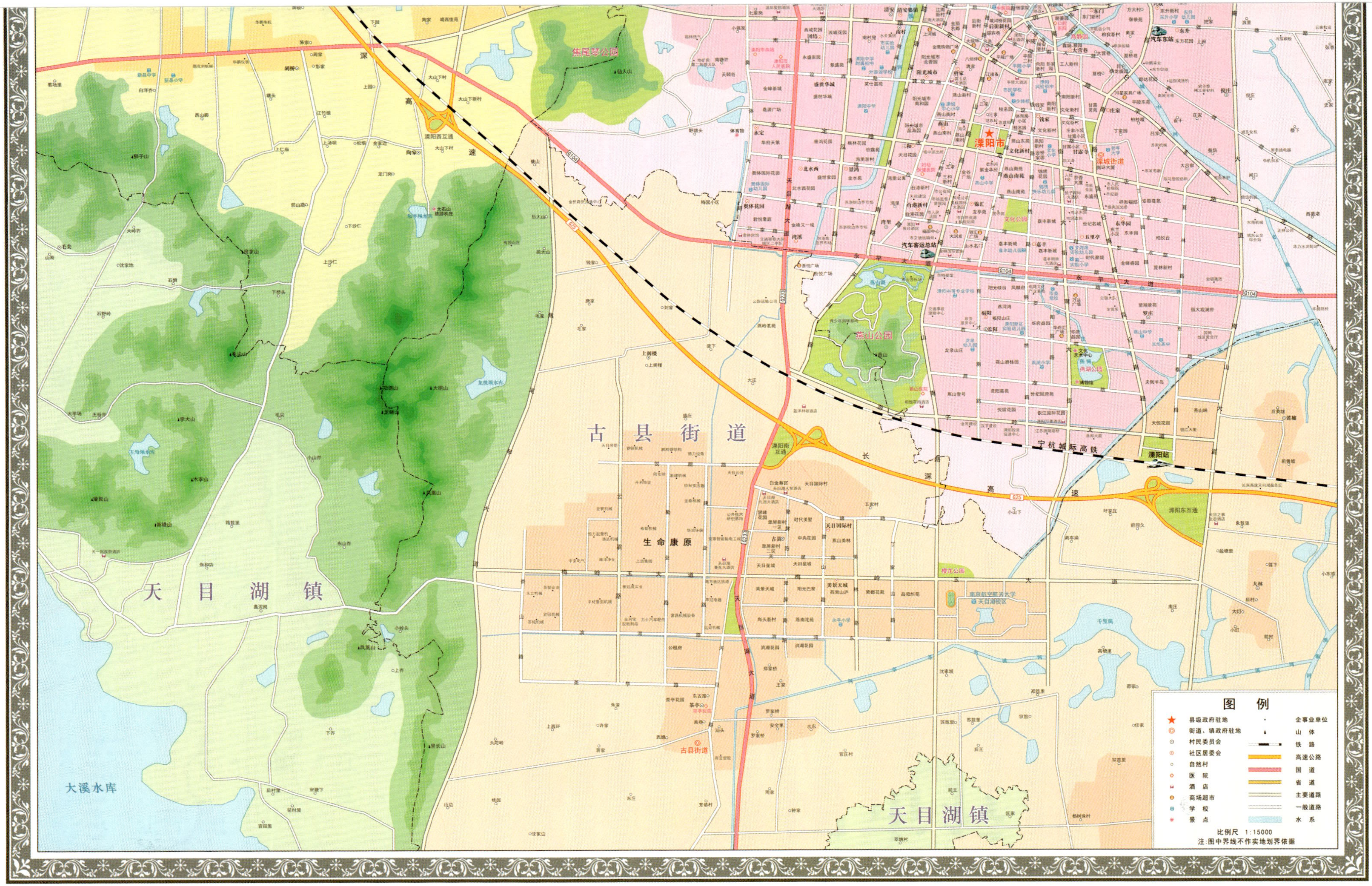

溧阳市城区地图　2021年12月印刷　审图号:苏D(2021)21号　溧阳市民政局 监制　常州市测绘院 编制

目　　录

特　　载

大　事　记

溧 阳 概 况

中共溧阳市委员会

溧阳市人民代表大会

溧阳市人民政府

政协溧阳市委员会

中共溧阳市纪律检查委员会
溧阳市监察委员会

民主党派·群众团体

军 事·法 治

城 乡 建 设

资源环境管理

开 放 开 发

区域发展和合作

农 业 农 村

工　　业

建　筑　业

商 贸 流 通

旅　　游

邮政·通信

金 融 业

综 合 管 理

科 学 技 术

教　　育

文化·传媒

体　育

卫生与健康

社 会 生 活

镇·街道

人物・先进集体

附　　录

索　　引

Main Contents

Feature Articles

A Chronicle of Major Events

A Survey of Liyang

Liyang City Committee of the Communist Party of China

Liyang City People's Congress

Liyang City People's Government

Li yang City Committee of the Chinese People's Political Consultative Conference

Li yang City Commission for Discipline Inspection of the Communist Party of China Li yang City Supervisory Commission

Democratic Parties and Mass Organizations

Military and Rule of Law

Urban and Rural Construction

Resource and Environment Management

Opening-up and Development

Regional Development and Cooperation

Agriculture and Rural Areas

Industry

Building Industry

Commerce and Trade Circulation

Tourism

Post and Communication

Financial Industry

Integrated Management

Science and Technology

Education

Culture and Media

Sports

Hygiene and Health

Social Life

Town and Streets

Advanced Individuals and Collectivities

Appendices

Indexes

高举伟大旗帜　弘扬铁军精神
奋力建设长三角生态创新示范城市

——在中国共产党溧阳市第十三次代表大会上的报告

中共溧阳市委书记　徐华勤

（2021 年 7 月 27 日）

同志们：

今年是中国共产党成立 100 周年。一百年来，中国共产党锚定实现中华民族伟大复兴主题，形成了坚持真理、坚守理想，践行初心、担当使命，不怕牺牲、英勇斗争，对党忠诚、不负人民的伟大建党精神，这是中国共产党在长期奋斗中构建起来的，是所有中国共产党人奋斗、牺牲和创造的结果。红色溧阳是这幅精神谱系中的一抹亮色。当年，新四军江南指挥部在领导苏南抗战、发展统一战线中，凝聚听党指挥铁的信念、报国为民铁的担当、英勇顽强铁的作风、执纪严明铁的纪律，不仅开创了东部地区英勇斗争的崭新局面，更激励着一代代溧阳人改天换地、奋勇向前。今天，奋进在实现第二个百年奋斗目标新的赶考路上，我们隆重召开中国共产党溧阳市第十三次代表大会，主题是：高举习近平新时代中国特色社会主义思想伟大旗帜，大力弘扬新四军铁军精神，奋力建设长三角生态创新示范城市，阔步奔向绿色现代化的美好未来。

现在，我代表中共溧阳市第十二届委员会向大会作报告。

一、执着奋斗迎来关键转折和深刻变化的五年

市第十二次党代会以来的五年，是溧阳主动融入城市群、都市圈竞合大潮，开展前瞻性、创造性工作，打基础、利长远、抓落实，实现趋势性、根本性变化的五年。五年来，市委始终坚持以习近平新时代中国特色社会主义思想为指导，在省委和常州市委的坚强领导下，带领全市各级党组织和广大党员干部群众，团结、实干、开放、创新，在推动综合实力迈上千亿台阶的同时，实现了空间布局的深刻调整、产业动能的深刻转换和城乡面貌的深刻改变，取得了超出预期的成绩与突破。

五年来，我们“四个坚持”[1]擎旗帜，理想信念深邃转进。从认真开展“两学一做”学习教育、“不忘初心、牢记使命”主题教育和党史学习教育，增强“四个意识”、坚定“四个自信”、做到“两个维护”，到充分发挥党委统揽全局、协调各方作用，推动民生实事“票决制”、“有事好商量”协商议事凸显人大、政协作为，评选“两大功臣”[2]、举办企业家焦尾

国家级专精特新“小巨人”企业——江苏安靠智能输电工程科技股份有限公司

（市工信局　供稿）

琴沙龙、读书台讲坛凝聚各方力量；从开展解放思想大讨论、对标找差冲破思想禁锢，到致敬溧阳“撤县设市”三十年开辟生态创新路径，推动绿色现代化扬帆起航；从“三凭一看”[3]鲜明用人导向，“三效三提”[4]激发干事动能，“三项机制”[5]鼓励攻坚担当，党员楼长织密抗疫“防护网”，党员专班按下复工复产“快进键”，到“四个突出”[6]强化基层党建引领、“四项监督”[7]硬朗履职气象，“领导挂钩、企业联村、干部帮户”让高水平全面小康一个不少，党旗在一线高高飘扬。以新思想为引领的新时代党建为高质量发展硬核护航。溧阳入选全国新时代文明实践中心试点、全国城市基层党建工作试点，江苏正昌集团党委荣膺全国先进基层党组织。我们深切体会到，党是最可靠的主心骨。只有始终加强党的全面领导，才能使发展踏实有力、让未来坚实可靠。

五年来，我们“四大协同”[8]拓视野，发展路径深度转轨。从推动宁杭高铁直达全国60多个地级以上城市，4条高速、10个互通凸显苏西南交通枢纽地位，到获批苏皖合作示范区，首倡长三角产业合作区引领“一地六县”[9]，昂首加入南京都市圈；从“三生共融”[10]打造溧阳样板入选生态环境部绿色发展案例，五年新添“七张城市名片”[11]，到生态创新实践荣膺“2019中国创新榜样”，同担“八大国家级试点”[12]全国县域唯一；从溧阳高新区扩围提质，天目湖生命康原拓展空间，基本形成“一中心两副城”[13]格局，到南航“大飞行”、东南大学“大装置”、重庆大学“大智慧”、上海交大“大制造”[14]扎根落户，率先开展“电动中国”县域示范；从建设省人民医院、省中医院2所溧阳分院，与8家在宁三级医院合作打造苏皖边界地区医疗高地，到发展全域旅游推动“美音自在溧阳”城市品牌愈加响亮，“溧阳1号公路”“清风朗月·溧阳茶舍”创造融合业态新畅享。以放大比较优势为特质的竞合路径为突围致胜增添动力。2020年度，溧阳高质量发展考核跻身全省县区十强，综合实力名列全国“百强县”第25位，省政府督查激励事项跃居全省县区第一。我们深切体会到，格局决定全局，视野成就事业。只有自我超越全面融入城市群、都市圈发展，才能畅享长三角，追赶向未来。

五年来，我们“四大经济”[15]强实体，产业结构深刻转型。无论是连续摘得九个百亿项目，集聚50余个产业链上下游企业托举世界级动力电池基地茁壮成长，还是吸引16名两院院士齐聚长三角物理研究中心，“天目湖英才榜”、荣誉市民评选推动高端人才近悦远来；无论是上上电缆全国第一、世界第七，天目湖旅游、安靠智电、科华控股上市竞逐，宁德时代、上汽、德龙、新加坡金鹰、环球融创等领军企业落户深耕，又或是苏华集团、天目建设引领建安企业产值突破千亿，曹山未来城、蓝城悠然南山、瑞吉酒店、美岕树屋扮靓全域。以协同创新为动力的产业提升为绿色崛起蓄势赋能。全市工业经济总量突破1900亿元，“四大经济”增加值占比51.8%，税收占比44.6%；溧阳高新区入选全国唯一县级以升促建国高新调研单位；动力电池产业跃居先进制造第一主导。我们深切体会到，抓住实体经济就是抓住了高质量发展主动权。只有自我突破矢志转型升级，迈向产业链、创新链中高端，才能在变局中抢占先机、赢得主动。

五年来，我们“四大融合”[16]优环境，城乡面貌深远转变。不仅五年投入40余亿元治山理水，重拳出击铁腕整治矿产品生产运输秩序，建成天目湖、长荡湖两大国家级湿地公园，全国县域唯一；而且接力打造燕山公园使之成为全国最大的县级城市公园，蓄力建设“两馆一中心”[17]提升城市品质功能，美意田园行动让干净、整洁、舒适、美观成为溧阳农村环境的新评价；更致力于推动发展成果普惠于民，低保、农保、社保“三大保障”高水平覆盖，区域供水、治污、农污“三大工程”高效率推进，校园放心餐、城乡公交“一体化”、“五堂一站”[18]微民生“三大品牌”高质量供给，网格规范达标率、法治建设满意度、公众安全感“三项指标”稳居全省前列，获评全国信访工作“三无”县[19]。以优质均衡为导向的城乡融合为美好生活开辟新路。城乡居民人均可支配收入年均增长8.4%，行政村村均集体经营性收入达166.5万元，美丽乡村建成率全省领先，乡村振兴、农村人居环境整治均获2020年度全省考核第一等次。我们深切体会到，城乡融合旨归在人。只有自力更生推动城乡一体、优质均衡，才能让每个人都能享有公平、获得机会、共同成长。

五年执着奋斗，我们不仅以2016年抗洪救灾、2018年抗击冰雪、2020年抗疫逆行的过硬成果，经受住重大考验，汇聚起“但为溧阳好，何惧风和雨”的情感共鸣；而且以重大项目突破、全域旅游发展、全国文明城市创建“三大任务”的超预期成绩，刷新了发展高度，凝聚起“发展无坦途，奋斗是捷径”的时代强音；更以社会主义现代化建设试点走在全省前列，“两山”转化实践站上全国舞台，全国休闲农业和乡村旅游大会、第一次全国县城补短板强弱项现场会、全省“四好农村路”[20]高质量建设推进会、全省特色田园乡村建设现场推进会等高规格会议聚焦溧阳的精彩呈现，赢得了广泛赞誉，积聚起“能为必可成，一切皆可期”的磅礴力量。这些因苦干实干、创新创造而累积的“溧阳样板”“溧阳现象”，升华了溧阳人应有的自信、自豪、自力和自觉，再次并将继续证明，只要是我们溧阳人想去干的事，总是能够干成，而且是一定能够干好的！

同志们，回首自“四大开发”[21]以来三十年征程，溧阳矢志将平凡山水创造出非凡价值，在区域竞合中始终坚持以生态作为基础变量、核心资源和比较优势，吸引产业、科技、人才与其聚合裂变，带动城乡空间、公共服务、生活方式与其融合嬗变，系统、双向、持续打通绿水青山就是金山银山的价值转化路径，从而在更大范围内实现以生态推动区域分工协作、城市能级提升的生态创新实践，并在新发展理念的指引下，形成了全力争创“五个示范”的新时代表达。把这些源自不同层次、不同领域的创新展示和示范担当联结起来，就是我们立足新发展阶段、贯彻新发展理念，以建设长三角生态创新示范城市服务和融入新发展格局的实践所在。把这份厚重的历史传承好，把这种未来的憧憬擘画好，我们就一定能在城市群、都市圈区域竞合中赢得产业分工的优势地位，就一定能在宁杭生态经济带率先实现绿色崛起！

同志们，溧阳这些跨越万水千山的宝贵成果和奋斗经验，都源自全市上下的共同努力和辛勤付出。在此，我谨代表中共溧阳市第十二届委员会，向在座的各位代表，并通过你们向全市各级党组织，向奋战在各条战线上的党员干部群众和所有参与关心支持溧阳建设、发展、改革的同志们、朋友们表示衷心的感谢和崇高的敬意！

成绩固然可喜，问题更须警醒。我们必须充分认识到：溧阳现有的实力还不足以匹配苏南发达城市应有的地位，在经济总量、产业质量、规上工业企业数量等方面与先进城市还有较大差距；创新能级还不足以承载高质量发展需求，城市规模偏小、集聚能力偏低、转型动能偏弱制约着溧阳比较优势的发挥；创优的供给还不足以满足城市群、都市圈人们对美好生活的向往，公共服务配置与新型城镇化建设、城乡融合发展的要求还有缺位；党的基层组织建设还有薄弱环节，深化全面从严治党仍然任重道远。对此我们必须高度重视，采取有效措施切实加以解决。

二、把“五个示范”打造成溧阳高质量发展最生动的名片

历史川流不息，精神代代相传。历经1990年“撤县设市”以来三十年的拼搏努力，溧阳已经站在了一个崭新起点上。这个起点，就是要把握外部环境不确定性不稳定性愈加突出的态势，顺应高质量发展与一体化竞合不可逆转的趋势，立足发展转型、区域突围、城市提升“三个关键时期”的基本判断，传承生态创新脉络，以全力争创“五个示范”为基本轮廓和框架，建设长三角生态创新示范城市的奋斗征程、创造征途。其中，“长三角”是架构特质，是世界级城市群，定位长三角就是要追求符合长三角的能级、标准与格局；“生态创新”是根本路径，只有坚定不移、一以贯之地坚持好，才能真正实现区域分工协作、城市能级提升；“示范城市”是目标追求，通过立志创示范、当示范，推动溧阳城市竞争力、知名度、识别性全面提升。

基于以上认识，今后五年的指导思想是：高举习近平新时代中国特色社会主义思想伟大旗帜，深入学习贯彻党的十九大，十九届二中、三中、四中和五中全会精神，全面贯彻落实习近平总书记在庆祝中国共产党成立100周年大会上的重要讲话和视察江苏重要讲话指示精神，坚持党的全面领导，紧扣长三角生态创新示范城市这一目标愿景，把握好美丽宁杭新支点、城乡融合试验田“两个定位”，坚持生态优先、产业优升、开放优容“三个导向”，推动空间拓展与崛起长三角协同谋划、生态涵养与提升知名度协同推进、产业培育与深度城镇化协同互动、民生共享与增强辐射力协同发展“四个协同”，全力争创公园城市、全域旅游、产业集群、乡村建设、区域协作“五个示范”，万众一心描绘“处处绿水青山，家家金山银山，人人寿比南山”的美好画卷，努力在江苏书写“争当表率、争做示范、走在前列”的新时代答卷中争当优等生、奋力走在前。

今后五年的奋斗目标是：

——迈向苏南第一方阵。地区生产总值突破1550亿元、力争1700亿元，公共财政预算收入年均增长8%以上，工业经济总量突破3000亿元，力争达到4000亿元。高质量发展考核保持全省前列，“四大经济”比重突破60%；溧阳高新区创成国高新，科技创新成为培育城市气质的第一驱动。

——迈进中等城市规模。城市建成区人口突破50万，城市化率超过65%；全域生态环境持续改善，宜居品质全面提升，公园城市气质愈发清晰。苏西南交通枢纽地位更加突出，“三生共融”场景更加丰富多元，富有文化底蕴的世界级旅游度假区、国家历史文化名城建设取得实质性进展。

——迈出城乡融合新步。城镇化进程全面提速，农村宅基地制度改革、城乡融合试验区建设走在全国前列，城乡面貌大幅提升。公共资源配置实现基本均衡，公共服务设施提标扩面，健康溧阳、人文溧阳特色更加彰显，城乡治理体系和治理能力进一步提升；城乡居民收入比控制在1.85∶1以内，共同富裕的现代化飞入寻常百姓家。

——迈入品牌城市前列。县域营商环境、法治环境建设进入全国前列，文明城市建设保持全国第一方阵；吸引吸纳更多品牌主体来到溧阳，城市影响力和产业链话语权显著扩大；承担承接更多国家和省级试点任务，“争第一、成示范”更为精彩，“美音自在溧阳”城市品牌全国知晓、长三角知名。

同志们，生态创新的绿色现代化，基础是以支点功能提升城市能级与实力，核心是以“五个示范”丰富绿色现代化的内涵，根本是以文明典范城市建设践行为民初心，从而让人民群众在绿色现代化进程中持续看到变化、得到实惠、感到自豪。

（一）锻造崛起长三角的鲜明支点

坚定发展第一要务，在竞合中全力绽放生态之美、创新之力、城市之光，汇聚力量创造与苏南发达地区相匹配的城市能级。

一是强化经济支点功能。坚持把发展实体经济特别是先进制造业作为崛起长三角的立身之本，大力弘扬新时代企业家精神，制定出台发展“四大经济”、争创“五个示范”三年行动计划，推动新兴企业裂变成长、传统企业转型升级，努力打造更多在细分领域市场占有率高、成长性好的“专精特新”产业矩阵，以百亿项目的“顶天立地”带动中小企业的“铺天盖地”，推动全市规上工业企业数实现翻番。坚持把项目是硬通货、话语权、试金石的理念根植于心，依托“五大创新基地”[22]，深入开展产业链招商、溧阳人招商、企业家招商，深化招商引资“月通报、夺红旗”，优化市领导挂钩服务项目制度，力争百亿项目年年有突破、龙头企业年年有入驻。坚持“亩均论英雄”的质效导向，高效做好全市闲置土地清理和低效用地盘活工作，推动优质资源向重点板块、主导产业和骨干企业集聚。

二是创优科技支点功能。突出企业主体，实施技术提质行动，集聚资源设立科技创新发展基金，组建主导产业和骨干企业研发联盟，引导企业加大研发投入，找寻创新原点，打造“独角兽企业＋瞪羚企业＋种子企业”梯队，推动科技创新成为高质量发展的第一引擎。突出合作深化，实施产学研提升行动，在推动签约平台落地、建好现有载体的同时，突破长三角物理研究中心、南航天目湖校区的国家实验室和产业研究院落地，打造产教融合示范区、校地合作新样板。突出人才核心，实施智力提效行动，确立多元人才概念，深入实施“天目湖英才榜”人才新政，广聚英才特别是青年人才，提供苏科贷、科技创新券、政银担基金等科技金融和人才公寓、住房补贴等居住服务，提升基础教育、医疗卫生等综合保障水平，以人才集聚带动人口增长、人力资源提升，增强城市“青和力”。

三是提升生态支点功能。强化对生态价值的认同，坚定不移打好新一轮污染防治攻坚战，深化涉矿区域环境综合整治，强化天目湖水源地保护，创造条件实施长荡湖退圩还湖工程，提高区域治污、农污设施管护水平，涵养绿色基底，确保青山常在、绿水长流、空气常新。加强对生态产品的创造，加快生态产品交易市场建设，打造跨区域的“生态银行”，推动绿色产品和生态服务资产化。深化对生态经济的探索，研究推进排污权、用能权、碳排放权等更多生态产品的价值核算机制，推进生态经济专项债券、绿色企业债券等直接融资方式，在以城市价值提升平衡建设投入、消费场景营造平衡管护费用的开发模式上求突破，积极创建国家生态产品价值实现机制试点城市。

四是育拓交通支点功能。聚焦常州长三角中轴枢纽定位，深化规划融入、路径选择等研究工作，推动皖南沿江经溧阳进入苏南东部的通道规划，推动连淮扬镇铁路南下经溧阳向西线型优化、沪宜轻轨西延与宁溧轻轨东进在溧阳交汇，完成溧宁、宁杭与溧高高速连接线建设，规划建设宁杭高速水西互通与扬溧高速前马互通、瓦屋山互通，以更高效率深度融入城市群、都市圈发展。聚力实现重点城市的快速通达，加强高铁直达班次、4小时以内到达城市覆盖率等关键问题解决，确保直达全国地级以上城市突破100个、北京4小时以内班次常态化、上海1小时高铁高频次。聚势提升城市畅通水平，加快推进江苏中关村科技产业城区域内G233、S239等国省通道和创新大道等主干路网建设，建成焦尾琴公园隧道，完成龙山大道南延北拓、104国道改线段等重点工程，让城市因交通更精彩。

（二）打造绿色现代化的鲜亮图景

坚持放大比较优势，以“五个示范”的落地落实打造靓丽城市名片，全面展现动能充沛、产品充盈的绿色现代化现实模样。

一是丰富公园城市内涵。坚持“让生活更美好”的理念，打造可观可感的形态展示名片。以轴带面优化生态空间格局。提升“溧阳1号公路”、建设“溧阳琴廊”，展现“显山露水、自然通透、乡村野趣”的全域生态场景，构造“溧阳十二望楼”景观廊，全面形成横贯东西，串接森林、湿地、湖泊的生态主轴，推动生态生产生活“三位一体”、城区景区园区无缝衔接。对标一流塑造城市核心片区。坚定不移、坚持不懈建设天目湖生命康原，聚力打造高端休闲康养项目和山水中心、美好生活中心等高品质空间，确保“三年成势、五年成型”，使之真正成为“区域扬名、国内领先”的活力新城。有机更新凸显人文人本情怀。以建成国家历史文化名城为引领，统筹老城片区开发与城中村城市化改造、危旧房成片改造，营建宋团城书院巷、费家巷历史街区，复现老城厢风情。以提升生活舒适度为目标，打造自然、人文相融的高品质城市绿心和休闲乐园，构建公园绿地“十分钟服务圈”。

二是提升全域旅游标杆。按照“三生共融、三全可享”的目标要求，打造共生共融的价值转

城市新貌　　（市摄影家协会　供稿）

化名片。着力构建“城旅一体、主客共享”的空间模式。加快建立健全“全域覆盖、城乡同质、一体共享”的基本公共服务体系，推动旅游基础设施和公共服务设施从景点景区向全域空间延伸，推进天目湖、南山竹海、曹山等重要景区和乡村旅游特色节点高质量建设，提升数字化旅游服务能级，让游客与居民共享高品质生活。着力打造“产品丰富、产业融合”的产业范式。以建设富有文化底蕴的世界级旅游度假区为统揽，强化高端文旅综合体、夜间游等重大项目招引，加快山海经·上古丛林、航空航天博物馆、长三角马术小镇、长三角红色研学第一村等成熟项目建设，以高端酒店为主体提升现有度假区国际化服务品质，构建具有世界级影响力的产品体系。着力淬炼“世界知晓、全国知名”的品牌样式。通过搭建全媒体平台，聚焦国内外市场开展定点营销、新式营销，让“到溧阳，就是一种生活方式”走向世界。加强传统食材保护，开发新兴食宴，培育“舌尖上的溧阳”品牌。持续举办天目湖茶叶节旅游节、太湖迷笛音乐节、爱情泼水节、稻田音乐节等节庆活动，组织开展“书画溧阳山水”系列创作，厚培城市形象标识，开启溧阳迈入品牌城市的新征程。

三是铸强产业集群筋骨。紧扣产城融合发展趋势，打造创新创业的实力担当名片。集聚江苏中关村科技产业城载体优势。以科技为动力、产业为基石、资源为纽带，突破行政边界推动高新区、经开区、南渡镇和竹箦镇联动发展，构建长三角一流的科技平台、人才团队和创新创业生态，打造全国知名的创新策源地。集合“2+2+X”产业集群叠加势能。强化空间、资源、产业一体规划，深化企业绩效评价与差别化精准扶持政策，嵌入全球产业价值链和供应链，形成具有全球影响力的动力电池和绿色储能、具有全球话语权的精品不锈钢2个千亿级产业集群，全国有特色的智能电网、智能装备制造2个五百亿级产业集群，以及新材料、新能源、新型智慧等若干个百亿级特色产业集群。建筑业和旅游业始终是我们的富民产业、支柱产业。要深入推进扶持建筑业做大做强做精做优三年行动计划，大力促进农文康科创旅的融合发展，推动绿色建筑安装行业产值突破1500亿元、高端休闲康养行业营业收入跃升千亿台阶，全面实现产业结构的深度转型。集成“两业融合”[23]关键支撑。深化“电动溧阳”建设，拓展“碳汇溧阳”应用场景，争创国家低碳城市试点和“碳中和”示范区；发展以溧阳港为节点的物流服务平台，招引智慧物流、智能仓储等现代服务业项目，提供节能环保等第三方服务，激发产业强动能。

四是夯实乡村建设基石。顺应“舒适、体面、有未来”的美好期冀，打造精致精美的融合发展名片。持续彰显乡村美意。全面落实村庄建设实用性规划，深入开展美意田园行动，确保未来五年每年整治农村人居环境村庄不少于120个，建成省级特色田园乡村示范区。持续提升乡村实力。畅活社会资本进入通道，搭建城乡产业协同发展平台推动科技成果入乡转换，加强溧阳白芹、天目湖白茶等特色农产品品牌保护，实现国家级现代农业产业园和国家级农业产业化龙头企业“零”的突破，争创国家绿色农业发展先行区和全国农村一二三产业融合发展先导区。持续激活乡村活力。深化农村宅基地制度改革，灵活宅基地所有权、资格权、使用权的实现形式，在宅基地择地竞价、资格权有偿置换、开展创新创业等方面多出实践经验和现实案例，加快打造全国农村宅基地制度改革的“溧阳样板”；致力推动新型城镇化建设补短板、强弱项，建设10个以上全国能示范的片区公共服务中心，构建面向未来的乡村生活单元。

五是放大区域协作能级。落实“聚焦上海、远拓京深，联动六县、融宁接杭”战略部署，打造融汇融通的活力拓升名片。致力提高与上海的紧密联系。抢抓沪苏湖、南沿江城际铁路通车机遇，进一步加强与驻沪国企央企、研发机构、高层次人才的全方位衔接合作，探索应用“双向飞地”“异地孵化”“共管园区”等共建共享新模式，将溧阳真正打造成容纳承接上海优质资源的优选地。致力提升宁杭生态经济带的协同效应。积极对接宁杭生态经济带建设方案，集成政策、争取资源，努力在区域生态保护、产业集聚发展上走在前、探新路。重点推动经开区与竹箦镇共建“北湖特别合作区”，并向“两溧特别合作区”[24]迈进，探索经开区与溧水白马联动建设田园综合体，深度融入南京都市圈。致力提优跨区域合作的一体水平。推动苏皖合作社渚先导区与郎溪、广德经济开发区合作创建国家级经开区，规划建设苏皖合作康养示范区探索省级毗邻地区融合发展新模式，大力推动边界地区各领域联合执法、事务通办；以苏皖合作示范区为基础，携手江苏宜兴、浙江长兴、安吉以及上海白茅岭农场，深耕“一地六县”共建长三角产业合作区，扛起绿色发展的示范担当。

（三）创造文明典范城的鲜活样板

坚守对美好生活的向往，为城市群、都市圈的人们提供更多发展的机会、就业的机会、享受的机会和更好公共服务的机会，激发更广泛群体热爱并愿意为溧阳这座城市的更加美好而奋斗打拼。

一是浸润文明新风。聚焦群众需求、突出效果导向，深化全国新时代文明实践中心试点建设，推动党的创新理论春风化雨、深入人心，畅通宣传群众、教育群众、关心群众、服务群众的“最后一公里”。系统梳理、深度挖掘新四军铁军精神的新时代表达，运用“读书台”讲坛、道德讲堂等群众喜闻乐见的形式，把铁军精神的历史地位、现实价值彰显出来、赓续下去，激发全体市民特别是广大青少年报效祖国、建设家乡的热情。坚持以标准化、制度化、生活化为追求，推动志愿服务成为越来越多溧阳人的生活态度，构建“溧阳好人”“道德模范”等城市荣誉体系，汇聚凡人善举成就城市集体人格，努力让“最美的风景是人”成为溧阳城市的靓丽注解。

二是富足群众生活。坚持把提升收入水平作为民生改善最直接的举措，切实加强对中小企业吸纳就业、灵活就业的政策支持，盘活低效用地、闲置厂房建设众创空间扶持大众创业、万众创新，发展乡村旅游、观光农业、“走亲戚式的农家乐”让群众在家门口就业创业，确保城乡居民人均可支配收入年均增长8%以上。健全覆盖城乡的社会保障体系，做好社会慈善、社会救助等工作，兜住民生底线。深入开展“领导挂钩、企业联村、干部帮户”行动，深化与低保边缘户结对帮扶，让困难群众生活一年更比一年好。环境是最普惠的民生，房价是最直接的幸福。要租售并举构建住房保障体系，完善商品房销售价格引导机制，加快高品质安置房建设，确保房价稳定在合理区间。

三是创优服务供给。积极构建以社区居家为主体、社会机构为补充的多层次养老服务体系，建设市级养老服务中心，强化医养结合、康养融合服务供给，满足不同层次需求。加快构建苏皖边界地区医疗高地，推动江苏省人民医院溧阳分院创建三甲医院、江苏省中医院溧阳分院创建三级医院，引导乡镇卫生院与市外三级医院合作共建“医联体”，提升村卫生室建设水平。关心关爱下一代成长，未来五年重点推进农村高中进城优化高中教育设施布局，改新建中小学、幼儿园36所，新增学位3万个，实现“学位等学生”；建设南航天目湖校区二期、重庆大学智慧城市研究院等37个重点项目，在职业教育改革创新、应用型大学引进和高水平合作办学等方面取得新突破。

四是提升城市品质。以人人知晓、人人参与、人人满意为根本标准，深入开展交通秩序、集贸市场等文明城市建设“五项治理”[25]，持续巩固“两清两拆”[26]整治成果，落实“路长制”“网格化”等长效管护机制，提升文明出行、犬只规范管理、私有产权地整治等重点工作水平，进一步提升城市环境面貌。以增强集聚能力、带动潜力、特色魅力为目标要求，积极探索城乡一体化管理的模式范式，优化集镇规划形态，补齐基础设施短板，推进道路提档升级和管道天然气、优质供水等延伸覆盖。结合全域旅游植入、村庄布局调整、改革试点推进等重点事项，对集镇服务功能、环境设施、文化载体等软硬实力进行内涵提升，让被撤并镇优化发展成为突破边界、连结城乡的新亮点。

五是维护社会和谐。以县域治理体系和治理能力现代化为统揽，深化“法治溧阳”建设，强化“八五”普法，推进司法检察护航民营经济行动，巩固扫黑除恶专项斗争和政法队伍教育整顿成果，全力为市场主体和群众创造安心安定、无忧无虑的社会环境。要充分发挥社会组织作用，精准鉴别提升组织力，分类管理激发创造力，构建多元主体协同提升社会治理现代化水平。要构建全面、全过程的安全体系，以争创省级安全发展示范城市为抓手，健全重大决策风险评估机制，强化矛盾纠纷和历史遗留问题排查化解，落实安全生产“党政同责、一岗双责”，确保不发生重大有影响的事故，保障群众生命财产安全。

同志们，项目是奔向生态创新绿色现代化的永恒主题。我们要把绿色现代化的鲜明支点、鲜亮图景和鲜活样板坚定落实在十大支撑项目上：形成和完善沟通上海的交通、启动和扩大沪深宁杭苏五大创新基地建设、建成和丰富“一路两廊”[27]、推动和深化天目湖生命康原、整合和推进江苏中关村科技产业城、培育和形成四大千亿产业集群、启动和推进世界级旅游度假区创建、完成和提升高中入城、建设和完成20个以上省级特色田园乡村、启动和推进国家历史文化名城建设。我们坚信，这些项目的奏效之日，定是溧阳“崛起长三角、绿色现代化”目标的实现之时。我们要全面落实责任领导、细化工作标准、明确完成时限，百折不挠、坚毅前行。

三、全面从严治党凝聚奋发前行的昂扬力量

同志们，道阻且长，行则将至。唯有将所有志同道合的人们凝聚在党旗下，将革命的红色基因、生态的蓝色守护、丰收的黄色憧憬融入血脉、变成实践、化为现实，才能万众一心，携手奔跑在绿色现代化的“溧阳1号公路”上。

一是强化党委总揽全局作用，坚定引领发展稳中有进的领导力量。党的领导是一切工作的根本。要突出铸魂补钙，把党的政治建设摆在首位，深入学习贯彻习近平新时代中国特色社会主义思想，深刻学习领会习近平总书记在庆祝中国共产党成立100周年大会上的重要讲话核心要义，提高政治判断力、政治领悟力、政治执行力，真正把“四个意识”“四个自信”“两个维护”内化于心、外化于行。要持续强化党性锤炼，更加自觉地落实党委（党组）意识形态工作责任制，更加彻底地用新思想解放思想、统一思想。要层层压紧压实管党治党“第一责任人”责任，贯通融合“两个责任”，实施新一轮固本强基工程，深化党建引领乡村振兴“五大行动”[28]，完善“1+5+X”[29]党建规范制度体系，提升“两新”组织组建率和覆盖率，推动基层组织全面过硬、全面进步。

二是激发干部创优争先动力，夯实推动发展以上率下的攻坚力量。事业终究选择那些选择了事业的人。要坚持“优导向”，严格落实干部选拔任用工作条例，鲜明“三凭一看”用人导向，做实集中换届后领导班子和队伍建设“后半篇文章”。要突出“强历练”，建立“三大干部库”[30]加强针对性培养，搭建“上派下挂”培育专线推动党员干部经历风雨、增长才干；着眼未来十年乃至更长时间，实施年轻干部培养计划，落实年轻干部“导师制”和“雏鹰砺练”专项行动，推动干部队伍结构明显改善、素质明显提升。要抓实“督管爱”，依托省委“三项机制”，持续完善“干部为事业担当、组织为干部担当”的工作机制，严格干部教育、培训、管理、监督和考核激励体系，用好干部职务职级晋升“指挥棒”，逐步完善事业单位建立管理岗位职员等级晋升制度，不断提高村级基层党组织负责人的政治待遇和工资收入，关心干部成长，浓厚实干氛围。

三是巩固各方团结向上局面，融汇服务发展内联外引的聚合力量。人心是最大的政治，共识是奋进的动力。要充分发挥党牵头抓总、协调各方的领导核心作用，支持人大及其常委会依法加强法律监督和工作监督，支持发挥政协作为协商民主重要渠道和专门机构作用，更好地协调关系、服务大局。要巩固和发展最广泛的爱国统一战线，以“大团结大联合”为根本要求，提升“一党派一品牌”服务质量，持续举办“溧商大会”，推进“溧商回乡创业功臣”“服务家乡招商引资功臣”评选，实施政府顾问制度，开展“荣誉市民”评选，淬炼“同心同溧”统战品牌。要认真做好群团、双拥、老干部、关心下一代和党管武装等工作，“青蓝接力”激活企业新生代力量，“智汇溧阳”发挥新的社会阶层人士作用，全面汇聚起“依靠溧阳人，办好溧阳事”的强大力量。

四是营造风清气正政治生态，提振支撑发展常态长远的保障力量。自然生态要山清水秀，政治生态更要风清气正。要强化纪律规矩监督，认真落实“一岗双责”，执行纪律无条件、守住底线不逾越，坚决打赢党风廉政建设持久战。要高起点实施新一届巡察工作，推动市镇村三级监督资源融合重组，深化监督执纪“四种形态”运用，使监督常在形成常态。坚持惩防并举，零容忍惩治腐败，强高压破除“四风”，构建不敢腐、不能腐、不想腐一体推进的有效机制，以反腐倡廉的实际成效取信于民。要驰而不息加强作风建设，深入推进“三效三提”专项行动，严格执行部门首问责任制，传承“老支书精神”，扎实推行“党员代办制”“党员中心户”，把群众的利益实现好、维护好、发展好。

同志们，回首奋斗征程，从新四军铁军东进挥戈江南厚植红色沃土，到千万人肩挑手扛治山理水开启富强之路；从三十年接续深耕“四大开发”谱写创业辉煌，到新时代传承赓续生态创新激扬绿色畅想，一代代溧阳人用平凡的双手创造出不凡业绩，也必将以坚定的脚步奔赴辽阔远方。让我们高举习近平新时代中国特色社会主义思想伟大旗帜，在省委和常州市委的坚强领导下，团结带领全市各级党组织和广大党员干部群众，汲取百年伟力，弘扬铁军精神，奋力建设长三角生态创新示范城市，为开创溧阳绿色现代化的美好未来而努力奋斗！

名词解释：

[1] 四个坚持：即坚持用新思想定向领航，坚持向新思想寻策问道，坚持以新思想凝聚力量，坚持让新思想扎根实践。

[2] 两大功臣：即在天南海北溧阳人中评选“溧商回乡创业功臣”和“服务家乡招商引资功臣”。

[3] 三凭一看：即凭实绩、凭担当、凭能力，看结构。

[4] 三效三提：即效能提标、效率提速、效绩提质。

[5] 三项机制：即推行党员干部“鼓励激励、容错纠错、能上能下”三项机制。

[6] 四个突出：即农村党建突出乡村振兴、城市党建突出互联互动、“两新”党建突出引领发展、机关党建突出服务高效。

[7] 四项监督：即纪律监督、监察监督、派驻监督、巡察监督。

[8] 四大协同：即推动空间拓展与崛起长三角协同谋划、生态涵养与提升知名度协同推进、产业培育与深度城镇化协同互动、民生共享与增强辐射力协同发展。

[9] 一地六县：即上海白茅岭农场，江苏溧阳、宜兴，浙江长兴、安吉，安徽广德、郎溪。

[10] 三生共融：即生态、生产、生活共融。

[11] 七张城市名片：即全国文明城市、全国“绿水青山就是金山银山”实践创新基地、国家全域旅游示范区、国家生态文明建设示范市、世界长寿之乡、中国优秀旅游城市、中国建筑之乡。

[12] 八大国家级试点：即国家城乡融合发展试验区、国家新型城镇化建设示范县城，全国首批乡村治理体系建设试点县、全国农村宅基地制度改革试点，县域创建国家级高新区试点，全国新时代文明实践中心试点，全国城市基层党建工作试点，深化农村公路管理养护体制改革试点。

[13] 一中心两副城：即形成以焦尾琴公园为纽带融合溧阳高新区、溧城街道、天目湖生命康原的中心区域、经开区与竹箦联动互融的“接轨南京第一城”以及苏皖合作社渚先导区。

[14] 南航“大飞行”、东南大学“大装置”、重庆大学“大智慧”、上海交大“大制造”：即推动民航专业实验教学、国家重点实验室、产学研合作成果转化平台等落户南京航空航天大学天目湖校区，与东南大学签约共建基础设施安全与智慧技术创新中心，携手重庆大学建设溧阳智慧城市研究院，与上海交通大学合作建设溧阳智能制造研究院。

[15] 四大经济：即先进制造经济、高端休闲经济、现代健康经济、新型智慧经济。

[16] 四大融合：即推动城乡经济协合、城乡环境契合、城乡生活翕合、城乡治理匡合。

[17] 两馆一中心：即市博物馆、档案馆、文化艺术中心。

[18] 五堂一站：即如意小食堂、道德讲堂、百姓议事堂、文化小礼堂、幼童小学堂和“心愿树”爱心工作站。

[19] “三无”县：即无进京越级上访、无大规模集体上访、无因信访问题引发的极端恶性事件和舆论负面炒作的县市区。

[20] 四好农村路：即“建好、管好、护好、运营好”农村公路。

[21] 四大开发：即统筹推进昆仑经济技术开发、丘陵山区综合开发、天目湖旅游开发、苏浙皖边界市场开发。

[22] 五大创新基地：即上海、深圳、南京、杭州、苏州创新基地。

[23] 两业融合：即先进制造业与生产性服务业融合发展。

[24] 两溧特别合作区：即溧阳与溧水共建特别合作区。

[25] 文明城市“五项治理”：即提升物业服务质量、提标农村农贸市场、推进城乡移风易俗、整治交通小微违法、规范城区犬只管理等五项重点整治。

[26] 两清两拆：即清垃圾、清河塘、拆违章、拆围挡。

[27] 一路两廊：即溧阳1号公路、溧阳琴廊、溧阳十二望楼景观廊。

[28] 党建引领乡村振兴“五大行动”：即实施“组织提质、三支队伍、党群服务、先锋阵地、党建元素”引领行动。

[29] “1+5+X”党建规范制度体系：即以《溧阳市基层党组织规范化建设实施意见》1个文件抓总，农村、社区、机关事业、国有企业、“两新”组织等5个领域抓全，针对双重组织生活会、党费收缴使用、党组织按期换届等任务，制定工作制度抓落实。

[30] 三大干部库：即“南山雏鹰”“水西劲旅”“濑江舵手”三个干部库。

在市委十三届三次全会上的讲话

中共溧阳市委书记　徐华勤

（2021 年 12 月 29 日）

同志们：

这次全会的主要任务是，高举习近平新时代中国特色社会主义思想伟大旗帜，深入学习贯彻党的十九届六中全会和中央经济工作会议精神，全面贯彻落实省十四次党代会、省委经济工作会议和常州十三次党代会、十三届二次全会决策部署，总结今年工作，部署“文旅融合巩固突破年”任务，动员全市上下“团结、实干、开放、创新”，以迈向苏南第一方阵的崭新成果谱写生态创新绿色现代化的崭新篇章，为常州“532”发展战略贡献力量，为苏南现代化建设先行示范区创造绿色崛起的县域样板。

下面，根据市委常委会会议讨论的精神，我讲四点意见。

一、把握大势，坚定以党的十九届六中全会精神为指引阔步奋进生态创新的绿色现代化

党的十九届六中全会是在“两个百年”奋斗目标交汇的重要历史关头，召开的一次具有重大现实意义和深远历史意义的会议。全会通过的《中共中央关于党的百年奋斗重大成就和历史经验的决议》，是中国共产党人牢记初心使命、坚持和发展中国特色社会主义的政治宣言，是以史为鉴、开创未来的行动纲领。我们要深刻理解贯穿始终的“一个初心使命”。充分认识到自中国共产党成立一百年来，团结带领全体人民进行的一切奋斗、一切牺牲、一切创造，都是在践行为中国人民谋幸福、为中华民族谋复兴的初心使命，始终牢记“中国共产党是什么、要干什么”这个根本问题，不管遇到多大风浪甚至惊涛骇浪，都坚定不移、坚如磐石，为实现第二个百年奋斗目标、中华民族伟大复兴的中国梦而不懈奋斗。我们要深刻理解“两个确立”的重大历史论断。充分认识到党确立习近平同志党中央的核心、全党的核心地位，确立习近平新时代中国特色社会主义思想的指导地位，是深刻总结党的百年奋斗特别是十八大以来伟大实践得出的最大政治成果和最重要历史结论，唯有增强“四个意识”、坚定“四个自信”、做到“两个维护”，牢记“国之大者”，捍卫“两个确立”，方能在改革发展中始终铆定正确方向，乘风破浪不迷航。我们要深刻理解马克思主义中国化的“三次历史性飞跃”。充分认识到从毛泽东思想到中国特色社会主义理论体系再到习近平新时代中国特色社会主义思想，马克思主义中国化的“三次历史性飞跃”引领中华民族伟大复兴进入不可逆转的历史进程。学懂弄通“历史性飞跃”丰富内涵中蕴含的规律经验，更好地武装头脑、指导实践，是把新时代党的伟大事业不断推向前进的根本保障。我们要深刻理解党在“四个历史时期”取得“四个伟大飞跃”的伟大成就。充分认识到新民主主义革命时期、社会主义革命和建设时期、改革开放和社会主义现代化建设新时期、中国特色社会主义新时代四个历史时期党取得的伟大成就，倍加珍惜党百年奋斗特别是十八大以来取得的重大成就，坚定在以习近平同志为核心的党中央坚强领导下奋勇前进、夺取第二个百年奋斗目标新胜利的信心和决心。我们要深刻理解党百年奋斗的“五条历史意义”。充分认识到百年来党团结带领全国各族人民绘就人类发展史的壮美画卷，从根本上改变了中国人民的前途命运，展现了马克思主义的强大生命力、深刻影响了世界历史进程、锻造了走在时代前列的中国共产党，从中准确把握百年党史的现实意义，把党带领人民开辟的伟大道路坚持好、维护好、践行好。我们要深刻理解党百年奋斗形成的“十个坚持”历史经验。充分认识到坚持党的领导、坚持人民至上、坚持理论创新、坚持独立自主、坚持中国道路、坚持胸怀天下、坚持开拓创新、坚持敢于斗争、坚持统一战线、坚持自我革命是党和人民共同创造的宝贵精神财富，把这“十个坚持”同习近平总书记“七一”重要讲话中“九个必须”的要求结合起来，推动社会主义现代化建设事业阔步向前、行稳致远。

厘清历史方能开辟未来。在党的十九届六中全会精神指引下，省十四次党代会坚持以习近平总书记擘画的“强富美高”新江苏宏伟蓝图统领全局，深刻阐述了“争当表率、争做示范、走在前列”三大历史使命的丰富内涵，鲜明提出了“六个显著提升”的目标任务，以九方面工作的梯次推进，奋力谱写“强富美高”新江苏现代化建设新篇章。常州十三次党代会紧扣“国际化智造名城、长三角中轴枢纽”城市定位，以“532”发展战略系统布局，奋力走在社会主义现代化建设前列。当前和今后一个时期，全市上下要把一体学习宣传贯彻中央和省、市会议精神作为最重要的政治任务，以生态创新为根本路径、“五个示范”为基本内涵、城乡融合为表现形式、共同富裕为本质特征，万众一心奋进“处处绿水青山，家家金山银山，人人寿比南山”的绿色现代化，全面提升城市的获得感、幸福感、安全感和自豪感、成就感、归属感，加快把长三角生态创新示范城市建设成自我认知、外界认同、人人认可的“美溧之城”“实力之城”“魅溧之城”。

为者常成，行者常至。阔步奋进生态创新的绿色现代化，没有清晰的目标，就没有行动的突围。我们必须清醒认识到，一个城市更应该有理想、有情怀、有追求。作为溧阳，既然地处苏南富饶地，就应该朝着与苏南发达地区相匹配的城市能级去自觉努力；既然追求示范长三角，就应该有主动参与世界级城市群产业分工、贡献产业力量的自觉担当。要坚定发展第一要务，创造比肩苏南第一方阵的经济总量。深刻把握新发展阶段、贯彻新发展理念、服务和融入新发展格局，聚力发展以“环境更友好、发展可持续、群众得实惠、政府有收益”为特征的“幸福经济”，推动经济总量不断迈上新台阶、质量效益持续实现新跨越，在长三角奋勇争先、在“大苏南”奋力进位。要突出人的核心地位，锻造符合苏南第一方阵的城市能级。顺应城市群、都市圈人们对美好生活的向往，构建综合立体交通体系凸显苏西南交通枢纽地位，集聚人才、提升人力朝着120万人口规模努力，建设公园城市为城市群、都市圈的人们提供更多发展的机会、就业的机会、享受的机会和更好公共服务的机会，加快迈入中等城市行列，成就“三生共融”的示范样板。要胸怀更大格局定位，打造匹配苏南第一方阵的城市名片。着眼区域竞合趋势，始终怀有“争第一、创示范”的闯劲干劲，以绿色储能全球知名擦亮产业地标、“溧阳琴廊”“溧阳十二望楼景观廊”全国闻名淬炼城市地标、“忠勇信义慈孝明慧”全域成名提炼文化地标，让人们在绿色现代化中更多看到变化、得到实惠、感到自豪。

迈向苏南第一方阵，是“五个示范”的阶段成果，是一个长期的奋斗历程。我们要保持必进信心、保持历史耐心，坚定落实“聚焦上海、远拓京深，联动六县、融宁接杭”的总体部署，紧扣长三角一体化趋势的规律与内涵，融入南京都市圈、推进常溧一体化，在生态优先、产业优升、开放优容的自觉奋斗中，实现从绿色发展样本到绿色崛起样板的新跨越。

二、开局起势，生态创新迈入代言城市特质的新阶段

开启崭新征程，奋斗值得铭记。即将过去的2021年，党中央立足“两个百年”奋斗目标交汇，着力抓了隆重庆祝中国共产党成立一百周年、开展党史学习教育、筹备党的十九届六中全会“三件大事”。溧阳在中央精神指引和省、市坚强带领下，紧扣“生态品质巩固提升年”主题，直面变局新局应变求变、直击关口关键创优创先，重点抓了“四件事”：一是从严从实做好常态化疫情防控。面对境外输入性疫情以及由此引发的国内多点散发疫情，始终保持严阵以待的状态，大力发扬不畏艰险、不怕吃苦和连续作战的精气神，牢牢把党旗插在抗疫一线，再一次用平凡坚守扛起非凡担当。二是展开生态创新绿色现代化的整体布局。结合市“十四五”规划落地开篇，统筹九大国家级试点，通过生态资源这根“金扁担”，围绕公园城市、全域旅游、产业集群、乡村建设、区域协作五个方面开展部署，绿色现代化的系统格局得以谋定，县域综合实力跃居“2021中国县级市基本现代化指数百强榜单”第18位。三是圆满完成市镇村三级党委换届任务。强化“三凭一看”导向选优配强领导班子，在常州率先高质量完成镇党委和村（社区）“两委”换届任务，换届选举得票率创历史新高，领导班子结构持续优化，风清气正的政治生态进一步巩固。四是大力推动城市宣传推介。首次全国县城补短板强弱项现场会、首届电动中国发展战略研讨会、首届国家智慧健康城市峰会等20余场重大活动聚焦溧阳，安徽省党政代表团赴江苏学习首站选择溧阳，央媒高频报道“溧阳经验”，太湖迷笛音乐节、焦尾琴夜公园等品牌活动精彩绽放。主要体现在五个方面：

一是党建引领全面凝聚起“团结、实干、开放、创新”的磅礴力量。坚持以党史学习教育凝心聚力铸魂，市委常委会带头学习习近平总书记“七一”重要讲话精神，与南京航空航天大学党委理论学习中心组开展联学联建，与“学习强国”长三角学习联盟开展沉浸式党课，以上率下推动学习教育取得实效。精心组织中国共产党成立100周年庆祝活动，丰富“五大场馆”传承红色基因，开展“五个百”活动赓续绿色发展，全市上下团结实干的思想基础更加稳固、开放创新的担当作为更加自觉。注重从党的百年奋斗中汲取智慧力量，持续锻强年轻干部、村支部书记、专业紧缺性人才“三支队伍”，深化形式主义官僚主义、农村“三资”、民生领域违规违纪“三项整治”，打响全国“最美公务员”、党员代办制、百姓议事堂“三大品牌”，扫黑除恶专项斗争“回头看”、政法队伍教育整顿任务高质量完成，省、市巡视巡察问题整改收官清零；市公安局竹箦派出所荣立公安部集体一等功，中组部公务员绩效管理试点成效得到上级肯定。切实推动初心使命清晰化具体化，扎实开展“我为群众办实事”活动，将全市78%的公共财政预算收入投向民生领域，百件民生实事年度任务全部完成，城乡居民人均收入突破5万元；全年新增学位超3500个，竣工安置房63万平方米，南航天目湖校区二期、省中医院溧阳分院新院区建设快速推进。溧阳入选“2021中国最具幸福感城市”候选名单，连续十七年创成省级平安县市。

二是争创“五个示范”成为全市上下的自觉奋斗和统一追求。组建工作专班，在清单化实施、项目化推进中全面展开绿色现代化布局。公园城市规划编制基本完成，天目湖生命康原建设全面启动，焦尾琴公园隧道双线贯通，景詹沙河大桥建成合龙；“溧阳1号公路”南部旅游环线建成通车，“溧阳十二望楼景观廊”示范段建设顺利完成。全域旅游格局拓展，曹山未来城、蓝城悠然南山等重大文旅项目全速推进，新城温德姆、万豪、竹溪谷、涵田康养中心等度假酒店建成开业；全市共签约入驻国际高端酒店品牌12个，推出星级“溧阳茶舍”44家、精品民宿超110家；天目湖旅游度假区入选国家级森林康养试点建设基地。产业集群全面发力，动力电池产业实现产值429亿元，纳税12.2亿元，分别增长112.6%和281.3%，出货量占全省的50%以上；溧阳首次获评全省自然资源节约集约利用示范市。乡村建设迈出新步，着力编制157个行政村实用性村庄规划，提升124个村庄人居环境，李家园村、里方村、上桂林村、钟家村建成省级特色田园乡村，全市总量达11个、位居全省第一方阵。区域协作创出影响，与中科院物理所长三角研究中心、重庆大学溧阳智慧城市研究院、上海交大溧阳智能制造研究院、东南大学基础设施安全与智慧技术中心等创新院所合作不断深化，沪深宁杭苏“五大创新基地”加速实体化运行；溧高高速建成通车，长荡湖通用机场投入试运行。生态创新主题实践享誉苏皖、走向长三角。

三是项目攻坚推动经济迈上新台阶。始终把项目建设作为发展的永恒主题，突出“四大经济”方向，完善市领导挂钩服务重大项目制度，常态化开展招商引资“月通报、夺红旗”，按月组织重大项目集中开工。全年共签约总投资10亿元以上项目43个，其中百亿项目3个，德龙高端不锈钢冷轧、时代上汽二期、莱赛尔纤维等百亿项目有力推进。预计全年规上工业产值突破2100亿元，工业应税销售突破2300亿元，分别增长31.8%和31.2%，增幅分别位列常州第二、第一；带动全市地区生产总值突

江苏时代新能源科技有限公司　（市工信局　供稿）

破 1250 亿元，公共财政预算收入达 87.3 亿元，增幅均为常州第一；“四大经济”增加值占比进一步提高到 54.5%，先进制造四大主导产业产值增幅高于规上工业 30 个百分点；规上工业亩均产值、亩均税收均增长 20%。企业贡献愈加突出，全年新增规上工业企业 114 家，其中亿元企业 41 家；新增企业法人 3300 户；工业入库税收增长 24%，其中纳税超亿元企业达 17 家，金峰集团、江苏时代新能源单户纳税超 10 亿元；上上电缆连续三届获评“中国质量提名奖”，与江苏华鹏同时获评全国制造业单项冠军企业。要素支撑更加有力，全年新增社会融资 202 亿元，争取政府专项债券额度 62.89 亿元，占常州的 30.2%;白鹤滩—江苏特高压直流输电工程（溧阳段）与龙政直流线路迁改顺利推进。创新驱动活力涌动，高新技术产业产值增长 56.5%，溧阳高新区创新驱动指数连续三年位居全省同类开发区第一，溧阳入选全省首批创新示范县市；安靠智电荣获首届省科技创新发展奖，金源锻造、金昆锻压、冶建新材料获评国家级“专精特新”小巨人企业称号。依托“天目湖英才榜”强化“三招三引”，成功承办常州“名城名校合作行，创新创业赢未来”（重庆、成都）活动，全年引才超 1 万名，对接产业工匠 3 万余名；累计建成人才公寓 10338 套、68.4 万平方米。产业特色愈发鲜明，现代农业稳产增效，粮食生产再获丰收；建安业施工产值突破 1100 亿元、纳税 27.3 亿元，均创历史新高。

四是生态环境创出新世纪最好水平。践行“两山”理念，深化突出环境问题整改“百日攻坚”，集中精力打好“蓝天、碧水、净土”三大保卫战。全市 $PM_{2.5}$ 平均浓度为 31.6 微克／立方米，空气优良天数比例达 86.4%，创新世纪最好水平；沙河、大溪两座水库上游获批省级生态安全缓冲区，国省现代化考核断面水质优Ⅲ比例保持 100%，城乡生活垃圾分类集中处理率达 95%。大力推动金峰、天山运输廊道建设，全面提升固废污染防治能力，污染防治攻坚考核常州前列。高位推进文明城市建设行动计划，扎实推进市容市貌专项治理，园林绿化管理精细化水平位居全省前列。全年共拆除违建 26.3 万平方米，清除管理死角和顽疾 2000 余处，新增城区停车泊位 1000 余个、智能充电桩 150 余个，城市长效管理水平稳居常州前列，园林绿化管理精细化水平位居全省前列。大力推进新型城镇化建设补短板、强弱项，启动实施美韵乡居升级行动，全市规划发展村生活污水治理覆盖率和处理设施运行率保持在 95% 以上，南部山区交通路网堵点基本打通，城乡供水一体化让偏远山区群众喝上了“放心水”“优质水”。

五是统筹九大试点激发创新动力和探索激情。注重发挥试点试验对于推动全局工作的支撑作用，统筹九大国家级试点，高质高效推进国家新型城镇化建设，示范方案顺利通过省发改委验收，入选江苏唯一的全国县城建设直接联系点。充分发挥农村宅基地制度改革的“锥子”作用，落实宅基地所有权实现城镇开发边界外 151 个行政村房地一体发证全覆盖，探索宅基地资格权“有偿退出”，完成商品房、现金置换 1.4 万余户，拓展宅基地使用权催生各类旅游农庄 100 余家，带动农民再就业 2200 余人。坚定不移推动生态价值转化，在全国率先试点建立生态产品交易平台，以水环境容量为约束指标的生态产品交易打响品牌。乡村治理再上台阶，全国乡村治理体系建设试点通过省级中期评估，戴南村获评全国民主法治示范村，八字桥村、庆丰村入选全国第二批乡村治理示范村，“五堂一站”微民生入选全国乡村治理典型案例，溧阳入选全国乡村“复兴少年宫”建设试点。乡村振兴图景渐次铺展，牛场村获评全国特色产业亿元村，牛马塘村、塘马村、杨家村获评省级乡村旅游重点村，现代农业产业园被认定为省级现代农业产业示范园。全年落实村级“造血”项目 62 个，与 567 户低保边缘家庭开展结对帮扶，全市所有行政村村均集体经营性收入均稳定在 50 万元以上，农民收入增幅常州领先。

同志们，成绩的取得，是习近平新时代中国特色社会主义思想光辉指引的结果，是全市各级各部门和广大干部群众团结实干、共同努力的结果。其间“依靠溧阳人，办好溧阳事”的力量凝汇、“志士惜日短、奔腾卷巨澜”的精神凝聚、“但为溧阳好，何惧风和雨”的情感凝结，再一次昭示了只要全市上下始终坚持“心往一处想、劲往一处使”，就一定能排除千难万阻、跨越万水千山，加快迈向苏南第一方阵，加快把绿色现代化美好前景变为现实。在此，我谨代表市委，向全市各级党组织和奋战在各条战线上的党员干部群众以及所有参与关心支持溧阳改革发展的同志们、朋友们表示衷心感谢和崇高敬意！

在肯定成绩的同时，我们也要清醒认识到：受国内国际严峻复杂形势和新冠肺炎疫情反弹反复影响，发展的不确定性不稳定性交织，经济下行压力依然存在，做强实体经济，做优发展动能还需付出更大努力；新兴产业的集群效应仍待放大，中小企业“铺天盖地”的局面尚未形成，面向未来的优质文旅融合项目建设亟待加强；生态环境品质提升仍需久久为功，城乡融合发展、优质公共服务供给与人民群众的期盼还有差距；党员干部特别是领导干部把握大势、融入大局，敢抓敢管、敢闯敢试的精气神仍需持续激发。对此我们必须高度重视，采取举措切实加以解决。

三、乘势而上，以“文旅融合巩固突破”的务实成效夯实迈向苏南第一方阵的坚实基石

挥别2021年，展望2022年，机遇和挑战并存，希望与梦想同在。在市“十四五”发展规划中，市委对五年工作主题分别作了明确。其中把2022年确定为“文旅融合巩固突破年”，一方面考虑到明年是溧阳天目湖旅游开发三十周年，必须传承好基因、奋进新征程；另一方面是要在今年“生态品质巩固提升年”的基础上，依靠文旅融合的巩固突破，实现生态价值的转化转换，从而进一步集聚城市群、都市圈优质资源，为更长时期溧阳制造集群巩固提质、康养融合巩固跃升、智慧经济巩固拓展提供要素供给与核心支撑，强基固本迈向苏南第一方阵。

基于这样的安排和考虑，明年工作的指导思想是：更加紧密地团结在以习近平同志为核心的党中央周围，全面贯彻落实习近平新时代中国特色社会主义思想，深入贯彻习近平总书记对江苏工作重要指示精神和党中央重大决策部署，把握新发展阶段，贯彻新发展理念，以建设长三角生态创新示范城市服务和融入新发展格局，奋进公园城市、全域旅游、产业集群、乡村建设、区域协作“五个示范”，开展“文旅融合巩固突破年”各项工作，加快绘就“处处绿水青山，家家金山银山，人人寿比南山”的绿色现代化美好图景，努力为常州“532”发展战略贡献溧阳力量，为苏南现代化建设先行示范区提供绿色崛起的县域样板。

综合分析研判，市委考虑明年经济社会发展的主要预期目标是，地区生产总值增长10%左右，工业应税销售增长30%左右，公共财政预算收入增长10%左右，全社会固定资产投资增长15%左右、其中工业投入增长15%以上；全体居民人均可支配收入增幅超出地区生产总值增幅1个百分点以上；实际到账外资、进出口总额、R&D经费占比、污染防治攻坚等稳中提质，单位地区生产总值能耗、二氧化碳排放量下降完成年度目标任务。

目标就是方向，使命重在担当。做好明年工作，关键是要把握好四条：一是稳字当头。正视当前需求收缩、供给冲击、预期转弱的“三重压力”，既要稳住发展形势，更要稳住发展信心，看到国内经济发展韧性、溧阳新发展动能持续释放对抵御经济下行压力的积极作用，在坚持以经济建设为中心，稳定增长势头的同时，更加重视疫情这个“最大变量”，始终坚持“外防输入、内防反弹”，坚持“动态清零”，制定元旦、春节留溧过节奖补政策和回乡过节规范方案，抓紧抓细抓实疫情防控各项工作；更加重视社会风险这个不确定因素，坚决防范政府债务风险，加大对大型企业债务、房地产金融、非法集资等领域风险排查化解力度，有效治理恶意拖欠账款和逃废债行为；严把安全生产、环境保护“入口关”，加大安全生产大排查大整治和生态环境巡察力度，以铁的纪律推动责任、措施落地落实，努力实现高质量发展与高水平安全的良性互动。稳字当头要稳在首季。针对今年基数特别是增幅高企的实际，通过扩大专项债券额度争取、用足用好涉企政策红利等举措，稳定全市上下特别是市场主体的预期，尽量把债券资金争取、政府投资项目建设等工作往前赶，用硬措施确保完成明年一季度稳增长硬任务。二是巩固基础。实体经济始终是县域的基础。刚性落实中央和省、市减税降费政策，进一步加大对实体经济的融资支持力度，帮助各类市场主体特别是中小企业减负纾困、加快发展。把握我省即将按照国务院确定的首批6个城市营商环境创新试点标准、部署实施优化营商环境提升行动的契机，持续深化“放管服”改革，打造高效便利的政务环境。制造企业决定着产业格局的发展方向。在依靠项目巩固新能源、智能电网、高端不锈钢等现有产业基础的同时，把推动中小企业“铺天盖地”放到更突出的位置，与实现大项目、大企业“顶天立地”一道，在夯实现有产业格局的同时，寻找和形成新的产业，确保明年全市工业应税销售突破3000亿元、力争规上工业总产值突破3000亿元，提前实现“十四五”工业发展目标。农业农村是城乡融合的薄弱环节。要从讲政治的高度，带着责任、带着感情，全面实施乡村振兴战略，在稳住“米袋子”“菜篮子”的同时，以乡村建设、农村宅基地制度改革、片区式公共服务中心建设、成片特色田园乡村打造为标准，争取“三农”工作取得新的提升。三是突破改革。始终把集成改革作为激发市场活力和发展内生动力的关键举措，在统筹九大国家级试点、争取政策空间的基础上，围绕农村宅基地制度改革形成突破性制度，持续深化农村宅基地“三权分置”实现形式改革探索，努力在宅基地择地竞价、资格权有偿置换、人才下乡、集体经营性建设用地入市等方面形成普遍案例，争创全国农村宅基地改革示范样板；围绕生态产品交易机制取得突破性成果，建设涵盖更多交易类型的生态产品交易市场和跨区域“生态银行”，推进生态经济专项债券、绿色企业债券等直接融资方式，创建国家生态产品价值实现机制试点城市；围绕公园城市规划实现突破性探索，完成公园城市和江苏中关村科技产业城概念规划编制，引导城市人口、生产力、基础设施和公共服务等合理布局，加快打造全国能示范的城乡融合标杆。四是创新格局。从常溧一体化的要求出发，在空间布局、内外交通、产业协同等方面积极参与“两湖”创新区建设，拓升城市空间、提升发展格局，与金坛一起为常州拓展宁杭生态经济带贡献力量；从崛起苏南现代化建设先行示范区的追求出发，通过经济总量的持续提升，让溧阳在“大苏南”每年前进 1 ～ 2 个位次成为现实，扛起现代化建设走在前列的示范担当；从赢得世界级城市群产业分工优势地位的需求出发，通过文旅产业融合发展，让制造业与服务业相互促进、相互带动的局面初步成形，带动生产性服务业发展壮大，推动溧阳在更大范围、更高层次上融入长三角竞合，城市标识性、知名度、美誉力全面提升。重点抓好四方面工作：

（一）突出“一个主题”。就是把“文旅融合巩固突破年”的主题贯穿始终，在淬炼城市标识上实现新的跨越。明年是溧阳天目湖旅游开发三十周年。回顾这场山水间的深情邀约，我们凭借“醒得早、起步快”，以命名沙河、大溪两座人工水库为“天目湖”开篇，从纯粹的山水守护向初期的“绿里淘金”探索；以天目湖“三区同创”为抓手，从景区景点游向休闲度假游迈进；以“农路变网红”“农房变民宿”为牵引，从一地一隅向全域全局提升，在形成声势、打响品牌中推动溧阳全域旅游站上全国舞台。立足新起点展望下一个三十年，以休闲游、体验游、品质游为代表的新消费需求将成为高品质生活的主导，以文旅农旅康旅工旅融合为方向的发展趋势将不断加快。丰富产品供给，满足各类群体需求，推动文旅融合“再出发”，已成为解决新时代溧阳旅游“往何处去”的关键所在。一是要全面启动新时代“三城同创”。以二次创业的决心和勇气，全力建设富有文化底蕴的世界级旅游度假区和旅游城市，提升溧阳在长三角世界级城市群中的位势能级；全力建设省级历史文化名城，深挖胥河文化、遗址文化，筹建南北朝县城博物馆和一批非遗文化展示馆，复现书院巷、费家巷历史街区、宋团城宝塔湾等老城厢风情，夯实国家历史文化名城建设基础；全力创建全国休闲农业与乡村旅游示范县，以国家级农业园区和全国乡村旅游重点镇的突破，打造文旅融合引领乡村振兴的示范标杆。要加强组织领导、明确专门力量，强化对创建工作的统一领导、标准研究与任务落实，确保“三城同创”取得扎实进展。二是要创造“主客共享、城旅一体”的空间格局。坚持突出“旅游即城市、城市即旅游”的要求，把生态空间营造与文旅空间营建融合起来，加快提升“溧阳 1 号公路”，贯通“溧阳琴廊”、建成 12 座望楼构建“溧阳十二望楼景观廊”，打造“人人可进入、处处可欣赏”的融合空间。切实把美意田园、美韵乡居、美工街区建设“三大行动”统筹起来，全年新建省级标准的特色田园乡村 10 个以上、新型农村社区 15 个以上，将 3 个以上的成片美丽乡村建设成新亮点；以工匠精神统筹背街小巷专项整治与东升片区旧城更新，从探索横涧老集镇与王家村两个地区改造模式着手，推进老城区、老镇区危旧房连片集中改造，提升城市舒适宜居水平。大力推动旅游基础设施与公共服务设施合二为一、合理布局，所有国有资金建设的公共设施必须同步布局旅游服务功能，打造 3 个以上全国能示范的片区式公共服务中心。三是聚力打造新的城市 IP。“到溧阳，是一种生活方式”是当前全市上下能够形成共识的城市 IP。要全力丰富文旅融合产品供给，持续突破高端文旅综合体、世界品牌酒店与休闲街区，加快推进曹山未来城、中德富尔达康颐社区、长三角马术小镇、长三角红色研学第一村以及瑞吉酒店、悦榕庄酒店等项目建设，确保明年 10 个文旅项目签约落地、10 个文旅项目开工建设、10 个文旅项目竣工投运，推出 2 ～ 3 条乡村旅游精品线路，打造 3 ～ 5 个高品质民宿集聚村。全力加大文创产品开发力度，重点以天目湖鱼文化为载体，打造系列文化创意产品；以溧阳“三黑三白”特色餐饮为依托，集中奖补资金鼓励开发“溧阳早茶”等新兴食宴，努力创造“所见即所得，所得即所愿”的难忘体验。加大力度、集中精力逐个城市开展宣传推介，确保创成太湖迷笛音乐节永久举办地，提升天目湖茶叶节旅游节、“1号公路”风光智跑、爱情泼水节等活动知名度、影响力，为城市群、都市圈人们提供“非来不可”的理由。

（二）突破“两个关键”。就是坚持把项目与人才作为县域高质量发展的主体支撑，在增强城市实力上实现新的跨越。一方面是要坚定不移攻坚重大项目。没有项目就没有未来。要坚定不移突出项目建设“一号工程”，强化党政“一把手”抓项目、抓招商的首位意识和主体责任，建立专家为主、市场为主、集体为主的项目评审与决策机制，转变项目考核方式，按月组织重大项目集中开工，按季度开展省、市重点项目督查，深入开展招商引资“月通报、夺红旗”，实现“四大经济”办公室、“五个示范”专班与镇区招商一体化运行，把项目是硬通货、话语权、试金石的要求落到实处。坚持不懈强化项目攻坚，跟进国家战略性新兴产业集群发展工程和龙头企业保链稳链工程，融入江苏产业强链三年行动计划，集中资金支持“链主企业”开展链式招商，培育和壮大产业集群，确保明年在百亿项目招引上再突破、在创新基地建设上快突破、在新的产业方向形成上新突破、在外资利用上真突破，带动实现“四个跃升”，即规上工业企业数量跃升，力争明年净增规上工业企业100家以上、股改企业15家、上市企业2家；高新技术企业产值占比跃升，力争达40%以上；工业设备投入总量跃升，力争全年突破85亿元；中外园区合作水平跃升，确保实际利用外资中制造业（含生产性服务业）占比不低于70%，建成至少2家中外合作与创新平台。建安业是溧阳发展的支柱产业、富民产业。要持续推进和落实扶持建安业做大做强做精做优三年行动计划，加强建安市场清理规范和企业主体风险防范，强化保障推动建安业发展持续稳定向好。要坚决行动加大专项债券对上争取力度，确保明年争取债券额度高于今年、政府性投资项目实施进度快于今年，年度计划投资量按时完成。另一方面是要坚持不懈集聚创新人才。院士专家、科研骨干、文艺才俊是人才，职业蓝领、技术工匠、传媒新秀也是人才，新入职公务员、干部、紧缺性专业人士乃至所有为城市发展提供服务的人力资源都是人才。要突出企业和平台在人才建设中的主体作用，放大“天目湖英才榜”、科技型中小企业研发费用加计扣除比例提高至100%等政策效应推动企业创新，支持骨干企业牵头联合高校、院所、产业链上下游组建创新联合体开展重大科技攻关，搭建政府平台畅通产学研成果转化渠道，力争明年在院士长年入驻、国家重点实验室落户、企业研发机构设置上取得新突破，新增省级以上“三站三中心”15家以上、认定高新技术企业80家以上。要全面落实人才政策，加大力度“三招三引”，特别是在高端紧缺人才引进方面一定要解放思想、“一人一议”，确保明年引进高层次人才超过1000名，对接企业用工3万人以上。围绕“聚溧无忧”持续发力，确保新投入使用人才公寓6590套、33.95万平方米，打造集教育、医疗、文化等功能于一体的人才集聚式居住区。

（三）突贯“三个载体”。就是要举全市之力，以溧阳高新区创成国高新为龙头建设江苏中关村科技产业城，强化板块协同形成新的产业高原；以健康经济集聚提升为基础开发天目湖生命康原，明确发展重心构成新的中心城区；以创建国家级农业产业园为承载打造现代农业产业园，凸显城乡融合特质创成乡村振兴样板，在拓展城市格局上实现新的跨越。一是要在思想认识上创造新境界。江苏中关村科技产业城是溧阳发展长远的基础工程、战略工程和头号工程，没有科产城的崛起，溧阳在城市群、都市圈的位势能级根本就无从谈起。天目湖生命康原是溧阳迈向中等城市规模、迈入品牌城市行列的标志与标识，没有有特质、有气质的新城区，溧阳在长三角竞合中就缺少竞争力和吸引力。现代农业产业园是市委、市政府改善西部地区落后环境面貌、提升群众生活品质的郑重承诺，没有产业园的示范带动，溧阳的共同富裕就很难得到群众的认可、社会的认同。全市上下特别是各级领导干部必须跳出常规工作局限，从事关城市重构的高度，举全市之力坚定不移予以支撑、支助和支持，推动土地、能耗、人才、政策等要素向区内集聚，推动市政基础设施、公共服务配套设施向区内布局，提升片区综合承载能力。加快整合产业投资基金、创业投资基金助推产业集群发展，发挥国有资本的杠杆作用，撬动金融杠杆争取多元化支持，打开“三大载体”

建设源头活水。二是要在体制机制上创造新标杆。冲破地域限制、打破行政壁垒，在运行机制上构建扁平化的工作体系，通过国有企业特别是与央企开展市场化运作，对空间布局、基础设施、专业规划等事宜统一领导、统一规划、统一建设、统一管理，聚力形成倍增效应；研究落实“权责对等”的共同投入合作机制，调动各板块共建共享的积极性。在营商环境便利上完善优质高效的政务服务，深入推进投资项目区域评估改革探索，试行镇级行政审批、政务服务等相关权限由挂钩开发区代管的新模式，打造全国一流营商环境标杆。推进工业用地提质增效是明年起省委、省政府推进高质量发展的重要举措。要以江苏中关村科技产业城为重点，坚持提高新上项目建设密度、地下空间开发、共建共享服务配套设施、分类确定工业用地价格、存量工业用地升级改造等多措并举，完善“亩均论英雄”的绩效评价机制，开展村镇工业集中区升级改造三年行动，推动“僵尸企业”出清，打造资源集约利用的县域样板。三是要在重点工作上创造新亮点。依托江苏中关村科技产业城打造新的产业界面，持续深化“电动溧阳”建设，拓展“碳汇溧阳”应用场景，丰富现实设计案例；深入实施工业互联网创新工程和“5G+ 工业互联网”融合发展工程，推动先进制造企业向系统集成和整体解决方案提供商转型，打造苏皖合作示范区产业互联网平台。依托天目湖生命康原打造新的城市界面，积极对接央企、世界500强推动健康产业项目落地，加快推进南航二期、医疗健康中心等项目建设，适时启动山水中心、大剧院、美好生活中心等工程建设，展现“山水融城”新气象。依托现代农业产业园打造新的城乡融合发展界面，持续突破农业龙头企业和农产品深加工企业，大力发展农村电商，加快打造长三角农业绿色发展先行区和农村“三生”融合发展示范区。

（四）突进“四个创建”。就是要集中力量实现关键领域的关键突破，推动共同富裕的绿色现代化“飞入寻常百姓家”，在提升城市品质上实现新的跨越。一是要以创建全国文明典范城市县域样板为统揽，创立美好生活。巩固文明城市创建全国第一方阵成果，建强新时代文明实践中心和乡村复兴少年宫等核心阵地，广泛开展道德模范、榜样先锋、“身边好人”等选树宣传和志愿服务、慈善公益活动，传播中央声音、传递溧阳精彩。蓄势提升城市功能定位和发展格局，对外重点加强连镇铁路南延溧阳段、常芜铁路建设前期研究，加快推进溧宁高速、宁杭高速水西互通、常州内河港溧阳港区溧城西作业区、341省道竹箦段等重点工程建设；对内努力打通城区“断头路”，持续提升南部山区道路交通、供水供气等基础设施建设水平。突出做好就业富民、产业富民文章，落实党员干部与低保边缘户挂钩帮扶长效机制，确保城乡居民收入增幅高于经济发展增速。启动“高中入城”工程，统筹建设南师大实验学校、永平初中、梅园小学等学校，鼓励企业与机关事业单位开办“课后托幼”。加快省中医院溧阳分院三级医院创建步伐，推动“五堂一站”特别是“如意小食堂”延伸覆盖。紧扣“房住不炒”定位，切实加强对房地产市场的预期引导，把房价稳定在合理区间，营造和谐稳定的社会环境。二是要以创建中国人居环境奖为统领，创优全域环境。把握能耗“双控”向碳排放总量和强度“双控”转变的趋势，大力践行全面节约战略，加快发展绿色现代产业体系，推动提质增效、节能减排并举，绿色生产、低碳生活并重，创设美丽中国示范县。深入打好新一轮污染防治攻坚战，深化涉矿区域环境综合整治，提升天目湖水源地保护、“溧阳1号公路”沿线河塘治理和农污管网运维水平，促进镇区散乱污企业出清，让溧阳天更蓝、水更清、空气更清新。深入开展交通治理提标、物业管理提升等专项行动，统筹推进既有建筑安全隐患排查整治，全面实施城镇厕所改造提升工程；巩固“两清两拆”整治成果，扎实开展城市路隔、绿隔专项清理，年内新建20座“口袋公园”，实现建制镇美丽宜居建设、被撤并乡镇集镇环境提升全覆盖。三是要以创建全国法治政府建设示范市为统括，创设公平保障。法治是开放的热土、营商环境的基石。要严格落实重大行政决策程序，组建城市公共资源交易平台和智慧城市服务中心、“平安溧阳”服务中心等“一平台两中心”，将市场主体、市民个体行为都纳入法治化渠道、享受集群式服务。依托“村改居”推动基层组织建设与基层社会治理融为一体，借鉴疫情防控经验促进核酸检测点与网格化单元合二为一，实现政府治理与社会自治互为倚重。构建“一地六县”大数据共享平台，深化行政审批改革推动“一件事一次办一窗办”，创推苏皖合作“跨省通办”，最大限度减少不确定因素，筑牢营商环境的法治支撑。全面开展“八五”普法，深入开展司法检察护航民营经济行动，巩固提升扫黑除恶专项斗争和政法队伍教育整顿成果，确保社会长治久安。四是要以创建省级安全发展示范城市为统驭，创造和谐社会。建立健全城市安全发展的顶层设计，以筑牢公共卫生防线为基础，优化镇村卫生院（室）建设布局与管理机制，建强专业化规范化乡村医生队伍，织紧织密基层医卫服务网。以筑牢生产安全防线为根本，深入开展安全生产大排查大整治，严格落实安全生产“党政同责、一岗双责”，确保不发生重大有影响的事故。以筑牢金融安全防线为保障，建立重点领域金融风险监测防控体系和企业融资会诊帮扶机制，推进国有企业整合提升和市场化转型，提高政府债务管理水平。以筑牢社会安全防线为底线，强化现代社会治安防控体系建设，深化矛盾纠纷和历史遗留问题排查化解，努力建设不设防的“平安溧阳”。

四、势在人为，全面汇聚起巩固突破的昂扬力量

无论是迈向苏南第一方阵，还是实现年度目标任务，党员干部都要冲锋在前，全体溧阳人都要实干在先。当所有志同道合者在党旗引领下奋力作为，绿色现代化的美好未来必定风正帆悬。

一是在赓续红色基因中凝铸忠诚本色。旗帜鲜明讲政治，是我们党作为马克思主义政党的根本要求。站上新的奋进起点，全市上下要深刻把握党的政治建设这一首要任务，深刻领悟习近平新时代中国特色社会主义思想，自觉落实“两个确立”伟大意义和实践要求，增强“四个意识”、坚定“四个自信”，把“两个维护”贯彻到溧阳绿色现代化建设的各领域全过程，不断提高政治判断力、政治领悟力、政治执行力。要深学笃行悟思想，深入学习党的十九届六中全会精神，结合“五个百”“我为群众办实事”“‘两在两同’建新功”等活动，巩固拓展党史学习教育成果。严格落实意识形态工作责任制，强化理论学习中心组联学联建、新时代文明实践等创新机制运用，推动宣传思想工作守正创新、凝聚人心。

二是在锻造先锋队伍中淬炼担当成色。干部是成就事业的关键因素。要坚持以政治标准统领干部的“选育管用”，结合做好换届“后半篇文章”，持续鲜明“三凭一看”用人导向，动态调整“三大干部库”，加快实施“年轻干部培养三年行动计划”，挑选 30 名年轻干部赴企业挂职锻炼，全力满足干部年轻化、结构性、奋进力配备需要。要更好解决干事创业“后顾之忧”，依托“三项机制”，完善“干部为事业担当，组织为干部担当”的工作机制，深入开展中组部公务员绩效管理县级试点单位建设，健全公务员考核管理体系，同步推进事业单位管理岗位职员等级晋升，保障干部心无旁骛干事创业。持续加强村（社区）党组织负责人队伍建设，落实专职化管理，完善综合保障待遇，加快打造一支“紧跟党中央、爱护老百姓、作风过得硬、发展有办法”的基层党组织书记队伍。

三是在鲜明基层导向中放大品牌特色。力量总在党旗下凝聚，初心常在基层中砥砺。要聚焦建强堡垒，以更开阔的视野谋划基层党建，大力实施“五聚焦五落实”深化提升行动，深入开展全国城市基层党建工作试点，强化党建引领乡村振兴“五大行动”功能，全面构建以村（社区）“大党委”为重点的党建引领基层治理体系。要聚力品牌引领，进一步提升城市党建馆、“溧阳 1 号公路”党建等品牌影响力，提高特色田园乡村党建阵地成效，高质量推进“两新”领域“两个覆盖”。要聚合人心士气，支持人大依法履职、政协协商民主，巩固发展最广泛的爱国统一战线，办好第三届溧商大会，推进“两大功臣”评选，实施“智汇溧阳”工程，全面汇聚起“依靠溧阳人，办好溧阳事”的强大力量。

四是在深化作风建设中巩固干净底色。始终把“严”的主基调长期坚持下去，以监督效能驱动发展动能，让廉洁净土成为发展沃土。要坚持不懈严肃作风，注重纠“四风”与树新风并举，深入开展“三效三提”作风建设行动，持续为基层松绑减负，以求真务实、真抓实干之风创造经得起实践、历史和人民检验的业绩。要坚决有力推进新一轮巡视巡察工作，推动市镇村三级监督资源融合重组，真正做到监督如影随形。要坚定不移严惩腐败，灵活运用“四种形态”，标本兼治强化纪律规矩监督，严查重点领域违规违纪问题，推动不敢腐、不能腐、不想腐贯通融合，巩固风清气正的良好政治生态。

同志们，历史的画卷，在砥砺前行中铺展；时代的华章，在接续奋斗中书写。眺望新征程，我们既是当下的见证人，更是未来的开拓者。让我们高举习近平新时代中国特色社会主义思想伟大旗帜，在省委和常州市委的坚强领导下，团结带领全市各级党组织和广大党员干部群众，奋力迈向苏南第一方阵，奋力建设长三角生态创新示范城市，奋力谱写溧阳绿色现代化崭新篇章，以优异成绩迎接党的二十大胜利召开！

政府工作报告

——在溧阳市第十七届人民代表大会第一次会议上

溧阳市人民政府市长　叶明华

(2022 年 1 月 5 日)

各位代表：

现在，我代表市人民政府向大会报告工作，请予审议，并请市政协委员和其他列席人员提出意见。

2021 年工作总结和本届政府工作回顾

2021 年是“十四五”的开局之年，是建党 100 周年的特别之年，也是“两个一百年”的交汇之年。我们全面贯彻习近平新时代中国特色社会主义思想，坚决扛起“争当表率、争做示范、走在前列”的光荣使命，在市委的坚强领导下，在市人大、市政协的监督支持下，团结和依靠全市人民，聚焦建设长三角生态创新示范城市奋斗愿景，突出“生态品质巩固提升年”工作主题，开拓创新、克难奋进，不仅胜利完成了市十六届人大五次会议确定的各项目标任务，而且在打基础、利长远的事业上取得了积极进展，更以高质量发展的崭新业绩献礼建党 100 周年。

开局之年呈开拓之势，加快崛起的势头更加昂扬。在“十四五”的开局之年，我们统筹推进疫情防控和经济社会发展，全力奔跑、接续奋斗，呈现出加速崛起的强劲势头和令人期待的发展前景。经济发展在疫后重振中全面恢复，主要经济指标均保持两位数增长；地区生产总值增长 10.1%，一般公共预算收入增长 18.3%，全体居民人均可支配收入增长 9.7%，增速均位列常州第一；重大项目招引、实际利用外资等重点指标，超额完成年度目标任务。全年地区生产总值达 1261.3 亿元，工业应税销售收入 2422.9 亿元，企稳向好的态势日益明显。聚焦千亿级产业集群培育，深化招商引资“月通报、夺红旗”活动，加快“五大创新基地”[1] 建设，掀起攻坚重大项目热潮，全年签约总投资 10 亿元以上项目 43 个，其中时代上汽(二期)、德龙冷轧、瓦屋山低碳城等百亿项目接续突破，积蓄了跨越赶超澎湃动能。更为关键的是，我们在总结经验、科学谋划溧阳“十四五”发展的基础上，全面布局争创公园城市、全域旅游、产业集群、乡村建设、区域协作“五个示范”，掀起了建设长三角生态创新示范城市的热潮！

特别之年有特色之为，先行先试的步伐更加坚实。在建党 100 周年的特别之年，我们以“九大国家级试点”[2] 为抓手，致力为苏南现代化建设先行示范区创造绿色崛起的县域样板。全国城市基层党建工作掷地有声，城市党建馆打造城市红色新地标，沙河精神展览馆激励天目湖开发三十周年再出发；新时代文明实践提质增效，高水平通过中央、省文明城市现场测评，全省试点地区乡村“复兴少年宫”建成启用现场观摩活动在溧举行；城乡融合“五大试点任务”[3] 稳步推进，农村宅基地制度改革持续深化，宅基地资格权“有偿退出”完成商品房、现金置换 1.4 万余户；作为江苏唯一入选国家发改委的全国新型城镇化建设直接联系点，与北京中关村共建高新区被国家发改委作为典型经验推广；溧阳高新区入选全国唯一县级以升促建国高新调研单位，创新驱动指数连续三年保持全省第一；农村公路管理养护体制改革试点不断深化；“五堂一站”[4] 入选全国乡村治理典型案例，八字桥村、庆丰村获评全国乡村治理示范村，戴南村获评全国民主法治示范村。公务员绩效管理试点成效明显。在多重试点利好叠加下，我们勇当“拓荒者”，勇闯“无人区”，努力在现代化建设这个时代命题中试出特色、当好先锋，奋力开创溧阳现代化建设新局面！

交汇之年交精彩之作，争先创优的氛围更加浓厚。在“两个一百年”的交汇之年，我们以党史学习教育锤炼过硬作风，深入开展“三效三提”[5] 活动，各项亮点成绩精彩纷呈，交出了令社会各界较为满意的答卷。“十项工作”[6] 获省政府激励表彰，激励事项数位居全省县（市、区）第一。乡村振兴、财政工作获省绩效考核第一等次。高质量发展考核位列全省县(市、区)第九,荣获推进高质量发展先进县(市、区)。位居2021年营商环境百强县（市）第18位，中国最具发展潜力百佳县（市）第14位。全国县城补短板强弱项现场会、电动中国发展战略研讨会、国家智慧健康城市峰会等20余场高规格会议聚焦溧阳，安徽省党政代表团赴江苏学习考察首站选择溧阳，央媒高频报道“溧阳经验”让全国惊艳。在迈向第二个百年奋斗目标新的赶考路上，我们把“争第一、创唯一”写在发展旗帜上,努力在江苏“争当表率、争做示范、走在前列”的光荣使命中彰显溧阳作为!

这一年，我们坚持以党建引领发展，落实全面从严治党，切实发挥政府党组在奋进新征程中把方向、揽大局、抓推进、促落实的重要作用，主要做了以下几方面工作：

一、全力抓好经济运行,呈现了稳中提质新态势。坚持用稳增长的硬措施落实好促发展的硬道理，经济运行稳中有进、稳中提质、稳中向好。多措并举稳定增长。在常州率先推出“春节暖心惠企政策大礼包”鼓励外来员工留溧过年，一揽子实打实的暖心举措广受好评。工业经济运行稳中有进。实施工业经济跃升行动，全年新增规模以上工业企业120家，新增销售超亿元企业58家。规上工业产值、工业应税销售收入分别增长31.8%和37.5%。上上电缆应税销售突破300亿元，连续三届获评“中国质量奖提名奖”。江苏时代应税销售收入突破200亿元。“四大重点产业”[7]产值增长62.5%、高于规上工业产值30.7个百分点。其中动力电池产业产值、销售、入库税收分别增长134.5%、162.6%、336.2%，出货量占全省的50%以上。工业入库税收增长30.9%。纳税超亿元企业20家，江苏时代、金峰集团纳税超10亿元。规上工业亩均产值、亩均税收分别增长19.5%、19.4%。规上工业总产值能耗同比下降27.7%。现代服务业稳中提质。重磅推出南京都市圈“惠”游溧阳活动，卓有成效地举办茶叶节暨旅游节、丰收节、迷笛音乐节等系列文旅活动。茶旅融合跻身全国县域十强。入选首批省级文旅消费试点单位，天目湖夜间文旅消费集聚区入选省级建设单位。天目湖旅游度假区入选国家级森林康养试点建设基地。牛马塘村、塘马村、杨家村获评省乡村旅游重点村。建筑业保持良好态势。建筑业施工总产值1124亿元、入库税收27.5亿元，分别增长12%和24.4%。现代农业稳产增效。粮食生产再获丰收，新增4个省现代农业产业技术体系基地、1个区域公用品牌、9个省级“一园两基地”[8]。持之以恒聚焦创新。深入实施创新驱动发展战略，高新技术产业产值增长53.7%，搭建重大科技创新平台4家，新认定国家专精特新“小巨人”企业3家、省级以上“三站三中心”[9]12家。中南生物夺得省科学技术一等奖，安靠智电荣获首届省科技创新发展奖。“名城名校合作行·创新创业赢未来”活动成效明显。18位两院院士和27位知名专家学者为溧阳高质量发展献计出力。入选全省首批创新型示范县。强化要素激发活力。初步完成国土空间规划编制，向上争取用地指标5000余亩。向上争取各类地方政府债券资金76.91亿元。其中新增债券62.61亿元，占全常州争取总额的30.2%。全辖金融机构本外币各项贷款新增195.08亿元，余额达1325.78亿元。完成白鹤滩——江苏特高压直流输电工程（溧阳段）和龙政直流线路迁改，全力保障企业正常生产用电用能，天然气供应量增长35%。“招工引匠”扎实推进，招引劳动力3万余人，有效缓解企业“用工难”。

二、持续突破重点项目,掀起了固本强基新热潮。坚持把项目建设作为推动发展的第一引擎，依靠项目增量的投入、内涵的深化，厚植加速崛起的基础。项目建设持续加力。完善市领导挂钩服务项目制度，每月组织重大项目集中开工活动，全力以赴推动项目早开工、快建设、早达产。入选省级重大项目7个、常州市级重大项目15个。江苏时代(四期)当年开工、当年首批产品下线，时代上汽（二期）、德龙冷轧等重大项目当年签约、当年开工，赛得利、曹山未来城等一批项目加快推进，璞泰来（二期）等重点项目竣工达产。全社会固定资产投资增长8%，工业投入增长25.7%。载体建设提档升级。中科院物理所长三角研究中心揭牌投用，重庆大学智慧城市研究院、东南大学溧阳基础设施安全与智慧技术创新中心、上海交通大学溧阳智能制造研究院等高端科研载体相继落户。经济开发区全省综合发展排名较上年跃升11位，苏皖合作示范区加快建设，现代农业产业园雏形初显。打造一流营商环境。大力创建新时代“两个健康”[10]先行区，举办企业家焦尾琴沙龙，深入开展企业大走访和政银企对接活动，积极帮助企业排忧解难。全面落实助企纾困政策，减税降费8.5亿元。深化“放管服”改革，落实“一网通办”，创新“省内通办”“跨省通办”，“1230”[11]限时办结率达99.5%。强化企业“全生命周期”服务，推行重点工业项目“联合竣工验收”，公共资源交易中心跻身全国十佳，营商环境持续优化。

三、大力推进城乡统筹，焕发了欣欣向荣新气象。坚持把公园城市建设寓于城乡融合发展之中，省级美丽宜居城市试点建设不断深化。城市品质持续提升。天目湖生命康原建设全面推进，完成“溧阳十二望楼景观廊”方案设计，焦尾琴公园隧道双线贯通，“溧阳1号公路”品质持续提升，景詹沙河大桥成为网红打卡点。溧阳港全面启动建设，溧高高速、南部山区旅游道路等骨干道路建成通车。宝塔湾遗址公园建设如火如荼，危旧房变身“口袋公园”。开展违法建设、违规停车等专项整治，拆除违建26.3万平方米，城区新增停车泊位1000余个。城乡一体化管理量质并进，城市长效管理考核稳居常州第一，园林绿化管理精细化水平位居全省前列。乡村建设成效显著。深化美意田园行动，持续提升农村人居环境，李家园村、里方村、上桂林村、钟家村获评省级特色田园乡村，省级特色田园乡村达11个，总数保持全省第一方阵。全省城乡公交一体化暨绿色出行创建工作现场会在溧举办，城乡居民公交出行享受同等待遇，日均客流量增长26.8%。城乡供水一体化让偏远山区群众都喝上放心水、优质水。高质量完成村（社区）“两委”换届。生态文明进程加快。深入开展突出环境问题整改“百日攻坚”，打好污染防治攻坚战考核位居常州前列。对挥发性有机物排放重点企业推行“一企一策”综合整治，全市$PM_{2.5}$平均浓度为31.9微克／立方米，空气优良天数比例86.6%，两项指标均创新世纪以来最好水平。大力推动金峰、天山运输廊道建设。全面提升固废污染防治能力。持续推进天目湖流域污染控制与水质提升，国省考断面水质优Ⅲ比例保持100%。

四、始终聚焦民生短板，开启了和谐稳定新局面。聚力“实事百件践初心”，扎实开展“两在两同”建新功行动[12]，人代会确定的民生实事项目高质量落地，民生支出占一般公共预算支出比重达78%。社会保障稳步提升。全力以赴稳就业，城镇登记失业率2%以下。全省首创低保边缘家庭结对帮扶，低保标准提高到940元／人·月，农村特困人员供养标准提高到1222元／人·月。被确定为全民医疗保障规划实施国家联系点。在建安置房129万平方米，竣工63万平方米。新增各类保障性租赁住房5367套。社会事业全面进步。落实“双减”[13]政策初见成效，加快推进23所学校建设，新增学位超3500个。与南师大共建附小附幼，溧阳中专成为江苏联合职业技术学院办学单位。省人民医院溧阳分院普外科建成全市首个省级临床重点专科，省中医院溧阳分院新院区建设进展顺利，改扩建4家乡镇卫生院，新建26个标准化村级卫生室。社会大局平稳有序。毫不松懈、从严从紧抓好常态化疫情防控，筑牢“外防输入、内防反弹”的铜墙铁壁。扎实做好建党100周年安保维稳，“平安溧阳”建设、“八五”普法深入开展，竹箦派出所被公安部荣记集体一等功，市交警大队被授予“全国公安机关成绩突出交警大队。”信访积案“百案攻坚”成效显著，获评全国信访工作“三无”县，王颖同志荣获全国“最美公务员”称号。高质量推进省级安全发展示范城市创建，开展安全生产隐患整治“百日攻坚”，实施“危污乱散低”企业出清提升行动，安全生产形势持续稳定向好。同时，人民武装、退役军人事务、供销合作、妇女儿童、审计、统计、民防、气象、住房公积金、邮政、通信、海关、烟草、盐务、防震减灾、消防救援、新闻出版、民族、宗教、地方志、科普、红十字、外事、侨务、台湾事务、慈善、老龄、残联、对口支援等工作取得新成绩。

各位代表，过去一年的努力实现了“十四五”的精彩开局，为本届政府的五年任期画上了圆满的句号。过去五年，是溧阳应对重大挑战、经受重大考验、实现重大发展的五年。

——这是“团结奋进”的五年，我们万众一心克时艰，交出了一份好于预期的精彩答卷。五年来，无论是面对宏观形势复杂多变、经济下行压力加大的严峻挑战，还是遭遇特大洪水、暴雪台风等自然灾害的严酷考验，抑或直面全球疫情的严重冲击，全市上下众志成城、克难奋进，经受住了严峻挑战、严酷考验、严重冲击，不仅完成了本届政府的各项既定目标任务，晋级GDP“千亿俱乐部”，税收收入在减税降费背景下持续突破百亿，人均GDP突破2万美元，综合实力位居全国百强县（市）第25位；而且以重大项目突破、全域旅游发展、全国文明城市创建“三大任务”和“三城联创”[14]的超预期成绩刷新了发展高度，五年引进百亿项目9个，“四大经济”[15]增加值占比54.5%，“溧阳1号公路”、溧阳茶舍以及乡村游、研学游等新兴业态引爆全域旅游，创成国家全域旅游示范区，蝉联“全国文明城市”殊荣；更是高质量完成脱贫攻坚任务、高水平全面建成小康社会，位居“2020中国县级市全面小康指数百强”第19位，社会主义现代化建设试点走在全省前列，跃居“2021中国县级市基本现代化指数百强榜单”第18位。实践证明，唯有团结，方能战胜一切，务必要“依靠溧阳人，办好溧阳事”！

——这是“开放赋能”的五年，我们登高望远谋大势，创出了一片协同共享的广阔空间。五年来，我们冲破“县级市思维”，把溧阳放到长三角乃至更广空间去谋划。坚持交通先行，推动宁杭高铁直达60多个地级以上城市，通用机场试飞成功抢占通航发展先机。实施“聚焦上海、远拓京深，联动六县、融宁接杭”战略，推动上海优质资源资本更多涌入溧阳，全力攻坚北京、深圳等区域招商，首倡苏皖合作示范区建设获国家发改委批复，携手“一地六县”[16]共建长三角产业合作区，深度融入南京、杭州都市圈。调整变更部分行政区划，溧阳经济开发区主战场移师上兴，启动建设天目湖生命康原和现代农业产业园，谋划建设江苏中关村科技产业城，全面优化县域生产力布局。无论是区域联动发展、空间布局优化等“大事”的系统谋划，还是敞墙透绿、凡人善举等“要事”的循序推进，更加开放的溧阳愈发大气雍容、气象万千。实践证明，唯有开放，方能迸发活力，务必要“放眼大趋势，共赢成大事”！

——这是“创新作为”的五年，我们敢闯敢试为人先，闯出了一番领先率先的靓溧精彩。五年来，我们大力弘扬“勇争一流、耻为二手”精神，奏响了“争第一、创唯一”的溧阳最强音。肩负九大国家级试点任务，建成两大国家级湿地公园，“三生共融”样本、乡村振兴实践、生态产品交易市场等探索被国家部委推广，这每一个“国家级”的背后，无不凝聚着全市上下高点定位、奋发有为。荣膺“中国创新榜样，”入选国家园林城市、全国“绿水青山就是金山银山”实践创新基地，这每一份沉甸甸荣誉的背后，无不展现着广大干部群众的勇于争先、敢为人先。上上电缆、华鹏变压器获评国家制造业单项冠军，金峰集团、江苏国强上榜“2021中国民营企业500强”，安靠智电市值突破百亿；宁德时代与上汽联手引领“电动溧阳”建设，德龙布局高端不锈钢基地；天目湖、曹山未来城定位长三角文旅标杆，悠然南山点燃田园梦想；建筑业迈上千亿台阶，电梯安装成为“讲溧阳话的行业”，这每一步坚实足迹的背后，无不折射着广大企业家的激情奋斗、自强不息。实践证明，唯有创新，方能走在前列，务必要“闯出新作为，争创第一流”！

——这是“实干担当”的五年，我们撸起袖子加油干，干出了一派生机勃勃的崭新气象。五年来，我们坚持以人民为中心，担当作为、苦干实干，不断提升群众的获得感、满意度。创新民生实事人大代表票决机制，每年兴办一批民生实事。城乡居民人均可支配收入年均增长8.4%，城乡居民收入比缩小到1.81∶1。发力最普惠的民生福祉，立法保护天目湖水源地，天目湖两大水库上游获批省级生态安全缓冲区，源头整治矿产品生产运输秩序，获评国家生态文明建设示范市。南京航空航天大学、省人民医院、省中医院纷纷入驻，低保、农保、社保“三大保障”高水平覆盖，区域供水、治污、农污“三大工程”高效率推进，如意小食堂、星级公厕等“微民生”品牌，让群众体验更多温暖与温情。网格规范达标率、法治建设满意度、公众安全感全省领先，让群众感到更多安心与安定。实践证明，唯有实干，方能行稳致远，务必要“担当挺在前，吃苦为人民”！

各位代表、同志们！这些成绩的取得，是市委正确领导、统揽全局的结果，是市人大和市政协有效监督与大力支持的结果，是全市人民共同努力的结果。在此，我代表市人民政府，向全市广大干部群众，向市人大代表、政协委员，向各民主党派、工商联、人民团体、离退休老同志、无党派人士，向驻溧部队、在溧高校，向所有参与和关心、支持溧阳改革发展的社会各界人士，表示衷心感谢和崇高敬意！

在充分肯定成绩的同时，我们应清醒认识到，在世纪疫情冲击下，百年变局加速演进，外部环境更趋复杂严峻和不确定，前进的道路上还有诸多问题：“六稳”[17]“六保”[18]任务依然艰巨繁重，稳增长仍是当前第一要务；创新发展任重道远，产业集群培育步伐亟待加快；生态文明、城乡建设、公共服务还有短板，民生改善仍需努力；政府系统作风建设有待加强，营商环境还需优化。对此，我们将高度重视，采取有力措施，切实加以解决。

今后五年奋斗目标和2022年政府工作建议

各位代表，新一届政府任期的五年，我们昂首奔跑在实现第二个百年奋斗目标新的赶考路上，要找准发展坐标，顺势而为、主动作为、走在前列。在新的赶考路上，我们要在切实扛起三大光荣使命中勇挑重担。始终牢记习近平总书记的殷殷嘱托，坚决扛起“争当表率、争做示范、走在前列”的光荣使命，争先创优、拼搏进取，推动各项工作走在全省乃至全国前列，奋力建设“强富美高”新溧阳。在新的赶考路上，我们要在扎实推进现代化的历史进程中勇往直前。立足溧阳发展实际和资源禀赋，准确把握社会主义现代化的科学内涵，赓续生态创新之路，促进城乡融合发展，推动群众共同富裕，奋力跑好绿色现代化新征程。在新的赶考路上，我们要在深刻践行“532”发展战略[19]的干事热潮中勇当先锋。坚持将“532”发展战略贯穿落实到溧阳发展全过程、全领域，立足常溧一体化定位，在助力常州加快建设“五大中轴”上体现溧阳作为，在贯彻常州高标准打造“三个中心”上彰显溧阳特色，在落实常州不断提升“两个示范区”建设水平上展示溧阳担当。在新的赶考路上，我们要在全力争创“五个示范”的生动实践中勇开新局。聚焦建设长三角生态创新示范城市，全力以赴争创公园城市、全域旅游、产业集群、乡村建设、区域协作“五个示范”，努力使“处处绿水青山，家家金山银山，人人寿比南山”成为现实模样。

今后五年政府工作的总体要求是：更加紧密地团结在以习近平同志为核心的党中央周围，全面贯彻落实习近平新时代中国特色社会主义思想，高举中国特色社会主义伟大旗帜，深入贯彻习近平总书记对江苏工作重要指示精神和党中央重大决策部署，坚持稳中求进工作总基调，完整、准确、全面贯彻新发展理念，以建设长三角生态创新示范城市服务和融入新发展格局，全力争创公园城市、全域旅游、产业集群、乡村建设、区域协作“五个示范”，奋力谱写“强富美高”新溧阳现代化建设新篇章，努力为常州“532”发展战略贡献溧阳力量，为苏南现代化建设先行示范区提供绿色崛起的县域样板。

今后五年政府工作的奋斗目标和行动指南是：

——坚持创新驱动，显著提升综合发展实力。深化创新驱动发展战略，高端科创平台加速集聚，企业自主创新能力大幅提升，各类人才活力充分涌动，江苏中关村科技产业城建设成型成势，创成国家级高新区。聚焦争创产业集群示范，建成“2+2+X”先进制造产业集群体系[20]。到2026年底，力争地区生产总值突破1800亿元，一般公共预算收入突破130亿元，规上工业企业超1000家，工业经济总量突破5000亿元，综合实力迈向苏南第一方阵。

——坚持民生优先，显著提升人民生活品质。基本公共服务供给更加优质均衡，创成国家级义务教育优质均衡发展县，建成国家健康医疗大数据应用示范中心与产业园，构建苏皖边界地区医疗高地，多层次社会保障体系更趋完善，在更高水平上实现幼有所育、学有所教、劳有所得、病有所医、老有所养、住有所居、弱有所扶，让人民群众享有更多的获得感和幸福感。

——坚持三生共融，显著提升生态环境质量。生态文明建设实现新进步，公园城市气质全面展现，在构建“三生共融”空间格局上形成范式。绿色转型成效显著，实现“双碳”目标迈出关键步伐。全面激活生态价值，创新更多“两山”转化路径。持续释放生态红利，争创全域旅游示范，塑造千亿级休闲健康经济，在建设富有文化底蕴的世界级旅游度假区上走在前列。

——坚持以文化人，显著提升社会文明程度。围绕举旗帜、聚民心、育新人、兴文化、展形象的使命任务，坚持以社会主义核心价值观引领文化建设，高位创建全国文明典范城市。繁荣发展文化事业，提升公共文化服务水平，健全现代文化产业体系，力争创成国家历史文化名城。地方文化品牌、乡土文化标识充分彰显，“美音自在溧阳”城市品牌全国知晓、长三角知名。

——坚持城乡融合，显著提升共同富裕水平。城镇化进程全面提速，迈进中等城市规模，城市建成区人口突破50万人，城市化率超过65%。城市更新焕发活力，创成中国人居环境奖。实现国家级农业产业园和农业产业化龙头企业“双突破”，创成国家绿色农业发展先行区和全国农村一二三产业融合发展先导区，迈出城乡融合新步。城乡居民人均可支配收入差距显著缩小，共同富裕取得更为明显的实质性进展。

——坚持系统思维，显著提升社会治理效能。以系统思维推进市域社会治理现代化，党的全面领导落实到各领域各方面的高效执行体系基本形成。法治溧阳、平安溧阳纵深推进，应急管理、防范化解重大风险的能力显著提升，县域营商环境、法治环境建设进入全国前列，乡村治理体系成为全国样板，创成国家数字乡村试点县，城乡治理能力现代化水平不断提升。

五年发展，起好步是关键。2022年是新一届政府的起始之年，也是为“十四五”发展夯实基础的关键一年，做好今年工作意义重大。我们要坚持以经济建设为中心，坚持稳字当头、稳中求进，全面贯彻落实市委总体部署，突出“文旅融合巩固突破年”工作主题，更好统筹疫情防控和经济社会发展，统筹发展和安全，凝心聚力、开拓创新，以崭新业绩迎接党的二十大胜利召开。

2022年主要预期目标是：地区生产总值增长8%左右；一般公共预算收入增长8%左右；全社会固

定资产投资增长10%；规上工业总产值增长16%；全体居民人均可支配收入增长9%。实际到账外资、进出口总额、R&D经费占比、污染防治攻坚等稳中提质，单位地区生产总值能耗、二氧化碳排放量下降完成年度目标任务。

围绕上述目标任务，我们将重点抓好以下四个方面的工作：

一、坚持以稳中求进为基调，更加注重创新驱动，努力构筑更具支撑力的产业体系。坚持稳字当头、稳中求进，集中精力抓项目、促投资、育产业、稳增长，推动经济运行保持在合理区间。一是狠抓项目攻坚。扭住项目招引“牛鼻子”。牢固树立“一把手招商”意识，持续用好招商引资“月通报、夺红旗”机制、充分发挥“五大创新基地”作用，狠抓产业链精准招商，既要重大项目“顶天立地”，在基地型旗舰型重特大项目上持续发力，百亿级重大项目和50亿元或5亿美元重大项目持续突破、全年招引10亿元以上项目不少于30个；更要科创项目“铺天盖地”，在科技型成长型项目上持续攻坚，以今天的高质量投资形成明天的先进生产力。跑出项目建设“加速度”。深化重大项目领导挂钩机制，加大督查、调度频次，着力提高重点项目的签约落地率、开工率、投资完成率、竣工率，加快推动德龙高端不锈钢、赛得利等项目建成达产。夯实要素保障“硬支撑”。实现资源集约利用制度全覆盖，强力推进“僵尸企业”出清，加大力度盘活“烂尾厂房”等低效闲置用地，全面开展全域国土综合整治，力争盘活土地3000亩以上，争取土地指标5000亩以上。聚焦专项债券和绿色金融债券等领域，加大向上资金争取力度，争创省级绿色金融改革示范区。强化电力、能源等要素供给，引导金融机构加大对实体经济特别是小微企业、科技创新、绿色发展的支持。发力载体建设“增长极”。统筹“两区两镇”发展，启动建设江苏中关村科技产业城。加快推动高新区创成国家级、进军全国一百强，支持经济开发区持续深化项目突破、载体提升“双轮驱动”，鼓励苏皖合作社渚先导区与郎溪、广德共建国家级经开区，推动长荡湖片区主动融入常州“两湖”创新区。二是培育产业集群。打造规模企业“生力军”。坚持把培育规模企业作为促进产业集群发展的基础，大力实施工业经济跃升行动，力争净增规上工业企业150家以上，新增股改企业15家、上市企业2家。培植产业集群“主筋骨”。以“电动溧阳”建设为引领，紧密联合中科院物理所长三角研究中心做强创新链，鼓励天目先导、卓高等企业做大做强动力电池材料环节，江苏时代、上汽时代等龙头企业做优做精动力电池制造环节，支持发展动力电池回收与再利用，探索建立储能交易市场，加速打造千亿级动力电池产业集群。以德龙项目建设为龙头，加快集聚一批高品质不锈钢制造企业，规划布局高端不锈钢交易市场和高端不锈钢产业园，着力培育千亿级高端不锈钢产业集群。巩固提升智能电网、智能装备等传统优势产业，聚力新型电力和新能源装备集群发展，加快形成2个五百亿级产业集群，培育若干个有溧阳特色的百亿级产业集群。擦亮千亿级建安产业“金招牌”，力争全年施工产值增长8%、纳税增长10%。三是强化创新驱动。点燃人才集聚“新引擎”。深化“三招三引”[21]，全面释放“天目湖英才榜”政策红利，巩固深化“名城名校合作行·创新创业赢未来”活动成果，加速集聚科学家、投资家、企业家等“高精尖缺”人才，力争引进高层次人才1000名以上；大力培育知识型、技能型、创新型产业工人大军，帮助企业招引各类人才3万人以上。强化知识产权创造运用保护，高标准打造江苏知识产权强省建设示范市。优化创新驱动“生态链”。促进产业链创新链深度融合，在布局新型研发机构、重点实验室、技术中心等产学研实体，以及引育国家级产业研究院和院士工作站上实现新突破。强化企业创新“主力军”。深入实施高新技术企业“倍增计划”，打造“独角兽+瞪羚+种子”企业梯队，认定高新技术企业80家以上。健全创新激励机制，力争实施重大产学研合作项目60项以上，新增省级以上“三站三中心”15家以上，掀起“大众创业、万众创新”的新热潮。

二、坚持以生态涵养为基底，更加注重文旅融合，努力形成更具爆发力的动力引擎。聚焦“文旅融合巩固突破年”主题，以“主客共享”的全域旅游理念为引领，加快建设富有文化底蕴的世界级旅游度假区。一是夯实生态品质基底。深入打好污染防治攻坚战，坚持减污降碳协同增效，围绕重污染天气、黑臭水体、土壤污染、农业面源污染等环境问题，强化精准治污、科学治污、依法治污，更高标准守护蓝天、碧水、净土。提“气质”让空气常新。以$PM_{2.5}$与臭氧协同控制为重点，优化产业、能源、运输结构，有序推进清洁原料替代工程，空气质量排名进入全省第一方阵。净“水质”让碧水长流。扎实推进河湖长制、断面长制工作，全面开展河道清淤轮疏，实施支流支浜“一河一策”整治，确保10个国省考断面水质优Ⅲ比例

100%，努力实现部分河道Ⅱ类水目标。强化跨区域生态环境共保联治，促进天目湖水源地水质持续向好。优“土质”让青山常在。加强涉矿区域环境综合整治，建成矿产品运输廊道。深入推进小微产废企业危险废物集中收集体系建设，建成城市建筑垃圾转运综合体，不断提升固废污染防治水平。二是深化全域旅游开发。发力文旅项目突破。紧盯国际顶级品牌酒店、高端文旅综合体，招引重大文旅项目10个以上。加快推进重点文旅项目建设，确保瑞吉酒店、大溪文旅综合体等10个文旅项目开工建设，曹山未来城会议会展中心、方所文化村首店等10个文旅项目竣工投运。全面丰富旅游业态。进一步促进茶旅、农旅融合，深入实施民宿品质提升三年行动，建设高品质民宿集聚村1～3个、星级“溧阳茶舍”10家以上，系统推出乡村旅游精品线路2～3条、争创省级以上乡村旅游重点村2个，戴埠创成全国乡村旅游重点镇，全力打造全国休闲农业重点县。深化省级文旅消费试点建设，大力发展首店经济、首发经济、夜经济。探索工旅融合，启动国信抽水蓄能电站工业旅游开发，积极推进房车生活家工业旅游示范基地创建。狠抓文旅载体建设。高品质打造天目湖、南山片区度假康养产品集聚区，高标准推动曹山创建国家级旅游度假区，高起点深化瓦屋山、长荡湖旅游开发规划研究，全力塑造高水平的全域旅游空间。三是促进文旅融合发展。高起点对标国家历史文化名城申报标准，确定“路线图”、绘好“时间表”、制定“任务书”，力争年内创成省级历史文化名城。全面梳理历史文脉。大力宣传新四军江南指挥部纪念馆、塘马战斗遗址等红色基因，打响水西村长三角红色研学第一村品牌；保护历史文化遗存，加快历史街区营建进度，大力繁荣乡土文化，充分展现“藏在深闺人未识”的溧阳历史文化资源。创新文旅体验产品。聚力实现旅游演艺产品零突破、打造“溧阳早茶”品牌、提升“溧阳1号公路”文化内涵，开发特色文创产品，让溧阳旅游有更多的“看点”、更好的“卖点”。强化城市宣传推介。积极举办迷笛音乐节、全国性体育赛事等活动，唱响“春探茶旅飘香、夏享爱情泼水、秋寻田园丰收、冬游团城灯会”的全域旅游四季歌，让“美音自在溧阳”城市品牌享誉全国。

三、坚持以城乡融合为方向，更加注重内涵提升，努力打造更具亲和力的宜居城市。以公园城市理念为引领，把握全省美丽宜居城市建设综合试点契机，高标准争创中国人居环境奖。一是坚持交通先行。聚焦打造苏西南交通枢纽，加快规划融入、路径选择等研究工作。大力提升高铁直达班次和城市覆盖率。溧宁高速建成通车，社渚、周城互通同步投运。完成341省道竹箦段改扩建二期工程、社梅合作先导区连接线等重点工程，加快建设溧阳港，提高对外交通能力。健全完善南部山区、农业产业园路网体系，推进清溪路、棠下路、奥体大道南延、码头街西延等道路建设，聚力打通一批断头路，提升城市畅通水平。二是提升城市品质。在巩固全国文明城市建设成果的基础上，持续加强文明城市常态长效建设，充分发挥好新时代文明实践中心（所、站）和乡村“复兴少年宫”平台作用，奋力打造全国文明典范城市的县域样板。高标准完成生命康原城市总体设计，加大征地征收、企业搬迁力度，加快天目湖生命康原建设进程，完成南航（二期）、省中医院溧阳分院新院区、永平初中等项目建设。加快推进“溧阳琴廊”全线规划落地，全面完成“溧阳十二望楼景观廊”建设，构建独具魅力的城市标识。统筹老小区整治提升与危旧房集中连片改造，提升改造美景天城、古道巷等12个老旧小区，城市化改造王家村等3个城中村，着力推进既有住宅加装电梯。注重集镇建设，努力实现建制镇美丽宜居建设、被撤并乡镇集镇环境提升“两个全覆盖”。三是狠抓乡村建设。以城乡融合发展试验区建设为契机，稳慎探索农村宅基地“三权分置”改革，深化全国乡村治理体系试点县建设，努力提供更多实践经验和现实案例。统筹推进美意田园和美韵乡居行动，实现美丽宜居村庄规划发展村全覆盖，争创省级特色田园乡村5个以上。加强农村危房排查，建设农民集中居住点15个以上。大力提高农业综合生产能力，积极创建省级绿色优质农产品基地，巩固提升白茶、白芹等特色优质农产品品牌，加快发展农产品精深加工，深入推进电子商务进农村。聚焦创建国家级农业产业园，进一步完善规划设计，大力畅通园区与外部的交通联系，新认定常州市级以上龙头农业企业5家，努力在现代农业产业园建设上形成声势。

四、坚持以共同富裕为目标，更加注重民生改善，努力建设更具向心力的幸福家园。坚持聚焦民生关切，加强服务供给，切实让发展更有温度、幸福更具质感。一是聚力富民增收。研究制定共同富裕政策举措，拓宽城乡居民增收渠道，缩小城乡居民收入差距，不断壮大中等收入群体。深入实施就业优先战略和积极就业政策，着力解决好高校毕业生、退役军人、农民工等重点群体的就业增收问题。

健全覆盖城乡的社会保障体系，深化低保边缘家庭结对帮扶，做好社会救助、福利和慈善工作，让困难群众生活一年更比一年好。深入开展“领导挂钩、企业联村、干部帮户”行动，持续推动富民强村。租售并举构建住房保障体系，完善商品房销售价格引导机制，加快人才公寓和安置房建设，确保房价稳定在合理区间。二是创优公共服务。深入落实“双减”政策，推动中小学课后服务提质增效。加快推动高中入城步伐，实施南师附小附幼、双语幼儿园等一批校舍新建和扩建项目，新增学位超4700个，力争引进省内外名校合作办学项目1～2个。溧阳中专升格为江苏联合职业技术学院分院。推动“健康溧阳”建设，持续深化“院府合作”内涵，完善院前急救网络体系，提档升级基层医疗机构建设和管理水平。深化公办养老机构改革，打造“15分钟”社区居家养老服务生活圈，市老年人供养中心建成投用。积极打造“全科社工”服务模式，大力提升村（社区）服务能力现代化水平。三是维护安全稳定。坚持“外防输入、内防反弹”总策略和“动态清零”总方针不动摇，健全完善平急转换机制，持续做好常态化疫情防控。用法治思维统揽稳定工作，推进信访法治化建设，全力攻坚化解信访积案，及时就地解决群众合理诉求。建立健全扫黑除恶长效常治制度，高质量建设“雪亮工程”，构建升级版治安防控体系，努力建设更高水平的“平安溧阳”。落实最严格安全生产责任和管理制度，深入开展安全生产“大排查、大整治”，建立现代化应急管理体制和高效的应急救援能力体系，努力创成省级安全发展示范城市。

悠悠万事，民生为重。今年，我们选排了8个方面28项民生实事候选项目，提交各位代表进行大会票决后，实行清单式管理、项目化推进，着力解决好人民群众的操心事、烦心事、揪心事，努力让人民群众有更多的获得感、幸福感、安全感。

建设为民务实清廉的人民政府

各位代表！初心如磐，使命在肩。在绿色现代化建设新征程中，新一届政府将自觉落实“两个确立”的伟大意义和实践要求，牢固树立“四个意识”、坚定“四个自信”、做到“两个维护”，全面加强政府自身建设，努力建设让人民群众更加满意的政府。

夯实为民之基。坚持把党的领导贯穿到政府工作全过程，深入推进“我为群众办实事”实践活动和“两在两同”建新功行动。推动“两个健康”先行区创建走深走实，推进“两大功臣”[22]评选，建立制度化、常态化政企沟通渠道，把企业发展的痛点、堵点、难点作为政府改进服务的重点，及时研究制订更多“合身”“解渴”“有感”的政策措施，切实以公正监管保障公平竞争、引导市场预期，全面提振市场主体信心，营造政企同心共克时艰、共赢未来的浓厚氛围。持续深化“放管服”改革，推进“一件事一次办一窗办”，构建跨省“一地六县”大数据共享平台，奋力在营商环境评价中争先进位。自觉接受人大、政协监督，高质量办好议案建议和提案。积极回应群众呼声，努力创造经得起人民检验的过硬业绩，切实以政府的“辛苦指数”提升人民群众的“幸福指数”。

弘扬务实之风。坚持纠“四风”与树新风并举、破“三气”[23]与提“三效”[24]并重，深入开展“三效三提”专项行动，落实容错机制，引导激励政府工作人员勇于担当、善于作为。坚持高质量发展，坚持以经济建设为中心，努力推动经济实现质的稳步提升和量的合理增长。研究谋划促进数字经济发展的政策举措，探索统筹数字经济、数字政府、数字社会生态体系建设。强化集成改革，统筹九大国家级试点，集成提升试点经验，打造更多“溧阳样本”。把握长三角一体化、南京都市圈、常溧一体化发展等叠加机遇，向上争取更多资金资源。拓展“碳汇溧阳”应用场景，争创国家低碳城市试点、国家“碳中和”示范区和国家生态产品价值实现机制试点城市。加大重点建设区域土地净空和园区企业搬迁力度，做好零星地块整治、零散村庄迁移等资源整合，推进区域水电气等管廊一体化建设，为重大产业项目、重要功能载体落地创造条件。大力弘扬求真务实、马上就办之风，切实以政府的“效率指数”提升经济社会的“发展指数”。

绷紧清廉之弦。坚守廉洁从政底线，认真履行“一岗双责”，深化廉政风险防控，锲而不舍贯彻中央八项规定及其实施细则精神。坚持厉行勤俭节约，带头过紧日子，持续压降一般性支出和“三公”经费。强化国有企事业单位债务融资管控，加快推进国有平台公司整合提升和市场化转型，进一步规范投融资行为，有效遏制增量、稳妥化解存量，坚决防范化解债务风险。严格落实重大行政决策程序，严肃规范招投标行为，严实用好公共资源交易平台，切实做到“法定职责必须为，法无授权不可为”。全面推行“八五”普法，强化依法行政，创成全国法治政府建设示范市。强化行政监察和审计监督，突出抓好公共资金、国有资产、国有资源等重点领域监管，更好发挥“经济体检”功能。严格落实党风廉政建设责任制，筑牢防线、守住底线、不越红线，树立风清气正的政治生态，切实以政府的“清廉指数”提升人民群众的“满意指数”。

各位代表！伟大的时代，崇高的事业，唯有不忘初心，方能不负百姓；唯有脚踏实地，方能行稳致远；唯有开拓创新，方能再创辉煌。让我们更加紧密地团结在以习近平同志为核心的党中央周围，在中共溧阳市委的正确领导下，继往开来再出发，团结实干谱新篇，加快建设长三角生态创新示范城市，以优异成绩迎接党的二十大胜利召开！

名词解释：

[1] 五大创新基地：即上海、深圳、南京、杭州、苏州创新基地。

[2] 九大国家级试点：即中组部全国城市基层党建工作示范市，中宣部全国新时代文明实践中心试点、全国乡村“复兴少年宫”试点县市，国家发改委城乡融合发展试验区、国家级新型城镇化建设示范县城，科技部县域创建国家级高新区试点，交通运输部、财政部深化农村公路管理养护体制改革试点，农业农村部全国首批乡村治理体系建设试点县、全国农村宅基地制度改革试点。

[3] 城乡融合“五大试点任务”：即建立农村集体经营性建设用地入市制度、建立科技成果入乡转化机制、搭建城乡产业协同发展平台、建立生态产品价值实现机制、健全农民持续增收体制机制。

[4] 五堂一站：即百姓议事堂、如意小食堂、文化小礼堂、幼童小学堂、道德讲堂、心愿树爱心工作站。

[5] 三效三提：即效能提标、效率提速、效绩提质。

[6] 十项工作：即商事制度改革、财政管理、交通建设、发展高新技术产业、养老保险、基层卫生服务能力和队伍建设、河湖长制工作和河湖管理保护、农村人居环境整治、粮食安全与粮食产业发展、落实重大政策措施成效明显 10 项工作。

[7] 四大重点产业：即动力电池、智能电网、农牧与饲料机械和汽车及零部件产业。

[8] 一园两基地：即主题创意农园、农耕实践基地和康美基地。

[9] 三站三中心：即博士后科研工作站、院士工作站、研究生工作站、工程技术研究中心、企业技术中心、工程研究中心。

[10] 两个健康：即非公有制经济健康发展和非公有制经济人士健康成长。

[11] 1230：即开办企业 1 个工作日内完成、不动产登记 2 个工作日内完成、工业建设项目施工许可 30 个工作日内完成。

[12]“两在两同”建新功行动：即“同人民想在一起、干在一起，风雨同舟、同甘共苦，在现代化新征程上建新功”行动。

[13] 双减：即减轻义务教育阶段学生过重作业负担和校外培训负担。

[14] 三城联创：即市十六届人大一次会议提出的创建国家级产城融合示范城市、创建国家生态文明建设示范城市、创建全国文明城市。

[15] 四大经济：即先进制造经济、高端休闲经济、现代健康经济和新型智慧经济。

[16]一地六县：即上海白茅岭农场，江苏溧阳市、宜兴市，浙江长兴县、安吉县，安徽广德市、郎溪县。

[17] 六稳：即稳就业、稳金融、稳外贸、稳外资、稳投资、稳预期。

[18] 六保：即保居民就业、保基本民生、保市场主体、保粮食能源安全、保产业链供应链稳定、保基层运转。

[19]“532”发展战略：即中国共产党常州市第十三次代表大会确立的发展战略，具体内容为加快建设长三角交通中轴、创新中轴、产业中轴、生态中轴、文旅中轴“五大中轴”，高标准打造长三角产业科技创新中心、现代物流中心、休闲度假中心“三个中心”，不断提升城乡融合发展示范区、统筹发展和安全示范区“两个示范区”建设水平。

[20]“2+2+X”先进制造产业集群体系：即依托溧阳本土优势产业，聚焦先进制造经济领域，集中精力打造动力电池、高端不锈钢 2 个全球有影响力的千亿级产业集群，智能电网、智能装备 2 个全国有特色的五百亿级产业集群，以及在航天航空装备、绿色铸造、绿色纤维等战略性新兴产业领域形成若干个有地方特色的产业集群。

[21] 三招三引：即招商引资、招才引智、招工引匠。

[22] 两大功臣：即“溧商回乡创业功臣”和“服务家乡招商引资功臣”。

[23] 破“三气”：即破官气、破骄气、破惰气。

[24] 提“三效”：即提效能、提效率、提效绩。

1 月

4 日　常州市委书记齐家滨带队到溧阳考察经济社会发展情况。

5—7 日　政协溧阳市第十五届委员会第五次会议召开。

6 日　《光明日报》刊登题为《生态创新闯出县域发展新路子》文章，赞扬溧阳生态创新。

6—8 日　溧阳市第十六届人民代表大会第五次会议在市文化艺术中心召开。

8 日　《2021 斯维登 · 胡润最具潜力民宿片区百强榜》名单揭晓，南山竹海度假区位列第九。

9 日　安徽省滁州市委书记张祥安、市长许继伟率党政代表团到溧阳考察交流。

是日　《新华日报》头版刊登《溧阳打造长三角湿地保护样板》文章，为溧阳湿地保护点赞。

是日　工业和信息化部、中国工业经济联合会公布第五批制造业单项冠军企业（产品）名单，江苏上上电缆集团自主研发的核电站用电缆获单项冠军产品称号。

11 日　安徽省宣城市委书记陶方启率代表团到溧阳市考察交流。

14 日　溧阳市昆仑街道沙涨村议事大厅入选省传统建筑组群。

19 日　省人大常委会副主任邢春宁率调研组到溧阳市调研动力电池产业链情况。

21 日　江苏省人民对外友好协会会长柏苏宁到溧阳市调研对外友好工作。

22 日　市委书记徐华勤率队赴浙江省义乌市，考察学习农村宅基地“三权分置”改革等方面的先进理念、成功经验和典型做法。

24 日　在江苏省文化和旅游工作会议上，溧阳市获“国家全域旅游示范区”奖牌。

25 日　溧阳市与重庆大学共建重庆大学智慧城市研究院签约仪式在重庆大学举行。

27 日　天目湖玉枝茶果专业合作社和天目湖蚕桑专业合作社入选国家农民合作社示范社 300 强。

28 日　溧阳市举行 2021 年 1 月份全市重大项目集中开工活动。总投入 120 亿元的江苏时代动力及储能锂电池研发与生产项目（四期）正式开工建设。

是日　市农业农村局为 3 家新组建的下属事业单位市农业综合技术推广中心、市畜牧兽医站、市农业管理综合行政执法大队举办揭牌仪式。

31 日　市前马塘陈强特种水产养殖有限公司获 GAA 颁发的 BAP 证书，成为全球首家通过 BAP 认证的黄颡鱼养殖基地。

是月　溧阳市在全省 2020 年度乡村振兴实绩考核中位列县级综合排名第一等次。

2 月

2 日　溧阳市人民政府与东南大学举行基础设施安全与智慧技术创新中心签约仪式。

3 日　国家发展改革委办公厅发

文，原则同意江苏宁锡常接合片区等11个试验区方案，溧阳入选。

5日 2020年度全省信访工作绩效考核结果揭晓，溧阳位列全省第一。至此，溧阳市已连续三年被评为江苏省年度信访工作先进县（市、区）。

7日 市政府常务会议听取并原则通过《溧阳市深化文明城市建设三年行动计划(2021—2023年)(讨论稿)》。

8日 南京都市圈规划获国家发改委正式批复，溧阳市成为南京都市圈成员之一。

10日 江苏省文化和旅游厅公布2021年江苏省重点文化和旅游产业项目，曹山未来城（一期）入选。

25日 宁德时代在江苏省中关村高新区联合实施动力电池生产基地二期项目，项目总投资不超过120亿元。

26日 常州市委副书记、市长陈金虎带队到溧阳市调研重大项目建设。

27日 全市重大项目集中开工活动暨溧阳市医疗健康中心项目开工仪式在古县街道举行。

3月

1日 溧阳市人民法院判决高空抛物入刑，属全国首例。

3日 溧阳市行政审批局与安徽省广德市、郎溪县数据资源管理局，签订苏皖合作示范区政务服务“跨省通办”战略合作协议。

4日 《人民日报》刊发文章《江苏溧阳阔步奔向生态创新绿色现代化》，关注溧阳生态创新。

是日 溧阳农村人居环境整治工作列全省2020年度第一等次。

5日 十三届全国人大四次会议在北京开幕，全国人大代表、溧阳市委书记徐华勤抵京参加大会。

6日 司法部、民政部公布第八批“全国民主法治示范村（社区）”名单，戴埠镇戴南村榜上有名。

13日 溧阳市医患纠纷调处中心获评“全国模范人民调解委员会”，系常州地区唯一获此荣誉的基层调解组织。

15日 由交通运输部开展的“2020年度全国十大最美农村路”网络评选活动结束，“溧阳1号公路”曹山线获得第一名。

16日 中国工程院院士、中国民主促进会第十四届中央委员会常务委员邓宗全到溧阳市考察农牧与饲料机械产业发展情况。

18日 溧阳市行政审批局与陕西省汉阴县行政审批服务局签订苏陕政务服务“跨省通办”战略合作协议。

21—26日 全国政协原副主席马培华到溧阳视察。

22日 国家税务总局溧阳市税务局第一税务分局办税服务岗获“全国巾帼文明岗”称号。

26日 全省“百年辉煌e心向党”党史学习教育暨“百城百网百馆红色寻根行”活动在新四军江南指挥部纪念馆启动。

29日 全市重大项目集中开工活动暨宁杭高铁（溧阳站）至南沿江高铁（金坛站）连接线项目开工仪式在别桥镇举行。

30日 2020年度全省推进高质量发展先进县（市、区）奖项揭晓，溧阳市在全省63个县（市、区）中位列第9。

4月

7日 《百家讲坛》开播《今古话溧阳》。

7—10日 第一届应用物理论坛暨第三期物理思想战略研讨会在溧阳市天目湖举行。中国科学院院士、中科院物理所所长方忠担任论坛主席，全国物理界200余位顶尖科学家参加研讨。

9日 长三角物理研究中心新园区正式启用暨“双创实践基地”揭牌仪式在江苏省中关村高新区举行。长三角物理研究中心与北京理工大学、北京航空航天大学、重庆大学、大连理工大学、湖南大学、华南理工大学、中国科学技术大学等18所知名高校签约，共建“双创实践基地”。

是日 首届电动中国发展战略研讨会在长三角物理研究中心举行。

是日 全市重大项目集中开工活

动暨江苏德龙高端不锈钢冷轧项目开工仪式在江苏省中关村高新区举行。此次集中开工的项目有20个，其中江苏德龙高端不锈钢冷轧项目总投资108亿元。

是日 2021年长三角“一地六县”文旅联盟高端对话暨精品线路发布会在溧阳市举行。

是日 2021中国·溧阳茶叶节暨天目湖旅游节音乐诗会——《诗歌里的溧阳》在市文化艺术中心上演。

10日 2021中国·溧阳茶叶节暨天目湖旅游节在长三角物理研究中心新园区盛大开幕。

是日 安徽省长丰县委书记李命山、县人大常委会主任黄锐率党政代表团到溧阳市考察交流，双方签署了缔结友好关系合作备忘录。

是日 市政府党组成员崔斌会见比利时法兰德斯大区商务领事Bart Boschmans一行。

11日 市政府召开新闻发布会，征集溧阳“森林望楼”设计方案及“自然服务综合体”模式与建构。

是日 江苏省首批15个律师公益法律服务品牌评选结果揭晓，溧阳市“阳光公益”入选。

18日 “学习强国”长三角省级平台走进溧阳暨党史学习沉浸式党课启动仪式在南渡镇庆丰村举行。

22日 安徽省委书记、省人大常委会主任李锦斌率领的安徽省党政代表团在江苏省委副书记、省长吴政隆以及江苏省、常州市及溧阳市领导陪同下在溧阳考察，代表团一行参观考察了溧阳生态创新展示馆、安靠智能输电工程科技股份有限公司及上汽大通房车科技有限公司。市长叶明华还代表溧阳在南京与安徽省郎溪县、广德市共同签署高质量推进苏皖合作示范区建设协议。

24日 跑遍中国·奔跑江苏2021“溧阳1号公路”红色传承风光跑在新四军江南指挥部纪念馆开跑。

27日 《水西百忆》百集新四军抗战故事微纪录片开机仪式在市融媒体中心综艺演播厅举行。

29日 2021中国新能源汽车下乡活动启动仪式（江苏溧阳站）暨江苏省新能源汽车推广应用系列活动在溧阳市举行。

是月 2020年度“江苏省6项重要考古发现”溧阳占2项，分别是溧阳东滩头遗址、溧阳古县遗址。

是月 总规模100亿元的“溧阳市政府投资基金”成立。

5月

1日 2021年中国·溧阳茶叶节暨天目湖旅游节系列活动——“鱼米之乡、茶香溧阳”乐钓嘉年华活动在曹山旅游度假区启幕。

2日 曹山森林步道入选首批江苏森林步道。

6日 市长叶明华带队到古县街道百家塘村、戴埠镇王家村、天目湖镇周院村和社渚镇洑家村，实地督查特色田园乡村建设推进情况。

11日 百集新四军抗战故事微纪录片《水西百忆》开播仪式在市委党校举行。

12日 在省政府办公厅公布的2020年度35项省政府督查激励中，溧阳获得10项，分别为商事制度改革，财政管理，交通建设，发展高新技术产业，养老保险，基层卫生服务能力和队伍建设，河湖管理保护，农村人居环境整治，粮食安全与粮食产业发展，排名县（市、区）第一。

18日 省文旅厅、省发改委、省财政厅联合公布首批19个省级文旅消费试点单位，溧阳市入选。

25日 溧阳市人民政府与南京师范大学举行合作办学签约仪式。

是日 江苏省文化和旅游厅公布2021年江苏省乡村旅游重点村名录，上兴镇牛马塘村和别桥镇塘马村入选。

27日 市委召开人大工作会议暨纪念溧阳市人大设立常委会40周年大会。

是日 溧阳市与上海交通大学共建上海交通大学溧阳智能制造研究院签约仪式在上海交通大学闵行校区举行。

28日 溧阳市获“江苏省自然资源节约集约利用模范县（市、区）”称号。

是日 中关村派出所成立；昆仑交警中队搬迁揭牌仪式举行。

29 日 省政府批复同意江苏省中关村高新技术产业开发区更名为江苏省溧阳高新技术产业开发区。

是月 溧阳入选“中国最具诗意百佳县市”，排名第 11 位。

是月 市检察院陶汶菲家庭和南渡高级中学许怀琴家庭分别获“2020 年度江苏省最美家庭”称号。

6 月

2 日 竹箦镇前马村民陈西马入选 4 月“中国好人榜”。

3 日 安徽省铜陵市义安区委书记汪发进、区长姚贵平率党政代表团到溧阳考察交流，两地签署区域合作框架协议和园区合作协议。

是日 省民政厅发布江苏省首批 100 个红色地名，新四军江南指挥部旧址和塘马村入选。

4 日 天目湖宾馆获商务部最高荣誉——“国家白金五钻级酒家”称号，为江苏首家获此称号的宾馆。

5 日 2021 年中国最具发展潜力百佳县市榜单发布，溧阳位列全国第 14 名，江苏省内第 4 名。

7 日 江苏省委组织部发布江苏省“两优一先”拟表彰对象公示名单，溧阳市南渡镇庆丰村党总支和江苏上上电缆集团党委书记、董事长丁山华榜上有名。

12—14 日 2021 溧阳 · 太湖迷笛音乐节在溧阳市焦尾琴公园举行。

15 日 常州市委副书记、市长陈金虎到溧阳走访调研上上电缆集团，为集团董事长丁山华送上“常商服务卡”。溧阳市委书记徐华勤陪同调研。

17 日 江苏省人民医院放疗中心溧阳分中心揭牌仪式暨溧阳市首届放疗学术会议在省人民医院溧阳分院举行。

18 日 全市重大项目集中开工活动暨上汽时代、时代上汽先进动力电池产业化项目（二期）开工仪式在江苏省溧阳高新区举行。

19 日 市长叶明华率队到上海交通大学钱学森图书馆督导检查溧阳“十二望楼”设计成果展布展情况。次日，还举行了溧阳“十二望楼”设计暨“自然服务综合体”模式与建构研讨会。

20 日 北京溧阳商会换届大会在京举行。

23 日 第一次全国县城补短板强弱项现场会在溧阳市召开。江苏、福建、山东、河北、湖北、安徽、河南、四川、贵州、内蒙古、吉林 11 省发展改革委和县城建设示范地区人民政府负责人，以及有关中央企业负责人参加会议。溧阳市市长叶明华代表溧阳市介绍经验做法，与会人员实地调研溧阳市高级中学、中医院、产业园区配套设施、停车场及充电桩等项目。

是日 公安部对全国公安机关“七一”集中表彰奖励候选对象公示，溧阳市公安局竹箦派出所上榜。

23—24 日 “创业中华 · 筑梦江苏”——侨商溧阳行活动走进溧阳市。来自美国、加拿大、澳大利亚、中国香港和中国澳门等十多个国家和地区的侨商代表参加活动。

25 日 溧阳市庆祝中国共产党成立 100 周年主题展在市燕山中学城投艺体馆揭幕。市四套班子党员领导，先进基层党组织、优秀党务工作者、优秀共产党员代表等参观展览，并在市委书记徐华勤的带领下，重温入党誓词。

26 日 市人民医院获评中国县域急诊急救大平台建设示范单位，全省共 5 家。

27 日 市政府与省港口集团举行战略合作签约仪式，高标准建设溧阳临港产业园。

28 日 溧阳市委举行“光荣在党 50 年”纪念章颁发仪式。

是日 全国“两优一先”表彰大会在北京人民大会堂举行。江苏正昌集团有限公司党委获评“全国先进基层党组织”。

是月 溧阳被列为全国乡村“复兴少年宫”建设试点县（市），全省仅 5 个。

是月 江苏上上电缆集团有限公司发明的“一种耐高温核电站用电缆及其制造方法”专利获第二十二届中国专利优秀奖。

7 月

1日 溧阳市召开庆祝中国共产党成立100周年座谈会暨全市“两优一先”表彰会议。会议对2020年度全市优秀共产党员、优秀党务工作者和先进基层党组织等进行表彰，收听收看庆祝中国共产党成立100周年大会，聆听学习习近平总书记发表的重要讲话。

是日 新四军江南指挥部纪念馆获赠原新四军江南指挥部修械所主任焦立德曾使用过的55式呢大衣、55式呢军装、中校领章和少校肩章。

2日 “溧阳红色印迹云展厅”上线仪式在溧阳市委党校举行。

2—3日 市委副书记、市长叶明华率溧阳市党政代表团赴陕西省白河县、汉阴县考察调研。

8日 安徽省马鞍山市委书记张岳峰，市委副书记、市长袁方率党政代表团到溧阳考察。

10日 江苏省委常委、南京市委书记韩立明率省智能电网产业链工作专班到溧阳开展专题调研。

15日 溧阳市生态产品交易市场项目获批重大区域发展战略建设（长三角一体化发展方向）2021年中央预算内投资1000万元。

16日 溧阳市上榜2021年全国县域旅游综合实力百强县第17位。

是日 江苏安靠智能输电工程科技股份有限公司被评为首届江苏省科技创新发展奖优秀企业。

19日 工业和信息化部公示第三批专精特新“小巨人”企业名单，江苏金源高端装备股份有限公司、冶建新材料股份有限公司、溧阳市金昆锻压有限公司上榜。

是日 第八届江苏省道德模范候选人公示，溧阳阳光绿城物业服务有限公司苏治强入选。

20日 戴埠镇李家园村李家园、昆仑街道方里村里方入选第七批次江苏省特色田园乡村。

22日 “中广核兴安盟革命老区300万千瓦风电扶贫项目”暨中国首个风电大基地项目、中国新能源行业首台1000MVA 500kV三相一体主变压器下线交付仪式在江苏华朋集团有限公司举行。华朋集团是该项目关键输变电设备的制造商。

27—28日 中国共产党溧阳市第十三次代表大会在市文化艺术中心举行。会上，市委书记徐华勤作题为《高举伟大旗帜，弘扬铁军精神，奋力建设长三角生态创新示范城市》工作报告；叶明华就《关于建设长三角生态创新示范城市的意见》（草案）的有关情况向大会作说明；中国共产党溧阳市第十二届纪律检查委员会向大会提交题为《推动新时代溧阳纪检监察工作高质量发展，为建设长三角生态创新示范城市提供纪法保障》工作报告。大会还通过了相关决议。大会选举徐华勤为市委书记，叶明华、庄松年为市委副书记，刘佩（女）、曹俊、张顺、吴寅、武伟、赵明、朱威、陈波为市委常委；选举刘佩（女）为市纪委书记。

28日 溧阳通用机场取得中国民用航空江苏安全监管局颁发的使用许可证。

是日 中国机械工业联合会发布2020年中国机械工业百强榜单，江苏上上电缆集团列第22位。

30日 全市重大项目集中开工暨长盈精密新能源华东基地项目开工仪式在溧阳经开区举行。总投资超62亿元。其中，长盈精密新能源华东基地项目总投资35亿元。

是日 科华控股股份有限公司南厂区铸造部员工贾望亮被人力资源和社会保障部授予“全国技术能手”称号。

是月 省委依法治省办发布《关于争创全国法治政府建设示范市活动先进地区和优胜项目的通报》，溧阳市被列入争创活动先进地区予以表扬，常州唯一。

是月 新四军江南指挥部纪念馆藏三件红色文物：国家二级文物新四军制作的党旗、国家三级文物孟良崮战役战利品指北针和渡江战役纪念章，入京参加“中国共产党历史展览”。

是月 溧阳姑娘罗甜甜随队参加东京奥运会女子曲棍球比赛，中国女子曲棍球队获第九名。

8 月

14日 十三届市委全面深化改革委员会召开第一次会议。会议听取深化科技创新体制改革工作进展情况和红色研学体系建设推进情况汇报，会议还审议并原则通过《关于实施工业强基工程的政策意见》和《关于创建新时代“两个健康”先行区实施方案》。

18日　由市平陵集团申报的溧阳市政府投资基金权益出资型票据获得中国银行间市场交易商协会注册批准，规模16亿元，这也是全国首单以县域国企AA主体资格获批注册的权益出资型票据。

26日　国家发展改革委办公厅发文推广第三批国家新型城镇化综合试点等地区经验，溧阳市“建设溧阳高新技术产业开发区，增强城市创新能力”入选。

28日　总投资220亿元的瓦屋山低碳城项目签约仪式在天目湖举行。

9月

1日　常州市委书记陈金虎率队到溧阳调研文旅中轴及长三角休闲度假中心建设。

是日　溧阳市举行“国家健康医疗大数据应用示范中心与产业园建设试点市”授牌仪式。

5日　溧阳市支援扬州医疗队平安返回溧阳。医疗队分别由市人民医院25名、市中医医院5名、清安卫生院15名、新昌卫生院15名成员组成。

是日　《新华日报》头版刊登《溧阳推动电动中国示范区建设》文章。

6日　溧阳市溧城街道八字桥村、南渡镇庆丰村被中央农办等部门认定为第二批全国乡村治理示范村。

10日　第28届德国黑森州富尔达大区“经济日”活动在溧阳国际友城德国富尔达市举行，市长叶明华通过互联网发表云端致辞。

16日　上上电缆集团有限公司获“中国质量奖提名奖”。至此，该企业已连续三届获此荣誉。

25日　全国工商联发布2021中国民营企业500强榜单，江苏金峰水泥集团有限公司、江苏国强镀锌实业有限公司上榜。

26日　中国卫生信息与健康医疗大数据学会健康城市分会成立大会暨首届国家智慧健康城市峰会在溧阳市举行。

27日　溧阳城市党建馆正式开馆。

是日　全市重大项目集中开工暨安靠城市智慧输变电系统建设项目开工仪式在江苏省溧阳高新区举行。项目计划总投资超25.7亿元，其中，安靠城市智慧输变电系统建设项目总投资11.5亿元。

28日　省财政厅、省生态环境厅公布2021年省生态安全缓冲区示范项目奖补名单，溧阳市天目湖生态安全缓冲区建设示范项目入选。

是月　农业农村部、国家发展改革委会同有关部门编写的《乡村振兴战略规划实施报告（2020年）》出版发布，报告共收录县级案例15个，溧阳市《践行“两山”理论　书写生态发展的溧阳答卷》一文入选，也是江苏省唯一入选的县级案例。

10月

1日　埭头镇葫芦村正式开村。

3日　“2021中国智慧城市百佳县市”榜单发布，溧阳市排名第8位。

8日　溧阳市被国家医保局确定为全民医疗保障规划实施联系点，全省唯一，全国仅有2个县级市入选。

9日　“中国机械工业科学技术奖”公布，科华控股上榜。

14—16日　陕西省汉阴县委书记刘飞霞率党政代表团到溧阳考察，并参加溧阳·汉阴对口协作座谈会。

16日　2021全国桨板锦标赛在上黄镇长荡湖国家湿地公园开赛。

17日　中国溧阳第二届稻田音乐节暨第三届“四美”丰收节开幕式在南渡镇庆丰村举行。

是日　“ICAM—China国际合作发展战略研讨会”在溧阳市长三角物理研究中心召开。

18日　天目湖通用机场首飞成功。

是日　正昌集团粮机股份有限公司获“2021中国水产饲料产业创新性企业”称号。

19日　2021年全国示范性老年友好型社区名单公布，溧城街道五里亭社区入选。

20 日 农业农村部官网公示 2021 年全国乡村特色产业亿元村名单，溧阳戴埠镇牛场村上榜。

是日 溧阳市天目湖全域旅游目的地信息化建设、溧阳茶舍小程序、曹山旅游度假区智慧旅游 3 个项目入选省智慧文旅培育项目。

21 日 中国汽研与溧阳、江苏智能无人装备产业创新中心三方签约，合作成立“中国汽研工程中心华东分中心”；同时，中国汽研还与溧阳、中国航空工业空气动力研究院三方签约，拟在溧阳合作成立“联合技术创新中心”。

22—29 日 全国第十一届残疾人运动会暨第八届特殊奥林匹克运动会在西安举行，溧阳市运动员刘一鸣在田径女子跳远 T12 级比赛中获金牌。

26 日 2021 中国（溧阳）天目湖创新设计大赛新闻发布会暨启动仪式举行。

27 日 常州市委书记陈金虎，市委副书记、代理市长盛蕾带队到溧阳，督查溧阳市重大项目建设工作。

是日 溧阳市女企业家协会成立大会暨第一届第一次会员大会召开。

是日 在第十七届中国茶业经济年会上，溧阳市获全国“2021 年度茶旅融合特色县域”称号，全省唯一。

28 日 溧阳市与正和岛项目合作交流会在天目湖举行。

29 日 全市重大项目集中开工暨震裕科技高端动力电池结构件项目奠基仪式在溧阳高新区举行。该次集中开工项目共有 9 个，计划总投资 51.8 亿元。

是日 溧阳市“‘五堂一站’创品牌 乡村善治有温度”入选第三批全国乡村治理典型案例。

是日 第二批江苏省省级夜间文化和旅游消费集聚区建设单位名单揭晓，天目湖旅游度假区管委会上榜。

30 日 2021 中国国际标准舞（体育舞蹈）青少年锦标赛开幕式在溧阳市体育馆举行。

31 日 省委第三巡视组到溧阳开展涉粮问题专项巡视汇报会及调研走访。

是月 溧阳市常明律师事务所被司法部授予“全国优秀律师事务所”称号。

11 月

2 日 江苏省试点地区乡村“复兴少年宫”建成启用仪式暨现场观摩活动在溧城街道八字桥举行。

是日 全省古树名木抢救复壮技术暨“互联网 + 义务植树”基地建设培训在溧阳市开班。

是日 溧阳市司法局芮云凯被司法部表彰为“全国司法所模范个人”。

3 日 溧阳市被文化和旅游部命名为 2021—2023 年度“中国民间文化艺术之乡”。

4 日 溧阳市完成常州市首例水权交易。

是日 在《新闻联播》播出的《长三角高质量一体化发展迈上新台阶》新闻中，溧阳动力电池产业强劲发展成为报道主题的切入亮点。

7 日 江苏省“庆祝建党百年融媒体精品案例征集评选”活动揭晓，《水西百忆》百集新四军抗战故事微纪录片获评“十佳案例”。

10 日 埭头镇入选“2021 年省级耕地保护激励单位”。

15 日 2021 年纽约设计大奖（New York Design Awards 2021）结果公布，绿色建筑溧阳博物馆获得 2021 纽约设计奖。

26 日 固态电解质涂层隔膜项目落户溧阳高新区。该项目由上海恩捷新材料科技有限公司携手北京卫蓝新能源科技有限公司以及溧阳天目先导电池材料科技有限公司合资建立，项目总投资 13 亿元。

是日 溧阳市欣龙生态农业发展有限公司、虹翔机械制造有限公司、江苏竹溪活性炭有限公司、重庆大学溧阳智慧城市研究院 4 家单位被省人社厅批准设立江苏省博士后创新实践基地。

是日 江苏省第二批省婚俗改革实验区揭晓，溧阳市入选，实验时间为两年，自 2021 年 12 月至 2023 年 12 月。

27 日 2021 年江苏省百强创新型企业榜单发布，溧阳市江苏上上电缆集团有限公司和江苏华鹏变压器有限公司入选，分列第 35 位和第 92 位。

28 日 全省首个“光储充检换”五合一充电站在溧阳投入运行。

是日 溧阳市检察院缪枫家庭被评为“全国最美家庭”。

30 日 溧阳市人民政府与先正达集团（中国）举行战略合作签约。根据协议，双方在农业农村现代化、乡村振兴等领域开展全面长期合作，计划共建先正达集团中国乡村振兴产业发展研究院江苏分中心。

是日 溧阳市曹山美音茶园和别桥原乡旅游区创成国家 AAA 级旅游景区。

是月 小康杂志社发布“2021 中国康养百佳县市”榜单，溧阳市上榜，名列第 31 位。

12 月

1 日 竞争力智库等机构在北京发布首届《中国城市基本现代化监测报告》。其中，溧阳市列中国县级市基本现代化指数前 100 名第 18 位。同时，溧阳市跻身 20 个“2021 中国高质量推进基本现代化典型城市”优秀城市榜单。

2 日 中组部、中宣部发布全国“最美公务员”名单，溧阳市信访局党组书记、局长王颖榜上有名，江苏唯一。

是日 《人民日报》聚焦溧阳市“一件事一次办”。

是日 溧阳市被农业农村部评为 2021 年全国县域农业农村信息化发展先进县。

是日 市公安局交警大队被公安部授予“全国公安机关成绩突出交警大队”称号。

是日 江苏省文化和旅游厅公示首批省级文旅产业融合发展示范区建设单位名单，溧阳市上榜。

6 日 江苏省科学技术厅公布首批江苏省创新型示范县（市、区）建设名单，溧阳市入选。

7 日 中国社会科学院财经战略研究院发布全国营商环境百强县（市）榜单，溧阳市位列第 18 位，江苏前 5 位。

8 日 市委书记徐华勤、市长叶明华率溧阳市党政代表团赴常州国家高新区、武进区学习考察，市四套班子领导参加考察。

是日 民政部公布全国村级议事协商创新实验试点单位，溧阳市溧城街道八字桥村入选。

9 日 市工商联（总商会）第十一次会员代表大会召开。

10 日 全省城乡公交一体化暨城市绿色出行创建工作推进现场会在溧阳召开。

是日 第八批次江苏省特色田园乡村名单公布，溧阳市天目湖镇桂林村上桂林、埭头镇前六村钟家入选。

14 日 溧阳入选首批长三角高铁旅游小城。

16 日 2021 年“中国工业百强县（市）榜单”出炉，溧阳市上榜，排名第 28 位。

17 日 全省“百名示范”村（社区）书记座谈会在南京举行。会上，溧阳市昆仑街道胥泊社区党总支书记狄朝彬，上兴镇吐祥村党委书记芮爱国，社渚镇大田村党委书记吕三美被评为全省“百名示范”村（社区）书记。

21 日 央视 7 套国防军事频道《军事报道》以《江苏溧阳：武警官兵紧急救助落水老人》为题，报道了溧阳武警官兵程国忠见义勇为事迹。

22 日 溧阳市松林农机专业合作社理事长王林松被农业农村部授予“全国粮食生产先进个人”称号。

29 日 中国共产党溧阳市第十三届委员会第三次全体会议在市文化艺术中心举行。

是日 全市重大项目集中开工暨常州内河港溧阳港区溧城西作业区码头工程开工仪式举行。

31 日 以“何时到栗里，一品鱼米香”为主题的中国溧阳冬日生态文化季——天目湖渔歌活动开幕。

基本情况

【地理位置】 溧阳市位于长江三角洲西南部的苏、浙、皖三省交界处，是宁杭经济带区域中心城市及长三角都市圈重要节点城市。地处北纬31° 09' ～ 31° 41'，东经119° 08' ～ 119° 36'，东邻宜兴，西与高淳、溧水毗邻，南与安徽省的广德、郎溪接壤，北接句容、金坛，南北长59.06千米，东西宽45.14千米，土地总面积1535.87平方千米。

【地貌地形】 境内有低山、丘陵、平原圩区等多种地貌类型。南部为低山区，属天目山脉延伸，山势较为陡峭，绝对高程在250米以上，比高（吴淞基面）在200米以上；西北部为丘陵区，属茅山余脉，冈峦起伏连绵；腹部自西向东地势平坦，为平原圩区，平均海拔3米。溧阳处于太湖湖西水网区，属太湖水系，境内之水及高淳、郎溪部分客水主要经南河、中河、北河注入太湖。

【人　口】 截至2021年年末，全市户籍人口78.55万人，总户数27.01万户。出生人口4247人，人口出生率为5.41‰，死亡人口5835人，死亡率为7.43‰，户籍人口自然增长率为−2.02‰。男女性别比为100.32。全市常住人口80.43万人，其中城镇人口51.55万人，城镇化率64.09%。

【行政区划】 2021年年末，溧阳市辖9个镇（区）和3个街道，9个镇（区）分别是：天目湖旅游度假区（天目湖镇）、溧阳市经济开发区（上兴镇）、社渚镇、埭头镇、戴埠镇、南渡镇、竹箦镇、上黄镇、别桥镇，3个街道分别是：溧城街道、昆仑街道、古县街道，有1个省级经济开发区——溧阳市经济开发区，1个国家级旅游度假区——天目湖旅游度假区和江苏省溧阳高新技术产业开发区。共有173个村民委员会，54个社区居委会。

【物产资源】 境内自然植被茂盛，拥有耕地面积7.47万公顷，林地2.19万公顷，河流和湖泊2.84万公顷。溧阳盛产水稻、油菜、茶叶、蚕桑、白芹、板栗、西瓜、竹笋以及鲢鱼、鳊鱼、青鱼、草鱼、鲫鱼、螃蟹、白壳虾等，素有“鱼米之乡”“丝府茶城”之誉。

境内有石灰岩、方解石、瓷石、膨润土、黏土、硅灰石、石英岩、石英砂岩、大理岩、建筑砂、煤炭等。其中石灰石、方解石、大理石、陶土、彩瓷石等储量均在

南山竹海风景区　　（市摄影家协会　供稿）

亿吨以上，且品位优良，具有极佳的开采价值。

境内的天目湖旅游风景区、南山竹海风景区、天目湖御水温泉景区是享誉华东地区的旅游度假胜地、国家AAAAA级旅游景区；新四军江南指挥部纪念馆为全国爱国主义教育示范基地、全国重点文物保护单位；中华曙猿化石地点为江苏省大遗址保护项目、全国重点文物保护单位。其他旅游景点和历史遗迹还有：高静园、凤凰公园、天目湖国家森林公园、天目湖湿地公园、长荡湖湿地公园、伍员山、瓦屋山、平桥石坝、别桥淳化阁帖石刻、合剌普华墓址、大石山摩崖石刻等。

【交　通】 溧阳水、陆、空交通便捷。宁杭高铁、宁杭高速、扬溧高速、常溧高速、溧高高速、104国道、239省道、241省道、芜太运河贯穿全境，距南京禄口国际机场仅68千米，有“三省通衢”之美誉。

【气　候】 溧阳市气候属北半球亚热带季风气候，温和湿润，四季分明，雨量丰沛，日照充足。夏冬季历时长，冬冷夏热；春秋季短，春温多变，秋高气爽。2021年，溧阳市平均气温较常年偏高，降水量偏多，日照时数偏多。2021年日照时数1988.7小时，与常年1873.5小时相比，偏多115.2小时，属偏多年份。

【气　温】 2021年，全市平均气温17.8℃，比常年16.0℃偏高1.8℃，属偏高年份。年平均最高气温22.7℃，比常年20.5℃偏高2.2℃；年平均最低气温13.9℃，比常年12.4℃偏高1.5℃。年内，7月、8月平均气温接近常年，其余月份平均气温较常年偏高，年极端最高气温38.6℃，出现在7月14日；全年日最高气温≥35.0℃的高温日14天；年极端最低气温−7.7℃，出现在1月8日。

【雨　情】 2021年，全市降水总量为1586.0毫米，比常年1146.7毫米偏多439.3毫米，属偏多年份。年内，1月、3月、4月、6月、9月、11月、12月的降水量较常年同期偏少，5月、7月、8月、10月降水量都较常年同期偏多。2月降水量接近常年。全年雨雪日（≥0.1毫米）135天，比常年133天多2天；雨量≥10.0毫米的降水日46天，比常年37天多9天；雨量≥25.0毫米的降水日16天，比常年12天多4天；雨量≥50.0毫米的降水日6天，比常年3天多3天。雨量≥100.0毫米的降水日为2天。日降水量极大值为113.1毫米，出现在7月28日。最长连续降水时段为9天，出现在8月10～18日，累计降水量262.0毫米。最长连续无降水时段出现在2020年12月31日至2021年1月20日，为持续21天无降水。

全市6月13日入梅，7月11日出梅，梅长28日，梅雨量为272.7毫米，比历年264.0毫米偏多8.7毫米。

【重要天气事件】 2021年度出现的重大天气主要有暴雨、台风、高温、寒潮、霜冻、连阴雨、雷电、大雾等。

汛期强降水　2021年汛期溧阳市降水量较常年偏多七成，强降水过程频繁，区域性和局地暴雨过程多发，汛期内共出现6次强降水天气过程。

台　风　2021年汛期有2个台风影响溧阳市，分别为7月24—29日第6号台风“烟花”和9月13—15日第14号台风“灿都”。台风“烟花”产生较强风雨，过程累计降水量达278.2毫米，最大风力为18.4米/秒，据统计，全市受灾人口达4148人，农作物受灾面积2166.64公顷，直接经济损失3653.11万元。

高　温　2021年溧阳市≥35℃的高温日数为14天，最高气温为38.6℃，高温天气给人民生活带来了一定的影响。

寒　潮　2021年1月7—8日受寒潮天气影响，溧阳市气温明显下降，48小时最低气温降幅10℃左右，8日最低气温达−7.7℃，有严重冰冻。

霜冻、雷电、连阴雨、大雾灾害时有发生，由于相关职能部门应对及时、措施得力，没有造成明显灾害。

（市气象局）

【历史沿革】 距今5000多年前，溧阳境内即有先民活动。春秋末期，楚吴边界就有溧阳地名。秦始皇二十六年（公元前221年），溧阳始建县制，区域包括今溧阳市大部以及高淳县和溧水县的东南部。自三国吴黄武元年（公元222年）至唐武德三年（公元620年）的近400年间，溧阳县域区划变化甚大，溧阳县曾两度被废，境内先后设置过屯田都尉和永平县、永世县、平陵县。唐高祖武德三年（公元620年），废永世县，并划溧水东部之地复置溧阳县，自此溧阳作为行政区域名连续沿用至今。元、明时期，溧阳曾升为溧州、溧阳府、溧阳路、溧阳州。

民国时期，溧阳县先后隶属于江苏省行政公署、金陵道、江苏省政府、江苏省第一行政督察区（专员公署驻溧阳县）、江苏省江南行署管辖。1949 年 4 月 25 日溧阳解放，建立县人民政府，先后属苏南行署武进行政分区、常州专署、镇江专署管辖。1983 年 3 月实行市管县体制后，溧阳县属常州市管辖。1990 年 8 月经国务院批准，撤销溧阳县，设立县级溧阳市。溧阳历史上曾有多座县治，自唐昭宗天复三年（公元 903 年）迁至溧阳城（今溧城街道）以来，距今已有 1000 多年。

【人文荟萃】 历史上，溧阳曾引四方高士慕名前来。李白、张旭、朱熹、张孝祥、汤显祖和袁枚等名人，都曾在溧阳留下足迹、名篇。孟郊、仇远、陈鸿寿等人，在溧阳任职多年，把政绩、佳作留存于世。宋璟、陆游等人的后裔，钟情溧阳，也就定居于此。溧阳人杰地灵，人才辈出。春秋时期，史贞女搭救伍子胥的事迹广为流传。从东汉起，出任朝廷文臣武将的名人有史崇、史务滋、马一龙、史贻直等人；明清时期的状元有马世俊，榜眼有宋之绳、任兰枝，探花有陈名夏、黄梦麟、任端书。当代有：中国科学院学部委员经济学家狄超白、昆虫学家蔡邦华、化学家彭少逸和细胞生物学家翟中和；中国社会科学院学部委员经济学家周叔莲；中国科学院院士液体火箭发动机专家朱森元、物理学家沈学础和理论有机化学家吴云东；中国工程院院士光学专家庄松林、内分泌学专家史轶蘩、小麦育种专家程顺和、化学家蒋剑春；电缆事业的创始人之一葛和林，新针灸学的开拓者朱琏，文史专家缪钺，女作家菡子，世界知名青年科学家吴柯。他们都建树卓越，誉满中外。

【地方特产】 溧阳茶叶　历史悠久，始于唐宋，盛于明清。溧阳是江苏省重点产茶区，拥有茶园面积 8 万余亩，分南山、北山 2 个茶区，茶叶种植、加工、销售一体化经营。溧阳茶的品种日趋多样，制茶工艺日益精湛，茶叶质量不断提高。地方名茶有前峰雪莲、南山寿眉、水西翠柏、天目湖白茶等，先后有 100 多个（次）茶叶在省级以上名特优茶评比中获奖。2005 年通过全国无公害茶生产示范基地县（市）评审验收，获首届中国茶叶产业发展政府贡献奖；2007 年通过国家标准化委员会全国茶叶标准化示范区专家评审。1991 年以来，成功举办十九届中国溧阳茶叶节。

溧阳白芹　白芹是溧阳传统的特色农产品，已有 800 多年的种植历史。在种植过程中，当地农民创造出一套水芹旱育、一次性深培土的培植技巧，培育出的白芹晶莹透亮，茎稍洁白，叶尖嫩黄，风味脆嫩爽口，微甜不腻，并含丰富的氨基酸，堪称江南一绝，成为馈赠亲朋好友的高档礼品。2005 年，溧阳白芹进入钓鱼台国宾馆，成为国宴菜肴。2006 年 9 月 16 日，溧阳白芹获中华人民共和国原产地证明商标。2007 年 1 月 12 日，“江苏省溧阳白芹标准化示范区”项目通过省质量技术监督局专家组的验收。溧阳白芹畅销京、沪、宁、杭、苏、锡、常等城市以及港澳台地区，且出口日本、韩国等国家。

溧阳板栗　溧阳丘陵山区盛产板栗，是江苏省著名的干果生产基地。溧阳板栗果型大，皮壳薄，色泽悦目，肉质白而脆嫩，香味浓郁，以板栗为原料烹制的大栗烧鸡、大栗红烧肉、桂花糖大栗都是闻名遐迩的溧阳地方名肴。

长荡湖绒螯蟹　长荡湖（又名洮湖）所产的螃蟹，属长江水系中华绒螯蟹，是螃蟹家族中的名贵品种，青背白肚，螯强爪健。中秋过后，体大脂肥，红膏饱满，肉质细腻，维生素 A 含量极高的螃蟹上市，成为餐桌上的佳品。一品一尝，鲜美透顶，令人赞不绝口。溧阳市长荡湖水产养殖场生产的“可鲜可康”中华绒螯蟹具有“出国护照”——中华人民共和国出入境动物养殖企业注册证。长荡湖螃蟹不仅畅销上海、南京、广州、深圳、香港、澳门等地，而且走出国门，远销日本、韩国、新加坡以及欧美，深受海内外美食家的赞赏。用蟹黄做的蟹黄馒头（又称蟹黄小笼包），也是溧阳的名点。

天目湖砂锅鱼头　采用天目湖中完全没有人工喂养的花鲢鱼头，用甘甜清冽的天目湖水，配以十多种佐料，置于专用的砂锅中，用文火久煨而成，汤色乳白如汁，清纯如雪；其香浓郁绕梁、馨雾升腾；其味肥而不腻，鲜而不腥。砂锅鱼头不仅味道鲜美，而且富含多种蛋白质、维生素和矿物质，经常食用能益智健脑，滋润养颜。天目湖砂锅鱼头成为溧阳天目湖蜚声四方的“三绝”之一，在长三角地区声名远扬。

溧阳乌米饭　乌米饭原为民间食品，唐代即有。溧阳乌米饭是把乌饭树叶捣烂、滤汁、泡糯米，晾干蒸煮而成，米粒紧缩，碧如坚珠。具有诱人的清香，乌黑的亮泽，劲道的口感。每天煮食一碗，能强筋骨、益气力，固精驻颜，被古人誉为“仙家服食”。

周城火锅　又名周城羊肉火锅，以周城地产优质山羊肉为原料，采用传统配方及独特工艺制作而成，其肉质鲜美，风味独特，色、香、味俱佳。当地企业将其制成真空包装，销往常州、南京、上海等大中城市，深受各地消费者的青睐。

竹箦风鹅　以当地产农家土鹅为原料，在继承传统工艺的基础上，采用扬州大学最新肉食品加工技术精制而成。生产全过程实行封闭式运行，不添加任何化学防腐剂，保持传统风味鹅肉制品的“色、香、味、形”，原汁原味，食后回味无穷。

溧阳三黄鸡　这种鸡的特征为黄喙、黄毛、黄爪，故称“三黄鸡”。其体重一般可达4.5千克（最重者可达5千克以上），故又称“九斤黄”。为蛋肉兼用型地方良种家禽。将溧阳三黄鸡放入一个大锅里，倒入能淹没鸡身的清水，同时放适量的葱、姜和黄酒，用大火烧开，撇去浮沫，再移至小火上焖10～20分钟，加适量食盐，鸡刚熟时，马上将锅端下，盖上锅盖放置一旁。待锅里汤凉后，再将鸡捞出，控去汤汁，在鸡的全身涂上香油即可。具有鲜、嫩、香、肥而不腻的口味特点。

溧阳扎肝　作为过年的年菜，一般是一次做够，烧一大盆，待客时在饭锅里蒸热后上桌。取五花肉1块、猪肝1块、笋干2块、油豆腐2块，将五花肉、猪肝、笋干抓一起，外围用两块油豆腐夹住，左手拿好小肠的一头，从左到右将其绕3～4圈扎紧，剪断小肠，收好头。锅上大火，放冷水，扎肝烧沸，撇去浮沫，放入姜片、绍酒、葱结、精盐、酱油、白糖，转小火烧约1.5小时，捞去葱结、放味精即可出锅。具有口味咸鲜、荤中有素、柔中有脆、口感酥爽的特点。

南山手剥笋　选用上品南山笋10根。特制绍菜根、秘制烧菜汁适量，将笋加工成大小均匀，焯水待用。将绍菜根、烧菜汁加秘制配方调汁后会同竹笋一起上笼蒸约两小时即可。

南山雁来蕈　食用菌的一种，产于溧阳南山，又名“雁来菌”，生于农历二月者叫“桃花菌”，九月者叫“雁来菌”，以寒露时松花落地所生的最佳，味鲜美，有异香，是人们喜爱的山珍。取雁来蕈100克、仔姜50克、酱油10毫升、白糖30克、色拉油50毫升。将雁来蕈浸泡拣洗。锅上火，放酱油、雁来蕈、仔姜、白糖，烧沸，撇去浮沫，转小火烧半小时，起锅冷却后食用为佳。

溧阳青虾　溧阳池塘养殖青虾起源于20世纪90年代初，溧阳青虾营养丰富，且其肉质松软，易消化，对身体虚弱以及病后需要调养的人是很好的食物；虾中含有丰富的镁，镁对心脏活动具有重要的调节作用，能很好地保护心血管系统，它可减少血液中胆固醇含量，防止动脉硬化，同时还能扩张冠状动脉，有利于预防高血压及心肌梗死；虾的通乳作用较强，并且富含磷、钙，对小儿、孕妇有补益功效；虾体内的虾青素有助于消除因时差反应而产生的“时差症”。2019年11月，溧阳青虾入选中国农业品牌目录2019农产品区域公用品牌。

【市　标】 市树：香樟树。市花：桂花。2004年10月，全市开展评选市树、市花活动。11月23日，经溧阳市十三届人大常委会第十四次会议表决通过，作出《关于同意市人民政府“关于建议确定并命名溧阳市市树、市花的议案”的决定》，决定命名香樟树为溧阳市市树，桂花为溧阳市市花。

【溧阳城市形象】 溧阳城市形象主题用语：

自在茶香　美音溧阳

山水绝佳天目湖　感恩信义溧阳城

人类发祥地　生态好家园——中国溧阳

溧阳城市形象欢迎用语：

何时到溧阳　一见平生亲——中国溧阳欢迎您

敦厚如山　刚直如竹　纯净如水　清雅如茶——和谐溧阳欢迎您

中国游憩文化首选地——中国溧阳欢迎您

溧阳城市形象理念用语：

明礼诚信　尚善笃行　精业进取　开拓创新

溧阳城市形象旅游用语：

溧阳山水甲江苏　天目湖色秀江南

阅山阅水阅江南　品茶品竹品溧阳

七色文化旅游城　五季山水休憩地

【溧阳城市名片】 政治名片　新四军江南指挥部（威震江南　功在民族）。

经济名片　生态循环经济（发展生态循环经济　打造绿色环保

溧阳）。

文化名片 孟郊与《游子吟》（感恩之城 大爱之乡）。

历史名片 人类发祥地（溧阳中华曙猿——距今4500万年前的人类祖先）。

民俗名片 跳蟠神（千年神舞祐你平安）。

人物名片 史贞女与伍子胥（诚信卓绝千古 感恩声凌浮云）。

美食名片 天目湖砂锅鱼头（鲜而不腥 肥而不腻 中华一绝砂锅鱼头）。

观光名片 天目湖、南山竹海、曹山和瓦屋山。

物产名片 天目湖绿色食品（自然精华 养生佳品）。

地域名片 苏浙皖三省通衢（长江三角中心城 华东三省通衢地）。

【溧阳八景】 天目山水、南山竹海、将帅雄风、瓦屋听禅、茶果飘香、石坝飞瀑、高静叩石、曙猿祖地。

【天目湖八珍】 冬笋、板栗、乌米饭、白茶、雁来蕈、香瓜藤、天目湖寿桃、爆炸瓜。

【天目湖八鲜】 砂锅鱼头、长荡湖蟹、长荡湖白壳虾、溧阳白芹、白鱼、田螺、红菱、刀鱼。

【溧阳美食特产“三白三黑”】 天目湖砂锅鱼头、白芹、白茶；雁来蕈、乌米饭、扎肝。

（文 扬）

经济发展

【综合实力】 2021年，全市地区生产总值（GDP）1261.30亿元，按可比价计算比上年增长10.1%。分产业看，第一产业增加值56.80亿元，增长2.7%；第二产业增加值648.81亿元，增长11.9%；第三产业增加值555.69亿元，增长8.8%。三次产业增加值比例为4.5 ∶ 51.4 ∶ 44.1。

2021年，全市一般公共预算收入完成87.33亿元，比上年增长18.3%，税收占比为87.1%。在全省40个县（市）中，收入总量、增幅、税比分列第8位、第4位和第3位。财政总收入（含政府性基金收入、国有资本经营收入和上划中央四税）完成427.46亿元，增长18.7%。

【“四大经济”】 2021年，全市“四大经济”（先进制造经济、高端休闲经济、现代健康经济、新型智慧经济）全产业累计完成增加值690.74亿元（合计数已剔除融合部分，下同），比上年增长22.6%（同口径，下同），占全市地区生产总值比重54.8%，较上年提高3个百分点。全产业实现营业收入2115.46亿元，增长5.2%，税收59.3亿元（列统口径），增长20.8%。

【农 业】 2021年，全市实现农林牧渔业总产值93.45亿元，比上年增长3.3%。其中，农业50.29亿元，增长1.2%；林业1.08亿元，增长4.7%；牧业4.00亿元，增长16.8%；渔业33.27亿元，增长5.0%；农林牧渔服务业4.8亿元，增长4.0%。全市实现农林牧渔业增加值59.98亿元，增长4.4%，其中，农业37.08亿元，增长4.2%；林业0.4亿元，增长4.4%；牧业1.65亿元，增长15.4%；渔业17.7亿元，增长3.8%；农林牧渔服务业3.18亿元，增长4.8%。全年粮食播种面积82.46万亩，粮食总产量40.92万吨。2021年，全市农机总动力57.82万千瓦，农机专业合作社185家。

【工 业】 2021年，全市工业总产值2267.49亿元，比上年增长29.1%；营业收入2461.59亿元，增长27.8%；利税246.63亿元，增长31.1%；利润189.27亿元，增长32.5%。其中，规模以上工业总产值2112.80亿元，增

2021年溧阳市工业企业主要产品产量一览表

表1

产品名称	单 位	产量	比上年增长（±%）
水 泥	万 吨	2211.5	2.8
水泥熟料	万 吨	1916.7	5.8
石灰石	万 吨	3707.8	−12.5
电力电缆	万千米	129.3	119.6
服 装	万 件	2611.3	−5.8
钢 材	万 吨	243.0	−36.6
啤 酒	万千升	15.18	−1.2
生 铁	万 吨	110.5	−51.0
变压器	万千伏安	9478.0	−0.7
锂离子电池	万只（自然只）	7641.1	130.8
纱	吨	3547.0	−11.3

长31.8%；营业收入2308.76亿元，增长30.2%；利税232.56亿元，增长33.9%；利润178.93亿元，增长35.3%。

全市获评省级“绿色工厂”2家，1家企业获评省互联网标杆工厂项目；全年净增规模以上工业企业107家，工业销售超亿元企业206家；全年新增国家级专精特新小巨人企业3家，省级专精特新小巨人企业（产品）2家。

2021年，全市规模以上工业企业综合能源消费量416.33万吨标准煤，在规上工业产值增长31.81%的情况下，能耗下降6.66%。规模以上工业产值能耗为0.197吨标准煤/万元，比上年下降29.2 %。

【建筑业】 2021年，全市有建筑业资质企业527家，其中特级2家（龙海集团、天目建设集团），一级61家，二级276家，拥有各类资质1600项，溧阳已成为苏南地区资质门类最为齐全、综合率较高的建筑之乡。全市建筑业累计完成施工总产值1124亿元，比上年增长12%，上缴税金27.5亿元，增长24.4%。

【固定资产投资】 2021年，全市固定资产投资比上年增长8.0%。其中，工业投资增长25.7%，服务业投资下降12.0%。5000万元以上项目投资额占比93.0%，高技术投资占比32%，较上年提升12.2个百分点。计划总投资10亿元以上项目（不含房地产）总数55个，增长48.6%，完成投资金额增长58.3%，占固定资产投资额比重43.5%。

2021年，全市房地产开发完成投资比上年下降4.4%。商品房销售面积115.31万平方米，增长12.6%。其中，住宅销售面积96.41万平方米，下降3.2%。房屋待售面积为47.80万平方米，增长21.2%。

【国内贸易】 2021年，全市共实现社会消费品零售总额388.98亿元，比上年增长22.5%。其中，限额以上社会消费品零售总额102.43亿元，增长17.0%。分行业看，限上批发和零售业实现社会消费品零售总额91.63亿元，增长16.8%；限上住宿和餐饮业实现社会消费品零售总额10.80亿元，增长19.1%。

【开放型经济】 2021年，全市完成外贸进出口总额113.20亿元，比上年增长32.0%。其中，出口91.20亿元，增长28.9%；进口22.00亿元，增长46.8%。实际使用外资3.62亿美元，增长8.4%。

【旅　游】 2021年，全市接待游客1862.19万人次，实现旅游总收入229.35亿元，分别恢复到2019年的88.5%和89.1%，恢复速度位列常州第一。积极应对疫情挑战，精准推出“全域免门票”“南京都市圈惠游溧阳”“首届冰雪温泉节”等活动，助力城市“出圈”，激发文旅市场活力。全市拥有国家A级旅游景区7家，其中AAAAA级1家（包括天目湖山水园、南山竹海、御水温泉），AAAA级1家（新四军江南指挥部纪念馆），AAA级3家（史侯祠、曹山美音茶园、别桥原乡旅游区），AA级2家（高静园、凤凰公园）。拥有国家级旅游度假区1家（天目湖旅游度假区），省级旅游度假区1家（曹山旅游度假区），省星级乡村旅游区（点）16家。拥有1家国家森林公园（含天目湖、南山竹海、龙潭林场），2个国家湿地公园（天目湖、长荡湖）。有星级饭店10家、旅行社（营业部）

曹山旅游度假区

（市摄影家协会　供稿）

71家、星级溧阳茶舍43家。

【金融保险】 2021年年末，全市共有银行20家。全辖金融机构本外币各项存款余额1732.20亿元，比年初增加204.31亿元，增长13.4%，其中住户存款余额879.15亿元，比年初增长13.9%；全辖金融机构本外币各项贷款余额1325.78亿元，比年初增加195.08亿元，增长17.3%。全市共有小贷公司13家、证券公司5家、保险公司43家。人保财险、太保财险、太保寿险、人寿财险、人寿保险溧阳五大保险公司全年保费收入22.94亿元，比上年增长33.1%。

社会事业

【科技创新】 2021年，全市拥有高新技术企业196家，全市高新技术产业产值比上年增长53.7%，占规上工业产值比重达38.8%，比上年提升6.8个百分点。全市累计建成省级以上“三站三中心”（博士后科研工作站、院士工作站、研究生工作站和工程技术研究中心、企业技术中心、工程研究中心）166家，常州市级以上众创空间、孵化器、加速器34家，新搭建重大科技创新平台4家。

【教　育】 2021年，全市共有各类学校151所，学生数98997人（含幼儿），专任教师7471人（含编外）。中学33所，其中完中1所、高中6所（含民办1所）、初中26所。初中在校学生19299人，高中在校学生10663人。小学44所，在校学生42617人。中专2所，在校学生4446人。特教学校1所，学生149人。幼儿园72所，其中民办23所，在园幼儿21675人。另有青少年活动中心1所。高考本科总上线率达93.55%。

【卫　生】 2021年年末，全市拥有各级各类医疗机构293家，其中市级以上公立医院2家，民营医院 14家，乡镇卫生院17 家，其他社会办医疗机构102家，村卫生室（含社区卫生服务站）156家。全市三级综合性医院1家，专科医院3家，二级综合性医院3家。全系统卫健从业人员6959人，其中卫技人员5557人，每千常住人口执业（助理）医师数2.96人，每万常住人口全科医生数5.75人；每千人常住人口医疗卫生机构床位数5.58张。

【文化体育】 2021年，全年完成送书下乡3万册、送戏下乡96场、送电影下乡3744场，组织开展各类社会教育活动100场，公益培训50场。图书馆累计接待线下读者110万人次，线上读者10万人次，外借图书265437册次，办理读者证8527张，开展阅读推广活动30余项110余场次。

2021年，成功举办2021中国·溧阳1号公路红色传承风光跑、乐钓嘉年华全国钓鱼比赛、2021全国桨板锦标赛、2021中国国际标准舞（体育舞蹈）青少年锦标赛等一系列国内重大体育比赛。举办第九届运动会暨第六届全民健身节，共有40多个大项300余个小项比赛，1.5万多名运动员参加。

【环境保护】 2021年，全市$PM_{2.5}$浓度为31.9微克／立方米，比上年下降9.4%，空气优良天数316天，优良率86.6%，两项指标均创21世纪以来最好水平，在常州各辖市区中排名第一。10个国省控考核断面优Ⅲ比例100%，其中大溪水库湖心、沙河水库库中符合Ⅱ类标准。饮用水源地水质达标率100%。完成新增造林500亩，完成湿地修复500亩。

人民生活

【就　业】 2021年，全市城镇新增就业人数21600人，城镇登记失业率1.5%，城镇失业人员再就业5128人，就业困难人员再就业1173人，支持成功自主创业1750人，引领大学生创业人数326人，扶持农村劳动力自主创业639人。

【社会保障和福利】 2021年年末，全市城镇职工基本养老、医疗和失业“三大保险”综合覆盖率均超98%。城镇企业职工基本养老保险参保19.62万人，新增参保人数0.9万人，城乡居民养老参保5.7万人；城镇职工基本医疗保险参保26.79万人，居民基本医疗保险参保47.19万人；失业保险参保人数13.81万人；工伤保险参保23.5万人，生育保险参保人数16.02万人。全市共有农村特困对象1799人，其中集中供养423人、分散供养1376人。

【居民收入】 2021年，全市全体居民人均可支配收入为49521元，比上年增长9.7%。其中城镇居民人均可支配收入为60560元，增长9.2%；农村居民人均可支配收入33371元，增长10.9%。城乡居民收入比为1.81，较上年缩小0.03。

（王若凡）

组织机构与主要负责人名录

（2021年1月—2021年12月）

中共溧阳市委员会

书　　记　徐华勤
副 书 记　叶明华
　　　　　邵钦华（至7月）
　　　　　庄松年（7月任）
常　　委　严　俊（至7月）
　　　　　刘　佩(女)(至12月)
　　　　　张爱文（至7月）
　　　　　曹　俊（7月任）
　　　　　王朝晖（至7月）
　　　　　庄松年
　　　　　张　顺
　　　　　吴　寅
　　　　　武　伟
　　　　　赵　明（7月任）
　　　　　朱　威（7月任）
　　　　　钱　进（12月任）
　　　　　陈　波（7月任）

溧阳市人大常委会

党组书记　潘云芳(女)(至7月)
　　　　　邵钦华（7月任）
副 书 记　夏国浩
　　　　　张爱文（7月任）
主　　任　潘云芳（女）
副 主 任　夏国浩（至1月）
　　　　　龚友强
　　　　　陆晓明
　　　　　石伟期
　　　　　朱志军（1月任）

溧阳市人民政府

党组书记　叶明华
副 书 记　严　俊（至7月）
　　　　　赵　明（7月任）
市　　长　叶明华（1月任）
副 市 长　周卫中（至1月）
　　　　　刘新农（至12月）
　　　　　陈　峰（至1月）
　　　　　曹　俊（至8月）
　　　　　王耀庆（至1月）
　　　　　陆慧琦（女）
　　　　　周　晟（至10月）
　　　　　严　俊（至8月）
　　　　　赵　明
　　　　　朱剑波（至12月）
　　　　　翟胜丞（至8月）
　　　　　钱　栋（8月任）
　　　　　张　顺（12月任）
　　　　　陈文明（12月任）
　　　　　方学军（12月任）
　　　　　李仁杰（12月任）

政协溧阳市委员会

党组书记　狄立新
副 书 记　周卫中
　　　　　蔡金龙
　　　　　王朝晖（7月任）
　　　　　吴　寅（7月任）
主　　席　狄立新（至1月）
　　　　　周卫中（1月任）
副 主 席　蔡金龙（至1月）
　　　　　唐华新
　　　　　陈波涛
　　　　　王耀庆（1月任）
　　　　　丁　红(女)(1月任)
　　　　　谢菊芬(女)(1月任)

中共溧阳市纪律检查委员会

书　　记　刘　佩(女)(至12月)
　　　　　钱　进（12月任）
副书记　　夏国中（至7月）
　　　　　陈　靖（女）
　　　　　张余亮（7月任）

溧阳市监察委员会

主　　任　刘　佩(女)(至12月)
副主任　　夏国中（至8月）
　　　　　陈　靖（女）
　　　　　张余亮（8月任）

溧阳市人民武装部

党委第一书记　徐华勤
部　　长　张　博
政　　委　武　伟

溧阳市人民法院

党组书记、院长　吕　捷

溧阳市人民检察院

党组书记　赵　鑫(至11月)
　　　　　白　鹤(11月任)
检 察 长　赵　鑫(至12月)
代检察长　白　鹤(12月任)

江苏省溧阳高新技术产业开发区（5月机构改革更名，前为江苏省中关村高新技术产业开发区）

党工委书记　邵钦华(至8月)

庄松年（8月任）
管委会主任　庄松年
党工委副书记　庄松年（至8月）
朱　威（7月任）
纪工委书记　夏　明（女）
纪工委副书记　黄　俊（8月任）
周　勇（11月任）
管委会副主任　朱　威（8月任）
赵苏洪（至9月）
潘　儒
吴小平
朱荣屏
施雪芹（女）（11月任）
潘益明（11月任）
党工委委员　邵钦华（至8月）
庄松年
朱　威（7月任）
赵苏洪（至9月）
夏　明（女）
潘　儒
吴小平
朱荣屏
施雪芹（女）（11月任）
潘益明（11月任）

天目湖生命康原

党工委书记　钱　栋
建设指挥部总指挥　钱　栋

溧阳现代农业产业园

党工委书记　陈秋平
指挥部总指挥　陈秋平

旧城更新与建设指挥部（4月设立）

党工委书记　张　磊（4月任）
总指挥　张　磊（4月任）

中共溧阳市委工作机构及直属单位

市委办公室
主　任　宋　斌
市委全面深化改革领导小组办公室
主　任　宋　斌
市委研究室
主　任　李　球（至11月）
宋　斌（11月任）
市委机要局
（市国家保密工作局、市密码管理局）
局　长　谢文军（女）
市委组织部
部　长　吴　寅
市委非公有制企业和社会组织工作委员会
副书记　蒋　峰
市委市级机关工委
书　记　朱洪伟（至11月）
李　球（11月任）
市委宣传部
部　长　张爱文（至7月）
曹　俊（7月任）
市精神文明建设指导委员会办公室
主　任　徐星频（女）（至12月）
陈家敬（12月任）
市新闻出版局
局　长　马俊浩（4月任）
市委网络安全和信息化委员会办公室
主　任　沈黎敏（女）（至9月）
市委统战部
部　长　张爱文（至6月）
吴　寅（7月任）
市民族宗教事务局
局　长　芮玉昌
市委台湾工作办公室
主　任　陈伟星
市委政法委员会
书　记　王朝晖（至7月）
庄松年（7月任）
市网格化服务管理中心
主　任　高　昱
市委巡察工作办公室
主　任　夏国中（至4月）
沈华平（4月任）
市委巡察组
组　长　郑杭军
邹启东
吕　斌
纪国庆（8月任）
市委机构编制委员会办公室
主　任　史幸君
市委老干部局
局　长　张富贵
市委离退休干部工作委员会
书　记　张富贵
市信访局
局　长　王　颖（女）
市委党校
校　长　吴　寅
常务副校长　陶华美（女）
江南铁军教育学院
院　长　陶华美（女）
市档案馆
馆　长　徐　彦
市委党史工作委员会、市地方志办公室
主　任　甘正富（至5月）
沈黎敏（女）（9月任）
市机关事务管理中心
主　任　金　军（至6月）

溧阳市人大常委会办事机构

办公室
主　任　李　忠
财政经济工委
主　任　刘学俊（至6月）
王洪明（6月任，至12月）
姜竹旻（12月任）

农业和农村工委
主　任　　张迎春
法制和内务司法工委、民族宗教侨务工委
主　任　　潘文伟
教科文卫工委
主　任　　姜竹旻（至12月）
　　　　　蒋海清（12月任）
人事代表工委
主　任　　花　波（至6月）
　　　　　姜建华（6月任）
环境资源城乡建设工委
主　任　　庄玉宝（至6月）
　　　　　陈志豪（6月任）
研究室
主　任　　马志标（至10月）
　　　　　操文杰（10月任）

溧阳市人民政府工作部门、办事机构及派出机构

市政府办公室
主　任　　张国良
市政府研究室
主　任　　张国良
市地方金融监督管理局
局　长　　法　律
市政府金融工作办公室
主　任　　法　律
市发展和改革委员会
党委书记、主任　吴志东
市住房和城乡建设局
党委书记、局长　操文杰（至9月）
　　　　　　　　姜　卫（9月任）
市人民防空办公室
主　任　　操文杰（至9月）
　　　　　姜　卫（9月任）
市房屋征收与补偿办公室
副主任（主持工作）　姜欣佩
市城市管理局
（市城市管理行政执法局）
党委书记　　李国荣（5月任）
局　长　　谢菊芬（女）
市工业和信息化局
党委书记　　蔡红兵（至9月）
　　　　　　楚　晋（9月任）
局　长　　蔡红兵（至10月）
　　　　　楚　晋（10月任）
市教育局
党工委书记　　黄跃华
局　长　　丁　红（女）
市科学技术局
党组书记、局长　黄盘芳
市公安局
党委书记　　刘新农（至11月）
　　　　　　陈文明（11月任）
局　长　　刘新农（至12月）
　　　　　陈文明（12月任）
政　委　　史晓春
市民政局
党委书记、局长　徐军芳（女）
市退役军人事务局
党组书记　　史国庆（至8月）
　　　　　　殷锡坤（8月任）
局　长　　史国庆（至8月）
　　　　　殷锡坤（8月任）
市司法局
党组书记、局长　孙　斌
市委全面依法治市委员会办公室
主　任　　王朝晖（至7月）
　　　　　庄松年（7月任）
市财政局
党组书记、局长　王国权
市人力资源和社会保障局
党委书记、局长　殷洪雅（女）
市医疗保障局
党组书记、局长　马俊浩（至6月）
　　　　　　　　金　军（6月任）
市自然资源和规划局（5月机构改革更名，前为市自然资源局）
党委书记、局长　林　勇（至12月）
　　　　　　　　田伟民（12月任）
市交通运输局
党委书记、局长　田伟民（至12月）
　　　　　　　　花建国（12月任）
市水利局
党委书记、局长　蒋　彤
市饮用水水源地保护治理工作领导小组办公室（4月撤销）
主　任　　王新平
市水源保护服务中心（4月设立）
主　任　　王新平（4月任，至11月）
　　　　　潘志荣（11月任）
市农业农村局
党委书记、局长　扈军华
市商务局
党委书记、局长　周　莉（女）
市政府外事办公室
主　任　　周　莉（女）
市卫生健康局
党委书记、局长　陈志豪（至6月）
　　　　　　　　潘建中（6月任）
市市场监督管理局（市知识产权局）
党委书记、局长　花建国（至12月）
　　　　　　　　丁　红（女）（12月任）
市审计局
党组书记、局长　王剑锋（至9月）
　　　　　　　　王　晓（9月任）
市应急管理局
党委书记、局长　赵　波

市供销合作总社
党委书记、主任　芮子遐（女）
市统计局
党组书记　庄晓治
局　长　庄晓治（6月任）
国家统计局溧阳调查队
队　长　朱锡洪
市融媒体中心
党委书记、主任　宋玲园（女）
总　编　谢建东（至11月）
市文体广电和旅游局
党委书记　葛军伟
局　长　张雅萍（女）
市行政学校
校　长　严　俊（至7月）
赵　明（7月任）
常务副校长　陶华美（女）
市地震局
党组书记、局长　朱云明
市行政审批局
党委书记　史　军（至11月）
王剑锋（11月任）
局　长　史　军（至12月）
王剑锋（12月任）

政协溧阳市委员会办事机构

秘书长　杨国平
办公室
主　任　杨国平（至7月）
夏国中（7月任）
研究室
主　任　葛　铭
提案和委员工作委员会
主　任　史　琳（女）
经济科技和农业农村委员会
主　任　蔡红兵（至11月）
张一平（12月任）
教文卫体和文史委员会
主　任　潘祖良
环境资源和城乡建设委员会
主　任　陈立群（至8月）
黄翔勇（8月任）
社法民宗和港澳台侨委员会
主　任　周　波

群众团体

市总工会
党组书记　郑丽萍（女）
（至11月）
徐星频（女）
（11月任）
主　席　郑丽萍（女）
共青团溧阳市委员会
书　记　黄泽欣
市妇女联合会
党组书记、主席　滕　维（女）
市科学技术协会
主　席　芮立新（至11月）
朱立峰（11月任）
市归侨侨眷联合会
党组书记、主席　李　劼
市工商业联合会（市总商会）
主席（会长）　陆慧琦（女）
（至12月）
张雅萍（女）
（12月任）
党组书记　施春俊（女）
市文学艺术界联合会
党组书记　屈　彧（8月任）
主　席　芮振华（至6月）
沈佳宾（8月任）
市残疾人联合会
党组书记、理事长　强国民
（至4月）
黄玉明
（4月任）
市红十字会
会　长　陆慧琦（女）
党组书记　宋春燕(女)(至11月)
易仁亮（11月任）

中共溧阳市委协助管理单位

国家税务总局溧阳市税务局
党委书记、局长　张宇民
（至3月）
廖荣辉
（3月任）
常州市溧阳生态环境局
党组书记、局长　王洪明
（至3月）
杨年庆
（3月任）
国网江苏省电力有限公司溧阳市供电分公司
总经理　陈　杰（至12月）
陆东生（12月任）
党委书记　徐国平（至3月）
许文斌（3月任）
江苏省溧阳市烟草专卖局（江苏省烟草公司常州市公司溧阳营销部）
党组书记、局长、经理
曹松潮
常州海关驻溧阳办事处
副主任　张志东（至10月）
胡海波（10月任）
中国邮政集团公司江苏省溧阳分公司
党委书记、总经理　王海燕(女)
中国电信股份有限公司溧阳分公司
党委书记、总经理　曹云祥
中国移动通信集团江苏有限公司溧阳分公司
总经理　李光华
中国联合网络通信有限公司溧阳市分公司
总经理　韶铁山
溧阳市气象局
局　长　管连和
溧阳市盐业有限公司（溧阳政府食盐储备中心）
党组书记、主任、经理
俞正洪
常州市天目湖地区人民检察院
检察长　吴小强（至11月）
刘继春（11月任）

江苏省溧阳地震台
台　长　　毛华锋
常州市住房公积金管理中心溧阳分中心
主　任　　朱启文
中国人民银行溧阳市支行(国家外汇管理局溧阳市支局)
党组书记、行长、局长
王　勇
中国工商银行股份有限公司溧阳支行
党委书记、行长
张谷平
中国银行股份有限公司溧阳支行
行　长　　王志伟（至 11 月）
周　宁（12 月任）
中国建设银行股份有限公司溧阳支行
党委书记、行长　吴建明
中国农业银行溧阳市支行
党委书记、行长　吕一新
交通银行股份有限公司常州溧阳支行
行　长　　彭晓萍（女）
中国农业发展银行溧阳市支行
行　长　　叶路圣
江苏江南农村商业银行溧阳市支行
行　长　　朱海金
中信银行溧阳支行
行　长　　钱雄文（至 12 月）
朱　丽(女)(12 月任)
江苏银行溧阳支行
行　长　　李　民
中国邮政储蓄银行溧阳支行
行　长　　周　炜
溧阳浦发村镇银行
行　长　　李　旭
华夏银行股份有限公司溧阳支行
行　长　　王　晖（至 10 月）
黄朝波（10 月任）
招商银行股份有限公司溧阳支行
副行长（主持工作）　王冬春
兴业银行股份有限公司溧阳支行
行　长　　杨韦娟（女）
东海证券有限责任公司溧阳南大街营业部
总经理　　王　晶
中国人民财产保险股份有限公司溧阳支公司
经　理　　狄小燕（女）（至 10 月）
陈　烨（10 月任）
中国人寿保险股份有限公司溧阳支公司
经　理　　狄　昕（女）
中国人寿财产保险股份有限公司溧阳支公司
经　理　　狄伟栋
中国太平洋财产保险股份有限公司溧阳支公司
经　理　　王益斌
中国太平洋人寿保险股份有限公司溧阳中心支公司
经　理　　阮　伟

镇（区）· 街道

昆仑街道
党工委书记　　史志伟
办事处主任　　朱立峰(至 11 月)
宋春燕（女）(11 月任)
天目湖旅游度假区
党工委书记　　张　顺(至 11 月)
管委会主任　　周文光
天目湖镇党委书记
张　顺（至 11 月）
周文光（11 月任）
镇　长　　周文光（至 11 月）
林　勇（11 月任）
江苏省溧阳经济开发区
党工委书记　夏国中(至 11 月)
陈　波(12 月任)
管委会主任　朱　威（至 7 月）
孙龙斌(12 月任)
上兴镇党委书记
夏国中（至 11 月）
陈　波（12 月任）
镇　长　　朱　威（至 11 月）
孙龙斌（11 月任）
曹山旅游度假区
党工委书记　王　晓(至 11 月)
管委会主任　张成新(至 10 月)
社渚镇党委书记
方学军
镇　长　　马立峰
溧城街道
党工委书记　潘建中（至 3 月）
张　磊（3 月任）
办事处主任　姜　卫(至 10 月)
樊宇盛(10 月任)
埭头镇党委书记
孙龙斌（至 3 月）
颜　萍(女)(3 月任)
镇　长　　颜　萍(女)(至 3 月)
黄泽欣（5 月任）
戴埠镇党委书记
陈　波（至 12 月）
姚觉成（12 月任）
镇　长　　张余亮（至 7 月）
张育诚（11 月任）
南渡镇党委书记
施雪芹(女)(至 12 月)
王鹏程（12 月任）
镇　长　　王鹏程
竹箦镇党委书记
赵　波
镇　长　　周　伟
上黄镇党委书记
强建方
镇　长　　陈建伟
别桥镇党委书记
姚觉成（至 12 月）
高　洁（12 月任）
镇　长　　高　洁
古县街道
党工委书记　钱　栋
办事处主任　钱　栋(至 10 月)
黄晓军(10 月任)

中共溧阳市委员会

栏目编辑　莫　俊

市委重要会议

【全市“生态品质巩固提升年”动员大会暨“三效三提”作风建设大会】 2月19日上午在市文化艺术中心召开，市委副书记、市长叶明华主持会议。市委书记徐华勤指出，2020年溧阳市深入庆祝“撤县设市”三十周年，总结三十年来最重要的一条经验，就是坚持不懈地通过“四大开发”把平凡的山水创造出不平凡的价值，走出了一条绿水青山与金山银山系统、双向、持续转化的“生态创新”之路。如今在践行“争当表率、争做示范、走在前列”的时代使命中，更要坚定“能为必可成”的作风，依靠“生态创新”迈向“五个示范”，努力使“处处绿水青山、家家金山银山、人人寿比南山”成为溧阳的现实模样。

徐华勤要求，一要坚定以破除县级行政层级思维开辟创新发展新境界。能为必可成，关键在于胸怀、视野和格局。县是一种行政层级，不能成为城市能级的创造禁锢；县是一种地域单元，不应成为发展空间的开拓限制；县是一种管理权限，不该成为工作标准的提升束缚。溧阳在“三个关键时期”争创“五个示范”，必须要破除“县级市思维”。二要坚决以“三效三提”清除陈规陋习展现干事创业新气象。能为必可成，核心要义就是围绕正确的事，找对正确的方法，实现最大的成效。为深入破除“县级市思维”，市委、市政府决定在全市组织开展“效能提标、效率提速、效绩提质”作风建设专项行动，加大力度清除工作中的陈规陋习，全面激发党员干部干事创业的澎湃热潮，实现用正确的方式做好有利于溧阳发展的事、有利于打好基础的事、有利于群众受益的事，用最少的投入获得更高水平、更好质量的产出，实现工作成效的最大化。三要坚持以“生态品质巩固提升”的过硬成果检验作风转变的新成效。能为必可成，就是要兢兢业业、勤勉负责地干好每一天、每个月、每一年。建设长三角生态创新示范城市，“五个示范”是目标，“四大经济”是实现“五个示范”的重要抓手。2021年，溧阳市突出“生态品质巩固提升年”工作主题，就是要厚植溧阳绿色崛起的“基底”，以项目建设为核心，坚定不移发展四大经济，夯实“生态品质”基础；以生命康原为突破，标杆定位建设公园城市，丰富“生态品质”内涵；以制度建设为重点，系统集成推进试点示范，释放“生态品质”红利，为绿色现代化新征程开好局、起好步。新的一年，全市上下要锚定建设长三角生态创新示范城市目标愿景，进一步解放思想、开拓创新，全力冲破“县级市思维”，拿出“能为必可成、一切皆可期”的奋斗自觉和拼搏韧劲，众志成城、万众一心创造绿色现代化的崭新开局！

【争创乡村建设示范推进大会】 4月28日，全市争创乡村建设示范推进大会在市文化艺术中心召开。市委书记徐华勤指出，要坚定不移把新发展理念落实到建设长三角生态创新示范城市的实践中。要深刻认识争创公园城市、全域旅游、产业集群、乡村建设、区域协作“五个示范”就是溧阳坚决坚实践行新发展理念和高质量发展要求的担当作为。争创“五个示范”的初心就是把以人民为中心的发展思想落实到让群众看到变化、得到实惠、感到自豪上；核心就是以新发展理念为指引办好自己的事；重心就是以乡村建设的率先破题淬炼生态创新的鲜活样本。溧阳争创“五个示范”，就是考虑到中国社会主要矛盾发生了根本变化，溧阳乃至城市群、都市圈的群众对美好生活的向往更加强烈，就是为了使群众的幸福感、获得感、安全感更加充实、更有保障、更可持续。乡村建设在“五个示范”中是基础、基石、基点，是特色、特长、特质。溧阳率先启动乡村建设示范动员，就是要全面贯彻落实国家乡村建设行动和美丽江苏建设要求，把乡村建设示范作为“五个示范”的“压舱石”，让“五个示范”发轫于田野、扎根在大地，形成当前争先、长期领先的局面，为全国城乡融合发展探索经验，在江苏书写“争当表率、争做示范、走在前列”的新时代答卷中争当优等生、奋力走在前。徐华勤要求，要全力以赴把乡村建设打造成溧阳高质量发展的生动名片。乡村振兴是实现农村从被动提供劳动力、资本、原材料的状态，转变为主动成为社会经济发展有机组成部分，变成一个能动的力量，实质是国家现代化问题。为此，我们的乡村建设，不是要回到传统农村去，而是要创造未来乡村，实现建设形态上极具特色、公共服务上适应需求、产业发展上融会贯通、乡村治理上公序良俗。因此，必须把乡村建设放在城市群、都市圈的大背景中去谋划，不能就农村谈农村、就溧阳谈乡村振兴，要在参与城市群、都市圈的分工中去寻找乡村振兴的路径；必须与新型城镇化相互推进，走城乡融合的路子；必须适应未来生活的需求；必须把环境建设、基础设施建设放在首位；必须解决后续运营管理的机制问题。同时，要在鲜活乡村建设的艺术性，激活乡村基础设施与基本公共设施的服务功能，灵活宅基地所有权、资格权、使用权的实现形式，创活产品供给与产业品牌，畅活社会资本进入等五个“活”上下功夫。徐华勤强调，还要切实加强乡村建设的组织领导。乡村建设做的都是群众“面对面”工作，考验的是实干作风，体现的是惠民成果，全市上下要进一步理清责任链条，拧紧责任螺丝，提高履责效能，以书记一线抓落实，专班一线强推进，干部一线炼作风，打通关节、疏通堵点、激活全盘，确保各项工作落地落实、见行见效。

【争创公园城市示范推进大会】 5 月 27 日，全市争创公园城市示范推进大会在市文化艺术中心召开。市委书记徐华勤指出，城市是人们生活居住的空间和精神的家园。纵观溧阳城市发展史，大致经历了三个阶段：最初以高墙深池的团城形成安全为要的发展阶段；解放后以商业贸易、工业生产等功能构成经济为重的发展阶段；20 世纪 80 年代后期开始逐步凸显人在城市规划建设管理中核心地位的以人为本发展阶段。面对新时代，“建设一座怎样的城市”一直是市委市政府思考、谋划和探索的重要课题。2018 年 2 月习近平总书记在成都开创性提出建设公园城市的时代命题，让溧阳在破局破题的豁然开朗中找到思维定见和发展定向，从而明确了把以争创公园城市为首的“五个示范”，作为长三角生态创新示范城市的基本内涵、基本格局和基本方向。徐华勤要求，一要坚定不移把公园城市打造成溧阳高质量发展的生动名片。要突出安全性、便利性、舒适性、集约性、主体性，把城市的核心是人作为争创公园城市示范最直白的表达；要全域统一规划、统筹建设、统辖治理，把城市建在公园里作为争创公园城市示范最直观的注解；要营造新的生活、产业、创新、消费场景，把培育生态经济优势作为争创公园城市示范最直接的动能。二要坚定不移推进天目湖生命康原建设。天目湖生命康原是当前建设公园城市的头号工程。全市上下要统一思想认识，强化担当使命，锚定“头雁标准”，在思想上、方向上、行动上都做到坚定不移，全力将生命康原打造成聚人、营城、美境、兴业的“示范窗口”。三要切实加强组织领导。建设公园城市是一项系统工程，必须牢固树立“一盘棋”思想，以强有力的推进体制保障公园城市建设，以科学理念和系统思维指导公园城市建设，以切实有效的投入支撑公园城市建设，市级统筹、上下联动、全域一体，坚持定力、凝聚合力、同向发力，共同描绘一幅拥有高颜值、烟火气、创新力、归属感的公园城市画卷！

【争创全域旅游示范推进大会】 5 月 31 日，全市争创全域旅游示范推进大会召开。市委书记徐华勤指出，溧阳全域旅游发展历经三十载风雨淘漉，通过一届届领导班子、一代代干部群众、一个个企业家创业者的奋斗，谱写了可观可感的富民篇章，创造了可圈可点的发展成果，赢得了可喜可贺的城市美誉。展望“十四五”，溧阳聚焦建设长三角生态创新示范城市目标愿景，将全域旅游作为争创“五个新示范”的重要内容，就是要继往开来、再创辉煌，奋力建设富有文化底蕴的世界级旅游度假区，让“到溧阳，就是一种生活方式”走向世界。徐华勤要求，要全力以赴把全域旅游打造成溧阳高质量发展的生动名片。重点做好三方面的示范：一是在实现全域旅游美好空间与创造生活美好空间融会贯通上探索路径，构建“三生共融”的空间格局，塑造“全域洁净”的空间底色，注重“场景营造”的空间建设，实现“城市即旅游，旅游即城市”的新格局。二是在促进多领域融合发展与打造个性化城市 IP 融会贯通上形成标识，进一步促进文旅融合、加速康旅融合、探索科旅融合、深化农旅融合。三是在创新全域旅游城市运营与探索现代化县域善治融会贯通上创造经验。资源的配置要做到全域配置、公共服务供给要不断创优、智慧城市建设要做到管用实用，打造县域治理现代化样板。徐华勤表示，要强化统筹协调、创新机制体制、加强政策扶持，凝聚争创全域旅游示范最广泛的合力，持续以全域旅游撬动全域发展，让全域旅游成为天南海北溧阳人的“家乡印记”、东来西往八方客的“情感纽带”，让“城市即旅游，旅游即城市”成为溧阳的鲜明特质，让“到溧阳，就是一种生活方式”成为溧阳的城市标识。

【争创产业集群示范推进大会】
6月18日，全市争创产业集群示范推进大会召开。市委书记徐华勤指出，回顾溧阳发展的峥嵘岁月，正是星火燎原的产业发展，成为溧阳最有创造力与最富活力的改革开放音符，奏响了溧阳发展史上最生动、最激荡的交响曲。展望“十四五”规划，溧阳聚力绿色现代化，将产业集群作为争创“五个新示范”的重要内容，就是要通过争创产业集群示范提升产业竞争力，持续壮大“四大经济”，加速培育发展新动能，为建设长三角生态创新示范城市贡献力量。

徐华勤要求，要全力以赴把产业集群打造成溧阳高质量发展的生动名片。一要以建链补链强链为重点，在千亿级产业集群培育上形成知名度。塑造“2＋2＋X”先进制造产业集群，打造2个全球有影响力的千亿级产业集群、2个全国有特色的五百亿产业集群，以及在战略性新兴产业领域形成若干个有地方特色的产业集群；培育千亿级休闲健康产业集群，在挖掘鲜明的文化特质和培育有世界知名度的文旅 IP 上下功夫；壮大千亿级建筑安装产业集群，把“溧阳建安”品牌擦得更亮。二要以多链融合创新为重点，不断深化产业链与创新链融合、加速产业链与人才链融合、促进产业链与服务链融合，在激发产业发展动能上形成产业活力度。三要以“四大经济”融合为特质，在参与长三角分工上形成产业识别度。以融合发展深化区域协作，打造承接沪深先进制造产业拓展的集聚城、全国知名的长三角休闲康旅目的地、南京科技创新资源南下与杭州科技创业资本北上的交汇点、苏皖省际边界地区生态创新合作的示范区；以融合发展培育新兴业态，如：发挥良好生态基底及长寿文化等资源优势，既规划建设健康制造产业集聚区，又重点发展医、康、养、游融合的新兴业态等；以融合发展迈向“幸福经济”，致力把建立在生态基础上的“四大经济”，融合发展成为“环境更友好、发展可持续、群众得实惠、政府有收益”的“幸福经济”。徐华勤表示，要统筹协调促推进、集成政策强支持、团结实干抓落实，凝聚争创产业集群示范最广泛的合力，加快构建绿色现代化的产业集群，为建设长三角生态创新示范城市贡献坚不可摧的产业力量。

【争创区域协作示范推进大会】
6月25日，全市争创区域协作示范推进大会召开。市委书记徐华勤指出，作为“五个示范”的压轴之会，区域协作示范更倾向立足开放潮流，是溧阳在城市群、都市圈中寻求高质量发展的一种外在表达。追溯新中国成立以来溧阳对外协作的历程，自我突破是主题、开放突围是主线、区域突贯是主旨。一路走来，溧阳的区域协作实现了从自发、自主到自觉的转变，形成了从谋生计、强实力到塑全局的嬗变。当前，溧阳争创区域协作示范，就是要延续和发扬这种奋进势头，以城市竞争力、知名度、识别性的提升创造融入城市群、都市圈竞合的“靓溧精彩”。徐华勤要求，要全力以赴把区域协作打造成溧阳高质量发展的生动名片。树立大视野和大胸怀，聚焦上海、远拓京深，联动六县、融宁接杭，推动综合实力稳步提升，特色优势持续彰显。要把参与城市群、都市圈的产业分工、培育引领性地标产业集群作为区域协作的首要任务；要把建设惠及更多城市群、都市圈群众的开放型城市作为区域协作的自觉追求；要把打造聚焦关键领域、谋求重点突破的精准化合作平台作为区域协作的核心抓手。徐华勤表示，要全面凝聚争创区域协作示范的强大合力。区域协作示范联结各方、统括全局，是一项系统性工程。要在保持定力中凝聚合力，有强有力的组织推进体系、前瞻性的研究落实机制、导向性的激励评价手段，以一盘棋思想一体化推进，以更加开放的气度、开阔的视野、开朗的胸襟，在区域竞合浪潮中乘风破浪，共同书写长三角生态创新示范城市的精彩篇章！

【中共溧阳市第十三次代表大会】 7月27日上午，在市文化艺术中心举行。市委副书记、市长叶明华主持大会。市委书记徐华勤代表中国共产党溧阳市第十二届委员会，作题为《高举伟大旗帜，弘扬铁军精神，奋力建设长三角生态创新示范城市》的工作报告。徐华勤在报告中说，今年是中国共产党成立100周年。一百年来，中国共产党坚守实现中华民族伟大复兴主题，形成了坚持真理、坚守理想，践行初心、担当使命，不怕牺牲、英勇斗争，对党忠诚、不负人民的伟大建党精神，这是中国共产党在长期奋斗中构建起来的，是所有中国共产党人奋斗、牺牲和创造的结果。红色溧阳是这幅精神谱系中的一抹亮色。当年，新四军江南指挥部在领导苏南抗战、发展统一战线中，凝聚听党指挥铁的信念、报国为民铁的担当、英勇顽强铁的作风、执纪严明铁的纪律，不仅开创了东部地区英勇斗争的崭新局面，更激励着一代代溧阳人改天换地、奋勇向前。今天，奋进在实现第二个百年奋斗目标新的赶考路上，我们隆重召开中国共产党溧阳市第十三次代表大会，主题是：高举习近平新时代中国特色社会主义思想伟大旗帜，大力弘扬新四军铁军精神，奋力建设长三角生态创新示范城市，阔步奔向绿色现代化的美好未来。在总体部署今后五年工作时，徐华勤指出，历经1990年“撤县设市”以来三十年的拼搏努力，溧阳已经站在了一个崭新起点上。这个起点，就是要把握外部环境不确定性不稳定性愈加突出的态势，顺应高质量发展与一体化竞合不可逆转的趋势，立足发展转型、区域突围、城市提升“三个关键时期”的基本判断，传承生态创新脉络，以全力争创“五个示范”为基本轮廓和框架，建设长三角生态创新示范城市的奋斗征程、创造征途。今后五年，全市工作的指导思想是：高举习近平新时代中国特色社会主义思想伟大旗帜，深入学习贯彻中共十九大，中共十九届二中、三中、四中和五中全会精神，全面贯彻落实习近平总书记在庆祝中国共产党成立100周年大会上的重要讲话和视察江苏重要讲话指示精神，坚持党的全面领导，紧扣长三角生态创新示范城市这一目标愿景，把握好美丽宁杭新支点、城乡融合试验田“两个定位”，坚持生态优先、产业优升、开放优容“三个导向”，推动空间拓展与崛起长三角协同谋划、生态涵养与提升知名度协同推进、产业培育与深度城镇化协同互动、民生共享与增强辐射力协同发展“四个协同”，全力争创公园城市、全域旅游、产业集群、乡村建设、区域协作“五个示范”，万众一心描绘“处处绿水青山，家家金山银山，人人寿比南山”的美好画卷，努力在江苏书写“争当表率、争做示范、走在前列”的新时代答卷中争当优等生、奋力走在前。今后五年，全市工作的奋斗目标是：迈向苏南第一方阵。地区生产总值突破1550亿元、力争1700亿元，公共财政预算收入年均增长8%以上，工业经济总量突破3000亿元、力争达到4000亿元。高质量发展考核保持全省前列，“四大经济”比重突破60%；溧阳高新区创成国高新，科技创新成为培育城市气质的第一驱动。迈进中等城市规模。城市建成区人口突破50万，城市化率超过65%；全域生态环境持续改善，宜居品质全面提升，公园城市气质愈发清晰。苏西南交通枢纽地位更加突出，“三生共融”场景更加丰富多元，富有文化底蕴的世界级旅游度假区、国家历史文化名城建设取得实质性进展。迈出城乡融合新步。城镇化进程全面提速，农村宅基地制度改革、城乡融合试验区建设走在全国前列，城乡面貌大幅提升。公共资源配置实现基本均衡，公共服务设施提标扩面，健康溧阳、人文溧阳特色更加彰显，城乡治理体系和治理能力进一步提升；城乡居民收入比控制在1.85∶1以内，共同富裕的现代化飞入寻常百姓家。迈入品牌城市前列。县域营商环境、法治环境建设进入全国前列，文明城市建设保持全国第一方阵；吸引吸纳更多品牌主体来到溧阳，城市影响力和产业链话语权显著扩大；承担承接更多国家和省级试点任务，“争第一、成示范”更为出彩，“美音自在溧阳”城市品牌全国知晓、长三角知名。围绕今后五年全市工作的指导思想和奋斗目标，徐华勤提出，生态创新的绿色现代化，基础是以支点功能提升城市能级与实力，核心是以“五个示范”丰富绿色现代化的内涵，根本是以文明典范城市建设践行为民初心，从而让人民群众在绿色现代化进程中持续看到变化、得到实惠、感到自豪。一要锻造崛起长三角的鲜明支点，坚定发展第一要务，在竞合中全力绽放生态之美、创新之力、城市之光，汇聚力量创造与苏南发达地区相匹配的城市能级；二要打造绿色现代化的鲜亮图景，坚持放大比较优势，以“五个示范”的落地落实打造靓丽城市名片，全面展现动能充沛、产品充盈的绿色现代化现实模样；三要创造文明典范城的鲜活样板，坚守对美好生活的向往，为城市群、都市圈的人们提供更多发展的机会、就业的机会、享受的机会和更好公共服务的机会，激发更广泛群体热爱并愿意为溧阳这座城市的更加美好而奋斗打拼。徐华勤在报告中还就全面从严治党凝聚奋发前行的昂扬力量作了部署和要求：全市上下要强化党委总揽全局作用，坚定引领发展稳中有进的领导力量；要激发干部创优争先动力，夯实推动发展以上率下的攻坚力量；要巩固各方团结向上局面，融汇服务发展内联外引的聚合力量；要营造风清气正政治生态，提振支撑发展常态长远的保障力量。

【市委十三届二次全体会议】 8月28日，中国共产党溧阳市第十三届委员会第二次全体会议在市文化艺术中心举行。全会以习近平新时代中国特色社会主义思想为指导，全面贯彻落实省委十三届十次全会和常州市委十二届十三次全会精神，总结2021年以来工作，研究部署下阶段任务，动员全市上下汲取百年伟力，弘扬铁军精神，奋进崭新征程，以生态创新为江苏现代化建设走在前列提供绿色崛起样板。全会由市委常委会主持。全会认为，2021年以来，全市上下紧紧围绕市委十二届十二次、十三次全会确定的各项目标任务，坚持稳中求进工作总基调，积极谋划、创新作为，统筹推进疫情防控和经济社会发展，聚焦“生态品质巩固提升年”工作主题，以争创“五个示范”推进大会开拓进取，以党史学习教育锤炼实干作风，奋力开启建设长三角生态创新示范城市崭新征程，努力实现“十四五”良好开局。徐华勤就抓好全会精神的贯彻落实以及做好当前重点工作，提出四点要求，一要深刻把握形势变化的影响。始终坚持把项目建设牢牢抓在手中，以优质的服务创造招商口碑，以推进的效率加快产出效能，把项目是压舱石的作用真正发挥好。二要以“两在两同”建新功的实际成果深化党史学习教育成效。不折不扣组织好“两在两同”建新功行动各个环节步骤，将其作为深化党史学习教育的重要内容，与深入开展安全生产大排查大整治、扫黑除恶专项斗争、政法队伍教育整顿等重点工作结合起来，一体落实、一体推进。三要切实把抓好当前工作与谋划明年任务统筹好。以发展的连续性、稳定性、可持续性巩固当前不断恢复的基础，毫不松劲抓紧抓实疫情防控、不折不扣完成全年目标任务、立足于早谋划明年工作，延续加固向好的势头，牢牢把握发展主动权。四要积极巩固涵养风清气正的政治生态。奋进新征程，我们要重温习近平总书记系列重要讲话和指示批示精神，像保护眼睛一样保护政治生态，像对待生命一样对待政治生态，努力在巩固涵养风清气正的政治生态上取得更大进展。

【市委十三届三次全体会议】 12月29日下午，中国共产党溧阳市第十三届委员会第三次全体会议在市文化艺术中心举行。全会由市委常委会主持。市委书记徐华勤代表市委常委会作工作报告。全会指出，在党的十九届六中全会精神指引下，省十四次党代会坚持以习近平总书记擘画的“强富美高”新江苏宏伟蓝图统领全局，深刻阐述了“争当表率、争做示范、走在前列”三大历史使命的丰富内涵，鲜明提出了“六个显著提升”的目标任务，以九方面工作的梯次推进，奋力谱写“强富美高”新江苏现代化建设新篇章。常州十三次党代会紧扣“国际化智造名城、长三角中轴枢纽”城市定位，以“532”发展战略系统布局，奋力走在社会主义现代化建设前列。当前和今后一个时期，全市上下要把一体学习宣传贯彻中央和省、市会议精神作为最重要的政治任务，以生态创新为根本路径、“五个示范”为基本内涵、城乡融合为表现形式、共同富裕为本质特征，万众一心奋进“处处绿水青山，家家金山银山，人人寿比南山”的绿色现代化，全面提升民众的获得感、幸福感、安全感和自豪感、成就感、归属感，加快把长三角生态创新示范城市建设成自我认知、外界认同、人人认可的“美溧之城”“实力之城”“魅溧之城”。全会要求，做好明年工作，在把握稳字当头、巩固基础、突破改革、创新格局的基础上，重点要抓好四个方面：

一是突出“一个主题”。明年是溧阳天目湖旅游开发三十周年，要全面启动新时代“三城同创”，创造“主客共享、城旅一体”的空间格局，聚力打造新的城市IP，把“文旅融合巩固突破年”的主题贯穿始终，在淬炼城市标识上实现新的跨越。二要突破“两个关键”。一方面是要坚定不移攻坚重大项目，另一方面要坚持不懈集聚创新人才，坚持把项目与人才作为县域高质量发展的主体支撑，在增强城市实力上实现新的跨越。三要突贯“三个载体”。要在思想认识上创造新境界，在体制机制上创造新标杆，在重点工作上创造新亮点，举全市之力，以溧阳高新区创成国高新为龙头建设江苏中关村科技产业城，强化板块协同形成新的产业高原；以健康经济集聚提升为基础开发天目湖生命康原，明确发展重心构成新的中心城区；以创建国家级农业产业园为承载打造现代农业产业园，凸显城乡融合特质创成乡村振兴样板，在拓展城市格局上实现新的跨越。四要突进“四个创建”。要以创建全国文明典范城市县域样板为统揽，创立美好生活；以创建中国人居环境奖为统领，创优全域环境；以创建全国法治政府建设示范市为统括，创设公平保障；以创建省级安全发展示范城市为统驭，创造和谐社会，集中力量实现关键领域的关键突破，推动共同富裕的绿色现代化“飞入寻常百姓家”，在提升城市品质上实现新的跨越。

【市委常委会会议】 研究出台《2021年溧阳市作风建设“三效三提”专项行动方案》 2月18日，市委常委会召开会议，讨论研究了《2021年溧阳市作风建设“三效三提”专项行动方案》。会议指出，要充分认识“三效三提”必要性，干部队伍效能提标、效率提速、效绩提质缺一不可，会深刻作用于经济社会发展。下一步要通过开展行动，真正破除“县级行政层级思维”认知局限，并解决好工作规范不清楚、工作要求不落实等问题。

研究出台《溧阳市2021年苏陕协作工作要点》 8月14日，市委常委会召开会议，讨论并研究《溧阳市2021年苏陕协作工作要点》。会议要求，要深入领会习近平总书记在全国脱贫攻坚总结表彰大会上的重要讲话精神，认真落实省委决策部署，立足新发展阶段、践行新发展理念、服务新发展格局，让苏陕协作结出更多硕果。

研究出台《关于在全市公民中开展法治宣传教育的第八个五年规划（2021—2025年）》 11月29日，市委常委会召开会议，讨论并研究《关于在全市公民中开展法治宣传教育的第八个五年规划（2021—2025年）》和《法治溧阳建设规划（2021—2025年）》。会议要求，筑牢法治根基是建设更加开放的溧阳和长三角生态创新示范城市的基础保障，一要始终加强党的领导，把习近平法治思想和中央关于全面依法治国的顶层设计与溧阳市法治建设的具体情况结合起来；二要始终坚持普治并举，积极推进普法宣传与依法治理有机融合，创新手段、形式，不断夯实全民守法基础；三要始终站稳人民立场，以坚定不移建设更加开放的溧阳为引领，在法治环境提升上下更大功夫，让老百姓在一件件可观可感的事实中切身感受到公平正义。

市委重要活动

【重大项目推进】 全年累计签约项目143个。其中，总投资10亿元以上项目43个，百亿项目3个，德龙高端不锈钢冷轧、时代上汽二期、莱赛尔纤维等百亿项目有力推进。全年规上工业产值突破2100亿元，工业应税销售突破2300亿元，分别增长31.1%和31.2%，增幅分别位列常州第二、第一；带动全市地区生产总值突破 1250亿元，公共财政预算收入达87.3亿元，增幅均为常州第一；“四大经济”增加值占比进一步提高到 54.5%。

【争创五个示范】 公园城市规划编制基本完成，天目湖生命康原建设全面启动，焦尾琴公园隧道双线贯通，景詹沙河大桥建成合龙；“溧阳1号公路”南部旅游环线建成通车，“溧阳十二望楼景观廊”示范段建设顺利完成。全域旅游格局拓展，曹山未来城、蓝城悠然南山等重大文旅项目全速推进，新城温德姆、万豪、竹溪谷、涵田康养中心等度假酒店建成开业；全市共签约入驻国际高端酒店品牌12个，推出星级“溧阳茶舍”44 家、精品民宿超110家；天目湖旅游度假区入选国家级森林康养试点建设基地。产业集群全面发力，动力电池产业实现产值429亿元，纳税12.2亿元，分别增长112.6%和281.3%，出货量占全省的50%以上；溧阳首次获评全省自然资源节约集约利用示范市。乡村建设迈出新步，着力编制157个行政村实用性村庄规划，提升124个村庄人居环境，李家园村、里方村、上桂林村、钟家村建成省级特色田园乡村，全市总量达11个、位居全省第一方阵。区域协作创出影响，与中科院物理所长三角研究中心、重庆大学溧阳智慧城市研究院、上海交大溧阳智能制造研究院、东南大学基础设施安全与智慧技术中心等创新院所合作不断深化，沪深宁杭苏“五大创新基地”加速实体化运行；溧高高速建成通车，长荡湖通用机场投入试运行。生态创新主题实践享誉苏皖、走向长三角。

（经　轩）

组织工作

【统筹“时势事”三个关键】 聚焦关键“时”，百年庆典提升引领力。2021年，溧阳市委组织部坚持把党的政治建设摆在首位、落在实处。将学习新思想作为“第一要务”，深入推进党史学习教育，精心组织庆祝建党百年的“九百礼赞”活动，“溧阳红色印迹云展厅”上线发布，“水西百忆”微纪录片获评全省庆祝建党百年融媒体精品十佳案例。把握关键“势”，集中换届提升统领力。以换届为契机，坚持“三凭一看”，既稳人心、更树导向。创新“试点观摩”方式率先高效完成镇党委换届，镇“两委”委员均高票当选。做好“后半篇文章”，深入开展“三效三提”作风建设专项行动，以“四比四看一争当”助推“两在两同”建新功，2021年全市567名领导干部结对低保边缘户。落实关键“事”，试点探索提升带领力。公务员绩效管理作为中组部试点，“职责细化、行为量化、数据说话”模式被中组部专刊刊发。立足水西村入选中组部红色美丽乡村试点，打响“长三角红色研学第一村”品牌。探索以城市党建馆为阵地、社区“大党委”为中心、“一轴三联三进”为载体的城市党建架构，不断丰富“全国城市基层党建示范市”内涵，相关做法被《党建研究》《中国组织人事报》报道。

【做好“红绿蓝”三色文章】 筑强红色堡垒。成立社会组织综合党委和互联网行业党委，推动组织体系到边到底。打造沙河精神展览馆、洑家村“山这边”党群驿站等特色阵地；姜下村、龙峰村、桂林村等党群服务中心“点亮”升级。开展“团城新语支书讲坛”“濑水讲坛”等活动，新选派37名第一书记驻村提振发展。助力绿色发展。“两新”组织党建“三清三提”攻坚扩面，首次评定295个“五型”非公企业党组织，“攻坚党支部”“行动党支部”等特色做法成为企业发展“红引擎”。正昌集团党委获评全国“先进基层党组织”，非公企业党建工作被《群众》杂志专题报道。绘好为民蓝图。积极探索“党员代办制”，2021年招募党员代办员近8000名，办结事项2952件。开展党员干部“五下基层”进村入户活动，组织新一届村（社区）“两委”以办好“开门一件事”打响履新第一枪。“五堂一站”微民生服务品牌入选全国乡村治理典型案例，燕山南苑小区入选“红色物业”省级示范名单。

【聚焦“破立创”三项重点】 打破“隐形台阶”。2021年全年提拔85后年轻干部58名，占总数的48.3%。截至2021年年底，全市共有“85后”正科职干部8名、“90后”副科职干部25名。选派88名年轻干部到“五个示范”、重大项目专班等一线岗位培养锻炼，对全市1050名85后干部进行全面调研，建立“南山雏鹰”“水西劲旅”“濑江舵手”三级干部库。树立典型引路。溧阳市信访局局长王颖当选全省唯一“全国最美公务员”，走进情景式党课现身说法。创新开展“服务之星”评选，共表彰40名“助溧之星”“惠企之星”“为民之星”，机关、国企和事业单位工作人员精神进一步提振。创新管理机制。首创干部档案任前审核“一表式清单”，以“三龄两历一身份”（年龄、工龄、党龄；学历、工作经历；干部身份）为核心，严格贯彻“凡提必审”要求。“双班制”探索青年干部教育培训新模式，促进教育培训“质效双升”。“六边形”干部评价，通过“考核＋考察＋评价”机制模块化搭建“可视化”干部评价模型。

【完善“引育留”三大环节】 以智慧之脑引智慧之人。聚焦中科院物理所长三角研究中心，依托南航“大飞行”、重庆大学“大智慧”等大院大所招引人才，2021年引进人才总量1.1万人，其中中科系就引进博士62名，胡勇胜团队在全球率先实现钠离子电池的产业化和商业化应用，被央视《经济信息联播》专题报道。成功协办重庆、成都“龙城英才计划”推介会，得到各级媒体广泛关注。以市场之手育可用之才。向用人主体授权，给予企业推荐“非典型人才”的自主权，27家企业的49名员工打破学历、职称等限制，被评为F级人才。探索与专业化、市场化的“猎头”合作，满足企业个性化引才需求，变“政府主导”为“市场主导”，成功引进高端企业管理人才9名。引导企业自主开展技能人才培育，补贴32家企业培训经费近300万元，培育高技能蓝领人才1600人。以环境之优留人才之心。加快公园城市建设，让蓝天白云、青山绿水成为人才招引的生态名片。出台《第三轮“天目湖英才榜”三年行动计划》等制度，发放人才贷1300万元，兑现各类人才扶持资金7773万元。打造“智溧”人才公寓品牌，引入优质教育、卫生资源打造“15分钟”人才生活圈，提供“一揽子”服务，以制度红利增创人才发展优势。

（崔　虎）

宣传思想工作

【概　况】 2021年，全市宣传思想文化战线深入贯彻中共十九大、十九届系列全会、省第十四次党代会、常州第十三次党代会、溧阳第十三次党代会精神，增强“四个意识”、坚定“四个自信”、捍卫“两个确立”、做到“两个维护”，聚焦举旗帜、聚民心、育新人、兴文化、展形象的使命任务，紧扣全市发展大局，唱响主旋律、弘扬正能量，为推动溧阳经济社会高质量发展提供强大的思想文化保证和舆论支持，以优异成绩庆祝建党一百周年。

【党史学习教育】 紧扣“学党史、悟思想、办实事、开新局”总要求，以“水西百忆温初心、基层百讲守初心、童心百唱颂初心、青年百悟传初心、实事百件践初心”“五个百”系列活动为统揽，高质高效推进各阶段学习任务。成功举办“学习强国”长三角学习联盟走进溧阳暨党史学习教育沉浸式党课专题学习活动，溧阳市委与南京航空航天大学党委理论学习中心组开展联学联建，百集《水西百忆》被评为江苏省庆祝建党百年融媒体十佳案例和长三角庆祝建党100周年宣传优秀案例奖。扎实开展“我为群众办实事”实践活动，梳理民生项目、惠民实事345项，其中市级重点民生实事100件，完成率达90%。党史学习教育工作得到省指导组高度评价。

【理论学习】 2021年，市委宣传部坚持把学习宣传贯彻习近平新时代中国特色社会主义思想作为首要政治任务，作为中心组学习重中之重，印发《2021年全市党委（党组）中心组专题学习计划》《市委办公室关于组织旁听基层党委（党组）理论学习中心组学习的通知》。征订《论中国共产党历史》《毛泽东　邓小平　江泽民　胡锦涛关于中国共产党历史论述摘编》《习近平新时代中国特色社会主义思想学习问答》《中国共产党简史》4本书4.8万余册。组织开展6次全市“学习日”活动。先后对20个镇区和市级部门单位开展旁听工作。广泛推广和使用“学习强国”学习平台。扎实推进冬训工作，4.7万余名党员通过线上、线下等多种渠道参加培训，参训率达95%以上。

【意识形态工作】 牢牢把握意识形态工作领导权和主动权，认真贯彻落实《党委（党组）意识形态工作责任制实施细则》，不断完善意识形态工作月报告、定期分析研判、情况通报等制度，深化在市委巡察中开展责任制专项检查，持续推进巡视巡察发现意识形态领域问题整改，突出抓好网络、宗教、文化等领域意识形态安全。广泛开展全面建成小康社会主题宣传、《永远跟党走　奋进新征程》主题宣讲，持续深化社会主义核心价值观建设。

【主题宣传和新闻外宣】 2021

6月25日上午，溧阳市燕山中学城投艺体馆内，唐国民、潘荣华、符黎明、丁山华、陆瑛、胡建军、洪骥（左起）7位优秀党员代表同时按下启动键，为溧阳市庆祝中国共产党成立100周年主题展揭幕

（市委宣传部　供稿）

年，市委宣传部紧紧围绕中国共产党成立100周年等重要时间节点，组织开展“不忘来时路、能为必可成——溧阳市庆祝中国共产党成立100周年主题展”。先后举办“2021中国（溧阳）天目湖创新设计大赛”、“一地六县”旅游精品线路等系列新闻发布会，溧阳“两节”、长三角物理研究中心挂牌仪式、重点项目集中开工仪式、《游子吟》乡愁沉浸式情景音乐诗会等在《经济日报》《科技日报》《新华日报》等10余家媒体刊发报道。组织31家媒体参加常州市“名城名校合作行 创新创业赢未来”暨“龙城英才计划”推介会宣传报道。溧阳市在国家、省级媒体发表报道近400篇，其中国家级刊播报道近50篇。

【宣传文化与新闻出版】 坚持以人民为中心，努力创作更多精品力作。《绿水青山与乡村振兴——溧阳共享富裕之路实践探索》由人民出版社出版。组织“溧阳北湖亭奖”文艺精品项目评审，32个项目和21个作品分别受到扶持和表彰。深入推进“书香溧阳”全民阅读活动，举办“溧书房”上兴馆开馆仪式。举办首届“国庆七天·美音相伴”溧阳精品文艺汇演，“文明社区天天乐”文化惠民活动提质增效，配送80场“百团颂百年 永远跟党走”系列群文广场演出，打造群众喜爱的文艺大餐。开展新闻出版领域危化品使用安全专项治理行动，联合市安委办下发《关于切实做好全市新闻出版、电影行业安全生产工作的通知》，形成安全生产常态化检查督查机制。深入推进“扫黄打非”进基层，开展“扫黄打非”集中宣传月活动，印制卡通宣传画册500份、宣传散页5000册、制作展板16块以及录制文化综合行政执法方面的卡通宣传影像进行现场巡回宣传。联合执法大队对全市中小学校及周边经营单位开展安全检查集中行动。

【精神文明建设】 以深化文明城市建设三年行动计划为契机，持续完善第三方测评、路长制等工作机制。开展新一轮道德模范评选和宣传，5人获评省、常州市道德模范（含提名），14人获评常州好人。扎实推进新时代文明实践中心和乡村复兴少年宫两大全国试点建设，与上海市闵行区、南京市玄武区、浙江省德清县等七市（区）签订《长三角区域七城共建新时代文明实践圈协议书》，承办江苏省乡村复兴少年宫试点启动仪式暨现场观摩会，建成市、镇、村乡村复兴少年宫92个，着力打通农村未成年人思想道德建设“最后一公里”。

【网信工作】 全面落实网络意识形态责任制和网络安全责任制，强化属地重点网站平台监管力度，深入开展“清朗”“净网”等系列专项行动。承办省委网信办“百年辉煌e心向党”党史学习教育活动暨“百城百网百馆红色寻根行”活动启动仪式。强化党对互联网的全面领导，推出“互联网党建”系列报道，成立溧阳市互联网行业委员会，提升网络治理协同力和约束力。

（吴世平）

统战工作

【概　况】 2021年，全市统战工作立足建党百年光辉节点，奋进绿色现代化宏伟征途，以习近平新时代中国特色社会主义思想为指导，全面落实市委十二届十三次全会部署要求，服务中心大局、紧扣任务目标、主动担当作为。市委常委会全年专题讨论统战工作5次，召开市委统一战线领导小组会议2次。深化新时代大统战格局，制定下发《2021年统战工作要点》，编印《镇（街道）统战工作实务操作手册》。结合党史学习教育，以党建带统战，在全市统战成员中开展贯彻落实《统一战线工作条例》、中共十九届六中全会精神和党史学习教育等各类专题宣讲5场，把思想和行动统一到党中央的决策部署上来。举办统战宣传信息专题培训班，提升统战干部的业务能力、写作水平，统战宣传工作再上台阶。2021年统战宣传工作在常州各辖市区位列第一。坚持“依靠溧阳人，办好溧阳事”，持之以恒打造“溧阳乡贤”品牌。“温暖重阳”行动慰问在外溧阳籍乡贤父母106户，“乡情守护”计划为59户70周岁以上在外溧阳籍乡贤父母安装“一键通”智能化看护设备。继续推进“溧商回乡创业工程”和“服务家乡招商引资工程”，有效发挥在外知名人士资源优势。

【多党合作政治协商】 做好政协换届人选协商推荐考察和政协换届会议的筹备工作，统筹酝酿溧阳市、常州市政协委员。完成第二批全市“无党派人士”认定工作。配合做好党外干部选拔配备，教育、科技、住建、农业农村、文旅、卫健、审计、司法8个市政府工作部门党外干部配备全部到位。更大力度打造党派品牌，提升民盟“同心·献智惠民”、民建

"同心·思源"品牌内涵，民盟溧阳市基层委员会科技支部成立"盟员之家"，在"国家级美丽乡村"礼诗圩成立八字桥读书台，民盟盟员周春雷被授予江苏"最美诚信之星"称号。更广维度引领党外知识分子，市无党派代表人士联谊会正式更名为市党外知识分子联谊会，在溧阳经开区、溧阳高新区、天目湖旅游度假区成立知联会分会。更新举措凝聚新的社会阶层人士，开展市新联会会徽、吉祥物设计大赛，征集作品110余件，开展"寻美·溧阳"主题活动，录制发布《寻美·溧阳》主题MV，并在中央、省平台宣发。

【民族、宗教统战工作】 有序开展并完成宗教活动场所建筑安全鉴定、消防评估和隐患排查工作。全面落实《溧阳市宗教活动场所布局专项规划（2020—2035年）》，以"四步走、六到位"方式，完成3家场所不动产权登记工作。市基督教中心堂顺利完成迁建。以全省"苏统云"平台建设为契机，试点建设"溧阳市宗教场所智慧云安全管理平台"，推行"宗安码"，建立"人防＋技防＋物防"三位一体的安全防范体系，提高宗教场所安全管理水平。全市37家宗教活动场所全面上线运营，日常巡查累计上万次。常态化抓好场所新冠疫情防控工作，实行"双暂停"，成立专门工作组开展疫情防控巡查，有效提升宗教活动场所安全管理水平。着力筑牢中华民族共同体意识，争创全省民族团结进步"510工程"，继续开展全省"红石榴家园"创建工作。溧阳首家"红石榴家园"马垫小学成功揭牌，首个"铸牢中华民族共同体意识实践基地"在清安小学正式挂牌，在昆仑街道创智园警务室打造"红石榴家园"溧阳工作站，扎实做好流动少数民族服务管理工作。在清安小学举办"播下同心'籽'开出团结'花'——《水西百忆》红色故事我来讲"校园品读会公益专场活动，并通过直播的方式向全网呈现，让民族团结之花常开长盛。

【非公有制经济领域统战工作】 推进新时代"两个健康"先行区创建工作。整合相关法律部门的优势资源，成立民营企业法律服务中心。加强企业家队伍建设，完成第二轮常州市民营企业"百千万"工程千人班和万人班培训学员的组织工作，33名千人班学员入学，100名万人班学员毕业。大力弘扬溧商精神，继续举办"企业家焦尾琴沙龙"，发放"常商服务卡""溧商服务卡"120张，推动政企沟通、银企交流，凝聚高质量发展向心力。严把政治素质关，高质量开好推进"两个健康"动员会，圆满完成市工商联、各镇区商会、青商会换届工作。

【港澳台交流工作】 围绕港澳人心回归、民心认同，推进溧港澳多领域交流合作。开展迎中秋庆国庆联欢会、"夏送清凉"等活动，送去关怀与关爱。增进溧台交流交往，深入落实"两湖"协议精神，推动海峡两岸交流合作，积极申创"海峡两岸交流基地"，交流交往长久增进。

【侨务工作】 顺利召开溧阳欧美同学会第二次会员代表大会，联合主办"创业中华·筑梦江苏"百名侨商溧阳行，依托常州"创业之桥"品牌活动平台，以侨架桥、以侨引资、以侨引才，成功引进汽车轻量化铝合金冷锻项目，中嘉生物、古熙生物两个理疗器械项目。促成外国语小学和燕湖初中与海外华文学校德国纽伦堡、乌尔姆中文学校结对。

【党外代表人士统战工作】 紧扣"五个新示范、绿色现代化"工作目标，开展党外各界代表人士助力"五个新示范"活动，深入开展调研，积极建言献策。形成《公园城市背景下城市精细化管理的思考》《以田园综合体建设带动曹山全域崛起》等5篇调研文章。组织党外代表人士积极参与第十三届长三角党外知识分子主题论坛征稿活动，形成《发挥数储新优势 打造长三角数据中心》《数字化背景下企业精益生产管理的几点思考》等优质文章。以建党100周年为契机，在全市开展"我和统一战线"征文活动，征集文章80余篇，出版《我和统一战线》一书，充分展现党外代表人士风采。

（魏　立）

巡察工作

【概　况】 2021年度，市委巡察机构深入学习贯彻习近平新时代中国特色社会主义思想和中共十九大、十九届历次全会精神，坚持以习近平总书记关于巡视工作的重要论述为指引，认真贯彻落实上级巡视巡察的新精神、新要求，坚持问题导向，注重标本兼治，在推动全面从严治党向纵深发展，保障上级决策部署贯彻落实中发挥积极的作用。

【推进巡察监督】 完成十二届市委巡察工作收官，共开展15轮对

70个单位和226个村（社区）的巡察，发现“三个聚焦”等方面问题2235个，移交问题线索281条，巡察震慑效应充分彰显。对市委教育工委、溧城街道、总工会、科协、司法局、红十字会开展巡察“回头看”，发现“三个聚焦”等方面问题33个，移交问题线索3件。统筹安排新一届市委巡察对象，完成首轮对竹箦镇、别桥镇及所辖村（社区）以及市农业农村局、城市管理局、档案馆、供销合作总社的巡察，发现问题225个，移交问题线索26件。以小切口推动解决大问题，《农村杂工使用管理》《教育系统食堂管理》等8份专题报告得到市委书记批示，成为溧阳巡察品牌。《巡察专题报告提升基层治理水平》获得2021年度全市工作创新奖。

【保障巡视巡察】 全力做好常州市委巡察组对溧阳市委政法委、市检察院、7个村（社区）、平陵集团的提级巡察。服务保障和参与联动巡察机构的指导督导以及常州市委涉粮问题联动巡察组第一专项组对溧阳市开展的专项巡察等工作，得到上级巡视巡察机构的高度肯定。

【巡察整改】 严格落实常州市委第三巡察组指导督导反馈意见，高速度推进指导督导整改。通过仔细研讨，将指导督导反馈的3个方面12类问题，细化分解成23个具体问题，列出问题、任务及责任清单，逐条制定整改措施，共计59项，形成《中共溧阳市委关于巡察指导督导反馈问题整改工作方案》，经市委常委会研究通过。每条整改措施都明确了牵头领导、牵头部门、责任人、责任单位和整改时限，勾画好“路线图”和“时间表”。整改过程中，市委巡察工作领导小组和市委巡察机构多次组织召开整改工作推进会，主要领导亲自部署、亲自调度、亲自督办，年内完成18个问题的整改，整改率达78%。

【巡察规范建设】 完成巡察机构党支部换届改选工作。开展“追忆峥嵘岁月，践行初心使命”等主题教育活动，持续巩固党史学习教育成果。邀请各行业专家授课，为巡察干部充电扩能。出台《关于进一步加强巡察队伍建设，提升干部能力素质的实施办法》，优化组建九大类210余人的巡察人才库。参照常州市委巡察办《操作指引》，列出任务清单，明确规范巡察各工作环节。编印《市委巡察组办职能清单》，明确各自职责，压紧压实责任链条。

【总结提炼巡察经验】 坚持在实践中总结，在总结中提高，《巡察加审计，让四风问题无处遁形》等信息被《中国纪检监察报》录用，《巡察之歌》《注重“四度四要”，提升巡察报告质效》等35篇信息被省级、常州市级媒体录用。圆满完成省委巡视办交办的“对村（社区）巡察整改操作指引”编写任务，提炼总结“溧阳村巡4333体系”（为什么巡、怎么巡、巡什么、谁来改），巡察整改“五个明确”督查评估体系（督谁、谁来督、督什么、怎么督、督后怎么办），为全省贡献溧阳经验。

（罗赵华）

机构编制工作

【概　况】 2021年年底，溧阳市党政序列机构数37个，其中市委序列9个，政府序列28个。全市事业单位234家。全额拨款150家，差额单位78家，自收自支6家。

【深化事业单位改革全国试点工作】 溧阳是全省深化事业单位改革四个试点县（市、区）之一。2021年，溧阳市紧扣试点工作目标和要求，坚持“党的全面领导、以人民为中心、优化协同高效、稳步扎实推进”四项原则，充分运用党政机构改革经验和成果，高质量完成改革试点工作，在省委编办组织的评审中得到较高评价。

试点覆盖广泛全面。将全市事业单位均列入改革范围，确保改革试点无“死角”。其中，109所学校、20所医院着重编制配置优化，健全体制机制；16家镇（街道）事业单位按照基层“三整合”改革要求推进，“五大事业中心”整合为一个不实际运行的综合保障中心。从严控制除学校、医院外市级机关所属事业单位，机构数量由185家减至87家，其中37家5人以下的“小散弱”事业单位全部清理，实现市级事业单位压缩率53%；积极争取政治资源，正科机构增加3家，副科机构增加8家。

机构设置实现重塑。围绕“优化布局结构，释放发展活力；补齐民生短板，提升服务能力；理顺体制机制，激发内生动力”原则，通过归类设置、同类合并、区域统筹、优化转型等方式推进分类整合，积极探索跨部门同性质、同系统、同体系的联合共建，重构社会事业发展格局。改革后，全市各类事业单位234家，其中市级机关事业单位87家。全面完成涉改事业单位机构组建、领导配备、编制核定、职能明确和人员划转“五个到位”，全面完成“三定规定、政事权限清单、章程”三项机制制定工作。

编制使用精简高效。坚持“瘦身”与“健身”相结合，通过直接收编、整合收编、内控编制等方式，共计收回编制520名；以“强一线、补短板、优民生、聚人才”原则，将盘活资源进一步向疾病预防控制、安全生产等民生、基层一线倾斜，增核疾控中心编制24名、安监大队编制4名，向基层一线倾斜编制65名。创新编制使用模式，搭建编制“周转池”，探索成立市党群服务中心，作为周转编制和高层次人才人事编制关系挂靠的载体，集中编制存量资源，优先用于引进紧缺专业、高层次人才入编需求，为重点环节和关键领域事业发展提供有力编制保障。

公益服务打造品牌。结合溧阳特有资源要素，通过事业单位重塑，打造公益服务溧阳品牌。打造融媒体品牌。优化整合广播电视台、新闻信息中心、锡剧团，高标准打造融媒体中心，将隶属关系调整为市委直属事业单位，委托宣传部管理。打造医教科研品牌。服务联合办学，推进南航天目湖校区、南师大附属学校落地生根；服务医联体建设，以省人民医院、省中医院2所溧阳分院建设为契机，引导8家乡镇卫生院与市外三级医院合作共建医联体；服务科研平台设立，以事业单位性质研究院所为平台，促进东南大学“大装置”、重庆大学“大智慧”、南航“大飞行”、上海交大“大制造”等相继签约。

【省基层“三整合”改革示范镇创建工作】 在完成基层“三整合”改革规定任务基础上，以机构编制人员落实“五个到位”、加强机制建设为核心，以加强镇（街道）“一局两中心”建设为重点，指导支持南渡镇创建省基层“三整合”改革示范镇，为全市基层治理提供新样板。

推进行政执法局标准化建设。会同市司法局、市城市管理局，从改造办公场所、统一执法标识、升级执法装备、规范执法流程、强化执法监督、健全管理制度六个方面着手，推进南渡镇综合行政执法局标准化建设。开发综合执法信息化模块，实行执法流程痕迹化管理，努力打造溧阳镇街道综合行政执法改革示范工程。

提升为民服务中心服务能力。指导南渡镇为民服务中心以企业群众办事需求为导向，以法人、自然人的“全生命周期”为视角，优化流程，创新服务，推出五个“一件事”套餐服务，设立“一件事服务专窗”，设置“零号窗口”，实行“党员代办制”等创新举措，打造审批服务品牌，提升工作效能。

完善市域治理综合指挥平台。对照省委编办制定的一体化平台建设规范，结合市域治理现代化试点工作，进一步完善南渡镇审批服务综合执法一体化平台，与市指挥平台联通，加大数据共享和数据融通，切实发挥一体化平台指挥中枢作用。丰富应用场景，打造运用亮点，将应急管理作为重点纳入指挥中心一体化平台，切实发挥平台的实战作用。

【综合行政执法改革暨指挥中心改革试点工作】 2021年5月，溧阳市被省委编办确定为综合行政执法改革暨指挥中心建设试点县市，结合试点要求，市编办通过赴南通、扬州、宿迁调研，与市司法局、指挥中心等多部门协调，认真谋划，形成全市综合执法改革暨指挥中心建设工作方案。

按照省委编办统一部署，推行“大数据＋指挥中心＋综合执法队伍”综合执法模式，突出重点，自主创新开发“1+4+N”（“1”是党建引领，“4”是审批服务、综合执法、网格治理、指挥调度，“N”为特色系统，包括效能监督、经济发展、安全生产、舆情监控等特色板块）市域社会治理现代化指挥中心一体化平台，完成框架搭建、数据采集和端口接入等工作。

充分利用原网格化成熟的运行机制，强化综合执法作为网格化特殊事件的处置运用，实现指挥调度协作联动。与市司法局联合印发《溧阳市优化基层综合行政执法管理体制实施方案》，厘清市镇两级职责边界，明确各镇（街道）执法机构设置；规范派驻人员及下沉人员管理，组织执法平台操作培训，强化指挥中心队伍建设。

【编外用工清理规范工作】 编外用工清理规范是全市重点工作，也是“三效三提”专项行动重要内容。1月启动以来，市编办在充分调查摸底的基础上，形成工作方案，扎实稳妥地推进工作。

科学核定初始员额。在充分调研和征求意见的基础上，出台编外用工员额核定试行办法，按照“总量控制、从严从紧、分类核定、尊重历史、动态调整”的原则开展首次员额核定工作。同时从严把好“入口关”、加强经费管理、严肃工作纪律等方面建立监管保障机制。

稳妥推进清理工作。根据工作方案，梳理出各单位需要清理规范的编外用工数量及名单，按照“谁招人谁清理、先清理后规范、保持大局稳定、公开公平规范”原则，开展编外用工清理工作。

强化规范流程监管。制定《关于进一步规范编外用工管理的实施意见》，对编外用工员额核定、清理工作、公开招录、动态管理等工作流程作出明确规定。联合财政、人社出台公办幼儿园教师员额管理办法，进一步规范备案制教师管理；对卫健、城管等系统实行总量控制上限管理。

【机构编制管理和服务】 管好用活机构编制资源。一方面，规范市、镇两级权力运行。完成古县街道赋权工作。参考经开区赋权模式，将涉及市行政审批局等7个市级部门共33项管理权限赋予古县街道行使，为天目湖生命康原实现“建设生命康原未来城、打造溧阳城市中心区”的发展目标提供体制机制保障。赋予镇（街道）行政处罚权。完成镇域相对集中行政处罚权清单梳理制定，将涉及市城管局等10个部门的174项行政处罚权事项赋予镇（街道）实施，切实解决镇（街道）行政执法“看得见、管不着”的问题。建立权责清单长效管理。全面重新梳理33家市级部门6568项权限清单，结合基层“三整合”改革，先后认领两批共涉及7个部门的80项常州市设权力事项，并督促部门对行政权力清单进行动态更新。组织认领省镇（街道）法定权力事项，积极开展镇（街道）权力清单建立工作，加快省、市、县、乡四级权力清单标准化建设。制定印发《镇（街道）“属地管理”事项主体责任和配合责任清单》，明确具体事项在市级部门和镇（街道）之间的职责分工以及部分事项部门间的相互协调职责，确保市镇两级分工明确，权责清晰。另一方面，优化机构编制资源配置。科学制定事业单位年度用编指标。按照“只减不增、保障重点”原则，全年安排事业单位用编300名，重点向高层次人才和教育、卫生等民生服务、基层一线倾斜。配合做好参公事业单位压编工作。按照压缩行政总编制2%要求，结合深化事业单位改革工作，完成方案制定工作，并逐步推进。

完成年度机构编制核查。印发《溧阳市机构编制核查工作实施方案》，重点核查机构批复和实际设置情况、编制核定及实有人员情况、领导职数核定及配备情况、实名制数据等内容。按照单位自查、公示监督、数据比对、实地核查、数据更新5个环节扎实完成机构编制核查工作。做实用活机构编制大数据库，建立机构编制数据月度汇总分析工作管理模式，实行科级领导职数网上预审，及时更新科级领导职数信息。

加强机构编制评估监管。联合组织、审计等部门完成对社渚镇“三责联审”工作。通过“三责联审”、重点机构改革工作专项督查，结合机构编制管理评估工作，加强全市各级财政供养人员总量监控，确保增减平衡。优化绩效管理考核体系，重点调整“三超两乱”（超职数配备干部、超机构规格提拔干部，超审批权限设置，擅自提高干部职级待遇、擅自设置职务名称）情况和编外人员管理相关考核内容，增强机构编制纪律的刚性约束。

完善事业单位监督管理。全面完成2020年度事业单位法人年度报告公示，318家事业单位通过网上审核，公示率100%。推进事业单位登记管理标准化管理，完成事业单位法人设立登记20件、变更登记104件、注销登记67件。完成事业单位信用等级评价，事业单位参评率100%，其中终定等级122家单位为A。对市交通工程设计室、市绸缪小学等事业单位存在统一社会信用代码一码多赋、主体标识代码（组织机构代码）不唯一等问题进行纠错规范。

严格执行市委编委工作制度，坚持机构编制重大事项编委研究决策制度，全年42个事项经由市委编委发文，4项议题经由市委常委会、政府常务会讨论通过。结合巡察整改工作要求，深入基层开展调研60余次，听取涉改单位意见建议，取得工作主动权。强化信息工作，“学习强国”学习平台录用1篇，事业单位改革经验受省委编办主要领导签批2次。

（黄巾瑜）

史志工作

【概　况】 2021年，市委党史工委、市地方志办公室聚焦“生态品质巩固提升年”工作主题，为全力争创公园城市、全域旅游、产业集群、乡村建设、区域协作“五个示范”，充分发挥“以史鉴今、资政育人”的职能作用，以扎实推进溧阳党史知识读本编纂、《吾村吾民》编纂、年鉴和地方党史编纂为工作重点，全面推动溧阳史志事业科学发展。12月，《吾村吾民》获评常州市第十六届哲学社会科学优秀成果二等奖。

【党史学习教育工作】 党史学习教育开展以来，市委党史工委认真学习中央、全省党史学习教育动员大会精神，根据市委的部署，积极担当作为，承担起党史宣教重要阵地责任，当好党史学习教育上下联通的“纽带”。“党史书橱”更加丰富。作为党史学习教育的重要部门，坚持先学先行，创新方法线上线下深入学习习近平总书记关于党史学习教育的重要讲话精神，以昂扬姿态奋力开启溧阳党史学习教育相关工作。在“溧阳史志”微信公众号上开辟“党史故事一百讲”“建党100周年溧阳大事记”等专栏，及时发布和更新党史学习教育资源和信息进行宣讲，设立“党史书橱”，在原有党史书籍的基础上，进一步丰富书籍种类，增加《中国共产党江苏省溧阳历史》《中共溧阳市党史大事记》《路上》等溧阳地方党史书籍，让“党史书橱”更富有内涵和地方特色。党史宣传更有广度。党史工委发挥“1+1 ＞ 2”效应，与溧阳市融媒体中心合作，在《溧阳时报》上开设“百年征程——建党100周年溧阳大事记”专栏,开设“溧阳党史故事100讲”等栏目，全方位、多角度讲述溧阳百年大事、溧阳党的发展历程、溧阳英烈、溧阳革命遗址等党史知识，截至11月10日，共刊发109个溧阳党史事件和人物；配合市委组织部录制好“百篇党史·雏鹰诵”等溧阳党史宣传片；在“中国溧阳”微信公众号开设“党史故事”专栏，形式多样宣传溧阳党史，使党史宣传更有广度，深入群众、深入人心。

【组织编纂《百年征程——溧阳党史知识读本》】 为深入贯彻落实习近平总书记关于学习党史、新中国史、改革开放史、社会主义发展史重要指示精神，积极拓展党史学习教育成果，向中国共产党成立100周年献礼。市委党史工作委员会组织力量，克服时间紧、任务重等困难，于2021年6月编印发行《百年征程——溧阳党史知识读本》一书，作为地方党史学习教育的简明教材，发放给全市领导干部学习。《百年征程——溧阳党史知识读本》以党领导溧阳人民开展革命、建设、改革发展的历史为主线，采用条目的形式，以多方位、有重点的视角，简明扼要地介绍党领导溧阳人民进行革命斗争的重大事件、涌现出的党史人物、保存下来的党史教育基地，图文并茂地展示溧阳地区光辉的革命斗争历史。全书共计12.6万字,分三个部分。第一部分简要介绍溧阳在新民主主义革命时期、社会主义革命和建设时期、改革开放和社会主义现代化建设新时期、中国特色社会主义新时代发生的76件重要党史事件；第二部分简要介绍溧阳党史上涌现出的40位重要党史人物；第三部分简要介绍14处全市党史教育基地。全书透过历史回看走过的路，讲好党史故事，传承红色基因，激励全市党员干部从学习党史中汲取前进的智慧和动力，以史为鉴，奋发进取，为在实现中华民族伟大复兴中国梦和不断开创长三角生态创新示范城市建设新局面的征途上，重彩浓墨书写新时代溧阳的崭新篇章。

【《吾村吾民》丛书编纂工作】 2021年，继续推进《吾村吾民》丛书编纂计划，启动沙涨、山前、乘马圩3个村的村庄口述史编纂工作。一季度，搭建工作团队，拟定工作方案，进村入户采访；二季度,撰写初稿,广泛征求意见，形成送审稿;三季度,召开审稿会，形成书稿清样，并送村民签字确认；四季度，将书稿清样报市政府终审后，送出版社审核。

【镇村志编纂】 镇志编纂实现全覆盖，竹箦镇水西村、陆笪村和南渡镇旧县村启动村志编纂试点工作。《别桥镇志》完成出版社审核和修改，12月印刷发行；《天目湖镇志》《埭头镇志》《上兴镇志》《社渚镇志》完成初稿撰写，处于总纂阶段；其他镇完成2/3以上的初稿；3个修志试点村均完成村志初稿撰写任务，并已完成初审和复审，12月进行评审。

【《溧阳年鉴（2021）》编纂工作】 《溧阳年鉴（2021）》编纂工作自2020年12月正式启动以来，全市各镇区、各部门高度重视，及时撰写、报送稿件。2021年4月完成组稿，6月完成编辑合成，8月完成单位审稿，9月完成统稿校对,12月正式出版。《溧阳年鉴（2021）》共设30个类目，1166个条目，77张表格，74.5万字。该卷年鉴紧紧围绕2020年溧阳市中心工作，全面、系统、准确地记述了2020年度市委、市政府领导全市人民聚焦“重大项目突破年”和“现代化建设试点工作突破年”工作主题，统筹推进疫情防控和经济社会发展，扎扎实实办好民生实事的新做法、新业绩。重点反映溧阳新兴产业、旅游业、现代服务业、现代农业的发展步伐及传统产业的改造提升情况；创新型园区、创新创业平台建设和高层次人才引进情况；利用外资、优化外贸外经结构、推进开发区跃升的各项政策和举措；2020年为民实事和各项民生工程的完成情况；完善城市功能、改善生态环境、落实城市长效管理和实施城市化攻坚等工作中的新亮点、新举措；政府依法行政、管理创新、转变工作作风、推行廉洁从政的各项行动、措施，体现了年度特色和地方特色。该卷年鉴公益专版按传统设经济社会发展主要数据2个通版、要闻回顾8个通版、抗疫专题通版和民生实事通版，让人直观地从彩图上了解溧阳的全貌。

【党史三卷本编纂工作】 2021年，市委党史工委坚持“党史姓党”的根本原则，按照《中国共产党溧阳历史》第三卷编纂方案，组织力量全面查阅1979—2002年市委、市政府及各部委办局的档案资料，在尊重史实的基础上进行深入研究，弄清楚其中的前因后果，认真撰写《中国共产党溧阳历史》第三卷初稿。在撰稿过程中，编纂人员严格按照上级党史部门的要求，树立精品意识，注意挖掘研究具有溧阳地方特色的史料，力求体现史书的地方特色，力求做到脉络清楚，体例结构合理，内容全面系统，资料翔实可靠，文字流畅精炼，确保史书具有较高的权威性、学术性。

【溧阳旧志整理工作】 在出版《弘治溧阳县志》《康熙溧阳县志》《乾隆溧阳县志》影印本的基础上，加大旧志整理力度，组织专家对旧志《嘉庆溧阳县志》进行整理，12月出版发行《嘉庆溧阳县志》影印本。《嘉庆溧阳县志》以清嘉庆18年（公元1813年）刻本为底本影印，该志由李景峄（山东邹平人，为前任溧阳知县，后官至松江知府）倡修，陈鸿寿（浙江钱塘人，时任溧阳知县）延聘史炳（江苏溧阳人）主纂，于嘉庆十六年（公元1811年）始至18年告成。该志体例比较完备，内容鲜明，条理清晰，共16卷，包括舆地志、河渠志、食货志、学校志、武备志、职官志、选举志、人物志、艺文志、杂类志等。

（莫　俊）

党校工作

【概　况】 2021年，市委党校紧扣全市“生态品质巩固提升年”工作主题，以“品牌建设年”为工作重心，大力弘扬新四军铁军精神，高质量开展党史学习教育，有力推进干部培训、教学课题、行政管理、党的建设、后勤服务等各项工作，奋力建设长三角最优的干部教育培训基地。

【打造党校“精品课程”】 市委党校始终把学习习近平新时代中国特色社会主义思想作为中心内容和首要任务，贯穿教学培训宣讲全过程。深耕主业主课。高质量办好主体班次14期1823人，高标准承接各类高层次委托类班次160期11125人。创新教学理念。紧扣常州“532”发展战略、溧阳“五个示范”等重点工作，开展两轮新专题试讲，充实新专题课程10讲。精心设计百年奋斗史五大系列课程，开发党史学习教育精品课程15讲，实施“讲好水西故事——精品课程培育工程”，设计推出“党史学习教育示范线”，推出13节精品微党课。创设特色品牌。积极构建以红色资源为精神引领、叠加生态资源为发展引领的干部教育培训机制，搭建溧阳创新发展路径的“宣传窗口”。建成一条铁军精神党性教育示范线和两条生态创新、乡村振兴教学专线。6月，省委党校现场教学基地成功挂牌溧阳。

【实践调研工作】 市委党校立足溧阳独特区位优势，始终围绕中心、服务大局，聚焦团队、平台、成果三大维度，探索建立新型红色智库。课题项目迈上新台阶。深入研究新四军铁军精神以及共同富裕、乡村振兴等重大课题，组织各级各类课题申报13项、20人次，结项省委党校专项课题1个、长三角党校校长论坛课题5个、环太湖五市党校系统课题4个、常州市委党校党建课题3个。理论宣传展现新作为。在“学习强国”、人民论坛网、《常州日报》《溧阳时报》等主流媒体阐释宣传党的最新理论成果，刊发中共十九届五中全会、党史学习教育、习近平总书记在庆祝中国共产党成立100周年大会上的重要讲话精神评论文章20篇，5位教师在溧阳融媒体中心等媒体围绕理论热点、时事政治等开展专题解读12次。决策咨询推出新机制。选聘30位政治站位高、理论功底好、授课效果佳的领导干部、专家学者、道德楷模充实党校课题调研、理论宣讲的力量。修订完善《课题调研管理办法》，加强课题经费的绩效管理。

【党建工作】 市委党校坚持党建统领一以贯之，扎实开展党建高地创建行动，积极参与全市各项建党百年庆祝活动，获评“溧阳市先进基层党组织”。高标准开展党史学习教育。成立15人规模的“宣讲志愿服务队”，持续组织开展“基层宣讲百场行”活动，推出党史学习、理论政策、红色经典3个板块近40节宣讲课程。盘活红色资源和党史史料，建立健全“自学原文＋专题辅导＋交流研讨”学习长效机制。服务基层践行“两在两同”（在江苏省党员干部开展“同人民想在一起、干在一起、风雨同舟、同甘共苦，在现代化新征程上建新功”的行动）。强力推进“水西丰碑——新四军江南指挥部”史料馆改造提升工程；开发并启动线上“溧阳红色印迹云展厅”，利用微信小程序线上发布36处红色遗址、100多个红色点位、多条红色研学精品游线；举行“学习强国”长三角省级平台走进溧阳暨党史学习沉浸式党课启动仪式，策划5个系列情景式党课；制作推出《水西百忆》百集新四军抗战故事微纪录片。从严要求建设清廉校园。严格落实意识形态工作责任制、党风廉政建设责任制及各项规定，定期召开党风廉政建设点评分析会，层层签订党风廉政建设责任书，常态开展“常务副校长谈心日”活动，创新深化中层例会“廉政党课一刻钟”。着眼效能建设，推进市委巡察反馈问题整改落实，全年度扎实开展作风建设“三效三提”。

【党校资源整合】 市委党校注重整体规划，加快构建办学新格局，全面推进人才队伍建设、红色研学课程建设和新校区建设。“红色资源”一体化运行体系初步建立。梳理整合原党校、纪念馆业务，实施班子成员交叉分工、工作人员交叉兼职，扬长补短；出台《党校日常管理办法》，从人员管理、目标考核、财务（资产）管理、安全生产管理等方面理顺管理模式；通过外聘、内拔，选优训强一支13人的专业骨干队伍，制定编外人员绩效管理办法，开发培训班评价反馈信息系统。“红色传承”研学课程体系顺利推行。提升研学基础设施建设，规划改造研学场地功能，围绕新四军抗战史学习、革命传统教育、军事国防教育和溧阳风情领略，推出《探寻水西印迹》《穿越烽火岁月》《追忆红色精神》《磨炼团队意志》情境体验式研学主题产品。全速推进新校区建设，贯彻落实市委决策部署，协助市委分管领导开展专题调研，新校区建设项目被列入2021年市级领导重点推进工作。积极组织文化景观和后勤服务工作组，会同规划设计院等单位赴溧水、姜堰、太仓等地新建成的党校考察学习，多轮次、高强度调研论证新校区设计方案。

中共溧阳市委党校新校区 （市委党校 供稿）

（孙 庆）

老干部工作

【概 况】 2021年，全市老干部工作围绕中心、服务大局，以庆祝中国共产党成立100周年和开展党史学习教育为契机，扎实推进离退休干部党的建设，将“尊重老干部、爱护老干部、学习老干部”“用心用情做好老干部工作”“让党委放心让老同志满意”等理念内化为工作标准贯穿日常，聚焦“银发生辉”，加强服务管理，推动溧阳市老干部工作高质量发展。

【离退休干部党建工作】 坚持政治建设领航，握牢党建工作的“方向盘”。把离退休干部党建工作纳入全市党建工作总体布局，列入年度考评指标。在镇（区）街道考核中，把老干部工作纳入“五好”镇党委考核指标体系。在《溧阳市2021年度综合考核实施办法》中，把“全面做好离退休干部工作”纳入市级机关单位党的建设考核指标体系。

坚持思想建设导航，点亮学习教育的“启明灯”。以党史学习教育为契机，强化理论武装，将思想建设贯穿离退休党员教育始终。组织老干部收看各级各类网上专题报告会7次，组织老干部观看《迟来的告白》《出山记》《村路弯弯》《闪闪的红星》等多部主旋律影片。组织参观“常州三杰”纪念馆、常州市庆祝中国共产党成立100周年主题展、溧阳庆祝中国共产党成立100周年主题展、新四军江南指挥部纪念馆、五里亭廉政教育馆、生态创新馆、城市党建馆、葫芦村等。

坚持组织建设保航，把牢队伍建设的“定盘星”。扩大支部设立的覆盖面。积极探索在涉老组织中建立党组织。2021年市老促会成立党支部，方便老干部们日常学习和开展活动。提升支部班子的履职力。市政府办、政协办、纪委监委、文旅局等离退休干部党支部相继进行换届。把讲政治、讲团结、讲奉献、身体好的离退休干部党员选为支部书记，把有能力、有精力、有活力的在职干部党员纳入班子，积极推行在职干部党员担任离退休干部党支部副书记、委员或者联络员工作模式，着力解决离退休干部党支部党务工作力量不足的问题。以党史学习教育为契机，加强对离退休干部党支部书记、党员骨干的业务培训和思想教育。加大党建工作的保障力。以“专项经费＋党费返还＋公用经费＋单位补助”方式，健全离退休干部党支部经费保障机制，市财政每年预算安排18万元专项用于离退休干部党建活动经费，离退休党支部书记和支委的每月工作补助和离退休党员每人每年100元学习活动经费均由市财政给予预算保障。离退休干部党支部每年收缴的党费，由市委组织部按照不低于80%的比例返还给支部。“七一”前夕，市委组织部对每个支部下拨2000元补贴。

为进一步增强广大退休干部的荣誉感、归属感和幸福感，引导他们离岗不离党、退休不褪色，下发《关于健全完善干部荣誉退休制度的通知》。通过多种形式引导广大退休干部牢记初心使命，帮助他们完成角色转换，乐享美好生活，续写为党和人民事业增添正能量的新篇章。

【离退休干部服务管理工作】 为老干部发放爱心联系卡。考虑到部分老干部年老体弱、出门不便，向全市离休干部和县处职退休干部发放“我为老干部办实事”爱心联系卡，公布市委老干部局领导班子成员及各科室负责人的姓名、职务和联系电话，方便老干部不出家门随时就能联系到工作人员。发放意见征求表。向全市离退休干部发放“我为老干部办实事”意见征求表，及时了解老干部最关心、最直接、最现实的问题，有针对性地解决老干部反映强烈的操心事、烦心事、揪心事，进一步提高老干部的获得感、幸福感、安全感。

构建五位一体的养老服务模式。全市有离休干部76名，平均年龄92岁；退休干部9796名。针对高龄、独居、孤寡、行动不便的老干部，构建家庭智能看护、家庭医生签约服务、健康体检、看病就医绿色通道、医疗费补助五位一体的养老服务模式。

让老干部共享改革开放成果。2021年是中国共产党成立100周年，为让广大老干部共享改革发展成果，相应提高老干部增发的生活补贴标准，提高老干部高龄护工费标准，并为部分老干部提高享受按副省（部）长及标准报销医疗费待遇。

【离退休干部主题活动】 开展百年党庆活动。相继开展庆祝中国共产党成立100周年主题征文、党史知识竞答、书画展等活动。6月22日，举办“奋斗百年路启航新征程”全市离退休干部文艺展演，300多名老干部们自编自导，载歌载舞，共同庆祝中国共产党成立100周年，全市有600多名老干部现场观看，3万多名老干部通过网络直播进行观看。天目湖诗社开展“四个一”活动，组织老干部举办一场诗词比赛、以“党辰百年”为主题编印一辑社刊、编辑一本诗词作品集、出版一本书。老干部书画院出版《翰墨诗情颂党恩》一书，以笔墨描述溧阳发展的巨大变化，以笔墨抒发对党的深厚感情。

推进“银发生辉”工程。以离退休干部志愿者服务队、老促会、关工委等涉老组织为依托，广泛开展志愿服务实践活动，引导离退休干部在脱贫攻坚、乡村振兴、文明城市建设、疫情防控、关爱青少年等工作中发挥作用、再立新功。联合市关工委组织开展“千场党史报告进校园”活动。组织13个“五老”宣讲队深入全市14所中小学，开展21场宣讲活动。全市形成一大批特色鲜明的老干部工作品牌，如“五老宣讲”“网吧义务监督”“爱心帮困助学”等镇区街道老干部工作品牌，“助力文明城市建设”“城管蓝中的夕阳红”等市直机关老干部工作品牌，“霜叶红”等老干部社团工作品牌。成立一批老党员工作室，如溧阳市首个以退休民警个人名字挂牌的“老陈调解室”，年均调解300余起矛盾纠纷，调解成功率达95%以上；主要由退休的医学及法学专家组成的“医患纠纷调解工作室”，每年调解处理各类医患纠纷100多起，医患双方满意度超过98%。

（市委老干部局）

保密工作

【概　况】 2021年，市保密局以中共十九届五中、六中全会和习近平总书记视察江苏重要讲话指示精神为指导，紧紧扭住新发展阶段、新发展理念、新发展格局，将党中央决策部署精神落到实处，推动全市保密工作高质量发展，助力打赢“十四五”规划开局之年。牢牢把握“优质高效”和“安全可靠”的核心目标，坚持学习常态化、制度化、规范化，积极组织参加保密知识授课，丰富全市保密队伍知识素养。

【保密管理】 2021年市保密局坚定落实中央、省级、常州各项工作，推动溧阳市保密工作法制化、规范化、科技化。面对突如其来的新冠疫情，在2021年高考期间，积极与市招生办对接，研究部署高考安全保密方案，开展保密要害部位检查，全程参与高考试卷的运送、交接、颁发、监督等环节，确保高考安全保密。与市教育局、公安局等部门联合组建工作小组，在考试期间市局委派干部定岗定时参与24小时值班工作，把好考试“保密”关。

推进定密规范管理。深入贯彻落实中央对保密工作的决策部署，加强国家秘密管理。在全市开展定密事项统计工作，摸清国家秘密分布情况，确定全市定密生产数量，明晰定密责任人基本情况，建立定密工作基础数据库，促进定密工作科学化、规范化、法制化。

开展保密监督检查。2021年以来对全市86家镇（区、街道）、机关单位开展微信失泄密专项整顿行动查漏补缺。打造素质过硬队伍。把党的政治建设放在首位，积极开展保密工作优良传统教育，持续加强思想淬炼、政治历练、实践锻炼、专业训练，不断提升政治判断力、政治领悟力、政治执行力。

【保密宣传教育】 市保密局把保密法制宣传教育机制建设作为开展宣传工作的基础，构建以宣传贯彻保密工作方针政策、《中华人民共和国保守国家秘密法》及其配套法规规章为主线，以增强领导干部和涉密人员保密意识和技能为重点，以完善保密宣传教育体制机制为保障的保密宣传教育格局。

强化涉密人员教育。结合岗位实际，在市委办公室开展保密警示教育学习，通过运用典型案例，以案说法、以案释法，增强公务员遵守保密法律法规的自觉性。将保密学习教育纳入公务员初训体系，在2021年初任公务员培训班上，开设保密培训课堂进行专题培训，进一步推进公务员保密法治宣传教育制度化、规范化、经常化。

抓住领导干部“关键少数”。把对领导干部的保密法治宣传教育与落实领导干部保密工作责任制相结合，大力推动领导干部带头学法、模范守法，不断提高运用法治思维和法治方式管理国家秘密的能力和水平。将保密工作部署、保密法规和保密工作重要文件等纳入常委会会议和党委（党组）理论中心组学习内容，促进领导干部自觉守法、用法。对专职保密干部进行全面系统的保密法规制度教育和岗位业务培训，严格考核制度，努力提高专职保密干部专业化水平。组织全市涉密人员签订2021年《保密承诺书》，督促自觉履行保密责任和义务。继续开展《保密工作》杂志征订工作，抓好涉密人员上岗、在岗及离岗后的保密宣教工作。

加强公众保密宣传。充分发挥主流媒体作用，积极利用新媒体，创新宣传教育形式，开展多层次、立体化的保密法治宣传教育。以“法治宣传月”“宪法宣传周”活动为契机，主动对接市司法局，建立协作机制，通过设置展板、发放宣传手册、现场讲解等方式，做好《中华人民共和国密码法》普及宣传，营造保密工作良好社会氛围。

（经　轲）

信访工作

【概　况】 2021年，溧阳市信访部门扎实履行“为民解难、为党分忧”政治责任，以党史学习教育为契机，以服务保障建党100周年庆祝活动为重点，以“效能提标、效率提速、效绩提质”为目标，统筹做好重复信访治理、重点矛盾攻坚、重大风险防范、重大活动保障等工作，为营造安定有序的发展环境作出积极努力。全市妥善处理群众信访

1650件（次），溧阳信访考核保持全省第一，被评为全国信访工作示范市；溧阳市信访局被评为2016—2020年全国普法工作先进单位；局长王颖被评为第二届全国“最美公务员”，入围国家信访局第二届“最美信访干部”评选（全国50名）。

【构建大信访工作格局】 2021年，市委、市政府始终把信访工作摆在重要位置，市委常委会、市政府常务会议先后5次专题听取信访稳定情况汇报，研究部署信访工作；市委、市政府主要领导全年14次对信访工作作出批示，常态批阅群众来信，亲自听取和部署重点群体矛盾化解工作；以上率下高质量做好领导干部接访下访和全省县（市、区）党政主要领导“百县千案”化解工作。市党政领导常态化开展接访下访和包案化解工作，共接待群众132批136人次，化解113批，化解率达85.6%；镇（街道）、重点部门相应落实领导干部接访下访制度，共接待群众来访781批2180人次，有效化解信访矛盾636件。

【化解信访突出问题】 扎实推进集中治理重复信访、化解信访积案专项工作，6月在全市部署开展信访突出问题“百案攻坚”专项行动，市政府主要领导任工作领导小组组长，4次专题听取相关工作情况汇报，切实推动工作落实。10月以来，市委、市政府主要领导、分管领导先后两次专门召集相关责任单位主要负责人，逐一听取当前突出信访矛盾化解进展情况汇报，落细落实化解稳定责任；各相关单位精心组织，综合施策，集中攻坚。10月29日，市信访联席办根据省信访联席办“双月攻坚”要求，下发《关于进一步做好当前信访突出问题化解稳定工作的通知》，滚动梳理交办信访突出矛盾69件，确保重点信访矛盾清仓见底。中央信访联席办交办重复信访报结率100%、化解率达94.6%，有力维护群众合法权益。

【信访基层基础工作】 以争创全国信访工作示范县和全省信访工作示范镇为牵引，大力推行简易方式办理群众合理诉求，共采用“一张表格”办理群众初信初访66件。高质量做好信访事项复查复核工作，共收到复查申请240件，受理31件，退回重办11件，引导信访人撤回25件。深化“局长挂钩、科室结对、党员包户”工作，认真组织开展“三个到一线”（到一线指导业务，到一线接待群众，到一线化解矛盾）活动，局领导班子成员和其他党员干部定期到挂钩单位指导业务，破解难题。积极推进镇（街道）加强组织领导、提升场所环境、完善工作机制、强化队伍建设。天目湖镇、上兴镇、上黄镇等单位来访接待场所环境得到进一步提升，南渡镇“我解‘南’事”、别桥镇“原乡有约”、戴埠镇“‘埠’见不散”等领导接访下访品牌初具雏形。改革调处化解中心工作机制，实行接访、调处、会办、处理和督办“五联合”，让来访群众合理诉求“事事中心统办、件件有个说法”，新的中心升级改造项目全面完成并投入运行，全年共成功调处信访矛盾47件。全省初次信访一次性化解率达92.6%，信访事项及时受理率、按期办结率、群众满意率处于全国前列。

（周　俊）

升级改造后的信访联动服务大厅　　（市信访局　供稿）

档案工作

【概　况】 2021年，市档案馆紧紧围绕市委、市政府争创“五个示范”要求，紧扣中心，服务大局，为溧阳实现“十四五”良好开局、阔步奔向生态创新的绿色现代化贡献档案力量，以优异成绩庆祝建党100周年。2021年年末，拥有馆藏卷宗249个、102531卷、711863件，资料16646册，档案门类和载体较为齐全。市档案馆为常州市、溧阳市爱国主义教育基地和溧阳市未成年人思想道德建设基地。用数字档案记录溧阳乡村变迁的创新做法得到市领导的肯定。对市委巡察办、市行政审批局、市卫健局、新康监狱、平陵公司、妇保院等单位共计150余名档案工作人员进行现场针对性业务技术培训。在全体党员中组织开展党史学习教育，组织党员干部赴溧阳市“四馆”（城市党建馆、生态创新展示馆、建党百年纪念馆、新四军纪念馆新馆）、宜兴市西渚镇白塔村（党建展示馆、于伶纪念馆、宜人书院、乡村记忆馆）、泰州市“两馆”（海军诞生地纪念馆、新四军黄桥战役纪念馆）实地参观，接受党史文化熏陶。

【档案治理体系建设】 推进档案馆（室）规范化建设。对照《江苏省市县级国家综合档案馆业务建设评价标准》要求，加强国家综合档案馆规范化建设，力争2022年内完成省级考核。稳步推进档案室规范化建设评价工作，全面提升基础业务水平，高效推进各级机关团体企业事业单位档案工作不断向标准化、规范化、现代化更高层次迈进，扎实有效地服务国家治理体系和治理能力现代化。

提升档案普法力度和监督指导水平。新修改的《中华人民共和国档案法》（以下简称《档案法》）自2021年1月1日起施行，为更好地宣传贯彻《档案法》，提高档案法宣传覆盖面及影响，市档案馆多次组织馆内工作人员集中学习，深入解读。采取《档案法》上墙，进社区，利用新媒体转载解读等方式大力开展宣传活动。为让广大群众和青少年进一步了解档案法律法规知识，增强档案意识，让“档案”更贴近身边，市档案馆启动《档案法》的动漫创作事宜，已完成脚本和线稿编创工作，计划于2022年“6·9国际档案日”前夕正式发布推广。加强对各机关、团体、企事业单位等档案工作的监督指导，先后对上黄镇、社渚镇、市农业农村局等单位进行上门业务指导。

【档案资源体系建设】 加大依法接收到期档案力度。市档案馆受市委办公室委托，履行市档案局档案行政管理职能。根据《市委办公室关于做好2020年度文件材料归档及档案移交进馆等工作的通知》文件要求，对15家计划移交档案单位加强业务指导，积极组织溧阳市上黄镇、社渚镇、市行政审批局等单位共计100余名档案工作人员进行专题业务培训。通过多次上门指导、电话联系、网络沟通，将15家计划移交档案单位到期档案全部接收进馆。

突出地方特色档案资料的收集征集。做好重要人物档案、红色档案、地域文化史料等方面不同载体形式档案、资料的征集工作，进一步丰富和完善馆藏档案资源。2021年征得照片档案共2000余张，视频档案累积时长2400分钟（包含疫情防控档案视频资料——史云奇的沙画视频），地方性资料92册，蒋氏、邵氏宗谱10册。

【档案利用体系建设】 打造窗口服务品牌。依托丰富的馆藏资源，进一步完善窗口查档、电话查档等传统服务方式，努力创新查档服务模式，深化“一网通查”服务体系，尽力为每一位来访者、利用者提供态度最优效率最高程序最简的优质服务。2021年接待利用者3536人次，提供档案资料9282卷／册，复印19492页，出具证明3611份。全年完成鉴定划控开放档案27765卷。

提升档案资政服务能力。溧阳全省首家创新实施百亿级工业项目——江苏德龙高端不锈钢热轧项目全周期档案数字影像记录工作，建立完善溧阳重大项目专题档案数据库；率先启动并组织实施溧阳市美丽乡村建设档案数字记录研究项目、溧阳市老城区历史文化档案数字影像记录项目；记录好留存好新时代市委、市政府带领全市人民推进中国特色社会主义在溧阳的奋斗历程和重大成就，为推进中国式现代化提供溧阳生动素材、留下溧阳集体记忆、守护地域文化尊严。与市委办联合制作的美丽乡村建设数字档案视频多次登录学习强国平台，并在溧阳广播电视台正式播出。重视溧阳大事记编纂，做精做细大事记月度版及年度版的编审、报送，做优做强档案资政服务工作品牌。

充分发挥档案文化宣传教育功能。开展庆祝建党100周年档案宣传开发工作。完成市档案馆档案史料陈列展厅提升改造并对外开放，推送以致敬建党100周年为主题的《王尧山与可爱的中国》等档案宣传微视频作品，配合溧阳市委宣传部做好市级专题图片展的编务工作。组织开展“6·9国际档案日”宣传活动，以“档案话百年”为主题，开展党史知识大比拼，“扬红船，心向党”等活动，联合南航天目湖校区学生代表在南渡镇庆丰村观看电影《一号守护者》。创设启动未成年人思想道德建设重点项目。创建红领巾档案体验中心，通过每月1～2次现场档案文化沉浸式互动体验的方式加强未成年人思想道德教育。2021年3月13日红领巾档案体验中心揭牌成立后，连续开展“童心向党，礼赞华诞”“传承红色基因，筑牢强国梦想”“档案知识大比拼”“争当红色档案守护人”“档案里的非遗——焦尾琴的由来”“学习档案故事——向《可爱的中国》致敬”等主题活动，吸引中小学生群体了解红色历史，热爱红色文化，传承红色基因。

【档案信息化建设】 实施馆藏档案全文数字化。将市委办、人社局、工商联等单位移交进馆的数字化档案数据添加进市档案馆档案管理平台并检查核对挂接完善，已完成1200多万页档案的数字化，除涉密档案外，馆藏档案全文数字化率达100%，位居全省第一方阵。指导全市各单位开展室藏档案的数字化，五星级单位数字化率达70%以上。对现代化智能机房进行日常维护，定期核对备份档案馆核心数据库。全面推进纸质档案与数字档案、电子档案同步移交进馆。定期抽样检查核对档案数字化副本，对之前遗留的档案全文挂接错误进行整改纠错。

（市档案馆）

机关事务管理

【后勤保障服务】 2021年，溧阳市机关事务管理中心共参与接待各类团组、来宾826批次、11000余人。重点服务2021中国·溧阳茶叶节暨天目湖旅游节、第一次全国县城补短板强弱项现场会、长三角发改委主要领导闭门会议、长三角家庭教育研讨会等会议活动；参与保障中组部干部教育局、中宣部新闻局、国家统计局设管司、国家卫健委基层司、省委编办、省自然资源厅、省农业农村厅到溧阳调研、中央第六督导组江苏小组专项督导、国务院根治欠薪核查组到溧阳核查、省委党校第40期省管干部进修班到溧阳现场教育等活动；参与接待安徽省党政代表团、镇江市、广东省陆河县等团组到溧阳考察。会务保障600余场，圆满完成市“党代会”、“七一”表彰大会、“全市推进五大示范办公室推进会”等重大会议的保障工作。机关食堂保障机关干部用餐107581人次，得到干部职工一致好评。

【资产管理】 梳理82个党政机关和参公事业单位（不含垂直管理部门、街道、乡镇），摸排出党政机关、事业单位闲置办公用房21处，合计4.8万平方米。汇总全市党政机关办公用房调剂需求，制定党政机关办公用房调剂方案。进一步强化节能意识，强化机关资源节约制度化、规范化管理，营造浓厚的公共机构节能氛围。推进人均综合能耗估值日趋合理，做好公共机构能耗统计、垃圾分类实施工作，推进覆盖常州市各级公共机构“能耗感知一张网”建设。推进江苏省公共机构节能示范单位和常州市节水型单位创建。以保洁班长每天巡查、科室抽查相结合的方式，做好政府大楼公共区域的保洁和环境消杀工作。

【规范公务用车管理】 根据中央、江苏省、常州市公务用车管理办法，按照市领导批示精神，结合溧阳市实际情况，进一步规范公务用车管理使用。2021年全年派车4531车次，租用社会车辆153车次。全年执行茶叶节、安徽省党政代表团到溧阳考察、工信部中国新能源汽车下乡活动启动仪式、国家发改委国家新型城镇化补短板强弱项现场会、全市重大项目集中开工督查活动等重大保障任务23次，车辆全年总计行驶里程109万公里，安全高效地完成全部保障任务。全年更新、新增公务用车50辆，其中，党政机关更新公务用车15辆（11辆执法执勤用车、4辆应急保障用车），事业单位新增特种专业技术用车19辆，更新行政执法用车16辆。截至2021年年底，全市拥有新能源公务用车22辆。

【党史学习教育】 围绕贯彻习近平总书记关于党史的重要论述、在党史学习教育动员大会上的重要讲话、在庆祝中国共产党成立100周年大会上的重要讲话精神，开展专题学习。围绕党百年奋斗的光辉历程、伟大贡献、初心宗旨、重大理论成果、伟大精神、宝贵经验六个方面，开展学习研讨，把党员干部思想和行动统一到党史学习教育中，把落实党史学习教育目标任务常态化融入到单位各项工作中。结合理论学习、“三会一课”、主题党日和专题党课等多种形式，深入开展一系列学习教育活动，确保学习教育工作覆盖到全体党员干部。依托好红色教育资源。把红色教育资源作为生动的教材，组织党员干部到徐州红色党性教育基地——淮海战役烈士纪念塔现场学习，传承红色基因，重温入党誓词，让党员干部近距离接受洗礼。

（虞明月）

溧阳市人民代表大会

栏目编辑　宋林珍

综　　述

【概　况】 2021年，市十六届人大常委会紧扣全市中心工作，紧扣人民群众重大关切，依法履职，担当作为，为奋力建设长三角生态创新示范城市，开创溧阳绿色现代化美好未来贡献力量。

重要会议

【市第十六届人民代表大会第五次会议】 2021年1月6—8日在溧城街道召开。大会通过关于溧阳市人民政府工作报告的决议、关于溧阳市国民经济和社会发展第十四个五年规划和二〇三五年远景目标纲要（草案）的决议、关于溧阳市国民经济和社会发展第十四个五年规划和二〇三五年远景目标纲要（草案）的说明及2021年计划安排意见（草案）报告的决议、关于溧阳市2020年财政预算执行情况和2021年财政预算（草案）报告的决议、关于溧阳市镇村布局规划暨实用性村庄规划（草案）的决议、关于溧阳市人民代表大会常务委员会工作报告的决议、关于溧阳市人民法院工作报告的决议、关于溧阳市人民检察院工作报告的决议。投票表决产生“城乡公交一体化提质工程”“城乡停车功能提质工程”“全域安全供水提质工程”“城乡公厕提质工程”“医疗服务扩面提质工程”“城市交通畅通提升工程”“城乡助困惠老提升工程”“优质教育提升工程”8个方面20项2021年溧阳市重点民生实事项目。

【市十六届人大常委会会议】 2021年，市十六届人大常委会共举行7次会议，听取和审议市政府、市法院、市检察院的工作情况汇报23项，依法任免国家机关工作人员101人次。

第三十四次会议　2月23日在市人大常委会会议室召开。市人大常委会主任潘云芳，党组副书记夏国浩，副主任龚友强、陆晓明、石伟期、朱志军，党组成员李忠出席会议。会议讨论通过《溧阳市人大常委会2021年工作要点》；听取市人大常委会昆仑街道工委主任赵军、溧城街道工委主任陈建国、古县街道工委主任刘永山所作的街道人大工作情况报告。

第三十五次会议　4月23日在市人大常委会会议室召开。市人大常委会主任潘云芳，党组副书记夏国浩，副主任龚友强、陆晓明、石伟期、朱志军，党组成员李忠出席会议。市政府党组成员、市政协副主席陈波涛列席会议。会议听取和审议常州市溧阳生态环境局局长杨年庆受市政府委托所作的2020年度溧阳市环境状况和环境保护目标完成情况暨突出环境问题整治情况报告；听取和审议市农业农村局局长扈军华受市政府委托所作的溧阳市美丽乡村建设长效管护情况报告；听取和审议市水利局局长蒋彤受市政府委托所作的《常州市天目湖保护条例》贯彻执行情况报告。会议审查批准市政府《关于蒋店工业园地块等房屋征收项目纳入2021年度溧阳市国民经济和社会发展计划的议案》。

第三十六次会议　6月22日在市人大常委会会议室召开。市人大常委会主任潘云芳，党组副书记夏国浩，副主任龚友强、石伟期、朱志军，党组成员李忠出席会议。市委常委、市政府常务副市长严俊列席会议。会议听取和审议市财政局局长王国权受市政府委托所作的关于溧阳市2020年决算草案的报告；听取和审议市审计局局长王剑锋受市政府委托所作的关于溧阳市2020年度本级预算执行情况的审计工作报告；

听取和审议市地方金融监督管理局局长法律受市政府委托所作的关于2020年度市本级企业国有资产管理情况报告；听取和审议市政协副主席、市教育局局长丁红受市政府委托所作的全市职业教育发展情况报告。会议通过电子表决免去刘学俊市人大常委会财政经济工作委员会主任、庄玉宝市人大常委会环境资源和城乡建设工作委员会主任、花波市人大常委会人事代表工作委员会主任、管志华市人大常委会农业和农村工作委员会副主任职务；决定免去陈志豪市卫生健康局局长、马俊浩市医疗保障局局长职务。会议任命王洪明为市人大常委会财政经济工作委员会主任、陈志豪为市人大常委会环境资源和城乡建设工作委员会主任、姜建华为市人大常委会人事代表工作委员会主任、沈志龙为市人大常委会法制和内务司法工作委员会副主任；决定任命潘建中为市卫生健康局局长、庄晓治为市统计局局长、金军为市医疗保障局局长。

第三十七次会议　8月26日在市人大常委会会议室召开。市人大常委会主任潘云芳，党组副书记夏国浩，副主任龚友强、陆晓明、石伟期、朱志军，党组成员李忠出席会议。市领导叶明华、邵钦华、赵明、张爱文、刘新农、陆慧琦、朱剑波、陈波涛、马永春列席会议。会议听取和审议市人民政府市长叶明华所作的市政府上半年工作情况报告。会议听取和审议市法院院长吕捷所作的市法院关于优化法治营商环境工作情况报告、市检察院检察长赵鑫所作的市检察院关于优化法治营商环境工作的情况报告。会议审议通过《溧阳市人民代表大会常务委员会规范性文件备案审查办法（草案）》和市、镇两级人大换届选举有关事项。会议通过电子表决，决定接受严俊、曹俊、翟胜丞辞去市人民政府副市长职务；决定免去史国庆市退役军人事务局局长职务；免去刘永山市人大常委会古县街道工委主任、夏国中市监察委员会副主任、费玉祥市人民检察院检察员职务。会议通过投票表决，决定任命钱栋为市人民政府副市长；决定任命殷锡坤为市退役军人事务局局长；任命沈建东为市人大常委会古县街道工作委员会主任；任命张余亮为市监察委员会副主任、吴一波为市监察委员会委员；任命王明、车凌云、尹正宗、李凯、吴震宇、韩燕燕、潘霞为市人民检察院检察员。

第三十八次会议　10月26日在溧阳宾馆世纪厅、金陵厅召开。市人大常委会主任潘云芳，党组副书记夏国浩，副主任龚友强、陆晓明、石伟期、朱志军，党组成员李忠出席会议。市人大常委会党组书记邵钦华，市委常委、市政府常务副市长赵明，市人大常委会党组副书记张爱文列席会议。会议听取和审议市文体广电和旅游局局长张雅萍受市政府委托所作的关于《中华人民共和国旅游法》贯彻执行情况的报告，并对《关于以全域旅游开发为牵引，全力推动旅游发展迈上新台阶的决议》贯彻落实情况开展专题询问。会议听取和审议市农业农村局副局长、争创乡村建设示范工作领导小组办公室主任胡永进受市政府委托所作的关于农村宅基地改革试点情况报告。会议审查通过市政府“关于提请审议《关于开展第八个五年法治宣传教育的决议(草案)》的议案”，并作出了《关于开展第八个五年法治宣传教育的决议》。会议决定接受周晟辞去市人民政府副市长职务的请求；免去马志标市人大常委会研究室主任职务；决定免去蔡红兵市工业和信息化局局长、操文杰市住房和城乡建设局局长职务。会议任命操文杰为市人大常委会研究室主任；决定任命楚晋为市工业和信息化局局长、姜卫为市住房和城乡建设局局长。

第三十九次会议　12月9日在溧阳万豪酒店三楼银江厅召开。市人大常委会主任潘云芳，党组副

10月26日，市第十六届人大常委会召开第三十八次会议

（市人大办公室　供稿）

书记夏国浩，副主任龚友强、陆晓明、石伟期、朱志军，党组成员李忠出席会议。市人民政府市长叶明华，市人大常委会党组书记邵钦华、党组副书记张爱文、党组成员夏国中列席会议。会议听取市司法局、商务局、行政审批局、文体广电和旅游局、医疗保障局、地方金融监督管理局负责人所作的部门工作汇报，常委会组成人员和10名市人大代表对6个部门进行工作评议。会议听取和审议市自然资源和规划局副局长张金华受市政府委托所作的国土空间总体规划工作情况报告。会议讨论并通过“关于召开溧阳市第十七届人民代表大会第一次会议的决定”。会议决定接受刘新农辞去市人民政府副市长职务；决定接受赵鑫辞去市人民检察院检察长职务；免去王洪明市人大常委会财政经济工作委员会主任、姜竹旻市人大常委会教科文卫工作委员会主任、赵军市人大常委会昆仑街道工作委员会主任、陈建国市人大常委会溧城街道工作委员会主任职务；决定免去刘新农市公安局局长、王剑锋市审计局局长、史军市行政审批局局长职务。会议决定任命张顺、陈文明、方学军、李仁杰为市人民政府副市长；任命姜竹旻为市人大常委会财政经济工作委员会主任、蒋海清为市人大常委会教科文卫工作委员会主任、梁猷为市人大常委会昆仑街道工作委员会主任、刘宇舟为市人大常委会溧城街道工作委员会主任；决定任命陈文明为市公安局局长、王晓为市审计局局长、王剑锋为市行政审批局局长；任命白鹤为市人民检察院检察员、检察委员会委员、副检察长。会议决定白鹤代理溧阳市人民检察院检察长，并报常州市人民检察院和常州市人大常委会备案。

第四十次会议　12月23日在市人大常委会会议室召开。市人大常委会主任潘云芳，党组副书记夏国浩，副主任龚友强、陆晓明、石伟期、朱志军，党组成员李忠出席会议。市人大常委会党组书记邵钦华，党组副书记张爱文、党组成员夏国中，市委常委、市政府常务副市长赵明列席会议。会议听取和审议市财政局局长王国权受市政府委托所作的2021年财政预算执行情况和2022年财政预算（草案）的报告；听取和审议市审计局局长王晓受市政府委托所作的2020年本级预算执行及决算草案审计查出问题整改情况报告；审查批准市政府《关于提请审议2021年度财政预算调整方案（草案）的议案》。会议听取市政府办公室主任张国良受市政府委托所作的溧阳市2022年重点民生实事候选项目排定情况汇报，并原则通过2022年重点民生实事候选项目。会议听取和审议本届以来任命的部分法官和检察官履职情况报告。会议审议并通过市人大常委会代表资格审查委员会《关于溧阳市第十七届人民代表大会代表资格的审查报告》；初审溧阳市第十六届人大常委会工作报告；讨论并原则通过溧阳市第十七届人民代表大会第一次会议有关事项。会议通过电子表决，决定接受朱剑波辞去市人民政府副市长职务；决定免去田伟民市交通运输局局长、花建国市市场监督管理局局长职务；免去黄松伟市人民法院民事审判第二庭庭长，龚雪市人民法院民事审判第一庭副庭长，杜平市人民法院民事审判第二庭副庭长，张云市人民法院行政审判庭副庭长，周兰市人民法院刑事审判庭副庭长，王春伟市人民法院天目湖人民法庭副庭长，雷波市人民法院速裁审判庭副庭长，蒋园圆市人民法院南渡人民法庭副庭长，朱陟峰市人民法院立案庭庭长，葛为国市人民法院审判委员会委员、行政审判庭庭长，卞建忠、殷建国市人民法院审判委员会委员，赵旭东市人民法院刑事审判庭副庭长，周忠明市人民法院民事审判第二庭副庭长，刘金文市人民法院审判员、埭头人民法庭副庭长，虞斐、陈万寿、杨家林、邵小秋、杨福根市人民法院审判员，王辉、史涛市人民法院人民陪审员职务。会议决定任命花建国为市交通运输局局长；任命黄松伟为市人民法院立案庭庭长，龚雪为市人民法院审判委员会委员、民事审判第一庭庭长，杜平为市人民法院审判委员会委员、民事审判第二庭庭长，张云为市人民法院审判委员会委员、行政审判庭庭长，周兰为市人民法院天目湖人民法庭副庭长，王春伟为市人民法院执行局副局长，雷波为市人民法院立案庭副庭长，蒋园圆为市人民法院少年及家事审判庭副庭长，管敏为市人民法院刑事审判庭副庭长，易阳为市人民法院民事审判第二庭副庭长，王玉燕为市人民法院执行局副局长，王乔、袁清澄、杨文豪为市人民法院审判员。

监督工作

【概　况】2021年，市人大常委会持续加强和改善人大监督工作，全力推动市委中心工作贯彻落实。全年开展了1次执法检查、6次视察、1次专题询问，听取和审议了23个专项工作报告。

【经济工作】　面对国内外疫情持续演变和外部环境复杂严峻的形势，常委会密切关注全市经济运行情况，深入走访镇（区）、部门和

10 月 19 日，市人大常委会领导视察全市重点工业项目建设情况

（市人大办公室　供稿）

企业，认真分析全市经济走势。市十六届人大常委会第三十六次会议听取和审议 2020 年度市本级企业国有资产管理情况报告，提出要深化国企改革，提升运行质效，加强国资监管，进一步做好市本级企业国有资产管理工作。市十六届人大常委会第三十七次会议听取和审议政府上半年工作情况报告，提出要激发经济发展新动能，展示乡村建设新成效，彰显生态宜居新形象，持续增加民生保障，奋力建设长三角生态创新示范城市。市十六届人大常委会第二十二次主任会议专题听取现代农业产业园建设情况报告，提出要加快理顺运转机制，快速启动基础设施建设，以产业发展为关键打响产品知名度，创新联农带农机制，全力以赴创建国家级现代农业产业园。常委会视察全市重点工业项目建设情况，提出要在狠抓重大项目持续突破的基础上，以更高的职能和水平服务好重点工业项目建设，确保项目建设按时按质完成，不断夯实高质量发展基础。

【财政工作】 近年来，常委会扎实推进预决算全口径审查监督工作，促进预决算安排更加精细、财政管理更加规范。在市十六届人大常委会第三十六次会议上，听取和审议 2020 年决算草案的报告和 2020 年度本级预算执行情况的审计工作报告，督促相关部门就预算执行过程中存在的问题，及时抓好整改落实。在市十六届人大常委会第四十次会议上，听取和审议 2021 年财政预算执行情况和 2022 年财政预算（草案）的报告、2020 年本级预算执行及决算草案审计查出问题整改情况的报告，提出要坚持“稳中求进”总基调、促进经济平稳健康发展，强化财政资源统筹、提高财政资金使用效益，切实严肃财经纪律、抓好审计查出问题整改。此外，常委会围绕公共财政、政府基金、国有资本经营、社会保险基金预算“四本账”，建立健全预先审查、初审、审查批准“三审”制度，建成预算联网监督系统，实现对预算编制、执行、调整和决算等管理活动全过程的常态化监督，进一步增强了预算审查监督的约束力和实效性。

【法制和内务司法工作】 为进一步推动法律法规贯彻落实，常委会配合省人大开展体育“一法一条例”(《中华人民共和国体育法》和《江苏省全民健身条例》)、《乡村振兴促进条例》的执法检查和立法调研活动，配合常州人大开展《常州市旅游促进条例》立法调研。在市十六届人大常委会第二十一次主任会议上，听取全市道路交通安全综合治理工作情况汇报，提出要强化源头管控、坚持问题导向、加强宣传教育，为全市经济社会高质量发展创造安全顺畅的道路交通环境。为进一步保障市场主体合法权益，市十六届人大常委会第三十七次会议专题审议法院、检察院优化法治营商环境工作情况报告，推动“两院”立足企业需求，坚持问题导向，不断完善机制建设和队伍建设，为溧阳市经济社会高质量发展提供坚实的法治保障。为进一步深化司法监督，常委会组织视察检察公益诉讼工作，提出要把公益诉讼作为服务发展大局、增进人民福祉的重要举措，加大探索力度、办案力度和宣传力度，为维护国家利益和社会公共利益贡献检察力量；深入开展“听百案、议百事、评百员”活动，组织人大代表旁听庭审 11 批 127 人次，并对 11 名法官进行现场评议。为进一步深化平安溧阳建设，推进市域社会治理体系和治理能力现代化，常委会专题调研社会治安防控体系建设，围绕智能防控、联动机制、打防管控等方面积极建言献策，为打造社会治安防控体系升级版，建设更高水平的平安溧阳献智添力。

【教科文卫工作】 市十六届人大常委会第三十六次会议听取和审议全市职业教育发展情况报告，提出要强化宣传引导，优化办学格局，深化产教融合，不断推进现代职业教育体系建设。市十六届人大常委会第三十八次会议对《关于以全域旅游开发为牵引，全力推动旅游发展迈上新台阶的决议》贯彻落实情况开展专题询问，围绕全域旅游示范创建、文旅项目规划建设、文旅市场监管等方面提出10个问题，同时对部门应询和履职情况开展现场测评，通过《溧阳时报》向社会公开问题及答复，助力全域旅游示范建设。市人大常委会第二十三次主任会议听取了溧阳市健康经济发展情况的汇报，提出加大高端医疗供给、培育高端康养产业、丰富健康文化体验等建议。常委会专题视察科技创新平台建设及成果转化工作，提出要加大科技创新平台建设力度，切实提升科技成果转化运用能力，让科技创新这个“关键变量”成为全市高质量发展的“最大增量”。此外，为更好地满足人民群众医疗健康需求，常委会还专题调研溧阳市院内急救体系建设，提出要加强统筹规划、加速提档升级、加快人才培养、加大宣传力度，促进急救资源配置更“优”、设施建设更“强”、业务水平更“高”、社会氛围更“浓”。

【环资城建工作】 聚焦“生态品质巩固提升年”工作主题，市十六届人大常委会第三十五次会议听取和审议2020年度环境状况和环境保护目标完成情况暨突出环境问题整治情况报告，提出要全力推进绿色现代化建设，深入打好污染防治攻坚战，不断提升环境治理水平，推动全市生态环境质量持续改善。为加快推动溧阳市国土空间规划编制工作，在市十六届人大常委会第三十八次会议上，常委会听取和审议溧阳市国土空间规划情况报告，督促政府相关部门全力以赴推进规划编制，齐心协力确保编制落地，全面落实规划执行监督，推动溧阳市国土空间开发保护更高质量、更有效率、更加公平、更可持续。为助推公园城市建设，市十六届人大常委会第二十四次主任会议听取公园城市建设工作情况报告，提出要精准定位公园城市，以人为本，统筹推进，塑造新时代城市竞争优势，不断满足人民对美好生活向往。为推动构建现代化综合交通运输体系，常委会视察全市重点交通工程建设情况，提出要加强施工现场管理，在确保安全和质量的前提下，高效推进交通基础设施建设。常委会还围绕全市土壤污染防治情况进行课题调研，推动政府相关职能部门加强宣传教育，强化监管执法，健全工作机制，坚决打赢净土保卫战。

【农业和农村工作】 为进一步加强对天目湖的保护，市十六届人大常委会第三十五次会议听取和审议《常州市天目湖保护条例》贯彻执行情况，督促政府相关部门不断完善机制，细化方案，严格执法，形成上下重视、全民参与、科学管护的良好局面，推动天目湖流域生态保护迈上新台阶。为深化美丽乡村建设，市十六届人大常委会第三十五次会议专题听取和审议美丽乡村建设长效管理情况报告，围绕提升村民素质、实施差异管理、夯实长效保障等方面积极建言献策。为进一步优化城乡布局、促进空间增值、实现强村富民，市十六届人大常委会第三十八次会议专题听取和审议农村宅基地改革试点情况报告，提出夯实工作基础、盘活闲置资源、强化过程管控等建议。同时，常委会还围绕村庄规划和配套建设进行专题调研，推动《关于溧阳市镇村布局规划暨实用性村庄规划（草案）的决议》贯彻落实。为推进乡村治理体系和治理能力现代化，市十六届人大常委会第二十五次主任会议专题听取乡村治理体系建设工作情况汇报，提出以党建引领为核心、以产业发展为重点、以“三治”为依托、以多方联动为保障，推动“政府主导、社会协同、公众参与、法治保障”的乡村治理体系不断完善。常委会还专题调研水利基础建设，提出要完善防洪保安体系，提高综合管理水平，构筑公园城市和乡村振兴基础，发挥好水利在服务溧阳绿色现代化发展的重要作用。

【部门评议工作】 围绕“推动科学发展、提升服务效能、规范行政行为、促进依法行政”的要求，常委会组织对司法局、商务局、文体广电和旅游局、行政审批局、医疗保障局、地方金融监督管理局6个部门开展工作评议。评议前，通过向社会公开征求意见、组织服务对象座谈、开展问卷调查等方式，广泛听取社会各界的意见，客观公正地对被评议部门进行“画像”。评议中，邀请10名市人大代表参与评议，增强评议的广泛性和代表性。评议后，当场公布结果，并向市委报告，向市政府通报，抄送组织部备案，有力促进部门工作作风改进和效能提升，达到“评出正能量、评出新动力”的效果。

代表工作

【概　况】 2021年，市人大常委会始终坚持依靠代表、服务代表，以增强代表履职积极性、主动性为导向，促进代表更好地发挥主体作用。

激发代表履职动能。深入推进人大代表“六个一”主题活动，并对本届以来代表的履职情况进行总结评估，作为推荐连任的重要依据。编印《溧阳市第十六届人大代表履职风采录》，评选30名优秀人大代表，并在人代会上进行表彰，展示本届人大代表履职尽责的风采。建立代表履职App平台，通过“线上+线下”融合推进，更好地保障代表知情知政和履职行权。

完善代表工作机制。健全民生实事项目联系监督机制，针对2021年市本级的八大类20项重点民生实事项目，组建8个联系监督组，每组分别由1名常委会领导担任组长，1名委室负责人担任副组长，8名市人大代表为成员，开展一对一联系监督，通过“日常查、定期报、现场督”，对项目推进情况进行全程监督。深化镇（街道）人大代表问政制，制定出台《关于实行人大代表问政制的实施意见（试行）》，构建起代表问、政府答、人大督、群众评的闭环运行机制。

依法组织换届选举。常委会全力克服疫情对换届选举工作带来的影响，严格按照省、常州市人大常委会的部署，及时召开全市人大换届选举工作会议，科学制订选举方案，认真抓好业务培训，严格把关连任代表人选推荐，精心组织代表候选人与选民见面，推动换届选举工作依法有序进行。通过全市上下共同努力，共依法选举产生市人大代表295名、镇人大代表739名。

开展常委会设立40周年纪念活动。精心简朴务实组织纪念溧阳人大设立常委会40周年系列活动，制作《不负人民重托　奋进崭新时代》专题片，编印《辉煌四十载　奋进新时代》纪念册，刊发《初心如磐四十载　忠诚履职谱华章》专栏文章，充分展示人民代表大会制度优势和溧阳市人大工作生动实践。

【指导镇（街道）人大工作】 深化基层联系指导，认真落实常委会领导分工联系镇（街道）人大制度，召开全市镇（街道）人大工作座谈会，专题听取昆仑街道、溧城街道、古县街道人大工委工作情况报告，切实加强对基层人大规范化建设的指导，推动市、镇两级人大工作互动共进。一年来，各镇（街道）人大在同级党委的领导下，依法履职，积极作为，有力推动全市人大工作的整体发展。

【市十六届人大五次会议代表建议办理】 为增强建议办理实效，常委会推行代表议案、建议预提预审制，开展优秀代表建议、优秀承办件、优秀承办单位评选活动，代表议案、建议的质量显著提升。选择“改进乡镇公交车站建设”“推动北山旅游加快发展”“在公共场所普及AED急救设备”等12件建议，由常委会领导和工委牵头重点督办。组织对“规划建设小区电动汽车充电设施”“加强我市食品卫生安全管理”“加强农村生活污水改造工程后期管理维护”等6件建议进行现场督办。150件建议均在规定期限内全部办理完毕并答复，办理工作的质效稳步提升。

人事任免工作

【概　况】 2021年，市人大常委会本着对党、对人民高度负责的精神，坚持党管干部原则和依法任免干部有机统一，认真审议各项人事任免议案，严格执行任前法律知识考试、拟任职发言、无记名票决、颁发任命书、奏唱国歌、宪法宣誓等工作程序，切实增强被任命人员的法律意识和责任意识。一年来，共依法任免国家机关工作人员101人次，从组织上保证国家机关正常有序运转。

备案审查及信访办理工作

【备案审查工作】 按照《中华人民共和国各级人民代表大会常务委员会监督法》的规定，常委会不断完善规范性文件备案审查制度及工作流程，制定出台《溧阳市人民代表大会常务委员会规范性文件备案审查办法》，规范性文件备案审查工作逐步走上制度化轨道。2021年，对市政府报送的《溧阳市政府投资项目管理办法》《溧阳市餐厨废弃物管理办法》等文件进行了审查，切实做到有案必备、有备必审、有错必纠，不断加强规范性文件备案登记和监督管理工作。

【信访办理工作】 常委会高度重视信访工作，把信访接办工作作为增强常委会监督实效的重要手段及拓宽监督视野的重要途径，不断健全人大信访工作机制，促进人大信访工作规范化。一年来，通过积极协调处理，及时转送涉法信访诉求，督促各有关方面切实保障人民群众合法权益，一批群众反映强烈的问题得到依法处理和妥善解决。

（市人大办公室）

溧阳市人民政府

栏目编辑　宋林珍

综　　述

【概　况】 2021年是“十四五”的开局之年，是建党100周年的特别之年，也是“两个一百年”的交汇之年。溧阳市全面贯彻习近平新时代中国特色社会主义思想，坚决扛起“争当表率、争做示范、走在前列”的光荣使命，聚焦建设长三角生态创新示范城市奋斗愿景，突出“生态品质巩固提升年”工作主题，开拓创新、克难奋进，不仅胜利完成了市十六届人大五次会议确定的各项目标任务，而且在打基础、利长远的事业上取得了积极进展，更以高质量发展的崭新业绩献礼建党100周年。

经济发展在疫后重振中全面恢复，主要经济指标均保持两位数增长；地区生产总值增长10.1%，一般公共预算收入增长18.3%，全体居民人均可支配收入增长9.7%，增速均位列常州第一；重大项目招引、实际利用外资等重点指标，超额完成年度目标任务。全年地区生产总值达1261.3亿元，工业应税销售收入2422.9亿元，企稳向好的态势日益明显。聚焦千亿级产业集群培育，深化招商引资“月通报、夺红旗”活动，加快“五大创新基地”建设，掀起攻坚重大项目热潮，全年签约总投资10亿元以上项目43个，其中时代上汽（二期）、德龙冷轧、瓦屋山低碳城等百亿项目接续突破。全面布局争创公园城市、全域旅游、产业集群、乡村建设、区域协作“五个示范”。

以“九大国家级试点”为抓手，致力为苏南现代化建设先行示范区创造绿色崛起的县域样板。全国城市基层党建工作掷地有声，城市党建馆打造城市红色新地标，沙河精神展览馆激励天目湖开发三十周年再出发；新时代文明实践提质增效，高水平通过中央、省文明城市现场测评，全省试点地区乡村“复兴少年宫”建成启用现场观摩活动在溧阳举行；城乡融合“五大试点任务”稳步推进，农村宅基地制度改革持续深化，宅基地资格权“有偿退出”完成商品房、现金置换1.4万余户；作为江苏唯一入选国家发改委的全国新型城镇化建设直接联系点，与北京中关村共建高新区被国家发改委作为典型经验推广；溧阳高新区入选全国唯一县级以升促建国高新调研单位，创新驱动指数连续三年保持全省第一；农村公路管理养护体制改革试点不断深化；“五堂一站”（如意小食堂、

9月26日，首届国家智慧健康城市峰会在溧阳举行

（余　琛　摄）

道德讲堂、百姓议事堂、文化小礼堂、幼童小学堂、“心愿树”爱心工作站）入选全国乡村治理典型案例，八字桥村、庆丰村获评全国乡村治理示范村，戴南村获评全国民主法治示范村。公务员绩效管理试点成效明显。

深入开展“三效三提”（效能提标、效率提速、效绩提质）活动，“十项工作”获省政府激励表彰，激励事项数位居全省县（市、区）第一。乡村振兴、财政工作获省绩效考核第一等次。高质量发展考核位列全省县（市、区）第九，获推进高质量发展先进县（市、区）。位居2021年营商环境百强县（市）第18位，中国最具发展潜力百佳县（市）第14位。全国县城补短板强弱项现场会、电动中国发展战略研讨会、国家智慧健康城市峰会等20余场高规格会议聚焦溧阳，安徽省党政代表团赴江苏学习考察首站选择溧阳，央媒高频报道“溧阳经验”让全国惊艳。

4月9日，2021中国·溧阳茶叶节暨天目湖旅游节音乐诗会——“诗歌里的溧阳”在燕湖畔市文化艺术中心精彩上演　　（史茵杰　摄）

【经济发展】 2021年，溧阳市坚持用稳增长的硬措施落实好促发展的硬道理，经济运行稳中有进、稳中提质、稳中向好。多措并举稳定增长。在常州率先推出“春节暖心惠企政策大礼包”鼓励外来员工留在溧阳过年，一揽子实打实的暖心举措广受好评。工业经济运行稳中有进。实施工业经济跃升行动，全年新增规模以上工业企业120家，新增销售超亿元企业58家。规模以上工业产值、工业应税销售收入分别增长31.8%和37.5%。上上电缆应税销售突破300亿元，连续三届获评“中国质量奖提名奖”。江苏时代应税销售收入突破200亿元。“四大重点产业”产值增长62.5%，高于规模以上工业产值30.7个百分点。其中动力电池产业产值、销售、入库税收分别增长134.5%、162.6%、336.2%，出货量占全省的50%以上。工业入库税收增长30.9%。纳税超亿元企业20家，江苏时代、金峰集团纳税超10亿元。规模以上工业亩均产值、亩均税收分别增长19.5%、19.4%。规模以上工业总产值能耗同比下降27.7%。现代服务业稳中提质。重磅推出南京都市圈“惠”游溧阳活动，卓有成效地举办茶叶节暨旅游节、丰收节、迷笛音乐节等系列文旅活动。茶旅融合跻身全国县域十强。入选首批省级文旅消费试点单位，天目湖夜间文旅消费集聚区入选省级建设单位。天目湖旅游度假区入选国家级森林康养试点建设基地。牛马塘村、塘马村、杨家村获评省乡村旅游重点村。建筑业保持良好态势。建筑业施工总产值1124亿元，入库税收27.5亿元，分别增长12%和24.4%。现代农业稳产增效。粮食生产再获丰收，新增4个省现代农业产业技术体系基地、1个区域公用品牌、9个省级“一园两基地”。持之以恒聚焦创新。深入实施创新驱动发展战略，高新技术产业产值增长53.7%，搭建重大科技创新平台4家，新认定国家专精特新小巨人企业3家、省级以上“三站三中心”（博士后科研工作站、院士工作站、研究生工作站、工程科技研究中心、企业技术中心、工程研究中心）12家。中南生物夺得省科学技术一等奖，安靠智电获首届省科技创新发展奖。“名城名校合作行·创新创业赢未来”活动成效明显。18位两院院士和27位知名专家、学者为溧阳高质量发展献计出力。入选全省首批创新型示范县。强化要素激发活力。初步完成国土空间规划编制，向上争取用地指标5000余亩。向上争取各类地方政府债券资金76.91亿元。其中新增债券62.61亿元，占全常州争取总额的30.2%。全辖金融机构本外币各项贷款新增195.08亿元，余额达1325.78亿元。完成白鹤滩——江苏特高压直流输电工程（溧阳段）和龙政直流线路迁改，全力保障企业正常生产用电用能，天然气供应量增长35%。“招工引

5 月 25 日，溧阳市政府与南京师范大学签订合作办学协议

（史茵杰 摄）

匠”工作扎实推进，招引劳动力 3 万余人，有效缓解企业“用工难”。

【重点项目】 2021 年，溧阳市坚持把项目建设作为推动发展的第一引擎，依靠项目增量的投入、内涵的深化，厚植加速崛起的基础。项目建设持续加力。完善市领导挂钩服务项目制度，每月组织重大项目集中开工活动，全力以赴推动项目早开工、快建设、早达产。入选省级重大项目 7 个、常州市级重大项目 15 个。江苏时代（四期）当年开工、当年首批产品下线，时代上汽（二期）、德龙冷轧等重大项目当年签约、当年开工，赛得利、曹山未来城等一批项目加快推进，璞泰来（二期）等重点项目竣工达产。全社会固定资产投资增长 8%，工业投入增长 25.7%。载体建设提档升级。中科院物理所长三角研究中心揭牌投用，重庆大学智慧城市研究院、东南大学溧阳基础设施安全与智慧技术创新中心、上海交通大学溧阳智能制造研究院等高端科研载体相继落户。经济开发区全省综合发展排名较上年跃升 11 位，苏皖合作示范区加快建设，现代农业产业园雏形初显。打造一流营商环境。大力创建新时代“两个健康”先行区，举办企业家焦尾琴沙龙，深入开展企业大走访和政银企对接活动，积极帮助企业排忧解难。全面落实助企纾困政策，减税降费 8.5 亿元。深化“放管服”改革，落实“一网通办”，创新“省内通办”“跨省通办”，“1230”限时办结率达 99.5%。强化企业“全生命周期”服务，推行重点工业项目“联合竣工验收”，公共资源交易中心跻身全国十佳，营商环境持续优化。

【城乡统筹工作】 2021 年，溧阳市坚持把公园城市建设寓于城乡融合发展之中，省级美丽宜居城市试点建设不断深化。城市品质持续提升。天目湖生命康原建设全面推进，完成“溧阳十二望楼景观廊”方案设计，焦尾琴公园隧道双线贯通，“溧阳 1 号公路”品质持续提升，景詹沙河大桥成为网红打卡点。溧阳港全面启动建设，溧高高速、南部山区旅游道路等骨干道路建成通车。宝塔湾遗址公园建设如火如荼，危旧房变身“口袋公园”。开展违法建设、违规停车等专项整治，拆除违建 26.3 万平方米，城区新增停车泊位 1000 余个。城乡一体化管理量质并进，城市长效管理考核稳居常州第一，园林绿化管理精细化水平位居全省前列。乡村建设成效显著。深化美意田园行动，持续提升农村人居环境，李家园村、里方村、上桂林村、钟家村获评省级特色田园乡村，省级特色田园乡村达 11 个，总数保持全省第一方阵。全省城乡公交一体化暨绿色出行创建工作现场会在溧举办，城乡居民公交出行享受同等待遇，日均客流量增长 26.8%。城乡供水一体化让偏远山区群众都喝上放心水、优质水。高质量完成村（社区）“两委”换届。生态文明进程加快。深入开展突出环境问题整改“百日攻坚”，打好污染防治攻坚战考核位居常州前列。对挥发性有机物排放重点企业推行“一企一策”综合整治，全市 $PM_{2.5}$ 平均浓度为 31.9 微克／立方米，空气优良天数比例 86.6%，两项指标均创新世纪以来最好水平。大力推动金峰、天山运输廊道建设。全面提升固废污染防治能力。持续推进天目湖流域污染控制与水质提升，国省考断面水质优 III 比例保持 100%。

【民生工作】 2021 年，溧阳市聚力“实事百件践初心”，扎实开展“两在两同”建新功行动，人代会确定的民生实事项目高质量落地，民生支出占一般公共预算支出比重达 78%。社会保障稳步提升。全力以赴稳就业，城镇登记失业率 2% 以下。全省首创低保边缘家庭结对帮扶，低保标准提高到 940 元／人·月，农村特困人员供养标准提高到 1222 元／人·月。

被确定为全民医疗保障规划实施国家联系点。在建安置房129万平方米，竣工63万平方米。新增各类保障性租赁住房5367套。社会事业全面进步。落实“双减”政策初见成效，加快推进23所学校建设，新增学位超3500个。与南师大共建附小附幼，溧阳中专成为江苏联合职业技术学院办学单位。省人民医院溧阳分院普外科建成全市首个省级临床重点专科，省中医院溧阳分院新院区建设进展顺利，改扩建4家乡镇卫生院，新建26个标准化村级卫生室。社会大局平稳有序。毫不松懈、从严从紧抓好常态化疫情防控，筑牢“外防输入、内防反弹”的铜墙铁壁。扎实做好建党100周年安保维稳，“平安溧阳”建设、“八五”普法深入开展，竹箦派出所被公安部记集体一等功，市交警大队被授予“全国公安机关成绩突出交警大队”称号。信访积案“百案攻坚”成效显著，获评全国信访工作“三无”县，王颖获全国“最美公务员”称号。高质量推进省级安全发展示范城市创建，开展安全生产隐患整治“百日攻坚”，实施“危污乱散低”企业出清提升行动，安全生产形势持续稳定向好。

重要会议

【市政府全体（扩大）会议】2021年，溧阳市政府召开3次全体（扩大）会议。

3月9日，市政府召开全体（扩大）会议暨廉政工作会议、安全生产工作会议，会议全面贯彻市委十二届十二次、十三次全会精神，紧扣“生态品质巩固提升年”工作主题，以冲破“县级市思维”引领作风大转变，全面凝聚“团结实干再出发”磅礴力量，推动市十六届人大五次会议明确的目标任务和工作重点落地生效，研究部署政府系统党风廉政建设和安全生产工作，确保“十四五”开好局、全面建设社会主义现代化起好步，以优异成绩庆祝建党100周年。

9月2日，市政府召开全体（扩大）会议暨廉政工作会议，会议深入贯彻落实市第十三次党代会和市委十三届二次全会精神，回顾总结今年以来各项工作，部署安排下阶段工作任务，动员全市上下进一步解放思想、坚定信心，克难求进、扎实工作，确保圆满完成全年各项目标任务，为全力争创“五个示范”，建设长三角生态创新示范城市而努力奋斗。

12月25日，市政府召开全体（扩大）会议，解读2022年《政府工作报告》起草情况、总体框架及主要内容。

【市政府常务会议】2021年，溧阳市政府召开13次常务会议。

1月27日，市政府召开第四十三次常务会议。会议审议《关于开展全市低保边缘家庭结对帮扶工作的通知》（讨论稿）、《溧阳市镇（街道）“属地管理”事项主体责任和配合责任清单》（讨论稿）、《2021年溧阳市重点工程》（讨论稿）等内容，听取《关于首届溧阳最美退役军人评选活动的情况汇报》等情况汇报。

2月7日，市政府召开第四十四次常务会议。会议审议《溧阳市深化文明城市建设三年行动计划（2021—2023年）》（讨论稿）等内容，听取《有关安全生产事故处置情况的汇报》《溧阳瓦屋山康雅新城项目汇报》《全市“生态品质巩固提升年”动员大会暨“三效三提”作风建设大会表彰奖项设置情况汇报》等情况汇报。

3月27日，市政府召开第四十五次常务会议。会议审议《溧阳市推进教育高质量发展行动方案》（讨论稿）、《溧阳市2021年重点经营场所违法建设整治工作实施方案》（讨论稿）、《溧阳市2021年镇区（街道）主要经济指标和常州市重大项目招引与入库目标任务分解方案》（讨论稿）等内容，听取《关于城乡公交一体化改造工作实施方案的情况汇报》等情况汇报。

4月28日，市政府召开第四十六次常务会议。会议审议《溧阳市人民政府工作规则》（讨论稿）、《关于进一步加强全市国有资金投资项目招标投标管理工作的意见》（讨论稿）、《溧阳市殡葬移风易俗实施方案》（讨论稿）等内容，听取《全市全额拨款单位欠缴职业年金归集情况汇报》、《全市安全生产工作情况汇报》等情况汇报。

5月12日，市政府召开第四十七次常务会议。会议审议《溧阳市“危污乱散低”出清提升行动实施方案》（讨论稿）、《关于贯彻新发展理念在全省县域高质量发展中争创区域协作示范的实施意见》（讨论稿）、《“电动溧阳”车辆补贴实施细则》（讨论稿）等内容，听取《2020年度市级机关单位考核结果情况》等情况汇报。

5月25日，市政府召开第四十八次常务会议。会议审议《关于贯彻新发展理念在全省县域高质量发展中争创全域旅游示范的实施意见》、《建设富有文化底蕴的世界级旅游度假区行动方案》（讨论稿）、《关于贯彻新发展理念在全省县域高质量发展中争创公园城市示范的实施意见》(讨论稿)等内容，听取《关于开展信访突出问题“百案攻坚”专项行动的专题汇报》等情况汇报。

6月12日，市政府召开第四十九次常务会议。会议审议《溧阳市非正常亡人事故（事件）会商研判制度》（讨论稿）等内容，听取《关于争创全国法治政府建设示范县（市）工作的情况汇报》、《关于给予2020年度全市机关、事业单位考核优秀人员奖励的情况汇报》（讨论稿）等情况汇报，专题学习《中华人民共和国行政处罚法》。

7月24日，市政府召开第五十次常务会议。会议审议《关于实施工业强基工程的政策意见》(讨论稿)、《溧阳市2021年苏陕协作工作要点》(讨论稿)、《关于创建新时代“两个健康”先行区实施方案》（讨论稿）等内容，听取《上半年信访工作及“百案攻坚”专项行动开展情况汇报》等情况汇报。

9月14日，市政府召开第五十一次常务会议。会议审议《溧阳市既有建筑安全隐患排查整治专项行动实施方案》(讨论稿)、《溧阳市行政复议体制改革实施方案》（讨论稿)、《关于在镇（街道）开展相对集中行政处罚权工作的决定》（讨论稿）等内容，听取溧阳市《“发展四大经济推动生态创新”三年行动计划》2020年政策兑现情况等汇报，专题学习习近平法治思想。

10月30日，市政府召开第五十二次常务会议。会议审议《关于调整2022年度溧阳市城乡居民基本医疗保险政策的通知》(讨论稿)、《关于明确2022年度溧阳市实施长期护理保险筹资标准的通知》（讨论稿)、《溧阳市森林防火规划（2020—2025年)》(讨论稿)等内容，听取《关于江苏省人民医院溧阳分院2020年工作目标完成情况及政策性亏损、疫情防控补贴的情况汇报》等情况汇报。

2021年11月24日，市政府召开第五十三次常务会议。会议审议《关于在全市公民中开展法治宣传教育的第八个五年规划(2021—2025年)》(讨论稿)、《法治溧阳建设规划(2021—2025年)》(讨论稿)、《溧阳市禁止燃放烟花爆竹管理规定》（修订稿）等内容，听取《关于建立我市2005年前被征地农民政府保养金增长机制的情况汇报》《关于我市城乡居民基本养老保险基础养老金二次调整的情况汇报》等情况汇报。

2021年12月21日，市政府召开第五十四次常务会议。会议听取《2022年溧阳市重点民生实事候选项目排定情况汇报》《关于2021年财政预算执行情况和2022年财政预算(草案)的汇报》等情况汇报。

2021年12月25日，市政府召开第五十五次常务会议，会议审议《溧阳市应急管理“十四五”规划》(讨论稿)、《溧阳市“十四五”教育发展规划》（讨论稿)、《2021年政府工作报告》（讨论稿）等内容，听取《2022年溧阳市基本建设项目计划编制情况》《关于溧阳市2022年度城乡居民基本养老保险基础养老金拟提标的情况汇报》等情况汇报。专题学习《中华人民共和国法律援助法》。

（市政府办公室）

政务服务工作

【概　况】2021年，溧阳市行政审批局坚持以制度强管理，以创新促服务，争当优化营商环境先行者，勇做深化“放管服”改革示范生，凝心聚力推进政务服务高质量跨越式发展。

市级政务服务中心（含分中心）全年共受理办结各类事项72.7万余件，按时办结率100%，满意率100%。公共资源交易中心溧阳分中心完成各类公共资源交易数量1646个，交易总额739.64亿元，较去年增加56.1%,节约国有资金15.98亿元，溢价4.76亿元。2021年，溧阳市行政审批局因推动商事制度改革工作成绩突出获省政府督查激励，门户网站管理成效显著获评省、常州市网站建设管理先进单位。常州市公共资源交易中心溧阳分中心获常州市“工人先锋号”称号，农村产权交易工作成绩突出获省农业农村厅奖补。

【聚焦改革攻坚】紧扣深化“放管服”改革主线，聚焦优化营商环境工作重点，通过营商“硬举措”，打造一流“软环境”，主动服务全市发展大局，全力攻坚各项改革工作。

优化营商环境。编制发布《2021年溧阳市深化“放管服”改革工作要点》和《2021年溧阳市打造一流营商环境重点任务清单》，组织全市相关部门和单位对表推进落实，按月收集整理工作动态，掌握工作进展情况，并制定《2021年溧阳市“放管服”改革和优化营商环境工作考核细则》，推动实现全市营商环境考核工作制度化、规范化。溧阳市营商环境评价历史性进入全省第一方阵。

“证照分离”改革。梳理印发溧阳市涉企经营许可事项改革四张清单和溧阳市涉企经营许可事项改革监管清单，明确溧阳市直接取消审批事项7项，审批改为备案5项，实行告知承诺18项，优化准入服务48项，监管事项234项。进一步破解"准入不准营"问题，加快推进政府职能深刻转变，营造稳定、公平、透明、可预期的市场准入环境，充分释放市场主体活力。

省试点工作扎实。省公共数据资源开发利用试点——"智慧养老"和"智慧文旅"已通过中期评估；自创建省政务服务标准化试点以来，逐步建立科学规范的政务服务标准体系，形成可复制、可推广的政务服务标准化"溧阳样板"。

【创优政务环境】 围绕政务服务工作，"线上＋线下"同发力，不断提升政务服务便利化水平，持续擦亮"溧即办"政务服务品牌，增强企业和群众的获得感、满足感。

深化"一件事"改革实践。在政务服务网上开设"一件事 溧即办"专栏，同时依托"江苏政务服务"App、"自在溧阳"App，推进"一件事一网办、掌上办、自助办"，已实现42个"一件事"全程网上可办，其中30个民生类"一件事"实现掌上办、自助办。在镇区（街道）为民服务中心设立"一件事"服务专窗，试点推进"一件事"就近办，基层"一件事"办件量已逾400件。溧阳市"一件事"改革在落地数量、服务覆盖范围、业务系统建设等方面位居全省前列，并被《人民日报》进行专题报道。

提升"就近办"服务水平。在市政务服务中心和12个镇区（街道）为民服务中心全面建设"一网通办"自助服务区，新增24个热门服务接入"畅通办"自助服务终端，累计支持查询、办理68项业务。成功创建5个为民服务中心、8个村（社区）便民服务中心"家门口办好事"示范点，同时拓展了35个政务服务便利站，提供就近导办、帮办、代办服务，打造"15分钟便民服务圈"，强化提升基层服务能级。

探索"跨省通办"服务路径。立足苏皖合作示范区，率先在常州范围内建成政务服务"跨省通办"工作机制，实现93项政务服务事项"跨省通办"，累计办件量达1072件，事项数量和办件量位居常州前列。在此基础上，不断深化改革成效，实现61项高频政务服务事项南京都市圈通办，并与安康市汉阴县、无锡市宜兴市、滨湖区、滨州市惠民县等省内外地区探索"跨省通办""省内通办"合作共建。

构建双代办服务闭环。线上丰富代办平台功能，在常州范围内率先增设智能申报引导模块，扩大代办服务受益面，提升申报效率；线下提升代办服务能级，按照"一企一策"的工作机制，将"通用办事导图"升级为"个性化办事指南"，"多份材料清单"升级为"一张表单"，不断提升市、镇两级代办服务精细化水平。2021年共代办项目280个，其中投资建设项目142个，包括27个10亿元以上项目和3个百亿元以上项目。

3月3日，溧阳市行政审批局与安徽省广德市数据资源管理局、郎溪县数据资源管理局，签订苏皖合作示范区政务服务"跨省通办"战略合作协议。两省三地携手，打造"标准统一、异地受理、远程办理、协同联动"的"跨省通办"政务服务模式　（邹　迪　摄）

【提升审批效能】 聚焦群众诉求，不断推出各项优化举措，打造审批至简、服务至善的工作模式，有力诠释审批服务的"溧阳速度"。

"1230"限时办结率取得突破。不断压缩审批环节、缩短审批时间、精简审批材料，推动审批服务提质增效，稳步由"3550"向"1230"迈进。即开办企业只要1个工作日、不动产登记只要2个工作日、工业建设项目施工许可在30个工作日内完成。2021年，企业开办平均用时0.56个工作日，不动产登记平均用时0.5个工作日，工业建设项目领取施工许可平均用时7.73个工作日，"1230"限时办结率高达99.5%。

市场主体开办量质齐升。以

"减环节、减材料、减时限、减费用、减中介、优流程"为重点，最大限度为企业提供便利，市场主体活力迸发。2021年，全市实有各类市场主体80447户，其中新增法人企业3333家，同比增长36.88%，同时继续实行"公章免单"的惠企政策，累计为企业减免开办费用129.6万余元。

投资建设项目审批速效双收。聚焦项目开工的关键环节——用地审批，主动向镇区推荐模拟审批服务，变"等地期"为"加速期"。2021年，累计模拟审批项目33个，同比增长154%，为项目开工平均节约用时49.1天。紧盯项目建成投产的最后一道关口，印发《溧阳市重点工业项目联合竣工验收暂行办法》，为企业开辟一条验收快捷通道。2021年，累计联合竣工验收7个工业项目，企业从原来至少跑6个科室减少为跑1个综合窗口，至少分类单独进行现场验收4次减少为集中1次，整体验收时间压缩至少50%。

【规范交易服务】 不断降低交易成本，提高交易效率，营造公平高效的公共资源交易市场环境，推进公共资源交易法制化、规范化、透明化。

应进必进，拓宽交易范围。以"应进必进"为原则，丰富交易类别。国有产权交易新增矿石资源类、智慧城市建设类、绿色低碳类、废旧资产类等实物资产转让类别；农户宅基地及农民住房使用权入市交易，累计实现十大类农村产权类型进入平台交易。

"互联网+"，提升交易效率。以"不见面交易"为常态，见面交易为例外"为原则，全面开展不见面开标。2021年，工程交易、政府采购招标项目共236个，不见面开标率为93.22%。农村产权交易实现线上交易镇级全覆盖，多次获江苏省县（市、区）农村产权"线上交易之星"称号。

多措并举，规范交易行为。放宽市场准入，建议清理公共资源交易领域规范性文件8份；精简交易流程，取消招标公告、招标文件对投标人养老保险要求，评标时间平均缩短1小时；降低交易成本，采用电子保函，使用占比达100%；规范评标行为，向省交易中心申请评委审核扣分权限，加强对评标专家库和评标专家的管理。

【加速数字转型】 坚持数字赋能和业务协同并重，同步推进数字政府建设与"放管服"改革，提高政务服务数字化、精细化水平，提升政府的履职能力和管理能力，数字治理取得显著成效。

优化工作机制抓统筹。创新"事前专家评审、事中监理跟踪、事后审计验收"全生命周期管理，将数据能否共享至大数据平台作为政务信息化项目验收重要指标，为溧阳市城市数字化转型发挥导向作用。2021年，累计评审与验收全市财政性投资信息化项目15个，涉及项目资金2.8亿元。

聚焦重点需求抓应用。打通各级大数据平台，结合先进技术，构建具有地域特色的智慧养老体系和智慧文旅平台，全面提升溧阳市信息化建设水平。在常州范围内率先开发部署完成防疫常态化管理平台、核酸检测预约及报告查询平台、到溧阳人员自主申报平台等6个系统，全力打造"大数据+精密智控"硬核防线，助力防疫部门疫情态势研判、精准施策、精细管理。

广开数据来源抓创新。打造全省首个政务服务一体化信用数据查询平台，该项政务诚信建设创新举措在全省范围内被推广，并被推荐为第三届"新华信用杯"全国信用典型案例。在溧阳经开区开设常州市范围内首个"政策兑现服务专窗"，建立健全集咨询、导办、受理、转办、兑现于一体的服务机制，推动实现园区惠企政策兑现"一窗办"。

（赵　惠）

外事及港澳事务

【概　况】 2021年，溧阳市外事办坚持地方外事服务中央外事，地方外事服务地方经济建设的方针，从大局出发，以溧阳市经济建设为中心，积极、稳妥地开展外事工作。由于疫情影响，2021年全市共办理因公出国（境）团组2批、2人次。

【友城交往】 高度重视友城互访交流工作，结合国内外疫情线下交流困难实际，采取"云"外交方式加强与友城间友好往来，确保友谊长存。

传统佳节赋能，厚植美好情谊。元宵佳节，美国友城哥伦比亚市与溧阳市举办主题为"青山一道同云雨，明月何曾是两乡"的云端联欢会；2021中国·溧阳茶叶节暨天目湖旅游节的开幕式现场，溧阳市市长叶明华与日本白山市市长山田宪昭通过卫星连线，"屏对屏"互致问候并分别致辞；茶叶节期间，德国富尔达大区区长贝恩德·沃伊德发来视频和信函，祝该届茶叶节活动取得圆满成功，祝福溧阳市和富尔达大区两地的友谊长存。

周年庆典借力，传播美音溧阳。德国友城第28届“富尔达经济日”，溧阳市市长叶明华通过互联网发表云端致辞，经济日现场播放溧阳城市德语宣传片，通过现场的溧阳城市展台，向到场来宾介绍溧阳经济发展状况和产能优势，增强溧阳的投资吸引力和影响力；2021是溧阳市与美国联合市结好11周年，也是江苏省与加州结好10周年，溧阳市市长叶明华向联合市市长致函，希望以周年庆为新起点，不断赋予友城关系新内涵，开启双方合作交流新征程；中日邦交正常化50周年，日本石川县开展为期4天的石川县中国友好城市交流作品展，极具溧阳特色的白茶、中华曙猿的刺绣、美音雅集以及缔结友城时的纪念品等参加展览。

现代方式给力，拉近地理距离。与美国哥伦比亚市进行视频会议，商讨明年两市的合作方向，增进两市的友谊，加强疫情里的相互交流；日本白山市小学与溧阳市文化小学、昆仑小学分别拍摄学生日常在校学习、生活的视频，了解文化差异并鼓励双方学生进行深入交流。

【接待工作】 接待澳门特别行政区第三届政府审计长何永安、澳门高等教育局原副局长何丝雅、澳门归侨总会常务副会长劳灼荣等一行；与各国驻沪使领馆保持友好交往，接待到溧阳访问的古巴驻沪总领馆总领事Néstor Enrique Torres Olivera、古巴驻沪总领馆副总领事Yoana Pérez Badell、比利时驻沪总领馆法兰德斯州商务领事Bart Boschmans等8批次人员；举办2021在溧阳外籍人士国庆招待会，来自14国的在溧阳外籍人士以及非溧阳籍荣誉市民参加；12月8日于上海外滩华尔道夫酒店举办溧阳市与各国驻沪总领馆答谢晚宴活动并邀请到以色列驻沪总领馆总领事Amb. Edward Shapira、乌克兰驻沪总领馆总领事Artem Pushkin、哥伦比亚共和国驻沪总领馆总领事Daniel Cruz Cárdenas、阿根廷驻沪总领馆总领事Luciano Tanto Clement、斯里兰卡驻沪总领馆总领事Nirmala Anura Fernando、古巴驻沪总领馆总领事Néstor Enrique Torres Olivera、古巴驻沪总领馆副总领事Yoana Pérez Badell、比利时驻沪总领馆法兰德斯州商务领事Bart Boschmans、保加利亚共和国驻沪总领馆商务领事Kostadin Djatev、加拿大驻沪总领馆政治经济和公共关系领事Jennifer Lalonde等国驻沪总领事和领事。在外事接待工作中，始终保持真诚、友好、热情，使外宾对溧阳市留下深刻而美好的印象。

【外籍人士和荣誉市民服务工作】 2021年，溧阳市外事办从细微入手，着力改善外籍人士在溧生活“软环境”。

积极配合疫情防控。协调卫健局、各镇区街道、医院，畅通信息传递，为外籍人士开通接种国产疫苗渠道；对接疫情防控部门及接收外籍人士的相关单位，安抚到溧阳美国、瑞士籍人士居家隔离、健康监测期间的情绪，满足其合理诉求，受到瑞士驻沪总领馆总领事Olivier Zehnder的高度表扬；沟通出入境管理大队和高铁站，为在溧外籍人士出入高铁站提供方便，为3名因疫情原因滞留在溧阳的古巴籍人士返回家乡提供帮助，收到古巴驻沪总领馆发来的感谢信；联系各国驻华大使馆、总领馆等机构，及时了解各国疫情防控政策信息；组建翻译团队，翻译相关防疫政策、疫情防控措施以及各地风险等级提醒，及时在在溧外籍人士微信群中进行发布，已累计翻译并发布相关信息百余条。

妥善解决劳务问题。为保障外籍人士在溧合法权益，溧阳市外事办深入协调教育、人社等有关部门，妥善处理外籍人士与所在单位的劳务纠纷1起，并于2021年2月，对接市发改委做好培训机构外籍教师在溧阳补贴相关工作。

体贴关怀在溧生活。邀请在溧外籍人士及溧阳市荣誉市民参加国庆招待会等活动；指导游子吟对外交流中心完成外籍人士在溧衣食住行指南的编撰工作；联系人社局和人才办，鼓励外籍人士及荣誉市民进行“天目湖英才榜”人才类别认定，享受如购房补贴、子女教育、旅游等一系列人才招引红利。

【宣传工作】 2021年共计在《江苏外事》杂志发表《友城连线叙友情“两节”铺就合作路——2021中国·溧阳茶叶节暨天目湖旅游节开幕》《四海宾客叙友谊合作共赢谱新曲——2021溧阳市与各国驻沪总领馆答谢会在上海举行》文章2篇。在纽约时代广场大屏幕上刊登溧阳市2021年茶叶节巨幅广告，吸引全球各国多达282家知名媒体网站报道与转载。获得“2021年度《江苏外事》通联工作先进单位和优秀通讯员”“常州市外办2021年度信息工作先进个人”等称号。

（市外事办公室）

综　　述

【概　况】 2021年，市政协常委会认真落实上级新部署新要求，紧扣市委、市政府工作安排，认真履行政治协商、民主监督、参政议政职能，广泛凝聚共识，提升履职成色，全年开展53项协商活动，其中专题协商3项、重点协商14项、对口协商27项、重点提案办理协商9项，形成常委会调研报告2份，主席会议专题建议2份，视察活动纪要11份，委组调研报告29份，立案交办提案174件，报送《社情民意》专刊25期，积极为溧阳建设长三角生态创新示范城市贡献智慧和力量。

重要会议

【市政协第十五届委员会第五次会议】 2021年1月5—7日召开，市四套班子全体领导和市法院、市检察院的主要负责人参加开幕式并在主席台就座。市委书记徐华勤作重要讲话。市政协主席狄立新代表政协溧阳市第十五届委员会常务委员会，向大会作工作报告。

会议以无记名投票方式选举周卫中为市政协十五届委员会主席，王耀庆、丁红、谢菊芬为市政协十五届委员会副主席，史琳、史海波、周波、雍康、蔡红兵为市政协十五届委员会常务委员。会议表彰了2020年度“政协委员特别奖”获得者、先进委组、先进委员、优秀提案；报告市政协十五届五次会议提案审查情况；审议通过《中国人民政治协商会议江苏省溧阳市第十五届委员会第五次会议决议》。各镇（区、街道）党委、党工委书记，有关部门主要负责人，市政协老领导、老干部，住溧江苏省、常州市政协委员列席开幕式。

【市政协第十五届委员会常委会议】 第二十一次会议 2021年1月5日下午和1月7日上午召开。1月5日下午，会议听取市委书记徐华勤作有关人事情况说明；提出选举办法(草案)和总监票人、监票人建议名单。1月7日上午，会议听取大会秘书长杨国平关于各界别讨论情况的汇报；原则通过候选人名单，原则通过总监票人、监票人建议名单，选举办法(草案）和决议（草案)。

第二十二次会议 2021年5月24日下午召开，专题协商“深

1月5—7日，市政协十五届五次会议在天目湖豪生大酒店召开

（市政协办公室　供稿）

化社会组织治理”课题，市政府副市长曹俊到会并讲话。

第二十三次会议　2021年8月5日上午召开，听取市政府关于全市上半年经济社会发展情况和市政协2020年度履职成果转化落实情况通报。市委常委、市政府常务副市长赵明到会通报市政协履职成果转化落实情况；市委副书记、市长叶明华到会通报全市上半年经济社会发展情况并讲话。

第二十四次会议　2021年9月26日下午召开，专题协商“全面深度接轨上海”课题，市委常委、市政府常务副市长赵明到会并讲话。

第二十五次会议　2021年12月19日上午召开，协商通过市政协十六届一次会议有关事项；讨论修改市十五届政协常委会工作报告和提案工作报告；审议通过政协委员特别奖、先进委组、优秀委组长、先进委员、优秀提案、提案办理工作先进单位、优秀承办件名单；提出市政协十六届一次会议选举办法；协商通过市十六届政协委员名单；协商通过有关人事事宜。

政治协商

【全委会议整体协商】　市政协十五届五次会议期间，委员们认真听取和讨论政府工作报告、政协常委会工作报告、提案工作报告及其他报告，紧扣全市经济社会发展的重点难点热点问题议政建言，围绕人民群众关心的热点问题为民发声。市委、市政府主要领导参与界别讨论，认真听取委员的意见建议。组织民主党派、界别、委组围绕溧阳市卫生健康事业发展、溧阳绿色产业发展路径、推进全市城乡融合发展、深化打造“焦尾琴文化”溧阳品牌、溧阳市生态环境区域联防联控工作等课题进行大会交流建言。市委、市政府领导全程听取委员专题发言，对委员建议给予充分肯定，要求相关部门仔细梳理、认真研究，把意见建议转化为推动工作、加快发展的具体举措。编印大会简报，将委员思想观点、意见建议记录下来，并将委员建议交由相关部门办理。

【常委会议专题协商】　市政协常委会根据市委批复的专题协商议题，对“深化社会组织治理”和“全面深度接轨上海”两个议题开展重点调研和协商议政。

深化社会组织治理专题　围绕充分发挥社会组织作用，助力提升城市能级和治理水平，形成《关于深化社会组织治理的调研和思考》调研报告。市委、市政府主要领导充分肯定该调研报告，批示要求加强研究、谋划举措、认真落实，建议的核心要义在市第十三次党代会报告中得到体现。

全面深度接轨上海专题　围绕“聚焦上海、远拓京深，联动六县、融宁接杭”总体部署，市政协常委会做精做深“全面深度接轨上海”课题，向市委、市政府报送专题调研报告，提出8个全面接轨建议，为溧阳善借上海之力实现发展转型、区域突围、城市提升贡献政协智慧。市委、市政府主要领导对该调研报告予以充分肯定，认为许多建议有较强的可操作性，要求形成具体工作方案有效推进。会议总结讲话《溧阳，会是怎样一座城》经媒体刊发后，引发热烈反响，获得强烈共鸣，既宣传了溧阳，也激发了“溧阳人”干事创业的积极性。

【主席会议视察】　市政协共召开11次主席会议，深入司法局、应急管理局、人社局、现代农业产业园、古县街道、别桥镇等11个部门和镇（区、街道）开展视察，围绕重点工作、发展难点开展协商讨论，对承办的提案、社情民意办理情况进行民主监督，更好推动市委、市政府工作部署落地落实。

3月19日，市政协常委会围绕“深化社会组织治理”调研座谈

（市政协办公室　供稿）

2021 年市政协向市委、市政府和常州市政协报送的社情民意情况表

表 2

序号	反映人（单位）	反映信息
1	陈柏青	农村土地集约化经营中存在的问题亟待引起重视
2	王　颖	关于整治非法宗教活动，扎密疫情防控网的建议
3	孙溧鸿	利用山水资源举办骑行比赛，宣传城市名片带动运动消费
4	经浩芳	加强拆迁安置小区机动车、非机动车管理的建议
5	吴彩萍	关于在古县街道范围内禁止燃放烟花爆竹的建议
6	黄晓芳	关于“全民培训公众急救知识 推动心肺复苏技术普及”的建议
7	江海清	关于进一步完善我市农村土地承包经营权流转管理的建议
8	蒋群茂	关于在我市高铁站等场所设置自助行李存取柜的建议
9	黄晓芳	建议开展“红色电影”巡演　向党的百年华诞献礼
10	周　罕、汤　莉	关于进一步提升停车管理的建议
11	吴彩萍、周海坤	关于增设相关公交站点的建议
12	高　瑾	关于提升老旧小区绿化品质的建议
13	孙　艳	关于在大溪水库环线增设停车位的建议
14	戴高英	关于实施大岭水库溢洪道改扩建工程的建议
15	徐爱平	关于完善我市电动汽车充电设施的建议
16	赵一华	关于构建全市一体化联动指挥平台的建议
17	市政协戴埠镇工委	关于重视农村村级卫生室建设的建议
18	市政协戴埠镇工委	加快溧阳特色农业发展的建议
19	张　蓓	关于加强人才公寓建设的相关建议
20	刘保善	关于培养“常州市青少年科技创新市长奖”学生苗子的建议
21	纪国庆	关于深入解决城区餐饮油烟、噪音扰民问题的建议
22	周　婷	关于在老旧小区加装安防监控系统的建议
23	市政协社渚镇工委	关于加快推进农村自来水管道改造保障群众冬季用水的建议
24	狄　倩	关于“实施杨家园 12 和 13 幢老商业街改造”的建议
25	市政协竹箦镇工委	关于加强农村门牌管理的建议
26	徐　杰	关于加快构建城乡快速通行体系的建议
27	丁　红	校园各类网上学习活动亟待规范和改进
28	唐华新	关于开工建设连淮扬镇铁路南延项目（经金坛、溧阳）的建议
29	市政协戴埠镇工委	关于助力乡村振兴，加快推进农业农村现代化的建议
30	黄晓芳	关于在青少年中全面推广体育运动的建议
31	赵一华	打击“黑救护车”工作建议
32	经浩芳	关于健全农村消防设施，强化农村消防宣传的建议
33	王　芬	关于盘活农村宅基地和闲置资源的建议
34	孔　俊	关于切实保障农民土地流转权益的建议
35	孔　俊	关于加强非机动车管理的建议
36	管亚峰	建议新冠疫情期间以区、县界限为单位隔离
37	李留平	关于改善农村公共厕所的建议
38	唐玉法	关于加强我市中小学体育教育的建议
39	姚国良	关于推动乡村文化振兴的建议
40	庄晓波	助力“双碳”目标实现的建议
41	李道胜	关于推进电子商务进农村的建议
42	肖玲凤	关于推进餐厨垃圾集中回收无害化处理的建议
43	李　荣	对双“11”期间互联网弹出式垃圾广告进行整治的建议
44	刘秀兰	关于减少教师非教学任务 营造良好教学环境的建议
45	林　鹰	铲除“一枝黄花”，刻不容缓
46	管　青	关于在我市中小学课堂全面开展党史学习的建议
47	赵洪香	关于开展党史学习教育的建议

【委组视察调研】 市政协各委组紧扣“生态品质巩固提升年”工作主题，立足自身优势，聚焦电动溧阳、粮食安全、产教融合、基层公共卫生服务体系建设、新城建设与旧城更新、文旅融合等课题，形成专题调研报告 29 篇，为党委政府决策提供参考。各委组、广大委员从群众最关心最迫切的事情入手，深入困难群众献爱心、走近弱势群体送温暖，出资出力帮扶经济薄弱村，大力支持镇（街道）教育、文化、卫生健康事业发展，积极开展慰问困难群众、捐资助学等活动，主动参与社会志愿服务，用实际行动践行人民政协为人民的初心使命。

【文史宣传】 编撰出版市政协十四届、十五届履职成果文史资料《立言 · 偕行》，邀请参与过政协常委会课题、建议案调研的人员，以自己的亲历、亲见、亲闻撰写点评文章，多角度、多方位还原市政协与市委、市政府同向同行的 10 年历程，实现政协工作成果向文史成果的创新转化，得到原全国政协领导和省政协领导的关注、支持和认可。围绕政协中心工作和履职特色加强宣传引导，在《江苏政协》、“江苏政协”微信公众号、《常州日报》、“常州政协”微信公众号等刊发各类作品近 40 篇。

【“有事好商量”协商议事】 推动“有事好商量”协商议事常态化、机制化，印发《关于进一步推进全市政协系统“有事好商量”协商议事平台规范化建设的通知》，协助市委出台《关于推进“有事好商量”协商议事工作常态长效的实施意见》，构建覆盖市级、镇

表 3　2021 年市政协十五届五次会议优秀提案情况表

序号	提案号	提案人	提案标题
1	1（两件合并为一件）	陈　曦	关于如何解决企业用工荒的建议
		李　荣	关于吸引、留住外来务工人员扎根溧阳的建议
2	159	邓　超	关于焦尾琴公园增添“焦尾琴”相关文化元素的建议
3	28	范国芝	关于提升高品位的城市人文空间的提案
4	119（两件合并为一件）	孙　艳	对农村生活污水综合治理工程加强监督和管理的建议
		吕超群	关于农村污水管网建设的建议
5	105	社会福利保障组集体提案	关于建设苏浙皖人力资源产业园的建议
6	48（两件合并为一件）	张　蓓	关于给中小学生家长减负的建议
		孙　艳	建议规范教师对家校微信群等网络群组的使用
7	11	董为民	关于实施农村天然气安装普及工作的建议
8	86	潘益明	关于加强社会工作者队伍规范化建设的建议
9	139	李锁金	关于重视青年企业家培养做好企业传承问题的建议
10	20	刘宇舟	关于加强美丽乡村建设后续管理的建议
11	127	陈志亮	关于大力发展我市特产与“互联网 +”相结合促农民增　收的建议
12	157	汤　莉	关于建设古县遗址公园及展示馆的建议
13	24	史　丹	关于加快发展工业旅游项目　增添全域旅游新亮点的建议
14	135	陈　杰	加强树线矛盾处理的建议
15	92	方　莉	关于强化居家养老专业人才培训和资格认定的建议
16	115	李光华	关于建设基于高位摄像机的路边无人值守智慧停车系统　的建议
17	167	虞纯溪	关于加强对民营医院使用医保、新农合资金管理的建议
18	81	吕燕翔 黄志红 孙岳林	关于加强管护农村公路的提案

（街道）、村（社区）和界别各层面的“横向到边、纵向到底”的协商议事体系，扎实推动政协协商与基层协商有效衔接、与社会治理紧密结合。

用好市政协协商议事平台，向市委、市政府报送《美音溧阳自在早茶》建议案，市委主要领导予以充分肯定，并在全市争创全域旅游示范推进大会讲话中充分吸纳政协建议。邀请市政府主要领导和分管领导出席既有住宅加装电梯“有事好商量”专题协商议事活动，综合各方意见形成建议案，助推全市既有住宅加装电梯工作实现“零的突破”。各镇（街道）、村（居）协商议事室认真开展“完善村规民约　树立文明新风”和民生专题协商议事活动 120 余场次，有效解决移风易俗、车辆停放、景观提升、垃圾分类收集等许多难题，时任常州市政协主席白云萍参加了联系点政协南渡镇工委组织的“优化美丽宜居乡村建设方案”民生专题协商议事活动。

7 月 15 日，市长叶明华出席市政协“有事好商量”协商议事会，专题协商既有住宅加装电梯事宜　　（市政协办公室　供稿）

民主监督

【提案工作】 做好提案工作提质

增效的加法，通过事先征集、培育重点提案，引导界别、委组、委员提出高质量提案；主动搭建“提办”双方协商互动平台，让提案人参与办理全过程，推动“办成率”持续提升。市政协十五届五次会议共审查立案提案174件，将“如何解决企业用工荒”“焦尾琴公园增添‘焦尾琴’相关文化元素”“对农村生活污水综合治理工程加强监督和管理”等9件提案列为重点提案，由市政协主席会议和领导进行督办。市委市政府领导高度重视提案办理工作，确定12件提案重点督办，市委书记督办“关于焦尾琴公园增加‘焦尾琴’相关文化元素，提升高品位城市人文空间”提案，市长督办“关于对农村生活污水综合治理工程加强监督和管理”提案，起到提升办理层次、高位示范引领效果。创新实施专委会主任督办提案制度。提案办复率为100%，委员满意和基本满意率为100%。

【社情民意】 广大委员面对面体察民情、了解民声、纾缓民愿，通过反映社情民意参政议政，信息报送实现新突破。全年共收集社情民意信息170余条，报送常州28期并有2期转发至省政协，其中《农村土地集约化经营中存在的问题亟待重视》的社情民意被省政协采用并转报全国政协。编发《社情民意》专刊25期，内容涉及农村土地经营、公众急救知识普及、党史学习教育进校园、双减、中小学体育教育等方面，市委、市政府相关领导批示7期，为市委、市政府了解民情、体察民意、集中民智，促进科学决策，发挥积极作用，为群众表达愿望诉求提供良好渠道，许多建议被有关部门采纳落实，解决一批百姓关心关注的热点难点问题。

【特邀评议工作】 组织委员参与市级机关工作作风评议。向相关部门推荐多名政协委员担任特邀监督员，通过听取情况通报、走访调研、座谈讨论等形式，积极参与政风行风民主评议工作。各镇（街道）工委组织委员对本地区重点项目建设、民生工程和服务中心工作等开展监督评议。

8月10日，市政协主席会议督办“1号”提案

（市政协办公室　供稿）

参政议政

【概　况】 2021年，通过市政协主要领导参加市委常委会议、党政联席会议、政协委员参加市政府常务会议等方式，参与事关全市经济社会发展和重要工作的决策。

关注“一地六县”产业合作区建设，积极参加苏浙皖“一地六县”政协第二次主席联席会议，大力宣讲溧阳“三山”（“处处绿水青山，家家金山银山，人人寿比南山”）概念，努力使之成为区域共同发展愿景。

按照市委部署，市政协领导下沉一线靠前工作，主动抓实项目招引、挂钩推进重大项目、“两节”举办、南航天目湖校区工程建设、脱贫攻坚、河长制、安全生产督导等工作。

党史学习教育

【概　况】 2021年，溧阳市政协紧扣学史明理、学史增信、学史崇德、学史力行和学党史、悟思想、办实事、开新局的目标要求，紧密结合政协职责和工作实际，开展各类集中学习、专题宣讲30余次。

用好市政协履职党支部组织体系，建立具有政协特色的委组活动与党史学习教育融合机制，实现党史学习教育委员全覆盖。

高要求召开专题组织生活会，认真开展批评和自我批评，起到红脸出汗、咬耳扯袖效果。高标准推进6项“我为群众办实事”民生实事项目，切实解决群众急忧愁盼。

（市政协办公室）

综　述

【概　况】2021年，溧阳市纪委监委忠实履行党章和宪法赋予的职责，坚定不移正风肃纪反腐，充分发挥监督保障执行、促进完善发展作用，为建设长三角生态创新示范城市提供坚强保障。坚决向违纪违法行为亮剑，全市纪检监察机关共受理各类信访举报299件，处置问题线索803件，立案368件。纠治“蝇”贪“蚁”腐，全年共查处群众身边腐败和作风问题73起127人，其中给予党纪政务处分115人。坚持纠风治弊不松懈，全年共查处享乐主义、奢靡之风问题20起36人，其中给予党纪政务处分34人；查处形式主义、官僚主义问题26起57人，其中给予党纪政务处分54人。

重点工作

【政治引领】坚持深学细悟，旗帜鲜明讲政治，以习近平新时代中国特色社会主义思想定向领航，确保纪检监察工作始终沿着正确方向前进。运用党的创新理论武装思想。深入学习贯彻中共十九届六中全会精神，引导全市纪检监察干部深刻领会“两个确立”的决定性意义，进一步增强坚决贯彻落实全面从严治党战略方针的政治自觉，不断提高政治判断力、政治领悟力、政治执行力。运用党的百年奋斗历史经验破解工作难题。深入领悟习近平总书记关于自我革命的战略思想，坚持边学习、边调研、边工作、边总结，在历史经验中把握规律、汲取力量，在历史进程中保持定力、勇毅前行，努力把学习成果转化为实际成效，推动纪检监察工作高质量发展。运用党史学习教育成果提升政治素养。把学史明理、学史增信、学史崇德、学史力行贯穿始终，市纪委常委会带头学思践悟，深入学习党史、新中国史、改革开放史、社会主义发展史以及纪检监察史，室组利用“十分钟晨会”集中自学，推动党史学习教育常态化、制度化。组织开展“薪火相传百年奋进　清风引领砥砺前行”党史观影、“汲取党史力量营造清廉风尚”党史知识竞赛等活动，传承弘扬纪检监察优良传统。突出党性教育，赴淮安周恩来纪念馆、周恩来故居接受先辈楷模精神教育，选送征文获省纪委监委“学恩来精神　守初心使命”主题征文三等奖2篇、优秀奖1篇。

【政治监督】坚持服务大局，立足建党100周年重要历史节点，坚持与中心工作同频共振、与群众期待呼应合拍，以高质量监督促进高质量发展。护航发展大局。突出习近平总书记视察江苏重要指示精神和落实“十四五”规划、促进经济社会发展成果、推进“五个示范”建设、意识形态工作等中央、省、市决策部署情况的监督检查，确保上行下达。持之以恒做好疫情防控常态化监督，督促整改问题208个，推动属地党委政府和职能部门监管责任落到实处。充分发挥协助引导推动功能，当好市委参谋助手，科学精准问责，全年问责履行主体责任不力党组织9个、党员领导干部27人，给予党纪处分11人。加强乡镇换届风气问题风险排查，全年回复党风廉政意见125批次2092人。进一步完善容错纠错相关制度，刊发容错纠错典型案例4期8件，鼓励积极有为，保护担当作为。保障民生福祉。坚持以“小切口”解决“大问题”，紧盯挂证取酬、违规借贷、尊老金发放、医保基金使用、国企小微工程建设等事关民生民利的领域开展“5+13+X”专项监督，立案62人，推动整改问题104个。其中，挂证取酬专项治理移交问题线索18条，立案5人；尊老金专项治理立案46人，成效明显；对医保基金实施专项审计发现的11例问题督促立行立改；监督推动制定《关于限额以下国有资金投资建设工程项目发包管理办法》，进一步压降资金廉洁风险。提升监督质效。灵活运用“四种形态”，抓早抓小、防微杜渐，认真审查各种违纪尚不违法行为，让党员干部受教育、懂规矩、长记性。全年运用监督执纪“四种形态”处理817人次，其中，第一种形态509人次，第二种形态263人次，第三种形态10人次，第四种形态35人次。加快完善市、镇、村三级监督体系，推动监察职能不断向“最后一公里”延伸，3个监察员办公室联合基层纪委共开展专项监督、交叉监督134次，处置问题线索162个，政务立案79件次，政务处分34人次。优化派驻监督，综合运用廉情监控、谈话提醒、信访听诉、参加“三重一大”会议、列席民主生活会等措施，保持监督的力度和频次，使受监督成为各单位各部门的共识和习惯。派驻机构全年共提醒谈话31人，立案59件，党纪政务处分31人，问责12人次。

【一体推进“三不”】坚持减存遏增，保持“惩”的力度、提升“治”的效能，坚决防范腐败隐形变异，毫不松懈地把反腐败斗争进行到底。保持高压震慑。瞄准政策支持力度大、资金资源富集的行业和环节，紧盯工程建设、土地管理等领域，切实加大案件查办力度，全年共收到信访举报299件，处置问题线索803件，立案368件，其中自办案件299件；处分303人，其中科级干部12人；留置12起12人，移送检察机关9人，挽回经济损失1159.63万元。高压态势之下，2人主动到纪检监察机关投案自首、16人主动交代问题。深挖严查涉及政法队伍教育整顿问题，受理问题线索78条，立案25人。重拳整治粮食购销领域腐败，坚决打击“粮耗子”，守护群众“粮袋子”，立案11人，留置3人；运用“第一种形态”处理16人，对市粮食购销公司下发监察建议书。纠治“蝇”贪“蚁”腐。把查处“微腐败”作为重要任务，深化“室组地”联动，完善片区协作机制，充分发挥村纪检委员的作用，全年共查处群众身边腐败和作风问题73起127人，其中给予党纪政务处分115人。重点开展漠视侵害残疾人权益专项治理，纠正困难残疾人“两项补贴”错发多发、漏发少发和残疾定级不规范等问题190余例，问责23人，维护社会公平正义。深化标本兼治。深挖案件背后深层次原因，针对监督检查、审查调查中发现的问题，积极运用纪检监察建议，强化整改评估，全年共制发“三书”15份，排查存在问题39个，提出整改建议46条。常态化开展警示教育，做好纪律处分送达执行，拍摄警示教育片《底线》，编印忏悔录、以案说纪系列读本，全年共召开现场警示教育20场，教育党员干部1200人次。连续十七年开展纪律教育学习月活动，升级“廉旅一号”廉洁文化专线，绘制“包小廉”卡通形象，推动“廉”的自觉润物无声。纪法情理贯通。充分发挥市委反腐败协调小组作用，建立健全线索双向移送、核查结果反馈机制，形成反腐败工作合力。发挥理想信念、政策感召和亲情感化作用，促使犯罪党员干部认识错误、讲清问题、找回初心。坚持宽严相济、区别处理的原则，深入开展回访教育，帮助36名犯错干部重燃干事热情。

【作风建设】坚持纠风治弊，毫不松懈纠“四风”、多措并举树新风，为走好新征程提供有力作风保证。治理享乐主义奢靡之风有硬度。严格落实中央八项规定及其实施细则精神，聚焦收送烟卡蟹卡等礼品礼金、违规发放津补贴或福利、违规吃喝（餐饮浪费）、私车公养或公车私用、节前突击花钱、党员干部酒驾醉驾背后“四风”问题开展专项整治，对32家机关单位、159家饭店民宿、221家烟酒店及57辆次公车管理使用情况进行滚动检查，共查处享乐主义、奢靡之风问题20起36人，其中给予党纪政务处分34人，不正之风得到有效遏制。破除形式主义官僚主义有力度。坚持“恒温”“恒劲”加压，着力整治贯彻落实上级决策部署做选择、搞变通、打折扣等形式主义、官僚主义问题，紧扣“三效三提”开展“不合时惯性”和“普遍性陋习”两类整治，精准施治、一抓到底。全年共查处形式主义、官僚主义问题26起57人，其中给予党纪政务处分54人。连续七年组织开展电视问政活动，摄制作风督查纪实片《执行》，汇编作风建设资料手册，使广大党员干部经常有对照、时刻有警醒。健全完善作风建设制度有广度。优化“1+14”作风建设协同监督机制，严格执行问题线索月度移送、重点问题季度会商、工作成效年度考核制度，全年共收到相关职能部门移送的问题线索38条，制发监督提醒函3份，启动追责问责14例，处理16人。该项机制被《中国纪检监察报》刊载，并在常州各辖市区推广。通过大数据比对、实地调取监控等方式，发现私车公养违规违纪问题3起，查处5人，发函督促市机关事务管理中心细化完善公车管理办法，堵漏洞、补短板、强制度。

【发挥利剑作用】 坚持政治巡察，坚持严字当头、稳字兜底，扎实推进巡察和整改工作，切实担负起巡察的政治保障任务。高质量完成巡察全覆盖。准确把握政治巡察内涵和重点，对6个党组织开展“回头看”，对2个单位开展常规巡察，圆满完成了十二届市委巡察全覆盖任务，发现问题2235个，移交问题线索281条，巡察震慑效应充分彰显。高起点开启新一轮巡察，完成首轮对2个镇及所辖村（社区）、4个市直部门的巡察，发现问题71个，移交问题线索26件，立案5件。高效能擦亮巡察品牌。“教育系统食堂管理”“转供电不合理加价”等11份专题报告得到市委主要领导认可，其中8份得到批示，推动了相关工作的专项治理，凸显溧阳巡察特色。高标准强化贯通融合。推动巡察与纪检监察监督统筹衔接，与组织、审计等各类监督协作配合，更好发挥巡察综合监督作用和联系群众纽带功能。建立巡察整改督查督办协作联动机制，压实监督链条，提优监督力量，确保巡察整改和成果运用落实落细。高水平提升巡察规范。出台巡察组长副组长工作职责，规范组务会制度运行，制定巡察工作质效考评办法，有效传导责任压力，树立结果和质量导向。优化建设九大类210余名的巡察人才库，打造“职业＋专业”巡察队伍。高站位推进常州市委巡察指导督导整改工作，聚焦重点难点，提优体制机制，推动巡察工作高质量发展。

【队伍建设】 坚持过硬高强，始终对照政治过硬、本领高强的要求，深入实施“打铁必须自身硬”专项行动，全力建设“溧得正”队伍品牌。以能力锻炼破解本领恐慌。常态化组织跟班锻炼、岗位练兵，坚持办案引领培训、培训促进办案，推动干部在实战中增本领、长才干。用好用足“学习强国”学习平台、“清风”App等资源，持续举办“青年学堂”“派驻论坛”，开展读书分享会、座谈会、现场授课、信息竞赛等多形式培训，组织党纪党规和法律法规专项测试，在全市纪检监察干部中营造“比学赶超、互促共进”的浓厚氛围，信息宣传报道在常州各辖市区名列第一。以质量建设打造“铁案工程”。紧抓案件质量不放松，牢固树立法治意识、证据意识，始终按照权限、规则、程序开展工作，严格审调安全管理，公正文明执纪执法，确保每一起案件都经得起实践、历史和人民的检验。持续深化案例教学，《铁脚板刨根问底 亲兄弟冰释前嫌》课件获评省纪委监委精品案例并代表常州赴省纪委监委机关进行现场汇报评审，取得良好效果。以自我监督永葆干净本色。出台《溧阳市2021年度“打铁必须自身硬”专项行动实施方案》，刚性执行纪检监察干部“八严禁”，经常性开展激励、知情、告诫、诫勉四类谈话，全面及时掌握干部思想动态，委班子成员和干部监督部门共开展各类谈话130余次。坚持最严格的约束和监督，加大严管严治力度，健全纪检监察干部问题线索管理和信访举报分析制度，深化纪检监察干部电子廉政档案系统运用，处置问题线索4件，坚决防止“灯下黑”。

重点活动

【张春福走访调研溧阳部分企业】 6月3日，常州市委常委、常州市纪委书记、监委主任张春福到溧阳对江苏金峰水泥集团开展走访调研，了解企业情况，倾听企业呼声，鼓励企业创新发展，并为企业家送上“常商服务卡”。市领导叶明华、刘佩陪同调研。江苏金峰水泥集团年产水泥能力达3000万吨，进入全国水泥行业前10强，先后获得“中国民营企业500强”“全国私营纳税百强企业”等荣誉称号。张春福与企业负责人深入交流，详细了解企业生产经营、技术突破、安全生产等方面情况，勉励企业以技术创新为发展动能，在节能减排、改进生产工艺等方面下功夫，不断做优做强。张春福表示，常州市委市政府始终关心、重视、支持民营企业发展。各级各部门要进一步畅通政企沟通渠道，强化服务意识，全面及时准确掌握企业诉求，切实为企业解难题、办实事。张春福还强调指出，企业要把安全生产放在第一位，严格落实相关安全生产制度，确保企业生产安全。相关部门要切实提高政治站位，抓细抓实安全生产和环保监管各项工作，确保全市安全生产形势持续稳定向好，以优异成绩庆祝中国共产党百年华诞。

【张春福到溧阳走访慰问党员】6月24日，常州市委常委、市纪委书记、市监委主任张春福到溧阳慰问新中国成立前老党员周瑞金、道德模范苏治强、全国优秀党务工作者胡建军和农村生活困难党员郑再祥。周瑞金94岁，1949年8月入党，是一名抗战老兵，退伍后积极参与村（大队）建设。郑再祥于1959年入党，独自居住于戴埠镇戴南村。张春福为两位老党员颁发了“光荣在党50年”纪念章，感谢他们多年来为党的事业、为全市经济社会发展作出的贡献，祝愿他们健康长寿，同时叮嘱有关部门多关心老党员，靠前服务，多帮助他们解决一些生活中的实际困难。苏治强是一名物业工作者，曾多次参与救火，守护业主生命财产安全。胡建军深耕教育领域多年，带领后六中学跨越发展。张春福希望他们立足岗位，继续发挥党员先锋模范作用，服务好人民群众。市委常委、市纪委书记、市监委主任刘佩全程陪同走访慰问。

【李文宏到溧阳开展疫情防控督查】8月11日，常州市委常委、市纪委书记、市监委代理主任李文宏一行来到溧阳市开展疫情防控督查及工作调研。常州市纪委副书记、市监委副主任、市委巡察办主任薛明方，市领导徐华勤、刘佩陪同调研。李文宏一行先后考察了宁杭高速溧阳南道口收费站和市博物馆。在南道口收费站，李文宏查看了来往车辆人员查验、卡口管理流程等情况，了解溧阳市疫情防控的各项措施。座谈会上，市委书记徐华勤介绍了溧阳“十三五”期间经济社会文化的发展情况和“十四五”发展目标。市委常委、市纪委书记、监委主任刘佩汇报了溧阳市疫情防控督查和纪检监察工作情况。

【刘佩督查疫情防控工作】8月6日，市委常委、市纪委书记、市监委主任刘佩赴宁杭高速溧阳南督导疫情防控工作，看望慰问一线工作人员，并通过他们向全市奋战在疫情防控一线的工作人员致以诚挚问候和衷心感谢。

仲夏以来，面对省内新冠疫情形势，市纪委监委严格按照市委市政府和上级纪委监委部署要求，把疫情防控监督工作作为当前一项重要政治任务，举全委之力，聚全员之智，全天候、不间断、无盲区，从严从紧抓好疫情防控专项监督检查工作，落细落实责任主体和主体责任。市纪委监委每日参加市疫情防控指挥部工作例会，同步部署监督检查工作，确保做到“疫情防控工作部署到哪里，监督检查就跟进到哪里”。成立由市纪委副书记、市监委副主任任组长，分管常委、委员为副组长，党风政风监督室、相关监督检查室和派驻纪检监察组同志为成员的疫情防控督查组，每日开展监督检查，督促各板块各条线深刻认识当前严峻复杂形势，扎实扛牢政治责任，做细做实疫情防控各项工作。截至7月底，督查组已下发专项督查通报12次，推动整改问题269个。

【新版检举举报平台部署应用工作】8月25日，市纪委监委科学统筹，合理安排，着力抓好新版平台部署应用工作，确保信访举报工作有序推进。该平台集受理、办理、处置为一体，有效提升了信访处理各环节效率。为了用好这一核心业务平台，市纪委监委组织专业化操作培训，通过指导观看视频，专人操作演示等方式，详细讲授新平台七大功能版块的具体内容，力争在短时间内实现对新系统各项功能的规范化操作，实现信访举报处理精准有力。市纪委监委还创新运用与实名举报人双向承诺、参与调查、集中反馈等多种方式，全面提升群众信访满意度。

【开展粮食购销领域违规违纪和腐败问题专项整治工作】9月26日，为了贯彻落实习近平总书记关于根治粮食购销系统性腐败问题重要批示精神，以及省和常州市粮食购销领域腐败问题专项整治工作部署要求，从严从重查处粮食购销领域腐败问题，市纪委监委决定在全市开展为期2个月粮食购销领域违规违纪违法问题专项涉粮领域集中整治工作。通过专项整治，深入移交一批问题线索，保持案件查办的持续高压。共立案16人，其中移送司法3人；推动解决一些突出问题，助力粮食行业健康发展。将自查自纠查摆、监督检查发现、巡视巡察反馈等途径发现的74个问题，梳理汇总，形成问题清单、任务清单、责任清单，实行挂单销号、一体整改，全力推动地储粮违规异地存储、粮食未批先轮、粮库出入库管理不规范等影响粮食安全的突出问题的解决；督促完善一系列规章制度，压实涉粮部门主体责任。坚持“当下改”与“长久治”结合起来，加大对案件成因的剖析、用好纪律检查建议和监察建议，督促业务主管部门、粮食购销企业堵塞漏洞、补齐短板、完善制度，持续放大“三不”一体推进的综合治理效能，压实案件查办的“后半篇文章”。针对案件查办中发现的违反中央八项规定精神的案件高发多发、力资费管理存在漏洞、粮食熏蒸不规范等问题，向市农业农村局和市粮食购销公司下发纪律检查建议和监察建议3份，督促举一反三、完善制度、专项治理。

【强强“过招”以赛促学】 10月28日，市纪委监委党史知识竞赛在市融媒体中心举行。市领导刘佩、曹俊、龚友强、朱剑波、蔡金龙出席活动。来自各镇（区、街道），市委巡察机构、市纪委监委各派驻（出）机构、委机关的8支代表队经过选拔站上决赛舞台，一展风采。最终，市委巡察机构代表队勇夺第一，市纪委派驻机构和上兴镇代表队分别获第二、第三等奖。自党史学习教育开展以来，市纪委监委通过集中研讨、党史知识竞赛等多种形式，全方位深化党员干部特别是青年干部对党史知识的系统把握，厚植爱党爱国情怀，激励广大党员干部增强全面从严治党永远在路上的政治自觉。

【与溧电公司签约共建】 11月26日，市纪委监委与江苏国信溧阳抽水蓄能发电有限公司纪委携手开展协同监督执纪问责共建活动，共同推进市纪委监委与省属国有企业的协同配合。市委常委、市纪委书记、市监委主任刘佩，江苏国信溧电公司党委书记、董事长施曙光出席签约共建框架仪式活动。

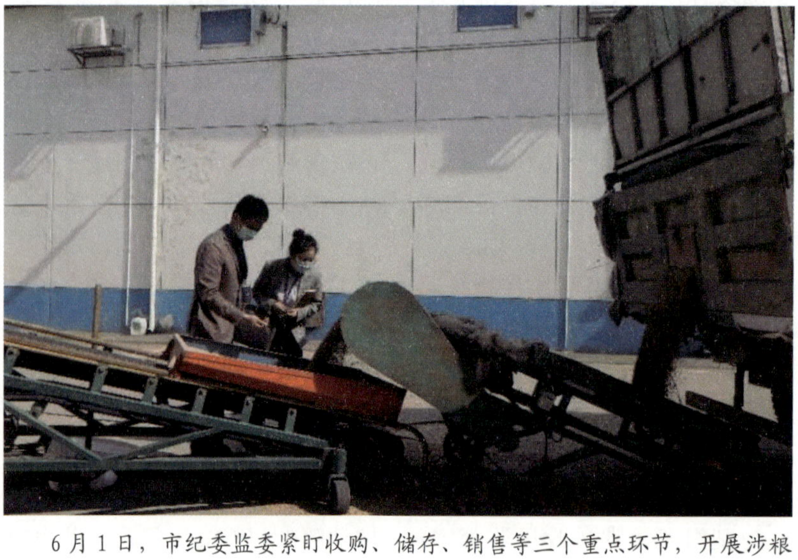

6月1日，市纪委监委紧盯收购、储存、销售等三个重点环节，开展涉粮领域专项监督，联合业务主管监管部门对辖区内国有粮食企业开展“拉网式”清查 （何金明　供稿）

在随后召开的双方共建活动座谈会上，刘佩指出，希望双方以此次签约为契机，立足“实”字抓谋划，放大倍增效应；突出“准”字抓监督，放大治理效应；注重“共”字抓长效，放大辐射效应。相互秉持“合作互信、优势互补、互相支持”的原则，在各司其职、发挥自身优势的基础上，逐步形成“平台共建、事项共议、业务共进、成果共享”的“化学融合”效应，不断提升新形势下监督执纪问责水平，推动纪检监察工作高质量发展。施曙光作了表态发言。溧阳市纪委副书记、市监委副主任陈靖、张余亮全程陪同出席活动。

【李文宏到溧阳走访调研】 12月30日，常州市委常委、市纪委书记、市监委代主任李文宏到溧阳市走访调研，开展常州市纪委监委机关“我为群众办实事”主题党日活动。常州市6家国有企业负责人参加活动。市领导徐华勤、叶明华、刘佩、李仁杰陪同。李文宏一行首先到竹箦镇中梅村走访慰问了3户帮扶对象，了解他们的生活情况，并叮嘱镇村负责人，要多关心、多走动，时刻将帮扶对象的冷暖放在心间，给予他们更多的关心和帮助。

座谈会上，李文宏一行与村干部们亲切交谈，详细了解中梅村近年来的经济社会发展情况，深度剖析该村未来发展中可能遇到的瓶颈和困难，并与溧阳市领导一起为中梅村如何进一步带领村民增收致富、实现可持续发展出谋划策。

李文宏一行还调研了经开区江苏国电新能源装备有限公司、南渡镇江苏润鼎智能装备科技有限公司，以及高新区常州时创能源股份有限公司和江苏联赢激光有限公司。

重要会议

【市第十二届纪律检查委员会第六次全体会议】 3月20日，中共溧阳市第十二届纪律检查委员会第六次全体会议召开，深入学习贯彻习近平新时代中国特色社会主义思想，全面贯彻落实中共十九大，十九届二中、三中、四中、五中全会和习近平总书记视察江苏重要讲话指示精神，按照市委全会和上级纪委全会工作部署，总结2020年纪检监察工作，明确2021年重点任务。市领导徐华勤、叶明华、潘云芳、狄立新、周卫中、邵钦华、严俊、刘佩、张爱文、王朝晖、庄松年、张顺、吴寅、武伟出席会议并在主席台就座。

会议肯定了过去一年全市纪检监察工作所取得的成绩。认为，2020年全市各级纪检监察机关践行初心使命，忠诚履行职责，党风廉政建设和反腐败斗争取得明显成效，为统筹疫情防控和经济社会发展作出了积极贡献。主要体现在政治监督坚定有力、作风建设严明有效、反腐治恶精准有为。

会议还明确了2021年工作重点并就做好2021年全市全面从严治党工作，提出三点要求：一要提高政治站位，保持政治定力，充分发挥全面从严治党引领保障作用。要深刻领会“党的坚强领导、党中央的权威是最坚实靠山”的生动阐释；要深刻领悟“全面从严治党首先要从政治上看”的时代内涵；要深刻领会“党风廉政建设和反腐败斗争形势依然严峻复杂”的重大判断。二要准确把握形势，保持“赶考”清醒，把“严”的主基调长期坚持下去。要深刻认识到腐败是危害党的健康肌体、损害党的生命力和战斗力的最大毒瘤，必须始终保持“赶考”的冷静清醒，以抓铁有痕、踏石留印的坚韧和执着，打好这场攻坚战持久战，永葆清正廉洁政治本色。三要立足全局全域，突破思维定式，确保“十四五”开好局起好步。要以更高站位强化政治监督；要以更强担当纠四风树新风；要以更优机制一体推进不敢腐、不能腐、不想腐；要以更实举措整治群众身边腐败和作风问题；要以更高标准打造纪检监察铁军。为建设长三角生态创新示范城市提供坚强保障，以优异成绩向建党100周年献礼。

当天下午，市第十二届纪律检查委员会第六次全体会议继续召开。市委常委、市纪委书记、市监委主任刘佩代表市第十二届纪律检查委员会常务委员会向大会作题为《推动新时代溧阳纪检监察工作高质量发展 为建设长三角生态创新示范城市保驾护航》的工作报告。经过全体到会委员认真审议，大会通过了刘佩所作的工作报告，通过《中共溧阳市第十二届纪律检查委员会第六次全体会议决议》。

【市纪委监委机关党委党史学习教育动员会议】 4月1日，市纪委监委机关党委在市人民政府二楼会议室召开市纪委监委机关党史学习教育动员会议，市委常委、市纪委书记、市监委主任刘佩出席并讲话，会议由机关党委书记纪国庆主持。

刘佩从三个方面对党史学习教育提出要求：一要提高政治站位，深刻领会党史学习教育重大意义。欲知大道，必先知史。开展党史学习教育是坚守初心使命的“压舱石”。开展党史学习教育是坚定理想信念的“动力源”。开展党史学习教育是永葆生机活力的“正衣镜”。二要紧扣主题主线，坚决贯彻落实学习教育目标要求。党史学习教育是党的政治生活中的一件大事，要在学深学细党史上下真功。要学习领悟党的理论成果。要学习领悟党的政治优势。要学习领悟党的革命精神。三要加强组织领导，为开展好学习教育提供坚强保证，开展党史学习教育是当前和今后一个时期的重大政治任务，要压实政治责任。

【市第十三届纪律检查委员会第一次全体会议】 7月28日，受中共溧阳市第十三次代表大会主席团委托，中共溧阳市第十三届纪律检查委员会第一次全体会议胜利召开，刘佩主持会议。会议选举产生了新一届市纪委常委和书记、副书记，并提请中共溧阳市第十三届委员会第一次全体会议通过。会议应到委员15名，实到委员14名。会议以举手表决的方式通过选举办法和监票人名单。刘佩、陈靖、张余亮、沈华平、许立军、钱宏君、曹黎明7人当选为中共溧阳市第十三届纪律检查委员会常务委员会委员；刘佩当选为中共溧阳市第十三届纪律检查委员会书记；陈靖、张余亮当选为中共溧阳市第十三届纪律检查委员会副书记。

（何金明）

中国民主同盟溧阳市基层委员会

【概　况】 2021年，民盟溧阳市基层委员会下设教育一、教育二、科技、文化、中医院、人民医院、经济7个支部，共有盟员138名，其中离退休盟员31名，在职盟员107名，主流界别占比73.4%，平均年龄52.05岁。创建科技支部“盟员之家”；全年依托3家“盟员之家”平台，共开设“同心·献智惠民”民盟公开课58场次，受惠群众超万人次。获“民盟江苏省庆祝中国民主同盟成立80周年先进集体”、民盟常州市“思想宣传工作先进集体”“社会服务工作标兵项目奖”等称号；71名盟员获省市级以上奖项，其中溧阳民盟“盟员之家”属地负责人、溧阳市文教书店总经理周春雷盟员作为江苏“最美诚信之星”登上“江苏卫视城市”频道《新华日报》《光明日报》《常州日报》和《溧阳时报》；盟员朱国平和他的博士生导师联袂在市美术馆举办庆祝中国共产党成立100周年“百年百幅”乡贤书画展；谢菊芬、叶文武分别获江苏省“优秀盟员”，魏继川获江苏省老年大学教育工作突出贡献奖；孙宇红、周坚等10余位盟员获省级表彰；徐国昌、赵小峰、翟国庆等10名盟员分别被评为常州市“优秀盟员”“盟务工作积极分子”，25名盟员被评为溧阳市“优秀盟员”；谢菊芬执笔的调研报告《公园城市背景下城市精细化管理的思考》在市政协十六届第一次大会上作首个现场交流发言。

【思想建设】 2021年，基层委通过集中学习和自学相结合、请进来和走出去相结合、理论学习和社会实践相结合等举措，始终把坚持中国共产党的领导和坚持走中国特色社会主义道路作为立盟之魂，坚持在深化学习中凝聚政治共识，做到学习制度化、常态化，进一步增强全体盟员的“四个意识”，坚定“四个自信”，做到“两个维护”。年内，围绕学习领会中共十九大和习近平总书记系列重要讲话精神、学习贯彻习近平总书记在庆祝中国共产党成立100周年大会上的重要讲话精神、党史盟史教育等主题，共组织线下基层委和各支部学习研讨会、依托3家盟员之家“群言悦读区”开展阅读交流、“不忘合作初心，继续携手前进”主题教育活动等20余次；线上推送各类学习材料40余份，赠阅《群言》《常州民盟》等盟讯刊物300余册；组织参加盟省委、盟市委、溧阳

5月，民盟溧阳市科技支部“盟员之家”揭牌　（唐银芳　供稿）

市委统战部的主题征文活动4次，获参赛“质和量”双高表彰；举办溧阳民盟2021年度盟务骨干培训班，邀请常州民盟围绕《增强思想认识，提升履职能力》《参政议政的路径与方法》《新时代宣传工作新要求》主题为培训班授课；组织参加盟中央新时代生育支持政策体系建设调查问卷，省委统战部的“苏统云”盟员信息摸底更新工作、中国共产党统一战线史及中国共产党统一战线工作条例网络知识竞赛，参观“百年征程、初心永恒”中国共产党在江苏历史展，常州市委统战部的庆祝中国共产党成立100周年文艺汇演、新盟员培训，盟市委举办的湖南长沙2021年度基层主委培训班、“庆祝中国共产党成立100周年、中国民主同盟成立80周年、常州民盟成立70周年”书画作品展，“学党史学盟史强信念”演讲比赛，参加溧阳市政协“推进社会治理现代化，深化社会组织治理”等专题讲座、溧阳市委统战部举办的中共十九届六中全会精神宣讲会、信息写作培训、宣传工作培训，参观新四军江南指挥部纪念馆、省特色田园乡村八字桥村礼诗圩和方里村，参加市党外各界代表人士经济社会发展情况通报会和迎春座谈会等活动30余次。引导7个支部因地制宜开展学习研讨活动20余次。年内，参与学习交流400余人次，以较高的分数通过盟市委2021年度组织测评考核，获评“民盟江苏省庆祝中国民主同盟成立80周年先进集体”。有67篇有关盟务工作的稿件被各级网站刊物录用，其中《溧阳民盟以“三智三力”开展参政议政工作》《春雷平地起，书香满城溢》等分别发表于《常州民盟》《常州统战》《江苏民盟》；张待娣、陈云波获民盟常州市“思想宣传工作先进个人”称号。

【组织建设】 2021年，作为基层委换届后新一届委员会履职的开局之年，班子成员目标明、思路清、干劲足，各项工作开展有条不紊，盟组织队伍生机勃勃。在省特色田园乡村——方里村嘉義书院，创建第三家“盟员之家”——科技支部“盟员之家”，并在“家”里举办常州市盟务工作研讨会；中共常州市委统战部副部长汤建忠、盟市委副主委黄勇等率队先后来到溧阳“盟员之家”视察指导。执行“县级基层组织暂缓发展新盟员”政策指导，年内未发展新盟员；围绕“节日慰问”“病患探访”及“谈心交流”等工作所开展活动100余项，关心盟员成长、关爱盟员身心健康。

【参政议政】 2021年，基层委拥有常州、溧阳两级人大代表、政协委员22名；谢菊芬、张雅萍分别当选市政协副主席和市人大副主任，徐国昌、沈喆当选市政协常委；沈喆、濮学栋被推荐为常州市政协委员，吴敏被选举为常州市人大代表。通过建小组“集智合力”、重参与“奉智助力”、深调研“竭智尽力”等举措，以提案和建议案形式就全市经济社会发展和社会和谐稳定方面的热点难点问题，共形成政协提案和人大建议案近30份、反映社情民意30余件、形成调研报告3篇，极大地推进所涉领域工作。其中《“衡水中学”上市折射教育功利化内卷亟待纠偏》信息获常州市委办录用，后又获省政协录用，《关于开通“晚自习班车”的建议》等多条信息获盟市委录用。

【社会服务】 2021年，因疫情影响，基层委创新方式，依托“盟员之家”，围绕“同心·献智惠民”主题，通过设置一套系列化公开课课程表，遴选一批优秀的开课老师，坚持线上和线下开设公开课相结合，惠民活动务实已成系列、主题突出已成特色。年内，共开设民盟公开课58场次，吕自新、黄鉴明等49位盟员和志愿者们参与了该项目，受惠群众超万人次，创出了自己的品牌，受到社会各界广泛好评。11月30日至12月1日，溧阳民盟“盟员之家”属地负责人、溧阳市文教书店总经理周春雷作为江苏“最美诚信之星”的事迹刊登于“江苏卫视城市”频道《新华日报》《光明日报》《常州日报》和《溧阳时报》。发挥盟员优势，“聚智、聚力、聚爱”服务社会，为阻断疫情扩散风险和援助扬州抗疫，基层委组织致敬和关爱盟员白衣战士勇赴“战场”、“守望相助”争当志愿者、“停课不停教”线上教学、“心理咨询与辅导”空中课堂、“同心防疫捐爱心”等活动，为全力打赢疫情防控阻击战注入民盟力量，赵国强、陆建保、吴彩萍、赵俊芳、汪小西等分别获基层委表彰。此外，基层委组织俩教育支部开展捐资助学、送“培”下乡，组织经济支部与新北区综合支部开展对口交流，组织科技支部帮助企业解决技术和融资困难活动，组织医卫支部联袂开展“疫情防控宣传和健康知识讲座”，组织文化支部联合文化馆开展文艺演出进社区、乡镇，组织盟员参加“慈善一日捐”等活动10余次。获民盟常州市“社会服务工作标兵项目奖”。

（唐银芳）

中国民主建国会溧阳市基层委员会

【概　况】 2021年，民建溧阳基层委深入开展中共党史学习教育，强化思想政治引领，提高履职尽责水平。组织会员回到民建的发源地——重庆考察学习，回顾学习多党合作史和民建历史，感受奋斗的成就，汲取前进的智慧，锚定胜利的方向。年末，会员总数29人。

【参政议政】 2021年，民建溧阳基层委深刻把握新时代肩负的职责使命，始终胸怀“国之大者”，一以贯之“讲政治、识大局、严要求、善履职”，坚持建言资政与凝聚共识双向发力，紧密围绕市委市政府总体工作部署，聚焦建设长三角生态创新示范城市的奋斗愿景，关注人民群众反映的热点、焦点问题，在“聚焦上海、远拓京深、联动六县、融宁接杭”战略实施中，深入调查研究，积极建言献策。完成民建常州调研课题“关于高校毕业生在县、乡、镇就业问题的对策建议”“关于优化溧阳南部片区大交通格局的建议”以及“关于精准帮扶旅游企业提档升级，助力全域旅游新示范的建议”等十余件提案和社情民意。

【社会服务】 2021年，民建溧阳基层委在社会服务工作中，积极整合会内外资源，努力为更多的人提供更多发展的机会、就业的机会和享受更好公共服务的机会。在疫情侵扰之时，发动广大会员，积极采取各种方式，为疫情阻击战奉献爱心、贡献力量。坚持捐资助学、灾区捐赠、敬老爱老，疾病求助，关爱弱势群体等公益活动。全年会员以及会员企业累计捐款捐物超300余万元。

（邓云良）

溧阳市总工会

【概　况】 2021年，全市新组建独立工会40家，联合工会5家，“两新”组织建会2个。深化信赖职工之家建设工程，建设模范职工之家30家、模范职工小家30家，创建常州市信赖职工之家12家。高质量完成镇（区、街道）总工会集中换届工作，激发基层工会活力。全市获全国五一劳动奖章1名，江苏省劳模6名，常州市五一劳动奖章19名，常州市五一劳动奖状9个，常州市工人先锋号16个。全年新组建独立工会40家，联合工会5家，“两新”组织建会2个；表彰溧阳市模范职工之家30家、模范职工小家30家，创建常州市信赖职工之家12家；依托运输企业工会，发展货车司机会员33名，组建溧阳市龙盛运输有限公司联合工会1家，依托关联企业工会，发展保安员会员157名，组建独立工会溧阳市千里马保安服务有限公司工会1家。市总工会获江苏省工会财务会计工作竞赛一等奖和江苏省工会劳动法律监督工作示范单位等称号。

【推进产改工作】 2021年，增加各类劳模和先进代表等评选中产业工人名额比例，江苏省劳动模范和常州市五一劳动奖章获得者中，产业工人占比达50%以上，进一步彰显产业工人主人翁地位。各成员单位相继出台配套政策文件，为产改顺利推进提供了有力制度保障和政策红利。选取江苏上上电缆等10家企业先行改革试点，覆盖职工16670人，科华的“党建带工建促产改”工作法入选常州市产改非公企业优秀案例。上上电缆采取“企校双制、工学一体”的培养方式，成功申报常州地区产教融合型试点企业。江苏华朋完善技能评价体系，采取生产现场能力考核、工作成果业绩评定等方法，成为江苏省首批具备职业鉴定资格的企业。

【职工技能竞赛】 全年承办常州市级农电台区经理技能竞赛1场，举办班主任基本功、动物疫病防治员、应急救护、妇幼健康服务、金丝利 · 通设备等6个工种的溧阳市级职工职业技能比赛。科华创新管理学院、万博职业技能培训学校等10家职工培训基地，全年培训超100场，培训职工超1万人次，科华铸造部员工贾望亮被人社部授予“全国技术能手”称号。组织开展溧阳市十大发明专利、十大职工科技创新成果，十大先进操作法申报、备案、评选工作，常州时创能源股份有限公司任常瑞获省职工十大发明专利奖、江苏上上电缆有限公司王永财等2名职工获常州市职工十大发明专利奖、冶建新材料股份有限公司的周芳等2名职工获常州市职工十大新科技创新成果奖、常州东华建筑安装工程有限公司的经浩芳等2名职工获职工十大先进操作法，溧阳市供电公司的潘伟获龙城工匠，江苏上上电缆有限公司黄东宇获龙城技能标兵。围绕全市在建重点工程项目，开展重点工程项目创优立功竞赛活动。授予溧阳环球融创文化旅游有限公司等10个单位重点工程项目创优立功竞赛优胜单位称号，江苏天目建设集团有限公司潘杰等10位同志重点工程项目创优立功竞赛建设功臣称号。

【职工创新创业】 推行“创保贷”创业服务项目，全年帮助204家小微企业融资贷款，发放贷款资金达10690万元。积极推动“大众创业、万众创新”工作，指导骏益科创园创新创业示范基地建设与管理，加强基地规范化建设，组织7名创业者参与全市创新创业创意复赛，选拔推荐1名创业者参加常州市总第四届职工“创新创业创意”大赛，宣传发动全市职工参与常州市职工创新创业知识竞赛，征集职工创新创意建言，激发职工创新创业热情；围绕“稳就业”积极作为，开展“暖冬送岗”网络招聘会、“梦想启航‘溧’助圆梦”高校毕业生大型专场招聘会等促就业活动，全市近200家企业提供1800多个就业岗位，近千名求职者达成就业意向。

【普惠帮扶工作】 扎实开展“我为群众办实事”实践活动，组织全市2100名职工免费体检，新建10家第二批溧阳市职工活动驿站，为职工提供多样化、特色化、优质化的服务。推进困难职工解困脱困工作，对25位困难职工落实帮扶措施。开展关爱新就业群体“暖蜂行动”、“双11”快递小哥关爱日活动，相继建设16个“户外劳动者爱心驿家”、75个歇脚点，为环卫工人、快递员、交警等户外劳动者提供饮水、热饭、如厕、充电等温馨服务。为环卫工人、公安辅警、邮政投递员、一号公路养护员等赠送意外伤害互助保障2400余份。新建爱心母婴室2家，打造女职工康乃馨服务站12家，帮助职工解决后顾之忧。开展“相约工会·牵手幸福”单身职工交友联谊活动10场，解决职工婚恋问题，为企业留住人才。

【维护职工合法权益】 广泛开展“五一”劳动法治宣传、“尊法守法·携手筑梦”服务农民工专项法治宣传等系列普法宣传活动，为2000余人次提供法律咨询，发放法治宣传资料近5000份，通过“溧阳工会”微信公众号，发布劳动法规知识解读、法律维权服务及动态23条，开展劳动法治微课堂15期。加大劳动法律监督力度，联合市人社局在全市范围内集中对50家企业进行工会劳动法律监督专项检查，规范企业劳动用工，有效维护职工合法权益。开展和谐劳动关系先进企业创建活动，举办“三合一”创建学习班，推荐江苏钢锐精密机械有限公司等5家非公企业申报常州和谐劳动关系先进企业。

（*石春芳*）

中国共产主义青年团溧阳市委员会

【概　况】 2021年，共青团溧阳市委以习近平新时代中国特色社会主义思想为指引，坚决贯彻落实党中央和团中央的重大会议精神和决策部署，严格遵循“聚焦主责主业、夯实基层基础、服务青年发展、全面从严治团”的鲜明导向，攻坚克难，紧扣本职，积极作为。年末，共青团溧阳市委共有直属团组织49个，其中镇（区、街道）团组织12个、机关事业单位团组织21个、学校团委8个、企业团组织8个。在“智慧团建”系统中有下级组织2553个、团干部4769人、团员30514人。

【强化青少年思想引领】 深入学习宣传贯彻习近平总书记在庆祝中国共产党成立100周年大会上重要讲话以及给新安小学少先队员的重要回信精神，针对不同年龄段青少年开展党史教育。举办党史学习教育市委宣讲团青联专场报告会、“学党史、强信念、跟党走”主题团日活动暨五四青年节座谈会。开展“请党放心，强国有我——溧阳市优秀少先队员”推选活动和优秀辅导员评选活动，激励少先队员弘扬少先队优良传统，成长为有担当、有胸怀的时代新人；激励辅导员用实际行动传承红色基因，赓续精神血脉。积极落实“党建带团建、党建带队建”的工作导向，承办市委组织部“百名团员初心访，青春学史续辉煌”寻访活动，结对走访全市100名50年以上党龄的优秀党员代表，继承弘扬老党员的“初心使命”。探索全市首家机关部门官方抖音直播，通过“溧阳共青团”官方抖音号平台开展“留溧青年汇，美音溧阳年”活动，为全市留溧青年展现溧阳温度和风采。

【提高团组织服务水平】 完善青创金融服务体系，持续推出青年创业金融套餐，扩大青年创业朋友圈和导师团，新农菁英贷累计发放1000万元左右，为产业转型升级提供人才和项目支持。参与新一轮“天目湖英才榜”计划制定，着力夯实社会主义现代化建设试点的智力基础。组织全市各级团组织和青年文明号、青年突击队深入重大项目建设和全域环境提升一线，开展“学雷锋·双服务”

活动。开展两场助农直播，为乡村振兴贡献力量。圆满承办“两节”开幕式、电动汽车下乡、市党代会等大型活动志愿服务保障工作。出台《溧阳市“十四五”青年发展规划》，召开溧阳市青年工作联席会议第2次会议，积极回应和解决青年关心的问题。持续推进“梦想改造+”关爱项目，全年共完成30家梦想小屋改造。筹集发放“圆梦行动”助学金近9.5万元，帮助19名寒门学子圆梦大学。持续开展暑期社会实践岗位对接活动，累计为150余名高校大学生提供实践岗位。

【夯实团组织基层建设】 定期召开面向直属团组织负责人的工作会议，共同商议研讨共青团发展工作，乡镇（街道）团组织书记配备率100%。组织开展全市少先队辅导员骨干培训班暨党史学习教育专题培训班以及基层团干部能力提升研修班，全面提升团条线、队条线干部的政治素质、党性修养、法治观念、创新意识和实际工作能力，让干部带着问题学，带着任务学，注重实际成效，解决突出问题。严把入团关口，下发入团名额1340个，严格规范入团过程管理，在初高中全面实行“双积双评”积分入团制度，按照“十步骤”“三公示”“六必须”相关发展流程，源头控制初高中团学比，真正体现团员先进性。坚决落实“三会两制一课”组织生活制度，筑牢团的基本盘。进一步完善《青联小组、青联委员考核评优制度》，激励广大委员更好履职尽责。在全市团支部推行《团支部工作清单制度》，开展团支部星级评定工作。聘用三位兼职副部长参与团的工作，充实团的队伍力量，进一步提升团的能力。

【“梦想改造+”工程】 积极开展党史学习教育，把学习党史同总结经验、观照现实、推动工作结合起来，实施“梦想改造+”关爱计划。针对市内符合条件的困境青少年，成立由团干部、青联委员、志愿者组成的走访小组，按照“一户三看，多面审核”的原则，综合考虑改造意愿、改造难度、改造迫切性等因素，最终确定30户改造对象。严格按照“三面改造、六物到位”的要求，改造出真正满足受助对象学习生活需要的空间。同时，为每间小屋建立独立档案，确保改造过程公开透明，档案时时可查。改造完成后，严格落实“‘一对一’结对、月常态走访、季集中关爱”制度安排，每位受助对象均配备1名辅导员、1名团干部和1名志愿者。常态化组织结对志愿者在每月走访，阶段性查看孩子的学习数据和成长报告，进行学业帮扶。联合溧阳市广电网络公司，为全市“梦想小屋”免费配备总价值100万元的“学霸机顶盒”和液晶电视，并一次性补贴电费300元。全年共走访百余次，依托“红铃铛”青少年事务中心开展各类体验活动十余场。

（钱宇婷）

溧阳市妇女联合会

【概　况】 2021年，全市各级妇联组织紧密围绕市委、市政府中心工作及妇女儿童现实需求，按照“思想引领聚人心、服务发展高质量、维权关爱零距离、家庭建设树新风、基层赋能强基础”工作导向，纵深推进“巾帼思想领航、巾帼扬帆建功、巾帼暖心关爱、家家幸福安康、巾帼头雁强基”五项工程，团结带领广大妇女同向同行，积极参与溧阳“五个示范”建设，全面推进妇女事业再上新台阶。省妇联席玉峰副主席到溧阳调研，对溧阳市妇联扎实的基层工作给予充分肯定。

【妇女思想引领】 围绕“巾帼心向党　奋斗新征程”工作主旨，优化重组市镇村三级“巾帼好声音”宣讲团队，确立“初心耀党徽、奋斗绽芳华、家风润溧阳”三大宣讲主题，开展“百场巾帼大宣讲”“巾帼讲党史”“四史学习进家庭”等系列活动近200场，“清明忆英雄”红色研学活动、“学史力行”乡村行、“执委说党史故事”等一批形式新颖、内容生动的宣讲深受基层欢迎，并被“学习强国”平台、中江网、紫牛新闻等媒体关注报道。在微信公众号设立百名巾帼英雄事迹展示专栏，开展百位妇联执委讲党史、百名巾帼模范话奋斗感言征集，用“三百”行动激发比学赶超热潮。选优培先融入日常，表彰市级三八红旗手12名，推荐并获评省级巾帼文明岗3个，省级三八红旗手1名。举办“我与岗位共成长”事迹报告会。开展经典诵读会、“巾帼红”领读会、“童心向党　献礼百年”、“百户家庭共读红色经典”等活动，多维度推进党史学习教育走深走实。精心组织庆祝中国共产党成立100周年系列活动，举办工青妇共庆建党百年节目展演、“同心筑梦跟党走”“红色小书包漂起来”等，充分激活妇联组织传播优势，切实增强妇女对党和中国特色社会主义制度的政治认同、思想认同、情感认同。

【妇女创业就业】 优化金融服务，修改下发《关于进一步做好溧阳市妇女小贷创业贷款工作的通知》，完成妇女小贷2260万元，贴息20.8万元；首场“三八架金桥，春风送岗位”女性专场云招聘达成就业意向160人；举办金融知识科普、企业防电信网络诈骗、电商、花艺、厨艺、茶艺、烘焙、家政等培训115期，1800余人获国家职业资格证书；打造在你身边巾帼创业服务体系，成立“丁香苗圃”溧阳分站，建成村级“溧智姐”荟创服务站（点）102家，镇级家政公益培训点3家。大力培育巾帼创业基地，摸排走访市级基地30家、推荐常州级巾帼优秀项目12个、省级“双学双比”示范基地6个，发放扶持奖励资金65万元。指导女企协召开会员大会，选举产生新的协会班子，通过各项管理章程，更好推动女企协规范管理和有序发展。深入探索“乡村振兴 巾帼行动”溧阳路径，以“吾美吾家 百村靓溧”活动为主抓手，组织开展垃圾分类专场文艺汇演、美丽庭院建设暨红色电影下乡、“美丽庭院怎么建”主题畅聊会56场，送“家庭收纳技巧沙龙”“绿植养护讲座”“园艺设计”“微盆景制作”等入村入户服务活动近千场，评选示范村12个、示范户1750户、精品户20户，用农村家庭行为习惯养成实现以“小家美”扮靓“乡村美”“溧阳美”，有效破解美丽乡村建设成果长效管理瓶颈。引导妇女在“1号公路”沿线创建“吃农家饭、住农家院、摘农家菜、干农家活”农旅项目，统筹妇字号基地资源发布“赏美景、住美宿、品美食、游美村”——“乡村振兴巾帼行”四美线路，推动“美丽庭院”风景有序转变为“美丽经济”。

【参与基层治理】 大力实施“家家幸福安康工程”，努力做实做优做强家庭家教家风建设，用家庭最小细胞夯实基层治理工作之基。命名溧阳市级最美家庭100户，选送上报的陶汶菲家庭获省级最美家庭、缪枫家庭获全国最美家庭。高标准推进“三全社区”家庭教育支持行动、儿童友好社区、“学习强国”进家庭三项省级试点工作，联动教育、文明办打造“家庭教育名师工作室”6个，启动“百个家庭共成长”星火计划，举办“大咖开讲”家庭教育公开课10场，开展“小红燕”志愿营、小小红军重走长征路、“向阳花开助力亲子共成长”、“用心相聚 探寻爱的路径”等主题活动100余场，用有温度的家教让家庭更温暖。以溧阳特色“家庭教育研学体验”与争创全域旅游示范、教育区域协作示范高效融合，成功承办长三角家庭教育研讨会，发布溧阳红黄蓝三色亲子研学线路及17处研学基地，其中3处被授予江苏省首批亲子研学基地称号。完成省妇联“铁军精神闪耀烽火路”亲子研学直播（在线观众486万人次）及亲子红色研学3场、接待外市及周边亲子研学活动30批次。在官微开辟“妇儿维权之家”微专栏，推送30期法律常识、时事政策、维权案例宣传。启动“幸福e家”和谐婚姻引导项目，建设婚姻家庭指导服务站10家，处置婚姻家庭矛盾纠纷80余件，提供妇女儿童法律援助10起、心理疏导50人次。筹建“1+N”省级公益心理咨询服务中心，成立心理健康志愿服务联盟，在民政、司法、未成年人指导中心、妇儿中心等分设心理健康援助工作室6家，布局形成“15分钟城区心理健康服务圈”，打通服务群众“最后一公里”。大力推广“阿嫂客堂间”“圆桌畅聊会”等妇女议事品牌，引导妇女群众有序解决家庭矛盾、参与社会治理，建成共享议事阵地和议事类妇女微家12家。

【妇女合法权益维护】 多措并举推进“我为妇女群众办实事”，开展“圆梦微心愿”“把爱带回家”“走进科技放飞梦想”科技研学活动等100场，帮扶困境妇女儿童1万人次。联合检察院下发《关于加强未成年被害人权益保护实施意见》，强化未成年人源头维权工作。打造“缘来聚溧”主题联谊交友品牌，为到溧阳的青年人才拓宽交友寻缘渠道，提供学习交流平台，在倡议婚恋新风的同时为经济社会发展“聚才留才”。“溧阳市妇联：‘五自成长’为花蕾护航”被《人民日报》新媒体平台报道，“守护星星的孩子”获常州基层党建样板项目。持续做强“春蕾助学”“两癌救助”“99腾讯”三大公益品牌。2021年“99腾讯”公益日筹得善款49.51万元，用于市级四大公益项目和“关爱妇儿 常州在行动”项目。春蕾基金为137名困境儿童筹集助学款15.6万元。帮助6名贫困两癌妇女争取上级“两癌”救助金3.3万元。扬州疫情期间，购置防护用品、书籍、幼儿玩具等送至隔离点，同时组织心理服务志愿者开通热线电话、录制亲子课程开展线上陪伴，为隔离人员及其家庭提供心理疏导和缓解压力。

【妇联组织建设】 扎实推进村（社区）女性进“两委”和妇联换届工作，7月完成村（社区）妇联换届工作，选举产生主席228名，副主席611名，执委3679名。拓宽组织建设强基础，建立退役军人事务局、民宿协会、溧阳浦发村镇银行、江苏华鹏变压器等机关企事业和新兴领域妇联13家，构建特色妇女微家培育体系，新建慕瑾烘焙、民本职业教育、燕茗汇、后六荟创、吉贝可家庭教育等妇女微家40家。重视高素质干部队伍建设，使妇联成为女干部的摇篮，培养推荐5名妇联干部走上领导岗位。实施基层妇女干部赋能N+培训，完成精神分析师、心理咨询、社会工作、妇儿维权、舆情应对五项专题培训，组织机关及镇村妇联执委赴苏大开展党性修养和执委履职能力提升培训。启动妇联执委履职扬帆计划，试行市级执委“一人一实事”，镇村妇联执委单人领办和多人联办相结合落实服务项目；建立“巾帼领头雁年度比武机制”，组织镇级妇联工作展评会展示重点工作特色亮点。主动对接融入南京都市圈城市妇联共建，6月底与都市圈8市2县区妇联签订框架合作协议，交流学习3批次。

（王 金）

溧阳市科学技术协会

【概 况】 2021年，市科协紧扣市第十三次党代会精神，聚焦长三角生态创新示范城市这一目标愿景，深入开展党史学习教育，认真整改巡察“回头看”问题，持续推进科协系统深化改革，积极响应新冠病毒疫情防控，不断创新全民科学素质工作举措。指导全市11个镇（街道）科协换届，古县街道成立科协。以换届选举为契机，将“四长”（医院院长、学校校长、农技站站长和科技型企业家）请进来，在新一届镇（街道）科协委员中“四长”人员达到70%以上，推动“4+1”工作向镇（街道）、村（社区）延伸，筑牢科协系统组织基础。举办科协系统社会组织业务能力培训，加强对学会组织监督管理。指导成立溧阳市青少年视力健康科普中心，指导市人民医院科协、中医药学会、创新发明协会等市级学会进行换届，撤销团体会员资格1家。引导社渚人文馆、礼诗圩科普教育基地创建科普示范基地，对全市科普教育基地走访调研，并进行整顿。全市有省级科普教育基地2家、常州市级8家、溧阳市级32家。

【科协服务创新创业】 以南京农业大学茶科所所长房教授团队为技术支撑，创建“溧阳白茶科技小院”，成为江苏省首批、常州市第一家被中国农村专业技术协会命名的“科技小院”。组织6家农技协参加省、常州市农村专业技术协会活动3次，促进新技术、新项目、新品种推广。全年走访调研15家高新技术企业，推动组建天目湖先进储能公司等6家企业科协，免费安装专利信息库。首次举办TRIZ创新方法培训班溧阳专场，为溧阳高新区15家企业培训技术创新专业人员40名，中科海纳代表队获江苏省创新方法大赛三等奖。对接中国检验检测学会，在溧阳市市场综合检验检测中心和长三角研究中心成立科技创新服务站，引进检验检测学会优质资源，推进产学研合作，支持溧阳科技创新发展。

【科普工作】 联合相关成员单位，围绕“安全生产月”“世界水日”“粮食安全”“防灾减灾”电信“5G”等各类主题开展科普宣传活动和知识竞赛40多场，形成经常性、常态化、社会化“大科普”格局。响应市新型冠状病毒感染的肺炎疫情应急防控指挥部号召，针对新冠肺炎变异病毒德尔塔、奥密克戎的防病防控，在溧阳电视台播放《科普中国》最新防疫科普视频（每周三档、时长18分钟），组织各镇（街道）科协、市人民医院科协、中医药学会等科协组织广泛开展防疫防控科普宣传工作。精心组织开展全国科普宣传活动周和“全国科普日”活动，引导各级各类科协组织开展“1号公路科普一日游”、科普集市、科普展览、科普讲座等各类群众性科普活动115项，吸引市民40多万人次参与。建立覆盖城乡的科技志愿者队伍、动员科普爱好者注册为“科普中国”信息员。在“科普中国”平台上，溧阳市科普员注册3169人，传播科普文章61多万篇（次），在常州地区占比超过60%。“溧阳科普”微信公众号关注人数达35000人。市科协被评为江苏省科普宣传周优秀组织单位、江苏省全国科普日优秀组织单位，溧城街道科协、市中医药学会被评为常州市科普活动优秀组织单位，市科协“科技志愿服务进社区”获江苏省科普宣传周优秀活动称号，“茶文化劳动实践课程”等3项活动被评为常州市优秀特色科普活动。评选江苏时代能源公司练震、溧阳电站龚家明等12人为溧阳市优秀科技工作者，推荐江苏安靠公司陈晓鸣获常州市最美科技工作者，组织《溧阳日报》、溧阳电视台、常州媒体对优秀科技工作者进行系列报道。联合市综合交通运输学会开展“十四五”综合交通运输发展规划暨综合立体交通网规划专家研讨活动。

（周　昱）

溧阳市归侨侨眷联合会

【概　况】 2021年，市侨联全面履行侨联六大职能，在服务大局、服务侨胞上不断取得新成效。年初召开2021年度侨务工作推进会，传达市委“生态品质巩固提升年”动员大会暨“三效三提”作风建设大会精神。大力开展侨界党史学习教育，组织侨界庆祝建党百年系列活动，特别是把学习宣传贯彻习近平总书记在庆祝中国共产党成立100周年大会上的重要讲话精神作为党史学习教育的核心内容，组织多国侨领和溧阳侨界代表集中收看庆祝中国共产党成立100周年大会直播。先后4次组织市侨联机关党员、退谊会代表和留谊会代表等侨界党员干部，开展党史学习红色教育。分两批次组织机关党员赴西柏坡、白洋淀等地现场学习，缅怀老一辈无产阶级革命家在西柏坡建立的丰功伟绩，学党史、悟思想，走好新时代“赶考”路。组织机关党员、退谊会、侨商会党员代表，前往重庆红色教育基地举行“重温红色记忆·践行使命担当”党史学习教育活动。组织退谊会全体理事参观党建馆，举行“传承红色精神　永葆党员本色”党史学习专题座谈会。组织机关党员、侨商会、退谊会、留谊会和海外侨领，前往南京参观“百年征程初心永恒——中国共产党在江苏历史展(1921—2021)”。

【参与文明城市创建】 市侨联注重发挥侨界优势，以“组织起来、活跃起来、行动起来、贡献起来”为着力点，引导和鼓励侨界人士为全面提升城市文明程度作贡献。12月9日，组织市退休归侨侨眷联谊会干部参与“代班路长”活动，为责任路段沿街商铺作了一次文明城市和侨法宣传，并送上冬日慰问品；市侨联深化文明城市建设的系列举措也被《溧阳时报》刊登宣传。与古县街道黄墟村结成共建单位，组织在职4名党员走村入户，开展多种形式的志愿服务。共计走访群众45户，资助结对村资金2万元，用于修缮文体设施和扶助困难群众。

【服务经济】 树立“能为必可成，一切皆可期”的思想，深耕侨界资源，努力打造崛起长三角的“聚侨”支点功能，发挥侨界优势引资引智。侨联兼职副主席张清林引进的汽车轻量化铝合金冷锻项目，阿联酋华侨余珍引进的中嘉生物、古熙生物两个理疗器械项目落户溧阳。市侨商会成员单位与市人社局、溧阳中专合作成立大万创业学院，多名在溧侨界精英以“创业导师”的身份参与其中。溧阳高新区创成省级华人华侨创新创业服务中心。切实履行海外华人华侨社团联谊职能，坚持海内海外双拓展。与省侨联、省侨商总会联合主办“创业中华·筑梦江苏”百名侨商溧阳行活动，从溧阳市产业发展、园区载体建设、营商环境、新城建设等方面全方位推介溧阳，希望促进更多高端资源要素汇聚江苏、落地溧阳；倡导并加入南京都市圈侨界联盟，为促进区域协同创新发展增添伏笔。促成省海外联谊会秘书处及江苏发展大会秘书处办公室党支部与溧城街道八字桥村党总支结对共建，为聚集国内外资源、带动地方经济发展，打造共建共赢品牌共同努力。先后接待三批次南京侨商到溧阳与天目湖、戴埠和农业产业园等镇区洽谈项目。依托常州“创业之桥”品牌活动平台，组织园区企业参与项目评审和项目推介会，邀请部分与会创新型人才到溧阳参观考察，争取创新创业人才和溧阳经济社会发展的共赢，形成“以侨架桥、以侨引资、以侨引才”的良好局面。组织侨联机关、市侨商会、归国留学人员联谊会、侨界退休人员联谊会一行赴重庆市璧山区侨联考察交流并缔结友好侨联；与海外侨团保持密切联系，组织“侨心向党　同心筑梦”活动，借助抗疫形成的联络闭环，积极稳妥做好侨联海外工作。

【思想引领】 2021年，成立溧阳市侨联党支部，选举产生支部书记，建立健全组织结构。指导侨商会、归国留学生联谊会提升组织化运行程度、自主化运行能力和规范化运行水平；牵头成立全市退休归侨侨眷联谊会，选举产生会长、副会长、秘书长各1名，理事9名，初期会员30多名。指导溧阳市欧美同学会（留学人员联谊会）召开第二次会员代表大会，完成换届。组织侨界党员、侨团代表赴重庆红色革命基地参观学习；组织在溧阳的阿联酋、格林纳达、多米尼克等国侨领及华侨、侨眷共同观看建党100周年庆祝大会；退谊会老党员举行“传承红色精神 永葆党员本色”座谈会。常态化开展“侨胞之家”“归侨侨眷看溧阳”等侨界品牌活动。开展“情暖侨心 喜迎双节”归侨侨眷、港澳同胞迎中秋国庆联欢会，邀请常州市退谊会11人与溧阳市侨界50余人欢聚一堂，观赏和传承中国传统文化，共迎佳节。

【文化宣传】 树立“大统战”格局，配合全市外宣工作，在海外媒体专版宣传溧阳，扩大知名度、影响力；积极报送侨界动态，全年共被省市委统战部、侨联录用信息20余条；多篇文章在《华人时刊》发表，介绍溧阳生态创新及溧阳创业人士；维护“濑江侨音”微信公众号等涉侨平台，让天南海北的溧阳人始终关注家乡、支持溧阳。10月10日，“谈智隽奖学金”第二十七次颁奖大会在光华高中举行。谈李莉莉女士到现场，为150余名师生颁发奖学金共计155600元，并作以“责任传承”为主题的演讲。

（徐　丹）

溧阳市工商业联合会

【概　况】 2021年年末，全市共有各类基层商会组织44个，其中，镇（区、街道）商会12个，行业商会18个，异地商会2个，综合性商会2个。另有10个地级以上城市成立溧阳商会。市工商联被中华全国工商联表彰为“2020—2021年度全国‘五好’县级工商联”“2021年度民营企业调查点工作先进示范单位”；被中华工商时报社、《中国工商》表彰为“2021年度构筑民营经济舆论阵地先进单位”。

【组织建设】 2021年，市工商联积极推动“四好”商会建设，修订完善考核办法，引导商会开展争先创优活动。年内，市文体旅商会、酒业商会分别获评民政部门社会组织评估4A级、5A级认定。有计划地走进基层商会，指导、督促商会工作，听取商会会员的意见、建议，破解商会发展难题。大力推动商会成立和换届，古县街道商会顺利成立，11个镇（区、街道）商会及名优特产商会、北京溧阳商会、青年企业家商会圆满换届。

【调研工作】 2021年，市工商联按照上级工商联调研工作要求，结合自身工作实际，深入商会和企业开展专题调研，撰写《关于民营企业代际传承情况的调研思考》《弘扬溧商精神 服务高质量发展》《深化社会组织治理 促进商会健康发展》等调研文章。组织区域营商环境评估、“两个健康”问卷调查和调查点企业调查等专题调查10余次，反馈有效问卷600份。组织30多家企业参加全国工商联开展的2021上规模企业调研，金峰水泥、国强镀锌2家企业入围“2021中国民营企业500强”；金峰水泥、国强镀锌、上上电缆3家企业入围“2021年中国民营企业制造业500强”。上上电缆还入选“2021中国制造业企业500强”。

【宣传工作】 2021年，利用新办公楼搬迁，打造“商会之家”展示厅，广泛宣传民营企业家先进事迹和突出贡献，引导企业家大力弘扬优秀企业家精神和新时代“四千四万”精神，激发企业家“精气神”。做精“天南海北溧阳人——溧商”栏目，加强企业和企业家典型宣传，报道商会和会员开展的活动和好人好事。围绕创建新时代“两个健康”先行区工作要求，在《溧阳时报》上开辟宣传专栏，报道各部门在创建工作中的重要举措和成效，推动更多涉企问题发现解决在一线。

【培训工作】 2021年，市工商联组织20余名企业家先后参加省委统战部理想信念教育培训班、全省民营经济人士理想信念报告会、全省百强创新型企业负责人培训班和常州市统一战线庆祝建党100周年文艺汇演报告会。完成第二轮首期常州市民营企业“百千万”工程千人班和万人班培训学员的组织工作，33名千人班学员入学，100名万人班学员于5月毕业。启动第二期万人班培训工作，9月17日在绿洲宾馆开班。引导基层商会依据自身特点组织各类培训班20多期，培训人数1000多人。

【经济服务】 2021年，市工商联作为全市新时代“两个健康”先行区创建工作的牵头部门，着力推动创建工作的启动和深化。下发《溧阳市关于创建新时代“两个健康”先行区实施方案》，推进全市新时代“两个健康”先行区创建工作会议和指标体系解读会议的召开。协调市发改委、工信局等20余家重点创建单位，积极服务全市新时代“两个健康”先行区创建工作，共同营造全市上下共谋改革、齐抓发展的浓厚氛围。颁发2021年度“溧商服务卡”，为81位符合发放条件的企业家提供VIP优质服务。根据企业家需求，市工商联在多次调查研究的基础上，积极与政法委、司法局等部门沟通协调，成立溧阳市民营企业法律服务中心，整合相关法律部门的优势资源，为民营企业提供法律咨询服务，协调解决法律难题。发挥在外溧阳商会和溧阳籍人士的作用，搭建宣传推介平台，扩大招商引资联络渠道。全年接待外地来访的工商界考察团10批次150人，组织企业家外出考察20余次。

【光彩事业工作】 2021年，积极倡导民营企业"致富思源、回馈社会"理念，推动商会和企业家继续助力慈善公益事业，通过各种方式，关注和帮助社会困难群体，勇于承担社会责任。募集爱心助学基金17.4万元，为29名贫困大学学子进行持续资助。在市工商联执委会上，表彰2020年度21个光彩事业先进单位和16个抗疫工作先进单位，对光彩事业工作进一步加大了宣传推动力度。筹备光促会换届工作并促其发挥作用，组织企业开展定向捐赠，积极支持新农村建设及扶贫帮困活动。

【溧阳市工商联第十一次会员代表大会】 12月9日，市工商联第十一次会员代表大会在溧阳万豪酒店召开，281名代表参加会议。常州市委统战部副部长、工商联党组书记查艳，溧阳市委书记徐华勤分别致辞和讲话。大会选举产生市工商联第十一届执行委员会和领导班子，听取并审议通过《紧扣高质量发展 激发"两个健康"动力 谱写新时代工商联（总商会）事业新华章》工作报告。

（杨秀华）

溧阳市文学艺术界联合会

【概　况】 2021年，全市广大文艺工作者深入学习习近平新时代中国特色社会主义思想和中共十九大以及十九届历次全会精神，以及习近平总书记在中国文联十一大、中国作协十大开幕式上的讲话精神、中国文联文艺工作者职业道德和行风建设工作座谈会精神，坚持文艺"二为"方向和"双百"方针，深入生活、扎根人民，自觉担当推动溧阳文艺发展的历史使命，主题活动不断创新，优秀作品不断涌现，文艺队伍不断壮大，人文环境不断优化，有力推进全市文艺事业的繁荣发展。

【服务中心活动】 在围绕全市中心大局和服务群众中充分发挥自身作用，有效提升文艺组织和文艺工作的凝聚力与创造力。为庆祝中国共产党成立100周年，组织开展"我心永向党 奋斗新征程"征文暨朗诵会活动、"书伟人诗词 颂初心力量"庆祝中国共产党百年华诞书法小品邀请展、"峥嵘岁月 辉煌百年"——溧阳市百件书法作品献礼展、庆祝中国共产党成立100周年——溧阳市少儿书法作品展、"唱支山歌给党听"庆祝中国共产党建党100周年音乐会、"红船·摇篮——庆祝建党100周年"大型原创舞剧展演、建党100周年第三届青少年艺术节、"永远跟党走"建党100周年梨园筑梦专场演出等活动。为进一步贯彻落实市委党史学习教育有关精神，推动"我为群众办实事"走深走实，由市委宣传部主办、市文联等单位承办了"国庆七天 美音相伴"溧阳精品文艺汇演活动。通过用歌舞、戏曲等文艺的形式宣传党史知识、传递红色文化、赓续革命精神，唱响爱党爱国、爱社会主义的主旋律。既让广大市民朋友在"家门口"免费观赏高品质的视觉盛宴，又把党史学习送到广大百姓身边。

【协会文艺活动】 市作家协会围绕"深入开展建党百年红色教育"主题开展了公益讲座、"红色体验——感受乡村振兴""红色记忆——百年党史寻迹"采风等活动，组织有关会员参与全民读书节捐书、2021溧阳摆渡船阅读论坛等活动。市书法家协会到溧城街道、昆仑街道、古县街道等地举办送福送春联活动、溧阳胥河书院书法作品展、"善愿成满"——沈韵之造像展、书法篆刻刻字公益课堂等活动。市美术家协会和古县街道联合举办溧阳中国画名家邀请展、协办"百年百幅 阮荣春 朱国平师生展"。市音乐家协会承办"月圆古县 美音新城"溧阳音乐人慰问工地建设者中秋文艺演出、"喜迎国庆 美音乡村"溧阳音乐人走进美丽乡村礼诗圩慰问演出、2021"青春中国"全国青年好声音交流展示、溧阳市第三届少儿钢琴大赛等活动。市舞蹈家协会开展"舞蹈进校园"公益课堂，组织"大眼睛"会员参与"2021年长三角家庭教育研讨会"研学活动。市戏剧家协会举办"国粹迎华诞 经典颂党恩"溧阳市庆祝建党100周年京剧红色经典展演等。市摄影家协会举办美丽乡村摄影作品巡回展，展出溧阳生态环境和高质量发展全域旅游、建设宁杭生态经济带最美副中心城市的生动实践；还和宜兴以及浙江的安吉、长兴，安徽的广德、郎溪联合办展并缔结长三角一地六县友好协会，参与策划布置溧阳市庆祝中国共产党成立100周年主题展，参与常州摄影家协会和溧阳市委组织部的为“两优一先”党员代表楷模造像活动。市影视家协会配合央视《我的美丽乡村》及《职场与健康》栏目走访取景取材拍摄；与市司法局联合举办“法制溧阳”活动。市民间文艺家协会组织会员赴湖北恩施、苏州、镇江、广德等地考察调研民俗文化；参与“2021中国溧阳茶叶节暨天目湖旅游节开幕式”多项活动的策划和组织；天目湖酒文化博物馆陶洪昌先后参加2021长三角社会组织协同发展（苏州）大会暨第二届江苏省社会组织展示交流会。

【文艺创作】 2021年，市作家协会徐云峰出版《梅岭玉的传说》、蒋保林出版散文集《岁月有痕》，等。市书法家协会饶金龙作品入展中国书法年展行草展、篆隶展；彭衷作品入展中国书法年展正书展；张丽萍作品入展江苏省第七届刻字艺术展（优秀奖）、江苏省第三届妇女书法篆刻作品展（优秀奖）、常州市主题创作书法展（金奖）、上海市第十届书法篆刻作品展；黄晖作品入展常州市主题创作书法展（金奖）；匡鹏作品入展常州市主题创作书法展（金奖提名奖）；杨涵之、杨博焱、朱选、姜进富入展江苏省第七届刻字艺术展。市美术家协会程安中作品入选中国美协主办的“重温经典”第五届娄东（太仓）全国山水画作品双年展；刘琴芳作品分别入选中国美协举办的“百花向阳——2021全国花鸟画作品展”、2021“万年浦江”全国中国画（册页）、“伯年国艺”全国中国画（手卷）写意作品展；史姣靓作品入选中国美协主办的第三届“泾上丹青”——全国中国画作品展；卢忠免作品入选中国美协主办的“第十届全国（大芬）中青年油画展”；刘琴芳作品获第二届常州“恽南田”美术奖，程安中、潘宏光、史姣靓入选入展。市音乐家协会刘锋在“2021江苏企业职工歌曲舞蹈展演大赛”中获演唱一等奖，潘振新作曲、冯小琴演唱的《把梦串起来》以及潘振新作曲、胡昊丞等人演唱的《一号公路旅行曲》分获一、二等奖；潘振新创作的歌曲《最美是你》《幸福不会延期》在国家一级刊物《歌曲》杂志发表。市舞蹈家协会选送的作品参加江苏省电视台“百花向阳童心向党”“六一”少儿才艺大赛，多个原创舞剧分获特等奖、一等奖和二等奖。市摄影家协会王晓云、车保华、蒋爱珍等24人，在中国摄影家协会主办的“摄影发现中国·溧阳生态摄影大展”中共有39幅作品入选；王晓云、车保华的作品在“百年光影 红色记忆”庆祝建党100周年江苏摄影作品展中入选；韩福珍作品《传统制伞》获“一带一路大联盟”国际金奖。市民间文艺家协会成立市民间文艺家协会工艺美术分会、“孙建平工作室”；邓超、胡星、葛亚东等人参加央视科教频道《百家讲坛·今古话溧阳》开播；葛亚东获江苏省群众文化“百千万”工程优秀文艺骨干称号。市影视家协会创编的“小小国家队”获常州市优秀精神文化产品创作扶持项目。

【组织建设】 2021年，市文联接受政治监督，配合巡视巡察。在巡视组反馈巡视问题清单后，查漏补缺、制定整改措施，进行全面深入的整改。及时组织传达学习贯彻习近平新时代中国特色社会主义思想和习近平总书记在庆祝中国共产党成立100周年大会上的重要讲话精神，深入开展党史学习教育、“我为群众办实事”、作风建设“三效三提”专项行动，依托“学习强国”平台，营造全体党员干部比学赶超浓厚氛围。落实中央八项规定和省委、市委十项规定及“一学习两整治”要求，继续深化“不忘初心、牢记使命”主题教育学习，进一步增强责任意识、服务意识。牢牢把握意识形态主阵地，加强意识形态领导、筑牢思想防线地，切实做好各协会的思想政治工作。通过经常性地走访、调研、座谈等，加强与下属协会的联系，深入了解文艺界的思想动态和舆情信息。坚决落实意识形态责任，切实做到可管可控。利用代表大会、理事会、赛事活动等场合，及时传达上级关于意识形态工作的决策部署及指示要求，组织丰富多样的正面舆论宣传，牢牢把握意识形态工作的领导权、主动权。

（丁月辉）

溧阳市红十字会

【概　况】 2021年，市红十字会以习近平新时代中国特色社会主义思想为指导，坚持“人道、博爱、奉献”红十字精神，深入贯彻《中华人民共和国红十字会法》，主动在“党政关心、社会支持、群众需要、能力所及”的结合点上凝聚社会力量，确保在宣传筹资、人道救助、救灾救援、应急救护培训、造血干细胞捐献、红十字志愿服务等重点工作上有效推进。

【临时救助】 2021年，市红十字会始终把救助因灾、因病或其他意外突发事件导致生活困难的群众作为工作使命，按照《溧阳市红十字会救助金管理和使用办法》，对家境困难的白血病患者和其他特困重病患者进行临时救助。接收救助资金170.5万元，其中发放助困资金58.6万元，救助困难群众和贫困学生347人次。面对身陷困境的白血病和特困重病患者，市红十字会一方面认真接待每一位来求助的困难群众，耐心做好心理安慰和疏导工作，另一方面深入各镇（街道），走进患者家中，送上救助金和组织上的温暖，积极鼓励患者树立生活、工作信心。

【博爱送万家活动】 深入全市各镇(街道)爱心工作站和博爱家园，走进困难群众家中，为他们送去慰问金和大米、食用油、棉被等生活必需品；结合新时代文明实践活动，组织各镇（街道）红十字会、各红十字志愿者服务活动站开展专家义诊、走访慰问困难群众等活动；服务“苏陕合作”大局，与白河、汉阴两地红十字会联系，结对帮扶50名困难学生；开展“结对低保边缘户”活动，深入天目湖镇走访慰问，送上帮扶资金；发挥红十字养老照护服务队作用，为老年人提供救护培训、健康咨询、送餐上门等服务。

【敬老助学助残】 “六一”前夕，市红十字会走进市培智学校，为孩子们送上节日的祝福和慰问金。联合民建溧阳支部持续第8年开展“金秋助学”活动，走进上沛小学发放助学金。上兴镇红十字会走进困难学生家中，倾听他们心声，让他们能感受到爱和温暖。戴埠镇红十字会为优秀学生发放了奖励金，希望他们要感恩父母，努力学习，不负韶华。社渚镇红十字会联合社渚镇妇联在周城中学、周城小学、社渚中学开展“情系春蕾　博爱助学”活动，为12位受助学生及家长发放助学金。

【救护培训】 充分发挥国防园应急救护培训基地作用，联合教育局将救护培训纳入学生军训课程，共完成2800名新生军训。探索成立应急救护集中培训点，定期开展救护员培训，组织救护讲师团成员深入社区、学校、企业、机关等开展急救知识普及培训。为时代上汽动力电池有限公司、上上电缆集团有限公司、江苏鼎塑实业有限公司和布勒（常州）机械有限公司等69家企业进行应急救护培训。完成1431名救护员、8407名普及性救护培训任务，“CPR+AED”课程培训6900余人。

【完善应急救援体系】 组织红十字应急救援队按照《关于建立防灾减灾救灾联动工作机制的通知》要求，以世界急救日、防灾减灾日为契机，联合市教育局、市应急管理局、市地震局在燕湖初中举行以“提升校园应急能力，筑牢防震减灾防线”为主题的校园地震应急疏散演练活动。联合市外国语小学及美景天城等社区，大力开展防灾减灾、逃生演练活动。联合市总工会、市人力资源和社会保障局组织开展2021年度溧阳市红十字应急救护大赛，上兴镇马道庆获个人赛第一名，南渡镇代表队揽获团体赛桂冠。积极组织救护师资参加2021年度常州市职工职业技能救护大赛，获团体第二名、戴埠镇高级中学洪丽君获常州市应急救护技术能手称号；市红十字应急救援队参与在上黄镇长荡湖国家湿地公园举办的2021年全国桨板锦标赛全程应急救护保障服务。

【捐献工作】 2021年，联合市文明办、市卫健局等部门开展造血干细胞的宣传和集中采集活动，对6位捐献造血干细胞志愿者进行表彰。全市卫健系统100名医务工作者带头加入中华骨髓库。社渚镇红十字会发动全镇机关25名青年干部进行造血干细胞集中采样活动，共有150名造血干细胞捐献志愿者血样进入中华骨髓库，2人成功捐献。联合献血者协会举办纪念世界献血日活动，发放造血干细胞宣传册500册，街头2个采血点共采集血液44人，献血量达16200毫升。全市遗体捐献登记11例，实现捐献3例；器官捐献登记826例，实现捐献3例。上海文洋科技发展有限公司向市疫情防控指挥部捐赠1辆上汽大通负压救护车。7月，河南水灾牵动人心，共接收爱心企业及爱心人士善款53600元，定向用于河南水灾。“99”公益日活动，完成项目资金的筹集3万元。溧城街道心愿树爱心工作站为贫困家庭的孩子送上一份心意。10月，江苏友发钢管有限公司向溧阳市红十字会捐赠爱心款100万元，建立“友发阳光助学基金”，定向用于资助上兴镇困难家庭学生。

（金　璐）

人民武装

【思想政治教育】　2021年，市人武部党委深入贯彻上级精神，科学制定主题教育方案，分阶段开展党史学习教育活动，组织部机关人员观看电影《守岛人》，赴宜兴市太华山新四军、苏南抗日根据地纪念馆以及新农村建设示范点参观见学，参观百年发展建设图片展，集中观看庆祝中国共产党成立100周年大会现场直播，组织学习讨论交流。坚持读原著学原文，每周利用不少于1个小时的时间集中学习《习近平谈治国理政》《论中国共产党历史》《中国共产党简史》等书目。在民兵政治教育方面，以专武干部、民兵干部、基干民兵为重点，利用组织整顿、军事训练和执行任务等时机，全年组织16课时党史学习教育以及政治专题教育，培养有灵魂、有本事、有血性、有品德的民兵骨干人员。与市委宣传部、市教育局、市退役军人事务局等部门联合主办“童心向党　逐梦百年”国防教育进校园活动，6—10月以军训教员、退役军人走进校园和广大学生走进国防园教育基地的方式，结合升国旗、队列训练、“沙场点兵”、上一节特殊党课、军事夏令营等活动进行，学生参与感强，兼顾教育性和趣味性。

【军事斗争国防动员准备】　2021年，市人武部贯彻落实中央军委新年度开训动员令，聚焦练兵备战主责主业，始终坚持中心工作不动摇。抓实民兵分队训练，4—6月完成年度第一、第二批应急分队集中轮训备勤，落实后勤保障分队“跨区域联训、分专业轮训”暨溧阳市特殊分队共同基础训练；9月赴武进国防园落实民兵专业分队跨区联训，有效保证了民兵队伍的基本战斗素养和应战应急能力。重视民兵“武教头”培育和精品课打磨，参加常州民兵“四会”教练员比武和常州民兵干部骨干集训。加强基础设施建设和物资器材配备，抓实应急分队建、管、用，推进战备规范化建设。常态抓好市、镇（街道）两级人武部规范化建设，全市12个镇（街道）人武部、226个行政村（社区）民兵连规范化建设已基本完成，建设规模和质量都走在了常州市前列，其中古县街道、昆仑街道为2021年度规范化人武部建设试点单位。推进国防动员潜力数据调查工作，集中力量组织“一综八办”和各镇（街道）进行年度潜力数据核查和潜力数据调查，按照“准、全、新”要求，采取业务培训、逐级汇总、数据核验等步骤，对退伍军人、地方专业人员、适编单位、科技资源等情况进行调查核实，做到摸清底数、数据翔实，切实为快速动员提供可靠数据支撑。编实建强民兵分队，其中新质、专业力量编组占比科学合理。溧阳市新质力量全部按需编建，依托电信、移动、大数据、中石化、安顺煤气、交通、住建等对口专业和行业单位组建专业分队，提升了基干民兵的技术含量，保证了民兵的战斗力。

【征兵工作】　2021年，市人武部按规定严格落实兵役登记、政考、体检、定兵、役前训练等程序。市政府征兵办公室注重抓好18周岁适龄青年兵役登记，达到100%落实。注重抓好宣传教育动员，开展征兵宣传教育，印制宣传册、宣传展板，利用手机、微信公众号、公交出租车电子屏等多渠道方式开展征兵政策宣传，激发适龄青年报名应征的热情。抽调市卫健和公安机关精干力量，严密组织进站体检和政治考核。体格检查慎淘汰，在合规的前提下，确保把更多优秀大学生和大学毕业生保留下来；役前训练重实效，着重夯实应征青年思想和身体基础，端正入伍动机；积分选向更合理，贯彻《大学生积分定兵选择去向实施办法》，实现个人意愿和部队需求双结合，树立起鼓励高学历青年参军入伍的良好导向，确保了新兵质量。与市退役军人事务局共同落实优抚措施，抓好退役安置，确保优抚政策落实到位，让官兵入伍时开心、退伍时安心。加强军人荣誉体系建设，把优秀现役士兵和优秀退伍军人代表纳入走访慰问范围，把官兵在部队立功受奖喜报敲锣打鼓地送到家庭，营造“一人参军、全家光荣”的良好社会氛围，全市完成兵员征集任务。

【党管武装工作】 2月，召开溧阳市2021年度武装工作会议，传达常州军分区党委全体（扩大）会议精神，部署溧阳市年度武装工作计划。12月，召开溧阳市委常委议军会，听取市人武部军事工作情况汇报，就人武部提请研究事项进行讨论。研究落实通过了三项议题：一是研究建立民兵与地方应急力量统筹建设运用机制，将民兵纳入政府应急管理体制，形成会议文件；二是对溧阳市国动委指挥中心进行维修改造和规范化建设；三是对溧阳市民兵装备物资器材进行采购配备。同月，开展溧阳市领导干部军事日活动，邀请南京海军指挥学院教授张晓林到溧阳作“我国周边安全形势”授课。

（阮荣睿）

退役军人事务管理

【概　况】 2021年，溧阳市退役军人事务局围绕“让军人成为全社会尊崇的职业、让退役军人成为全社会尊重的人”工作目标，不断深化“不忘初心、牢记使命”主题教育，积极开展党史学习教育和“两在两同建新功”主题实践活动，严密实施理论强化和工作实践，积极开展“基层百讲”“听功臣讲英雄故事”“追寻红色记忆”和用关心关爱擦亮“溧挺退役人”底色的为民办实事项目。在全局广大党员干部中积极开展“四比四看一争当”实践活动，强化政治建设，不断加强班子和队伍建设，坚定了理想信念、提振了精气神、提升了干事创业素质，促进了各项工作的高效落实。坚持党史学习教育与日常工作、退役军人事务与双拥共建、思想政治引导与合法权益维护一同谋划、一同部署、一同推进，以省级双拥模范城“八连冠”创建为契机，带领全市系统紧紧抓住发展机遇，攻坚克难、奋发作为，不断推动溧阳市退役军人工作再上台阶。

【优抚工作】 2021年，市退役军人事务局严格落实抚恤补助标准，保障优抚权益应享尽享。按照省、市《关于提高部分优抚对象抚恤补助的通知》等文件要求，溧阳市自2021年7月起调整各类优抚对象抚恤补助金标准，抚恤补助金标准平均增长超8%。至2021年年末，全市享受定期抚恤补助的优抚对象共3500余人（另有复员军人遗孀639人），新增定补优抚对象114人，其中伤残军人13人、牺牲军人遗属1人、带病回乡退役军人6人、部分农村籍退役士兵94人，优抚对象保障水平不断提升。

严格落实现役军人优待优惠政策，2021年全市共有37名现役军人荣立三等功及以上奖励，企业义务兵优待金标准不断提升，全年发放义务兵家庭优待金508人次。

开展年度优抚对象年审核查工作，实施优抚对象精细化服务管理。优抚对象年审核查率100%、优抚对象数据信息完善率100%、身份认证率100%，优抚历史档案完成数字化扫描22万余件。首次统一调整落实优抚抚恤补助金按月发放，规范发放形式，统一发放时间，管理服务工作更加正规化。

实施优抚对象关爱工程，不断丰富拥军优待优惠内容。开展优抚对象“三关爱”活动，安排53名重点优抚对象参加省荣军医院短期疗养，组织260名国防施工退役军人参加硅肺病排查，落实1529名重点优抚对象医疗保障待遇。开展退役军人困难援助帮扶活动，通过困难慰问、大病救助、危房改造等方式，帮扶困难退役军人家庭1400人次。开展退役军人及优抚对象家庭走访慰问活动。在春节、“七一”建党节、“八一”建军节等重要节日期间，对全市革命伤残军人、在乡复员军人、参战参试退伍军人等重点优抚对象开展走访慰问。

【双拥工作】 2021年，市退役军人事务局开展走访慰问活动。春节期间，组织开展拥军优属、拥政爱民活动，举办军地领导迎新春座谈会、军民座谈会，组织对驻军官兵和重点优抚对象走访慰问。各级双拥工作分管领导走访慰问重点优抚对象，为他们送上节日慰问金、慰问品，向优抚对象家庭发放慰问信等6万余份。7月29日、30日，市四套班子主要领导走访慰问73196部队等驻溧阳部队官兵。组织庆“八一”联欢活动，夕阳红艺术团到驻溧阳部队开展拥军慰问。

全面落实拥军项目。按照“部队所需、地方所能”原则，大力支持驻溧部队官兵不断完善执勤、训练、工作、生活设施，支持驻溧部队全面建设发展。年内，完成为驻溧阳部队营区政治文化氛围建设、营区绿化护理、供水改造提升工程、更换桌椅、购置健身器材等，年度拥军项目。深入抓好各类优待抚恤政策的落实，走访慰问优抚对象，做好登门送喜、“光荣之家”匾牌上门悬挂等工作。

双拥创建工作成果显著。根据常州市双拥工作会议精神，及时组织召开全市双拥工作会议，调整双拥工作领导小组成员，印发《溧阳市创建江苏省双拥模范城目标任务分解表》等文件，进一步明确目标，落实工作责任。对照文件要求，逐项梳理细化，建立迎检台账。督促双拥成员单位落实双拥政策、切实履行职责，指导成员单位完善双拥工作台账资料。加强与驻溧部队联系，全面了解、掌握驻溧各部队开展拥政爱民和军民共建工作情况，帮助部队解决建设中的难题，巩固溧阳市双拥基础。组织督查各镇双拥工作，指导各镇进一步落实优抚双拥政策。坚持宣传教育导向作用，积极有效发挥主流媒体和红色文化资源优势，广泛开展丰富多彩、军民喜闻乐见的双拥宣传教育和各种纪念活动，激发全市军民重视双拥、支持双拥、参与双拥的热情。

加强双拥国防宣传。结合庆祝中国共产党成立100周年和建军94周年，以党史学习教育为契机，广泛开展形式多样的国防教育和双拥宣传。在市区主要交通要道设立大型广告牌宣传双拥，市内主要公共场所电子显示屏滚动播放双拥宣传标语。通过溧阳电视台、《溧阳时报》等媒体持续开展拥军活动宣传。通过与《溧阳时报》联合开设专版“致敬暮年英雄 赓续红色血脉”和“溧阳籍现役军人立功光荣榜”，宣传146位在乡老复员军人及2020年溧阳籍立功现役军人，让全溧阳了解、赞美、尊敬军人军属，真正做到让军人得到全社会的尊崇。通过一系列宣传教育活动，在全市大力营造“爱国拥军、爱民奉献”的良好氛围，不断夯实军政军民团结的思想基础。

【安置工作】 2021年，市退役军人事务局全力做好军队转业干部和符合政府安排工作条件退役士兵的安置。按照上级关于做好2021年度退役军人工作高质量发展绩效评价考核要求，坚持“阳光安置”，依据《考核考试积分选岗安置办法》接收安置军转干部。按照《关于进一步加强由政府安排工作退役士兵就业安置工作的意见》，接收安置符合政府安排工作条件的退役士兵。

【教育培训】 2021年，市退役军人事务局按照城乡一体化原则，做好退役士兵接收安置工作，并发放2020年度秋、冬季退役士兵自主就业一次性经济补助资金。接收2021年秋、冬季自主就业退役士兵。在溧阳中专、苏华建筑职业技能培训学校开设电工、汽修、个性化培训等短期职业技能培训班，联合溧阳市千里马职业培训学校举办创业培训，30余名退役士兵参加免费职业技能培训，108名退役士兵参加电商创业培训。实施退役士兵学历教育补助政策，组织100余名退役士兵参加各类学历教育培训，并发放2021年自主就业退役士兵教育培训补贴金。

【就业创业】 2021年，市退役军人事务局鼓励退役士兵自主创业，为8名退役士兵落实税收减免、贷款贴息优惠政策，帮助退役士兵创业致富。联合溧阳市人力资源市场举办2场2021年度退役军人专场招聘会，200余名退伍军人成功与企业签订了劳动用工合同。组织全市退役军人参加“戎耀常州”第二届“退役军人创新创业大赛”，获得常州市大赛优秀奖2名，激励了全市退役军人就业创业热情。

在政策许可范围内精准施策，用切实管用的思想政治工作和解困帮扶措施，解决退役军人实际困难，积极主动落实好相关政策，把党和政府的关心和关爱落到实处。以扎实细致为标准，建立沟通平台，加强与各类群体的沟通交流，并为他们进行政策解读，及时做好咨询工作。进一步加强部门联动，与兄弟单位合作，真正形成合力。

【服务工作】 2021年，市退役军人事务局窗口服务专设党员示范岗，以优秀党员为服务典范和作用引领，树立和强化窗口接待工作优质形象。工作人员充分体现优秀职业素养和敬业爱岗精神，以耐心的态度、热情的服务、专业的解答得到来访人员一致好评。

【思政引领】 2021年，市退役军人人事务局历时两个月，为全市在乡老复员军人拍摄、制作并赠送主题为“永不褪色的红色基因”纪念相册，并在“八一”前在《溧阳时报》开设以“致敬暮年英雄 赓续红色血脉”为主题的致敬老兵专刊，引起社会各界广泛共鸣和良好反响；以“追忆革命征程 传承红色基因”为主题，邀请98岁的抗战英雄虞友道为社渚小学师生进行红色宣讲，激发新时代青少年爱党爱国热情；为全市兵支书建立电子信息档案，并录入全国退役军人服务管理平台，为树立基层典型模范形成数据基础。

【医疗巡诊机制】 2021年，市退役军人事务局组织的年度巡诊活动于4月启动，7月结束，历时三个多月；服务对象范围扩大至全市在乡老复员军人、老复员军人遗孀和伤残军人，总人数达1000余人。同时为巡诊对象建立个人健康档案，传达慰问关怀，保障身心健康，成为服务中心年度常态化工作的一大亮点。

【志愿服务】 2021年，市退役军人事务局逐级推开并组建戎耀龙城常有爱志愿服务队241支，成员达2300余人，为溧阳市疫情防控、防汛抗洪、烟花爆竹禁放劝导、路段巡查、文明城市检查等贡献突出力量。同时，服务中心设立专项资金，为所有志愿者购买人身意外保险。因成绩突出，队伍获得2021年江苏省“百支优秀退役军人志愿先锋队”称号。

【信息采集】 2021年，溧阳市历时三个月，全面完成全市近三万名退役军人及其他优抚对象信息采集、更新、完善工作，为服务对象建档立卡、开展服务保障工作奠定可靠的数据基础。

【体系建设】 2021年，市退役军人事务局打造天目湖镇东陵社区和桂林村等具有代表性的村（社区）示范站点，别桥镇黄金山村服务站获评省“百家红色精品退役军人服务站”；推动古县街道服务站、溧城街道砻坊场等4个服务对象300人以上社区服务站创建全国示范型站点，全力推动全市退役军人服务保障体系高质量发展。

【体检工作】 10—12月，市退役军人事务局组织全市现役军人家属和各类优抚对象参加免费体检，关注军人军属身心健康，提供贴心、暖心、关爱服务。

【接收报到】 2021年，市退役军人事务局安全、规范、高效完成年度退役士兵返乡报到接收工作，探索和推进“一站式”办理报到模式，提高了接收报到的便捷性和高效性。

【培训提升】 2021年，市退役军人事务局组织和参与各级各类培训十余次，培训达600余人次，对象包括全市基层服务站分管领导、站长、工作人员、骨干力量，内容涵盖规范化建设、网格化管理、拥军优抚、就业创业等项目，为开展优质服务保障工作夯实了基础。

【走访慰问】 2021年，市退役军人事务局常态化走访慰问困难退役军人、“三属”人员和参战老兵；开展当年度退役士兵家访并发放拥军联系卡；联合市慈善总会、市爱心企业开展重阳节慰问高龄老兵活动，为全市作出突出贡献的高龄老兵送去慰问金和慰问品，足迹遍及全市8个乡镇。

【军休服务】 2021年，市退役军人事务局组织军休所全体干部学习习近平总书记在党史教育动员大会上的重要讲话和中共十九届六中全会精神，政治学习不放松；组织军休干部到西山烈士陵园、溧阳城市党建馆、八字桥村等处参观，瞻仰革命先烈，感受家乡发展；采取现场颁发和入户上门等形式，向15名党龄50年的老党员颁发了“光荣在党50年”纪念章，学习党员先进，彰显党员风采；在“八一”、春节等重大节日开展走访军休干部活动，并发放慰问品；组织健康体检，关怀服务对象身心健康；组织欢庆中秋活动，参加常州市军队离休退休干部第十六届文体联赛，丰富军休干部的业余生活。

【褒扬纪念】 2021年，溧阳市发挥西山烈士陵园红色特殊教育课堂，以丰富的褒扬纪念活动激励社会各界奋发向上、奉献社会。西山烈士陵园共接待团体85个、个人270余人，其中中小学团体41个，参祭师生2452人，祭拜英烈活动总计5148人次。特别是在市政府关心下，西山烈士陵园对陵园整体环境及配套进行了提升和改造，进一步满足祭拜活动各项需求和褒扬纪念活动的丰富开展。

（柏旭松）

人民防空

【人民防空指挥与训练】 2021年，溧阳市人民防空办公室（以下简称市人防办）对《溧阳市人民防空方案》进行进一步完善修订，按照人民防空指挥部人员编成和新行政区划对方案进行调整修改，使方案更具指导性和可操作性。按照省政府下发的重要经济目标防护单位评定标准，完成对天目湖抽水蓄能电站和天目湖变电站2家江苏省二级重要经济目标重点防护单位《防护救援方案》的编修和评审工作。下一步将依据方案指导2家单位组建救援队伍，明确职能职责，落实防护措施，适时指导开展演练。2021年，人防指挥机关共组织演训练活动15余次，其中跨区机动演练3次，着力提升人防机动指挥信息系统跨区域支援能力。全年训练总时间达到23个训练日164个训练小时，人员参训率90%以上。全年人防机关及相关人员参加各级组织的各类业务培训11次，培训人数60余人次，人防机关人员整体专业素质得到较大提高。

【人防信息化建设】 2021年，市人防办按上级要求，对人防基本指挥所指挥信息系统进行达标改造，主要对人防基本指挥所内部视频会议系统、监控系统、通信系统及环控系统进行升级改造。8月初，完成基本改造任务并投入试运行阶段；11月，由常州市人防办组织专家人员对改造项目进行评审验收，专家组一致认证通过此次改造，指挥所功能明显提升，达到预期效果，将有效提高溧阳市人民防空与应急救援指挥通信保障能力。2021年，按照警报建设规划和布局要求，新增安装电声警报器5台，全市人防警报器总数达52台。其中，主城区25台，乡镇和重要经济目标单位27台，基本实现主城区及镇区人员密集区域覆盖。同时对15台老旧警报器和控制分中心控制系统进行升级改造，大幅度降低了老旧警报器的故障率。“9 · 18”警报试鸣期间，中心城区警报器鸣响率和音响覆盖率均达100%。

【城市综合防护体系建设和管理】 2021年，溧阳市在城市基础建设中全面落实人防要求，坚持应建必建，坚持人防工程面积与城市人口同步增长。加大人防专项规划融入城市总体规划（国土空间规划）步伐，编制《溧阳市“十四五”人防发展建设规划》，通过规划合理布局人防工程建设和优化人防工程功能结构，进一步完善溧阳市生命康原片区人防要素配置。落实“双随机一公开”要求，加强审批事项事中事后监管，强化人防工程建设质量监查“三个机制”，即“用交底机制明确参建各方质量义务、用检查机制规范监理现场行为、用约谈机制规范参建各方行为”。全面落实人防工程维护管理制度，按照“谁使用、谁管理、谁维护”原则，加强人防工程维护管理检查工作，完成人防工程日常维护管理及安全使用巡检任务，人防工程完好率达90%以上。推行人防工程标识标注统一“换新”，提前1年完成2019年前溧阳市竣工人防工程标识改造任务。守牢人防工程安全生产底线，深入推进安全生产专项整治三年行动，统一开展人防工程夏季洪涝灾害隐患专项排查以及冬季燃爆隐患专项排查。通过发放平时使用证、签订使用责任书、开展专项检查、明确管理责任、强化履职尽责，夯实全链条管理体系，确保人防工程完好率和正常安全使用。

【人防全面依法行政】 2021年，市人防办加强人防行政许可案卷监督检查工作，针对人防行政许可权力事项划转审批局实际，建立人防前期审批事中事后监管机制，对人防行政许可案卷进行随机抽查，加强了人防审批人员依法履职意识，提升了依法行政水平。加大人防工程执法检查力度，完成对全市人防工程维护管理及安全使用执法检查，并下发巡查问题告知书5份；针对行政处罚权已下放各镇（街道）集中行使实际，对整改不力的项目拟移送镇（街道）综合执法局处理。坚持人防审批及经费使用常态化监管，开展人防经费内部审计工作，接受第三方审计机构对2020年度人防易地建设费及平战结合收入的专项审计。深化工程建设领域审批制度改革，落实《关于推进工程建设项目“多测合一”改革的指导意见》。

【人防宣传教育】 2021年，市人防办把人防教育纳入到国民基础教育之中。为全市中小学发放1.3万余册《人防知识读本》，做到全市小学四年级和初中二年级学生人手一册，“9 · 18”期间，印制《防空防灾知识手册》5000余册发放至各乡镇、社区，在燕山南苑、福阳山庄等社区组织多场人防知识宣传活动，群众参与热情高，收到较好宣传效果。与溧阳市融媒体达成协议，在《溧阳时报》、中国溧阳、“自在溧阳”App等多个宣传平台广泛宣传人防知识。与溧阳科协在报刊和网站刊发专栏，共同举办“人防杯”防灾减灾有奖知识竞赛活动。

（李　剑）

政法综治和平安建设

【概　况】 2021年，全市政法综治系统大事要事面前主动作为、急事难事面前全力攻坚，战疫情、保安全、护稳定、促发展，各项工作取得新成效。

贯彻《政法工作条例》(以下简称《条例》)，市委出台《关于贯彻〈中国共产党政法工作条例〉的实施意见》，政法委制定《市委政法委员会派员列席市政法单位党组（党委）重要会议工作规范》《关于进一步严格执行重大事项、重大敏感案件请示报告制度的通知》等一系列规范，建立政法委班子成员挂钩联系镇区和政法单位机制，不断推动《条例》落到实处。开展政法队伍教育整顿，紧扣学习教育、查纠整改、总结提升“三个环节”，科学组织、高位推动、狠抓落实，在筑牢政治忠诚和实现群众满意中书写初心使命，在强化司法规范和推进查纠整改中整治顽瘴痼疾，在教育整顿队伍和提升政法工作中锤炼过硬担当，取得了预期成效，得到中央督导组和省指导组的充分肯定，在常州市年度考核中位列第一。2021年，溧阳市政法队伍满意度达97.03%，位居省、常州市前列。

2021年，全市群众安全感、政法队伍满意度、法治建设满意度均位居省、常州市前列，信访考核蝉联全省第一；溧阳市被评为“全国信访工作示范县(市)”“全省争创全国法治政府建设示范县（市）活动先进地区”，市法治宣传教育领导小组获评“2016—2020年全国依法治理创建活动先进单位”；市法院获评“全省优秀法院”“全省法院诉调对接工作先进集体”，市检察院获评“全省检察机关扫黑除恶专项斗争先进集体”，市公安局竹簧派出所被公安部记集体一等功、交警大队被评为“全国公安机关成绩突出交警大队”，市司法局社区矫正中心被评为全省首批“智慧矫正中心”，市公共法律服务中心被评为“全省公共法律服务工作成绩突出集体”，市信访局被评为“2016—2020年全国普法工作先进单位”，并涌现出“全国最美公务员”王颖等一批先进个人。

【保障工作】 组织动员全市政法单位推出保障发展、服务民生新的硬措施、实办法，政法系统有10件实事入选“我为群众办实事”实践活动市级100件民生实事清单。制定《关于贯彻落实市十三次党代会精神为“崛起长三角 绿色现代化”提供坚强政法保障的实施意见》，持续推进《关于打造溧阳法治高地优化法治化营商环境的意见》《关于法治护航建筑企业健康发展的意见》落地落实。推进“困境企业”清理，深入调研科学谋划“困境企业”出清路径，制定《“僵尸企业”清理工作实施方案》，迅速开展企业排查。发挥“大数据＋网格化＋铁脚板”机制优势，积极投身疫情防控等重点工作，《溧阳市“网格蓝”精准发力、大联防全民战“疫”》被省委政法委宣传推广。

【维护安全稳定】 高质量完成中共十九届六中全会、省十四次党代会等一系列重大活动期间安保维稳任务。特别是将庆祝中国共产党100周年安保维稳作为政法战线的头等大事，组织开展“六大攻坚行动”，落实各项举措，实现“五个严防、三个确保”目标。做好维稳工作，认真开展政策宣传、属地管理、矛盾化解和应急处置。

【信访工作】 常态化开展市领导接访下访和包案化解工作，共接待群众149批161人次，化解132批，化解率达88.6%；镇（街道)、重点部门相应落实领导干部接访下访制度，共接待群众来访781批2180人次，有效化解信访矛盾636件。组织开展信访突出问题“百案攻坚”“双月攻坚”专项行动，中央联席办交办重复信访报结率100%、化解率达94.6%，“百案攻坚”交办案件化解率达53%。

4月1日，开展全市政法队伍教育整顿主题党课（市政法委　供稿）

【平安溧阳建设】 深入贯彻落实习近平总书记关于开展扫黑除恶斗争的重要指示精神，成立溧阳市扫黑除恶斗争领导小组，制定《关于常态化开展扫黑除恶斗争巩固专项斗争成果的实施意见》，持续保持对涉黑涉恶违法犯罪高压态势。开展交通运输、工程建设、自然资源、信息网络“四大重点行业领域”专项整治，强化部门联动，围绕“打、防、管、建”，形成齐抓共管的工作格局。以扫黑除恶斗争为牵引，健全社会治安防控体系，制定《关于深入推进更高水平的平安溧阳建设的实施方案》，不断提升群众安全感满意度。组织开展打击治理电信网络诈骗违法犯罪专项行动，努力构建党政主管、综治主导、行业主责、公安主打、社会各界共同参与的工作格局。2021 年，溧阳市群众安全感达 99.58%，持续保持全省、全常州前列。

【法治溧阳建设】 出台《法治溧阳建设规划（2021—2025 年）》《溧阳市法治社会建设实施方案（2021—2025 年）》，着力推动法治溧阳、法治政府、法治社会一体建设。法治政府建设工作取得明显成效，作为全省唯一县（市）被推荐争创全国法治政府建设示范市，获评 2021 年度全市重大贡献奖。开启“八五”普法新征程，印发《关于在全市公民中开展法治宣传教育的第八个五年规划（2021—2025 年）》。实施农村“法律明白人”培育工程，已培育 1119 名“法律明白人”。戴埠镇戴南村成功创建全国“民主法治示范村”，南渡镇庆丰村创成“全国乡村治理示范村”，天目湖镇法治文化特色园获评全省“法治文化特色园”。

【基层社会治理】 成立溧阳市市域社会治理委员会暨市委平安溧阳建设领导小组，制定《市委平安溧阳建设领导小组工作规则》《市委平安溧阳建设领导小组专项工作协调小组组成方案》。落实《江苏省城乡网格化服务管理办法》，不断完善“大数据＋网格化＋铁脚板”治理模式，着力构建“网格化＋楼长制”“微网格＋什户长”等工作机制，大力推进“三官一律进网格”等工作，打通社会治理的“毛细血管”。承担的常州市“一心两智”试点建设有序推进，参与全省综合执法改革暨指挥中心建设试点。深入推进村（社区）网格化工作联动站建设，25 个村（社区）建成运行。

（沈　超）

公　安

【概　况】 2021 年，市公安局围绕中国共产党 100 周年安保维稳工作主线，统筹推进党史学习教育、政法队伍教育整顿，全力战疫情、保安全、护稳定、促发展，以实干、实战、实绩积极践行“我为群众办实事”。

推进党史学习教育和政法队伍教育整顿，学习教育环节，“六个学”经验做法获中央第六督导组肯定，编入江苏省教整办《学习教育环节做法经验汇编》；查纠整改环节，重点围绕 7 类顽瘴痼疾 41 个具体问题，明确 47 项整治措施，刀刃向内，全面排查整治；开展典型选树，打造“最美”群像，选树“常州五四青春警星”1 名、“溧阳五四青春警星”10 名，1 名民警获评全国公安机关扫黑除恶专项斗争成绩突出个人，2 名民警获评江苏公安“十佳百优”刑警，3 名民警获常州市“五一”“五四”表彰，竹箦派出所荣立公安部集体一等功并被公安部拟命名为“全国枫桥式派出所”；交警大队获评全国基层公安机关优秀交警大队；副省长、公安厅长刘旸对建党 100 周年安保期间袁东红因公牺牲专门批示，市长叶明华专门慰问。

【安保维稳】 完成中国共产党成立 100 周年等重要时期安保任务；实体运行“红石榴家园溧阳工作站”，服务管理体系逐渐完善；动态调整疫情防控措施，研发智慧防疫 App，累计核查人员 5.8 万余人，查办涉疫行政案件 17 起、刑事案件 1 起；优化“135”快反机制，处置各类重大警情、案事件 520 余起，疑难警情 1120 余起，救助有自杀倾向人员 202 名；做好“五一”、“十一”长假和“迷笛”音乐节、庆丰稻田音乐节等大型活动安保，旅游秩序、治安秩序保持平稳。

【治安管理】 继续保持命案、八类案件全破，“两抢”案件零发生，连续攻克“6·12”持刀伤害案、10 年前抢劫积案等重大恶性案件；推动市委、市政府出台打击治理电信网络诈骗新型违法犯罪三年行动方案，构建党政主管、综治主导、行业主责、公安主打、社会各界共同参与的反诈工作格局，推出“反诈志愿者联盟”等基层创新，2021 年破获电信网络诈骗案件 93 起，抓获犯罪嫌疑人 49 人、“两卡”嫌疑人 87 名，信用惩戒 49 人，关停手机卡 1500 余户，冻结止付资金 7000 余万元，精准预警 7 万余人次，劝阻群众拟汇娼“雷电”行动，侦破部督案件3起，捣毁娼赌窝点35处，查处违法犯罪嫌疑人1254名，停业整顿场所14家；优化“禁毒办”运行，完成重点吸毒人员整治，社区戒毒（康复）人员执行率达100%；进一步规范经济秩序，破获经济类案件17起，抓获犯罪嫌疑人35名；坚决守护“绿水青山”“舌尖上的安全”，运行常州首家“食品快检实验室”，推进“昆仑2021”专项行动，侦办食药环假案件25起，采取刑事强制措施29人。

【安全治理】 新增中关村和古县派出所，选优配强警力，落实保障高新区和生命康原发展任务；推进交通安全治理三年行动方案，牵头镇（街道）梳理排查交通安全隐患153处，对账销号140处，交通安全指标保持稳中有降；牵头停车收费管理，完成首批12个公共停车场收费管理，勒令整改4家高收费社会停车场，全市今年新增停车泊位782个，有效缓解停车压力；加强出租房管理，推广微安居小程序，全市410户群租房全部签订治安责任书、安全隐患告知书，累计排查各类安全隐患1432处，办理不按规定登记承租人信息案件78起；同时，围绕“查隐患、抓整改、促规范”，持续开展涉危涉爆、成品油市场、寄递物流、学校、三级以下消防单位等安全检查，及时清除一大批安全隐患。

【服务群众】 开展“我为群众办实事”实践活动，明确18项内容，公布10项惠民举措，落实“三校一园”交通疏解等民生实事；持续推进“便民服务圈”建设，建成公安政务服务南航天目湖校区分中心，13个派出所窗口进驻镇（街道）为民服务中心，50项审批服务事项集中到政务中心公安窗口，18类车驾管业务凭身份证“一证办”，15项业务“一次办”，9项业务融入“一岭六县”苏皖合作示范区，实现“一地一窗”办理；全面推行摩托车驾驶证全国“一证通考”、非营运小型、微型载客汽车和摩托车转籍异地通办等交管放管服措施，新增的体检点已惠及7000余名驾驶人；推进犬只规范管理，开展联合整治行动31次，办证504张，处罚遛狗不牵绳行为422起；同时，涌现出一批为群众办好事、办实事、办暖心事的感人事迹，服务外国人返乡措施获古巴共和国驻上海总领事馆感谢，市局及95%基层所队收到企业、群众赠送锦旗、表扬信，公安正面效应积极向上。

（王　萍）

检　　察

【司法办案】 批捕各类刑事犯罪161件207人，起诉731件887人。严厉打击危险驾驶、寻衅滋事、聚众斗殴、“两抢一盗”等影响人民群众安全感的犯罪485件557人。推进扫黑除恶常态化机制建设，制定《溧阳市人民检察院扫黑除恶斗争常态化机制建设方案》，持续保持对黑恶势力违法犯罪的高压态势，助力净化社会风气。落实检察机关参与打击整治枪爆违法犯罪三年行动的要求，起诉15件15人，并形成专项报告，推进整治，以实际行动维护社会公共安全。成功办理涉案金额高达3600余万元被害人数超过6800人的“9·9”电信诈骗案，依法提起公诉23人，挽回被害人经济损失700余万元。做好监检衔接工作，对受理监察机关移送审查起诉的职务犯罪案11件11人全部提前介入，针对实体、程序等问题提出调查建议52条均被采纳，起诉9件9人，法院判决5件5人。

准确把握检察监督与检察办案的关系，依法开展侦查监督、审判监督和刑事执行监督。联合溧阳市委政法委出台《关于常态化开展法律监督专项检查的实施意见（试行）》，为常态化开展法律监督提供平台和接口，确保法律监督全覆盖。前移监督关口，挂牌成立派驻执法办案管理中心检察室，强化立案、侦查监督职能，共监督公安机关刑事立案9件、撤案36件。追诉漏捕漏诉18人，提出纠正侦查活动违法、审判活动违法52件，抗诉后改判3件。依法维护在押人员合法权益，监督纠正不当情形3件，对23名没有继续羁押必要性的犯罪嫌疑人提出变更强制措施建议。以专项法律监督加大诉讼监督力度，先后开展伪造国家机关证件、印章、经济犯罪案件、安全生产类案件和猥亵儿童案件等6项专项监督，纠正漏诉2人，纠正漏捕3人，监督立案3件、监督撤案21件。2021年3个案件获评全市检察机关十佳、优秀刑事监督案件。

推进“激活沉睡法条”活动，与溧阳市公安局召开联席会议，简化回家权审批程序，明确检察机关的监督地位。办理的拘役罪犯申请“回家权”检察监督案，获得第一届常州市政法机关依法支持企业家创新创业服务民营经济高质量发展优秀案例。推进剥权工作规范化发展，不断完善被剥夺政治权利罪犯监管实施办法，为在全市范围内召开剥权管理推广会夯实根基。会同溧阳市司法局出台全省首个《关于对社区矫正对象提请减刑的实施意见（试行）》，对社区矫正对象提请减刑做出具体规定。携手广德市、宜兴市、安吉县等三省12家司法行政部门、检察机关，探索建立苏浙皖“三省六地”社区矫正和检察监督工作跨区域协作机制，助力长三角生态优先绿色发展产业集中合作区平安法治建设。

落实最高检“少捕慎诉慎押”的理念，降低逮捕率、审前羁押率，做到能不捕的不捕，能不诉的不诉，能不羁押的不羁押，有效减少社会对立面。严把证据关，对事实不清、证据不足的案件不予批准逮捕43人，不捕率为27.87%，对情节轻微、社会危险性较小的案件不起诉131人，不起诉率为14.46%，改变移送审查起诉事实或罪名25人，有效提升打击犯罪的精准性。围绕检察机关在刑事诉讼中的主导责任依法履职，深化与公安、法院的联动配合，畅通速裁程序的侦诉审工作衔接，提高刑事速裁程序的适用率和办案效率。对971名真诚悔罪认罚的犯罪嫌疑人和被告人依法适用认罪认罚从宽程序，提出确定刑量刑建议占比97.18%，适用速裁程序案件占比39.31%，强化人权司法保障。

以精准监督为导向推动民事和行政检察工作，办结民事、行政检察监督案件216件，比上年上升133%。提出检察建议86件，再审检察建议10件。与市司法局、市法院会签《关于在支持起诉工作中加强协作配合的实施意见》，办理支持起诉57件，成功帮助群众化解矛盾、修补社会关系。深入开展民事执行监督专项活动，共受理民事执行监督案件51件。发现执行依据被撤销后，被执行人仍被列为失信被执行人、未进行执行回转等三类问题。向法院发出检察建议48份，已采纳检察建议45件，发挥检察机关的监督作用，维护当事人的合法权益。

普法进民企　　（市检察院　供稿）

【服务大局】 围绕新时代“两个健康”先行区创建和常州“532”发展战略定位，制定《服务保障民营企业健康发展的若干意见》，细化52条具体措施。成立工作专班和经济犯罪办案组，合力推动企业平等保护和专项打击工作。加强涉企案件法律监督力度，持续开展“挂案清理”为企业发展松绑，共监督公安机关撤案13件。建立涉企案件认罪认罚和案件快速流转机制，适用率分别达98.1%和95.3%。积极开展办案影响评估工作，听取属地政府、行业主管、行业协会意见，审慎做出处理决定，最大限度降低因办案给企业生产经营带来的负面影响。结合“企业刑事风险防范中心”被列入江苏检察机关“护航民企”实体警示教育基地，升级改造该中心2.0版本。对企业开展30余次法治培训和企业健康体检。依据地方经济发展特点，围绕服务保障小微民营企业健康发展，做出有益探索。小微企业简易合规模式被江苏省院纳入探索适合小微型企业的合规监管模式试点项目，是常州地区唯一入选单位。

完善未成年人社会保护体系，以未成年人“一站式”办案区建设为支点，构建起联合救助、入职查询、强制报告、家庭教育指导、校园环境整治、法治宣传教育为梁柱的大保护格局。与溧阳市教育局、溧阳市公安局等7部门会签《关于加强未成年被害人权益保护的意见》，开展猥亵儿童立案监督专项活动，立案监督2件。不断完善入职查询机制，将范围拓宽至校外培训机构850人，填补监管空白。持续深化强制报告制度，收到医疗部门报告未成年人受侵害线索23条。1件入职查询案件入选最高人民检察院未成年人保护大格局典型案（事）例。开展“向阳而生”系列活动，走访全市78所学校周边场所经营情况，推进未成年人禁入或向未成年人禁售标志不规范问题专项整治。禁入标志整改率100%，禁设场所整改率已达68.9%，净化在校学生成长环境。“向阳而生”未成年被害人权益保护工作获评2021年度江苏省法学会犯罪学研究会“犯罪治理优秀案例奖”。

开展“公益诉讼守护美好生活”专项监督活动。发出行政诉前检察建议58份，提起刑事附带民事公益诉讼2件。对全市8处英烈设施及烈士墓园开展集中排查，向有关单位发出行政公益诉讼诉前检察建议，实现对英烈名誉荣誉的公益保护。对标溧阳市争创全域旅游示范目标，重点关注占用土地资源、大气扬尘污染、农村黑臭水体治理等影响环境的突出问题，发出涉环境污染公益诉讼诉前检察建议33份，及时督促整改治理，推动受损土地修复58.04亩。开展闲置土地专项检察监督活动，梳理出2020年以来闲置土地56宗，推动专项整治行动，完成处置闲置土地17宗，收回土地出让金1.1亿元。做好公益诉讼和生态损害赔偿衔接，在确保程序公正和受损公共利益得到修复的前提下，办理溧阳市首例“以劳代偿”民事公益诉讼案件。开展个人信息保护公益诉讼专项检察监督，核查网络平台信息1300余条，发出检察建议9份并公开送达。

【市域治理】 案件化办理群众来信来访，制定出台《关于加强信访案件释法说理的工作规定（试行）》《关于进一步加强刑事和解的工作方案（试行）》，建立院领导办理群众首次信访案件制度，发挥院领导在推动诉源治理上的示范作用，防止矛盾积累上行。受理各类来信30件，接待群众来访193人次。始终坚持“七日内程序回复、三个月内办理过程或结果答复”原则，答复率两个100%。探索“三听三设三蓄”检察和解息诉工作模式，促成61件民事申请监督案件和解，来信来访案件和解息诉率达85.7%，做到民有所呼，我有所应。坚持“能听证、尽听证”原则，对拟不起诉、司法救助、刑事申诉、民事诉讼监督、公益诉讼案件等开展公开听证42件，借助代表委员、人民监督员、律师等第三方力量的辨析和释法说理，推进矛盾化解，提升司法公信力。

联合溧阳市应急管理局、溧阳市公安局等部门制定出台《溧阳市安全生产行政执法与刑事司法衔接工作实施办法》，成立快速反应小组，推动安全生产类案件实质化提前介入全覆盖，确保证据收集及时、全面、合法。全年参加安全生产联席会议24次，提前介入17件，深入涉案企业开展调查8次。开展2019—2021安全生产类案件专项监督，监督撤案4件。对溧阳市2017—2021安全生产类案件开展专题调研，针对案发率较高的行业，主动走访案发单位和主管部门，帮助堵漏建制。联合相关职能部门开展农村自建房安全生产专项监督行动，进一步强化农村居民住房建设管理规范，加快补齐农村住房建设短板，消除安全隐患。

推进“两在两同建新功”和“检察为民办实事”活动，明确检察为民十项举措。贯彻落实高检院“四号检察建议”，保障人民群众“脚底下的安全”，围绕窨井盖的管理现状、案件办理情况以及存在问题进行走访调研，摸排窨井盖安全隐患线索57件，向溧阳市城市管理局公开送达“四号检察建议”，已督促整改45件，公益诉讼立案1件。运用民事检察监督职能，成功办理56名职工追索劳动报酬支持起诉案，帮助农民工追索劳动报酬20余万元。坚持“应救尽救”原则，加大司法救助力度，2021年以来向28名案件特困当事人提供司法救助14.7万元，努力避免因案致贫、因案返贫。开展“精准普法月月行”活动，编制护航企业发展、城市窨井盖安全、电信网络诈骗、未成年人保护等各类普法宣传手册2000余份，开展法治宣传进学校、进社区（乡村）、进企业31次。

【学习教育】 党史学习教育，以政法队伍教育整顿、常州市委政治巡察为契机，推进政治建设统领检察机关党的建设。贯彻落实好《中国共产党政法工作条例》，向溧阳市委、市委政法委以及上级检察机关请示报告26次，被上级领导批示肯定11次。开展党组中心组学习12次，各党支部集体研学33次，引导干警牢固树立“四个意识”、坚定“四个自信”。着力提高党内生活质量，召开专题民主生活会和组织生活会4次，领导干部带头开展批评与自我批评，深刻自查互纠。开展“跟班先进找差距”“三牛精神”评选等活动，选树27名先进典型，弘扬英模精神，树立起忠诚为民检察形象。

推行“考核＋竞赛”双项培养模式，通过法律文书精品案例评比、辩论赛、业务竞赛等方面发现和培养尖兵苗子，注重基础业务能力培养。与南京师范大学法学院齐推检校共建，为青年干警提供更多的专业化支撑和经验借鉴。5人次在省市级业务竞赛中获奖，1名干警被评为全国检察机关扫黑除恶专项斗争优秀个人，“6 · 14”办案组和1名干警被表扬为全省检察机关扫黑除恶斗争先进集体和先进个人。

落实全面从严治党主体责任，推进“从严治检、从严治长”向纵深发展，落实过问或干预、插手检察办案等重大事项“月报告”“零报告”制度。抓好重要时间节点、重大节庆的廉洁从检教育，做到防微杜渐。制定《溧阳市人民检察院谈心谈话工作办法（试行）》。开展2个轮次148人次谈心谈话，确保谈话人员全覆盖、思想动态全掌握。开展常态化干警思想动态分析，形成季度干警思想动态分析研判。制定案件质量评查实施意见、工作交接办法、落实“三重一大”实施办法及建设项目管理办法等相关制度13项，以机制建设规范案件质量评查、离任交接、重大事项报告、项目建设等工作。

【检务公开】 通过登门走访、“检察开放日”、座谈交流等方式，联络人大代表、政协委员、人民监督员、民营企业家120余人次走进检察机关，视察观摩检察工作。邀请代表委员、律师、人民监督员、群众代表旁听庭审、评议案件38次，2起案件获评第四届常州市人民检察院人民监督员优秀监督案（事）例。加大案件信息公开力度，发布案件程序性信息1438条、重要案件信息240条。处理律师辩护与代理申请458次，保障律师依法执业权利。着力加强检察新闻宣传，认真讲好检察故事，在《检察日报》《江苏法治报》、新华网等媒体刊发新闻稿件183篇，“两微一端”发布信息1103余条，阅读量突破234万人次。

（周晨宇）

法　　院

【概　况】 2021年，市法院紧扣“政法队伍教育整顿”和“党史学习教育”两大主题，以“审执质效巩固提升年”活动为重要抓手，各项工作稳中有进、持续向好。全院受理各类案件21086件、审执结19713件，结案率93.49%、结收案比98.84%，均位居常州前列，获得12项省、市级荣誉。

【教育整顿】 突出“四项教育”，以党史学习教育为牵引，组织开展政治轮训、专题党课等活动68场次，深入学习习近平总书记在庆祝中国共产党成立100周年大会上的重要讲话精神、中共十九届六中全会精神等重要理论，深刻领会“两个确立”的决定性意义，坚决做到“两个维护”。紧盯顽瘴痼疾专项整治和建章立制，核结问题线索45条，化解涉法涉诉信访案件25件，2名干警因违纪违规被处理，制定规章制度24项，办理为民实事456件，让法院队伍既风清气正又充满干劲活力。创新打造“微党校”党建平台，聘请4名党建领域专家指导、参与法院党建工作，组织开展庆祝建党100周年大会、“光荣在党50年”纪念章发放、党员集体过政治生日、“90后+90后”初心访、党支部结对共建等活动，引导广大干警坚定法治信仰、追寻法治初心、传承红色基因。

【严惩犯罪】 审结刑事案件787件，维护社会和谐稳定。审结全国首例“高空抛物罪案”，受中央电视台、央视网等国家级媒体关注报道，入选《2021年度人民法院十大案件》。审结全市首例“非法储存危险物质罪案”，有效维护社会公共安全。依法审理涉6000余名被害人、涉案金额3000万余元的“保和药房”电信诈骗案，守护人民群众身体健康和财产安全。落实安全生产责任制，审结涉安全生产事故案件12件13人，架牢筑实安全生产“带电高压线”。扎实推进“6 · 14”“8 · 14”专案刑事涉财产部分执行工作，执行到位2.26亿元，坚决铲除黑恶势力经济基础。

12月3日，2021年国家宪法日宣传暨“延时‘法’课堂、护航‘他’成长”学法成果展示活动（市法院　供稿）

【营商环境】 聚焦护航民营经济发展，深入11家重点企业、5个重点项目开展“护企安商 助溧发展”联系活动，联合公检部门建立涉民营企业案件财物快速返还机制，“千里奔袭”两省三市、耗时四天三夜为上汽大通追回8辆房车，发送《营商环境共治司法建议书》《涉诉企业“司法体检”报告》6份，妥善审结涉企案件4716件，让司法更贴心、更暖心。聚焦保障供给侧结构性改革，加强破产审判工作,加快“僵尸企业”出清，审结破产案件37件，比上年增长131.25%，位居常州前列；安置分流职工408人，清理债务19.63亿元，盘活土地房产36.37万平方米。聚焦服务“全域旅游”发展，审结“高价订购度假村别墅维权案”等旅游纠纷，实地走访调研、法律结对帮扶5家民宿，为织就经济与旅游发展“双面绣”添砖加瓦。

【社会治理】 优化二级分流、诉调对接等机制，新增6名聘用制书记员转岗调解员，提高诉前调解成效。诉前分流纠纷8034件、成功调解2380件，诉前分流率达88.64%，新收一审民商事案件数较2019年下降5.44%，降幅位列常州第一，有效扭转全市诉讼案件数量常年居高不下的被动局面。深化“法官进网格”活动，100名法官、法官助理下沉一线，广泛开展“合力化解涉74户村民农村土地承包经营纠纷”“主动上门为八旬老人释法答疑”等联防联调、法律咨询、就地调解等工作，从源头上减少诉讼增量。强化法治宣传，召开新闻发布会6场，推送法治信息1316条,常态开展“送法进万家”“法治大讲堂”等活动，

3月1日，市法院审理全国首例“高空抛物罪”案（市法院 供稿）

传播法律知识，弘扬法治精神。

【保障民生】 审结涉民生案件6365件，织密织牢民生司法保障网。设立少年及家事审判庭，审结涉少案件573件，护航未成年人健康成长；审结“欺诈性抚养非婚生子女案”等家事案件2550件，用司法守护万家灯火。加强未成年人法治教育，与市燕山中学共建“青少年法治教育实践基地”，联合14所学校开展活动22次，受众师生6200余名。紧跟“双减”政策落地，与市教育局、市外国语小学、文化小学等合力打造“延时法课堂”，6名法官和法官助理走进学校开展11期33节法治教育课，受众师生1800余名。持续优化诉讼服务，引入15名外包人员办理司法辅助事务，网上和跨域立案3228件，践行“诉讼服务十项承诺”，让群众打官司更方便、更高效。

【加强执行】 受理执行案件8933件，执结8660件，执结率96.94%，执行到位27.17亿元，执行“3+1”核心指标连续两年保持常州第一。强化执行联动，与市公安局、不动产登记交易中心等部门建立查控被执行人、查询不动产信息等机制，有效破解“查人找物”难题。严格落实“一案一账号”管理系统，加强执行案款管理规范化，清理发放执行案款2.62亿元。深化司法网拍，成交拍品197件6.03亿元，手机尾号6个“9”的靓号被拍出20.9万元的高价。执结“狄文新房屋征收强制搬迁案”，保障南航二期建设的顺利推进。

【强化监管】 以“审执质效巩固提升年”活动为主线，锚定“持续提升案件效率、重点攻坚案件质量”目标，综合运用开展“办案攻坚”活动、颁发“流动小红旗”等举措，常态开展综合考评指标分析研讨、审执质效指标季度分析、发改案件质量评查通报等工作，一审服判息诉率、平均审理天数等5项核心指标均位居常州前三,一审判决案件被发改率较上年年底上升4个名次。严格执行延长审限案件“三层把关”制度，延长审限案件数同比下降46.32%，使法定正常审限内结案率始终保持在常州领先位置。加大长期未结案件清理力度，坚决杜绝“前清后积”“边清边积”，1

年以上长期未结案件数比上年下降65%。

【深化改革】 力推案件“繁简分流”，以“员额法官＋法官助理＋聘用制书记员”模式组建8个速裁审判团队，提升速裁、简易、小额诉讼等程序的适用率，打造审判“快车道”，实现以31.75%的审判资源办结73.42%的民商事案件。深化道交纠纷一体化办理工作机制，将道交纠纷案件集中于速裁庭办理，实现类案专办、简案快审，共审结道交纠纷829件，平均审理天数同比下降19.27天。加强集中送达中心建设，依托“法院＋邮政”信息化集约送达新模式，让送达工作驶入“信息高速路”，累计发起送达任务21085人次，送达完成率98.48%，其中电子送达方式占比44.02%。全面深化司法公开，上网裁判文书12130份，庭审直播5380件，观看量106万人次。

（陈苏燕）

司法行政

【概　况】 溧阳市司法局发挥“一个统筹，四大职能”，为建设长三角生态创新示范城市贡献法治力量。溧阳市法治建设满意度在全省县（市、区）中位居第三，获评“2016—2020年全国依法治理创建活动先进单位”、全省“争创全国法治政府建设示范县市活动先进地区”，市委依法治市办被评为2021年度依法治省工作成绩突出单位，高质量发展绩效监测评价在全省县（市、区）司法局中位居前10名，并蝉联常州市司法行政系统第1名，获得2021年度全市重大贡献奖。

首次将法治政府建设情况纳入市委巡察范围，建立一并巡察、一并反馈、一并整改的“政治巡察＋法治督察”机制。提前分析研判，“靶向”制定“个性清单”，根据被督察部门特点，围绕行政执法“三项制度”建设等内容，制定四大类16项《法治政府建设重点巡察内容清单》。2021年以来，巡察镇（街道）、部门12家，发现问题89条，经过问题反馈和跟踪督促，所有问题均按时整改到位。

实施基层基础建设“365”工程，推进实战化和局、所、站一体建设，加强司法所分类建设，创成古县、竹箦2个大型司法所，推动资源整合和力量下沉。在基层服务审批执法“三整合”改革中，明确司法所“五不变一加强”的要求，“窗口化”“柜台式”成为司法所服务的鲜明特征。竹箦司法所获评“江苏省优秀司法所”，涌现出“全国司法所模范个人”芮云凯等基层先进典型。

谋深抓实队伍教育整顿，“当下治”和“长久立”相结合，制定完善20项工作制度规范，有124篇宣传报道被省、市级媒体平台录用，中央第六督导组江苏小组给予充分肯定。打造“星火蓝盟”的司法行政党建品牌，获评常州市“六有一提升”示范支部。推出数字党建logo、吉祥物和主题曲《星火》，原创“观”史“笃”学系列漫画在学习强国连载8期。充分律师行业党委作用，组织律师党史知识竞赛，中共江苏常明律师事务所党支部获评常州市先进基层党组织，中共江苏平凌律师事务所支部委员会获评常州市律师行业先进基层党组织。将信息宣传工作列入“一把手”工程，政务信息在省司法厅37家直报点位居第6，新闻宣传在全省95个县（市、区）位居第2。

【法治溧阳建设】 出台《法治溧阳建设规划（2021—2025）》《溧阳市法治社会建设实施方案（2021—2025年）》，着力推动法治溧阳、法治政府、法治社会一体建设。坚持抓住领导干部这个“关键少数”，政府常务会议学习习近平法治思想、行政处罚法、法律援助法等，公开选聘市委、市政府法律顾问。在全国率先创立重大决策分级审查制度，2021年共参与餐厨废弃物分类管理、天目湖保护区入湖船舶管控等5项重大行政决策。制度供给不断优化。对《常州市天目湖保护条例》开展立法后评估，依据新出台的《行政处罚法》等法律法规开展条例修订工作。扎实做好《江苏省院前医疗急救条例》等7次立法调研和征求意见工作。

【法治政府建设】 法治政府建设工作取得明显成效，现作为全省唯一县市被推荐争创全国法治政府建设示范市，并列为溧阳市2022年四大创建任务之一。推进行政复议体制改革、综合行政执法体制改革和证明事项告知承诺制改革，推动形成权责统一、权威高效的行政执法体系。探索“驻队律师”新型执法模式，律师团队主动参与重大、复杂、疑难执法活动500余次，执法摩擦明显减少，让执法既有力度又有温度。强化复议应诉监督作用。共收到行政复议申请211件，比上年增长322%，行政复议综合纠错率43%，以市政府为单独被告的行政机关负责人出庭率100%，群众通过行政复议解决矛盾纠纷的意愿进一步增强。

【法治工作】 “七五”普法收官，省人大常委会到溧调研并给予充分肯定。开启“八五”普法新征程。印发《关于在全市公民中开展法治宣传教育的第八个五年规划（2021—2025年）》。深度培育数字普法品牌。在全国首开的法治访谈类节目《我是法治代言人》，第二、三期观看人数超15万人。创作《观山和笃笃拜年》动漫微视频、“典”亮国潮系列漫画《孟郊断案》，自编自导自演的微电影《坚守》在司法部微博、微信展播，并获评第六届“平安中国”三微作品大赛网络人气奖。组织青少年普法活动60余场次，普及中小学生2万余人次。深化基层民主法治建设。开通“普法直播间”，大力实施农村“法律明白人”培育工程，已培育1119名“法律明白人”，戴埠镇戴南村成功创建全国“民主法治示范村”，天目湖镇法治文化体验线获评全省“法治文化特色园”。

【法治服务】 发挥法治固根本、稳预期、利长远的保障作用，以靶向式精准法律服务，跑出惠企利民“加速度”，使法律服务与营商环境同频共振、相互促进。

行业发展稳中有进。开展法律服务行业突出问题专项治理（回头看）工作，全市共开展谈心谈话169人次，形成问题清单，逐一整改落实。江苏常明律师事务所创成“全国优秀律师事务所”、获评“新时代江苏司法为民好榜样”。拓展公证服务内容，深度参与村民代表换届选举、宅基地择位竞价等基层社会治理，办理全省首例手机号继承公证、首例支付宝继承公证。

助力企业健康发展。制定“产业强链”三年行动计划，与溧阳高新区签订动力电池产业链框架协议。会同工商联成立民营企业法律服务中心，法律服务顾问团对百余家民营企业精准把脉。重点关注建筑企业发展，创设建筑企业项目法律风险巡检机制，主动提供法治体检。卢天明律师事务所代理的溧阳市苏华集团诉黑龙江某开发公司系列虚假诉讼案胜诉，获评2020年度最高人民法院十大案件之首。

为民惠民实效明显。公共法律服务实招频出，受到司法部公共法律服务管理局副局长孙春英充分肯定。村（社区）法律顾问打通服务群众的“最后一公里”。全市227个村（社区）和951个网格均实现法律顾问全覆盖。深入推进“法援惠民生·拓展工程”。在常州监狱、溧阳监狱、新康监狱成立法律援助工作站，与妇联建立维权帮扶联盟，结合“三官一律”进网格、“法律门诊”活动，为基层群众提供精准法律服务。今年共指派法律援助案件1932件，比上年增长106%，常住人口受援率达万分之25。市公共法律服务中心获评全省公共法律服务工作成绩突出集体，平凌律师事务所吴富春、人民调解员余静获评全省公共法律服务工作成绩突出个人。

【基层治理】 发扬新时代“枫桥经验”，纵深推进矛盾纠纷全周期管理，抓牢抓实特殊人群管控。

擦亮“百议堂”基层治理品牌。深化“百姓议事堂”建设，入选全国乡村治理典型案例。开发智慧百议堂微信小程序，主要包括信息数据化传输建设、信息数据库建设和信息数据管理展示三方面，利用科技为社会矛盾化解高效赋能。探索开展“百议堂＋人民调解＋驻村法官＋网格＋律师”组团式化解，深入基层化解多起群体性疑难矛盾纠纷案件。溧城街道八字桥村、南渡镇庆丰村获评全国乡村治理示范村，古县街道新桥村获评全省“援法议事”范例。

创新矛盾多元化解网络体系。延伸和扩展“枫桥经验”内涵，优化升级“1+1+N”非诉讼纠纷解决机制，建立“普法＋公证＋律师＋调解＋仲裁＋行政复议”一站式纠纷多元化解平台，受到司法部充分肯定。一体推进市公共法律服务非诉中心及法院非诉分中心高效运行，诉前调解成功数大幅度提升。全市各级调解组织共排查矛盾纠纷5360余次，化解矛盾纠纷11569件，无一纠纷激化或引发群体性事件。

打造智慧矫正“溧阳样板”。创新建设“智慧矫正中心”，投入专项资金200余万元，获评全省首批“智慧矫正中心”。着力提升社区矫正执法规范化建设，实现市、镇（街道）两级社区矫正工作委员会全覆盖，开创苏浙皖“三省六地”社区矫正工作跨区域协作机制。2021年累计接收社区矫正对象399人，按期解除矫正392人。累计给予社区矫正对象训诫、警告、治安处罚54人次，提请撤销缓刑3人次。获评全省社区矫正和安置帮教工作先进集体。上黄和埭头服务站创成常州市首批《后续照管工作规范》市级贯标示范点。

（史　枫）

公用基础设施建设

【概　况】2021年，以建设宜居城市为目标，按照“构筑骨架、完善路网、拓展新城、提升功能”的思路，不断完善城市道路交通网络。拓宽“瓶颈路”，打通“断头路”，促进外连内通，推进城乡融合。2021年市政建设项目计划新建、续建计15个，总投资5.58亿元，年内完成投资1.2亿元。其中，新建项目3个：东片区道路（南环东路—罗湾东路）项目已完成前期工作并交由苏皖集团实施全过程代建；台港路白改黑工程因财政未安排资金计划，暂缓实施；2021年，市政配套建设项目已全部完成。续建项目12个：永定东路、下份路、龙虎路（K000～K720段）、贝桥路（天目湖大道—天目路）已完成建设并交付使用；码头街西延伸道路新建工程清泓路至清焦桥段、龙虎路剩余路段等道路工程正抓紧施工；凤凰东路、眠杨路、惠民路、贝桥路（龙虎路—天目湖大道）等工程正在加紧对接征地征收工作，待满足施工条件后抓紧实施到位；棠下路道路工程已将建设主体由溧阳市公用事业管理中心变更为溧阳市古县街道；东升路停车场、眼香庙路、梅园路等工程待安置小区项目建设到位后完成施工，保障同期交付使用。

【路灯管理和建设】有序管理维护108条主次干道和43条街巷的道路照明设施，其中路灯杆11607个、路灯16712盏、路灯专变85台、控制柜168个、电缆469.61公里，保障路灯亮灯率达99%以上，设施完好率达96%以上。

秉持“以人为本，绿色照明”的发展理念，大力建设和完善低碳、环保的城市照明系统，加快新技术、新装备的推广应用。目前，全市共有LED路灯14378盏，占全部路灯比例86%，同时，加大单灯控制技术推广力度，2021年新建的龙虎路、下宋路、下份路、永定路等道路路灯都安装了单灯控制设备，提高了路灯标准化、信息化、精细化管理水平，为建设城市智慧照明奠定坚实基础。

【文明城市建设及长效管理】2021年，完成市长效管理指挥部下派长效管理问题件4000多件，网格化平台问题案件500多件，对路长制及责任广场进行日常巡查、保洁和维修，发现问题及时处理，确保长效管理工作不失分。

（狄明镜）

精美村镇工程

【概　况】2021年，溧阳市将争创村镇建设示范列为全市“五个示范”之一，制定实施意见和工作方案，组建乡村建设工作指挥部，抽调精干力量组建工作专班，统筹推进。实施乡村建设行动，确定争创特色田园乡村新建、结转、储备3类村庄名单，严格实行创建申报制、方案评审制、综合考评制。2021年，戴埠镇李家园村、昆仑街道里方村、天目湖镇上桂林村、埭头镇钟家村4个村，通过省级验收，成功创成江苏省特色田园乡村。深化农村宅基地改革，制定试点工作重点任务清单18条，明确具体任务34项。出台农村宅基地审批管理、资格权管理和美韵乡居行动实施意见等9个制度文件，“1+1+N”制度体系基本构建；26个行政村村庄规划通过市政府审批，4个试点村的村庄规划在省自然资源厅通过备案，各试点村全面完成资格权认定工作；农村宅基地人、户、宅“一张图”的审批管理信息系统初步搭建，完成房地一体基础信息调查，调查宅基地宗数 17.8 万宗，颁发房地一体不动产权证 5125 本；探索宅基地资格权跨村行使、权益置换等多种实现形式，在上兴镇两次成功试行 16 宗宅基地的择位竞价。

（郑刚强）

房屋征收与补偿

【概　况】 2021 年，市征收办围绕建设长三角生态创新示范城市目标愿景，全面服务于《2021 年溧阳市重点工程》进度推进要求，勇于担当，攻坚克难，坚持依法征收、阳光操作，深化“市级—镇级—村级—部门”合力联动推进的征收格局，实现快速推进和扫尾清零目标，在全面做好抗击新冠肺炎疫情的前提下，较好完成全年各项工作目标任务，营造良好的征收氛围，为“十四五”时期争创“五个示范”奠定坚实的基础。

2021 年，共完成征收住户 1693 户，面积 50.6 万平方米，清零征收项目 37 个，完成企业征收 48 家，面积 20.1 万平方米。新启动项目总体推进比较顺利，住宅大部分能在期限内完成清零，未清零的为零星分布项目。往年结转项目共 32 个，结转户数 274 户，2021 年完成 15 个项目，155 户，面积 6.8 万平方米，企业完成 13 家。

【重点征收项目】 焦尾琴公园项目：南塘齐村征收工作共需征收住户 77 户，面积 14800 平方米，已全部完成。

800 千伏白鹤滩线、500 千伏龙政线项目　共需征收住户 364 户，面积 70906 平方米，已完成 357 户，完成率 98%。

芜申运河航道整治项目　共需征收住户 24 户，面积 9000 平方米，已全部完成。

芜申运河港口项目　共需征收 89 户，面积 17500 平方米，已全部完成。

【司法程序保障】 2021 年 8 月，作出首份《征地补偿安置决定书》，10 月，作出全省首份《责令交出土地处理决定书》。全年共审核项目征收安置补偿方案 11 个，受理司法案件 15 件，往年结转案件 24 件，目前已调解 16 件，作出责交令和补偿决定 8 件，应诉各类复议、诉讼 13 件，民事诉讼案件 2 件，申请法院执行 2 件，司法强制搬迁 4 件。

（蒋昊峰）

交通运输

【概　况】 2021 年，是溧阳建设“长三角生态创新示范城市”的重要一年。全市交通运输系统团结拼搏，攻坚克难，强力推进重点交通基础设施建设，完成交通建设投资 16 亿元，为全市“稳增长”做出重要贡献：统筹推进“两个试点”任务，城乡公交一体化试点成为全省示范，全国农村公路管养体制改革试点稳步推进，行业发展动力明显增强，坚持“民生优先”理念，聚焦民生关切，保质保量办好为民实事。交通运输系统干部职工积极投身疫情防控、文明城市建设、节假日高峰运输、恶劣天气保畅通等急难险重任务，以交通人奋战一线、责无旁贷的担当精神战斗在最前沿，群众对交通运输的获得感和满意度有了新提升。

【基础设施建设】 规划引领，交通发展格局持续放大。根据溧阳“聚焦上海、远拓京深，联动六县、融宁接杭”的发展战略和“与周边城市实现同城化和交通一体化”的发展目标，深化研究镇宣铁路镇江至溧阳段线型方案优化，做好廊道规划预控，打通南北通道。溧阳站首停时速 350 公里至北京“复兴号”高铁班次，溧阳站服务楼建成投运。完成溧阳市多层次轨道交通规划中间成果，推进常州至溧阳市域铁路、南京经溧阳至宜兴城际铁路、常州至芜湖铁路等项目规划研究工作，积极争取纳入上位规划，加快融入南京和苏锡常都市圈。233 国道、456 省道国土空间规划方案已经省公路事业发展中心审查，233 国道改线优化工可方案研究等待审查。积极推动扬溧高速后周互通改建、环园北路西延、宁杭高速水西互通及中兴大道东延等新增储备项目。

加快建设，互联互通水平显著提升。策应“长三角一体化”“一地六县”等国家和省市重大战略，畅通综合交通运输大通道，提升交通互联互通水平。有效保障省市重点项目。按期完成溧宁高速公路溧阳段前期征迁工作，实现无障碍施工。溧高与溧宁高速共线段建成通车，南渡互通开通投运。快速推进芜申线溧阳城区段航道整治工程前期工作，切实保障主体工程建设。溧阳交通运输工作受省政府督查激励表彰。完善区域交通格局。341 省道竹箦段续建一期、燕山南路拓宽、瓦屋山站站前路、庆丰村至曹山互通旅游道路先后建成，丹金溧快速路开工建设，焦尾琴公园隧道双向贯通；市域对外通道提升工程高效实施，改造出省出市道路9条、绿化节点21处。与省港口集团共建常州内河港溧阳港区开工建设。深化“1号公路”内涵。坚持用“1号公路”串全景，大力实施“1号公路”内涵提升工程。提档升级“溧阳1号公路”50公里，建成天目湖景詹沙河大桥，南部山区旅游道路、黄金山线改线完工通车。景詹沙河大桥入选全省公路系统“水韵江苏”十大最美乡村桥，创成“2021年度江苏省平安百年品质工程创建示范达标项目”。

【城乡客运】 全力推进城乡公交一体化工程，打破原三级公交概念，实现“城市公交下乡，镇村公交进城”，部分线路实现一级公交到村。困扰多年的公共交通城乡“二元结构”终于破冰，溧阳实现全域公交一体化出行，高质量通过全省城乡公交一体化试点工作验收评估，全省城乡公交一体化暨城市绿色出行创建工作推进现场会在溧阳举行，溧阳经验在全省推广。提升公交信息化服务水平，新改建智能化公交站亭429个。在全省率先开行省际毗邻公交，2021年春节前新开行毗邻公交4条。

【行业管理】 农村公路管养体制改革试点加快推进。坚持“质量为本、安全至上、自然和谐、绿色发展”原则，进一步理顺溧阳农村公路管理养护体制机制，提请市政府制定出台《溧阳市农村公路管理办法》《溧阳市深化农村公路管理养护体制改革实施方案》《关于全面推行农村公路“路长制”的实施方案》三项文件，率先在常州辖市区中形成系统化、规范性的农村公路管理办法。开展“安全生产整治三年行动”，结合交通运输“百日行动”、岁末年初安全风险隐患排查整治、春运、两会安保、节假日安全检查等专项行动，通过企业自查、行业检查、综合督查等形式，强化硬措施、打好组合拳，行业安全平稳向好。全年累计出动检查686组次，检查人员3382人次，检查企业978家次、船舶4440艘次、车辆11646车次。超限治理成效明显。调整确定33家重点货物源头单位，完成104国道溧阳段不停车动态称重检测系统改造。会同公安持续深化联合执法，严格落实超限检测站路警24小时联合值守。全年开展联合执法660起，检查车辆3277台，卸驳载8100余吨；实施“一超四罚”32件，依法约谈企业、落实整改41起。执法大队被评为常州市超限超载治理工作先进集体。行政执法规范有序。全力推进“溧阳市交通运输执法领域突出问题专项整治行动”，坚持纠错性、警示性、导向性，开展全面摸排、清理、纠正，做足“五门功课”，确保整治取得实效。坚决执行交通运输综合行政执法公示、全过程记录和重大执法决定法制审核“三项制度”，行政处罚案件和行政许可案件依法在“双公示”平台公示。征收工作规范有序。104国道溧阳收费站全年征收车辆通行费2367万余元，通行车辆110万余辆。进一步优化服务，全力塑造窗口形象，获评“全省公路系统先进党支部”称号和全省公路系统优秀党建品牌。污防攻坚深入推进。2021年，新增30辆新能源公交车，更新335辆纯电动出租车并投入运营；推广使用岸电，全市码头岸电设施实现全覆盖；船舶港口污染防治、交通工程施工工地及港口码头堆场扬尘管控工作得到加强。

【党建引领】 提升基层为民服务能力。坚持把“两在两同”建新功行动与“我为群众办实事”实践活动有机融合、一体推进，摸排和制定符合交通发展实际、富有交通鲜明特色的重点民生项目13项，全部达成目标成效。建成汨罗灞“1号公路党史学习驿站”，倾力打造党史学习教育新阵地和新载体；深化推进城乡物流服务一体化，社渚客运站试点“公交带货”新模式，切实解决农村商贸“进不去”“出不来”难题。疫情防控展示交通担当。始终绷紧疫情防控这根弦，在新冠肺炎疫情出现反弹时，全系统各级领导冲在一线、靠前指挥，广大干部职工闻令而动，慎终如始筑牢交通防疫线，为全市抗疫胜利贡献交通力量、展示交通担当。干部队伍建设持续加强。创新工作思路和机制，结合作风建设“三效三提”专项行动，加大督查力度，对抓作风不重视、措施不得力、落实不到位、违反工作纪律的人和事，严格追究相关责任人责任。志愿服务深入开展，全年共组织100多批次“1号公路”交通党员志愿服务和文明实践活动，累计服务游客20万多人次。精神文明建设深入开展。紧抓教育引领、文化熏陶、实践养成、制度保障，文明建设全面发展。2021年交通局创成省交通运输行业精神文明建设先进集体，104国道收费站被评为省交通运输行业精神文明建设文明示范窗口。坚持守土尽责，文明城市建设“省检”“国检”，交通做到不失分。城市长效管理实现常态化，全年考核在全市8个一类主体中名列第二。交通牵头实施的“城乡公交一体化建设”被市委、市政府评为2021年度工作创新奖，天目湖景詹沙河大桥、与省港口集团共建溧阳港获2021年度优秀项目奖；局党委被市委评为“五个好”机关党委，道路运输事业发展中心党支部获评省交通运输现代化示范区先锋队重点培育对象，交通工程建设事业发展中心被授予省交通建设有功集体奖，“溧阳1号公路”瓦屋山线被评为2021年度江苏“平安放心路”样板路，华晨路桥创成常州市“工人先锋号”。

（董小俊）

公用事业

【供　水】 2021年，溧阳市城市供水量5269.11万吨（区域供水量209.61万吨），售水量4614.8万吨，最高日供水量16.4万吨，水质综合合格率、主要供水设备完好率、管网抢修及时率和用户投诉处理时率达99%。除溧城街道、昆仑街道、古县街道、上黄镇、埭头镇外，其余7个建制镇有农村集中式供水设施9座，供水总量约5068.94万吨，售水量约2311.45万吨。所有水厂供水水质由市水利、卫健部门定期监督检测，确保达标供水。

区域供水PPP项目截至2021年年底完成工程量：一级管网累计完成129公里；二级管网累计完成748公里；三级管网累计完成3253公里；镇区管网累计26公里；户表改造累计完成1486个自然村8.5万户；原水管道约6.8公里；南渡净水厂规模6万吨/日（含深度处理、清水池扩建）。

【排　水】 2021年，城市污水处理厂污水处理规模12.8万吨/日，实际处理污水3900.09万吨，出水化学需氧量、氨氮、总氮、总磷符合《太湖地区城镇污水处理厂及重点工业行业主要水污染物排放限值》(DB 32/1072—2018)，其他污染物符合《城镇污水处理厂污染物排放标准》(GB 18918—2002) 一级A标准限值，城市污水集中处理率98%，污水厂处理处置污泥3.01万吨，全部做建材处理。城市污水厂再生水生产能力12.8万吨/日。2021年再生水利用量达272万吨，用于工业冷却水使用。溧阳市现有建制镇污水处理厂3座，污水处理总量555.1万吨，乡镇污水处理厂由市水利局、发改委、财政局、审计局、生态环境局共同进行运维绩效考核，督促污水厂实现安全、稳定、尾水达标排放。

（李　珍）

【供　电】 2021年，溧阳全社会用电量110.71亿千瓦时，同比增长9.6%；完成售电量102.13亿千瓦时，同比增长9.89%，全社会用电量和售电量双双迈上百亿台阶。调度最高用电负荷141.12万千瓦，创历史新高，同比增长4.02%。安全生产保持平稳。完成查思想认识、严明政治规矩；查制度体系、严肃制度执行；查安全管理、严细落实责任；查事故隐患、严抓安全防控；查法治建设、严格依法治企的“五查五严”风险隐患排查整治。35～220千伏输电线路“一线一档”（对溧阳范围内每条输电线路单独形成运行维护档案）实现全覆盖。有力应对2021年9、10月电力供需紧张局面，切实保障民生用电底线。电网规划建设加快推进。初步完成溧阳地区“十四五”电网规划。白鹤滩水电入苏工程溧阳段施工进度位居全省前列，实现全线贯通。顺利投运110千伏曹山变和别桥变。建成配网运检抢一体化网格驻点。建成全省首个“数字化智慧台区”。优质服务水平全面提升。启动苏皖合作社渚先导区“开门接电”示范区建设。组建“1+N+M”联合服务团队，提前完成别桥通用机场、金峰新材料等9个省、市重点项目业扩报装。万户投诉率压降至0.041%，同比下降89.75%。服务新兴业务实现突破。参与编制《关于加快建设“电动溧阳”的实施意见》及配套细则。建成全省首个“光储充检换”五位一体多功能充电站。形成中心城区“1公里充电圈”，人均充电容量位居全省县域首位。天目湖二期“低碳旅游能源互联示范工程”成功入选国网公司可持续性管理示范项目。

（蒋品丰）

【供　气】 城镇燃气管理井井有条，燃气行业发展势态稳健，2021年，溧阳市管道燃气销售量3.74亿立方米，用户总数155070户，其中居民用户154412户，工业用户291户，商业用户291户，公服用户76户。新增燃气管道37公里，累计管道总长度为2540公里。液化石油气销售量为4854吨，总用气户数65626户。

（狄明镜）

智慧城市建设

【智慧城市】 溧阳市智慧城市大数据云平台由中国电信溧阳分公司云计算中心提供平台保障维护服务。该云平台主要基于几方面建设：按照一个中心，统一架构，依托云中心搭建大数据云平台，利用云计算高可靠性、弹性计算、按需服务等特性，为基于政务大数据的政务信息资源开发以及政务系统应用提供有力保障。整套系统部署在电子政务网内，采用私有云的组网方式，确保网络安全高效。聚焦四类数据，统一数据。人口、法人、宏观经济、地理信息公共基础库；公共安全业务库、旅游业务库、城市管理业务库公共业务库；政务视频、城市运行体征、政务共享编目、专题库、诚信库；遥感影像数据、GIS专题数据时空信息库公共服务库。对接54个部门，超3.2亿条数据入库。建成五大平台，统一平台。应用服务平台：包括应用集成、工作流、目录服务、统一权限管理、统一身份认证等功能。主要包含资源目录体系和数据交换体系的集成服务平台，MapGIS系统搭建的时空服务平台，基于ESB产品和消息总线产品构建的数据服务平台，监控、资产配置、操作审计、流程管理、集成展现等子系统的运维服务平台。

【天目湖国际数据中心】 由中国电信投资建设，位于江苏省溧阳市燕山新区，总投资约4.5亿元，具备满载2156个机架的服务能力。

该中心优势：网络优势。实现骨干网直连；出口带宽达200G（后续扩容至400G）；是中国电信在华东江浙地区重要节点。星级优势：机房按最高标准五星级建设，是目前省内唯一县级五星级云数据机房、常州地区最大的云计算资源提供商。承重优势：机房地面全面积承重均达1.6吨／平方米，承重标准在同类机房中处于领先地位。安全优势：电力系统双路配置；双管路按照空调水系统；水蓄冷能满足市电停电时15分钟的不间断供冷。交通优势：周边有常溧高速、宁杭高速，高铁站、高速口；有常州、杭州、上海虹口等多个机场，距南京禄口机场仅45分钟车程，交通四通八达。服务优势：机房可以按客户需求提供全面个性化定制服务；网络质量在历次第三方网络质量测评中，均列江苏第一。

2021年，已经有腾讯、网易、云里雾里等一批国际互联网公司正式入驻，并积极服务于地方政务云、智慧教育、平安护民、智慧城市等一批民生政务项目及企业信息化建设。

（史春荣）

【智慧经济】 积极抢抓发展机遇，大力推进工业互联网平台应用和智能制造转型，完善“智改数转”培育工作模式。2021年，新增省级示范智能车间5家，四星级上云企业16家。工业互联网标识注册量全年突破2.2亿个，解析量突破1亿次。二级节点的标识创新应用接入企业超1000家，成为全省首个接入企业超千家的县级综合型二级节点。

（市工信局）

房　地　产

【概　况】 2021年，溧阳房地产市场运行继续保持平稳健康的发展态势，房地产开发完成投资78.72亿元，比2020年减少4.4%。全年新建商品房（已剔除政府安置小区）供需均保持增长，新建商品房新增供应141.13万平方米，其中商品住宅118.42万平方米，比上年分别增长22.7%、30.6%；新建商品房签约成交115.14万平方米，其中商品住宅94.70万平方米，比上年分别增长20.1%、7.2%；新建商品房成交均价10438元／平方米，其中商品住宅11089元／平方米，比上年分别下降10.7%、6.9%。

全年楼市的特征概况为：上半年房地产调控不断加码、三道红线试点范围扩大、贷款集中度管理全面实施等政策持续影响市场，下半年房地产融资略有松动，全年房地产市场运行总体保持平稳，但呈现前热后冷的发展态势。同时因高新区和部分乡镇项目销售情况较好，导致全市商品房成交价格有所回落。

（戴雪峰）

住房公积金管理

【概　况】 2021年，溧阳市推进住房公积金增人扩面、主动协调，加快贷款发放，不断优化服务效能，持续推进住房公积金事业高质量发展。全市新增开户单位681家，较2020年增长16.21%；新增开户职工3.52万人，较2020年增长92.58%；2021年年末，缴存职工人数达11.58万人，较2020年年末净增1.99万人。2021年，归集住房公积金16.66亿元，较2020年增长10.92%；提取住房公积金11.86亿元，较2020年增长9.09%；2021年年末，归集余额41.15亿元。2021

年，共向3471户职工家庭发放住房公积金个人贷款14.8亿元，金额较2020年增长44.67%；回收住房公积金贷款7.86亿元，较2020年增长15.26%；2021年末，住房公积金个人贷款余额56.47亿元。全年实现增值收益6040.2万元，计提廉租住房建设补充资金5802.54万元，比上年增长15.4%，累计计提达3.54亿元。2021年年度首次将住房公积金扩面和贷款发放、租房提取列入溧阳市政府重点工程，2021年，超额完成目标，促进住房公积金制度覆盖面和惠及面创新高。2021年12月1日起，灵活就业人员参加住房公积金制度全国试点正式实施，让更多的群众享受到住房公积金的惠民政策保障。

2021年，常州市住房公积金管理中心溧阳分中心党支部，以党建引领发展，争创特色品牌，深入开展“传承红精神、用好红载体、当好红引领”的特色党建工作法，被编入常州市级机关的《“一单位一品牌一支部一特色”经验做法汇编》，分中心党支部被评为“常州市级机关特色党支部”、常州市级机关“先进基层党组织”。积极开展文明创建工作，溧阳分中心工会获省住建行业“模范职工小家”称号，服务大厅被评为“省级青年文明号”。

【增人扩面】 2021年2月2日，溧阳市政府组织召开全市住房公积金工作会议，溧阳分中心以合作签约方式实现12个乡镇（街道、园区）的扩面协作全覆盖，组织劳务派遣企业签订扩面协议。溧阳分中心联合溧阳人社局、镇（街道）走进五个镇（街道）开展200余家企业的政策宣讲。继续开展编外人员扩面专项行动的收尾工作，社渚镇、古县街道、戴埠镇编外人员140人开户建缴住房公积金，继续做好各受托银行扩面督导，继续发挥溧阳市“天目湖英才榜”人才优惠政策，2021年，共有1191名溧阳籍高校毕业生获得公积金补助奖励499.12万元，补助人数和资金分别较2020年增长20.42%、34.72%。梳理出173家规模以上企业和1000余家重点企业，以邮寄政策方式点对点进行宣传。当年新增开户职工人数首次突破3万人，增速居全常州市第一。

【资金归集】 2021年，全市共有3223家单位，9.59万名职工参加基数调整，比2020年分别增长19.8%和22.6%；单位参调率为96.07%，职工参调率达100.94%；月应缴存额比调整前增加158.21万元，增幅1.47%，人均月缴存额由调整前的1120.41元，增加到调整后的1136.91元。溧阳分中心主动牵头与市财政、人社协调，完成机关事业单位的基数调整和补缴工作，共为全市733家机关事业单位的2.07万名职工办理基数调整。积极提高单位缴存托收率，2021年，新增开户681个单位中，有678家办理托收业务，占比99.56%。开展重点企业催缴，每月对重点缴存企业进行电话提醒催缴；按季对欠缴3个月以上单位发送催缴函；每月专人负责关注托收到账情况，对到账不及时的单位进行电话跟踪，确保应缴尽缴；发挥QQ业务群、微信群便捷优势，为全市1100余家重点企业提供汇缴提醒服务。

【贷款管理】 坚持“房住不炒”要求，继续支持刚性需求。2021年，受理贷款申请3128笔，13.05亿元，人数和金额分别较2020年增长29.63%和26.81%，其中首次申请的有2751笔11.35亿元，分别占比87.95%、86.97%。继续在“租购并举”住房消费格局中，保障好住房类消费提取，2021年住房类消费提取10.3亿元，其中直接支持职工购、建、修等资金达到1.93亿元（不含还贷、租房等），占总提取金额的16.31%。2021年10月18日起调整住房公积金有关使用政策，按“月均账户余额×配贷系数”计算贷款额度，暂停商转公贷款。为支持房地产企业渡过疫情难关，同时保证符合住房公积金贷款政策的缴存职工充分享受住房公积金贷款，做好房源管理和贷款政策的落实，2021年，共有82张预售证批准准入，准入面积为68.06万平方米。强化房源管理，关注准入房源的开发企业的“三道红线”，会同银行、担保公司联合开展房源项目风险评估，从2021年7月开始，房源进度实现第三方安馨公司数据采集。

【风险防控】 通过与公安、法院、检察院的联动，预防打击各类违规骗提骗贷行为，2021年，主动识别防范2起骗提，追回款项4.38万元。严格落实党风廉政建设，多形式开展党风廉政教育，积极妥善协调14名职工投诉，补缴住房公积金75万元。

【服务效能】 积极推动“放管服”改革，引导职工“不见面”办理业务，2021年，开通单位网上用户215家，累计2314家，占全部缴存单位的54.34%。多形式宣传推广常州住房公积金微信公众号，推行个人网上业务签约，2021年个人网上业务签约达3.45万人，累计8.76万人，占缴存人数的75.65%，2021年，累计有96.76%租房提取和33.84%还贷提取在线上办结。进一步完善和细化服务措施，设立及时妥善解决办事群众困难的“零号窗口”，与全市联动便捷服务的“一件事”专窗，启用“跨省通办”等服务事项，扎实推进“我为群众办实事”。建成智慧公积金自助服务体验区，2021年10月11日起，实施公积金单位电子证和公积金个人储存卡电子证照。通过服务提醒单的方式，对职工办事做好完全告之，助力实现“跑一趟”的服务目标。

（潘　璠　张　蕾）

城市管理

【概　况】 2021年，市城管局紧扣“生态品质巩固提升年”工作主题，统筹做好疫情防控和城市管理高质量发展，推动溧阳由园林城市向公园城市迈进。深入推进“森林长廊”建设，贯通绿道43公里，完成绿化建设30万平方米。完成燕山中路、南大街、锦绣路3条城区道路和11条集镇道路精品街道建设，以点带面提升街景容貌。停车设施提质增量，公建停车场增设充电桩161个，城区新增机动车停车泊位1159个，对城区范围内的12个公共停车场进行智能化改造并实行停车收费管理，提高停车泊位周转率。持续推进“厕所革命”，115座城乡公厕（城区57座、农村58座）完成升级改造，实现“旧貌换新颜”。依托“森林长廊”“天目湖大道绿道”等大型绿化项目，实现城区绿道向旅游景区和乡镇村庄拓展延伸，近百公里生态绿道形态初现。城市管理触角深入镇村，加强老旧小区、背街小巷、“一号公路”沿线等重点区域环境监管，城市长效管理考核连续三年（2019年、2020年、2021年）位列常州辖市区第一名，园林绿化管养水平位居全省前列，市城管局先后获得常州市“建设全国文明城市工作先进集体”、常州市“推进‘五大明星城’建设先进集体”、“溧阳市工作创新奖”等称号。

【环境卫生管理】 用足“绣花功夫”，做好“精细文章”，推动环卫提质增效，不断提升城市“颜值”。环卫设施提升完善，完成溧阳市垃圾填埋场浓缩液减量化工程，实施溧阳市垃圾转运中心渗滤液项目和生活垃圾填埋场整治封场修复工程，启动溧阳市生活垃圾填埋场整治封场修复和建筑垃圾转运综合体建设，提升垃圾处置能力。开展垃圾分类收集行动，出台《溧阳市餐厨废弃物管理办法》，完成28个行政村垃圾分类设施建设、58个垃圾分类达标小区创建，全市垃圾分类设施基本实现全覆盖。强化环卫精细化作业，城区120条主要道路实行深度保洁，形成“一体式、全覆盖、精细化”的保洁新体系，全力打造“洁净城市”。

【市容秩序管理】 开展市容秩序精细化管理，实现由集中攻坚向常态长效的根本转变。实施城市容貌综合治理专项行动，集中整治乱堆乱放、占道经营、停车秩序、露天烧烤、餐饮油烟、商业噪声、渣土运输等城市管理顽疾，查处各类违章7万余起。开展高立柱广告设施专项整治，一次性拆除宁杭高铁与高速夹心地带高立柱广告设施57处。开展既有建筑安全整治行动，重点治理经营场所违法建设，全市共拆除违建2295起，约26.3万平方米。累计处置重点经营场所违建597家，约7.5万平方米，消除安全隐患，织牢城市安全管理“防护网”。

【园林绿化管理】 强化园林绿化行业指导，开展病虫害防治、绿化专项考核等专题培训。认真组

法院共享停车场智能化改造　　（市城管局　供稿）

织绿化方案评审，共计组织专家评审 6 次，完成梅园小学、城投教育中心、花溪公馆等 17 处方案评审工作；深化城市长效管理绿化专项考核，600 万平方米绿地景观效果良好；全年栽植、补植各类苗木 2.9 万平方米，铺植草皮 7.7 万平方米。加强园林绿化废弃物科学化管理，全年收集处置园林废弃物约 5000 吨，主城区绿化废弃物收集利用实现全覆盖。坚持园林绿化精细管理，举办荷花展、秋菊展、月季花展等园事花事活动，丰富群众文化生活。由城管局布置的花卉园艺作品获第十七届杜鹃花展览会银奖。

【市政设施管理】 秉承“常观察、勤检修、精管理”服务理念，强化市政设施日常管理，确保市政设施整洁美观且正常运行。完善市政设施日常巡查机制，完成燕山路、罗湾路、南大街等 65 余条城区主次干道市政设施维修，修复道路病害 3.9 万余处。共拆换井盖约 1132 个、舒砖约 6418 平方米、花岗岩道板约 7948 平方米、侧平石约 2481 米等；对公交站台及路铭牌防水加固 600 余处，维修电路 1500 余处，局部油漆出新 3000 平方米。开展人行道积水专项治理，集中处置 70 余处，对德悦酒店周边、龙亭路等 8 处地段进行同质化改造，共计约 7129 平方米。施划人行道停车标线，出新非机线 12100 米、自行车标识 1880 个、机动车位 1380 个、车位内箭头标识 2200 个，规范停车秩序。

【菜市场管理】 落实菜场疫情防控常态化，全力保障群众购物安全。开展城区菜市场环境整治专项行动，共清除占道经营 2084 处，出摊溢摊 2331 处，乱吊挂、乱晾晒 1430 处，乱堆放 2617 处，乱拉乱接电线 1200 余处，清除非机动车场内乱停放 2267 辆次。根据新修订的《溧阳市菜市场长效管理综合考评办法》要求，加强全市菜市场长效管理，逐步完善职能部门联合督查机制。开展文明经营户、优秀菜场主任考核评比，全年共计评选文明经营户 241 名，优秀菜场主任 3 名。

【队伍管理】 以市委第二巡查组巡查城管工作为契机，全面加强队伍建设，规范城市管理运行机制。建立“现场一刻到”快速反应机制，大力推行上门服务、定岗定责、服务承诺三项制度。扎实推进党史学习教育，推动“我为群众办实事”活动走深走实。开展法制督查和集中整训，加强派驻中队规范化管理。深化“蓝盾驿站”党建品牌建设，时刻关注信访投诉、网络舆情和日常管理中的民生诉求，打通服务群众的“最后一公里”。全年受理处置网络、电话类投诉 2454 件，办理办结信访类投诉 1144 件。承办人大建议、政协提案 40 件，办结率和满意率均为 100%。

（陶英杰）

燕山河绿道　　（市城管局　供稿）

自然资源管理

【概　况】 2021年,是两个"一百年"奋斗目标的交会之年，也是"十四五"规划的开局之年。市自然资源和规划系统围绕"两统一"核心职责和"优空间、护资源、促发展"中心任务,攻坚克难、创新工作，为全市经济社会发展作出贡献。

【规划编研】 科学编制国土空间规划。完成国土空间规划近期实施方案、周转指标上图、规划基数转换、城市体检评估等相关工作，形成规划中间成果。推动157个行政村开展村庄规划编制，完成规划评审39个，其中南渡镇庆丰村、永丰村村庄规划入选自然资源部国土空间规划优秀案例。持续优化城市功能布局。全力保障"电动溧阳"战略实施，编制完成《"电动溧阳"战略研究》及《溧阳市充电设施布局规划》。推动燕山新区核心区建设，完成燕湖周边地区城市设计优化。研究4S店规划布局，完成汽车城地块策划方案。启动中医院地块规划研究，探索研究旧城核心区域的用地功能。不断提升规划服务水平。与省规划设计集团、上兴镇结对开展"共绘苏乡"规划师下乡活动。完成汽车城、重庆大学等15个地块的控规编制和报批工作。累计完成方案审查104批次、施工图审查79批次，办理建设项目选址意见书59件、建设用地规划许可证134件、建设工程规划许可证304件。

【资源争取】 以拓展空间为目标，向省、常州市争取计划指标2145亩,争取省重大项目指标2320亩。首次获评"全省自然资源节约集约利用模范市"称号，获省级奖励指标250亩。调剂出耕地占补平衡指标4539亩，争取财政资金13.11亿元。

【耕地保护】 统筹推进山水林田湖草一体化保护修复，启动编制《国土空间生态保护和修复规划》;积极探索"两山理论"的自然资源路径，制定生态产品价值实现机制试点实施方案。在前期开展永久基本农田布局优化试点的基础上，完成永久基本农田划定成果的核实整改；持续推动土地整治项目实施，完成社渚、南渡省级投资土地整治项目，重点推进上兴镇国土空间全域土地整治项目；市政府出台《溧阳市设施农业用地监管实施意见》，进一步完善全市设施农用地管理，完成全市设施农用地上图入库和设施农业项目备案。

【用地保障】 通过规划调整保障各类项目建设用地1万亩。组织编制土地征收成片开发方案，划定5个片区面积2557亩。优化调整省级生态管控区，累计调整面积1.66万亩。编制完成2021年度土地储备计划，计划实施储备土地面积6855亩。累计获批用地批次27个、面积5793亩，位列常州第一。报批林地面积1082亩，占常州60.13%。累计出让用地334宗、面积1.69万亩，总出让金413.58亿元。处置完成批而未供土地1.04万亩、闲置土地296亩。

【矿产资源管理】 完成全市在采矿山"大矿大开"矿山规划布局。全力做好过渡期资源保障工作，完成金山、长山南等4个矿山出让和登记工作。全市6个在采矿山全部通过省级绿色矿山验收。上兴镇矿泉水挂牌出让成为全省首宗净采矿权挂牌出让。

【林业资源保护】 完成净增造林

500亩、退化林修复和低效林改造1000亩、封山育林2000亩，建设绿美村庄10个，林木覆盖率突破32%。持续推进湿地保护修复，新建长荡湖湿地保护小区1处，自然湿地保护率提升至64.4%。林业工作站获评“常州市工人先锋号”。

【执法监察】 全力推动存量违法用地整改，有序开展耕地保护督查、土地例行督查、农村乱占耕地建房、违法用地综合整治三年行动涉及的整改工作。全面落实全覆盖、严格执行执法监察工作机制，累计开展日常巡查1614次。严格森林植物检疫执法，现场检疫踏查面积2220亩，核发植物检疫证书5964份。

【政务服务改革】 落实“简政放权、放管结合、优化服务”要求，推动自然资源和规划服务“五全五化”建设，实现工程建设项目审批业务上线；将原独立实施的单项“规划核实、土地核验”等多项验收合并，以“多验合一”推动实现“一窗受理、统一组织、限时办结、统一确认”的工作机制；扎实做好日常不动产权属登记工作，完成不动产权属登记7.7万件，发放不动产权证书5.6万件，获得常州市第四届不动产登记业务技能竞赛团体一等奖；与法院常态化建立司法协助服务，确保司法处置和不动产登记“一件事”办结，实现司法查控实时安全。

【信息化建设】 全面开展地下管线的实时更新测绘，为建立全市地下管线更新测量机制奠定信息化基础；加快各类自然资源专题和管理数据整合，形成较为完善的国土空间规划一张图数据资源体系；由自然资源和规划局参与的“溧阳市三维数字城市建设及辅助规划应用”项目获2021地理信息产业优秀工程银奖，“常州市自然资源三维立体时空数据转换工程”项目获得铜奖。

【创新工作思路】 压紧党建主体责任，制定年度党建工作要点，层层签订《全面从严治党责任书》；扎实开展党史学习教育，制定党史学习教育实施方案，邀请原全国政协委员、中央档案馆原馆长、国家档案局原局长杨冬权专题辅导，在常州市资规系统党史知识竞赛中获得团体第一名；开展庆祝中国共产党成立100周年系列活动，组织“重温百年党史、追忆入党初心”系列主题党日活动、“听党话、跟党走、当好党的接班人”主题征文活动、“学党史 务实效”党建沙龙、“百年风华 不忘初心”红色经典诵读活动等；做优“绘自然”特色品牌服务，深度挖掘各支部亮点特色，开展“我为群众办实事”实践活动，完成南渡中心所党建标准化和“勤峰书记工作室”建设。推动“三效三提”作风建设专项行动落实，梳理制定职责清单、问题清单、整改清单“三张清单”；在专项问题上下功夫，开展酒驾问题专项教育整顿，组织违规挂靠取酬专项整治“回头看”，深化开展违规收受礼品礼金问题专项治理，紧盯“四风”问题隐形变异新表现、新动向、新特点，加强形势预判研判，做到真管真严、长管长严；在权力运行监督上加力度，梳理廉政风险点25项40个，制定防控措施47条，进一步健全完善有效防范制约机制，确保权力运行高效规范。

（葛圆幸　虞希昀）

水　利

【概　况】 2021年，溧阳市水利局坚持以“生态品质巩固提升”为主基调，扎实做好防汛抗旱、工程建设、行业管理等各项工作，在生态创新和高质量发展上持续发力，亮点纷呈。

【防汛抗旱】 2021年汛期，溧阳市多次遭受强降雨袭击，全市上下始终按照“安全第一、常备不懈、以防为主、全力抢险”的防汛抗旱工作方针，以责任制落实、险工处理为主线，扎实全面做好各项准备，确保全市安全度汛。特别是受新中国成立以来首次正面经过溧阳的超强台风“烟花”外围风圈长时间影响，全市河湖水位全面超警戒水位，沙河、大溪2座大型水库最高洪水位均超历史，造成古县街道、戴埠镇区域内8个村庄积水，工、农、旅游业均有不同程度的损失，市镇两级政府迅速反应、科学决策、合理调度，将台风带来的损失降到最低，未发生人员伤亡事件。据统计，强降雨期间，沙河、大溪水库产生的入库总量达8127万立方米，两大水库在台风来临前预留滞洪库容2491万立方米的情况下，仍向下游泄洪5636万立方米（沙河水库向下游泄洪2830万立方米，大溪水库累计泄洪2806万立方米）；前宋水库累计泄洪550万立方米；塘马水库累计泄洪260万立方米。

【工程建设】 适时调整思路，在

水资源保护地的秀美风光　　（市水利局　供稿）

持续完善防汛抗旱工程体系的基础上，深入推进城乡供水治污、水环境治理等项目，稳促转型、振兴乡村。

防汛项目　在主汛期前完成大溪水库主坝坝体防渗处理的主体工程，新建梅庄、前马等6座圩区排涝泵站，6座5万立方米以上塘坝除险加固，余桥集镇、别桥集镇、南渡北河东塘桥堤防加固，南大街雨水管道改造等一系列工程，均在汛期充分发挥效益。同时，北河治理工程、新昌河枢纽正全面推进。

水务项目　举全局之力，倾力推进重点民生实事项目——全域安全供水。区域供水PPP项目、南部山区供水改造提升工程、北山片区环状供水等项目基本完工。年底启动花园污水厂改扩建工程、城镇供排水提质增效工程和新一轮规划发展村庄生活污水处理提质增效工程，2021年优先对溧城街道、天目湖镇等镇、街道的12个规划发展村进行了农污治理，剩余95个将在2022年实施。

农水项目　常州市农水补助2条农村河道治理及本级21个单项农水工程和永和水库小流域综合治理工程均已完工。4条农村生态河道建设春节前完工。

移民项目　庆丰、水西项目已完工。年度首批5个扶持项目已完成3个，第二批3个基金项目已有2个开工建设。

【行业管理】　持续深化河长制工作，完成小微水体整治397个，建成2条“五好河道”、3个小微水体河长制示范村（社区）。在持续推进“两违三乱”整治，去存量、遏增量的同时，扎实开展“清晏行动”，全年累计打捞水葫芦等水面漂浮物8000余吨，清理乱垦乱种40余万平方米，清理岸坡垃圾等堆积物600余吨，清理“三无”船舶及沉船39艘。积极落实工程长效管护机制，深化“溧阳模式”，创成水利部首批小型水库管理体制改革样板县，完成大溪水库、前宋水库江苏省水利工程精细化管理单位创建工作。强化重点工程、重点河道、重点领域水事违法行为的集中整治，查处水事违法案件63起。持续深化天目湖水源地保护工作，继续加强移民后期扶持政策实施监督检查。

（李　珍）

生态环境保护

【概　况】　2021年，全市空气质量达到Ⅰ级（优）空气质量的天数为104天，达到Ⅱ级（良）空气质量的天数为212天，优良天数316天，空气优良天数比例86.6%，比2020年增加17天，上升5%；$PM_{2.5}$浓度为31.9微克/立方米，比2020年下降9.4%，两项指标均创21世纪以来最好水平，在常州市各辖市区中排名第一。10个国省控考核断面达到或好于Ⅲ类水比例100%，其中大溪水库湖心、沙河水库库中符合Ⅱ类标准。饮用水源地沙河水库、大溪水库水质达标率100%。声环境质量状况控制较好，区域环境噪声持续处于稳定状态、功能区噪声达标率达100%。2021年，城市区域环境噪声监测结果平均值为55.0dB(A)，比2020年下降0.1dB(A)；城市交通环境噪声监测结果平均值为65.9dB(A)，比2020年下降0.8dB(A)。

【攻坚污染防治】　2021年，溧阳市打好污染防治攻坚战在常州各辖市区预考核中位列第一名，连续6年保持第一方阵。

打好蓝天保卫战　调整优化产业结构，严把新建项目准入关。淘汰江苏申特钢铁有限公司烧结、高炉、转炉等高污染生产工艺。大力实施化工园区规范化整治，建设园区环保安全监测监控预警系统建设，全面提升集中区园区大气污染防治水平，同时，根据市产业发展规划，严格控制化工产业发展，取消南渡新材料工业集中区的化工定位。紧盯“排放源”，深化VOCs和NOx治理。

开展涉气工业企业排查整治，对全市10个工业集中区产业集群，244家VOCs排放企业、6家重点NOx排放企业进行拉网式“体检”。深入实施重点行业挥发性有机物综合治理，完成10家工业涂装企业实施清洁原料替代，38家企业实施VOCs“一企一策”整治，提升工业集中区VOCs防治水平。开展重点行业综合整治，全市3家水泥行业完成8条生产线氮氧化物超低排放改造，开展全市40家铸造企业“一企一策”综合整治。合理“避高峰”，实施科学生产调度。开展清单化管理，编制全市2个省控站点空气质量巩固提升方案，对3公里范围的222个餐饮店、94家工业企业、43个在建工地、75个汽修店、10个加油站落实精细化管控。优化调整运输结构。推进运输绿色转型，推动金峰水泥、天山水泥矿山绿色运输廊道建设。完成600辆重型柴油车安装OBD远程在线监控。持续开展重柴油车、非道工程机械路抽检和入户监督检查，全年开展各类检查67次，其中重型柴油车路抽检25次338辆，非道路移动设施检测25次125台，入户抽检17次161辆，严厉打击违法行为。全面推进生活源治理。完成300家餐饮单位油烟综合整治，其中100平方米以上的63家重点餐饮单位已加装油烟在线监控装置并联网。

打好碧水保卫战　加快推进“333”行动。继续在全市范围内开展以“三消除”（消除市域城乡黑臭水体，消除污水直排口，消除污水管网空白区）、“三整治”（整治工业企业排水，整治“小散乱”排水，整治阳台和单位庭院排水）、“三提升”（提升城镇污水处理综合能力，提升新建污水管网质量管控水平，提升污水管网检测修复和养护管理水平）为主要内容的城镇污水处理提质增效行动，完成焦尾琴公园和清安桥北侧等2个污水提质增效达标区建设。加快推进太湖治理重点工程。实施2021年14个治太重点项目建设，天目湖湿地公园水质净化及生态功能提升项目等11个项目已完成，天目湖流域水质目标管理平台等3个项目达到年度建设目标，正在全面推进中。开展专题研究分析。积极做好太湖规划编制和区域水平衡工作，牵头编制《溧阳市“十四五”太湖综合治理规划》，组织开展河湖生态系统调查、城乡有机废弃物处理利用体系建设、水平衡分析、总磷溯源4个专题研究，开展重点区域水污染物平衡核算。全面开展入河排污口排查工作。全年共排查14条河流、6个湖泊及其延伸区域内支浜，核定排口1309个，采集水样1309个，完成442个排口整治，占总任务的30.2%，超额完成省厅下达的20%任务要求。

打好净土保卫战　扎实推进关闭遗留化工场地调查和风险管控。21家土壤重点监管企业已全面完成土壤地下水自行监测和隐患排查整改，督促宜巷化工遗留地块开展场地修复前落实风险管控措施。强化土地出让前土壤调查。对2019年以来出让为住宅等用地的地块进行排查梳理，对具备调查条件的要求补充开展土壤调查。加大危废规范化管理力度。563家产废企业已全部完成全生命周期监控系统建设，实现危险废物从“摇篮到坟墓”全过程信息化监控可回溯。继续开展“减存量、控风险”专项行动，利之生环保公司5000吨／年和春来环保科技公司4800吨／年等2个危废集中收集贮存点项目建成投运，提升全市危险废物安全处置能力，压减危废存量，控减环境风险。

【建设生态文明】　强化跨界区域共保联治。牵头郎溪、广德三地生态环境部门共同探索绿水青山就是金山银山双向转化的生态产品交易机制，签订《苏皖合作示范区关于共同探索生态产品价值实现机制的战略框架协议》《溧阳市—郎溪县—广德市跨界区域生态环境共保联治工作制度》，高质量推进苏皖合作示范区建设，打造省域交界合作创新先行区，形成跨区域联动协调发展格局，确保跨界区域环境质量稳中向好。深入推进生态绿城建设。进一步聚焦“生态”和“惠民”两个方面，深入推进生态源保护、生态廊道、城乡公园绿地、生态绿道、特色主题和生态细胞建设六大工程，全年实现增核2850亩、扩绿320亩、联网14.42公里。全面完成天目湖湿地公园提升工程、天目湖平桥河河道综合治理（续建）工程、溧戴河景观一期改造工程、埭头镇山前路—龙荡路生态廊道工程、美音公园等8项生态绿城工程。持续加强和开展生态细胞创建，塘马村3个村创建省级生态文明建设示范村已通过常州市级验收，钱家圩村等4个村通过常州市级生态文明建设示范村验收。昆仑街道生态文明建设规划已通过专家评审，溧城中心小学、上兴小学创建国际生态学校工作加快推进中。

【优化政企服务】 强化项目服务。提高主动服务意识，简化审批流程，全面提供环保法律法规政策咨询和项目指导，提升环评审批满意度。2021 年，累计提供各类建设项目咨询近 70 余起，共审批建设项目 183 个，其中审批报告书项目 18 个、报告表项目 165 个。特别是针对全市重点项目，主动超前谋划服务，全力做好项目引进落地的环保参谋，累计已完成审批投资额超 10 亿元项目 9 个，1 亿～10 亿元项目 38 个。严控环评质量。贯彻落实环评放管服改革要求，强化环评文件审批、业务指导和事中事后监管，切实提高环评文件编制质量。制定《建设项目内部管理规范及会审制度》，建立科室会商、小组会审和重大项目会审三级会审制度，提高建设项目环评审批的科学化、规范化水平，严格落实建设项目环境准入，严把建设项目环评审批关。增强资金引导。2021 年共争取上级资金 9143.4 万元，主要用于补助天目湖水源地保护、生态环境修复、水环境治理等一大批治理工程。同时，积极争取绿色金融奖补资金，对购买环境污染责任保险的企业进行补助，为企业践行绿色发展理念出谋划策。强化许可证管理。严格执行《排污许可证管理条例》，严格把关排污许可证核发“关卡”，强化证后管理，推进联合监管。全年共审查及核发排污许可证 152 个、注销 81 个。

【环境执法监管】 树立绿色发展理念，以改善环境质量为核心，以污染防治为切入点，持续加大行政执法力度、规范行政执法行为，依法查处各类环境违法案件，取得明显成效。聚焦规范执法，着力提升依法执法水平。积极配合上级生态环境部门的垂管改革，完成溧阳执法分局机构调整工作。积极推进执法所标准化建设，推动执法力量下沉。配备执法记录平板 22 个，执法记录仪 33 台，实现执法流程标准化、执法过程全录像，大幅提升行政执法规范。聚焦精准执法，着力提升执法效能。通过走出去和引进来，强化一线执法人员业务培训，提升问题发现能力和解决能力。在发挥传统“铁脚板”执法模式的同时积极推行“双随机、一公开”和“正面清单”制度，探索差异化执法。积极探索新冠疫情下的非现场执法，通过用电监控、在线监控等远程大数据分析，利用走航车、无人机等高科技设备精准溯源，在减少现场检查频次的同时，保持执法力度不减。聚焦铁腕执法，着力打击环境违法。坚持 24 小时值班制度、节假日领导带班巡查制度，保持对环境违法行为高压态势，为溧阳经济绿色发展保驾护航。全年共发出行政处罚告知书 190 份，决定书 148 份，总决定金额 1577 万元，其中对 6 个案件申请法院强制执行，31 家单位进行查封，1 家单位进行限制生产，25 起涉及行政拘留案件、2 起刑事案件移送公安部门处理。聚焦突出生态环境问题，着力巩固整治成效。高度重视环保督察工作，重点梳理 2016 年以来中央、省环保督察信访 64 件交办件以及常州通报的重点信访隐患，持续开展督察问题“回头看”。同时，结合自查自纠，排查确定《溧阳市突出生态环境问题清单》，落实市领导挂包制度，明确具体责任人和整改目标、整改措施，严肃考核问责，目前已按期完成整改任务，真正做到突出生态环境问题标本兼治。全年受理各类环保信访共计 745 件，办结率 100%。

【创新工作思路】 结合工作实际，创新工作思路，开展党史学习教育。深入学习贯彻习近平总书记重要讲话精神，广泛营造“学党史 悟思想 办实事 开新局”的浓厚氛围，为生态环境保护工作注入新的动能。用足用活红色资源。充分发挥新四军江南指挥部纪念馆警示教育基地、新四军黄桥战役纪念馆爱国主义教育基地促进作用，深挖铁军精神共通之处。建成建新党建联盟，积极筹办与省环保集团监测监控公司、溧阳市资规局、城管局等部门开展党建共建，努力找到最大公约数，画出最大同心圆，共同打造“天目绿源”的优秀品牌，实现党组织优势互补，党建与业务深度融合，构建“资源共享、优势互补、互相促进、共同提高”的党建工作新格局。创新创优宣传模式，制定党史学习教育宣传工作方案，构建“12369”宣传模式，推出优质环保系列宣传产品。二十余篇信息先后被学习强国、《中国环境报》《江苏环境》《美苏 263》及其他省级主流媒体录用。办好办细民生实事。坚持以“让生活更美好”为使命方向，从生态绿城、直通民意、空气监测、油烟整治、助企培训五个方面入手，多措并举解决群众“急难愁盼”，真正将党史学习教育的成效转化为“我为群众办实事”的工作动力。

（周岷瑾）

开放型经济

【利用外资】 2021年，全市完成协议外资8.6亿美元。其中，新批项目24个，协议外资7.15亿美元，占比83.14%；增资项目11个，协议外资1.66亿美元，占比19.3%。其中新增制造业项目协议外资2.7亿美元，占比31.4%。实际到账外资3.62亿美元，其中到账大项目（到账500万美元及以上项目）13个，共完成实际到账外资3.52亿美元，占比97.24%。

【项目招引】 2021年，全市围绕“生态品质巩固提升年”工作主题，聚焦“四大经济”产业方向，狠抓项目开工建设，建立项目督查机制，每月常态化开展全市亿元以上项目督查，协调解决项目推进中出现的问题，提高优质项目落地效率。组织参加“两节”、“5·17”东亚论坛、“9·28”常州经贸洽谈会、名城名校合作行、常州深圳交流创新合作对接会等重大经贸活动，成功对接和签约一大批优质项目。持续实施并完善项目招引“月通报、夺红旗”制度，推动“书记上台讲、项目公开评、红旗抢着扛”，营造争先夺优的浓厚氛围。完善《溧阳市重大项目招引预评审办法》，加大项目管控力度，提升项目质量。“十四五”开局之年，再次实现年度3个“百亿项目”的突破，取得开门红，加速溧阳实现绿色现代化的步伐。

【专业招商】 完善招商推介资料库，制作招商宣讲PPT；编印中、英、德等多语种城市宣传手册和相关招商资料；加强打造微信公众号平台“投资溧阳”，拓展宣传内容，宣传溧阳投资环境、城乡风貌、人文底蕴、商务动态等内容。

围绕全市“四大经济”发展方向，建立招商工作交流例会机制，定期开展工作例会，交流有效项目信息、在谈项目情况和招商工作经验，加大项目质量筛选，做好压力传递，上下联动，提供有效服务，切实保障项目有序推进。2021年，累计对接有效项目信息共计582个。

完善驻外经贸代表处考核管理办法，注重规范管理，突出实绩导向，提升工作实效。加强与德国、瑞士、日本等驻外经贸代表处的联系，在后疫情防控时期积极促进经贸往来，2021年，举办境内外线下招商推介活动5场，境外云端联合会活动1场，视频交流活动3场，新增友城顾问1个。

以创新机制、优化考核、招商培训为立足点，为全市招商队伍建设工作指路领航。市政府《关于加强全市招商队伍建设的工作方案》，将“招才引智”项目纳入各板块招商考核细则，常态化开展“双招双引”系列培训，邀请一批经济学专家、部门领导、招商能手进行专业指导和业务交流。累计培训招商干部和业务骨干200余人次。

【对外贸易】 2021年，全市实现进出口总值1132341万元，比上年增长32%，高于常州全市7.1个百分点，其中出口912057万元，比上年增长28.9%；进口220284万元，比上年增长46.8%；一般贸易进出口947351万元人民币，占比83.7%，比上年增长37.1%。进出口总值占常州全市的3.8%，占比增长8.6%。

【外经合作】 2021年，累计完成新签外经合同额29249.6万美元，完成年计划的243.75%，累计完成营业额2658.97万美元，完成年计划的188.23%，新备案境外投资项目1个，中方协议总投资160万美元。工程项目涉及电站安装、电厂安装、锅炉安装、热电安装、道路改造、钢结构安装、变压器成套设备安装、调试、运营以及炼钢炼铁和水泥建设安装等项目，总计达52个项目，项目涉及国别和地区24个，主要分布在东南亚、非洲、西亚、北非及中东地区。

境外大工程项目包括：溧阳中材重型机器有限公司在乌兹别克斯坦承接的乌兹别克斯坦RASH—MILK有限责任公司日产3000吨熟料生产线项目工程合同，总合同额为4180.6万美元。

【商贸流通】 2021年，全市实现社会消费品零售总额388.98亿元，比上年增长22.5%，增幅位居常州各辖市区第二。其中：限额以上社会消费品零售总额102.43亿元，比上年增长17.0%；限上批发和零售业实现社会消费品零售总额91.63亿元，比上年增长16.8%；限上住宿和餐饮业实现社会消费品零售总额10.80亿元，比上年增长19.1%。按照双随机抽查机制要求，定期开展单用途商业预付卡检查活动，确保备案发卡企业“三项制度”执行到位。定期开展商贸流通领域安全检查工作。开展非法加油点整治，规范成品油市场秩序。

【电子商务】 全市电商网络销售额突破180亿元，其中农业农村电商网络销售额达30亿元。全市400多家规模以上企业和2500多个个体工商户从事电子商务，电商直接从业人员6000余人。

（蒋依纯）

海　关

【概　况】 2021年，常州海关驻溧阳办事处以“四融”为工作抓手，强化政治统领，坚持系统观念，树立底线思维，通过加强内部挖潜和外部协同，打造高素质干部队伍，提升监管服务能力，推动办事处各项工作高质量发展。

全年累计处理进出口报关单344票；入库税款3698.7万元；办理进口设备减免税审核手续23票，价值2893万美元，减免税额约1634万元，比上年分别增长6.7倍、51.6倍、80.7倍；签发各类出口原产地证书4427份，金额35518.2万美元，比上年增长49.5%，可为企业减免进口国关税约1695万美元；签发各类对外证书149份；设立加工贸易手册51份、金额12025万美元，金额比上年增长3.3倍；核销结案手册60份，比上年增长57.9%；新注册企业74家。完成出口报检2641批，金额28577.1万美元，比上年增长35.6%，其中出口危险货物包装使用鉴定398批；进口报检64批，金额1221.9万美元，比上年增长16.5%。

【监管工作】 严格依法行政，落实“双随机、一公开”规定，牢固树立法治意识和底线思维；强化进出口商品、食品、植物日常检验监管，对相关企业实施分类指导、信用管理，确保进出口产品质量安全；开展国门生物安全监测，承办常州海关国门生物安全监测技术交流会等活动，设置监测点2个。开展加工贸易内销征收缓税利息补缴工作，做好企业双随机抽查和创新后续监管面谈函询工作；开展跨境电商专项整治工作资质核实，11家企业和平台列入核实范围。积极支持配合上级海关全业务领域一体化改革，搭建溧阳地区AEO认证企业互动平台，发起并举办“AEO认证企业论坛”活动；配合缉私、稽核查部门做好相关案件查办工作，精准推送主动披露“守法容错”理念。

【服务优化】 做好优化营商环境和“放管服”改革有关工作，进一步落实稳外贸稳外资改革措施，做好对两步申报、两段准入等改革的宣传推广及应用工作，落实减税降费、精简手续等政策。跟进赛得利纤维、宝润钢铁等百亿元重点项目建设情况，帮助企业解决实际困难；举办对美加征关税排除政策宣讲会，开展取消钢铁出口退税影响情况调研。采用“线上＋线下”和预约检验等监管方式，针对疫情期间国际物流不确定等问题开辟“随报、随检”绿色通道。多措并举助力动力电池、农具等特色产业开拓国外市场，为时代新能源等企业属地办理危包鉴定证书，提高企业通关效率，激发外贸新动能。建言献策，全年累计向市委、市政府报送工作专报7篇、海关统计12期，其中2篇工作专报分获书记徐华勤和市长叶明华批示。

（陆天一）

江苏省溧阳高新技术产业开发区

【概　况】 2021年，高新区围绕“生态品质巩固提升年”工作主题，紧扣“创成国高新、迈向科技城”的目标愿景，保持“起步即冲刺”的昂扬精神，发扬“能为必可成”的奋斗作风，团结带领园区各级党组织和党员干部群众，真抓实干、开拓进取，全力推动高质量发展迈上新台阶，奋力实现“十四五”规划良好开局。

【经济发展】 园区越来越多的优秀企业勇立行业潮头，焕发出强大的生机与活力。规上工业总产值、工业应税销售双双迈过了“千亿大关”，全年完成规上工业总产值1125亿元，比上年增长35.6%，完成工业应税销售1117亿元，比上年增长55.4%，完成公共财政预算收入30.8亿元，比上年增长32.4%，完成高新技术产业产值570亿元，比上年增长73.7%；其中，上上电缆全年含税销售突破350亿元，纳税超6亿元，获得第四届“中国质量奖提名奖”“2021全国质量标杆”两项国家级大奖；江苏时代全年销售超240亿元，纳税超10亿元；德龙全力推进两个超百亿重大项目建设，热轧项目全面启动。

【产业集群】 百亿项目“双突破”，震裕、卓高二期、恒义等优质项目成功落户，全年引进3000万元以上项目37个，协议总投资近500亿元。29个重点工业项目开工率达93%，投产率达72%，江苏时代四期、航天工程等省重大项目实现当年开工、当年投产，再次彰显高新区速度。动力电池产业实现爆发式增长，集聚以江苏时代为龙头的产业链企业超60家，年产值近430亿元，比上年增长140%，出货量占据全省“半壁江山”、全国25%；智能电网产业产值近390亿元；园区新能源电力装备产业获评“国家新型工业化产业示范基地”，向着全国最强“新型电力和新能源装备产业地标”迈进。

【创新生态】 园区作为全国唯一县级单位，入选了国高新“以升促建”调研名单，实现了全省创新驱动综合评价“三连冠”。高端人才加速集聚，入选龙城英才顶尖人才项目1个、创业类项目21个、常州市领军型创新人才引进培育项目7个，全年举办国内外高水平学术会议20余场，吸引各类专家学者来访累计超2500人次，其中院士50人次。高端平台做大做强，长三角物理研究中心新园区正式揭牌运营，与18所知名高校共建“双创实践基地”，与复旦大学等高校院所共建9个科学家工作室；天目湖先进储能技术研究院，服务行业客户超400家，全年业务收入超7000万元，参与申报3项国家重点研发计划项目、1项工业和信息化部产业前瞻项目；东南大学溧阳研究院完成了智慧能源互联网实验平台的设备调试，全年申请专利102件，专利授权37件；创新主体不断壮大，全年通过认定高新技术企业42家，获批潜在独角兽企业1家、瞪羚企业7家、入库科技型中小企业103家，中科海钠的“高功率钠离子储能电池关键技术与产业化研发”项目获得江苏省首批碳达峰碳中和科技专项资金项目立项支持。

【管理体制】 优化管理体制，以大部制、扁平化改革为方向，进一步调整“区街合一”职能设置；实行年轻干部培养“活水”计划，遴选年轻干部到招商等基层一线挂职锻炼。提升服务能级，深化工程建设领域审批制度改革，为项目建设平均节省约60个工作日。创建“1+29”为民服务体系，实现为企为民“一站式”窗口服务。创新破解难题，运用新媒体开展线上招聘，创新推进跨区域劳务合作，提升学员实践能力，全年协助重点企业招工超8000人，确保用工状态平稳。完成原申特钢铁等量产能置换、进入省重大钢铁项目库、通过环评、能评审核。

【民生保障】 推进建设总建筑面积24.3万平方米的人才公寓，完成泓口家园、下河新村、城西佳苑二期、蒋店五六期等2500余套安置房交付，与南京师范大学开展合作办学，完成泓口小学、濑江幼儿园新校区整体搬迁，创智园商业综合体开业运营。社会治理取得新成效，深入打好蓝天碧水净土保卫战，文明城市工作打了一场漂亮的“翻身仗”，年度考核跃至全市第一方阵；常态化、精准化做好疫情防控，筑牢群防群治的严密防线。乡村振兴迈出新步伐，提升余桥、方里2个村级卫生室，新建新昌、方里2个如意小食堂；多措并举壮大村级集体经济，留房安置工作取得明显成效，完成经济强村达60%的年度目标。方里村获评“省级特色田园乡村”。

（孙　涛）

溧阳经济开发区

【概　况】 溧阳经济开发区（以下简称经开区）位于溧阳市西北部，与上兴镇、曹山省级旅游度假区实行区镇合一管理体制，区域面积245.6平方公里，户籍人口8.08万人，辖23个行政村和1个居委会，核心区面积80平方公里（制造业园区规划面积15平方公里，曹山省级旅游度假区规划面积50平方公里，集镇生活集聚区15平方公里），是国家应急产业基地和国家卫生镇。2021年，区（镇）主要经济指标保持20%左右增长，其中实现公共预算收入4.5亿元，比上年增长12.2%；实现工业纳税销售收入320亿元，比上年增长32.3%；实现规上工业总产值275亿元，比上年增长37.2%；工业设备投入完成6.1亿元，比上年增长23%；实际利用外资到账9600万美元。经开区和曹山旅游度假区在全省排名分别上升11个和7个位次。

作为全省最早的省级开发区，同时也是最年轻的省级开发区之一，溧阳经济开发区成立于1992年，1993年被江苏省人民政府批准为省级经济开发区。2016年8月，溧阳市委、市政府围绕“融入常州、接轨南京”的发展战略，加之经开区原核准面积区域已为建成区和江苏中关村科技产业园竞合，为此经常州市委、市政府同意，溧阳市委、市政府作出了将溧阳经济开发区主战场移师到上兴镇的重大决策，将上兴镇委托经开区管理，同时曹山旅游度假区于2018年1月创成省级旅游度假区，为经开区“二次创业”提供了更为广阔的舞台，注入了新的活力。经开区正在以深入开展产业新城、旅游名城、宜居绿城、幸福美城“四城行动”为引领，加快推动经开区二次创业、跨越发展，建成宁南生态创新城。

【产业规划】 经开区坚持把重大项目作为发展的硬通货、试金石和话语权。总投资220亿元的瓦屋山低碳城项目花落经开再续百亿新篇，60亿元时创光伏、35亿元长盈动力电池项目接续突破。全年共签约亿元以上项目14个，总投资401.5亿元。友发、康本建成投产，威乃达、洪海、嘉盛全面开工，重大项目建设如火如荼。持续加大对“散乱污”企业整治和“僵尸企业”清理，全年盘活闲置土地2000亩、厂房2.2万平方米；盛德电子、天山水泥成功评定为绿色工厂；搭建东南大学基础设施安全与低碳技术创新中心和中航工业气动院南方分院，加快军方四综合检测平台、国强宝钢联合实验室等重大科研平台建设，国电新能源、国强交通、巴斯威和中材环保成功申报高新技术企业，协多利、盛翔建材、新丰收机械完成两化融合认定，盛德电子入选全省首批四星级上云企业。全年净增规上企业12家，新增高新技术企业7家，经开区应急装备产业园获评江苏省特色创新产业园区。

【载体建设】 坚持以产城融合、城乡融合为主线，持续优化城镇功能布局，打造符合经开区气质的城镇能级。2021年，经开区完成公园路、S456先导段、北环路旅游大道等骨干道路以及总长20公里的农路建设；启动总面积42万平方米的4个安置房小区建设，代建标准厂房7.4万平方米；改造提升公寓、宿舍566套，总面积3.7万平方米北湖人才公寓建设即将启动。110千伏官塘（曹山）变电站基本建成，曹山未来城供水管网全面完工，新建3万吨/日处理能力的北山综合污水处理厂。全年启动7个新开地块，征收房屋总计119户，面积约3.5万平方米，扫尾清零5个地块，共计79户；启动35个土地流征地块，总面积6445亩，签约3668亩。在宁打造科技孵化、人才引进“飞地”，新建占地2万多平方米的域外孵化器。

【农旅融合】 经开区坚持生产生活生态“三生共融”、园区镇区景区“三区联动”，持续推进生态优先、绿色发展，奋力走在全市绿色现代化新征途的最前列。2021年，曹山未来城建设全面加速，会议会展中心主体封顶；新阳、山居笔记、汉宇等5个精品度假酒店项目持续推进，晨曦、轩逸等8家新引进的精品民宿蓄势待发，智慧景区系统投入运营，旅游厕所、公共停车场、游客服务中心等公共配套全面提升。全年高质量举办文旅活动12场，接待游客超350万人次，营收近3亿元。曹山美音茶园获批国家AAA级旅游景区，曹山现代农业产业示范园高分通过省级验收。启动上兴河整治工程，河道清淤、驳岸改造、景观提升一期工程全部竣工，河域水质全面改善。加大矿区整治力度，完成北山建材、盛翔建材整治提升，天山廊道施工便道全面建成。莓林果乡国家级田园综合体华丽绽放，北村、牛头山、留云美丽乡村建设渐次展开；在全市率先启动花村宅基地制度改革试点工作，村集体收益近600万元，成为全市宅改工作样板；龙峰村被评为常州市级乡村旅游重点村，牛马塘村创成省级乡村旅游重点村。

【民生保障】 坚持以人民为中心，

开展“我为群众办实事”活动，让广大群众看到变化、得到实惠、感到自豪。2021年，老河幼儿园和汤桥小学幼儿园投入使用，全镇中考成绩创历史最优。上兴卫生院对标二级综合医院加快改造提升，引进省特色科室“针刀科”，成立MMC专科，软硬件水平大幅提升；易地重建上沛卫生院。全市首家“溧书房”落户上兴，区镇魅力更添人文书香。开展核酸检测应急演练2次，疫苗接种超10万人次；持续加大对孤寡老人、低保户、留守儿童和特殊计生家庭的帮扶关爱，发挥“关爱之家”“春晖家园”等载体作用，全年受惠群众近3000人，帮扶资金超2300万元；创新开展驻点招聘、点单招聘等模式，帮助企业招工千余人次，社保扩面增员近1400人。全年责令整改企业40家，立案处罚7家，责令停产整顿3家。保持拆违高压态势，全年拆除各类违建228户、总面积1.25万平米；完成时代美苑等4个安置小区改造工程，实施菜市场内外一体化管理，整治镇容各类违法行为1.6万次，城镇向精细精致演进。深入推动网格化治理工作，聚焦征地拆迁、土地流转等重点领域，全年化解各类信访矛盾1684件。

（王倩倩）

天目湖生命康原

【概　况】天目湖生命康原位于溧阳城市南部，2020年成立，和古县街道、城发集团实行“三位一体”运行体制。天目湖生命康原是新阶段溧阳实现“长三角生态创新示范区”目标愿景的核心；围绕生态创新，协同溧阳城市建设与天目湖景区发展，实现“山水资源入城市，城市功能进景区”；是溧阳参与区域协同、谋划动力的引领区。

【规划布局】委托有关设计单位在原有城市设计概念方案的基础上，继续深化相关方案，于2021年年底完成新的城市设计方案。牢固树立“高起点、高品质、高速度”的城市经营理念，开展公园城市专项规划、旧城更新专项规划、区域村庄统筹专项规划、电力专项规划、水利专项规划、排水改造专项规划、片区道路专项规划、输油管线迁移、涉高规划等专项规划工作，并与新一轮国土空间规划编制工作紧密协调，为天目湖生命康原向南拓展预留空间。同时持续深化核心区的详细设计方案，不断细化建设规划，着力强化规划的可操作性，将天目湖生命康原打造成为承载溧阳健康经济的主平台，溧阳城市发展的新中心。

【征收收储】按照“应征尽征、即征即用、依法合规、高效推进”原则，有序推进8500余亩土地征用。2021年，完成西山庄片区、吴冶岭片区、上阁楼、棠下安置房等地块2872亩土地征用工作；化解了积存十多年未完成的苏浙皖农产品商贸中心，保障省重点工程如期建设。遵循“新城老城自然过渡无缝衔接”原则，全面统筹22个自然村、3216户、93.3万平方米民房征收工作。2021年4月，共启动刘家、钱家、棠下、屏峰、翠屏二期等5个自然村、319户、10.52万平方米民房征收工作。刘家、钱家地块实现清零，棠下、屏峰自然村征收签约率均达95%。工业园区区域内共有收储主体企业74家、租赁企业125家，企业用地面积4400亩，建筑面积147万平方米。已评估企业58家，收储主体企业11家，搬迁租赁企业16家；围绕“五年完成收储”的目标上创造性地探索出企业预收储模式，与力士、上齿等7家企业成功签订预收储协议。

【项目进度】全年按时序推进南航二期、南航教师公寓、永平初中、燕山美林南侧安置小区项目建设。有序推动智慧科学城、茶文化产业园、南航研究生院、市医疗健康中心二期、溧阳大剧院、社渚标准厂房以及周边安置小区项目的规划研究、方案设计和招标准备等前期工作。溧阳市医疗健康中心项目主体于2021年年底封顶，明顿生态国际学校一期主体于2021年内完工；省重点项目苏浙皖农产品商贸中心完成投资5亿元。规划用地1000亩，作为国家健康医疗大数据应用示范中心与产业园建设试点工作产业承载平台，并加强与国家健康医疗大数据学会的合作；同时一企一策招引相关目标企业入驻，培育区域健康经济产业链。规划设计海克斯项目的相关方案，深化与金茂生态创新示范城、中建＋中旅智慧科学城项目接洽商谈，将“总投资300亿元、占地面积3000亩、自持经营100亿元”作为理想目标，进一步细化项目方案。

（陈　诺）

溧阳现代农业产业园

【概　况】江苏省溧阳现代农业产业园位于溧阳西部地区，含社渚

常州市志华牧业有限公司溧阳分公司

（溧阳现代农业产业园　供稿）

镇乘马圩村、东升村、河口村、湖西村，上兴镇毛家村、缪巷村、汤桥村、圩庄村、蒲村村、吐祥村等10个行政村和市埑口良种场，规划面积106平方公里，人口3.6万人。

【工作成效】项目招引成效明显。引进圃美鲜供港蔬菜基地、阳光金米生态循环农业2个5000万元的重大优质农业项目，常州志华现代化生猪养殖项目已竣工投产，完成央企融通5000亩特种水产高标准改造和尾水循环处理项目。

规划编制基本完成。完成园区产业发展和空间规划、10个行政村实用性村庄规划、永久基本农田布局优化和建设用地综合利用专题研究等，特别是完成了《创建国家级现代农业产业园总体规划》的初步方案，明确路线图、时间表，为创建工作奠定了基础。

产业布局初具成果。初步形成生猪养殖、循环生态农业、高端设施农业为特点的新型现代农业业态，树头岗百合花特色产业、种质种源推广基地已初具形态，结合四海钓鱼中心，加快打造树头岗田园综合体。引进特色水果、水生蔬菜、水果青莲和功能稻米等新品种，鼓励引导周边村民跟种，打造“一村一品”。

基础建设同步跟进。按照“基础设施跟着产业走”的原则，完成了埑口良种场西侧道路提升以及吐祥村3.1公里“白改黑”道路建设。实施树头岗特色田园乡村创建，启动彭家圩、大塘等6个美丽宜居村庄整治，完成河口集镇、汤桥集镇一期改造任务以及汤桥港生态河道整治工程。

向上争取积极有效。财政和农业条线，争取各项补贴资金1500万元，其中缪巷省级4500亩高标准农田建设项目向上争取1350万元；水利条线，汤桥生态河道整治争取资金 1000万元，跃进一号小杨村争取到水库移民资金1500万元；国土条线，争取新增建设用地有偿使用费3000多万元。

要素保障努力突围。资金方面，已向农业银行申请项目贷款6000万元；土地方面，与江苏沿海开发集团合作探索区域土地整治项目，积极争取流量指标。

平台合作实质进展。与中化农业先正达中国开展乡村振兴战略合作，在产业园挂牌成立“先正达集团中国乡村振兴产业研究院江苏分中心”，合作开展传统农业提升、产业孵化、产业导入、农产品公共品牌打造等长期工作。

【谋划发展】整合优势资源，启动国家级园区创建工作。加快推动国家级园区创建工作，明确创建目标、任务和职责，建立健全工作机制，农业产业园作为主阵地对照国家级园区创建指标合力推进。

统筹规划设计，强化顶层支撑。深化发展规划和产业规划编制，做好规划的动态更新，建立规划实施评估机制。加快土地专题研究，配合做好市国土空间规划“三线划定”工作，确保园区规划纳入市国土空间规划体系。推进产业园核心区城市设计和控制性详细规划，推进中心区建设的布局优化和重点项目的规划设计，并根据实际加快相关项目的建设。

突出招商实效，培育发展动能。继续围绕六大产业方向，加大对外招商力度，拓宽招商渠道，努力实现国字号、央字头以及产业龙头企业上的重大突破。建立健全“先正达集团中国乡村振兴产业研究院江苏分院”合作机制，助力产业园开展传统农业提升、农产品公共品牌打造、重点产业导入和孵化等长期工作，打造乡村振兴新模式。

推进设施建设，夯实发展基础。加快推进核心区产学研合作、现代农业示范、基础设施建设、配套设施建设等项目建设。加快实施园区X107县道、X302县道、S456省道“两横一纵”主干公路。积极与市相关部门对接，争取2022年农危桥改造、农路建设以及农村道路白改黑指标，完善交通基础。对汤桥、河口集镇实施改造，完善服务配套，提升集镇功能。

提升产业水平，助推产业融合。推进中化先正达MAP农场示范，推广“六统一”“7+3”标准体系，促进园区大田作物标准化、集约化、品牌化发展。进一步深化合作，加大产业导入力度，2022年加大招引优质农业项目力度，开展绿色有机稻米生产示范、稻鸭、稻虾循环示范，提升种质资源引种示范基地，继续引种新品种，鼓励引导周边村民跟种新品种，扶持园区农业企业，对发展前景较好的企业或品牌建立清单，打造本土品牌。继续做好立华标准化生猪养殖项目、香港三农集团供港蔬菜基地项目的服务工作，加快形成产能。

深化土地整治，破解瓶颈制约。结合高标准农田建设、生态空间整治、水利设施建设、建设用地整治，实施国土空间综合整治工程，先行试点启动全域国土空间综合整治进一步优化农田布局，合理配置建设用地，促进存量资产提质增效。通过土地整治积极探索，破解资金、土地等要素上的瓶颈，探索区域土地整治项目。

（董云波）

旧城更新与建设

【概　况】 坚持“有机更新”原则，重点梳理各级文物，重要历史建筑、古树、古井、遗址，围绕“老城创生”与“新城共生”课题开展研究。委托东南大学对团城片区、东升片区、城中河、人民路沿线进行老街历史文脉挖掘，深化整体城市设计，规划团城未来发展方向。以重塑宝塔湾遗址公园作为切入点，有序推进文昌阁、鲁仙宫、团城故事馆复建，对书院巷、费家巷等传统风貌老居旧宅实施修复保护，团城历史脉络得到有效保留。

（薛志远）

镇工业集中区

【别桥工业园】 江苏省溧阳经济开发区别桥工业园位于溧阳工业重镇别桥镇。园区北靠省道上上线，西接扬溧高速后周道口，东、南分别于三级航道丹金溧漕河和五级航道北河相连，区位优势明显，水陆交通便捷。园区商业服务、园林绿化、环境保护、文化教育、卫生事业等市政公用工程设施和公共生活服务等配套设施齐全。

别桥工业园规划总面积18平方公里，其中工业用地12平方公里。园区按照国家一、二类产业规划分期组织实施，主要由东区的绿色建筑产业和西区的电梯产业和装备制造产业组成。园区一期5平方公里启动区已建成，区内道路20公里，土地平整、自来水、天然气、通信设施基本到位，由供电公司投资为园区配套建设的11万伏、22万伏变电所分别于2009年3月和2012年12月建成；为园区配套的日处理1000吨的生活污水处理厂已开始运行。2007年启动后，有40余家企业进驻。逐步形成新能源产业、车辆零部件产业、电梯产业和无人机产业四大特色产业集群。2021年，新入驻江苏华永烯、永邦智能、震裕新能源、蓝固新能源、中冷环保、达瀚管业、斯克赛斯等企业，为别桥工业园区的发展注入新鲜的血液。

（潘　超）

【埭头工业园区】 埭头镇工业园区，总规划区域面积7.25平方公里，东至埭六路—经六路，南至腾飞路延伸段，西至镇域边界，北至阜溧高速南侧、S239一线。2021年，园区有工业企业近300家，规模以上企业超50家（全市第二），高新技术企业14家（全市第二），外资工业企业16家（全市第一）。全年实现规模工业总产值52.67亿元，完成进出口4.7亿元，实际到账外资1000万美元。园区内啤酒酿造制造、不锈钢流体设备、绿色建筑建材等传统产业不断壮大，包括嘉士伯天目湖啤酒（江苏）有限公司、溧阳市四方不锈钢制品有限公司、江苏宝鹏建筑工业化材料有限公司等企业。江苏骏益科技创业园是溧阳市第一个省级众创空间和国家级科技孵化器。吸引了众多科创企业入驻，推动了全镇工业转型升级，推进了自动化仪表、金属掩模板、智能数控设备等新兴高端产业快速发展。务实开展产学研融合发展，助力企业与上海交通大学、南京师范大学、江苏大学、常州大学等高校院所紧密对接，全面优化企业生产效率、创新水平。

（蒋璐怿）

【上黄科创园】 上黄科创园始建于2006年3月，集镇区四至方位，东南至239省道，西至上林路，北至北环路。总体规划面积

2.5平方公里，已开发面积1平方公里，尚有1500多亩发展备用地，区内自来水、污水管网、电力、通讯、天然气、道路、路灯七通一平设施全部到位，基础设施投入5000多万元，年处理40万吨的污水处理厂已经运行。

截至2021年年底，园区已形成高端装备制造、信息技术、新材料、电子轻工等优势产业，入驻企业近40家，包括溧阳市飞跃机电有限公司、溧阳市宇政机械制造有限公司、江苏京晶光电科技有限公司、江苏瑞复达新材料有限公司、常州恒联五金有限公司、江苏共昌精密铝业有限公司、江苏利德塑业有限公司等规模企业。

上黄镇政府还将进一步拉大上黄科创园框架，推进园区二期基础设施建设，不断完善园区发展规划以及园内主干路工程，先行做好“七通一平”工作，积极开展“筑巢引凤”工程，为企业招引夯实基础。依托镇村环境综合整治，优化园区发展软环境，全面提升园区的承载能力。

（狄　霞）

【溧阳市南渡新材料工业创新区】 溧阳市南渡新材料工业创新区位于南渡镇旧县村境内，104国道穿区而过，毗邻芜申运河，交通十分便利。园区以发展国家战略新兴产业莱赛尔纤维、动力电池、高端材料为主导，以及上下游产业链补链强链为发展方向，形成了新材料研发、生产及应用开发的产业链，拥有规模以上企业30多家，从业人员2万人，成为溧阳市招引新材料行业领军型、冠军型企业的主要载体。其中，赛得利集团投资建设的年产50万吨莱赛尔纤维素纤维和年产8.3万吨无纺布项目，是中国第一家外商独资纤维素纤维生产企业，全球最大的纤维素纤维生产商和全球纤维素纤维行业的领导者。江苏乔尔塑料有限公司是国内截至2021年唯一能规模化生产高压氨基模（颗粒）塑料的企业，是中国氨基模塑料行业之最。联盟科技是亚洲最大、技术最优的PVC稳定剂制造龙头企业，是行业标准制定参与者。江苏天赐高新材料由深交所上市企业广州天赐投资建设，是国内领军、国际知名的高科技民营企业，是全球锂电池电解液的龙头企业。

（洪　瑾）

【南渡智能制造产业园】 南渡智能制造产业园区位于南渡镇东侧，东接中关村，南至芜申运河，西到新104国道。园区规划面积4.8平方公里，一期启动1500亩，受江苏中关村科技产业园产业辐射带动，以智能制造为产业导向，以智能电网装备、汽车部件制造、高铁轨道交通装备、节能环保设备产业为重点产业方向。已引进江苏三乔智能科技有限公司、南京宜热、江苏润鼎、西渥（江苏）智能制造有限公司、江苏泽允机械制造有限公司、江苏法斯特、江苏沃德等一批投资规模大、带动能力强、科技含量高的旗舰型、基地型项目。

（洪　瑾）

【社渚镇工业集中区】 社渚镇工业集中区致力打造集研发、制造、配套服务等功能于一身的综合性产业发展平台，以绿色、科技为背景，集科研孵化中心、制造生产中心、邻里中心为一体，是高效集约型的集聚产业园区，规划面积10.42平方公里。

社渚镇按照“一年成势、三年成名、五年初具形态”的目标要求，以“东美西富南强北高中优”的发展定位，不断优化发展布局，正逐步形成以铭丰电子为龙头的新材料产业；以恒勃控股、华强模具、惠太汽车科技为龙头的汽车零部件产业；以威玛斯精密机械、富力智能装备为龙头的数控机床产业；以安华精工、天利流程、社渚轴承为龙头的机械加工产业。江苏铭丰电子材料科技有限公司是国内领先的铜箔研发生产企业之一，国家高新技术企业，累计取得授权专利40余项，其中发明专利10项。恒勃控股股份有限公司是国家高新技术企业，国家级专精特新小巨人企业，行业标准独家制定者。溧阳安华精工科技有限公司是主板上市公司、国家高新技术企业华菱精工在溧投资建设的子公司。上海房德科创实业有限公司是中国产业园区综合服务商，连续多年取得“中国产城运营服务商TOP10”，为社渚先导区形成智能制造产业集群提供高质量、多元化载体支持。

（毕　俊　龚　鑫）

【戴埠镇工业集中区】 2020年溧阳市行政区划调整后，戴埠镇有工业集中区3个，分别是镇西、镇南、镇东工业集中区。有工业企业近140家，其中规模以上工业企业27家，国家高新技术企业6家。

镇西工业集中区总规划面积约1.2平方公里，区内现有近40家工业企业，按照产业集聚、链条培育的发展规划，形成以鸿开有色金属为代表的有色金属企业，以谦胜合成、华晶合成为代表的合成材料企业，以巨峰机械为代表的饲料机械企业。其中溧阳华晶电子材料有限公司与中科院成都化学有机所、常州大学共同建立江苏省特种工程材料工程技术研究中心。

镇南工业集中区规划面积约0.4平方公里，区内有30余家工业企业，聚集了以江南烘缸制造有限公司、常州博尼特种钢管有限公司等一批拥有高新自主科技产权的企业，以海德机械、天佑机械为代表的农牧饲料机械企业，以港鹏重工、德意利为代表的非标钢结构生产企业。其中溧阳市江南烘缸制造有限公司生产的具有自主专利技术的钢制扬克缸填补了国产化空白，2020年成功获评国家级“专精特新”科技小巨人企业。主要从事不锈钢无缝钢管生产加工的常州博尼特种钢管有限公司是国家锅炉、热交换器用管行业标准主要起草者。

镇东工业集中区规划面积1.1平方公里，以高端成套装备和零部件制造为核心。区内现有工业企业近60家，已有以恒力通用为代表的高端装备企业、以翔能科技为代表的高端零部件企业入驻。

（袁子杰）

【溧阳市（竹箦镇）绿色铸造科技产业园】 溧阳市（竹箦镇）绿色铸造科技产业园位于竹箦镇集镇南侧，始建于2015年，规划面积3.8平方公里，一期核心区建设面积1.2平方公里，是全市铸造产业的专题园区，一期已事实满载，已开启二期规划建设。竹箦镇党委、政府以“敢想、敢干、敢创新、敢争先”的新时期铁军精神，突出“绿色”发展理念，强力推进铸造产业持续、健康、有序发展，使传统铸造产业浴火重生，焕发出勃勃生机，成为江苏省铸造产业转型升级示范基地，是中国铸造协会授予的全国唯一一个“中国绿色铸造小镇”“国家火炬常州溧阳绿色铸造特色产业基地”“江苏省绿色铸造特色小镇”，行业影响力大幅提升。园区坚持定位打造成百亿元级具有国际竞争力和影响力的国家级绿色铸造产业集群(高端制造业基地)。园区拥有纽威精密锻造（溧阳）有限股份公司、柳晶（溧阳）环保科技有限公司、江苏宁阪、溧阳市新力机械铸造有限公司等多家知名企业，产品涵盖汽车零部件、风电、核电、船舶、柴油机、农业机械、工程机械、轨道交通、环保机械、五金工具等20多个系列1000多个品种。

（岳　磊）

美丽田园　　（溧阳现代农业产业园　供稿）

接轨南京

【概　况】按照溧阳市建设长三角生态创新示范城市，争创公园城市、全域旅游、产业集群、乡村建设、区域协作“五个示范”的发展定位，溧阳经济开发区作为全市“接轨南京第一城”，始终立足全市，着眼长三角城市群竞和态势，系统谋划、科学分析、精准发力，全方位、深层次、多角度接轨南京，力争与周边区域形成交通同城、产业同兴、山水同绿、人文认同的发展格局。

【产业发展】发挥资源优势，抢抓融入南京重大机遇，推进“融入南京第一城”建设，吸引南京创新资源流动和高端产业转移，密切联系南京高校和重点企业，推进上下游产业链耦合和对接，成功引进绝味食品、黑莓饮品、食品监测等项目，进一步推动产业融合发展。东南大学与江苏国强镀锌实业有限公司共建的“东南大学国强创新研发中心”成功落户，与省农科院顺利签约。建设“两溧特别合作区”，积极谋求与南京农高区在文化旅游、乡村振兴、产业协作等方面开展全方位、深层次合作交流；深入探索上兴与溧水白马联动建设田园综合体，搭建乡村振兴党建联盟，做强城乡产业协同发展平台。加快实现南京域外孵化器实体化运行，使之成为招引华东区域总部经济的“前沿阵地”，助推经开区科技进步和经济发展。通过创新要素集聚，推动本地企业转型升级，为镇区拉开框架、完善综合配套、服务产业项目、落实“接轨南京”战略提供了载体与平台。

【区位交通】融入南京都市圈交通体系建设，进一步畅通与南京溧水、高淳及主城区的连接通道，构建快进快出、畅通无阻的交通新格局，实现公路、铁路、航空的全面接轨。溧高高速建成通车，新建汤桥互通。深化对宁交通、生态、产业互通互联，谋划南京轨道交通S18号线向西延伸路径方向。

【民生保障】聚焦南京优质的教育、卫生资源，主动对接，积极沟通，上兴卫生院对标二级综合医院加快改造提升，引进省中西医结合医院特色科室“针刀科”，成立MMC专科，软硬件水平大幅提升。

【生态旅游】依托曹山省级旅游度假区的优势旅游资源，加大曹山在南京的宣传推介，扩大影响力和知名度，加强与南京一些旅行社、电视台、融媒体中心、高校的合作，联合举办丰富多彩的主题活动，让更多的南京人能参与其中，实现两地文化互动交流，精品旅游生态资源共享。随着曹山未来城的建设和曹山互通、瓦屋山——曹山旅游专线的投运，以5公里旅游火车为纽带，串起火车来斯、汽车来斯、牛马塘、美音茶园的乡村农旅板块，以“旅游+”带动全域发展。

（王倩倩）

苏皖合作示范区

【概　况】与郎溪、广德联合制定《2021年苏皖合作示范区重点工作和重大合作项目（事项）计划表》，推动三地在基础设施建设、产业发展、生态保护、民生共享、旅游发展、体制创新方面进一步深化合作。参加苏皖合作示范区2021年度决策层联席会议，在生态创新、环境治理、产业发展、文旅融合等方面加强合作，签订五项合作协议。

探索建立苏皖合作示范区（社

渚—梅渚先导区）生态绿色一体化发展产业示范园，围绕新型建筑材料、特种钢材、智能制造等现有产业基础，大力吸引汽车零部件、新能源、新材料、绿色装配建材、高端装备制造等产业，配套发展科技、物流、商贸、金融等生产生活服务，探索将社梅产业示范园建设成为产业升级的集聚区、高质量发展的引领区和体制机制创新的试验区。

（高　畅）

【社渚先导区】 苏皖合作示范区社渚先导区，是全国省际边界地区一体化发展的新探索。社渚先导区在长三角区域一体化发展国家战略中把握先机，在“一中心两副城”空间布局中抢抓机遇，在“开放合作”“绿色发展”两个定位中乘势而上，联动郎溪、广德两地先导区，在机制创新、环保共育、产业合作、设施互联、服务共享等方面取得显著成效。

社渚先导区秉持“生态优先、以人为本、产城融合、文化彰显”的理念，规划用地面积10.42平方公里，构建“一轴一廊、一核双心四片区”的空间结构。“一轴”即突出“产镇融合发展轴”功能整合作用，串联形成综合服务核、产业集聚区、宜居生活区一体化发展格局。“一廊”即突出“滨河生态廊道”建设，加快推进社渚大河景观环境提升和六三公园改造提升。“一核”即把社渚大河及新开河围合的空间打造成“先导区综合服务核”，建设先导区客厅、商业综合体等公共设施，注入文化、体育、商务、休闲等新兴功能，打造精品生态社区、人才公寓和特色商业街，保障高端人才生活服务需求。“双心”即强化“智慧科创中心”和“生态宜居中心”建设，智慧科创中心引领先导区高端产业发展，生态宜居中心引导新型未来社区建设。“四片区”即形成的镇区核心板块、产城融合板块、生态宜居板块、镇北工业板块等四个主题鲜明、功能互补的功能单元产业集聚区，其中，产城融合区面积为5.35平方公里。

社渚先导区锚定“东美西富南强北高中优”的发展目标，突出高端装备、汽车零部件、机械加工等龙头企业的招引，紧抓传统制造业转型升级不放松，致力打造高品质绿色建材产业园。2021年，共有13个项目抢滩社渚，计划总投资额86.9亿元，较上年翻一番。随着安华精工、房德科创、江苏威玛斯精密机械等一大批重大项目成功落户，进一步优化社渚先导区高端智能装备产业，为实现先导区“一年成势、三年成名、五年初具形态”培育新动能。

坚持以规划为龙头，发挥宏观调控作用。2021年，完成镇总体规划报批，完成镇北工业园区和产城融合区控规报批，完成实用性村庄规划编制，修编先导区城市设计及发展规划，进一步完善园区规划体系，真正做到社渚先导区规划全覆盖，为项目建设提供规划支撑。坚持以建设为支撑，落实项目带动战略。以为民办实事为重点，大中小项目策划一批、储备一批、建设一批。社渚先导区完成长2300米、宽10米的沥青路面及两侧绿化亮化、配套管网的银湖路建设，推进综合服务核项目，完善园区配套基础设施。完成先导区S239南侧等企业意向地块的土方平整项目，项目分四地块，分别为96亩、377亩、194亩、120亩，共计787亩，满足招商引资用地需求，做好企业落地准备。完成社渚竹山生态公墓643座，周城生态公墓600座，严格落实社渚镇总体公墓规划，满足项目配套服务需求。

推进苏皖合作项目。新型电梯配件生产基地项目，由溧阳安华精工科技有限公司实施，总投资10亿元，其中设备投入约3.2亿元，计划用地312亩。“渚动办”以更高效、更主动的代办服务，不断刷新园区内企业从洽谈到落户再到开工的“先导区速度”，助推项目早落地、早投产、早见效。项目规划、施工许可证已取得，1号车间完成3.7万平方米钢结构安装，2号车间完成3.2万平方米基础施工，3号车间5500平方米主体结构施工中。扩大青虾养殖规模。针对郎溪县和广德市青虾养殖的不同发展情况，制定不同的发展方案。基于同郎溪县的梅渚镇、凌笪镇地缘接壤，且经多年融合发展，青虾养殖已初具规模，社渚镇不断带动郎溪县的其他乡镇扩大青虾养殖面积，全年计划培训青虾养殖户300人次，发放养殖资料400份，增加服务的范围和质量，提高优质虾苗的供应量，促进社渚镇青虾交易中心和养殖户的销售对接，并提供上门收购服务，培养和发展一定数量的青虾经纪人。基于广德市青虾养殖基本上是空白，社渚计划培训50名有一定文化基础、吃苦耐劳，并能起到带头作用的农民，采取专人技术指导服务的方法，确保发展一户、成功一户，在养殖过程中为他们提供全产业链服务，包括：提供优质虾苗、渔需物资、青虾饲料、技术咨询等服务，同时让青虾交易中心与养殖农户做好青虾销售对接工作，并培养 1 ~ 2 名经纪人。强化要素保障能力。社渚把握“两省三市”交界处劳动力虹吸效应明显的优势，建立苏皖合作示范区网上人力资源市场，积极开展“互联网 + 就业”，通过在线咨询、网上招聘、网络直播等方式，实现企业招聘岗位信息、人力资源供求信息的同步共享，缓解企业用工难问题，以实际行动助力合作示范区内企业应对新冠肺炎疫情冲击，推进复工复产。与国网溧阳供电公司携手推进全市首个“开门接电”示范区建设，落实“开门接电”八项服务举措，探索社梅区域供电一体化，提升先导区电力服务水平，实现企业接电“零距离”、用电“零等待”。进一步突破“镇域思维”禁锢，发挥社渚先导区先行先试的优势，与梅渚镇为民服务中心建立定期业务交流机制，确定清单、规范流程，实现“两省三地”户口迁移和营业执照申领等业务的“跨省通办”零突破，同时设立“一件事一次办”专窗，实现“一窗受理、合并审查、集约审批、一站办结”，政务服务强化不断推动营商环境优化，先导区发展后劲十足。

深化“胥河情”教育联盟。贯彻落实《苏皖边界地区优质教育资源共建共享的实施意见》，进一步拓宽两地教育领域的交流与合作，提升两地教育教学水平，惠及社渚和郎溪两地 8000 名学生。其中，约 500 名郎溪籍学生选择在社渚就读，苏皖优质教育资源供给范围进一步扩大。联手共育生态文明。社渚镇建立常态化保护机制，并多次组织环保联合执法检查，探索社渚—梅渚两镇边界环境联合执法新机制，以“零容忍”的态度坚决打击违法行为，维护腹地脆弱不可复制的自然生态资源。推动医疗卫生资源流动。自溧阳市社渚镇中心卫生院（一级甲等）建院，医疗服务一直辐射郎溪县梅渚镇、凌笪乡、广德县部分乡镇，为提供更高质量和更加便捷的就医环境，社渚镇积极构建苏皖医疗合作共建体系，与梅渚卫生院、广德三院签订合作协议，推动合作区内看病住院和妇幼保健等基本医疗跨省实时结算。

（毕　俊　龚　鑫）

苏陕扶贫协作

【概　况】 助力扶贫协作与乡村振兴。自 2016 年与陕西白河、汉阴建立对口协作关系，根据中央、省、常州市关于东西部扶贫协作的相关要求，深入推动与汉白两地开展领导互访、产业合作、人才交流、资金援助以及社会帮扶等多项合作，扶贫协作工作取得成效。对照《常州市 2021 年度对口支援协作合作工作要点》，制定《溧阳市 2021 年度苏陕工作要点》，推动各项工作计划落实，对口支援汉阴、白河两县实现脱贫摘帽，发改委被省委、省政府评为“全省脱贫攻坚暨对口帮扶”支援合作先进集体。同时，做好湖北秭归、盐城滨海的对口支援协作合作工作成效显著。

（高　畅）

岁稔年丰　　（溧阳现代农业产业园　供稿）

综　述

【概　况】 2021年，全市实现农林牧渔业现价总产值93.44亿元，比上年增加3.3%。其中农业产值50.29亿元，比上年增长1.2%；林业产值1.08亿元，比上年增长4.7%；畜牧业产值4.00亿元，比上年增长16.8%；渔业产值33.27亿元，比上年增长5.0%；服务业产值4.80亿元，比上年增长4.0%。

（朱　廷）

【高标准农田建设】 2021年，溧阳市高标准农田建设项目共4个0.9万亩，总投资1605万元，其中中央资金847万元、省级资金227万元、县级配套531万元；受污染安全利用工程195万元、严格管理类耕地安全利用项目24万元；常州市级高效节水灌溉项目11个1915亩，计划总投资440.45万元，市级财政资金投入326.6万元，承担企业自筹113.85万元；常州市级美丽农田建设项目5个1900亩，市级财政资金投入570万元　。

（葛惠兴）

【农民培训】 2021年，全市开展粮食、水产、园艺、农业安全生产、一二三产业融合等各类专业技能培训26期，培育职业农民2117人，其中小农户农民培训占比65.2%，全市全年农民培育程度（持证率）为61.64%。积极联合江苏农林职业技术学院和江苏大学等高校开展部级新型农业经营主体经营者培训，加强高素质农民培育实训基地建设与管理，不断强化高素质农民培育与产业发展的深度融合，加快培养能适应农业农村现代化需要的高素质农民队伍。溧阳市上旺福地生态农业发展有限公司入选省高素质农民实训基地（田间学校）名单，全市共建设省级高素质农民培育实训基地2个。

（陈　莹）

【评定天目湖英才榜乡土专家】 积极做好乡土专家选拔工作，在各镇（街道）审核推荐的基础上，市农业农村局邀请省、常州市农业专家，评审并确定了天目湖英才榜乡土专家26名。

（朱　廷）

【农业品牌建设】 2021年，全市新增“绿色食品”认证6个，种植业绿色优质农产品占比达71.9%。拥有有效期内的“二品”企业52家，产品总量达130只，其中绿色食品企业43家，产品100个；有机农产品企业9家，产品30个。“天目湖白茶”“苏优香米”两个品牌入选2021年江苏省农业品牌目录。组织农业企业参加第二十三届江苏农业国际合作洽谈会等农业展会，有效提升溧阳农产品品牌的影响力。

（朱　廷）

【产业融合发展】 2021年，认定溧阳市“一村一品”示范村5个，上兴镇获评江苏省农村一二三产融合先导区，溧阳白茶入选江苏省县域优势特色产业，戴埠镇牛场村入选2021年度全国乡村特色产业亿元村。溧阳市鹏鹏畜禽机械化屠宰有限公司和溧阳市天目湖天目家园食品有限公司被认定为省级农业产业化龙头企业。全市农业龙头企业经济运行情况良好，实现销售收入152.4亿元，各级农业龙头企业直接带动农户达14.3万户。举办“2021天目湖白茶开采节”“四美”丰收节、杨梅采摘节等一系列农旅融合活动。认定江苏省“一园二基地”（主题创意农园、康美基地、农耕基地）9个、省以上休闲农业与乡村旅游星级示范企业5家。

（濮　俊）

农村工作

【概 况】 2021年，溧阳市围绕“产业兴旺、生态宜居、乡风文明、治理有效、生活富裕”总目标，以深化农村改革、强化精准扶贫、促进乡村振兴为着力点，坚定不移抓重点、攻难点、求创新、勇突破。将乡村振兴工作纳入镇、部门年度绩效考核体系，着力实施产业振兴、生态宜居、富民增收、改革创新、乡村治理五大工程，明确工作任务和职责，密切协同配合，强化资源要素支持和制度供给，形成工作合力。坚持“一村一品”理念，推动农业高质量发展，因地制宜发展精品茶果、特种水产、优质稻米、优质花卉苗木等特色产业，强化地方特色农产品挖掘和品牌保护，培大培强合作社、家庭农场等新型经营主体，全市农民合作社达1135家，累计培育各级农民合作社示范社295家；家庭农场达1280家，累计培育各级示范家庭农场258家。

（刘 媛）

【农村集体“三资”管理】 加强“三资”平台建设。优化线上财务审批，健全支付流程，推进全程留痕，建立完整的电子档案；进一步落实资金直达制度，全面掌握村级账户资金使用和流向；推进廉情预警实时监管，依托大数据自动关联、监测、分析和识别，实现自动预警、精准监管。全市资金在线支付达2.9万笔、支付资金总额16.7亿元，超上年度支付量的60%以上。村级资金非现金结算基本到位。“村务卡”使用基本能按照“村务卡”的使用额度、适用范围以及管理方式，实现公务支出全程留痕；“村银”对接使用正常。在审批手续齐备的前提下，村级所有收支业务都能从网上办理，并进行线上审批。村级财务预决算执行较好。加强财务日常收支的管理，严控不合理支出，确保预算执行到位，并与市集体资产监管平台的资金使用模块相衔接，做到无预算不支出，保证村级预算的刚性执行。村（居）信息电视公开扩面。全力开拓村务电视公开渠道，全市电视公开入户进展迅速，全年完成110344户，入户率达98.45%，群众的知情权、参与权、决策权和监督权进一步得到落实和加强。农村集体产权交易更加公平。农村产权交易成交标段数613个，成交金额14045.20万元，溢价970.32万元，溢价率7.4%。线上交易量持续上升，成交标段数151个，成交金额766.57万元，占全市项目总成交金额的54.58%，溢价852.66万元，占全市项目总溢价的87.88%，溢价率12.5%。线上交易成交金额位于常州地区第一，获江苏省县市区农村产权“线上交易半年度之星”称号。加强农经队伍建设。会计服务站运转正常，全市行政村都实行村账镇代理的管理模式，有村委托会计服务站专职记账员代理记账，一般一个记账员代理3～5个村，每个月结账记账一次。举办为期三天的镇村农经财会人员暨新会计岗前业务培训，参与300余人次，主题涵盖农村集体“三资”管理、乡村振兴、乡村治理体系建设、会计核算和资产监管平台操作、农村土地矛盾仲裁及党风廉政警示教育等，并对30名新任村会计（代理记账员）进行上岗考试测评。

（刘 媛）

【巩固脱贫成果】 2021年，全市国扶办系统中继续保留原建档立卡低收入农户共5827户、10425人，并继续享受原来的各类扶贫政策。完善“企业联村”活动机制，大力挖掘集体经济“造血”项目，制定了全市经济薄弱村扶持项目申报指南，建立项目库。全年实施省、溧阳市各级项目共计4个，补助资金527万元，为村集体经济平均增收15万元以上。全市各行政村集体经营性收入均稳定在50万元以上。结合全省“万企联万村，共走振兴路”活动，新增9对村企结对，全市173个村与169家企业结对联接，共有25个村企联建项目落地建设，总投资3285.26万元。加强南北共建，江苏天目湖旅游股份有限公司等21家企业与盐城市建湖县10个村、滨海县11个村签订帮扶协议。溧阳企业联村工作在《新华日报》头版头条进行宣传报道。

（谢云钧）

【深化农村集体产权制度改革】 2021年，深入推进农村集体产权制度股份制改革，进一步开展农村集体产权制度改革“回头看”，规范改革程序，落实成员筛重，完善档案管理，确保农村社会稳定。做好村股份经济合作社股民“股份证书”发放工作。全市185个村成立股份经济合作社并完成赋码登记和挂牌运行，占比超98%，共量化经营性资产7.2亿元，确定成员总数62.89万人。

（刘 媛）

表 4

2021 年溧阳市主要农作物生产情况表

类别	面积（千公顷）	比上年（±%）	总产（万吨）	比上年（±%）	单产（千克／公顷）	比上年（±%）
稻谷	31.89	0.06	29.63	0.27	9293	0.25
小麦	19.19	0.79	9.39	−0.74	4894	−1.55
油菜	6.74	66.42	1.83	63.39	2715	−2.32

种 植 业

【概　况】 2021 年全市粮食种植面积 54.97 千公顷，比上年增 0.12 千公顷，增 0.22%；粮食总产 40.92 万吨，比上年增加 0.06 万吨，增 0.15%；单产 496.3 千克，比上年减少 0.3 千克，减 0.06%。

【粮油作物良种推广】 2021 年，全市稻、麦、油播种面积 57.82 千公顷，良种覆盖率 99% 以上。主要应用优质水稻品种 5 个，优质小麦品种 3 个，油菜品种 3 个。水稻主要种植优质高产武运粳系列及高产优质食味南粳系列品种；小麦主要种植扬麦系列；油菜主要种植宁杂系列、油研系列、苏油系列等双低优质油菜品种。

【轻简高效栽培技术推广】 2021 年，全市应用水稻高产优质精确定量栽培技术 30.13 千公顷，占水稻种植面积的 94.5%；应用小麦群体质量栽培技术 17.67 千公顷，占小麦种植面积的 92.0%；油菜轻简栽培技术 4.13 千公顷，占油菜播种面积的 61.3%。

【农技服务】 2021 年，全市从事粮油和经济作物的农技推广人员 100 余人。在开展农技服务过程中，坚持抓好粮油基础产业，稳定粮食面积，扩大油菜种植面积，培育建设优质粮油生产基地，推广优质高产良种配套技术、精确定量栽培技术、新型轻简栽培技术、测土配方施肥技术、全程机械化生产技术、病虫草害绿色防控技术。坚持抓好农技信息服务，印发《溧阳农技》等农技资料 1 万余份。

【高产创建】 2021 年，部、省级水稻绿色高质高效创建行动在全市 12 个镇（街道）、区全面开展，共建设部级 12 个示范片，面积 13.43 千公顷；省级五千亩示范片 3 个、千亩示范片 8 个，实施面积 1.57 千公顷，全市水稻绿色高质高效创建面积 15 千公顷；全市建设小麦示范方 5 个，面积 0.21 千公顷。

（葛家颖）

水 产 业

【概　况】 2021 年，全市养殖水面 14373 公顷，水产品总产量 6682 万千克。养殖结构进一步调优调强，河蟹放养面积 5303 公顷，以蟹塘套养青虾、蟹虾混养为主要模式；青虾主养面积 5563 公顷，养殖模式进一步优化。社渚镇在“中国青虾第一镇”的基础上，通过苏皖合作示范区建设和对口帮扶等平台，将青虾养殖技术和效能逐步进行输出；黄颡鱼、加州鲈等名优品种养殖积极性突出，与特种鱼养殖、垂钓、餐饮、乡村旅游相结合的休闲游钓观光渔业蓬勃发展。

【渔业现代化工程建设】 2021 年，全市改造标准化池塘 160 公顷，示范带动作用逐步增强。借助政府加快推进“四圈三区二园一重点”工程的契机，推动三大渔业园区发展，树立产业亮点。黄家荡园区进一步增强责任担当，增加抗灾设施设备资金投入，在变化异常的天气中抗旱抗涝抗高温能力不断加强；做好生态循环养殖尾水达标工作，在环保上下大功夫、做大文章。“溧阳青虾”在创成中国特色农产品优势区、“溧阳青虾”入选国家农业品牌目录基础上，青虾养殖区位优势日益突显，市、镇各有关部门着力管控青虾“太湖二号”新品种的生产、销售环节，确保苗种市场的规范性。青虾批发市场通过市场发力、集群发展，进一步打通青虾销售环节的瓶颈，为养殖户增收和产业做大提供坚实保障。溧阳市前马塘陈强特种水产养殖有限公司是溧阳市乃至全省的黄颡鱼繁育、养殖标杆企业，通过不断的积累，建成苏南最大的万余平工业化生态养殖水槽，公司获得 GAA（全球水产养殖联盟）颁发的 BAP 证书，成为全球首家通过 BAP 认证的黄颡鱼养殖基地，注册商标“汐泽渔畔”，黄颡鱼产品进驻上海“叮咚买菜”平台，优质优价，养殖效益充分体现。

【渔业科技创新建设】 2021年，加强渔业技术推广工作，重点推广河蟹“长江1号”“长江2号”，青虾“ 太湖2号”等新品种，推广养殖水体水质调控、水产病害防治、渔用药物安全使用、青虾标准化生产、池塘尾水净化等技术。通过政府推动、市场拉动、项目带动、科技人员与养殖户联动，健全制度、延伸覆盖、提升水平，建立健全全市渔业科技成果快速转化长效机制，不断提升全市渔业综合生产能力和劳动者综合素质，促进渔业增效和渔民增收，实现“兴渔富民”目标。

【水产品质量安全建设】 2021年，深入贯彻落实《中华人民共和国农产品质量安全法》《江苏省农产品质量安全条例》等法律法规，切实加强农产品质量安全工作领导，促进农业生产健康发展。印发《2021年溧阳市农产品质量安全工作目标任务考核办法》，明确了监管机构的职责分工及具体的考核指标，溧阳市农业农村局与相关科站、镇（街道）农产品质量安全监管站签订了责任书，确定了相关责任单位和责任人员。局渔业渔政科与养殖生产企业分别签订了农（水）产品质量安全责任状，建立质量安全责任制及责任追究制。全年开展以水产品质量安全生产为重点的培训36期，共计受训养殖户2572人次。要求学员提高思想认识，明确水产养殖业主的农产品质量安全主体责任；建立健全水产养殖生产记录，规范养殖生产行为；加强质量安全监管，不断完善农产品质量安全监管体系，扎实推进农业标准化生产，努力从源头上提升水产品质量安全水平。

【水产品质量监管抽检】 2021年，全市共接受部级抽检6批次，省级抽检72批次，常州市级抽检22次。溧阳市全年检查280家企业，出动检查人员1120人次；发放禁用渔药清单、明白纸等各类资料5118份。市农业农村局逐步强化水产品风险监测工作，严格按照国家法律法规要求，遵循抽样机构与检测机构分离的原则。抽样工作由局农产品质量安全监督科负责组织，市农业综合技术推广中心水产技术科具体实施。抽样实行现场取样方式，抽样的鱼采用现场撒网的方式进行，河蟹、青虾由市农业综合技术推广中心专人监督地笼下塘、抄网捕捞。抽样人员现场制备样品，现场制备的样品分为三份，一份用于检验检测、一份用于检验检测备用、一份留存备复检。检测工作由有资质的单位具体承担，提供水产品相关指标监测数据。全市完成34个样品的风险监测，全部检测合格。

【渔政监督管理】 2021年，全市共有492艘机动渔船参加年度检验，检验合格492艘，合格率达100%。完成渔民人身平安互助保险5904份，投保额为5904万元。定期开展长荡湖和天目湖禁捕专项执法行动，天目湖和大溪水库2个禁捕区共出动人员6100人次，立案行政处罚438件，移交公安5件，处罚人数443人，处罚金额267100元，没收鱼竿1124根、电瓶7个、丝网1725.5斤、地笼1917条、花篮131个、小船2艘，皮轮胎2个。渔政出动执法人员795人次，立案11起，全部结案，处罚金额10200元，收缴丝网地笼348条、花蓝15个、大龙骨2个，电鱼工具10套。配合市公安局办结非法捕捞水产品案、危害珍贵濒危野生动物案、非法狩猎案等涉渔刑事案件13起，抓获犯罪嫌疑人48人，移送起诉32人，查处无证驾驶机动船舶涉渔案件5起。在渔业生产过程中，会发生因不明来水、化工水污染等造成渔业污染事故或因用药、投饲、工程建设等造成的渔业纠纷，渔政监督大队在接到报案后，均及时组织人员第一时间到现场，了解情况，采集证据，如为渔业污染事故及时启动渔业污染事故调查处理程序，积极与环保、地方政府配合，妥善解决纠纷。通过增殖放流、生态环境的营造等方式，丰富天然水域的渔业资源，营造良好的水域生态环境，持续优化沙河、大溪水库生物多样性种群，改善沙河、大溪水库水质。在台风、高温、冰雪等特殊时期，及时向社会及渔民发布相关信息，确保渔业生产及渔民生命财产安全。

（孙红辉）

畜　牧　业

【概　况】 2021年，全市扎实开展畜产品质量安全监控体系建设，保障畜牧业健康平稳绿色发展。生猪存栏5.25万头，其中能繁母猪存栏0.28万头，较上年增加40.37%；全年累计出栏生猪4.78万头，较上年出栏下降21.76%。生猪产能稳步恢复，市场供应逐步改善。面对猪肉价格快速下降行情，养殖盈利空间明显减小，养殖企业急于出栏意愿较浓，生猪供应比较充足。家

表 5

2021 年溧阳市畜牧业主要指标情况表

项目	单位	指标
生猪出栏	万头	4.78
生猪存栏	万头	5.25
能繁母猪	万头	0.28
家禽出栏	万羽	390.47
家禽存栏	万羽	126.9
羊存栏	万只	0.48
羊出栏	万只	0.42
兔存栏	万只	0.1
奶牛存栏	头	55
猪肉产量	吨	3575
禽肉产量	吨	6023
羊肉产量	吨	65
蜂蜜产量	吨	98

禽存栏 126.9 万羽，较上年增加 11.12%；出栏家禽 390.47 万羽，较上年下降 12.57%。羊存栏 0.48 万头，较上年下降 7.7%；出栏 0.42 万头，较上年下降 10.6%。奶牛存栏 55 头。

【种质资源保护巩固提升】 2021 年，根据《江苏省第三次畜禽遗传资源普查实施方案（2021—2023 年）》要求，全市 12 个镇（街道）的 240 个行政村（社区）积极参与，全面谋划、统一部署、分类实施、整体推进。9 月底提前完成面上普查、数据填报和县级审核工作。登记 5 个畜种资源，群体数量 33725（头／羽），其中能繁母畜 763 头，种公畜 35 头。新发现 1 个畜种资源（溧阳红灯笼猪），其中能繁母畜 89 头，种公畜 18 头。做好溧阳红灯笼猪的抢救性保护，争取省、常州专项资金 80 万元，红灯笼猪种群数量由原先的 102 头扩繁至 107 头。以苏陕合作为契机，将国家级畜禽遗传保护品种“溧阳鸡”16000 羽送到千里之外的陕西省汉阴县，利用汉阴县良好的生态环境饲养后再高价回收，促进了本地优质畜禽资源的推广利用，为汉阴县养殖户开辟致富新路。

【畜禽基础免疫】 按照规模场按程序免疫，小规模场及散养户进行集中免疫的方式开展集中行动。全年集中免疫行动共使用猪口蹄疫苗 1.97 万毫升，免疫猪 1.253 万头次；猪瘟疫苗 1.628 万头份，免疫猪 1.253 万头次；猪高致病性蓝耳病疫苗 1.49 万头份，免疫猪 1.145 万头；牛羊口蹄疫苗 0.68 万毫升，免疫牛 0.0078 万头次、羊 0.436 万头次；小反刍兽疫疫苗 0.54 万头份，免疫羊 0.366 万头次；高致病性禽流感苗 164.22 万毫升，免疫鸡 257.57 万羽次、鸭 10.57 万羽次、鹅 0.98 万羽、其他禽类 1.55 万羽次；新城疫苗 276.62 万羽份，免疫鸡 257.57 万羽次。应免畜禽免密率 100%，免疫后家畜耳标悬挂率 100%。

【非洲猪瘟防控】 根据全国、全省重大动物疫病防控工作视频会议部署要求，迅速部署非洲猪瘟防控工作，引导养猪场户落实“画地为牢、各自为战”的封闭饲养管理措施，把好人流、物流、车流、猪流、水流、生物流“六个关口”，严防外来病毒传入。指导规模养猪场开展生物安全物理改造，通过物理隔离、小格化饲养、设施设备专用等方式进一步划小独立生产单元，减少场内人、车、物等交叉交流，尽最大努力切断病毒传播途径。持续开展非洲猪瘟疫情排查，严格执行日报制度。全年开展非洲猪瘟病原检测 1043 份，结果均为阴性。

【流行病学调查与监测】 按照年度监测计划在全市各镇（街道）进行流行病学调查和采样监测，坚持定点监测、日常监测和常规监测相结合，对各类动物疫病监测任务的时间、频次、数量和结果报告等进行了明确的规定。完成家畜口蹄疫抗体检测 685 份、猪高致病性蓝耳病抗体检测 530 份、猪瘟抗体监测 530 份、小反刍抗体检测 137 份，禽高致病性禽流感免疫抗体监测 1443 份，鸡新城疫免疫抗体检测 1068 份。全市重大动物疫病免疫抗体合格率均在 85% 以上。开展牛布病检测 125 份，结核病菌检测 125 份，结果均为阴性。通过监测，及时了解全市畜禽重大动物疫病的抗体保护水平，对掌握全市重大动物疫情的发展动向，科学制定免疫计划，指导全市重大动物疫病的防疫工作，收到良好的效果。

【强制免疫“先打后补”工作】 根据常州市农业农村局、常州市财政局《关于做好重大动物疫病强制免疫“先打后补”工作的通知》文件精神。2021年11月起，在全市所有规模养殖场全面实施重大动物疫病强制免疫“先打后补”。组织畜牧、财务方面的专家通过现场查看和材料审核的方式，对2020年11月至2021年10月重大动物疫病强制免疫“先打后补”工作进行核查。各养殖场在期限内共出栏肉鸡174.2482万羽，依据各养殖场免疫台账实际疫苗使用剂次，核算补助资金16.301538万元。

【集中清洗消毒】 指导各生猪养殖场户开展灭蚊灭蝇灭鼠和日常消毒、重要时点消毒、突击消毒、应急消毒等“三灭四消”活动，并建立健全、落实落细日清洗消毒制度。根据上级安排部署，分别于3月3—9日、5月6—12日、7月1—7日、8月9—15日、11月1—7日组织在全市范围开展五轮集中消毒清洗工作。对生猪规模养殖场及场区周边、屠宰场、无害化处理运输车辆等开展为期两周的集中大扫除、大清洗、大消毒。共用消毒药品约4.24吨，消毒面积约180万平方米，消毒各类场所1403个（次）。

【畜禽养殖废弃物资源化利用】 全市畜禽污染治理按照“一场一策”的要求，因场施策。积极探索和构建大、中、小不同养殖规模的粪污治理与综合利用典型模式。督促指导养殖场定期检修维护，适时更新完善，同步推进非规模畜禽养殖场户的整治提升。推进2021年畜禽粪污资源化利用扶持项目的指导、申报、验收和认定工作，申报的4家企业均通过验收。根据农业农村部直联直报系统数据上报要求，全市备案规模养殖场39家，其中生猪养殖场16家，奶牛养殖场1家，肉禽养殖场15家，蛋禽养殖场5家，规模羊场1家，特禽养殖场1家。全市畜禽粪污综合利用率为97.89%，其中规模场畜禽粪污综合利用率为98.48%。

【生猪调运监管】 严格执行非洲猪瘟网格化监管措施，按照区域站设置重新合理科学划定网格，并按照网格化管理及时掌握网格内生猪生产情况和防疫情况。认真执行外省调入生猪指定通道运输制度，外省检疫证明必须要有指定通道签章才可接收。认真贯彻省、市生猪调运监管政策，实行跨设区市调运生猪凭非洲猪瘟检测报告申报检疫制度。4月1日起，联合市公安局、交通运输局在扬溧高速后周道口设置检查点，开展打击违法违规生猪调运“百日巩固行动”。检查生猪调运车辆61辆，生猪数量4726头，其中已查获违法违规调运生猪行为2起，均已移交市农业综合行政执法大队依法处理。

【规范动物养殖屠宰环节】 加强兽医队伍建设和检疫管理。规范养殖环节无害化处理，按照相关规定通过焚烧或深埋，发放相关补贴。对无害化收集体系的建设将根据常州市的规划和设计到位后，按时建设到位。规范检疫行为，实施现场检查与县级审核联动机制，强化生猪产地检疫出证排查、抽查。在督查过程中要求官方兽医在生猪出栏环节，严格按规程实施生猪产地检疫，强化资料审核查验等环节；科学开展动物疫病风险评估，做好跨省调运种猪产地检疫工作。规范产地检疫证明领取、使用和管理，加强检疫证明电子出证账号管理，明确出证人员的权限和责任，严禁“隔山出证”、倒卖检疫证章标志等违法违规行为。全年共在线电子化出证产地检疫生猪20484头，屠宰检疫97316头；养殖环节无害化处理生猪1640头。

【畜产品质量安全促进提升】 2021年，加强对全市兽药经营企业的日常监管，配合开展行政许可工作，共配合发放“饲料生产许可证”4张，“兽药经营许可证”5张。加强畜禽产品及投入品质量安全监督抽检及风险预警评估，抽取全市生产和经营环节饲料样品共计36个，兽药样品4个，经第三方检验机构检验，全部合格。对全市所有饲料生产企业、兽药经营企业、宠物诊疗机构和生猪屠宰场进行全面的行为规范和安全生产检查，共出动185人次，检查58家企业。

（王　芸）

园　艺　业

【概　况】 2021年，全市茶园总面积4.8千公顷，开采面积4.13千公顷，其中天目湖白茶面积近3.33千公顷。春季干毛茶产量1132吨，产值约13亿元。全年干毛茶产量约1382吨，产值超15亿元。受极端气候和茶园改种更新影响，茶叶产量较上年相比有所减少。春季采茶工均价180元/天，全市茶叶加工企业约300家。

水果总面积持续下降、效益不断增加，新技术、新设施得到应用，同时休闲农业助推水果产业发展。全市现有水果面积1.72

千公顷，产量18174吨，产值19407万元，其中葡萄263.33公顷、梨243.33公顷、桃510公顷、草莓220公顷、杨梅117.2公顷、枇杷46.67公顷、其他318公顷。

全年蔬菜播种面积9.72千公顷，其中设施蔬菜播种面积5.42千公顷，产量36.5万吨，产值16.5亿元；西瓜种植面积1.2千公顷，产量2.65万吨，产值9530万元。

全市蚕桑春季发种28张，全年发种100张，总产量6吨，产值20万元。

【天目湖白茶品牌推广】 通过连续三年举办天目湖白茶开采节，深度发掘溧阳“自在茶香”的茶文化内涵，拓宽传播渠道，创新传播方式。在南京、上海高铁站和高铁车厢内投放“天目湖白茶”专题海报，扩大“天目湖白茶”优质农产品的市场占有率和品牌竞争力，强化品牌的知名度和影响力。参加第四届中国国际茶叶博览会。借助茶博会平台，举办“天目湖白茶”专场品牌推介活动，现场组织天目湖白茶品鉴会、冲泡教学、礼品派送等活动。通过新型网络电商平台建设扩大“天目湖白茶”的品牌影响力。利用抖音平台建立天目湖白茶抖音账号，同时进行天目湖白茶专题短视频推广，使“天目湖白茶”的品牌建设再上新台阶。组织茶企参加2021年全国茶叶品质评价工作，提升全市茶叶产品质量和特色品质，增强茶叶的市场竞争力和品牌影响力。

【新品种的引进和推广】 2021年，新建果园13.33余公顷，引进枇杷、柑橘、桃新品种3个。做好果树绿色栽培技术示范推广，全面提升果树栽培技术，提升果品品质；做好技术培训，开展果树新品种展示、果园绿色防控和果园机械化技术培训。通过园艺作物标准化创建和园艺作物绿色防控示范区项目建设，全市实施园艺绿色防控示范区项目7个，核心示范区面积88公顷，辐射推广面积466.67公顷。积极开展“草莓新品种引进示范和推广”方面相关工作。引进草莓新品种5个，并开展种苗繁育、新品种试验示范工作。

【蔬菜保供】 2021年，根据蔬菜保供工作要求，进行蔬菜保供方面多层次、多变化数据的调查统计及数据上报工作。配合保供企业搞好生产规划及品种布局，积极推广蔬菜标准化生产技术、蔬菜绿色防控技术，深入田头现场指导开展蔬菜安全生产。针对年初多变的不利气候条件特别是1月连续的极端低温天气可能对在田园艺作物，如草莓、小番茄等造成的严重伤害及时指导农户采取合理的应对措施，努力促进在田果蔬尽快恢复生长，稳定和提高农户的经济效益。

3月30日，2021天目湖白茶开采节开幕　（市农业农村局　供稿）

【园艺节庆活动】 2021年，通过举办“蓝莓采摘节”“杨梅采摘节”等活动，承接全省杨梅评比，举办农事节庆活动，聚集人气，扩大果品的销售，提升园艺企业产品的品牌知名度，有力地推动休闲观光农业的发展。

（居倪萍）

农业机械化

【概　况】 2021年，全市以服务乡村振兴战略、大力农业生产全程全面机械化推进行动和农机装备智能化绿色化提升行动，以科技创新、机制创新、政策创新为动力，补短板、强弱项、促协调，全市农机装备总量继续保持平稳增长。全市农机装备总动力57.82万千瓦，高能耗、低性能机具不断淘汰，大马力、高性能、特色、复式先进的农机数量不断增加，特色农业畜牧、林果、渔业、设施农业机械化水平和农产品加工机械化综合水平达64.4%，农业机械化向全程全面高质高效升级，为实现农业农村现代化提供有力支撑。

【粮食生产全程机械化】 2021年，通过加强领导，重点扶持，突出重点，主攻难点，补弱补缺补短板，狠抓主体推进等工作措施，在完成建成省级主要粮食生产全程机械化示范市、全国主要农作物粮食生产全程机械化示范市的基础上，固强补弱，继续强化机艺融合。建成省级“全程机械化＋综合农事服务中心”1家、省级区域农机维修中心1家、省级农机维修示范点1家，主要农作物耕种收综合机械化率98.69%，农业综合机械化率达90.52%。

【农机购置补贴】 2021年，根据中央和省农财两部门要求门，启动新一轮农机购置补贴政策，持续巩固主要粮食生产全程机械化示范县建设成果，加快设施、果蔬茶、渔业、畜牧业机械装备的发展。扎实开展农机购置补贴政策管理工作，推动强农惠农政策落实到位，支持农业机械化全程全面高质高效发展，促进农业供给侧结构性改革，助力乡村振兴战略。全市使用中央补贴资金725.044万元，新增农机具489台，其中茶叶机械13台、烘干机20台、联合收割机30台、北斗导航辅助驾驶系统70台、大中型拖拉机81台、耕整地机械93台、插秧机93台。

【农机报废更新】 2021年，坚持“农民自愿、国家扶持、安全环保”的原则，通过政策支持，进一步加大耗能高、污染重、安全性能低下的老旧农机淘汰力度，促进农业机械安全生产和新农机新技术推广应用水平不断提高。对拖拉机、联合收割机、水稻插秧机、机动喷雾（粉）机、饲料（草）粉碎机、铡草机六种机型实施定额报废补贴，鼓励引导陈旧农机的更新，推动农机节能减排，优化农机装备结构，消除老旧机型安全隐患，保障农机安全生产。全年落实报废更新补贴资金41.07万元，报废机具43台（套），其中插秧机19台，拖拉机8台，收割机16台。

【秸秆机械化还田】 2021年，全市稻麦种植面积52.06千公顷，（小麦20.17千公顷，其中夏季有部分油菜秸秆还田参照麦秸秆还田，水稻31.89千公顷）。全市夏（秋）收期间共投入大型秸秆还田机械1916台、联合收割机1029台，大中型拖拉1182台。秸秆机械化还田完成面积44.874千公顷，夏季麦秸秆机械化还田完成面积20.17千公顷，还田率达100%；秋季完成秸秆机械化还田24.71千公顷，还田率达77.5%，全年还田率达86.2%，夏秋两季生态犁耕深翻还田完成面积3.46千公顷，全年兑付补贴资金1049.306545万元。其中省级财政资金613万元，县级配套补助资金436.3万元。

【农机合作社】 2021年，围绕发展农机社会化服务组织。培育壮大农机大户、农机专业户以及农机合作社、农机作业公司等新型农机服务组织，支持农机服务组织开展多种形式适度规模经营，鼓励家庭农场、农业企业等新型农业经营主体从事农机作业服务的目标，持续开展以农机合作社“管理、服务、装备、人才、安全”五大水平提升的“强社”活动，通过“定标准、树典型、立榜样”，带动全市农机合作社建设。建设成标准机务管理农机专业合作社5家。本级“全程机械化＋综合农事服务中心”2家，鼓励发展农机社会化服务新业态、新模式、新主体的建设，加快推动农机服务模式与农业适度规模经营相适应，加快推进农业机械化全程全面高质高效发展，引领小农户进入现代农业发展。

【农机示范推广】 2021年，大力推广典型示范，对照基本设施建设和种植符合宜机化要求。中耕、施肥、植保、修剪、采收、田间转运六个环节配套机械化装备齐全，满足作业需求，机械化水平达85%以上的全程机械化标准“茶园”实训基地2个，形成示范带动效应，固化适宜全市实施机械化的茶叶生产基地模式、机械选型匹配模式、宜机化改造模式，形成机械化人才培训、观摩的实训点，为农业全面全程机械化的水平提升提供可借鉴的版本和可复制的模板。引进林果类小型除草、耕翻、开沟设备，智能化肥水一体设备，烘干机电加热热风炉，智能化插秧机驾驶辅助系统等一系列先进适用的农机装备，开展有效的试验示范和推广应用，加快研发和完善溧阳白芹生产机械化装备，为加快推进全市农业机械化和农机装备产业转型升级，农机化高质量发展提供有力支撑。

【农机安全生产】 2021年，全面贯彻落实省政府关于安全生产决策部署，持续深化农机安全三年专项整治工作，开展农机安全生产培训、宣讲6次，制作下发“安全警示告知牌”“提示牌”“标识牌”1400张，利用“3·5”学雷锋日、“6 · 16”安全生产宣传咨询日、农机展等场合发放宣传单、宣传册2000余份，检查督查企业181次，各大网站平台刊发开展安全活动信息6次，出动检查人员450人次，排查隐患34个，整改隐患34个，整改率100%。巩固提升农机源头管理集中整治成果，以提高“三率”为契机，全年注册登记手扶拖拉机运输机组6台、轮式拖拉机103台，联合收割机46台，新机上牌率达100%。全面实施农业机械免费实地检验，全年免费实地检验154次，年检手扶拖拉机402台、轮式拖拉机629台，拖拉机年检率达81.2%；年检联合收割机325台，年检率94.2%。深入进行安全生产大检查、隐患排查和“平安农机”示范社创建，建成“平安农机”专业合作社7家，完成40家粮食烘干作业场所的安全考评。将农机安全监管纳入网格化管理模式，初步形成农机安全监管长效机制。全年未发生农机死亡事故和重特大农机事故，农机安全生产形势总体保持良好态势。

（蒋秋新）

老区开发

【概　况】 2021年，市老区开发促进会围绕中心，服务大局，进一步在“促”字上做文章，在“进”字上下功夫，在“帮”字上见成效，为老区事业全面振兴献计献策，为红色资源的挖掘尽心尽责。市老促会党支部被常州市委老干部局等单位评为全市离退休干部先进集体；老促会主要领导被评为全省离退休干部先进个人；秘书长被评为全省社会慈善公募活动先进个人；市老促会作为全国先进集体首次入选《全国老促会群英谱（2010—2020）》，获“江苏省社会慈善公募活动一等奖”、全国老区“宣传工作特等奖”和《全国革命老区县发展史》丛书出版先进单位称号。

【宣传老区精神】 2021年，市老促会有20多篇调研文章被中国老区网、《中国老区建设》《江苏老区》等省级以上刊物发表；21篇被《常州老区》《溧阳时报》宣传推广；《溧阳老区通讯》共刊出27期，刊登调研文章和典型材料66篇。老促会系统会同有关单位领导和特约通讯员，围绕省委省政府的“万企联万村，共走振兴路”的战略部署和常州市委市政府的“百千万”帮扶工程，对接溧阳市委市政府的“双挂双促”“领导挂钩、企业联村、干部帮户”的美丽乡村建设任务，深入开展调查研究。《常州市委统战部精准帮扶茅山老区实现小石桥村真脱贫脱真贫，实现高水平小康村》《科技创新铸就中国第一》《上上联村联心亮点纷呈》等文章，被中国老区网报道后，累计点赞率超过10万人次。12篇调研文章被中国老区网等新闻媒体报道。

组织茅山老区五镇分管农村工作的领导和有关村的负责人，赴泰州市姜堰区参观有关村史馆建设，并在全市有关村进行试点。先后分别在上兴、南渡、社渚、戴埠、天目湖、昆仑等镇（街道）召开座谈会，组织11个村的主要领导参观学习和座谈交流，在溧城街道召开老促会系统现场促进会。红色龙峰、姜下村史馆、唐家村史馆、八字桥村史馆、旧县村史馆、石街村史馆等一批村史教育馆建设各具特色。撰写的《关于全市红色资源挖掘抢救和保护工作》和《关于在美丽乡村建设中建立红色村史馆》两条“金点子”被市委采纳。

【红色资源普查】 2021年5月24日，市政府办公室下发《关于开展红色资源调研普查工作的通知》，成立由市政府副市长为组长，市老促会会长为副组长，各

9月，市老促会会长彭留双代表江苏省扶贫“三会”，向中国好人、市无偿献血志愿者协会会长史建中（左）和江苏好人、溧阳城中医院董事长甘全松（右）颁发捐赠证书

（陈志明　供稿）

牵头单位和各镇、街道分管领导为成员的市红色资源普查工作领导小组。全市12个镇（街道）相继成立领导小组，抽调骨干力量，按照市普查办统一部署，紧张有序地进行登记造册工作。在市委组织部、市委党史工委、市档案馆、市退役军人事务局、市文旅局等单位提供第一手资料的基础上，市老促会和普查办组织相关人员到各镇（街道）进行座谈指导和现场踏看。通过抢救和挖掘，共收集整理到红色资源点位221处。

【庆祝建党百年系列活动】 2021年，市老促会分别会同市委老干部局、市委党史工委、市教育局、城中医院、江苏国强公司党委、龙海建设集团党委、市书画院、市乒乓球运动协会、市老年书画研究会、天目湖诗社等部门和单位，分别开展庆祝建党百年系列活动。3月19日，市老促会会同市委党史工委、市教育局在光华高级中学举行“光耀中华”红色文化教育基地授牌仪式暨“助学帮困、滴水筑梦”行动。5月22日，市乒协主办、市老促会协办、南渡镇承办的第二届溧阳“革命老区振兴杯”乒乓球邀请赛，在南渡高级中学举行。来自市级机关和有关镇村、企业的48支乒乓球代表队的运动员和裁判员共260多人参加邀请赛。6月25日，召开庆祝中国共产党成立100周年联谊系列活动总结表彰大会，赠送《翰墨诗情颂党恩》书画专辑，举行城中医院爱心奉献老区500万健康关爱基金捐赠仪式，通报表彰联谊活动先进集体和先进个人。9月10日，承办第四届常州市军人企业家“走进水西村，革命永向前”为主题的联谊活动。

【缅怀“罗廖”英烈纪念活动】 2021年，市老促会会同新四军研究会在全市老促会系统和有关单位开展缅怀“罗廖英烈”系列活动。10月13日，市老促会发出《关于开展缅怀罗忠毅、廖海涛抗日名将纪念活动的通知》。11月25日，中国老区网报道《赓续塘马铁军精神 谱写原乡时代新篇》的文章，浏览量达5000多人次。11月27日，市老促会驻会人员到溧阳市西山烈士陵园，瞻仰罗忠毅、廖海涛烈士墓以及开国上将钟期光、凌奔夫妇墓。11月28日上午，组织相关人员到罗忠毅、廖海涛两位抗日名将墓前敬献花篮。市老促会正副会长、秘书长参加在塘马烈士陵园和塘马战斗广场等地举行的“传承红色基因，赓续红色血脉”纪念塘马战斗80周年活动。

【项目示范助老区振兴】 2021年，与省市老促会积极合作，保持与省扶贫办的联系，争取到省市示范项目10个165万元资金，其中两个村为援助项目，补助20万元。在省扶贫办领导的关心下，在省扶贫办从2017年支持溧阳老区33万元的基础上，每年支持全市老区300万元，计1200万元。在常州市老促会的关心下，每年支持2个村20万元的项目经费。抓好“众筹助老区”项目，自2020年以来，“众筹助老区·溧阳行”王家村食用菌基地项目，钱物总额突破100万元。优鲜到家农业科技有限公司总投资500万元，规划的2000亩的前期500亩投入正常运行，每年为王家村增加集体纯收入20万元。市老促会对项目实施情况进行有效的监督管理，得到省扶贫“三会”和常州市老促会领导的一致好评。6月8日，溧阳城中医院与市老促会对接，挂牌市老促会爱心医院，经省“三会”批准，签订全市第一家省级慈善冠名“健康关爱基金”100万元的捐赠协议，由省扶贫基金会按月汇入市老促会的账户，并按核定的贫困家庭人员，每月发放关爱基金，市老促会全年共为1200多人次进行了优质服务。

【助学帮困】 2021年3月19日下午，市老促会会同市教育局在光华高级中学举行了助学帮困和“滴水筑梦”行动。向光华高中、省溧中、南渡高中、戴埠高中、埭头高中、竹箦中学（高中部）的29名贫困学生发放助学金（每人每年2000元），这是市老促会连续六年的助学帮困行动。向光华高中、南渡高中的10名学生连续三年“滴水筑梦”助学捐款（每人每年3000元），助学帮困总金额达50万元左右。9月4日上午，在南渡镇石街村姜氏宗祠举行2021年新录取16名大学生奖学金发放仪式。为助力村级爱心组织建设，市老促会赠送《中国老区建设》《江苏老区》《铁军》《大江南北》《庆祝中国共产党成立100周年》书画专辑等红色刊物，还增发每位大学生奖学金500元。10月6日，市老促会会同常州市老促会和市老促会无偿献血志愿者服务总队、市十字会、市慈善总会对上兴镇吐祥村14户困难家庭的14个少年儿童资助2000元左右的助学金和衣服、书包等慰问品，并对其中一户困难户因住房年久失修资助包括材料在内10万元进行翻建。

（陈志明）

综　　述

【概　况】 2021年，全市工信系统深入践行“生态品质巩固提升年”主题，坚持稳中求进工作总基调，以先进制造业集群培育为契机，持续巩固拓展疫情防控和经济社会发展成果，全市工业经济呈高速增长态势，实现“十四五”规划良好开局。

2021年，全市完成规模工业总产值2112.8亿元，比上年增长31.8%；实现全部工业应税销售收入2422.9亿元，增长37.5%；完成工业设备投入75.6亿元；工业入库税收增长30.9%，纳税超亿元工业企业10家，金峰集团、江苏时代新能源科技有限公司纳税超10亿元。

聚焦“2+2+X”先进制造产业集群（2个全球有影响力的千亿级产业集群、2个全国有特色的五百亿产业集群，以及在战略性新兴产业领域形成若干个有地方特色的产业集群），加强政策集成、创新推进举措，着力促进产业链、创新链协同发展，产业结构不断优化。其中动力电池、智能电网、农牧与饲料机械和汽车及零部件四大重点产业链产值增长62.5%，高于规上工业产值31.4个百分点。尤其是动力电池产业产值增长134.5%，销售增长162.6%，入库税收增长336.2%，出货量占全省50%以上，主导地位日益凸显。

坚持“项目为王”，把推进项目建设作为推动高质量发展的重要支撑。江苏时代（四期）、时代上汽（二期）、赛得利纤维、德龙精品不锈钢等一批百亿级项目持续推进。全市重点工业项目142个，全年累计完成投资471亿元，63个项目竣工投产或部分投产。全市工业投入同比增长25.7%。

出台《关于实施工业经济跃升行动的若干政策》，聚焦优质潜力企业，综合施策、精准培育，促进企业快速做精做大做强。全年净增规模以上工业企业107家，全年新增国家级专精特新小巨人企业3家；省级专精特新小巨人企业（产品）2家。

聚焦“双碳目标”，持续推进绿色制造体系建设，超额完成常州下达的单位GDP能耗降低率年度目标任务。全年新增省级“绿色工厂”2家。

成功举办全国新能源汽车下乡活动首发仪式和第六届天目湖创新设计大赛。全年新增省服务型制造示范企业1家、省企业技术中心4家；4家企业被认定为省级工业设计中心；5家企业的装备产品被认定为2021年度常州市首台(套)重大装备及关键部件。

（市工信局）

总投资116.5亿元的江苏时代（四期项目）　（市工信局　供稿）

表6

2021年溧阳市工业企业产品销售收入前100家企业一览表

序号	企　业　名　称	序号	企　业　名　称
1	江苏上上电缆集团有限公司	51	江苏共昌精密铝业有限公司
2	江苏时代新能源科技有限公司	52	溧阳市鹏程彩钢有限公司
3	江苏国强镀锌实业有限公司	53	溧阳市力士汽车配件制造有限公司
4	江苏申特钢铁有限公司	54	江苏明佳交通材料有限公司
5	时代上汽动力电池有限公司	55	嘉士伯天目湖啤酒（江苏）有限公司
6	江苏金峰水泥集团有限公司	56	溧阳兰天化工有限公司
7	江苏瑞昕金属制品科技有限公司	57	常州乔尔塑料有限公司
8	溧阳市新金峰水泥有限公司	58	溧阳市光明金属有限责任公司
9	溧阳市宏峰水泥有限公司	59	江苏安靠智能输电工程科技股份有限公司
10	江苏华鹏变压器有限公司	60	溧阳市中大电力交通装备有限公司
11	江苏弘溧新材料有限公司	61	江苏宝鹏建筑工业化材料有限公司
12	顺博合金江苏有限公司	62	江苏维多股份有限公司
13	江苏国电新能源装备有限公司	63	江苏力强化工有限公司
14	江苏中溧智能装备制造有限公司	64	江苏国智建筑科技有限公司
15	江苏久业新材料有限公司	65	江苏翔鹰新能源科技有限公司
16	江苏富民新材料有限公司	66	江苏奥冠首信薄钢有限公司
17	溧阳紫宸新材料科技有限公司	67	溧阳市宏峰矿业有限公司
18	江苏国强兴晟能源科技有限公司	68	江苏国强民富建材科技有限公司
19	溧阳市金山尾矿综合利用有限公司	69	江苏开利地毯股份有限公司
20	布勒（常州）机械有限公司	70	溧阳市金昆锻压有限公司
21	科华控股股份有限公司	71	江苏碧玉谷化工有限公司
22	江苏正昌集团有限公司	72	江苏司能润滑科技有限公司
23	江苏国信溧阳抽水蓄能发电有限公司	73	江苏华鹏智能仪表科技股份有限公司
24	溧阳市宏泰特种扁钢有限公司	74	溧阳市盛杰机械有限公司
25	江苏鸿开有色金属有限公司	75	江苏迪赛诺制药有限公司
26	溧阳安顺燃气有限公司	76	溧阳市江山矿业金山有限公司
27	江苏科达利精密工业有限公司	77	江苏翔能科技发展有限公司
28	江苏鑫林钢铁有限公司	78	冶建新材料股份有限公司
29	江苏铭丰电子材料科技有限公司	79	江苏联盟化学有限公司
30	上汽时代动力电池系统有限公司	80	江苏联赢激光有限公司
31	江苏扬子水泥有限公司	81	常州范斯特汽车部件有限公司
32	江苏金源高端装备股份有限公司	82	江苏立达电梯有限公司
33	常州海大生物饲料有限公司	83	上汽大通房车科技有限公司
34	江苏钢锐精密机械有限公司	84	江苏华冶钙业有限公司
35	常州市宏豪制钢有限公司	85	溧阳金利宝胶粘制品有限公司
36	江苏卓高新材料科技有限公司	86	溧阳市山湖实业有限公司
37	江苏振钢金属材料有限公司	87	江苏冠宇机械设备制造有限公司
38	江苏旗云油脂科技有限公司	88	江苏保龙设备制造有限公司
39	江苏宏光钢铁有限公司	89	立讯精密工业（江苏）有限公司
40	江苏鹏程钢结构集团有限公司	90	圣地亚科技（江苏）有限公司
41	溧阳中材重型机器有限公司	91	朗盛（溧阳）多元醇有限公司
42	江苏超强工程材料有限公司	92	溧阳市虹翔机械制造有限公司
43	溧阳索尔维稀土新材料有限公司	93	江苏金隆新材料有限公司
44	溧阳市四方不锈钢制品有限公司	94	江苏南洋中京科技有限公司
45	江苏开磷瑞阳化工股份有限公司	95	协多利洁净系统（常州）有限公司
46	常州时创能源股份有限公司	96	江苏富春江环保热电有限公司
47	溧阳天山水泥有限公司	97	江苏国粮仓储工程有限公司
48	江苏中关村嘉拓新能源设备有限公司	98	溧阳市万兴特种建材有限公司
49	江苏金峰铜业有限公司	99	溧阳市立方贵金属材料有限公司
50	溧阳市飞跃机电有限公司	100	江苏荣辉木业有限公司

表7

2021年溧阳市工业企业产品实现利税总额前100家企业一览表

序号	企业名称	序号	企业名称
1	江苏时代新能源科技有限公司	51	溧阳市宏泰特种扁钢有限公司
2	江苏国强镀锌实业有限公司	52	溧阳月泉电能源有限公司
3	江苏金峰水泥集团有限公司	53	溧阳市盛杰机械有限公司
4	溧阳市宏峰水泥有限公司	54	常州金纬片板膜科技有限公司
5	江苏上上电缆集团有限公司	55	江苏奥冠首信薄钢有限公司
6	溧阳市新金峰水泥有限公司	56	江苏联赢激光有限公司
7	江苏瑞昕金属制品科技有限公司	57	溧阳金利宝胶粘制品有限公司
8	江苏弘溧新材料有限公司	58	溧阳市飞跃机电有限公司
9	江苏华鹏变压器有限公司	59	溧阳市江山矿业金山有限公司
10	时代上汽动力电池有限公司	60	江苏嘉盛环境设备制造有限公司
11	江苏久业新材料有限公司	61	溧阳市华力金属有限公司
12	溧阳安顺燃气有限公司	62	江苏中关村嘉拓新能源设备有限公司
13	溧阳市金山尾矿综合利用有限公司	63	溧阳市江南烘缸制造有限公司
14	溧阳天山水泥有限公司	64	协多利洁净系统（常州）有限公司
15	江苏中溧智能装备制造有限公司	65	江苏国强民富建材科技有限公司
16	江苏安靠智能输电工程科技股份有限公司	66	江苏保龙设备制造有限公司
17	江苏国信溧阳抽水蓄能发电有限公司	67	朗盛（溧阳）多元醇有限公司
18	江苏铭丰电子材料科技有限公司	68	江苏利德塑业有限公司
19	江苏富民新材料有限公司	69	冶建新材料股份有限公司
20	江苏扬子水泥有限公司	70	溧阳市力士汽车配件制造有限公司
21	顺博合金江苏有限公司	71	江苏富春江环保热电有限公司
22	嘉士伯天目湖啤酒（江苏）有限公司	72	江苏三乔智能科技有限公司
23	江苏金源高端装备股份有限公司	73	江苏荣辉木业有限公司
24	溧阳市四方不锈钢制品有限公司	74	江苏金峰铜业有限公司
25	江苏卓高新材料科技有限公司	75	溧阳中材重型机器有限公司
26	江苏超强工程材料有限公司	76	常州金纬挤出机械制造有限公司
27	溧阳索尔维稀土新材料有限公司	77	江苏南洋中京科技有限公司
28	江苏正昌集团有限公司	78	常州亚泰焊材有限公司
29	江苏迪赛诺制药有限公司	79	江苏普正精密科技有限公司
30	江苏明佳交通材料有限公司	80	江苏联盟化学有限公司
31	溧阳紫宸新材料科技有限公司	81	溧阳中材环保有限公司
32	上汽时代动力电池系统有限公司	82	江苏丽阳电子仪表有限公司
33	江苏振钢金属材料有限公司	83	江苏冠宇机械设备制造有限公司
34	江苏科达利精密工业有限公司	84	溧阳市虹翔机械制造有限公司
35	江苏国电新能源装备有限公司	85	江苏恒祥石化工程有限公司
36	江苏华鹏智能仪表科技股份有限公司	86	金纬机械常州有限公司
37	江苏华冶钙业有限公司	87	江苏省奥谷生物科技有限公司
38	常州时创能源股份有限公司	88	江苏溧阳南方水泥有限公司
39	江苏开磷瑞阳化工股份有限公司	89	江苏国强交通科技有限公司
40	江苏翔能科技发展有限公司	90	科华控股股份有限公司
41	溧阳市宏峰矿业有限公司	91	江苏旗云油脂科技有限公司
42	江苏申特钢铁有限公司	92	江苏沙河抽水蓄能发电有限公司
43	江苏司能润滑科技有限公司	93	上齿集团有限公司
44	江苏国智建筑科技有限公司	94	江苏兆年智能科技有限公司
45	江苏钢锐精密机械有限公司	95	江苏威泽智能科技股份有限公司
46	江苏国强兴晟能源科技有限公司	96	溧阳市山湖实业有限公司
47	江苏维多股份有限公司	97	江苏华强模具科技有限公司
48	布勒（常州）机械有限公司	98	常州金纬片板设备制造有限公司
49	常州乔尔塑料有限公司	99	金亿源(江苏)新材料有限公司
50	江苏宝鹏建筑工业化材料有限公司	100	江苏兴锻智能装备科技有限公司

表8

2021年溧阳市工业企业期末资产总计前100家企业一览表

序号	企业名称	序号	企业名称
1	江苏时代新能源科技有限公司	51	江苏省前峰服饰有限公司
2	时代上汽动力电池有限公司	52	江苏国粮仓储工程有限公司
3	江苏金峰水泥集团有限公司	53	江苏华鹏智能仪表科技股份有限公司
4	江苏华鹏变压器有限公司	54	江苏金峰铜业有限公司
5	江苏申特钢铁有限公司	55	溧阳市四方不锈钢制品有限公司
6	江苏上上电缆集团有限公司	56	江苏弘溧新材料有限公司
7	江苏国信溧阳抽水蓄能发电有限公司	57	江苏弘博热电有限公司
8	溧阳市宏峰水泥有限公司	58	江苏嘉盛环境设备制造有限公司
9	江苏国强镀锌实业有限公司	59	江苏省奥谷生物科技有限公司
10	溧阳市新金峰水泥有限公司	60	溧阳市力士汽车配件制造有限公司
11	科华控股股份有限公司	61	常州乔尔塑料有限公司
12	江苏中关村嘉拓新能源设备有限公司	62	江苏新东周新材料有限公司
13	江苏安靠智能输电工程科技股份有限公司	63	嘉士伯天目湖啤酒（江苏）有限公司
14	溧阳市金山尾矿综合利用有限公司	64	溧阳市飞跃机电有限公司
15	江苏正昌集团有限公司	65	江苏三乔智能科技有限公司
16	溧阳紫宸新材料科技有限公司	66	江苏保龙设备制造有限公司
17	江苏卓高新材料科技有限公司	67	江苏维多股份有限公司
18	江苏科达利精密工业有限公司	68	溧阳月泉电能源有限公司
19	常州时创能源股份有限公司	69	立讯精密工业（江苏）有限公司
20	江苏和中普方新能源科技有限公司	70	江苏迪赛诺制药有限公司
21	江苏国强兴晟能源科技有限公司	71	江苏力乐汽车部件股份有限公司
22	江苏钢锐精密机械有限公司	72	江苏司能润滑科技有限公司
23	江苏金源高端装备股份有限公司	73	江苏翔能科技发展有限公司
24	布勒（常州）机械有限公司	74	溧阳市虹翔机械制造有限公司
25	上汽时代动力电池系统有限公司	75	溧阳兰天化工有限公司
26	江苏北星新材料科技有限公司	76	江苏冠宇机械设备制造有限公司
27	江苏国电新能源装备有限公司	77	江苏立达电梯有限公司
28	江苏瑞昕金属制品科技有限公司	78	申芝电梯有限公司
29	顺博合金江苏有限公司	79	冶建新材料股份有限公司
30	溧阳水务集团有限公司	80	上齿集团有限公司
31	溧阳中材重型机器有限公司	81	江苏鸿开有色金属有限公司
32	江苏扬子水泥有限公司	82	江苏宝鹏建筑工业化材料有限公司
33	溧阳安顺燃气有限公司	83	江苏南洋中京科技有限公司
34	江苏联赢激光有限公司	84	溧阳市万兴特种建材有限公司
35	江苏鹏程钢结构集团有限公司	85	溧阳市华力金属有限公司
36	溧阳市金峰新材料有限公司	86	溧阳市金昆锻压有限公司
37	江苏富春江环保热电有限公司	87	金纬机械溧阳有限公司
38	江苏铭丰电子材料科技有限公司	88	常州海大生物饲料有限公司
39	江苏翔鹰新能源科技有限公司	89	江苏共昌精密铝业有限公司
40	上汽大通房车科技有限公司	90	江苏兴锻智能装备科技有限公司
41	海程光电科技有限公司	91	江苏德盛食品有限公司
42	纽威精密锻造（溧阳）有限公司	92	江苏润鼎智能装备科技有限公司
43	溧阳天山水泥有限公司	93	溧阳金利宝胶粘制品有限公司
44	江苏中溧智能装备制造有限公司	94	常州市诚鑫环保科技有限公司
45	江苏开磷瑞阳化工股份有限公司	95	江苏国智建筑科技有限公司
46	江苏联盟化学有限公司	96	江苏天目建设集团钢机有限公司
47	江苏开利地毯股份有限公司	97	江苏粘博士新材料有限公司
48	江苏富民新材料有限公司	98	溧阳市金世纪混凝土有限公司
49	江苏超强工程材料有限公司	99	江苏竹箦阀业有限公司
50	溧阳索尔维稀土新材料有限公司	100	江苏华冶钙业有限公司

新能源电池与新材料制造等新兴产业

【概　况】 溧阳的新能源电池与新材料制造等新兴产业近年来发展速度惊人，已经拥有一批规模企业。

建设新材料基地是提升产业结构的重要途径之一。溧阳的新材料主要有锂电池、稀土、太阳能、氨基模塑料、有机硅、绿色建材和生物能源等，拥有以江苏时代新能源、时代上汽、上汽时代、紫宸新材料、江苏科达利为龙头的锂电池、索尔维稀土为龙头的稀土新材料、以乔尔塑料为主的聚酰亚胺膜材料产业。2021年，江苏时代新能源销售收入249亿元，时代上汽销售收入85.7亿元，紫宸新材料销售收入23亿元，索尔维稀土销售收入7.1亿元，乔尔塑料销售收入5.6亿元，国电新能源装备销售收入28亿元。

【江苏时代新能源科技有限公司】 是宁德时代新能源科技股份有限公司（以下简称“宁德时代”，股票代码300750）的全资子公司，注册资本10亿元，于2016年6月在江苏省中关村高新技术产业开发区注册成立，主要从事新能源汽车动力电池系统、储能系统的研发、生产和销售推广。2021年，完成销售收入249亿元，实缴税收超10亿元。

母公司宁德时代是全球领先的动力电池系统提供商，专注于新能源汽车动力电池系统、储能系统的研发、生产和销售，在电池材料、电池系统、电池回收等产业链关键领域拥有核心技术优势和可持续研发能力，2017—2020年连续四年动力电池销量排名全球第一。2016年宁德时代在江苏中关村投资建设锂离子电池长三角生产基地，2018年宁德时代决定在一、二期建成10百万千瓦小时产能的基础上，增加投资120亿元建设三期扩能项目，新建厂房23万平方米，新增设计产能40百万千瓦小时，于2019年下半年开始陆续投产。项目全部达产后，动力及储能锂离子电池年设计产能达50百万千瓦小时，实现年销售收入超300亿元。2021年江苏时代动力及储能锂电池研发与生产项目（四期）开工建设，总投资120亿元，用地1056亩，总建筑面积76.5万平方米，拟建设12条全球先进锂离子大电芯生产线及相应模组、电池包生产线，达产后可形成年产40百万千瓦小时动力及储能锂离子电池的生产能力，预计年销售额250亿元，税收15亿元。宁德时代在溧阳累计总投资超过300亿元，溧阳已成为宁德时代全球战略布局中的“桥头堡”，溧阳锂离子电池产业将成为全球最具影响力的储能产业生产科创基地。

（王奕荇）

【江苏华永烯科技有限公司】 创建于2020年10月，位于别桥镇华原路1号，是由华原控股投资集团有限公司、江苏永邦智能装备科技有限公司、中科院天目湖先进储能技术研究院共同注册成立的一家科技型企业，主要从事高品质石墨烯粉体、高性能石墨烯复合导电浆料生产、石墨烯应用研究及研究成果的转化和孵化。公司依托中科院物理所先进储能研究院，利用独有专利技术，投资30亿元建设年产1000吨高品质石墨烯粉体和3万吨高性能石墨烯复合导电浆料生产线，整个生产过程实现绿色环保零污染、生产成本低、产品质量高等目标。

（潘　超）

【江苏金久科技新材料有限公司】 是一家生产、研发和销售新型节能环保型建筑幕墙材料的高科技企业，占地500亩（一期260亩），注册资金6000万元，总投资3亿元。公司引进德国及意大利精密设备，持续革新制造工艺，各项技术指标达到国家及行业标准。2021年，实现销售收入1亿元。

公司将品牌理念融于陶板工艺，努力打造名优品质陶板产品，生产的节能环保幕墙陶板质地淳朴、色泽温润、隔音降噪、保温效果良好，广泛应用于写字楼、住宅等建筑。公司致力于海绵城市道路材料的研发与生产，研发出高强度的陶瓷透水砖，其采用陶瓷废料经高压并筛分选料，添加结合剂后，经成型、烘干、1200℃高温烧结而成，广泛应用于人行道、公园、广场、球场、植物园道路、轻量级道路、停车场、地下建筑工程以及新型体育运动场地。金久陶瓷透水砖具有良好的透水性，能够快速渗透，使城市道路摆脱传统材料的束缚，轻松应付60毫米／小时的降雨量；改善植被的生态环境，调节大气湿度、净化空气，消除雾霾，降低周围环境的温度，恢复地表水循环系统，有效缓解城市“热岛效应”；多样的色彩可丰富城市景观，增强城市生态功能，让城市更加宜居。

（潘　超）

【江苏蓝固新能源科技有限公司】 成立于2021年8月，为杭州蓝固新能源科技有限公司的全资子公司，注册资金2000万元，生产基地位于别桥镇，研发和办公中心位于溧阳高新区创智园。杭州蓝固新能源科技有限公司下辖江苏蓝固、湖州蓝固等子公司，统称蓝固新能源。

公司是面向下一代先进电池技术的高科技企业，主要生产液态电解质、混合固液电解质和固态电解质材料，主要客户为消费电子、电动汽车和规模储能领域的先进电池企业。公司的关键原材料能够自我配套，打造以液态电解质为基础，混合固液电解质为亮点，固态电解质为核心的先进电池电解质材料龙头企业。

（潘　超）

【溧阳市佳禾电子材料有限公司】 是集特种电磁线涂料、音圈涂膜胶水等研发、生产、销售和服务于一体的国家高新技术企业、常州市专精特新中小企业。2005年与日本NIKKEI电机株式会社合资成立佳山电子材料有限公司。公司主要生产各种耐温等级的电磁线专用醇溶自黏漆、环氧自粘漆以及音圈基材涂膜用胶水等系列品种，产品配方科学、性能优良，填补多项国内空白，性能指标达到国际先进水平，广泛应用于高品质绕组线及电声器材产品的制造。公司与国内外众多知名企业建立良好的协作关系。2021年，实现销售收入4700万元。

公司先后承担“国家火炬计划”“国家级科技型中小企业创新基金”“江苏省科技型中小企业创新资金”等多项科技项目；获得“常州市科技进步奖”“溧阳市科技拔尖人才奖”和“科技先进集体”等称号。公司拥有多项国家新技术发明专利和省级高新技术产品，成立“常州市特种功能高分子材料工程技术研究中心　”，是行业标准的署名起草单位之一；企业负责人被江苏省人才工作小组确定为“江苏省高层次创新创业人才培育计划”拔尖人才。

（蒋璐怿）

【时代上汽动力电池有限公司】 是由宁德时代新能源科技股份有限公司与上海汽车集团股份有限公司共同投资，于2017年6月8日注册成立，注册资本20亿元，建筑面积15万平方米，宁德时代占股51%，主要从事锂离子电池、锂聚合物电池、燃料电池、动力电池、超大容量储能电池开发、生产和销售服务。上汽集团与宁德时代在动力电池及电池系统技术方面强强合作，共同投资建设先进动力电池和电池系统产业化项目，项目按照国际一流、国内领先的标准，建设高度智能、绿色环保的先进动力电池和电池系统生产基地，推动中国汽车产业转型升级。项目总用地面积2007亩，总投资超200亿元。

公司一期占地643亩，主要产品为三元电池模组，建成后将具备年产18.6百万千瓦小时的生产能力。公司在园区设立动力电池研究院，已申请国内外发明专利100余项，其中国际专利37项，先后获得江苏省示范智能车间、常州市智能车间等称号。公司已建有8条动力电池及模组生产线，具备年产10百万千瓦小时的生产能力。2019年6月投产，当年实现营业收入22.6亿元。2021年，完成销售收入85.7亿元，实缴税收1.1亿元。

（王奕荇）

【溧阳紫宸新材料科技有限公司】 是上海璞泰来新能源科技股份有限公司的全资子公司，成立于2017年9月，位于溧阳高新区城北大道588号，用地面积330亩，注册资本2.7亿元。公司是全球人造石墨负极材料的引领者，与众多世界知名锂电客户建立密切的业务合作关系，经营范围包括纳米材料研发，锂离子电池负极材料、碳复合负极材料、硅负极、硅碳石墨体系等复合材料的研发、生产和销售，实业投资，自营和代理各类商品及技术的进出口业务。2021年，实现销售收入23亿元。

公司与中科院及国内多家著名科研院所紧密合作，具有强大的自主研发实力，管理高层均为负极材料相关产品应用开发领域杰出人才。公司已通过ISO 9001：2015质量管理体系、ISO 14001：2015环境管理体系，ISO 45001：2018职业健康安全管理体系和IATF　16949：2016汽车质量管理体系认证，拥有专利8个。负极材料项目首期投产后，将形成年产4万吨高性能锂离子电池负极材料的生产能力，实现销售收入30亿元。

（王奕荇）

【江苏中关村嘉拓新能源设备有限公司】 为上海璞泰来集团的全资子公司，成立于2017年7月，是一家集技术研究、开发、生产和销售为一体的新能源设备制造商和方案解决商，有员工1500余人，注册资本2亿元，位于江苏省溧阳高新区。公司下设深圳市新嘉拓自动化技术有限公司、宁德嘉拓智能设备有限公司、江西嘉拓智能设备有限公司、东莞市嘉拓自动化技术有限公司4家独立子公司和控股子公司东莞市超鸿自动化设备有限公司。

公司为常州市高新技术企业，已通过 ISO 9000 质量管理体系认证，获得常州市高新技术产品认定，拥有发明实用新型专利和软件注册权 200 多件，其中 2 项国际专利。公司建设有 20 多万平方米的生产制造基地，拥有一批高素质的管理队伍和高水平的技术开发人员，以专业的设计理念和技术创新引领国内新能源设备的技术发展，与大众、TDK 等国内外大客户建立密切的业务合作关系。2021 年，实现销售收入 138057 万元，上缴税收 451 万元，研发投入占销售收入比重达 9.9%。

（王奕荇）

【江苏科达利精密工业有限公司】 是深圳市科达利实业股份有限公司的控股子公司，注册资金 6 亿元，位于江苏省溧阳高新区。新能源锂电池精密结构件项目总投资 20 亿元，用地面积 320 亩，总建筑面积 18 万平方米，设备投资 9 亿元，项目达产后可新增年产汽车动力锂电池结构件方型 1.2 亿套、圆形 3 亿套及电池包结构件 10 万件的生产能力，年新增销售收入 25 亿元。产品主要致力于满足 CATL、中航锂电、松下、天津力神、LG、亿纬锂能等周边下游高端客户。2021 年，实现销售收入 13 亿元。

总公司深圳市科达利实业股份有限公司创立于 1996 年，2017 年 3 月在深交所中小板上市（股票代码：002850），为深圳 500 强企业。公司为全球新能源汽车动力电池精密结构件领域细分行业龙头企业，客户涵盖全球十大锂电池生产商中的八家，方形动力电池结构件国内市场占比 60% 左右，全球市场占比 40% 左右。

（王奕荇）

【常州时创能源股份有限公司】 坐落于江苏省溧阳高新区，占地 82.5 余亩，注册资本 5780.62 万元，由浙江大学硅材料国家重点实验室毕业的博士团队创立，有 505 名员工，其中 235 名研发人员，包括 6 名博士、40 名硕士。主导产品是自主研发的高尖端的晶硅太阳电池制绒辅助品、晶硅太阳能电池体缺陷钝化设备 Anti—LID、太阳能电池链式退火设备，属国内首创，国内客户市场覆盖率达 70% 以上，海外市场覆盖率达 50% 以上。2021 年，实现销售收入 119648 万元、税收 3169 万元，研发投入占销售收入比重达 16.81%。

2011 年，公司与浙江大学硅材料国家重点实验室合作成立“浙江大学——时创能源联合研发中心”。公司与浙江大学、厦门大学、电子科技大学、中国科学院半导体研究所、中国科学院宁波材料技术与工程研究所等高校和科研院所进行产学研合作，拥有授权发明专利 70 件，授权实用新型专利 40 件。获得科技部中小企业创新基金、江苏省科技型企业创新基金支持，主创产品单晶硅太阳电池制绒催化剂被列入 2013 年度国家火炬计划。公司先后获得国家高新技术企业、江苏省最具成长性高科技企业、瞪羚企业、江苏省工程技术研究中心、江苏省工程研究中心、江苏省企业技术中心、国家级博士后科研工作站、省级小巨人、国家专精特新小巨人等称号。

（王奕荇）

【上汽时代动力电池系统有限公司】 由上海汽车集团与宁德时代共同投资，于 2017 年 6 月 8 日注册成立，坐落于江苏省溧阳高新区城北大道 999 号，主要经营范围为动力电池模组和系统的开发、生产及销售；动力电池专业技术领域内的技术开发、技术转让、技术咨询及服务。2021 年，实现销售收入 11.8 亿元，上缴税收超 4000 万元，研发投入占销售收入比达 3.44%。

公司注册资金 3 亿元，其中上海汽车集团占 51%，宁德时代占 49%。一期建设用地 133 亩，规划总建筑面积 4 万平方米，一期建成后将具备年产 45 万辆新能源汽车用动力电池系统的配套能力，已实现配套 10 余种新能源车型，并为上汽集团提供近 10 万台高品质动力电池系统。公司开发生产的三代动力电池产品中，第一代产品采用标准 VDA 模组，实现产线兼容多种产品，通过电池包的紧凑设计、模组密集排布，工艺性较好，自动化程度较高。第二代产品通过轻量化、大模组结构，工艺性好，系统能量密度高，多种电量和车型共用动力电池底壳，接口标准化，实现产品平台化。第三代产品创新采用 cell to pack 的 CTP 技术，大幅减少零件数量，在平台化的基础上进一步降低成本、提升安全性和能量密度。

公司高度重视工程技术研发能力，研发人员占比超过 20%，并与江苏大学联合设立“产、学、研”基地。2019 年 11 月，公司通过 ISO 14001：2004 环境管理体系认证和 ISO 45001 职业健康安全管理体系认证，获得 IATF 16949 汽车行业质量管理体系证书。2019年11月，公司获评江苏省高新技术企业；2020年12月，获评江苏省五星级上云企业；2020年12月获评江苏省示范智能车间。

（王奕荇）

【江苏卓高新材料科技有限公司】 成立于2017年4月，注册资金1亿元，位于溧阳市昆仑街道码头西街617号，建筑面积6.8万平方米，是璞泰来集团投资项目“高安全性锂离子电池功能涂层隔膜生产基地及研发中心建设项目”的实施主体，为国家高新技术企业、省级民营科技企业和省级两化融合贯标试点企业。公司位于动力锂电池产业的中心地带，拥有强大的地域优势和成熟的产业链布局。致力于为国内高端锂离子电池安全提供解决方案，主要从事中、高端锂电池用涂覆隔膜（陶瓷涂覆隔膜、PVDF涂覆隔膜等）的研发、制造和销售，主要客户均为新能源业界领先企业。2021年，实现销售收入85455万元，研发投入占销售收入比重达6.13%。

公司购置先进的研发设备并建设高规格的研发实验室，拥有一支强大的科研团队，与高等院校、研究机构开展前沿项目合作，构筑高水平研发平台，开展顺应涂层隔膜发展趋势的研发项目。依托自主研发力量实现技术创新，从主导产品的核心技术到生产工艺的系列流程，创立自主知识产权体系，新型隔膜涂层技术处于国内领先水平。成功开发陶瓷涂层隔膜、PVDF涂层隔膜、陶瓷和PVDF混合涂层隔膜产品等新型涂覆隔膜，产品主要用于高端锂离子电池市场。通过IATF 16949质量管理体系认证，2020年通过两化融合管理体系、知识产权管理体系贯标认证。

（王奕荇）

【江苏翔鹰新能源科技有限公司】 成立于2016年6月，位于江苏省溧阳高新区，厂房面积18200平方米，注册资金1亿元，项目总投资5亿元，大股东为苏州江南嘉捷电梯有限公司。

公司与浙江大学、江苏大学、中科院物理所、常州工学院等高校院所签订合作协议，建立紧密的合作关系，已获得国家发明专利授权3个、实用专利授权10个。研发团队共有23人，其中博士2人，硕士4人，本科15人。2018年5月，成立子公司宿迁翔鹰新能源科技有限公司，注册资金1亿元，子公司主要开发和生产三元前驱体、高镍三元正极材料等产品。

公司与宁波容百新能源科技股份有限公司、湖南中伟新材料股份有限公司、四川雅化锂业科技有限公司等上游企业建立良好的合作关系，已成为星恒电源、蜂巢新能源、深圳市卓能新能源股份有限公司、苏州宇量新能源科技有限公司、江西迪比科股份有限公司、中国台湾轴能科技股份有限公司等锂离子电池厂家的成熟供应商，并取得鹏辉能源、欣旺达、BYD等公司的材料认证，即将进入对方的供应链名录。

公司已通过ISO 9000质量管理体系认证和行业内IATF 16949质量管理体系认证。2019年被评为江苏省高新技术企业。2019—2020年，7个主要产品获得常州市高新技术产品认证。2020年，实现销售收入4.9亿元，上缴税收32万元，研发投入占销售收入比重达3%。

（王奕荇）

【江苏联赢激光有限公司】 成立于2017年，坐落于江苏省溧阳高新区，是从事精密激光焊接设备及自动化解决方案的主要供应商，是上市公司深圳市联赢激光股份有限公司（股票代码：688518）的全资子公司，注册资本5000万元，总用地面积超百亩，其中建筑面积超6万平方米，有员工700余人，其中专业研发及技术人员占比超40%。公司是国家重点高新技术企业，着力于打造新能源汽车生产装备基地、省级激光焊接重点实验室和自动化技术人员实训中心，已成为激光焊接行业领军企业。

公司生产和销售国内外先进的新能源动力电池自动化焊接生产线、汽车零部件焊接生产线和非标定制自动化生产线，不仅可以为客户提供全功率全系列激光器、激光焊接机、工作台以及激光焊接自动化成套设备，还可以针对客户的各种不同需求，为客户提供定制化解决方案。产品广泛应用于动力电池、汽车及零部件、3C电子、光通信、锡焊塑料焊、医疗器械、五金及军工等领域，客户群体涵盖国轩高科、比亚迪、亿纬锂能、松下、三星等各大行业头部企业，并远销日本、越南、韩国、巴西、捷克、马来西亚等20多个国家及地区。2021年，实现销售收入4亿元。

深圳市联赢激光股份有限公司先后组建了“深圳高精密激光焊接技术工程实验室”“广东省精密激光焊接装备工程技术研究中心”等研发平台，获评“广东省科学技术二等奖”和“深圳市科技进步奖”。基于母公司在激光光学系统研发、激光器研发、激光焊接工艺研发、自动化研发、智能产线信息化管理等方面拥有的多项自主知识产权技术体系，组建高水平的研发团队和先进的研发平台，建设激光器研发中心及自动化及汽车装备研发中心，拥有激光焊接相关专利139项，其中发明专利19项，拥有131项软件著作权。

（王奕荇）

【江苏司能润滑科技有限公司】成立于2012年3月，2013年10月正式投产，是集工业、车用、特种润滑油研制、开发、生产于一体的综合性润滑油企业。公司拥有现代化生产厂房、自动化调和及罐装生产线、完整及先进的润滑油质量控制检测仪器，有员工100余人，其中研发人员比例在30%以上。公司为大型工程机械企业提供各种工程机械装机和售后服务用油；同时也为汽车、金属加工、冶金等行业提供系统润滑解决方案，展现润滑与机械的完美结合。主要产品包括内燃机油、齿轮油、液压油、液力传动油、润滑脂、防冻液、刹车液、金属加工液等19个系列500多种润滑油产品，广泛应用于汽车、机械、冶金、水泥、采矿、石油化工、电子等领域。2021年，实现销售收入44206万元，上缴税收3125万元，研发投入占销售收入比重达3.03%。

公司拥有通过严格专业台架实验和实践评定的高科技配方，严格按照国际先进的管理模式和组织企业的生产经营活动，已通过ISO 9001：2015质量管理体系认证、IATF 16949：2016质量管理体系认证和ISO 14001：2015环境管理体系认证。产品满足国际标准组织（ISO）、美国石油学会（API）等规格标准的要求，通过辛辛那提、丹尼逊、美国康明斯、沃尔沃、ZF及高新技术产品认证。技术中心实验室总面积1200平方米，可进行各种润滑油品的实验室研发、分析检测、模拟试验、台架评定等研究工作，2019年9月通过国家实验室认定。

公司先后获得“江苏省高新技术企业”“江苏省企业技术中心”“两化融合管理体系评定”“常州市企业技术中心”“常州市润滑油工程技术研究中心”“国家级高新技术企业认证”等称号，拥有有效发明专利45件，其中发明专利3件，实用新型42件。

（王奕荇）

【立讯精密工业（江苏）有限公司】为立讯精密集团新设立的华东区汽车事业总部，于2021年1月开始生产运营，致力于汽车电子电气架构和线束的生产与配套服务，努力打造世界一流汽车零部件企业。公司位于江苏省溧阳高新区，总投资10亿元，占地面积140亩，员工总人数3000余人，达产后预计年产值20亿余元。2021年，实现销售收入3.2亿元。

总公司深圳立讯精密工业股份有限公司成立于2004年，总部位于东莞，主要从事各种连接器、连接线、声学产品及电子消费品系统组装的研发、生产和销售，产品主要应用于3C、汽车、医疗和航空等领域，是行业龙头企业和国家高新技术企业，2010年9月15日于深圳A股挂牌上市（股票代码：002475），截至2021年年底，市值超3400亿元。立讯精密集团是IT业一流的电子公司，已在广东、安徽、江苏、四川、江西等多地建立企业群组。

（王奕荇）

【江苏北星新材料科技有限公司】是一家集研发、生产、销售、技术服务于一体的高新科技企业，专业为国际国内大功率储能和电动汽车用锂电池生产制造企业提供隔膜材料，成立于2016年10月17日，注册资本金6亿元，占地216亩，总建设面积95970平方米，由青海北捷新材料科技有限公司和江苏中关村科技产业园产业投资有限公司共同投资筹建，其中青海北捷新材料科技有限公司出资4.5亿元，江苏中关村科技产业园产业投资有限公司出资1.5亿元，分别占股75%和25%。

公司主要生产高性能锂离子电池隔膜，依托日本先进的生产设备，产品满足市场需求的各项参数指标，与宁德时代、时代上汽等龙头企业签订多项框架协议且持续稳定供货。公司已通过IATF 16949管理体系认证，ISO 14000 环境体系认证和ISO 45001职业健康安全管理体系认证已通过审核，申请专利技术17项，其中5项已授权。2021年，实现销售收入23995万元，入库税收273万元，研发费用占销售收入比重达5.9%。

（王奕荇）

【江苏百思福科技股份有限公司】成立于2004年7月23日，2017年6月股份制改造，是集科研、开发、生产、加工、服务于一体的现代化高科技企业，主要生产智能家居用品，主打智能真空保鲜盒、智能真空米桶、智能真空茶叶罐、智能真空储物罐及各系列的玻璃、塑料保鲜盒。2021年，实现销售收入2.3亿元。

公司拥有国内外先进数控设备2台、多种型号注塑机50台，通过加装机械手等技术改造、优化措施，基本实现自动化生产。公司与法国弓箭、安徽德力股份、济南力诺股份、德国双立人等国内外知名品牌建立长期合作关系，并被国际第一玻璃器皿生产商法国弓箭评为全球采购商。2017年11月，公司在“新三板”成功挂牌上市，股票代码872305。

公司已通过ISO 9001质量管理体系、ISO 14001环境管理体系、ISO 22000食品安全管理体系及OHSAS 18001职业健康安全管理体系认证，拥有实用型专利100余项，发明专利2项，并参与制定注塑行业标准。公司是中国塑协理事单位，连续多年获评“溧阳市工业三星级企业”，被全国塑料行业协会评为“全国AAA级诚信单位”，被中国名牌事业促进会评为“全国质量信得过企业”。“百思福”牌保鲜盒盖品牌被评为常州市名牌产品。2021年，实现销售收入23158万元、利税2500万元、出口总额3300万美元。

（薛志远）

【溧阳索尔维稀土新材料有限公司】 是比利时索尔维（SOLVAY）集团在全球投资规模较大的稀土电子与催化剂新材料生产企业，成立于2000年8月，主要从事稀土相关产品（含稀土新材料）的开发、应用，生产与销售。公司积极发展下游、功能性材料产品，依托索尔维集团的技术研发优势，成功实现从冶炼分离为主向稀土应用新材料开发的转型升级。用于汽车尾气净化处理的稀土催化材料、用于电子领域的稀土精密电子电容陶瓷材料等稀土应用产品得到德国巴斯夫、英国庄信万丰、比利时优美科等国际知名跨国公司和无锡威孚等国内高端客户的青睐。2021年，实现销售收入7.1亿元。

公司已通过ISO 9001质量管理体系认证、ISO 14001环境管理体系认证、ISO 50001能源管理体系认证、ISO 45001职业健康安全管理体系认证、中国合格评定国家认可委员会实验室认证（CNAS）。企业的HSE管理水平、分析检测能力、产品质量档次、信息技术应用、技术创新能力、社会经济效益在国内稀土行业中处于领先地位。

公司始终兼顾客户、环境、社区、员工、供应商、股东的和谐统一，追求公司经济效益和社会效益的双丰收，先后获得“海关高级认证企业”“江苏省劳动保障诚信示范企业”“常州市安全生产先进企业”“常州市五星、四星明星企业”“常州市环保信用评价绿色企业”“溧阳市工业四星企业”“溧阳市五星级外贸企业”“溧阳市资源利用集约综合评价优胜企业”和溧城街道“纳税销售之星”“财力贡献之星”“进出口贸易之星”等称号。

（薛志远）

【常州乔尔塑料有限公司】 成立于2005年，位于南渡镇旧县工业园区，占地面积8.6万平方米，建筑面积6万平方米，总资产6亿元，有员工500余人，其中科技研发人员120名。公司拥有发明专利等自主知识产权30余件，年生产氨基模塑颗粒料4.5万吨、甲醛15万吨。2021年，实现销售收入5.6亿元。

公司于2008年起与北京航空航天大学、中石化北京化工研究院、四川大学、南京航空航天大学等科研院校合作。2009年9月，承担江苏省科技计划支撑项目“低成本高性能氨基模塑复合材料及其新工艺技术”。2010年9月，被江苏省科学技术厅认定为高新技术企业。2011年5月，成立江苏省热固性新材料工程技术研究中心、江苏省工程中心、江苏省企业技术中心。2013年9月，获批江苏省科技成果转化专项资金项目“环保型高性能氨基模塑颗粒料关键技术研发与产业化”，项目竣工验收后被常州市评为产学研合作成果奖。2015年5月，获批科学技术部（产业化示范）火炬计划项目。2015年12月，获江苏名牌产品证书。2016年成立江苏省博士后创新实践基地。2015年3月和2017年11月，分别成功申报并获批江苏省“双创计划”——双创团队和双创博士（企业博士后类）2个项目。

（洪　瑾）

【圣地亚科技（江苏）有限公司】 成立于2017年10月，坐落于南渡镇旧县，是由溧阳市大兴化工有限公司、溧阳市新建化工有限公司、溧阳市庆丰福利化工有限公司、溧阳市华强化工有限公司、溧阳市瑞达塑料助剂厂五家公司共同发起成立的股份制有限公司。项目总投资10.39亿元，注册资本3080万元，占地面积37296平方米，建筑面积18178平方米，有员工110名，年产

12万吨环保型塑料稳定剂。公司已通过GB/T 19001—2016和ISO 9001:2015质量管理体系认证、GB/T 24001—2016和ISO 14001:2015环境管理体系认证、GB/T 45001—2020和ISO 45001:2018Z职业健康安全管理体系认证，获得国家专利8个。产品畅销全国各省市，并出口多个国家与地区。2021年，实现销售收入3.2亿元。

（洪 瑾）

【江苏金隆新材料有限公司】 位于南渡镇新材料工业集中区68号，创建于2012年6月，占地面积90亩，注册资金1亿元，总资产1.4亿元，有员工90名，主要从事不饱和聚酯树脂及醋酸纤维增塑剂的研发、生产和销售。公司具有年生产10万吨不饱和聚酯树脂及4万吨醋酸纤维增塑剂的能力，已通过ISO 9001质量体系认证和ISO 14000环境体系认证，产品广泛应用于建筑、工矿、木材、塑胶、纸张、皮革等领域。2021年，实现销售收入3亿元。

（洪 瑾）

【溧阳市乔森塑料有限公司】 成立于2009年，坐落于南渡镇旧县工业集中区，占地面积6.9万平方米，注册资本2000万元，总资产1.6亿元,固定资产6192万元，有员工200人，其中研发技术人员35名，主要从事高档氨基模塑料颗粒及制品的生产和销售，具有年生产3万吨高档氨基模塑料颗粒的能力。2021年，实现销售收入1.6亿元。

公司已通过ISO 9001质量体系认证、ISO 14001环境管理体系认证、美国UL认证、REACH环境指标检测、西门子公司专业审核，达到德国DIN7708第三部分标准和国标GB / T 3403.2—2013标准。公司拥有专利28项，其中发明专利5项、实用新型专利23项，产品填补国产高端氨基模塑料颗粒的空白。公司先后获得“高新技术企业”“江苏省民营科技企业”“AAA企业信用等级证书”“江苏省科技型中小企业”“江苏省高新技术产品认证证书”“科技成果鉴定证书”“银行信得过企业”“常州知名商标”“常州名牌产品”等称号。

（洪 瑾）

【江苏鼎力新材料有限公司】 成立于2013年,注册资本1000万元，总资产7600万元，有员工73名，是专业生产水性丙烯酸树脂、水性聚氨酯树脂及无溶剂聚氨酯黏合剂的民营企业，年产能达1.2万吨，产品主要应用于纺织、建筑、汽车及软包装领域。公司具有坚实的水性及无溶剂产业基础，已通过ISO 9001质量体系认证，获得国家专利20多项。2021年，实现销售收入1.3亿元。

（洪 瑾）

【常州市华菱新材料有限公司】 位于南渡镇旧县，占地面积3万平方米，建筑面积1.5万平方米，专注于汽车涂料20多年，已形成丙烯酸涂料、环氧重防腐涂料、电泳涂料、水性涂料、醇酸工业涂料、有机硅工业涂料六大类产品，年产能达3万吨。公司与中集通华、瑞江罐车、中国中车、中国重汽和大亚集团等大型知名企业建立长期业务合作关系。2021年，实现销售收入1.3亿元。

公司已通过IATF 16949质量体系认证、ISO 14001环境管理体系认证、ISO 45001职业健康安全管理体系认证，拥有21项实用新型专利、2项发明专利。公司顺应国家环保政策的发展，大力研究推广高固含涂料、水性化工业涂料、特种功能性涂料等环保型资源节约型涂料品种。2020年对生产、储存设施进行全面DCS、SIS自动化改造，生产自动化水平处于行业领先地位。

（洪 瑾）

【江苏庆福新材料科技有限公司】 成立于1986年，位于南渡镇西圩村中北埂56号，注册资金1000万元，占地面积18亩，建筑面积9亩，有职工90余人，是集塑料助剂的研发、生产、销售和服务于一体的高新技术企业，年产量达3万吨。公司主要从事生态环境材料、新型防火材料的研发销售；塑料制品的制造销售；硬脂酸锌、硬脂酸钙、PVC复合稳定剂、钙锌稳定剂、PVC润滑剂销售等，产品畅销浙江、安徽、广东、江苏等全国各省市。公司拥有专业的技术研发团队，配置先进的检测仪器和实验设备，通过自主研发、合作研发、产学研合作等方式，研发出一批技术先进、市场前景好的环保型热稳定剂产品。公司已通过ISO 9001—2015质量管理体系认证，产品经SGS认证符合欧盟RoHS/REACH—SvHC、EN71—3等标准，质量居国内同行业领先水平。2021年，实现销售收入1.2亿元。

（洪 瑾）

【江苏京晶光电科技有限公司】 成立于2019年，位于上黄科技创业园飞跃路8号，盘活江苏晶瑞半导体有限公司存量土地50亩，新建厂房及办公用房1.2万平方米，主要从事蓝宝石高亮度(LED)衬底材料的研发和生产，拥有＝超声波清洗机、参数检测、光谱仪等各类设备244台套。项目分两期实施，总投资6亿元（设备投资2亿元），一期投资3亿元（设备投资1.5亿元）。项目达产后将形成年产蓝宝石衬体材料500万片的生产能力。2021年，实现销售收入1亿元。

（狄　霞）

【江苏国电新能源装备有限公司】 成立于2015年10月，注册资金6800万元，有员工700余人，位于上兴镇曹山路。公司主要从事光伏支架的生产和销售；输电线路铁塔、广播通信铁塔、导航塔、输变电钢管结构、铁附件、公用天线及钢结构设计和制造；热浸镀锌；焊管、金属制品、浸塑制品制造和销售；交通安全工程设施的制造、销售和施工；绿化工程、环保工程、钢结构工程的设计和施工；声屏障产品、钢结构桥梁的设计、制造和销售；有色金属的销售等。综合年生产能力达200万吨，其中，吊镀产能35万吨（具备国内最大容量锌锅），太阳能光伏支架30万吨，声屏障100万平方米。2021年，实现销售收入28亿元。

公司拥有5万平方米堆放料场，场内有用于塔件吊装的龙门吊10台（10吨）、塔吊4台（6～13吨），专业塔件精整人员达50人；配有专业的太阳能光伏支架和声屏障设计、施工队伍。

公司与常州大学联合开展镀锌工艺研究，与合肥工业大学开展冷弯与焊管工艺研究，与武钢研究所联合开展材料结构研究，与南京大学开展纳米技术研究，与大连理工学院联合开发吸音降噪声、风屏障和防尘网项目，与多家电力设计院结合国内外先进技术开发太阳能支架、西格玛立柱产品。

（王倩倩）

【兴跃洋新材料科技（江苏）有限公司】 成立于2018年3月，位于江苏省溧阳经济开发区，占地面积6.7万平方米。公司专业生产各种医用不锈钢棒线材及各种不锈钢异型材，引进国际先进的不锈钢生产线及检测设备，拥有经验丰富的工程技术人员和技术娴熟的职工队伍。产品广泛应用于医疗、航空、航天、核电、新能源、发动机零部件、轨道交通、海洋工程以及近海建筑、船舶、IT、通信电子、食品、化工、陶瓷磨具、精密仪器、精密轴等领域，年生产能力达5万吨。2021年，实现销售收入1.8亿元。

（王倩倩）

【江苏铭丰电子材料科技有限公司】 成立于2013年6月，注册资本3626万元，总资产4.7亿元，其中固定资产投资3亿元，是国内为数不多的能够同时生产线路板铜箔和锂电铜箔的国家级高新技术企业。2021年，实现销售收入11.5亿元。

公司拥有江苏省研究生工作站、江苏省电子基材工程技术研究中心、江苏省企业技术中心、江苏省工业设计中心等研发平台，拥有相关专利33项，其中授权发明专利6项，6项发明／实用新型专利正在审查中，并计划每年增加2个发明专利、3个实用新型专利。公司已通过职业健康安全管理体系认证、质量管理体系认证、环境管理体系认证和IATF 16949管理体系认证。公司被大华国信评估有限公司江苏分公司资信评级为AAA级，被省质监局评定为工业企业质量信用企业A级，获评常州市重信用守合同企业。2020年，公司获得中国表面工程协会科学技术奖一等奖、国家“专精特新”小巨人称号，入选溧阳市精准扶持项目，被常州市地方金融监督管理局列为常州市上市后备企业之一。

（毕　俊　龚　鑫）

输变电设备制造业

【概　况】 2021年，溧阳市输变电产业在全市工业经济中继续保持着领先地位。输变电行业主要靠龙头规模企业带动发展，上上电缆集团的特种电缆和华朋集团的特种变压器等产品在国内外具有很大的知名度和很高的市场占有率，两大集团销售总额均在溧阳市位列前十。安靠智能为溧阳市首家A股上市公司，股票代码300617。

【江苏上上电缆集团有限公司】 创建于1967年，注册资本5亿元，占地面积76万平方米，建筑面积56万平方米，拥有国家认定企业技术中心和博士后科研工作站。获得首届“中国线缆行业最具竞争力企业”第一名，全球绝缘线缆企业规模排名中国第一，全球第七。2018年12月获评中国工业界“奥斯卡”——“中国工业大奖”，并于2016年2月和2018年11月获得第二届、第三届“中国质量奖提名奖”。2020年11月，被评为“中国制造业企业500强”。2020年12月，自主研发的核电站用电缆入选“制造业单项冠军产品榜单”。

公司专注于电线电缆产品的研发、制造和服务，涉及新能源、输配电、海工及船舶、建筑工程、矿用、工业制造、轨道交通、汽车、机场等领域。产品为天安门城楼及广场改造、北京奥运、北京大兴国际机场、港珠澳大桥、京沪高铁、核电工程、苏通GIL（气体绝缘金属封闭输电线路）综合管廊工程等国家重点项目所选用，并出口全球80多个国家和地区。2021年，实现销售收入315亿元，实现入库税金6.4亿元，研发投入占销售收入比重达3%。

企业具备从220伏直至50万伏全系列电力电缆及各类特种电缆的生产能力，年生产能力超300亿元。拥有自主知识产权和国家级新产品等288件，其中发明专利29件，自主研发的核电站用电缆入选“全国制造业单项冠军产品榜单”，其中三代核电壳内电缆填补世界核级电缆领域空白，华龙一号壳内电缆达到国际领先技术水平。新能源汽车用电缆、港口机械用卷筒电缆、柔性防火电缆、风能用耐扭电缆、光伏电缆、轨道交通用机车电缆等一大批新型特种电缆引领中国电缆技术的前沿。

（王奕荇）

【江苏华鹏变压器有限公司】 是江苏华朋集团的核心企业，始建于1967年，占地29.84万平方米，注册资本3亿元，资产总额77亿元，年生产能力12万兆瓦。公司为国家重点高新技术企业、中国机械工业企业核心竞争力100强企业、全国机械工业质量效益型企业。产品为10～750千伏电力变压器，容量最大达2400兆瓦，品种达千种以上，广泛用于国内各大火电、水电、核电、光伏、风电、特高压、海上平台、轨道交通、数据中心、航空航天、石油化工、冶金建筑、高层建筑等领域，远销北美、南美、欧洲、东南亚、中东、非洲等60多个国家和地区。获评“2020年度中国机械工业百强”“国家认定高新技术企业”“2020年中国工业创新标杆企业”“企业资信等级AAA级”“国家鉴定新产品新技术（5项）”“国家认定CNAS认证”“首批江苏省先进制造业和现代服务业深度融合试点单位（龙头骨干企业）”“江苏省两化融合管理体系贯标试点企业”等称号，产品被认定为首届“江苏精品”，获评单项冠军产品（110千伏电压等级变压器）称号，被纳入国家能效之星和节能技术装备推荐目录。2021年，主营业务收入达50.6亿元，实现纳税3.5亿元，研发投入占比3.86%。

公司自主研发的500千伏级超高压电力变压器性能达国际先进水平，在北美市场份额占比位列国内同行业第一位；世界首台4万千瓦110千伏干式变压器一次性研发成功，通过国家级鉴定，2020年3月24日于中国联通浦江云数据中心一次性送电成功，填补该领域国际空白；自主研发的48脉波丁式整流变压器技术为国际首创；国内500米以上高楼以及银行数据中心几乎全部使用华鹏干式变压器；自主研发的海上风电机舱变压器和塔筒变压器均通过国家级鉴定，其中8200千兆 35千伏海上风电机舱变压器为国内首台通过内燃弧试验的变压器。2020年9月，研制成功世界首台63000千兆 110千伏干式变压器（世界上容量最大的干式变压器）以及11000千兆 66千伏海上风力发电用机舱安装变压器（国内通过内燃弧试验容量最大、电压等级最高的机舱安装变压器）。

（王奕荇）

【江苏安靠智能输电工程科技股份有限公司】 成立于2006年，注册资本1.68亿元，为智能电网产业领军型企业，2017年在创业板上市，是全球唯一同时掌握两种地下输电技术（超高压电缆输电、气体绝缘输电）的高新技术企业。公司主要致力于高压及超高压电缆连接件、气体绝缘输电、智慧模块化变电站及相关产品的研发和生产，并以上述产品为基础，构建服务未来能源体系的先锋输变电系统，为客户提供智慧输变电系统整体解决方案。2021年，实现销售收入5.43亿元。

公司拥有国家战略性新兴产业研发平台——超特高压地下输电研究中心、省级工程中心、工程技术中心和工业设计中心、博士后科研工作站。先后承担国家级火炬计划6项、省级火炬计划2项、科技型中小企业技术创新基金项目1项、江苏省重大科技成果转化项目1项、江苏省重点科技攻关项目1项和江苏省重点研发计划项目1项。公司获得“国家专精特新科技小巨人”“江苏省百强创新型企业”“江苏省民营科技企业”“江苏省创新型试点企业”“江苏省管理创新优秀企业”“江苏省创新型企业100强”

等称号。共有39项产品被评为省级和国家重点新产品，取得71项专利，其中发明专利18项。公司在产品及系统工程方面创造了多项国内和国际的行业第一，为国家电力建设节约数十亿元，保障国家电力能源运行安全。5个系列12项产品填补国内空白，其中6项技术和产品属于世界首创。在输电工程方面创造10项国内第一，其中9项世界第一。

公司用现有的设备技术保障了国家500千伏能源大动脉的安全，带动中国超高压电缆产品的发展，高压电缆附件的研发成功推动中国电能工业由大到强的转变，实现高压到超高压的跨越。2018年，作为全球地下绿色智能输电系统的领跑者，代表着中国输电技术的最高水平，安靠智电走到《大国重器》第二季的聚光灯下。在电缆输电总承包工程方面，创造3项国际第一：世界最大800兆瓦水电机组500千伏电缆线路（三峡向家坝）、世界最长单根500千伏电缆线路（仙游抽水蓄能电站）、全球最大落差462米竖井超高压电缆线路（厄瓜多尔美纳斯水电站）；创造了2项国内第一：国产第一条500千伏电缆线路（山西同华电厂）、国产第一条330千伏电缆线路（甘肃酒钢）。

GIL（气体绝缘输电）技术广泛运用于城市高压架空线迁改与入地项目中，不仅具有大容量、长距离传输的优势，更能盘活核心城区大量宝贵土地资源，每公里能盘活150～200亩土地。公司研发出的1100千伏GIL产品获得全球第一个型式试验报告，弥补了电缆不能大容量输电的缺陷，GIL的搅拌摩擦焊技术，填补了国际空白，达到全球领先水平；研制的252千伏、550千伏单相GIL产品达到国际先进水平，252千伏三相共箱GIL产品为世界首创，国际领先。先后完成世界首条火电行业220千伏三相共箱GIL EPC总包工程（华能济宁电厂）、世界首条220千伏三相共箱GIL EPC总包工程（江苏中关村）、全球最长220千伏三相共箱GIL输电线路工程（鲁西化工），率先实现国内电网首条220千伏（无锡荣巷）、首条500千伏（常州武进）气体绝缘输电线路示范工程的投运。

（陈　诺）

【江苏海强电缆有限公司】 是生产电线电缆的专业厂家，成立于1997年，位于天目湖集镇，注册资金2800万元，拥有固定资产8000多万元，占地面积8000多平方米，建筑面积5000多平方米，有职工80余人，其中技术人员25名。公司拥有电线电缆专业生产设备80余台（套），主要生产450/750伏及以下聚氯乙烯绝缘电线和电缆、聚氯乙烯绝缘和交联聚乙烯绝缘控制电缆、0.6/1千伏及以下聚氯乙烯绝缘和交联聚乙烯绝缘电力电缆、低烟无卤及阻燃耐火系列电线电缆、分支电缆、屏蔽电缆等产品，年生产能力达10万千米。2021年，实现销售收入2300万元。

（谢新冉）

工程机械制造业

【概　况】 溧阳的工程机械制造主导产品有汽车部件、风电设备、电梯设备以及农牧机械设备，该产业的龙头企业规模较大、数量较多。布勒（常州）机械有限公司建成亚太地区最大最高端谷物食品加工基地，2021年实现销售收入19.1亿元。正昌集团是中国行业内第一家“中国驰名商标”企业，2021年实现销售收入17.8亿元。金源高端装备2021年实现销售11.6亿元。钢锐精密2021年实现销售10.1亿元。科华控股为溧阳市第3家上市企业，股票代码603161，2021年实现销售收入19亿元。

【布勒（常州）机械有限公司】 是瑞士布勒集团设立在中国的全球最大的生产加工基地和研发中心，创建于2006年，占地面积300亩，建筑面积16.5万平方米，有员工1000余名，其中大专以上学历的员工600多名，硕士40多名；共有200多名销售、服务和技术人员（包含20余名外籍员工）。作为布勒全球动物营养业务单元总部，承接着布勒集团在全球范围内动物营养业务领域（畜禽饲料、水产饲料、预混料、宠物食品、谷物输送）的研发、生产以及销售、安装、售后、培训咨询等业务。每年向全球输出3万多台（套）优质设备，用于饲料加工、面粉加工、大米加工以及谷物处理等行业，成为饲料及食品加工技术和整体解决方案的市场领导者。

公司专注于生产包含畜禽、水产、宠物食品在内的饲料加工机械设备和饲料成套工程，并为客户提供专业的技术咨询、服务和培训。2021年，实现销售收入20亿元，纳税3900万元。

公司已成长为集产品研发与制造。工程设计与安装为一体的著名企业，在饲料机械行业中名列前茅，产品销售到欧洲、东南亚、南亚、东亚、南美、中东、远东等100多个国家和地区，饲料机械出口占据中国饲料机械出口总量的20%。公司饲料成套设备用户包括通威集团、新希望集团、海大集团、泰高集团、正大集团、中粮集团、嘉吉集团、Bunge集团、帝斯曼集团、九鼎集团、温氏集团、康地集团、唐人神集团、正邦集团、天邦集团、光明集团、淮安天参等国内国际知名集团约600家客户。

（陈　诺）

【江苏水蛙环境科技有限公司】 于2019年9月10日注册成立，注册资本1000万元，是一家专业从事水面清洁船、特种船舶、铝合金船研发和制造的高新技术企业。江苏水蛙环境科技有限公司全自动环卫设备制造项目是苏州飞驰环保科技股份公司投资的全国最大的全自动水面清洁船制造项目。公司取得拥有行业内80%以上的专利，占有70%以上的市场份额，是全国单打冠军、“新三板”挂牌企业，并与国家海洋局南海研究院签订战略合作协议，实现“通江达海”。

（潘　超）

【赫菲斯热处理系统江苏有限公司】 位于埭头工业集中区东培路66号，成立于2010年10月，是一家专业研发热处理工艺和热处理装备的高新技术企业，主要产品为各类自动化可控气氛热处理生产线、真空热处理生产线。2012年，与世界著名的法国ECM公司联合成立中法合资企业，共同开发和制造高端热处理装备。公司能够解决热处理设备及工艺在节能、环保、安全等方面的技术难题，建有省级研究生工作站，先后获得国家热处理行业协会理事单位、省高新技术企业、省民营科技企业等称号。2021年，实现销售收入1.1亿元。

（蒋璐怿）

【江苏迈雷特智控技术有限公司】 是为迈雷特智能装备有限公司投资的长三角总部基地，是常州溧阳重点招商引资项目，于2020年12月落户埭头镇。项目规划一期用地50亩，厂区主体已基本建成，预计2022年8月投产。达产后年产智能装备2000台、控制系统1万套、伺服驱动3万套、伺服电机3万套、机器人及智能柔性制造中心200套（含电控系统）、高端齿轮检测仪器100套。项目投产后预计年产值达10亿元。

迈雷特智能装备有限公司是一家以高端控制系统、伺服驱动、直驱电机和智能成套装备为主营业务的技术企业，在航空航天，清洁能源，汽车、摩托车配件，饲料及生物质模具制造等国家重点领域实现首台套应用，形成一定规模的进口替代，是国内少有的能够自主开发高端数控系统（“机床大脑”）与智能装备，软硬一体解决“卡脖子”问题的企业。

（蒋璐怿）

【溧阳市江南烘缸制造有限公司】 位于戴埠镇镇南工业集中区，注册资金1600万元，是一家专业从事钢制烘缸设计、研发、生产的国家高新技术企业，拥有各类实用新型专利30余项。公司占地总面积6.2万平方米，拥有标准化现代厂房和办公楼5.4万平方米，有员工120余名，其中研发人员18名。主要产品为高效钢板烘缸、钢制扬克烘缸等，专业配套造纸、印染、烟草等相关行业，主要客户有维美德、福伊特、维达、玖龙纸业等国际国内造纸机械行业企业。2021年，实现应税销售1.7亿元。

公司成功研发制造的钢制扬克烘缸，具有自主专利技术，达到国内领先、国际先进水平，填补了钢制扬克缸国产化空白，2016年获中国轻工业联合会科学技术进步奖三等奖。公司为国家第二批国家“专精特新”科技小巨人企业、江苏省民营科技型企业、中国造纸协会生活用纸委员会会员企业和2021年江苏省“专精特新”产品复审通过企业，拥有江苏省企业技术中心、江苏省工程技术研究中心、江苏省工业设计中心、江苏省研究生工作站。公司投资3亿元新建高效钢制烘缸制造项目，计划于2023年投产，达产后，将新增1亿元销售收入、新增1000万元税收收入。

（袁子杰）

【科华控股股份有限公司】 创建于2002年，注册资金13340万元，员工2700余人，为全球知名的汽车涡轮增压器零部件细分行业头部企业，拥有溧阳市联华机械制造有限公司和德国LYKH GmbH 2家全资控股子公司。2018年1月5日，公司在上海证券交易所主板上市，股票代码603161。

公司专业生产汽车涡轮增压器零部件、工程机械配件、液压泵阀以及新能源汽车零部件，已与盖瑞特、博格华纳、三菱重工、石川岛等位居世界500强客户建立战略合作关系，产品大量出口国际市场，并被广泛应用于几乎所有国内外知名汽车品牌。营业收入年复合增长率超过20%，国内市场占有率达30%，全球市场占有率达12%，排名国内第一、国际前三。2021年，实现销售收入19亿元。

公司建有江苏省博士后创新实践基地、江苏省（科华）涡轮增压器部件工程技术研究中心、江苏省企业技术中心、江苏省工业设计中心、常州市工程研究中心等科研平台，有各类技术人员296名，其中博士1名，硕士4名。公司与多所高校、科研单位建立产学研合作基地，利用校企双方优势，有效提升技术研发的水平和绩效，累计获得专利授权101项，其中发明专利27项。

公司先后获得国家高新技术企业、国家绿色工厂、中国铸造行业综合百强企业、中国铸造行业汽车铸件分行业排头兵企业、中国绿色铸造示范企业、中国优秀民营科技企业；江苏省示范智能车间、江苏省放心消费创建示范单位、江苏省两化融合贯标重点培育企业、江苏省产教融合试点企业、江苏省重点培育的知名品牌；常州市服务型制造企业、常州市守合同重信用企业等称号。2018年获评溧阳市市长质量奖，2019年获评常州市质量管理先进单位，2020年获评常州市市长质量奖。

（王奕荇）

【江苏正昌集团有限公司】 是一家集饲料机械与工程、粮食加工装备与仓储、农牧饲料与油脂、房地产为一体的大型产业化集团。创建于1918年，占地400余亩，有员工1500余人，下属20个分支企业和海内外30多家服务机构。公司是中国行业内第一家ISO 9000认证企业，连续12年被评为国家级“守合同重信用企业”，先后获得“亚洲名优品牌”“中国国家重点高新技术企业”“中国行业标志性企业”“全国模范劳动关系和谐企业”等称号。产品通过欧盟CE认证、俄白哈海关联盟CU—TR认证。2021年，实现销售收入17.8亿元。

正昌系列饲料机械和成套工程覆盖全国各省、自治区、直辖市，业务遍及东南亚、中东、非洲、欧洲、大洋洲、南美洲等80多个国家和地区。为全国1万多家饲料企业中65%的企业提供9800多台（套）制粒机装备，在国内外完成近3600座整厂工程，项目涉及饲料机械成套设备、牛羊饲料成套设备、水产饲料工程、宠物工程项目、国粮仓储等领域。

正昌集团是粮食行业的大型粮食烘储保粮装备一体化的提供（解决）商，旨在提高粮食的储藏周期、确保粮食的纯天然无污染以及储粮设备、工程的安全性等。粮食加工装备与仓储技术是国家粮食局科研院“十一五”新技术，获得国家科技进步奖一等奖。累计为粮食、港口、油脂、面粉、饲料、酿造、建材、化工、环保等行业的国内外1800多家用户设计交钥匙仓储成套工程3600多套。

正昌集团设有农牧饲料、预混料（包括畜禽、水产系列预混料、猪料、鸡料、鸭料、鱼料等）培训中心，一方面为饲料企业提供现场实际操作技术培训，为饲料企业提供便利，创造价值；另一方面为饲料机械设备研发人员提供现场理论联系实际的机会。

（王奕荇）

【江苏金源高端装备股份有限公司】 始建于1997年5月，注册资本9000万元，厂区面积23万平方米，建筑面积16万平方米，是一家民营科技型高新技术企业。公司长期专注于高速重载齿轮锻件的研发、生产和销售，产品主要涵盖电力、海洋工程、轨道交通、矿山机械等领域，为发电设备、工业设备和运输设备等重大装备制造业配套。2021年，实现销售收入11.6亿元，上缴税收5865万元，研发投入占销售收入比重达3.46%。

公司建有江苏省企业技术中心，江苏省3兆瓦及以上级风电精密齿坯工程中心、江苏省大型锻件成形与控制工程技术研究中心以及一个可完成金相、力学、探伤、化学分析的国家实验室。先后与南京理工大学、东南大学、江苏大学等国内知名院校进行产学研合作，累计开发高新技术产品20余项，拥有专利技术49项，多个项目获得省市级科技奖项。

公司已通过ISO 9001质量管理体系认证、ISO 14001环境管理体系认证、ISO 45001职业健康安全管理体系认证、ISO 50001能源管理体系认证，CCS风电准入认证，IRIS国际轨道交通标准体系认证，并获得中国、韩国、挪威、法国、德国、美国、日本、意大利和英国九大船级社认可。公司先后获得“江苏省高新技术企业”“江苏省民营科技企业”“江苏省AAA级质量信用企业”等称号，并通过“国家绿色工厂”审核。

（王奕荇）

【溧阳金纬产业园】 位于江苏省溧阳高新区，占地339亩，有员工600余人，拥有金纬机械溧阳有限公司、金纬机械常州有限公司、常州金纬挤出机械制造有限公司、常州金纬管道设备制造有限公司、常州金纬化工成套设备有限公司、常州金纬片板设备制造有限公司、常州金纬片板膜科技有限公司、常州大云环保科技有限公司、常州金纬管道科技有限公司、常州金纬智能化工装备有限公司、常州金纬国胜管道设备有限公司、常州戴格机械制造有限公司、常州龙纬机械制造有限公司13家专业公司，其中6家公司是高新技术企业。多家专业公司获得溧阳市优秀企业、溧阳市五星企业、江苏省服务和诚信三星企业称号。

产业园拥有一支高素质的研发队伍和经验丰富的机械、电气调试工程师团队，以及先进的机械加工基地和规范的装配车间，拥有完善的ISO 9001质量管理体系，通过CE认证，获得发明专利6个、实用新型专利188个、软件著作权9个。自主开发多项世界领先的关键核心技术，多项产品获得国家有关部门的表彰奖励，在挤出行业的每一个细分领域做出自己的成果，确立行业内的引领地位。年生产1000多(台)套高档的塑料挤出生产线和其他成套设备，2021年出库产值达10亿元。

主要产品有各类汽车塑料配件设备、医疗塑料设备、管道生产线（大口径PE/PVC 双壁波纹管生产线、大口径PE/PVC实壁管生产线、PP—R/PEX/PE—RT冷热水管生产线、PA/PE/PVC 单壁波纹管生产线)、各类塑料异型材生产线、各类塑料板材、片材生产线、化纤纺丝工程设计与制造、微电脑自动塑料中空成型机、塑料辅助回收生产线、各种单螺杆/双螺杆挤出机及螺杆机筒、T型模具、换网器、辊筒、机械手等配套件。“jwell”和“金海螺”是中国塑料机械行业的知名品牌。产品畅销全国各地，并出口到俄罗斯、印度、韩国、印尼、中东、非洲和南美洲、西班牙、意大利等100多个国家和地区。

（王奕荇）

【溧阳二十八所系统装备有限公司】 是中电莱斯信息系统有限公司全资控股的企业，成立于2003年10月，注册资本10170 万元，占地面积212亩，建筑面积6万余平方米。

凭借中电莱斯多年来在方舱、专用车及系统集成等领域的技术与品牌优势，公司以“基础加工—板材生产—舱体成型—专用车改装—平台集成”五环节为业务主线，运用多种先进的设计与工艺技术，提升复杂结构方舱、新型材料厢体的设计水平，提升面向应用的一体化解决方案能力。民用专用车及机动式应用系统产品不断扩展，逐步形成“材—体—车—系统”的四位一体产品体系。产品涉及高屏蔽、轻量化、高保温等技术，已成型的产品包括弹药运输车、轻量化方舱、高屏蔽舱、各类应急指挥车等。用户涉及军事、公安、武警、消防、人防、卫生、安监、石化、气象、民航等数十个领域。在国内机动式应急通信指挥平台、车载复杂系统集成领域位列三甲。2021年，实现销售收入45145万元，完成工业产值36819万元，税收1181万元。

公司建成专用车系统集成工程技术研究中心、企业技术中心、复合材料技术中心及1个博士后工作站，获得国家发明专利10项及实用新型专利31项；另有软件著作权8个，拥有“中驰威”等自主品牌商标2项。2019年7月，多网融合/智能控制型/高机动应急救援系统的研发及产业化项目通过江苏省科学技术厅的验收；公司“车载方舱医院(CEV5120)”项目被认定为“2020年度常州市首台（套）重大装备及关键部件”。

公司是中国汽车生产企业及产品公告企业，通过武器装备质量体系（GJB 9001C)，质量管理体系（汽车改装、大板式方舱舱体总成的设计、开发、生产和服务)，ISO 14001—2004环境管理体系，OHSAS 18001职业安全健康管理体系，计算机软件开发、信息系统集成质量管理体系，装备承制单位注册，军工保密三级，军工系统安全生产标准化三级，全国商品售后服务达标认证（五星级)，三级医疗器械经营许可，第二类医疗器械经营备案等多项体系资质认证，获全国军用方舱生产企业生产能力评估第五名。

（王奕荇）

【江苏保龙集团】 成立于1997年，主要生产林业机械行业木材加工机械、风力发电塔架、风能发电等产品，是中国重型机械协会、中国林业机械协会、中国造纸协会、中国能源协会会员企业。旗下拥有全资公司5家，注册资本20200万元，总资产12亿元，占地面积600多亩，拥有员工800多人，其中各类专业技术人员180余人。公司拥有各种机械加工设备和多种精、大、稀加工设备，以及科学准确、完备齐全的检测技术和手段，主导产品有林业机械行业木材加工机械、风力发电塔架、风能发电等。公司自主研制开发出完整的国产化木材剥皮、削片、筛选设备，填补国内在人造板和造纸行业全套国产化优质工程的空白。公司是中国唯一能够提供制浆造纸、人造板企业剥皮备料工段成套生产线的企业，“小径材轮胎驱动式滚筒剥皮及削片筛选成套设备”被江苏省科学技术厅评定为高新技术产品。公司抢占华东、西南、东北地区的风力塔架制造市场，并辐射华北、西北等地区，已成为中国覆盖面大、制造能力强的风塔主要制造商。2021年，实现应税销售39914万元，完成工业产值39626万元，上缴税收3610万元，研发投入占销售收入比重达4.97%。

公司建立完善的研究开发管理体系，历年来承担国家级、省级项目3项，组织实施国家级项目3项、省级项目1项、常州市级项目1项、溧阳市级项目2项、自主研发项目多项，获得授权国家发明专利3项、实用新型专利56项，并掌握多个技术诀窍，在行业内处于领头羊地位。企业先后获得江苏省科技型中小企业、江苏省民营科技企业、江苏省质量信用AAA级企业、中国驰名商标等称号。

（王奕荇）

【常州范斯特汽车部件有限公司】 成立于2019年5月，是宁波震裕科技股份有限公司的全资子公司，是专业从事汽车零部件及配件制造，铝压延加工，锂离子电池研发、生产与销售的高新技术型企业，年产7650万件新能源汽车锂电池壳体。公司注册资金2580万元，占地50亩，投资15200万元，有员工280人，中专以上学历130人，各类工程技术人员45人，其中高级工程师6人。

公司已通过ISO 14001：2004环境管理体系、OHSAS 18001—2001职业健康安全体系、IATF 16949—2016质量管理体系认证。公司高度重视技术创新和自主知识产权，与浙江大学等高院研发机构强强联合，联合设立“产、学、研”基地，申请发明专利4个，实用新型专利11个。2021年，实现销售收入38605万元，上缴税收249万元，研发投入占销售收入比重达5%。

（王奕荇）

【江苏立达电梯有限公司】 是集制造、安装、维修及改造于一体的现代化电梯专业企业，成立于2000年，坐落于江苏省溧阳高新区，注册资本3亿元，占地面积6.5万平方米，建筑面积4.8万平方米，有员工300多名。公司主要生产乘客电梯、住宅电梯、观光电梯、医用电梯、家用（别墅）电梯、载货电梯、杂物电梯及电梯配套部件，乘客电梯、载货电梯、杂物电梯等产品为江苏省高新技术产品。2021年，实现销售收入3.7亿元。

公司具有多年丰富的电梯制造和安装维保经验，具有国家电梯制造、安装、改造和维修保养“双A”级资质，拥有申请发明专利1个、实用新型专利45个，建有“江苏省研究生工作站”。公司已通过ISO 9001质量管理体系认证、ISO 14001环境管理体系认证、OHSAS 18001职业健康安全管理体系认证、GB/T 29490企业知识产权管理规范体系和GB/T23001“两化”融合管理体系认证。技术中心被认定为“江苏省电梯关键部件工程技术研究中心”和“江苏省企业技术中心”，中心配有研发办公室、中试车间、检测中心、杂梯试验区、电气控制中试车间、高65米的电梯试验塔和中试检测设备150余台（套）。公司先后获得国家级高新技术企业、江苏省民营科技企业、江苏省四星级维保单位、江苏省质量信得过企业、江苏绿色环保产品、企业信用AAA等级（商务部国资委推荐机构评定）、常州市名牌产品、AAA级企业信用（合同）等级单位、银行信得过企业、国家康居示范工程首选产品、中国绿色节能环保品牌等称号。

公司是上海三菱电梯有限公司重要定点协作单位之一，与奥的斯、日立、永大等知名电梯品牌公司建立长期合作关系。公司是常州市质监局认定的96333网络（119、110联动）电梯救援溧阳地区指定单位，提供24小时全天候紧急故障和意外事故处理的保障。

（王奕荇）

【上汽大通房车科技有限公司】 成立于2016年9月，是上汽集团旗下上汽大通汽车有限公司的全资子公司，坐落于江苏省溧阳高新区，总投资17亿元，占地420亩，有员工400余人。公司致力于推进房车全产业链布局，涵盖房车的研发、生产、销售和售后，为国内最先进、最大的房车研发及生产基地。在房车整车领域率先开创智能制造的先河，通过智能系统，绑定客户定制订单，工位实时显示车辆安装工艺及所需安装零件，实现C2B(Customer to Business，即消费者到企业）定制。

公司对标国际最先进的技术和标准，打造国内首个专为大规模定制化房车打造的研发及生产基地，基地于2018年1月竣工投产。生产B型房车、C型房车、RG系列、公路拖挂、皮卡房车等多种车型，产品覆盖全系列智能房车。2021年，实现销售收入3.6亿元，税收400万元。

公司先后获得RA汽车改装行业金猴奖、自行式房车金奖、十大房车品牌、2015—2016年度中国房车露营行业杰出贡献奖、2016—2017年度中国房车露营行业十大房车品牌、2017中国房车露营行业最受欢迎房车品牌、2017—2018年度十佳房车制造企业奖、年度十大爆款房车车型奖、2018年度中国汽车定制改装行业领军品牌奖等称号。

（王奕荇）

【江苏冠宇机械设备制造有限公司】 是自动化输送生产线集成供应商，覆盖汽车、烟草及家电等行业。成立于2004年11月，注册资金11391.5万元，占地面积125亩，有职工870人，“冠宇”品牌为行业内全国十大优秀品牌。

公司主营业务包括机械式停车库、汽车智能焊装生产线、AGV自动引导小车、数控激光切割机等，其中升降横移式停车库于2014年12月被认定为江苏省高新技术产品。公司与南京工业职业技术学院合作，打造机器人技术、焊接技术、车身定位传输机械相结合的汽车智能焊装装备系统规划、设计、制造和系统集成业务，公司也由此成为中国汽车车身装焊工业的主要焊接成套装备供应商。公司投入大笔资金用于企业网站的建设和媒体宣传，并定期举办行业活动。主要客户涉及上海大众、上海通用、上汽、一汽大众、北京奔驰、沈阳宝马、长沙菲亚特、沃尔沃及奇瑞等国内知名汽车厂。2021年，实现销售收入3.4亿元，完成工业产值3.5亿元，入库税收2021万元，研发投入占销售收入3.3%。

公司已通过ISO 9001质量管理体系认证、ISO 14001环境管理体系认证和OHSAS 18001职业健康安全管理体系认证。2009年公司获评“全国质量、安全、信誉AAA级优秀施工企业”；2011年被评为“江苏省诚信企业家”；2016年8月被中国国际电子商务中心评为“诚信示范经营认证企业”；2017年被评为江苏省高新技术企业，获评江苏省技术中心；2020年获评江苏省工业设计中心；多次被评为“江苏省质量管理先进施工单位”。

公司拥有58项实用新型专利证书、3项发明专利，获评19项常州市高新技术产品、2项江苏省高新技术产品，先后五次被江苏产品质量监督保障中心评为“江苏省优质产品”。

（王奕荇）

【江苏国粮仓储工程有限公司】 成立于2011年，注册资本1.3亿元，占地面积200亩，建筑面积8万多平方米，是国内领先的仓储一体化及自动化控制等先进功能的大型烘储运保粮装备一体化方案的提供（解决）商。

公司专业从事物料的烘干、输送、仓储等技术的研究、开发、销售、服务和培训，具有行业内先进的工程研发中心，掌握着钢板仓、拱形仓、房式仓及大中型输送设备、干燥设备、仓储一体化及自动化控制等最新技术，填补多项国内空白。公司面向全球用户提供专业的产品、技术与服务，以环保、低耗、智能、低碳的理念引领粮食仓储工程市场，在全球已完工的精品工程超5000余座。2020年，实现销售收入28433万元，上缴税收711万元，研发投入占销售收入比重达3.8%。

公司为粮食钢板筒仓设计规范制定参编单位，已通过ISO 9000质量管理体系认证、ISO 14000环境管理体系认证、CE认证和国家高新技术产品认证，拥有发明专利2个、实用新型专利33个，先后获得江苏省科创板挂牌（科创版）和省工业设计中心、江苏省民营科技型企业等称号。

（王奕荇）

【溧阳中材重型机器有限公司】 是一家专业从事水泥机械设备、冶金机械设备、电力机械设备、矿山机械设备、普通机械设备及配件制造安装的江苏省高新技术企业，创建于2007年，注册资金1亿元，占地面积327亩，总建筑面积9.5万平方米，有员工550人，其中专业技术人员50多人，涉及机械设计、企业管理、外贸、电器设备安装等20余个专业。2021年，实现销售收入7.7亿元，缴纳税金2114万元。

公司拥有年产日产5000～10000吨新型水泥生产线

装备6.93万吨的研发、设计、制造能力，拥有各项专利33项，其中授权发明专利7项，授权实用新型专利26项。生产的破碎机、板喂机均为江苏省高新技术产品，产销量位居业内第一；堆取料机、辊压机、立磨、回转窑等产品拥有自主知识产权，市场占有率在20%以上，位居业内前三；研制的LRM矿渣立磨经中国建筑材料联合会科技部鉴定，主要技术经济指标达国际先进水平。产品畅销全国，并出口沙特、尼日利亚、巴基斯坦、越南等国家。2019—2020年，公司连续签订两个乌兹别克斯坦2500吨／日水泥生产线总承包项目，项目投资金额达7000万美元。

（陈　诺）

【江苏鹏程钢结构集团有限公司】 成立于2001年，注册资金1.01亿元，总资产8.3亿元，有生产基地2个，占地17万平方米，生产厂房10万多平方米，有员工600多名，其中中高级技经人员160多名。拥有轻重钢结构及钢箱梁生产流水线8条，配备国内较先进的生产设备，年生产轻重钢结构制品8万吨，产品畅销全球，涉及钢铁、冶金、化工、电力、轻工以及民用建筑领域。2021年，实现销售收入7.2亿元。

公司参与建设国内几十项大型项目钢结构制作安装，参建的多项工程获上海市最高质量奖“金钢奖”，钢结构民用装配多住宅安装方法的创新被评为江苏省工程建设优秀质量管理小组活动成果一等奖，2019年参建的谷物加工成套设备制造项目获2018—2019年度“国家优质工程奖”、江苏省“扬子杯”优质工程奖。

公司重视掌握国内外钢结构行业的发展趋势，拥有一流的技术、先进的机械设备及完善的组织管理机构。2010年获得中国建筑金属结构协会颁发的最高荣誉奖项——“中国钢结构金奖”。连续多年被评为“江苏省钢结构十强企业”，先后获得“全国质量信得过企业”“全国钢结构百强企业”“江苏省质量守信誉诚信施工单位”“江苏省明星企业”“江苏省百强企业”和“国家优质奖”等称号。

（陈　诺）

【溧阳市力士汽车配件制造有限公司】 创建于1976年，是江苏省定点生产汽车配件的重要企业，产品质量具有国内一流的设计技术水平。2018—2020年连续三年被溧阳市政府授予资源集约利用综合评价“优胜企业”称号。

公司是上汽集团、北汽集团、比亚迪集团、东风集团、吉利集团、南京依维柯、上汽时代等传统及新能源车企的一级配套企业，过硬的产品质量和周到及时的服务受到合作企业的普遍赞誉。2021年，实现销售收入6.1亿元。

公司有职工400余人，其中专业技术人员50多人，注册资金2000万元，总资产4.9亿元，其中固定资产2亿元，占地面积5.3万平方米，建筑面积4万平方米，其中厂房建筑面积3.5万平方米。拥有精加工设备近300台，其中大型、高精度设备78台；冲压设备近50余台，其中新冲压线16台。具有精良的检测仪器，其中三坐标测量仪2台，多元素分析仪2台；拥有完善的零件表面处理设备，包括现代化的焊接设备，其中点焊机器人工作站18台，弧焊机器人工作站16台，固定台焊机14台。

（陈　诺）

【江苏法斯特机械有限公司】 成立于2014年，注册资金3000万元，有员工160余名，其中大专以上各类工程机械、管理人才50余名，是一家专业从事机械制造及工程服务的创新型企业，业务涵盖饲料机械及其工程、面粉机械、输送机械、环保机械、电气自动化控制等领域。公司引进大型激光切割机、数控折弯机、输送设备生产线、零部件表面处理及静电粉末喷涂生产线等先进加工装备，投资2亿元成立江苏法斯特智能装备有限公司，新建厂房及智能制造生产线。不断加入科技投入和技术创新，共计研发出数十个系列300多个规格的单机产品及20多个高端饲料成套装备，其中取得各项专利的产品和工程有40多个，三大主机产品被评为“常州市名牌产品”。2021年，实现销售收入2亿元，利税总额1000万元。

（陈　诺）

【溧阳市山湖实业有限公司汽车装饰材料分公司】 创建于2005年，注册资本5088万元，总资产1.5亿元，总占地面积31万平方米，坐落于南渡新材料工业集中区，主要从事PU类汽车顶棚基材、天窗遮阳板基材、发动机机盖及前围隔热垫、汽车备胎盖板、搁物板、地毯支架、发动机装饰罩的研发与生产。汽车顶棚材料车间、低密度成型车间、汽车行李箱盖板车间和发动机机舱机罩车间已投产。公司已成为北汽新能源、长城汽车、吉利集团和深圳比亚迪等知名企业的一级供应商。公司已通过ISO 9000质量体系认证、ISO 14000环境体系认证、IATF 16949：2009质量管理体系认证以及德国汽车工业协会VDA6.3审核。2018年获评江苏省企业技术中心、江苏省车用聚氨酯复合增强材料工程技术研究中心，连续6年获评国家级高新技术企业。

（洪　瑾）

【江苏润鼎智能装备科技有限公司】 位于南渡镇智能制造产业园区，生产车间面积5.2万平方米，是一家专业生产加气混凝土砌块及板材生产线设备的综合型企业。公司集研发、设计、生产销售和安装于一体，为用户提供工厂管理和工艺配方等全套生产线解决方案，拥有专业的安装调试和售后服务团队，在国内加气混凝土切割机成套设备行业处于领先地位。公司主要生产原料处理设备、切割设备、釜后成品包装设备等加气生产线成套设备；在行业内率先将生产线做到生产节拍在2.5分钟以内稳定运行。

公司拥有多套大型加工设备，先后引进3台中国加气制造行业先进的数控龙门铣、型材自动化下料中心、最智能的机器人焊接中心、国内第一台模具焊接机器人、500吨数控折弯机和先进的等离子数控切割机等高端设备；拥有一支分工细致、多学科交叉融合的专业研发队伍，在吸收、借鉴国际先进技术的基础上，开发出适用中国国情的不同规格系列化的加气混凝土板材生产线产品。

（洪　瑾）

【江苏三乔智能科技有限公司】 成立于2014年6月，注册资本13800万元，总投资10亿元，厂区占地面积250亩，建筑面积15万平方米，有员工500余人。专业生产房车类门、窗、座椅、车载冰箱、智能坐便器、支撑杆、减震器、精密模具以及用于直升飞机、新能源汽车和高档建筑类PMMA树脂玻璃等系列产品，年产能达10万台（套）。2021年，实现销售收入2亿元。

公司为国家高新技术企业和江苏省民营科技企业，获得授权实用新型专利66件、授权外观设计专利18件、授权发明专利10件。自主品牌“3J”获得注册商标证书，PMMA玻璃产品通过欧盟E/E—MARK认证，座椅发泡门、中空门、减震器等产品通过中国质量认证中心认证，房车门锁、车载冰箱均通过欧盟E/E—MARK认证及CE认证，天窗通过欧盟E/E—MARK认证、CE认证和REACH认证。公司拥有强大的研发团队，先后成立武汉机电一体化研发中心、北京新材料轻量化研发中心和上海研发中心。2018年通过IATF 16949质量管理体系认证。公司已成为北汽、长城、通用五菱、宇通、上汽大通等知名国内房车企业的供应商，产品出口欧洲、美国、澳大利亚、荷兰、日本、韩国、中东等国家和地区，并在德国设立仓储基地。

（洪　瑾）

【江苏人民机具有限公司】 始创于1956年，占地面积3.6万平方米，主要生产工程机械履带式起重机“四轮一带”系列产品和各种规格型号的美式、欧式、澳式支撑轮、管夹、管柱等产品，2014年改制为股份有限公司。公司拥有东西两个厂区，配备中心化验室2个、检测中心1个。公司具有40多年的出口历史，连续获得徐工集团质量优胜奖、最佳配套奖，被评为徐工集团“战略供应商”，先后获得“国家高新技术企业”“国家二级企业”“二级计量单位”“自营进出口企业”“全国轻工业出口创汇先进企业”等称号，多种产品被评为“中华人民共和国农业部优质产品”。2021年，实现销售收入1.3亿元。

（洪　瑾）

【溧阳市飞跃机电有限公司】 成立于1984年，注册资金1000万元，主要从事风力发电机、电梯、轨道交通等领域的机械部件制造和加工。公司位于上黄镇科创园，占地面积12万平方米，有员工900名，主要机械设备250多台（套）。2015年，新增用地60亩，投资1.8亿元，建设现代化厂房1.8万平方米。公司拥有精密焊接机器人、大型数控激光切割机、大型数控等离子切割机、大型数控落地镗铣床、大型数控龙门镗铣床、大型数控立式车床等大批专业设备和完整的原产料检验设备、焊接检验设备及全套的表面处理检查设备，在大中型焊接部件及精密加工领域达到国际先进水平。公司与西门子、上海电气等多家国内外知名企业建立战略合作关系。2021年，实现销售收入7.15亿元。

（狄　霞）

【申芝电梯有限公司】 成立于1999年，是一家集电梯设计、生产、销售、安装及维保于一体的大型现代化电梯企业，拥有国家定点设计、制造、安装、维保的“双A”级资质。公司注册资金2.08亿元，总面积5万平方米，厂房面积4.5万平方米，有员工近400人，已通过ISO 9001质量管理体系认证、ISO 14001环境管理体系认证、OHSAS 18001职业健康安全管理体系认证。拥有机器人折弯、机器人焊接、数控激光切割机、数控多工位转塔冲床、数控剪板机、数控折弯机、数控加工中心加速度测试仪、限速器测试仪等一整套先进的制造加工设备和检测仪器。公司拥有几十余项各类专利，在业内独家研发成功并在部分电梯上应用无油导靴，该技术成为绿色技术典范品牌。2021年，实现销售收入2.58亿元。

（狄　霞）

【常州恒联机械五金有限公司】 成立于2008年，位于上黄镇科创园，占地面积18800平方米，有员工300名，注册资金3800万元，主要从事机械设备、五金产品、把手的制造加工和塑料零件制造。拥有环保防爆抛光机10台、环保防爆拉丝机10台、自动涂抹钝化液设备、压铸自动线集成设备等主要机械设备150台，配有洁净室和加工中心。新建自动化阳极氧化线、手动阳极氧化线和喷粉线。2021年，实现销售收入1.83亿元。

（狄　霞）

【溧阳市盛杰机械有限公司】 前身为上兴镇农具厂，2000年改制为上兴机械配件厂，2003年8月更名为现名并迁移至上兴镇工业园区，注册资本2600万元，是一家专业从事工程机械部件研究、开发、制造和销售的高新技术企业。占地面积5.6万平方米，标准厂房4.5万平方米，办公大楼、综合楼6000平方米，有员工490名。

公司为常州柳工、三一重工、现代（江苏）等知名工程机械制造企业配套生产装载机、挖掘机、压路机、平地机等零配件产品，主要产品有挖掘机大臂、小臂、上部车架、下部车架、铲斗、侧框、推土板、前罩、提升臂、油管、连杆、销轴、轴套、法兰、阀块、链轮、不锈钢管等精加工件、结构件和钣金件，年生产能力为6万台（套）。2021年，实现销售收入4.3亿元。

公司拥有大型涂装流水线、数控龙门加工中心、数控双面镗、数控卧式铣镗床、精细数控等离子下料线、大型液压机、大型工件加工台、斗杆焊接机器人系统、TIG自动熔焊机、数控铣边机、数控折弯机等大量先进设备。具备一定的技术开发实力，拥有发明专利2件、实用新型专利14件、省高新技术产品2件。通过ISO 9001国际质量管理体系认证、ISO 14001：2004环境管理体系认证和“两化”融合贯标评定认证，先后获得最优秀供应商、信用（合同）AAA级企业、银行信得过企业、江苏省民营科技企业、A级纳税信用等级企业等称号。

（王倩倩）

【博飞特（江苏）汽车设备自动化有限公司】 成立于2017年，是由博飞特（上海）汽车设备自动化有限公司在溧阳经济开发区投资设立的全资子公司。公司专注于汽车自动化设备解决方案，站在汽车装备行业的技术前沿，通过技术创新和实践积累，成为汽车智能自动化领域的佼佼者，累计申请专利16项，其中，发明专利5项，实用新型专利11项，另有12项软件著作权获得授权。

公司掌握的白车身行业数字化工厂、机器人仿真、虚拟调试等核心技术，源源不断地向全国汽车企业输送柔性化、高节拍、高精度、高稳定性的工艺领先线体，针对高端汽车制造厂商，提供集项目投资预算、风险评估、整体规划、设计、制造、安装、调试、售后于一体的高端解决方案和后期服务，力求一丝不苟、精益求精，具有良好的客户美誉度。公司多次获得上海通用汽车最佳供应商、最佳质量奖、鼎力支持奖、雷厉风行奖及上汽大众汽车优秀供应商等称号。2021年，实现销售收入1.3亿元。

（王倩倩）

【江苏省社渚轴承有限公司】 始建于1971年，为国有中型企业，从业人员700余名，总资产2亿元，占地面积220亩，厂房面积5万平方米。公司具有圆锥滚子轴承及其零件全流程制造资源，拥有各类加工设备和检测仪器1600余台套，年产轴承720万（套）、各类锻件1.2万吨，产品广泛应用于汽车、工程机械、减速机、农用机械等领域。圆锥滚子轴承产销规模居全国轴承行业同类产品前十位，2018年获评“中国圆锥滚子轴承十大品牌”。公司与东风德纳、上汽红岩、青特集团、上汽大通、福田汽车、义和车桥、三环集团、江西五十铃、山东临工、中联重科、中国一拖、沃得集团、江苏国茂、江苏泰隆等知名企业建立稳定的配套合作关系。2021年，实现销售收入2.1亿元。

公司拥有江苏省汽车用圆锥滚子轴承工程技术研究中心、常州市级企业技术中心，多项研究成果获国家和省级科技成果、重点新产品奖项，拥有20余项国家专利。公司已通过ISO 9001质量管理体系认证、IATF 16949质量管理体系认证、OHSAS 18001职业健康安全管理体系认证、ISO 14001环境管理体系认证、ISO 10012测量管理体系认证和GB/T 23001—2017“两化”融合管理体系认证。2020年，公司通过国家高新技术企业和江苏省高新技术企业认定，被评为常州市“专精特新”中小企业。

（毕 俊 龚 鑫）

【江苏华强模具科技有限公司】 成立于2010年5月，位于社渚镇工业集中区振兴大道1号，占地面积58485平方米，固定资产5500万元。公司是靖江华强模具有限公司的整体搬迁企业，主要从事设计、制造汽车模具和汽车冲压件的生产和销售，具备年产铸造冲压模具4000吨的生产能力。2021年，实现销售收入1.3亿元。

2006年12月，公司通过ISO 9002质量体系认证；2010年3月通过ISO/TS 16949质量体系认证。公司先后申请10多个新产品的实用及发明专利。2009年8月26日，在中国国家知识产权局成功申请发明专利（申请专利号：200910131520.5），成为中国在汽车铝隔热板模具领域拥有该专利的唯一厂家。公司与上汽大众、一汽大众、上汽通用、广州本田、广州丰田、奇瑞汽车、江淮汽车、东风悦达起亚、济南重汽、江铃汽车、上海拖内、宁波华众、北京汽车等国内知名大型汽车企业建立长期配套合资关系，为上海汽车旗下两大合资公司（上汽大众、上汽通用）指定的模具供应商。

（毕 俊 龚 鑫）

【江苏钢锐精密机械有限公司】 成立于2006年，为国内装备先进、技术力量雄厚的大型铸件生产厂家，隶属于永冠能源科技集团（股票代码：1589），为全球大型再生能源、注塑机械、产业机械及医疗设备机械四大类设备厂商的长期重要合作伙伴，铸件最大浇注单重近百吨。公司拥有4个主要生产厂区，总占地面积29万平方米，有员工800余名，是一家符合《战略性新兴产业分类（2018）》要求的国家高新技术企业，能够为行业客户提供从产品设计、铸造、焊接、涂装、加工到组装的整体解决方案，满足客户一站式采购的需求。2021年，实现销售收入10.1亿元。

公司注重内部质量管理和社会信誉，通过ISO 9001质量管理体系认证、ISO 14001环境管理体系认证、ISO 45001职业健康安全管理体系认证、ISO 50001能源管理体系认证、两化融合贯标体系认证、中国船级社、美国船级社、立恩威船级社、英国劳氏船级社认证，拥有专利近80项，拥有江苏省企业技术中心和常州市风电能源工程技术研究中心。先后获得“中国铸造行业综合百强企业”“江苏省绿色工厂”“江苏省两化融合示范企业”“江苏省产教融合试点企业”“江苏省信用贯标企业”“江苏省厂务公开民主管理先进单位”“常州市智能示范车间”等称号。

（谢新冉）

【江苏普正精密科技有限公司】 成立于2019年9月，为新能源汽车锂电池结构件一站式服务商，主要从事精密模具、五金制品、通信电子连接器、电子塑胶制品、精密结构电子零组件、工业智能设备的研发与销售。公司引进业内领先的日本高精密高速冲床、注塑机、热压机、吸塑机、CNC机加工及精密冲压配套体系生产线，拥有较强的精密结构件制造能力和品质管控能力。公司通过自主创新研发、车间生产线采用自动化设备生产、目标完成工厂综合自动化（全盘自动化生产）等措施，把过程控制、监督控制、质量监测、工厂管理等方面融为一体，2020年6月通过AITF 16949管理体系认证。2021年，实现销售收入1.6亿元。

（岳 磊）

【江苏竹箦阀业有限公司】 始建于1972年，占地面积15万平方米，有员工1100人，各类技术管理人员300人，是国内唯一一家能同时自主研制生产铜制、钢制和铁制阀门的专业化国有大型企业。公司是中国阀门协会会员、中国五金制品协会理事单位、中国石化物资市场成员单位、中国天然气集团公司一级供应网络成员单位和国家电力公司电站配件供应网络成员，产品由中国人民保险公司承保。

公司拥有中频炉、数控加工中心、数控机床、进口压铸机、阀门加工专机、全自动埋弧焊机、TPX611B数显镗床、自动静电喷涂线等先进加工设备700多台（套），计量中心配备意大利全自动光谱分析仪、超声波探伤仪、碳硫仪、射线探伤化学成分分析仪和硬度、强度试验等设备。工厂具有较强的产品开发设计和生产能力，设有省级技术开发中心、江苏省船舶管系附件工程技术研究中心，产品设计采用业内领先的三维数字建模以及CAD、CAPP等辅助设计手段。

公司主要产品有钢制、铁制和铜制闸阀、截止阀、球阀、止回阀、船用阀门及蝶阀和水嘴等共计150多个品种2000多个规格。产品广泛使用于石油、石化、电力、冶金、医药、造船等工业领域和低压民用给排水领域，“ZJ牌”“V牌”为中国阀门行业的知名品牌。2021年，实现销售收入1.4亿元。

公司已通过ISO 9001：2016质量管理体系认证、ISO 45001：2020职业健康安全管理体系认证、ISO 24001：2016环境管理体系认证、中国船级社（CCS）认证、德国挪威船级社（DNV—GL）认证和欧盟CE认证，具有国家特种设备制造许可证（TS），是国家阀门标准GB/T 12232、GB/T 12233、GB 8464、GB 9306、水嘴标准QB 1334和管理螺纹标准GB 7306、GB 7307的主要起草单位，先后获得中国驰名商标、江苏省著名商标、常州市高新技术企业、常州市守合同重信用公示企业等称号。

（岳　磊）

【溧阳市北方机械有限公司】 是一家集黑色金属铸造、机械加工于一体的机械制造企业。创建于1994年，占地面积18750平方米，拥有固定资产总额8986万元，有员工180人，其中中高级以上技术人员35人。企业为中国工程协会、中国工程机械学会成员和理事单位，拥有发明专利1项、实用新型专利16项。

公司是工程机械、农业机械、冶金机械、液压（润滑）、汽车零部件生产的专业企业，是中国最大的拖拉机零部件制造企业之一，自2010年起年产铸件均达1万吨以上。2016年斥资3800万元，购入日本新东株式会社FMCX水平分型造型线1条，造型能力达160箱／小时，适合生产高精度铸件，铸造工艺达到国际先进水平。2017年通过GB/T 24001—2016/ISO 14001:2015环境管理体系、GB/T 28001—2011/OHSAS 18001:2007职业健康安全管理体系。2018年通过IATF 16949:2016汽车质量管理体系认证，获评高新技术企业。2021年，实现销售收入1.5亿元。

（岳　磊）

【溧阳市虹翔机械制造有限公司】

成立于1995年6月，坐落于中国绿色铸造小镇竹箦镇，注册资金503万元，占地面积10万平方米，建筑面积8万平方米，有员工330多人，总资产2.8亿元。主要从事汽车零部件、工程机械、农业机械和传动齿轮箱体铸件的研发、生产和销售。

公司建成年产8万吨铸件生产线，拥有2条日本进口的国际先进的水平自动造型流水生产线、1条丹麦进口的国际先进的垂直无箱造型线和1条国内一流的静压线。产品涵盖各类高低牌号的灰铸铁、球墨铸铁、奥贝球铁（ADI）材质的汽车零部件系列、农机传动箱体系列、工程机械零部件系列、新能源太阳能系列和各类皮带轮系列等。2021年，实现销售收入3.1亿元。

公司为国家高新技术企业、江苏省创新型企业、江苏省高成长型中小企业、江苏省科技型中小企业、中国铸造协会和江苏省铸造协会成员企业。设有江苏省汽车传动系统部件制造技术工程技术研究中心，中心检测设备齐全，配备意大利直读光谱、炉前快速分析仪、硬度试验机等理化检测设备。已通过IATF 16949：2016国际质量管理体系认证。2015年，公司被工业和信息化部确认为首批通过《铸造行业准入条件企业》的企业，被江苏省环保厅确认为“绿色企业”；2016年被中国铸造协会评定为“中国绿色铸造试点企业”。

（岳　磊）

【溧阳市金桥机械有限公司】 创建于1996年，坐落于中国绿色铸造小镇竹箦镇，主要生产汽车零部件、工程机械及农机零部件、新能源设备配件，主要客户为上海通用、上海大众、CNH公司等，产品销往北美、欧洲、日本、韩国等国家和地区。公司以自主创新能力为依托，已发展成为集铸造、机加工、静电粉末喷涂于一体的综合性企业。2021年，实现销售收入2.2亿元。

公司已通过质量管理、环境管理、职业健康安全管理体系认证，2015年被工业和信息化部认定为《铸造行业准入条件》公告企业，2017年被认定为常州市汽车传动系统关键零部件工程技术研究中心，2018年获得“江苏省科技型中小企业”和“国家高新技术企业”称号，2020年被常州市工业和信息化局认定为“常州市工业设计中心”，同时被中国铸造协会认定为“中国绿色铸造企业”。公司累计获得国家专利授权18项，其中3项专利与奥贝球铁ADI材料相关。

（岳 磊）

生物医药和精细化工业

【概 况】 溧阳的生物医药和精细化工保持稳定增长，生产生物医药产品、农用化工产品、化学试剂等多个大类几百个产品，其中有些产品的质量居国内领先水平。2021年江苏联盟化学销售收入4亿元，江苏碧玉谷销售收入4.4亿元，维多股份销售收入5.1亿元，迪赛诺制药销售收入4.2亿元，兰天化工销售收入5.7亿元，力强化工销售收入4.9亿元。开磷瑞阳化工是全国最大的多元醇制造商，2021年实现销售收入7亿元。

【江苏维多股份有限公司】 成立于2002年1月，是集开发、生产、销售及技术支持为一体的食品配料专业生产提供商，主要从事生物技术以及化工技术产品的研究、开发、生产及销售，涉及领域包括食品配料、氨基酸、维生素、营养品、医药中间体等。公司注册资本7000万元，下设两个生产基地，分别位于安徽省宿州市经济开发区和江苏省溧阳高新区。2021年，实现销售收入51156万元，上缴税收694万元，研发投入占销售收入比重达2.2%

公司主要产品为维多牌阿斯巴甜和维多牌安赛蜜，均由企业内部技术研发中心自主研发而成，维多牌阿斯巴甜为常州市名牌产品，维多商标被江苏省工商行政管理局认定为江苏省著名商标。公司拥有专利授权9件，其中发明专利3件，拥有国内有效商标50件，分别在墨西哥、菲律宾、土耳其、俄罗斯注册商标成功。

公司已通过ISO 9001质量管理体系认证、ISO 22000食品安全管理体系认证、ISO 14001环境管理体系认证、阿斯巴甜HALAL认证、KOSHER认证，同时通过国际BRC认证。产品质量符合FAO/WHO JECFA（96）、FCC 、EP 、USP、JP等国际标准及国家相关标准要求。先后获得国家火炬计划重点高新技术企业、江苏省百家优秀科技成长型企业、江苏省民营科技企业、生态园林单位、江苏省创新型企业、江苏省高新技术（后备）企业等称号。

（王奕荇）

【江苏碧玉谷化工有限公司】 是一家集科研、生产、贸易于一体的综合型生产企业，主要从事不饱和聚酯树脂的研发和制造，成立于2012年5月，位于江苏省溧阳高新区，占地面积7万平方米，建筑面积1.5万平方米。公司注册资本7500万元，有员工70人，其中技术、管理人员20人，拥有12条智能自动化不饱和聚酯树脂生产装置，年生产能力5万吨。

公司拥有优良的生产配方、先进的生产工艺、专业的生产技术及智能化的过程控制，主要生产工艺品树脂、石英石树脂、水晶树脂、岗石树脂、涂层树脂、色浆树脂、通用树脂、软树脂、模压树脂、缠绕树脂、拉挤树脂等各种不饱和聚酯树脂及其配套产品。产品广泛应用于交通运输、基础工程、建筑结构、化工防腐、船舶等领域，销往全国十多个省市、200多家企业。绿色建材类树脂——人造石树脂产品在长江以北石材市场占比达80%以上；石材涂层类树脂在福建市场占比达70%以上；石英石树脂在东北、河北、河南及山东地区市场得到全面推广；通用玻璃钢树脂产品在长三角地区享有一定的知名度；应用于风电叶片、轻轨地铁等领域的低黏度高性能树脂市场占比逐年扩大。2021年，实现销售收入44400万元，上缴税收700万元，研发投入占销售收入比重达2%。

2013—2021年，公司年年被国家税务总局江苏省税务局评定为A级企业；2019年被江苏省安全生产协会评为安全生产二级标准化企业；2020年被江苏省工信厅核批为“四星级上云工业企业”；2021年，获评江苏省环保信用蓝色企业，被江苏股权交易中心核批为“成长板——挂牌企业”。

（王奕荇）

【江苏迪赛诺制药有限公司】 成立于2006年，位于江苏省溧阳高新区，注册资本1000万美元，投资总额逾3亿元人民币，为上海创诺医药集团全资子公司，有发明专利8件、实用新型专利16件。公司具有丰富的产品组合，拥有各类药品批文83个，生产许可涵盖小容量注射剂、粉针剂、片剂、硬胶囊剂、洗剂、酊剂、原料药、无菌原料药等。产品涉及63个品种83个规格，广泛应用于心血管、皮肤科、抗感染等领域。2021年，实现应税销售4.2亿元，完成工业产值5亿元，入库税收超过5000万。元上海创诺医药集团是由创建于1996年的上海迪赛诺医药发展有限公司因业务发展需要而成立的企业集团。集团总部位于上海张江高科技园区，在上海市、江苏溧阳、江苏盐城、江苏南通、内蒙古赤峰以及印度等地建有十余处生产基地和研发中心，其中5家为省级高新技术企业，7家通过中国GMP认证，3家通过美国FDA的药品GMP认证。

（王奕荇）

【江苏开磷瑞阳化工股份有限公司】 前身为溧阳市瑞阳化工有限公司（成立于2001年11月），2013年增资扩股引入贵州开磷控股（集团）公司为公司控股股东，更名为江苏开磷瑞阳化工股份有限公司，成为国有控股的混合所有制企业，注册资本22593万元，有员工422人。

公司拥有江苏溧阳、湖南衡阳、江西黎川、江苏天健4个生产基地，主要从事UV光固化单体和低聚物系列产品生产销售、涂料油漆树脂生产销售、水性PU制造销售、化工非标和搪瓷设备三类压力容器加工制作。公司是国家级高新技术企业和江苏省质量信用AAA级企业，拥有江苏省级工程技术研究中心等研发创新平台和一个博士后科研工作站，与多所科研院校建立长期稳定的合作关系。

公司具有年产2万吨UV单体装置、6000吨UV树脂装置、5000吨水性聚氨酯、8000吨色漆涂料、1000吨特种涂料、1000吨水性涂料、15000吨各类树脂、800万米水性生态合成革的生产能力，已通过ISO 9001质量管理体系认证、ISO 14001环境管理体系认证和职业健康安全管理体系认证。“瑞阳”品牌被评为常州市“重点培育和发展的国际知名品牌”，产品畅销全国及全球50多个国家和地区。2021年，实现销售收入7亿元。

（洪　瑾）

【溧阳兰天化工有限公司】 成立于1999年11月，坐落于旧县集镇，注册资本800万元，总资产1.08亿元，有员工41名，生产基地于2018年搬迁至内蒙古阿拉善左旗。主营业务为生产及销售靛蓝产品，年产能达1.5万吨，产品主要应用于牛仔布染色工艺，具有强度高、经久耐磨、色光鲜艳等特点。公司采用先进的技术生产高含量的靛蓝产品，深受中高端客户的认可，九成销往国外，主要销往日本、韩国、印度、土耳其、巴西、德国等国家。2021年，实现销售收入5.7亿元。

（洪　瑾）

【江苏力强化工有限公司】 位于南渡镇强埠集镇，于2000年完成企业转制，注册资本1250万元，资产总额20027万元，净资产12686万元，占地面积21万平方米，建筑面积14万平方米，有职工人数219人。具有甲醛10万吨、电玉粉（氨基模塑料）1.5万吨、密胺粉1万吨和酚醛树脂（酚醛模塑料）1.2万吨的年生产能力。2021年，实现销售收入4.9亿元。

公司技术力量雄厚，各类产品检测手段齐全，主导产品均采用国家标准和国外先进标准，产品深受用户欢迎。全年出口氨基模塑料及酚醛模塑料5000吨左右，国内市场占有率、覆盖率在同行业中名列前茅。2017年，通过ISO 9001:2015质量管理体系和ISO 14001：2015环境管理体系认证。公司多次获得“全国百强化工企业”“全国乡镇化工先进企业”、常州市“文明单位”、常州市“明星企业”等称号。

（洪　瑾）

【江苏联盟化学有限公司】 是一家从事PVC（聚氯乙烯）稳定剂生产的知名龙头企业公司，前身为溧阳市联盟福利化工厂，创建于1991年，2001年改制更名为江苏联盟化学有限公司。公司位于南渡镇新材料产业园区，占地面积124.5亩，注册资本3200万元，总资产6.5亿元，有员工240名（包括残疾职工80名）。公司是国内为数不多的PVC制品加工全域覆盖的骨干企业，主要生产各种PVC热稳定剂，包括钙锌、钡锌、钡镉锌、钾锌等上百个品种，广泛应用于PVC门窗异型材、管材管件、室内装饰板、硬质发泡板、SPC地板等硬制品和薄膜、人造革、电线电缆等各类软制品，产品畅销全国并远销海外。产业基地规划产能10万吨，已经具备6万吨的生产规模。2021年，实现销售收入4亿元。

公司拥有一支具备强大自主研发能力和超强的售后服务能力的技术团队，建有完备的技术试验中心，配备各种先进的研发和检测设备。公司为国家级高新技术企业、中国塑料加工工业协会塑料助剂专委会副会长单位、中国塑料加工协会异型材及门窗制品专委会副理事长单位、中塑协团标委会员单位，建有常州市PVC稳定剂技术工程研究中心、常州市生物基高分子材料工程技术中心，拥有多项技术发明专利和实用新型专利，多次参与国家和行业有关产品技术标准的编制，牵头制定行业标准《未增塑聚氯乙烯（PVC—U）型材专用热稳定剂技术条件》（QB/T 5081—2017）等一系列国家、行业标准。

公司先后获得中国塑料加工行业十三五“科技创新优秀会员单位”、中国轻工业塑料行业（塑料助剂）十强企业、中国塑料绿色产业链（原辅材料）优秀单位、“农业部全面质量管理达标企业”“江苏省中小科技创新企业”“江苏省清洁文明生产企业”“江苏省民营科技企业”“江苏省著名商标”“江苏省2015—2017守合同、重信用企业”“常州市名牌产品”“常州市知名商标”等称号。

公司已通过ISO 9001质量管理体系认证、ISO 14001环境管理体系认证、ISO 45001职业健康安全管理体系认证及安全生产标准化二级认证，2021年首批通过江苏省化工重点监测点企业资格审查认定。2020年起公司定位生物基高分子材料领域拓展。公司与中国科学院宁波材料技术与工程研究所共同设立“生物基高分子材料联合创新中心”，与浙江工业大学材料学院共同发起设立“生物基可降解材料（助剂）联合创新中心”，研究生物基抗氧剂、阻燃剂、增塑剂、润滑剂等核心生物基助剂材料，PBAT（PLA、PBS等）全生物降解塑料系列产品，将科研成果直接对接到企业平台。公司与长三角国家技术创新中心、江苏省产业技术研究院共同成立JITRI—JUC联合创新中心，为企业在生物基新材料领域的发展做好铺垫。

（洪　瑾）

【朗盛（溧阳）多元醇有限公司】 坐落于南渡新材料工业集中区强埠片区，总资产1.68亿元，有员工103人，为外商独资企业。2009年9月，朗盛集团（德国第四大化学品集团）收购江苏力强集团下属的江苏波力奥化工有限公司所有资产，成立朗盛（溧阳）多元醇有限公司。公司主要生产三羟甲基丙烷、甲酸钙和双三羟甲基丙烷等产品，主要应用于环保涂料，建筑和饲料添加剂领域。三羟甲基丙烷生产线工艺先进，自动化程度高。甲酸钙产品获得国家农业主管部门颁发的饲料添加剂生产许可证，具有核心竞争力。公司的生产技术和产品质量达到国际先进水平，市场占有率在同行业中处于领先地位。2021年，实现销售收入3.14亿元，上缴税金700余万元。

公司已通过ISO 14001环境管理体系、ISO 9001质量管理体系和ISO 50001能源管理体系认证。公司秉承环保优先、安全第一的经营理念，在环境污染治理、生产安全方面投入巨资，2021年获评常州市环保示范企业。

（洪　瑾）

建材工业

【概　况】 建材工业是溧阳的传统产业，溧阳的建材工业以水泥为主，主要生产干法新型水泥及熟料。2021年，金峰水泥销售收入70亿元，扬子水泥销售收入10.17亿元，天山水泥销售收入6.5亿元，江苏宝鹏销售收入8.2亿元。金峰集团是江苏省最大的水泥生产企业。

【江苏宝鹏建筑工业化材料有限公司】 成立于2014年1月，是由江苏鹏程钢结构集团有限公司出资成立的全资子公司，注册资金1.45亿元，占地面积337亩，有员工210人，主要经营蒸压砂加气混凝土板材（简称ALC板）等装配式建筑产业化产品。蒸压砂加气混凝土板材生产线于2016年9月正式投产，生产线引进国际一流的德国威翰（WEHRHAHN）全自动智能化生产设备及配套技术（国内仅有5家企业拥有该技术），年产量可达48万立方米，居全国第一。公司为国内知名的绿色建筑产业化基地，先后获得江苏省建筑产业现代化示范基地、江苏省服务型制造业优秀企业、常州市工程设计中心等称号。2021年，实现营业额8.2亿元，其中蒸压砂加气混凝土板材业务收入达3.3亿元。

（蒋璐怿）

【江苏腾业建材有限公司】 成立于2011年，位于戴埠镇镇东工业集中区，注册资本3000万元，占地面积55亩。公司设备精良先进，配备国内先进机器，主要生产销售商品混凝土、干混砂浆等产品，年产量达20万立方米。公司实现全电脑自动化控制，提供搅拌、运输、泵送一条龙服务。2021年，实现应税销售9372万元。

（袁子杰）

【溧阳市金世纪混凝土有限公司】 位于江苏省溧阳高新区濑阳村，是江苏金峰水泥集团旗下企业。江苏金峰水泥集团于2013年投资近5000万元，新建两条“三一牌”3立方米生产线，年生产预拌混凝土60余万立方米。公司拥有“三一牌”搅拌车30辆，臂架泵、地泵

10 辆，可提供 C15 ~ C60 各种强度等级的混凝土和特种混凝土的生产和服务，能保证混凝土 24 小时连续生产和供应。2021 年，实现销售收入 2.5 亿元。

公司主要管理人员均具有成功生产 C60 及以上强度等级混凝土的从业经历，品控经验丰富。公司严格按照 ISO 9001 质量管理体系、GB/T 14902《预拌混凝土》标准进行质量管理和生产供应服务，形成完整配套的生产能力，具有承担各类工业与民用建筑、道路、桥梁和市政工程的混凝土供应能力，在完成大批量混凝土、工期紧等需求的工程上具有显著的优势。

依托集团总公司雄厚的资金实力和得天独厚的资源优势，生产预拌混凝土的主要材料（水泥、砂、石灰石等）均由集团总公司的水泥生产线及轧石场供应提供，辅助材料采用现金采购，最大幅度地让利于客户，降低工程建设成本。公司先后承接金峰新城、金峰又一城、金峰佳苑、福田安置小区、溧阳四中西侧安置小区、金峰拆迁安置房、鼎邦大厦、碧桂园（天目湖）、恒大香溪湾、万豪国际大酒店、溧阳燕山片区 16#、17# 地块开发项目等不同强度等级的混凝土供应任务，先后供应商品混凝土近 300 万立方米，工程质量验收合格率 100%。

（王奕荇）

【江苏扬子水泥有限公司】 始建于 1985 年，拥有 2 条日产 2500 吨新型干法水泥熟料生产线暨纯低温余热发电，固定资产总额 6 亿元，占地面积 45 万平方米，在职员工 500 多人，其中，中、高级职称的技术人员 58 人。公司建立完善的管理体系，已通过产品质量认证、质量管理体系认证和环境管理体系认证。产品获得“产品质量国家免检”“江苏省名牌产品”等称号。公司被农业部授予“全面质量管理达标企业”称号；被江苏省人民政府命名为“重合同、守信用企业”“江苏省建材行业优秀企业”“常州市明星企业”；连续十年被常州市人民政府命名为“重合同、守信用企业”“常州市文明单位”。2021 年，实现销售收入 10.17 亿元。

（狄　霞）

【溧阳天山水泥有限公司】 成立于 2002 年，位于上兴镇，注册资本 8000 万元，占地面积 300 亩，是一家专业生产水泥熟料并可协同处置各类废弃物的绿色环保科技型企业，隶属于江苏天山水泥集团有限公司。控股母公司新疆天山水泥股份有限公司在深交所主板上市（股票代码“000877”），是央企中国建材集团有限公司控股的上市公司。

公司拥有 1 条日产 5000 吨新型干法水泥熟料生产线，具备利用水泥窑炉每日无害化协同处置城市生活垃圾 450 吨和年处置危险废弃物 2.98 万吨的能力，配套 9 兆瓦纯低温余热发电系统及脱硝工程。通过质量、环境、职业健康安全三合一体系及能源体系认证并达到国家安全标准化二级。2021 年，实现销售收入 6.5 亿元。

公司为常州市环境资源保护公益协会理事单位，始终坚持环保节能、技术创新和产业创新“三项并举、整体推进”的发展战略，成功完成水泥熟料生产企业向绿色环保科技型企业的转型，拥有 7 项各类专利。先后获得中国建筑材料联合会及中国水泥协会颁发的“建材行业百家节能减排示范企业”“中国大型水泥集团环保标杆企业”“中国水泥工业水泥窑协同处置示范工程”及“江苏省管理创新优秀企业”“工业五星企业”等称号。2014 年，和中材国际环境工程公司合作建设的“利用水泥窑炉协同处置城市生活垃圾系统集成创新技术与工程运用项目”通过中国建筑材料联合会成果鉴定，认定该项目具备多项技术创新成果，达到国际先进水平。

（王倩倩）

【溧阳爱格板业有限公司】 成立于 2017 年，由杭州华新木业有限公司投资创建，位于上兴镇经济开发区园中路 118 号，是一家专业生产、销售饰面板（刨花板饰面、中纤板饰面、多层板饰面）的企业。公司拥有德国温康纳自动生产线 3 条、国内先进的贴面生产线 4 条以及先进的产品检测设备，具有年产高质量饰面板 450 万余张的生产能力。公司生产的浮雕样板颜色有 300 多种，样式有几十种，规格有 4×10 尺、6×8 尺、5×8 尺、7×10 尺、5×10 尺、4×8 尺等，也可按客户要求定制。2021 年，实现销售收入 1.2 亿元。

（王倩倩）

【江苏金峰水泥集团有限公司】 是江苏省最大的水泥生产企业，拥有 9 条新型干法旋窑水泥熟料生产线（1 条 2500 吨／日、8 条 5000 吨／日）并且全部配套纯低温余热发电系统。

2004 年，公司通过国家产品质量认证和质量管理体系认证；2011 年通过环境管理体系认证和职业健康安全管理体系认证；2014年通过能源管理体系认证。2010年，“金峰牌”商标获得江苏省著名商标称号。生产的“金峰牌”普通硅酸盐水泥获得“江苏名牌产品”“国家免检产品”等称号，产品主要销往上海市、安徽省、南京市、苏州市、无锡市、常州市及苏北等地区。2021年，实现销售收入70亿元。

公司连续多年被评为全国私营企业纳税百强企业，江苏省私营企业纳税大户和溧阳市纳税超百亿元企业，先后被省、市授予“江苏省建材行业优秀企业”“江苏省卓越绩效先进企业”“江苏省民营企业纳税大户”“江苏省民营企业就业先进单位”“重合同、守信用企业”“常州市文明单位”“常州市技改投入前十名”“常州市五星级明星企业”“常州市优秀民营企业”“溧阳市纳税超亿元企业”“突出贡献奖”“AAA级信用企业”“银行同业会信得过企业”等称号。

2020年9月10日，全国工商联主办的2020中国民营企业500强峰会在北京举行，江苏金峰水泥集团有限公司蝉联榜单，连续入选中国民营企业500强。2021年2月，江苏金峰水泥集团获评2020年度全市“提质增效、创新争星”活动优胜企业五大荣誉，分别是特别重大贡献奖、五星企业、纳税百强企业、销售规模奖，金峰水泥集团董事长徐贵生获评2020年度全市“提质增效、创新争星”活动明星企业家。

（毕　俊　龚　鑫）

【江苏荣辉木业有限公司】 位于社渚镇振兴南街，占地面积465亩，总建筑面积159490平方米，注册资本3000万元，总投资1.8亿元，主要从事人造板及人造板制品生产和销售，竹木的收购、生产和销售，生物质燃料的生产和销售，农林废弃物的综合利用，秸秆、树枝和稻草收购。公司拥有北京亚联31.6米连续平压生产线、芬兰维美德热磨系统和苏福马砂锯生产线，具备18万立方米中密度板、900万平方米房子密度板贴面及30万立方米刨花板的年生产能力。2021年，实现销售收入2.6亿元。

（毕　俊　龚　鑫）

【江苏溧阳南方水泥有限公司】 前身为溧阳市汉生特种水泥有限公司，隶属于央企中国建材集团（CNBM）旗下的南方水泥，由上海南方水泥有限公司100%控股，有员工64人，其中技术人员20余名。

公司拥有2台水泥磨机（配备辊压机系统），年产能达80万吨。公司已通过ISO 9002质量管理体系认证和ISO 14001环境管理体系认证。主导产品“南方”牌（江苏省著名商标）系列硅酸盐水泥为国内名牌产品，是国家级水泥免检产品，被广泛用于国家重点工程，销售网络覆盖华东地区。2010年，公司凭借低碱水泥稳定的质量和良好的市场口碑中标杭宁高速铁路工程，成为杭宁高速铁路工程水泥的主要供应商。公司技术力量雄厚、自动化程度高、质量控制可靠、环保设施齐全，为节能减排和环境治理示范企业，通过国家安全标准化一级验收，清洁生产处于行业内领先水平。2021年，实现销售收入2.3亿元。

（毕　俊　龚　鑫）

【江苏华冶钙业有限公司】 前身为溧阳市茅山石灰厂，成立于2002年10月，主要生产冶金氧化钙与建筑氧化钙，是江苏省较大的石灰生产企业之一。活性氧化钙项目于2010年3月开工建设，2012年年初投产，2015年10月在全市率先通过保留整治验收。公司拥有国内最新研制开发的LM系列固然自控竖式600型（产量为600吨／日）生产线4条，可年产60万吨高活性炭氧化钙。产品色泽洁白、产浆量高、含钙量达到国家和行业优等品标准，广泛应用于化妆品、食品添加剂、制药、造纸、电缆塑胶、土壤治理、锅炉脱硫、KR脱硫剂、城市污水处理、工业消泡剂等领域，常年供应宝武集团、沙钢集团、永钢集团、南钢集团、兴澄特钢、南京化纤、金浦锦湖、上海康恒环境股份有限公司等知名企业及新兴环境修复治理企业。2019年，公司进一步加大环保投入力度，新增投资近3000万元，在全国行业内率先建成大气污染物超净排放系统，大幅度降低烟尘、二氧化硫、氮氧化物排放。2021年，实现销售收入2.6亿元。

（毕　俊　龚　鑫）

【江苏福泰建材有限公司】 成立于2012年12月，坐落于竹箦镇前马工业园区，总占地面积75亩，注册资本2500万元，生产商品预拌干混砂浆、各种标号商品混凝土以及各种环保建材产品，具有年产商品预拌干混砂浆30万吨、各种标号商品混凝土50万立方米的生产能力。公司设备精良先进，拥有国内先进的徐州天地重工单烘干塔楼式自动化预拌干混砂浆生产线和2条商品混凝土生产线。具有完善的质保体系和管理制度，生产过程达到国家环保要求，已通过绿色混凝土产品、绿色砂浆产品和职业健康安全管理体系认证。2021年，实现销售收入18120万元，上缴税金684万元。

（岳　磊）

【溧阳宏基兴业混凝土有限公司】 成立于2004年11月，位于竹箦镇前马村，注册资金1200万元，有员工 80 余人，主要从事混凝土制品的生产及销售，预拌商品混凝土的销售，混凝土专用设备租赁和道路运输等，具备年产C15～C60 强度等级和特殊要求的商品混凝土60万立方米的生产能力。公司拥有HZS270型号混凝土搅拌机2台，建有120吨汽车衡1台，配置先进的配电房，配有6个2000吨全封闭式砂石料仓及6个400吨散装水泥存储罐。公司有搅拌运输车辆 27台、37～62米各型号的泵车6台，能满足各类工程对预拌混凝土的各种要求。混凝土专项试验室通过专家组认证，水泥、砂、石、添加剂等检测项目完善，建有标准化恒温试块养护室，确保提供优质的商品混凝土。2021年，实现销售收入2.2亿元。

（岳　磊）

食品加工和制造业

【概　况】 溧阳的食品加工和制造业以天目湖啤酒为龙头，拥有以天目湖啤酒为主的酒类系列产品，以果蔬原汁、矿泉水、植物蛋白饮料为主的饮料系列产品，以畜禽水产深加工为主的天目湖香肠、周城羊肉火锅、天目湖鱼头、竹箦风鹅、社渚青虾等生熟制品。2021年，天目湖啤酒实现销售收入5.4亿元。

【嘉士伯天目湖啤酒（江苏）有限公司】 创建于1985年，年生产能力达啤酒20万吨，是嘉士伯集团（全球第三大啤酒公司）在华东地区的主要生产基地。2014年加入嘉士伯成为公司发展的分水岭。随着嘉士伯投资的不断扩大，公司向打造国际啤酒行业标杆、高端品牌生产基地、传统优势产业典范、绿色工厂及智能化工厂目标奋进。公司具有国际高端品牌啤酒生产线，从德国KHS引进世界领先的拉罐线，整体装备水平处于行业领先地位。天目湖系列啤酒不仅覆盖江苏全省，而且远销上海、浙江、安徽、河南、山东等周边省份，多次获得“常州市明星企业”“溧阳市工业四星企业”“埭头镇重大贡献奖”等称号，成为溧阳市传统企业的标杆，江苏啤酒行业的知名企业。2021年，实现销售收入5.4亿元。

公司引入嘉士伯高新技术和管理模式，持续推进高端化战略和生产网络优化战略，形成“国际高端品牌（K1664、皇冠铝瓶、嘉士伯、乐堡等）+本地强势品牌（天目湖）”的强大品牌组合，并持续推进产品高端化，应对啤酒消费结构变化所带来的机遇和挑战，糖化车间改造和智能仓储项目加快建设中。公司通过节约水电、减少能耗、降低排放的模式提高生产能效，实现以“零碳排放”“零水资源浪费”“零事故文化”和“零非理性饮酒”为重点的可持续发展目标。

（蒋璐怿）

金属冶炼和加工业

【概　况】 金属冶炼和加工业是溧阳的重要产业，占全市工业企业销售收入的比重超过20%。德龙金属启动600万吨高端不锈钢热轧项目，金峰铜业启动70万吨铜材精深加工项目，国强镀锌公路护栏产品连续16年市场占有率排名全国第一。2021年，国强镀锌销售收入147亿元，顺博合金销售收入28亿元，江苏友发钢管销售收入30亿元，瑞昕金属销售收入72亿元，富民新材料销售收入27亿元，鸿开金属销售收入13.34亿元。

【江苏国强镀锌实业有限公司】 始建于1998年10月，拥有员工4700余人，资产总额50亿元，是一家集制造、新能源配套、智慧物流等行业为一体的多元化跨领域的大型企业。拥有纳米自清洁护栏等多项发明专利，连续多年镀锌综合生产能力达300万吨以上，年销售额在100亿元以上，年纳税额超1亿元。各类产品被广泛运用于新能源产业、军工、铁路、建筑、石油、电力通信、轨道交通等领域，公路护栏产品连续16年市场占有率排名全国第一。营销网络涵盖全国，并与美国、印度、荷兰、澳大利亚、阿联酋、韩国等国际客商建立长期业务合作关系。先后获得“全国民营企业500强”“中国交通百强”“全国重信用守合同企业”“AAA级资信企业”“中国交通名牌产品”“电子商务企业”“百亿规模企业”“常州重大贡献企业”“纳税百强企业”“常州市五星企业”等称号。获得“全球光伏20强中国光伏支架第一名”及“中国光伏分布式应用贡献大奖”等多项大奖。2021年，实现销售收入147亿元。

公司积极开发节能、环保、

技术含量高的产品，并将之作为企业未来发展的方向。与大连理工学院联合开发吸音降噪声、风屏障和防尘网项目，与多家电力设计院合作开发太阳能支架、西格玛立柱等产品。为满足生态环境保护要求，投入大量资金在污染源控制、污水处理、锌烟吸收、冷煤气使用、技术工艺改进及“7轴自动焊接机器人”等领域进行技术改造。

积极参与社会公益慈善事业，先后启动“江苏国强爱心基金”“袁氏兄弟奖学金”“春蕾计划”等爱心助学慈善项目；董事长袁国强先后被授予“全国乡镇企业家”“江苏商誉最佳民营企业家”“常州市明星企业家”“中国民营科技促进会会员”“建国七十周年最受尊敬的苏商实业家”等多项称号，并被推选为江苏省人大代表、江苏省光彩事业促进会理事。

（王倩倩）

【溧阳市四方不锈钢制品有限公司】 是专业从事不锈钢卫生流体设备研发与制造的高新技术企业，成立于1995年，2009年与瑞典阿法拉伐集团合资，占地面积310亩，有员工750名，在国内食品和药品级不锈钢管件市场占有绝对领先地位。2021年，实现销售收入6.2亿元。

公司专注于卫生泵、阀门、管件的研发与制造，在卫生级流体产品领域不断进行专业化投资、研发、扩大生产规模，生产规模、装备水平、专业化程度、市场占有率等均处于国内领先水平。公司始终注重设备投入和升级，拥有江苏省工程技术中心和常州市智能车间，是埭头镇“智改数转”标杆企业。公司向电子级新材料领域拓展，新厂区200亩一期单体5万平方米厂房已投入使用，二期4万平方米厂房正在建设，建成后年销售额预计将突破12亿元，税收超7000万元。

（蒋璐怿）

【江苏南洋中京科技有限公司】 成立于2017年10月18日，前身为上海交大中京锻压有限公司，位于埭头镇，占地64亩，厂房1.6万平方米，有员工200余人，上海交大中京锻压有限公司由上海交通大学和日本东海锻造株式会社于1989年合资创建。公司具有上海交通大学、交大中京和南洋中京的三重品牌优势，为中国锻压协会理事单位、国家高新技术企业和江苏省民营科技企业。依托上海交通大学锻压专业的高新技术，主要生产汽车行业类、工程机械行业、工业仪表行业类模锻件产品，同时拓展工业用不锈钢锻造件，客户覆盖大众、沃尔沃、奔驰等多家知名品牌。2021年，实现销售收入3亿元。

（蒋璐怿）

【常州博尼特种钢管有限公司】 成立于1992年，位于戴埠镇镇南工业集中区，注册资金5000万元，占地面积2.5万平方米，有职工100人，其中技术人员24人。公司主要从事不锈钢无缝钢管的生产加工，生产的流体输送管及换热管主要应用于石油、化工、制药、航空航天等领域。公司借鉴国内外领先的冷拔、冷轧不锈钢无缝钢管技术，成功参与中国不锈钢行业标准制定起草，产品通过国家石油钻采炼化质量监督局、国家质量监督检验检疫总局等多项质量认证。公司与中石化、德国拜尔、日本三菱化学等多家国际国内知名企业开展业务合作。2021年，完成应税销售1.75亿元。

（袁子杰）

【江苏鸿开有色金属有限公司】 创立于2011年，位于戴埠镇镇西工业集中区，占地300多亩，总投资12亿元，拥有高标准厂房8万平方米、办公楼及配套设施1.5万平方米。公司是一家专注于高导铜导体材料研发、生产和销售的科技型企业，主要产品为铜金属和合金压延拉丝等高标准通信绞合导体。拥有国产连铸连轧和德国尼霍夫大拉机等多条先进生产线，形成年产27万吨低氧光亮铜杆及3万吨各类铜绞线加工生产能力。产品主要应用于高铁、核电、船舶和信息工程领域，广泛服务于江浙沪地区电缆企业。2021年，实现应税销售13.34亿元。

（袁子杰）

【江苏翔能科技发展有限公司】 成立于2012年5月，位于戴埠镇镇东工业集中区，占地约60亩，总投资2亿元，是一家主要从事异形环锻件等专业化精密锻造生产的现代化企业，为中国锻压协会成员单位，产品主要应用于风电等行业领域。2018年12月，与中信泰富特钢正式签约合作，中信泰富特钢注资965万美元，共同启动中大型高端环锻件项目，致力于打造国内领先、国际先进的环锻件生产线。公司进军航空航天、能源等高端环件市场，在高温合金、钛合金、高强合金以及不锈钢高端材料复杂环轧近终成形、精确控尺控性、立式和卧式环轧等领域形成自己的专有技术。公司与南京航空航天大学、江苏大学、西北工业大学等院校建立产学研合作关系，连续三次获评高新技术企业，先后获得江苏省级专精特新小巨人、江苏省级绿色工厂、常州市企业技术中心、常州市工程技术研究中心等称号。2021年，实现销售收入4亿元。

（袁子杰）

【江苏冶建锌业有限公司】 成立于2007年4月，位于戴埠镇镇南工业集中区，是一家集生产、加工、销售锌基料于一体的高新技术企业，产品主要应用于化工、医药、染料、冶金、涂料等行业领域。研制的涂料专用亚微米锌粉具有良好的附着力、显著的防腐抗氧化效果、高强活性以及优良的导电性能，产品性能达到国际先进水平。公司已通过ISO 9001质量管理体系认证，先后获得“国家高新技术企业”“江苏省民营科技企业”“常州市民营科技企业”“省级守合同重信用企业”等称号。2021年，实现应税销售1.56亿元。

（袁子杰）

【溧阳德龙金属科技有限公司】 成立于2020年年底，是江苏德龙镍业有限公司的全资子公司，注册资本金7亿元，坐落于溧阳高新区，占地300亩，建筑面积10万平方米，是一家专业从事不锈钢轧制生产与销售的民营企业。公司建有年吞能力达1000万吨级的厂区码头和能力可达60万吨的仓储基地。2020年年底，母公司在收购重组江苏申特钢铁有限公司基础上，通过产能置换和产品升级，淘汰原厂区高能耗低附加值产品螺纹钢，全面建设成为生产高端精品不锈钢产品的生产基地。

江苏德龙镍业成立于2010年8月，位于黄海之滨、素有“苏北黄浦江”之称的灌河南岸——盐城响水沿海经济开发区陈家港镇。德龙镍业是一家集镍铁生产、不锈钢冶炼、热轧、固溶酸洗、冷轧一体化生产格局的综合现代化钢铁联合企业，在2020中国民营企业500强排行榜中排名第231位，中国制造业民营企业500强排行榜中排名第131位。

溧阳德龙是江苏德龙集团在溧阳布局的不锈钢加工生产基地，拟建设600万吨高端不锈钢热轧项目，总投资40亿元，项目定位高、精、尖产品，建设工艺设备先进、建设过程节能环保、生产产品质量优良。项目建成后将满足市场大规格不锈钢直缝焊管的原料需求，以及部分不锈钢宽幅中厚板的市场需求，填补国内市场空白，有着广阔的市场前景。项目建成投产后预计可实现销售收入800亿元，税收10亿元，直接提供600个就业岗位，间接提供3000个就业岗位。

公司主要生产代表钢号为300、316、321等的300系高端不锈钢，产品为热轧不锈钢卷和热轧不锈钢板。拟新建的2680热轧不锈钢热轧生产线，生产钢种为300系不锈钢。生产线设备采用成熟、先进的技术设备，各项生产技术指标均达到国际领先水平，轧线采用“立辊轧机设置AWC控制系统以提高带坯宽度精度，优化带坯头尾形状，保证中间坯宽度精度；四辊粗轧机设液压HGC和电动APC，保证中间坯尺寸精度”等15项先进工艺和新技术，以提升产品质量。

（王奕荇）

【顺博合金江苏有限公司】 是集再生铝合金锭研发、生产、销售为一体的大型企业，总公司为重庆顺博铝合金股份有限公司（股票代码002996），成立于2016年，位于溧阳高新区，注册资本21500万元，项目总投资10亿元，有员工230人，本科以上学历56人，高级工程师8人，总占地面积380亩，一期占地面积180亩，建筑面积12.6万平方米，二期占地面积200亩，一期项目于2017年9月投产，年产能10万吨，二期项目年产能20万吨，全套设备投产后，年产值达45亿元。2021年，实现销售收入28亿元，上缴税收5418万元，研发投入占销售收入比重达3.3%。

公司专业从事再生铝原料回收，主要为国内各大知名汽车、摩托车行业配套厂家、通用机械铸造企业及铝制品公司提供各类标准牌号和非标准牌号的再生铝合金锭系列产品，是国内再生铝行业中的标杆企业，业内排名前三，市场占有率达15%以上。公司高度重视技术创新和自主知识产权技术的开发，2019年被评定为江苏省高新技术企业，科研团队共申请发明专利2个，实用新型专利19个。先后获得江苏中关村高新区“2017 年度园区发展之星”“2018 年度销售十强企业”“2019 年度工业销售十强企业”“2020 年度销售十强企业”“2020 年度纳税先进企业”和“常州市环境资源保护公益协会”等称号。

（王奕荇）

【江苏富民新材料有限公司】 是一家以型材生产为主导的生产贸易型企业，成立于2011年7月，位于溧阳高新区，占地面积400多亩，固定资产4.5亿元，北临扬溧高速、南靠丹金溧槽河，有自备800吨码头。

公司主要从事汽车、船舶、机械、五金零部件相关产品的设计和铸造，铁合金、铸造材料加工及销售自产产品。公司采用先进的德国磨根技术工艺设备、金属机械成型机成型技术、飞剪等技术，年产能达100万吨。公司实现多元化发展，开发出槽钢、角钢、电力角钢、小角钢、扁钢等产品，品种规格齐全，可广泛应用于造船、钢结构、电力、汽车大梁板、邮电通信、市政、公路桥梁、钢格板（栅）及车辆制造等领域。2021年，实现销售收入27亿元，上缴税收1168万元，研发投入占销售收入比重达3%。

（王奕荇）

【江苏金峰铜业有限公司】 为金峰控股集团有限公司的全资子公司，位于溧阳市昆仑街道泓枫路8号，注册资本8000万元，成立于2020年4月16日，经营范围为有色金属压延加工、金属丝绳及其制品制造、金属材料销售、五金产品制造、包装材料及制品销售。金峰集团为江苏省最大的水泥生产企业，连续多年被评为全国民营企业500强。

2020年4月以2.4亿元收购重组原江苏新时代控股集团有限公司。2020年8月21日，公司取得溧阳市行政审批局出具的"江苏省投资项目备案证"，项目名称为"铜材精深加工项目"，总投15.8亿元，建设规模为年产低氧铜杆50万吨；无氧铜杆10万吨；扁铜线、铜母线、定制线材10万吨；铜基复合线材0.3万吨。2021年8月，公司首条低氧铜杆连铸连轧生产线（美国南线SCR3000，年产15万吨）进入热试阶段。2021年11月，公司开始试生产运营，并于当年实现6.5亿元产值。公司新采购两条美国南线SCR7000生产线（30万吨／年／条），计划于2023年年底正式投产，全部达产后公司将成为全国规模排名前列的铜加工企业，实现年产值超500亿元。

（王奕荇）

【溧阳市金昆锻压有限公司】 成立于1994年，注册资本8000万元，占地120亩，建筑面积3万平方米，有员工300余人，其中中高级工程师10余名，各类技术人员30余名，是一家专业从事各类金属材料的锻造、热处理和机械加工的高新技术企业，为全球知名锻件和机械配件供应商。产品主要涉及航空航天、风力发电、轨道交通、船舶制造、压力容器制造、饲料机械、矿山冶金等多个行业领域，远销德国、意大利、俄罗斯、美国、新加坡、日本、韩国等20多个欧美亚国家和地区。锻件年生产能力达5万吨，制粒机锻件国内市场占有率达30%以上。公司已通过ISO 9001国际质量管理体系认证、GB/T 29490—2013知识产权管理规范认证、GB/T 23001—2017两化融合管理体系认证，获得ABS（美国）、DNV—GL（挪威—德国）、LR（英国）、BV（法国）、RINA（意大利）、NK（日本）、KR（韩国）、CCS（中国）八大船级社认证，PED欧盟承压设备指令认证，API美国石油协会认证，TSG中国特种设备制造（压力管道元件）许可证（A+B），采用ERP、MES等企业管理软件作为日常流程管理工具。公司注重知识产权保护，共申请专利28项，其中23项已经得到授权。2021年，实现营业收入5亿元，税金1072万元，研发投入占销售收入3.26%。

公司拥有江苏省新能源设备耐磨锻件成型与控制工程技术研究中心，通过江苏省企业技术中心认定、江苏省研究生工作站、常州市外国专家工作站认定。先后获得"国家高新技术企业""中国外贸出口先导指数样本企业""江苏省民营科技企业""江苏省专精特新产品""江苏省小巨人企业"等称号。

（王奕荇）

【江苏盛昌钢铁有限公司】 成立于2002年，位于溧阳市平陵西路1088号，毗邻宁杭高速公路溧阳西出口，注册资金2380万元，占地面积2532平方米，建筑面积8150平方米，有员工130人。

公司是主要从事钢压延热轧加工的生产型企业，拥有3条热轧联机生产流水线，主要产品为各种规格的热轧扁钢，年生产能力达10万吨。产品资源丰富、品种规格齐全，广泛应用于造船、电力、机械制造等领域，畅销上海、江苏、浙江、安徽、江西、福建等地，并出口到澳大利亚、印度、马来西亚等国家。2021年，实现销售收入26475万元。

（王奕荇）

【江苏宏光钢铁有限公司】 原名为溧阳市弘光轧钢有限公司，成立于2002年10月，位于溧城街道金山路88号，占地面积100亩，注册资本1000万元，有员工85人，各类技术人员20人。主要产品为

HRB400、HRB400E、HRB500、HRB500E钢筋混凝土用热轧带肋钢筋，畅销周边市场。2021年，实现销售收入9.36亿元。

公司于2010年5月开始搬迁技改项目，年设计产能55万吨。公司取得“全国工业产品生产许可证”，通过ISO 9001质量管理体系认证和中冶冶金产品认证（MC认证），2013年3月通过由常州市经信委组织的重点用能单位能源审计验收，2016年8月通过江苏省清洁生产审核验收抽查，2020年1月通过企业安全生产标准化三级复审。先后获得江苏省节水型企业、江苏省钢铁协会常务理事单位、常州市非公企业党建工作示范点等称号。

（薛志远）

【江苏瑞昕金属制品科技有限公司】 坐落于南渡镇金山路8号，为华东地区最大的镀锌带钢管生产基地，创立于2012年，占地面积500余亩，厂房面积23万平方米，有员工1700余名。公司主要生产电力角钢、槽钢、热轧带钢、镀锌带钢、镀锌带方圆管、黑方管、轻钢龙骨料、电缆铠装料、C型钢等，年产能达200万吨，产品广泛应用于建材、钢结构、光伏、电缆、装饰装潢、农业大棚、仓储及汽车等领域。公司已通过ISO 9001质量管理体系认证、ISO 14001环境管理体系认证、OHSMS 18001职业健康安全管理体系认证，拥有20余项国家专利，产品通过多家国内知名企业认证。公司先后获得“江苏省AAA级资信企业”、中华全国工商业联合会颁发的“规模民营企业”、中国建筑材料协会“企业信用评估AAA级企业”等称号。2021年，实现销售收入72亿元。

（洪　瑾）

【溧阳市中大电力交通装备有限公司】 成立于2016年11月，坐落于南渡镇五笪路8号，占地面积2.7万平方米，建筑面积2.1万平方米，有职工200余人，总资产1.5亿元。公司具有年加工30万吨镀锌钢材的能力，产品广泛应用于建材、铁塔、钢结构设施等领域，2020年12月被认证为高新技术企业。2021年，实现销售收入5.2亿元。

（洪　瑾）

【溧阳市宏泰特种扁钢有限公司】 是一家以优质扁钢、弹簧钢为主，其他型钢为辅的生产贸易型企业，位于上黄镇坡圩桥埝，占地面积5万平方米，有员工100多人。拥有轧机1套，连轧机组9套等轧机流水生产线，年产量30万吨以上，产品畅销全国各地及东南亚、欧美等海外地区。先后获得“银行信得过企业”“信用（合同）AAA企业”等称号，通过质量管理体系ISO 9001认证。2021年，实现销售收入12.3亿元。

（狄　霞）

【江苏共昌精密铝业有限公司】 位于上黄镇，成立于2013年12月，注册资金1亿元，其中宜兴共昌轧辊投资有限公司控股51%；常州祥龙冶金设备有限公司占股49%。主要从事微通道铝扁管、脱氧杆、电工杆及相关铝制品的研发和销售，是微通道铝扁管国家标准第一副主编单位、上海铝业行业协会理事单位。公司是上海交通大学产学研基地之一，拥有专门的微通道铝扁管研发中心，专业技术开发团队由博士生导师、教授级高工、高级工程师组成。

公司拥有行业内领先的微通道铝扁管生产线装备，意大利达涅利35MN卧式型挤压机，具有挤压力大、速度稳定、可控性强等特点；德国IAS加热炉，是世界上最好的铝棒加热炉，具有热效率高、能耗低、温度控制精度高、生产能力强等特点；瑞典收卷机，是国际市场最著名的品牌，具有张力可控性好，运行稳定等特点。实验室引进德国金相显微镜、美国拉力试验机、德国光谱仪、英国锌层测厚仪等高端仪器设备。公司拥有发明专利1项、实用新型专利9项，江苏省高新技术产品1项、常州市高新技术产品2项、溧阳市科技进步奖1项。由上海交大主持研发并获国家科技进步二等奖的“微通道管材与换热器制造技术及其应用”项目实现产业化。

2019年，公司对原有铝制品生产线进行全面技术改造，引进并优化熔化炉、保温炉、连铸连轧设备、铝杆切粒机等设备，主要生产脱氧杆、电工杆、铝包铁等相关铝制品，年产量达4万吨。用于钢厂炼钢脱氧的产品有直径9.5毫米以上的铝线、铝丸、铝块、铝丝、钢砂铝等，用于电缆厂所需电工铝杆有A4 /A6 /A8纯铝产品、1/3/5/6/8等系列合金杆产品。2021年，实现销售收入6.9亿元。

（狄　霞）

【江苏友发钢管有限公司】 江苏友发钢管有限公司是天津友发集团的控股子公司，为友发集团的第五大生产基地，主要生产直缝焊接钢管、镀锌带焊管、热镀锌钢管、方矩管、螺旋管、衬塑复合管等，销售覆盖华东地区。公司建设分2期，共占地970余亩，设计建设16条焊管生产线、17条镀锌生产线、15条方距管生产线、4条螺旋管生产线、4条衬塑复合管生产线，产品覆盖4分米至12寸等规格。全部达产后，预计年产各类钢管576万吨，可提供就业岗位4000个，年销售收入达200亿元，年缴税收1.5亿元。2021年，实现销售收入30亿元。

友发集团创立于2000年7月1日，总部坐落于中国最大的钢管生产基地——天津大邱庄，是一家千万吨级焊接钢管制造企业。2020年12月4日，友发集团在上交所主板成功上市。友发集团拥有天津、唐山、邯郸、陕西韩城、江苏溧阳五大生产基地，员工1.1万余人，拥有直缝焊管、螺旋焊管、热镀锌钢管、钢塑复合管等各类钢管生产线183条、3个国家级认可实验室、2个天津市认定企业技术中心、1个焊接钢管技术中心。自2006年起，友发集团连续15年跻身中国企业500强、中国制造业500强，并连续14年保持全国产销量第一的行业领先地位。

（王倩倩）

【江苏奥冠首信薄钢有限公司】 成立于2017年9月28日，位于社渚镇工业集中区，注册资本1000万元，占地面积1.22万平方米，是一家金属薄板系列生产销售企业，拥有薄钢行业完整的生产线。公司投入1亿元，建有一条1250型150米／分钟PC板材及彩色涂层钢板生产线，年产能达10万吨。公司有员工100余人，各类专业科技人员占20%以上，营销团队有30余人。公司与浙江奥冠薄钢科技有限公司、安徽奥冠新型材料有限公司和上海斌昌实业有限公司等建立长期稳定的合作关系。2021年，实现销售收入4.8亿元。

（毕　俊　龚　鑫）

【溧阳市立方贵金属材料有限公司】 是以白银为原料进行深加工的高新技术企业，成立于2007年，总投资5000万元，占地面积20亩，位于天目湖镇田家山工业园区。主要生产超纯银粉、超细银粉、片状银粉、球形银粉、光亮银粉、电子浆料等产品，产品广泛应用于电器、电子、粉末冶金、航天军工、太阳能光伏等领域。2012年，通过ISO 9001质量管理体系和ISO 14001环境管理体系认证。公司与国内著名院校、科研单位和众多国际知名客户建立深层次的战略合作关系，拥有多项国家发明专利，产品远销国内外。2014年5月，被授予“江苏省企业研究生工作站”和“江苏理工学院研究生实践基地”。2021年，实现销售收入2.7亿元，比上年增长52.2%。

（谢新冉）

【溧阳市新力机械铸造有限公司】 是一家专业生产灰口铸铁、球墨铸铁的国家高新技术企业，成立于1994年6月，位于中国绿色铸造小镇竹箦镇，注册资本1500万元，占地面积5.2万平方米，建筑面积3.5万平方米，有职工280余人。公司主要生产新能源电池用搅拌机传动箱体、工程机械用传动箱体、泵阀、液压件、医疗器械、高端农机、新能源纺织机械、机床等铸件，能生产5吨以下，尺寸达2米左右的铸件，月产铸件2500吨左右，年产量达3万吨以上，产品远销美国、德国、意大利、英国、日本等多个国家。2021年，实现销售收入1.7亿元。

公司拥有4套2吨和2套1吨中频炉熔炼设备、型砂性能测试整套设备、OBLF和FXL直读光谱仪、X光探伤仪、超声波无损探伤仪、高频红外碳硫分析仪、金相图像分析仪、低温冲击仪、CREAFORM激光3D扫描仪、常规原材料化学分析及力学性能试验设备、五轴、四轴立式加工中心、日本卧式加工中心、卧式镗铣床、立车等机加工设备和德国蔡司、瑞典海克斯康三坐标等一整套先进的铸造加工设备和检测仪器。采用树脂砂、湿型砂、覆膜砂等方式造型，造型工艺选用日本东久线、美国亨特线、148造型机和多触头造型机等先进生产线。

公司采用ERP系统对销售、生产、采购、财务等方面进行管理，铸造车间采用铸造MES信息化系统，金工车间采用IOE数据采集系统，实现初步的信息化管理。公司已通过ISO 9001质量体系认证、ISO 14001环境管理体系认证、ISO 45001职业健康安全管理体系认证和ISO 5001能源管理体系认证，并取得美国、英国、法国和中国船级社工厂认可证书。

公司为常州市铸造协会副会长单位、江苏省铸造协会常务理事单位和中国铸造协会成员单位，先后被认定为“常州市企业技术中心”和“江苏省高精度薄壁医疗器械工程技术研究中心”，取得6项发明专利，在历届中国国际铸造博览会上多次获得优质铸件金奖。2011年被评为中国铸造行业千家重点骨干企业，2014年被评为“江苏铸造行业铸铁十五强企业”，2018年被评为“第三届中国铸造行业排头兵企业”，2021年被认定为“江苏省绿色工厂”。

（岳　磊）

【纽威精密锻造（溧阳）有限公司】为苏州纽威阀门股份有限公司的全资子公司，占地面积238亩，总投资约10亿元。一期锻造项目于2019年12月投产，生产碳钢、合金钢、不锈钢等材质的环形及轴类锻件，产品广泛应用于石油、化工、风力发电、能源机械、工程机械等领域。二期铸造项目（包含3条水玻璃有机酯生产线）于2021年2月逐步投产，主要生产各类碳钢、合金钢、不锈钢材质的阀门毛坯铸件，产品应用于燃气蒸汽循环、大型空冷电站、百万千瓦核电、海洋平台等领域，为国内超临界火电机组、核电、石油化工、海洋平台、西气东输等重大工程需求的高端阀门形成进口替代。2021年，实现销售收入1.5亿元。

（岳　磊）

纺织服装业

【概　况】纺织服装业是溧阳的传统产业，也是溧阳的主要出口创汇产业之一，同时更是高就业、广富民的产业，呈现出地毯、纺织两大系列产品。2021年，开利地毯销售收入4.6亿元，东发纺织销售收入1.85亿元，宝丽佳塑胶销售收入1.4亿元，新元窗帘销售收入1.3亿元，开成毯业销售收入1.3亿元，恒天宝丽丝销售收入1.3亿元。

【江苏开利地毯股份有限公司】成立于1994年，注册资本13910万元，占地面积666亩，建筑面积15万平方米，是集地毯及其材料的专业设计、研发、生产、销售和服务于一体的国际型全产业链式地毯集团公司，拥有国内7家子公司和国外1个生产基地、3家销售公司。产业规模居于中国地毯行业领先行列，拥有先进的技术和生产设备，并不断在航空、汽车、游轮专业地毯项目上持续加大投入，各类地毯年产能达3000万平方米，BCF纺丝年产能达2.6万吨。威尔顿满铺块毯、阿克明工程毯、仿手工毯、船用毯、火车毯、汽车用毯、单面威尔顿航空毯、各类印花家用、工程毯、PVC、沥青方块毯均名列行业品类前列。公司严格按照国际环保及等级要求，将“绿色、环保”理念贯穿整个产品制造的全过程，生产流程坚持按照ISO 9001：2015质量管理体系、ISO 14001:2015环境管理体系进行管理营运。2021年，实现销售收入4.6亿元，研发投入占销售收入比重为3.77%。

公司为高新技术企业、江苏省工业设计中心、常州市服务型制造示范企业，拥有发明专利7个、实用新型专利34个，拥有国际环保地毯认证书和美国CRI+PLUS室内空气质量认证书。2012年，公司被文化部、商务部等六部委授予“国家文化产业出口重点企业”；2014年11月，通过全球最具权威的认证机构挪威船级社（DNV · GL）认证并获得证书；2016年3月，获得由欧洲权威认证机构 Dedal颁发的欧盟CE证书；2016年12月，与上海纺织集团等共同发起成立中国纺织国际产能合作企业联盟。2019年，开利地毯被评为“中国商用满铺地毯十大品牌”。

（王奕荇）

【溧阳新元窗帘制品有限公司】创建于1993年2月，占地面积3.4万平方米，建筑面积1.6万平方米，有员工300多名，是专业生产各种百叶窗的外向型企业。产品通过美国MTL机构的检测，远销北美、欧洲、中东及日本市场。2021年，完成窗帘制作600万平方米，实现销售收入1.3亿元，已成为华东地区最大的绿色科技型窗帘制造企业。

公司累计投入1亿多元，引进世界上先进的窗帘制作设备100多台（套），使企业的装备技术达到国际先进水平。实行质量检测封闭、检测过程封闭、工资考核封闭的“三封闭”制度，生产、经营全部实现微机化管理，通过ISO　9001：2000国际质量体系认证。

公司在成立之初就配合供应Wal—Mart并一直合作至今。每年参加芝加哥国际家庭用品展览会，并以参加各种国际展览会为切入点，以国际互联网为市场平台，努力提升产品在世界窗帘业的市场占有率。2002年起，通过东京展会平台，先后与日本港南KOHNAN、NITORI(似鸟公司)、AEON（日本永旺株式会社）、CAINZOHE、KOHNAN、NAFCO、KOMERI等大型公司合作，日本已成为公司的国外重要市场。2004年，在阿联酋迪拜建立窗帘加工厂，在中东及波斯湾地区拥有固定的客户群，销售业绩不断攀升。

（薛志远）

【溧阳开成毯业有限公司】 成立于2003年6月，坐落于南渡镇永安路161号，是集地毯及其材料的专业设计、研发、生产、销售和服务于一体的专业地毯制造商。公司占地面积4.3万平方米，建筑面积3.1万平方米，有职工200人，注册资金6125万元。

公司主要生产簇绒地毯、方块毯、家用毯，产品适用于商场、工地、住宅等领域，簇绒地毯总销量位居国内前三。公司致力于为客户提供工程及售后服务的整体解决方案，销售网络遍布全国各省市。公司已通过IATF 16949：2015质量管理体系认证和ISO 14001：2015环境管理体系认证。公司坚持环保、低碳、可再生理念，致力于地毯的原创开发，2019年起与鲁迅美术学院（中国八大美院之一）进行产学研合作。2021年，实现销售收入1.3亿元。

（洪　瑾）

【溧阳市宝丽佳塑胶纺织有限公司】 成立于2015年4月，是一家牛津布、箱包面料生产企业，前身为溧阳市宝丽来塑胶纺织有限公司，注册资本1000万元，拥有从织布到涂层的完整产业链。织布工厂和压延工厂分别位于埭头镇和上兴镇，总占地面积1万平方米。公司在业内拥有良好的品牌影响力，产品广泛应用于新秀丽、瑞士军刀等众多户外用品知名品牌。2021年，实现销售收入1.4亿元。

（王倩倩）

【恒天宝丽丝生物基纤维股份有限公司】 成立于2015年7月，是一家集纺纱、捻线、染整和制线于一体的纺织企业。公司拥有各类长丝、短丝倍捻机、复合机，主要生产再生纤维素生物基长丝、生物基长丝复合纱线、生物基短纤复合纱线、高档绣花线、高强涤纶缝纫线、高强尼龙缝纫线。公司着力打造染整生物基纤维精加工基地，拥有筒子缸、喷缸两条染色生产线，筒子染色月生产能力达120吨，绞纱染色月生产能力达180吨。2021年，实现销售收入1.3亿元。

公司配置完整的ERP系统与中央集控系统，坚持以“服务品牌设计师、服务消费者”理念为核心，以“国际一流，国内领先”为质量目标，大力实施“互联网+生物基天蚕丝”的云销售模式。公司不断致力于新型生物基纱线的研究和开发，联合国内知名服装学院成功研发生物基蚕丝宝纱线、银纤维混纺纱线等高新技术产品，主要新品纱线有蒙娜纱、丽丝纱、天蚕丝、宝研纱、维纳丝等种类，织物丝滑干爽、光泽莹润、透气保湿又具有良好的亲肤性和悬垂性。产品赢得皮尔卡丹、梦特娇、老人头、鳄鱼等高端品牌商的青睐，远销欧洲、南美、日本、韩国等市场。

（毕　俊　龚　鑫）

【溧阳广道针织有限公司】 成立于2001年，位于社渚镇，是一家集织造、水洗、绣花、印花、成衣于一体，专业生产各类针织服装的股份制企业。公司占地面积1.8万平方米，建筑面积1.1万平方米，固定资产7000万元，有职工980人，其中技术人员60人，管理人员76人。2021年，实现销售收入3082万元。

公司拥有各类全自动电脑横机500余台，生产设备齐全，工艺完善，产品质量稳定。公司以南京纺织品进出口股份有限公司为依托，原河心针织服装厂为核心，拥有下属各紧密型加工企业30多家，年产各类针织毛衫100万件（套），产品销往日本、美国、澳大利亚、瑞典、法国等国家和地区，主要客户有H&M、家乐福、华特、迪士尼、凌志等知名企业。2020—2021年，公司连续两年被溧阳市授予“先进基层党组织”“安全文明单位”“巾帼示范岗”称号，被常州市授予“优秀基层党组织”称号，被常州市工商局私营个体协会授予“光彩之星”称号，被社渚镇政府授予“纳税大户”称号。

（毕　俊　龚　鑫）

【溧阳东发纺织有限公司】 成立于2000年，占地面积112亩，建筑面积7万平方米，拥有喷水织机400台，PVC压延生产线2条，PE复合生产线2条，TPE生产线1条，PU、PA涂层生产线2条，印花生产线2条，染缸40个。产品有单色、双色、提花、印花等系列的PVC、PE、TPE、PU、TPU、PA复合涂层六大类面料上千个品种，应用于各种系列的箱包、旅游用品、沙滩椅、野营床等。产品被中国国际贸易委员会评为高科技产品，被法国科技质量监督委员会评为向欧盟市场推荐产品，国内销往十多个省市，国外销往美国、墨西哥、俄罗斯、乌克兰、埃及、南非、土耳其、印度、日本、韩国等20多个国家和地区，RPET环保再生面料受到客户的一致好评。公司先后获得国家“AAA级诚信企业”、中国“外商投资优秀企业”和江苏省明星企业等称号。2021年，实现销售收入 1.85 亿元。

（谢新冉）

【溧阳市诚亿布业有限公司】 创建于 1998 年，位于天目湖镇田家山工业园区，占地面积 2 万多平方米，注册资本 500 多万元，员工百余人，其中 20% 为各种专业技术人员。主要生产经营各类真丝绸织品、化纤织物、麻类织物、化纤和棉混纺交织织物，是从事涤棉及全棉织物等基材涂层深加工的老牌毛纺企业，年产纺织涂层布料 1000 万米。产品主要应用于服装服饰、工业用布（汽车罩、飞机罩、电脑罩、画布、通风道等）、旅游用品用布（遮雨棚、旅游帐篷、睡袋、箱包）等领域，产品性能优越，具有防风、防尘、防雨、防静电、阻燃、抗紫外线等优点。公司是常州 AAA 级信用企业，已通过 ISO 9001 质量管理体系认证和 ISO 14001 环境管理体系认证，先后从意大利、德国、西班牙引进国际一流的纺织染整设备，进口设备占公司总设备的 70%。2021 年，实现销售收入 1 亿元。

（谢新冉）

造纸印刷、塑料制品、仪器仪表、日用杂品及其他行业企业选介

【江苏谦胜合成材料有限公司】 成立于 2004 年 4 月，位于戴埠镇镇西工业集中区，注册资本 1500 万元，占地面积 50 亩，厂房和办公楼 3 万余平方米，拥有员工 188 名，其中技术人员 25 名，技术专家 10 余名。公司拥有全自动流水专业发泡生产线 4 条，主要生产抗疲劳垫、防滑垫、瑜伽垫等产品。引进德国和中国台湾的专业技术，生产的各种抗疲劳垫、防滑垫、瑜珈垫，深受国内外用户好评。公司已通过 ISO 9001 质量体系认证，产品已通过 EN71（欧盟市场玩具类产品规范标准）、SGS、PAHS（多环芳烃）检测，主要出口美国、欧洲等国际市场。2021 年，实现应税销售 1.5 亿元。

（袁子杰）

【常州海大生物饲料有限公司】 位于江苏省溧阳高新区，占地 70 多亩，注册资金 2000 万元，总投资 1.2 亿元，于 2011 年 8 月正式投产，是广东海大集团股份有限公司投资的一家大型现代化、高科技型水产饲料生产企业，有发明专利 3 个。公司有员工 283 人，其中，大专以上 142 人、硕士 16 人、博士 2 人。

公司主要从事水产饲料的研发、生产与销售，实行现代企业管理模式，管理科学规范。主销产品有大菱鲆配合饲料、翘嘴红鲌配合饲料、黄颡鱼配合饲料、鳊鱼配合饲料、鲫鱼配合饲料、混养配合鱼料（适用草鱼、青鱼、鳊鱼、鲫鱼）、南美白对虾配合饲料、河蟹配合饲料等，主要销往华东地区。2021 年，实现应税销售 11.4 亿元，完成工业产值 7.9 亿元，上缴税收 520 万元，研发投入占销售收入比重达 4%。

公司拥有从事鱼类营养、生理生化和生物技术研究的实验室，主要设备有近红外检测仪、酶标仪、无菌操作台、恒温培养箱、蛋白测定仪、脂肪抽提仪、微量天平和高速离心机等；拥有德国布勒公司生产的时产 10 吨的颗粒鱼料线 6 条，拥有丹麦安德里兹等公司膨化料鱼料生产线 4 条，实行全电脑操控，年设计生产能力达 30 万吨；拥有 300 多亩的外塘实验池塘、网箱实验系统及室内水泥池实验系统，可开展黄颡鱼、翘嘴红鲌、草鱼、青鱼、鲫鱼、鳊鱼等养殖品种的实验。2016 年，公司获评“常州市名牌产品”，2018 年、2019 年均被评为江苏中关村科技产业园销售十强企业。

（王奕荇）

【江苏华鹏智能仪表科技股份有限公司】 成立于 1998 年 8 月，注册资本 7200 万元，占地面积 1.5 万平方米，建筑面积 1.7 万平方米，主要从事智能电能表、电能计量箱、通信单元、用电信息采集产品和电动汽车充电桩的研发、生产和销售，为国家电网公司、南方电网公司及各地方电网公司的重要优质供应商。2021 年，实现销售收入 45868 万元，税收 1452 万元，研发投入占销售收入比重达 3.74%。

公司坚持自主创新和产学研相结合的技术研发思路，建立企业自己的技术中心和工业设计中心，拥有各类专利 67 件，其中发明专利 17 件，软件著作权 27 件。技术水平居行业领先地位，24 项产品获常州、江苏省高新技术产品认定。

2009 年以来，公司所生产的电能表、电能计量箱、新能源汽车充电桩等产品在国家电网、南方电网公司和下属网省公司的项目招标中年年中标。2020 年，国家电网投标企业排名全国前十、江苏第一。产品覆盖华东、华中、华北、东北、华南等地区，拥有 1500 多万用户，市场占有率 6.7%，所有挂网产品运行良好。2019 年，公司获评江苏省工业设计中心、

江苏省企业技术中心和江苏省智能示范车间；2020年，被评为江苏省四星级上云企业。

（王奕荇）

【江苏富春江环保热电有限公司】 位于江苏省溧阳高新区，成立于2014年，注册资本1.5亿元，占地130亩，是浙江富春江环保热电股份有限公司（股票代码：002479）的全资子公司，主要产品为蒸汽和电力。项目规模为一期3炉（110吨／小时高温高压循环流化床）2机（15兆瓦背压式汽轮发电机组）及相应辅助设施，供热管网长约55公里，供热能力220吨／小时；远景规划为5炉4机，供热能力550吨／小时。2021年，实现销售收入2.8亿元。

公司秉承“拓展循环经济，实现持续发展”理念，为中关村、溧城街道、埭头、上黄片区提供蒸汽，主要客户为江苏时代新能源（CATL）、上上电缆、华鹏变压器、天目湖啤酒、时代上汽、北星新材料、维信生物、卫蓝新能源、粘博士、迪赛诺制药、维多股份有限公司、四方不锈钢、海大饲料、宇泽纺织、奥谷生物、中纺联、保龙机械等需要用到蒸汽的工矿企业。公司先后获得“江苏省节水型企业”“富春环保2020年度安全生产先进集体”“2019—2020年度常州市环境资源保护公益协会理事单位”“溧阳市浙江商会第四届常务副会长单位”“常州市易制毒化学品管理甲级单位”“2015年度园区投入先进企业”“2016年度园区发展之星”“2017年度园区发展之星”“2019年度园区发展之星”等称号。

（王奕荇）

【溧阳金利宝胶粘制品有限公司】 成立于2008年，占地面积4万平方米。公司有7条涂布线及附属设备，生产日用品、医药、物流、服装、防伪、玩具、酒、交通、电子胶带、电子电器、广告装饰、安全警示等3000多种类别标签产品，广泛应用于电子电器、日化、汽车、轮胎、啤酒、防伪、玩具标签等领域。公司全面导入企业资源规划管理系统（ERP），全面把控客户订单、采购、生产、出货等流程。根据生产需要建立千级、万级无尘洁净车间，引进先进的RTO设备等自动化设备，实现节能减排和热能循环再利用。公司重视科研投入，建立专业研发团队，提升材料与配方技术、基础研发、分析技术等核心技术的研发能力，掌握多项新技术专利。具备完善的研发体系，拥有不干胶材料（金利宝）工程技术研究开发中心。通过ISO 19001标准质量管理体系认证和ISO 14001标准环境管理体系认证。2021年，实现销售收入3.14亿元。

（陈　诺）

【安顺集团】 始建于2000年，是以能源、建设为主的多元化发展企业集团，下辖安顺集团建设有限公司、安顺控股股份有限公司、溧阳安顺燃气有限公司、宁国安顺燃气有限公司、歙县安顺燃气有限公司、南平安顺燃气有限公司、政和安顺燃气有限公司等10多家成员企业，集团业务遍布于全国10多个省份30多个市县。安顺集团建设有限公司拥有市政公用工程施工总承包一级、建筑工程施工总承包二级等资质，拥有各类技经人才380多人，工程遍布全国10多个省份20多个城市。2021年，溧阳安顺燃气有限公司实现销售收入13亿元。

安顺控股股份有限公司是安顺集团有限公司下属能源版块的管理总公司。公司以天然气为核心业务，立足溧阳，辐射全国，经营范围涵盖天然气销售、储配、管道安装、加气站等多个方面。业务覆盖江苏、安徽、福建三省多个区域，下辖溧阳安顺燃气、宁国安顺燃气、歙县安顺燃气、南平安顺燃气、政和安顺燃气等公司。公司拥有天然气门站3座、LNG储备站6座、LNG加气站3座、高中压调压站4座。截至2021年11月，拥有高压管道70公里、中压管道约1000公里、发展居民用户23余万户、工商用户2000余户。

集团为常州市、江苏省、全国“守合同重信用企业”，连续多年获得“常州市明星企业”“溧阳市服务业五星企业”称号；获得“溧阳市市长质量奖”“江苏省文明单位”“江苏省放心消费创建活动先进单位”“江苏省平安企业”“溧阳市纳税大户”“溧阳市书香企业”“溧阳市先进基层党组织”等称号；董事长邵良先后获得“江苏省诚信之星”“常州市明星企业家”“常州市劳动模范”“常州好人”“中国好人”“溧阳市杰出企业家”“常州市十佳爱国拥军企业家”等称号。集团总裁邵顺先后获得“溧阳市十佳转型发展青年先锋”“中国长三角十大杰出青商”“溧阳市创新之星”等称号。

（薛志远）

【江苏东方印务有限公司】 创建于1978年，位于溧城街道东升路218号，占地面积58亩，厂房面积4万平方米，有员工130多名，是一家集印前、印刷、印后和服务于一体的综合型纸制品包装生产企业。公司拥有德国罗兰大全张五色＋上光胶印机、大对开罗兰五色＋上光胶印机、单瓦及三层高速瓦楞线等先进设备，印后表面处理工艺齐全（包括上光、UV、覆膜等工艺），贴面、压痕、糊盒等工序均实现自动化，长年服务于国内外啤酒、小家电、快消品、汽车配件等行业内标杆企业。2021年，实现销售收入1.1亿元。

公司坚持制度建设和人性关怀相结合，综合实力和管理能力不断增强，已通过ISO 9001质量管理体系认证、ISO 14001环境管理体系认证、GB/T 28001职业健康安全管理体系认证、两化融合管理体系认证、绿色印刷认证、森林认证和GMI认证。公司先后获得江苏省印刷示范单位、江苏省双优诚信印刷企业、江苏省2018年度文化产业引导资金单位等称号。

（薛志远）

【溧阳水务集团有限公司】 成立于2008年5月，由中国水务投资有限公司收购溧阳市自来水有限公司重组而来，总资产13.9亿元，是一家集自来水生产、污水处理、工程建设、再生水生产销售为一体的综合性水务企业。2021年，实现销售收入1.4亿元。

公司有中心水厂一座，一期规模15万吨／天，采用沙河和大溪水库的优秀源水，最高日供水量达15万吨，供水区域面积300多平方公里，服务人口超过45万人，城区供水普及率达100%。拥有污水处理厂一座，总规模为9.8万吨／日，采用AAO处理工艺，污水配套收集管网主管网长212.8公里，污水处理收集范围95.12平方公里，服务人口28万人，服务区域覆盖主城区及城郊部分地区，出厂水水质稳定达到《太湖地区城镇污水处理厂及重点工业行业主要污染物排放限值》（DB 32/1072—2018）二级保护区标准，其中20%中水由溧阳德龙金属科技有限公司回用。

2016年，成立溧阳新源水务有限公司，注册资本金16666.67万元，由溧阳水务集团有限公司和溧阳市民水投资发展有限公司参股，持股比例分别为70%和30%。公司有南渡水厂一座，设计总规模6万吨／日，取用大溪水库的优质原水，供水服务范围覆盖溧阳市南渡、上兴、社渚、别桥、竹箦5个乡镇，服务面积875平方公里，服务人口36万人。

溧阳水务集团先后获得水利部综合事业局“昆仑奖”、中国城镇供排水协会“中国供排水行业企业文化先进单位”、江苏省价格诚信单位、常州市四星明星企业、常州市“安康杯”竞赛优胜班组、常州市信赖职工之家、常州市单位治安保卫工作先进集体、常州市价格诚信单位、溧阳市服务五星企业、溧阳市巾帼文明标兵岗、溧阳市“百日优质服务”优胜单位、溧阳市和谐劳动关系先进企业、溧阳市“双亮三公开四统筹”达标单位等称号；旗下污水处理厂被评为全国城镇污水处理厂节能减排绩效考核达标竞赛优秀达标单位，连续多年被评为“江苏省优秀污水处理厂”；旗下工程公司获得江苏省十佳工程施工企业、江苏省质量安全管理AAA优秀施工企业等称号。

（薛志远）

【江苏旗云油脂科技有限公司】 位于南渡镇强埠集镇，成立于2013年6月，占地面积32.63亩，规划总面积15857平方米，注册资本2500万元，具有年产10万吨工业油脂和1万吨脂肪酸分馏单体的生产能力。公司将废弃动植物油脂作为原材料，致力于打造循环经济，提高再生利用技术，每年再生利用“地沟油”十余万吨，精炼油生产线在业内名列前茅，产品主要出口欧洲发达国家用于生产生物柴油。2021年，实现销售收入8.1亿元。

（洪　瑾）

【江苏利德塑业有限公司】 成立于2016年6月，位于上黄镇工业集中区飞跃路10号，占地面积70亩，厂房面积3万平方米，注册资本3000万元，总投资3亿元，有员工120名。公司主要从事再生聚酯切片、化纤及化纤制品的生产与销售，收购废塑料与废弃化学纤维及制品，自营和代理各类商品及技术的进出口业务。2021年，实现销售收入1.57亿元。

（狄　霞）

【江苏盛德电子仪表有限公司】 始建于2001年3月，是一家集电能表设计开发、生产、销售、服务于一体的民营企业，注册资金3000万元，有员工200多名，占地面积40亩，厂房面积4万平方米，其中电表生产综合楼1.6万平方米。电能表年生产能力达500万个。

公司主要生产普通单、三相有功电能表，单、三相485电能表，三相无功电能表，三相有功无功组合电能表，单、三相复费率电能表，单、三相预付费电能表和三相多功能电能表。公司拥有深圳海琳达、南京军超、苏源悦力、南京舜义等优秀原料供应商，产品全部取得（CMC）许可证、质量体系认证和相关的“3C”认证，国家及省质量技术监督部门质量抽查全部合格。国网集中招标产品的单、三相智能电表均通过国家电力科学院的检测并获得合格报告。产品主要销往陕西、宁夏、湖南、江西、四川、甘肃、云南、哥伦比亚、中东等地区。2021 年，实现销售收入 7783 万元。

公司拥有 12 条流水线、国网与非国网校验设备 58 台。生产车间实行防尘、防静电管理，产品质量全过程实施监测与跟踪，拥有雷击浪涌测试设备、快速脉冲群测试设备、耐压测试设备、高温高湿和低温设备、灼热丝（阻燃）设备、振动试验设备、误差检测设备等整机试验设备，可靠性设备及校验台设备齐全。

（王倩倩）

【江苏溧阳抽水蓄能电站】 位于天目湖镇，由江苏省国信资产管理集团有限公司、中国电建集团中南勘测设计研究院有限公司、江苏平陵建设投资集团有限公司出资成立。电站安装 6 台 25 万千瓦混流可逆式水泵水轮电动发电机组，总装机容量 150 万千瓦，是江苏省最大的抽水蓄能电站，在全国已投产电站中装机容量排名第五，是国家发改委指定的首批抽蓄机组国产化自主开发项目。电站设计年发电量 20.07 亿千瓦时，年抽水电量 26.76 亿千瓦时，工程总投资 85.63 亿元。电站为一等大（1）型工程，枢纽主要由上水库、下水库、输水系统、发电厂房及开关站等组成。2008 年 11 月，该项目获得国家发改委正式核准，2008 年 12 月，电站筹建期工程开工，2011 年 4 月，主体工程开工，2017 年 10 月，6 台机组全部投产发电。

溧阳电站工程获中施企协绿色建造设计水平一等成果、中国电力优质工程、中国安装之星、国家优质投资项目奖、国家优质工程金奖、全国建筑业绿色施工示范工程等各类奖项 183 个，其中科技进步奖 16 项，发明专利 18 项、实用新型专利 68 项，国家及省部级工法 19 项，QC（质量控制）成果 40 项。

溧阳电站承担着电网调峰、填谷、调频、调相及事故紧急备用、黑启动等任务，对保障电网安全、稳定、经济运行发挥着重要作用，有利于消纳核电、风电、光伏发电、区外来电。该电站与国家 AAAAA 级旅游景区天目湖旅游度假区高度融合，拥有生态、环保、健康的自然环境，植被恢复率达 99%，污水 100% 回收利用，每年减排二氧化碳 43 万吨，减少煤耗 20 万吨。

（谢新冉）

【江苏沙河抽水蓄能发电有限公司】 1997 年 9 月 16 日，由江苏省国信集团有限公司、国网江苏省电力有限公司和江苏平陵建设投资集团有限公司 3 家单位共同出资成立江苏沙河抽水蓄能发电有限公司（以下简称沙河电站）。电站合营期限 50 年，注册资本金 15100 万元，出资比例分别为：江苏省国信集团有限公司 42.5%，国网江苏省电力有限公司 37.5%，江苏平陵建设投资集团有限公司 20%，下辖 2 家子公司，分别为溧阳市沙蓄电力服务有限公司和溧阳市天目湖望湖岭酒店有限公司。1998 年 9 月 18 日，沙河电站正式开工兴建，到工程概算总投资 60330 万元，工程竣工决算 59770 万元，单位千瓦造价为 5977 元／千瓦。2002 年 6 月 14 日，1 号机组投入商业运行；2002 年 7 月 30 日，2 号机组投入商业运行。

沙河电站设备设施布置主要由上水库、输水系统、厂房及变电站、尾水渠等组成，上水库总库容 262.25 万立方米，厂房为竖井式半地下厂房，由主、副两部分组成，竖井内径 29 米。沙河电站装机容量为 2×50 兆瓦，采用法国 ALSTOM 公司制造的立轴单级混流可逆式水泵水轮机及三相立轴悬式空气冷却同步可逆式发电电动机，并配备计算机监控系统，自动化程度高。设计年发电量 1.82 亿千瓦时，年抽水用电 2.44 亿千瓦时。

沙河电站在系统中的主要作用为调峰、调频、调相和紧急事故备用，一方面削峰填谷，改善电网运行环境；另一方面在面临电网事故时，能迅速启动，极端情况下以“星星之火”的身份参与进行黑启动，迅速恢复电网，为电网取得动态效益。截至 2021 年 12 月 31 日，实现连续安全生产 7141 天。2021 年，完成发电电量 17819 万千瓦时，实现主营业务收入 12814 万元，实现利润总额 1373 万元。

（谢新冉）

（注：以上具体企业选介中的数据由于统计口径原因，可能有所偏差，仅供参考）

建 筑 业

建筑施工

【概　况】 2021年，溧阳市建筑工匠团结奋斗、努力奋进。溧阳建筑业总部占地少，排放小，资源节约，绿色低碳，贡献地方财政大，典型的总部经济符合绿色现代化发展主题，成为溧阳支柱产业、特色产业和富民产业。产值税收取得新成绩。2021年，建筑业施工产值达1124亿元，比2020年增长12%；地方税收贡献27.5亿元，比2020年增长24.4%，其中苏华超4亿元，龙海、天目超3亿元，较2016年产值和税收翻了近一番，占常州地区的43%，苏南领先，是历年之最，实现“十四五”规划的开门红，迈入江苏省建筑强市的第一方阵。

建筑管理

【建筑企业资质管理】 企业规模进入新格局。拥有龙海、天目特级资质2家，一级资质企业61家，二级资质企业276家，其中新增一级资质企业10家，形成雁形梯队格局，共有资质企业527家，各类资质1600项，是苏南地区资质门类最为齐全、综合率较高的建筑之乡，省建筑业百强企业4家，常州表彰企业10家，溧阳三星以上企业增加至11家。

【建筑队伍】 溧阳安装业以锅炉安装、特色吊装和电梯安装三大块，对溧阳市建筑行业贡献达五成以上，队伍遍及全国各地，扬帆“一带一路”。建筑实现劳动力转移，10万农村劳动力人口从事建筑业，人均收入达8万元以上。2021年，溧阳建筑行业拥有一级建造师1122人，二级建造师3348人，合计4470名，比2020年新增590名。

【勘察设计】 2021年，溧阳市内勘察设计单位11家，完成516个项目，建筑面积135万平方米。完成资质变更升级1个。抽查住宅及公建2项，涉及3家勘察设计单位。

【施工图审查】 2021年完成施工图审查项目1056个，报审面积3871902平方米。

【企业发展转型】 模式创新有新突破。向建造方式方向转型，由传统建造向装配式建造突破，向产业现代化迈进。全面提高建设项目的装配率和“三板”使用率。向清洁能源方向转向，天力集团承接乌鲁木齐市冬季清洁取暖农村散煤治理“煤改气”3.8亿元项目。金马开拓光伏及风电等新能源市场，合同额占比由12%增至36%。向智慧建造方式转换，龙海集团实施集团运作，与重庆大学开展智慧建造探索。企业运作实现新跨越。苏华集团全面对接国家新能源战略，形成光伏、垃圾焚烧和风能为主的业务框架结构，开展苏华技能技术培训，2021年共培训3000人/次。苏南集团依托生命康原属地与央企合作，积极开展运动类项目招商活动，进展顺利；城建集团实施品牌战略，逢建必优；中峥集团规模化运作合并甲级设计院；安顺集团获民营企业屈指可数长压管道GA1证书；万远建设和百茂集团积极推进企业资质升级成为行业升起的新星；鹏程钢结构依托厂址搬迁埭头工业园区，将产品升级换代，获得“中国绿色建材三星级证书”，将生产线提档提标，实现日产十万吨钢材和国内领先的蒸压轻质加气混凝土块（ALC）生产线，悄然在埭头集聚"绿色产业现代工业园区"。行业品牌再上新台阶。2021 年龙海集团参建的北京大兴国际机场获鲁班奖和国优工程奖，天目、苏华集团获最高（安装类）中国安装之星，天目集团在如东海港码头试吊 800 吨桅杆起吊一次性成功，属国内首创。至此全市共有鲁班奖 8 项，国优工程 12 项，安装之星 24 项，全年获得各类省级以上奖项 14 个。

苏华建设承建的河南平煤配套工程　　（市住建局　供稿）

建筑企业选介

【苏华建设集团有限公司】 原江苏华能建设工程集团有限公司，创建于 1976 年，注册资本金 3.28 亿元。公司是以 EPC 项目总承包、施工总承包等方式承建电力、冶金、石油化工、房屋建筑、市政公用等工程项目的总承包集成服务商。拥有建筑工程、石油化工工程、机电工程、市政工程及电力工程等总承包资质。2021 年完成建筑业产值 166.8 亿元，实现纳税近 7 亿元，其中溧阳本地纳税 3.68 亿元。苏华建设集团是中国建筑业成长性百强企业，全国优秀施工企业、全国守合同重信用企业、全国用户满意企业、江苏省建筑业百强企业和江苏省民营企业 200 强。

【江苏天目建设集团有限公司】 承继 1958 年溧阳安装队，注册资本金 3 亿元，总承包特级资质（综合类），建筑行业工程设计甲级、机电工程、市政公用工程施工总承包一级建筑行业资质，资质门类最齐全，等级最高。拥有天目钢机和天目电梯子公司，施工区域辐射全国各省、直辖市及海外。2021 年，完成国内外施工产值 132.6 亿元，地方税收贡献

2021 年度省级建筑施工标准化文明示范工地情况表

表 9

工　程　名　称	施　工　单　位	项目经理	获奖名目
淮安宝湾国际电商智慧物流港	龙海建设集团有限公司	周　伟	江苏省标化星级工地
大明路东侧、东方二路南侧地块	龙海建设集团有限公司	潘红涛	江苏省标化星级工地
尹东水乡邻里（一村二楼宇）项目	龙海建设集团有限公司	吕伟民	江苏省标化星级工地
徐州经济技术开发区刘湾安置小区五期（二期）、杨庄棚户区建设、凤凰佳园安置小区项目	龙海建设集团有限公司	魏　影	江苏省标化星级工地
薛家中心小学（原址）校安改造和扩建项目（餐厅体育馆、综合楼、行政综合楼、音乐教室接建、连廊 1、连廊 2、连廊 3、疏散楼梯、北门卫、东门卫、地下车库）	龙海建设集团有限公司	李兰平	江苏省标化星级工地
云鼎韵水湾项目 D 地块	龙海建设集团有限公司	薛　琼	江苏省标化星级工地
邳州经济开发区产业新城产业定向自住房项目（铂翠城）D 地块	龙海建设集团有限公司	刘国禄	江苏省标化星级工地
东互通安置房项目——东互通安置房建设工程［含 1 ～ 7#住宅楼、8#楼（变电所及社区用房）、9#变电所、10 ～ 11#门卫、地下车库及室外附属］	龙海建设集团有限公司	王云龙	江苏省标化星级工地
镇江合力汽车紧固件有限公司电动汽车配件项目	江苏天目建设集团有限公司	罗　杰	江苏省标化星级工地
浦东新区保障房三林基地 02 ～ 01 地块 001	江苏天目建设集团有限公司	孔爱平	上海市文明工地
常州国展资产高新智汇中心新建项目装饰工程、幕墙工程、智能化工程	江苏天目建设集团有限公司	史文杰	江苏省标化星级工地
华林家园三期项目建筑安装施工总承包工程二标段（常州）	江苏溧阳建设集团有限公司	王　渊	江苏省标化星级工地

续表 9

工　程　名　称	施　工　单　位	项目经理	获奖名目
云龙南 5#地块商业服务用房、E#商业及地库	江苏溧阳建设集团有限公司	龚向军	江苏省标化星级工地
长江经济带（常州）绿色发展科技产业园一期项目	江苏溧阳城建集团有限公司	黄祥云	江苏省标化星级工地
上兴牌楼南地块安置房建设工程	江苏溧阳城建集团有限公司	杨　娟	江苏省标化星级工地
前马中小学校舍改造工程——1#教学综合楼及地下室	江苏溧阳城建集团有限公司	周　静	江苏省标化星级工地
常州劳动东路北侧、友谊路西侧（DN050111）地块 9#、10#、11#、12#、13#、14#、15#、17#楼小区变、地下车库	江苏溧阳城建集团有限公司	毛艳芳	江苏省标化星级工地
燕山新区 8—2 地块人才公寓项目	江苏溧阳城建集团有限公司	史　莲	江苏省标化星级工地
徐州市 2013—6 号地块好得家商城 1#、2#商办楼工程	江苏苏南建设集团有限公司	葛春荣	江苏省标化星级工地
徐州市 2013—6 号地块二期、徐州市 2013—6 号地块好得家商城　R 区	江苏苏南建设集团有限公司	黄　冲	江苏省标化星级工地
2022 年第 19 届亚运会淳安场地自行车馆工程	江苏苏南建设集团有限公司	钱浩兴	浙江省标化工地
燕城大道南侧七号地块开发项目（办公室及地下室）	江苏苏南建设集团有限公司	王　恒	江苏省标化星级工地
溧阳市上姚殡仪服务中心建设项目（含 1 ～ 27#楼、1 ～ 6#楼连廊、地下车库、道路及雨污水工程）	臻龙建设有限公司	夏小炳	江苏省标化星级工地
城市峰境 5#/6#楼、配电房及地下车库工程	臻龙建设有限公司	余　鹏	江苏省标化星级工地
东蕾苑安置房新建项目施工二标段	江苏正方园建设集团有限公司	谢小飞	江苏省标化星级工地
溧阳市燕山新区 37 号地块二期 2#商业楼及地库	江苏正方园建设集团有限公司	翟建东	江苏省标化星级工地
溧阳市御湖城东侧皇仑村（二期）地块建设项目（含 A7 工培中心、A9 行政楼及室外附属工程）	江苏正方园建设集团有限公司	周大为	江苏省标化星级工地
市精神卫生中心精神科病房楼二期改扩建项目	江苏正方园建设集团有限公司	孙忠兴	江苏省标化星级工地
常熟市 2020B—006 地块住宅及商业用房项目	江苏正方园建设集团有限公司	王振青	江苏省标化星级工地
京沪高速公路沂淮段扩建工程 JHK—SQ22 标	江苏华晨路桥有限公司	陈建胜	江苏省公路水运工程平安工地建设省级“示范工地”
溧阳市蓄能电站大桥及其连线工程	江苏华晨路桥有限公司	邱阿才	江苏省公路水运工程平安工地建设省级“示范工地”
溧阳市奥体大道东侧 8—1#地块项目一期（3#楼、21#楼、22#楼、26#楼、27#楼、地下车库、1#楼小区变）	江苏中硕建设有限公司	解渊民	江苏省标化星级工地

2021 年度溧阳市工程建设类专利情况表

表 10

专　利　名　称	专利权人	专利号	类别
一种应用于逆作钢管桩的施工方法及其结构	常州东华建筑安装工程有限公司	ZL 2020 1 0556605.4	发明专利
一种用于道路雨天排水或晴天洒水的多模式装置	江苏健达交通工程有限公司	ZL 2020 1 0510241.6	发明专利
一种地下污水管道井清理装置	江苏健达交通工程有限公司	ZL 2020 1 0282942.9	发明专利
一种市政管道清理设备	江苏健达交通工程有限公司	ZL 2019 1 0009035.4	发明专利
基坑锚索孔口装置	江苏茂盛建设集团有限公司	ZL 2021 2 1698297.5	实用新型
一种市政给排水施工用管道固定装置	江苏天力建设集团有限公司	ZL 2021 2 0614661.9	实用新型
一种便于固定管道的市政施工顶管机	江苏天力建设集团有限公司	ZL 2021 2 0613841.5	实用新型
一种桩孔孔径检测装置	江苏天力建设集团有限公司	ZL 2021 2 0575332.8	实用新型
一种钢筋混凝土施工用钢筋预应力张拉装置	江苏天力建设集团有限公司	ZL 2021 2 0616615.2	实用新型
一种监理用建筑外墙渗水测试装置	江苏天力建设集团有限公司	ZL 2021 2 0575265.X	实用新型
一种支撑性好的市政工程施工警示围挡	江苏天力建设集团有限公司	ZL 2021 2 0616588.9	实用新型
一种用于建筑钢筋绑扎作业平台	江苏天力建设集团有限公司	ZL 2021 2 0640482.2	实用新型

续表 10

专　利　名　称	专利权人	专利号	类别
一建筑工程施工模板定位用支护结构	江苏天力建设集团有限公司	ZL 2021 2 0614662.3	实用新型
一种雨污水排放管道	江苏天力建设集团有限公司	ZL 2021 2 0575773.8	实用新型
一种土层锚杆钻车的钻杆辅助设备	江苏天力建设集团有限公司	ZL 2021 2 0572698.X	实用新型
人防地库顶板防渗雨水回收系统	江苏天力建设集团有限公司	ZL 2021 2 0572810.X	实用新型
一种基坑支护装置	江苏天力建设集团有限公司	ZL 2021 2 0573272.6	实用新型
一种钢筋混凝土设备施工过程中用的钢筋折弯装置	江苏天力建设集团有限公司	ZL 2021 2 0646898.5	实用新型
一种市政施工用涵管的吊装装置	江苏天力建设集团有限公司	ZL 2021 2 0646897.0	实用新型
一种用于市政管道施工的夹持装置	江苏天力建设集团有限公司	ZL 2021 2 0614205.4	实用新型
基坑立柱与基坑双向支撑的连接结构	江苏天力建设集团有限公司	ZL 2021 2 0571262.9	实用新型
市政道路用雨水回收利用系统	江苏天力建设集团有限公司	ZL 2021 2 0572848.7	实用新型
用于混凝土预制梁的喷淋装置	江苏天力建设集团有限公司	ZL 2021 2 0575823.2	实用新型
模块化式集装箱房组合拼装结构	江苏天力建设集团有限公司	ZL 2021 2 0574816.0	实用新型
一种锁边式屋面固定装置	江苏天目建设集团有限公司	ZL 2020 2 1938942.1	实用新型
一种屋面钢梁吊装生命线安全防护装置	江苏天目建设集团有限公司	ZL 2020 2 1940198.9	实用新型
一种屋面密封装置	江苏天目建设集团有限公司	ZL 2020 2 1938966.7	实用新型
一种屋面外挂天沟固定装置	江苏天目建设集团有限公司	Z L2020 2 1938941.7	实用新型
一种铺装透水沥青的桥面	江苏通用路桥工程有限公司	ZL 2020 2 2749901.4	实用新型
用于路面铣刨机的精铣刨	江苏通用路桥工程有限公司	Z L2020 2 2749864.7	实用新型
一种彩色沥青砼路面	江苏通用路桥工程有限公司	Z L2021 2 1422665.3	实用新型
一种高效除水沥青桥面	江苏通用路桥工程有限公司	Z L2021 2 1420648.6	实用新型
一种铣刨机加装喷雾降尘设备	江苏通用路桥工程有限公司	Z L2021 2 1417921.X	实用新型
一种环保无污染取芯机	江苏通用路桥工程有限公司	ZL 2021 2 1620369.4	实用新型
一种便携式市政道路用水排水结构	江苏通用路桥工程有限公司	Z L2021 2 1420981.7	实用新型
一种建筑工程用减震搅拌装置	江苏万晟建设发展有限公司	ZL 2020 2 2646302.X	实用新型
一种建筑工程用钢筋表面除锈装置	江苏万晟建设发展有限公司	ZL 2020 2 1217599.1	实用新型
一种建筑工程隔声装置	江苏万晟建设发展有限公司	ZL 2020 2 3057565.3	实用新型
一种建筑工程用防火棚	江苏万晟建设发展有限公司	ZL 2020 2 2953238.X	实用新型
一种建筑工程用除尘设备	江苏万晟建设发展有限公司	ZL 2020 2 1238209.9	实用新型
一种便捷机电设备用安装支架	江苏益弘建设工程有限公司	ZL 2021 2 1467796.3	实用新型
一种可调节桥梁承重挂架	江苏益弘建设工程有限公司	ZL 2021 2 1475033.3	实用新型
一种机电设备用升降设备	江苏益弘建设工程有限公司	ZL 2021 2 1467653.2	实用新型
一种土建工程用加固装置	江苏益弘建设工程有限公司	ZL 2021 2 1481001.4	实用新型
一种土建工程用混凝土建筑模板	江苏益弘建设工程有限公司	ZL 2021 2 1467797.8	实用新型
一种带有水平仪土建专用泥抹板	江苏溧阳晶鑫建设有限公司	ZL 2021 2 1260817.4	实用新型
一种具有压力显示的土木建筑支撑结构	江苏溧阳晶鑫建设有限公司	ZL 2021 2 1262506.1	实用新型
一种可避免粉尘污染环境的土建用切割装置	江苏溧阳晶鑫建设有限公司	ZL2021 2 1260737.9	实用新型
一种用于土木建筑的环保型残余混凝土回收处理设备	江苏溧阳晶鑫建设有限公司	ZL 2021 2 1262607.9	实用新型
一种用于低矮建筑屋盖风压实测研究的房屋	江苏溧阳城建集团有限公司	ZL 2019 1 0289410.5	发明专利
一种悬挑承力架及其安装方法	江苏溧阳建设集团有限公司	ZL 2019 1 0678303.1	发明专利
一种可移动建筑施工平台	江苏溧阳建设集团有限公司	ZL 2020 2 1434167.6	实用新型

续表 10

专　利　名　称	专利权人	专利号	类别
一种建筑装修用板材黏合装置	江苏溧阳建设集团有限公司	ZL 2021 2 1531177.6	实用新型
外饰面板与墙体的连接结构	龙海建设集团有限公司	ZL 2021 2 1589553.7	实用新型
钢筋混凝土内、外墙连接结构	龙海建设集团有限公司	ZL 2021 2 1589552.2	实用新型
一种应用于低层建筑的钢框架内嵌轻质条板结构	鹏程工业化住宅江苏有限公司	ZL 2019 2 1097651.1	实用新型
水利市政建筑施工排水套管工程用智能托管施工软件	溧阳市水利市政建筑有限公司	软著	发明专利
一种水利工程用便于调整照射角度的设备	溧阳市水利市政建筑有限公司	ZL 2021 2 0348195.4	实用新型
一种带保温层管道检测工装及检测方法	苏华建设集团有限公司	ZL 2021 1 0295072.3	发明专利
一种施工用货运吊具	江苏苏南建设集团有限公司	ZL 2021 2 1488727.0	实用新型
一种便于置物的型钢悬挑脚手架	江苏苏南建设集团有限公司	ZL 2021 2 1657985.7	实用新型
一种便于雨水收集利用的房屋排水结构	江苏苏南建设集团有限公司	ZL 2021 2 1482094.2	实用新型
一种可拆卸装配式建筑	江苏苏南建设集团有限公司	ZL 2021 2 1447587.2	实用新型
一种斜撑式可调节的管道吊架	江苏苏南建设集团有限公司	ZL 2021 2 1447440.3	实用新型
一种生态立体园林绿化墙	江苏苏南建设集团有限公司	ZL 2021 2 1482709.1	实用新型
一种市政道路雨水收集装置	江苏苏南建设集团有限公司	ZL 2021 2 1489173.6	实用新型
一种板材连续等距打孔装置	江苏苏南建设集团有限公司	ZL 2021 2 1520610.6	实用新型
一种方便装拆的管桩桩帽连接结构	江苏苏南建设集团有限公司	ZL 2021 2 1520632.2	实用新型
一种基坑支护挡墙装置	江苏苏南建设集团有限公司	ZL 2021 2 1434262.0	实用新型
一种外饰面板与墙体的连接结构	江苏苏南建设集团有限公司	ZL 2021 2 1438093.8	实用新型
一种古建筑立柱修复用临时支撑设备	江苏苏南建设集团有限公司	ZL 2021 2 1489085.6	实用新型
一种房屋建筑测距仪	江苏苏南建设集团有限公司	ZL 2021 2 1489252.7	实用新型
一种房屋建筑加固结构	江苏苏南建设集团有限公司	ZL 2021 2 1489636.9	实用新型
一种建筑施工用混凝土浇灌装置	江苏苏南建设集团有限公司	ZL 2021 2 1489138.4	实用新型
一种可快速接桩的抗拔桩	江苏苏南建设集团有限公司	ZL 2021 2 1516265.9	实用新型
一种压力分散型预应力锚索	江苏苏南建设集团有限公司	ZL 2021 2 1654358.8	实用新型
一种钢结构高空作业用升降平台	江苏苏南建设集团有限公司	ZL 2021 2 1439578.9	实用新型
一种房屋建筑施工用墙面磨平装置	江苏苏南建设集团有限公司	ZL 2021 2 1434117.2	实用新型
地下室抗浮锚杆	江苏苏南建设集团有限公司	ZL 2021 2 1654702.3	实用新型
一种装配式建筑混凝土剪力墙外墙板结构	江苏苏南建设集团有限公司	ZL 2021 2 1516199.5	实用新型
一种便捷型施工用临时围栏	江苏苏南建设集团有限公司	ZL 2021 2 1489151.X	实用新型
一种预应力锚索	江苏苏南建设集团有限公司	ZL 2021 2 1659848.7	实用新型
一种工程装修用构件式建筑幕墙	臻龙建设有限公司	ZL 2021 2 1143871.0	实用新型
一种可升降的房屋设备平台	臻龙建设有限公司	ZL 2021 2 1138191.X	实用新型
一种市政施工挡墙	臻龙建设有限公司	ZL 2021 2 1138285.7	实用新型
一种便于内部清理的房屋排水结构	臻龙建设有限公司	ZL 2021 2 1135563.8	实用新型
一种基坑锚索孔口装置	臻龙建设有限公司	ZL 2021 2 1139447.9	实用新型
一种建筑盆栽室外放置结构	臻龙建设有限公司	ZL 2021 2 1142461.4	实用新型
一种可移动式道路护栏	臻龙建设有限公司	ZL 2021 2 1143777.5	实用新型
一种装修工程用复合装饰墙板	臻龙建设有限公司	ZL 2021 2 1142182.8	实用新型
用于混凝土作业人员操作振动棒和控制混凝土板厚度的钢筋马凳	江苏正方园建设集团有限公司	ZL 2020 2 0697513.3	实用新型

续表 10

专利名称	专利权人	专利号	类别
提高厂房工程双层彩钢板屋面风机出口防水质量的结构	江苏正方园建设集团有限公司	ZL 2020 2 0740523.0	实用新型
用于外墙保温的免拆保温板结构	江苏正方园建设集团有限公司	ZL 2020 2 0898872.5	实用新型
一种双 T 板板缝连接结构	江苏正方园建设集团有限公司	ZL 2019 2 2180550.7	实用新型
保温隔音防开裂的室内地坪	江苏正方园建设集团有限公司	ZL 2020 2 0698120.4	实用新型
混凝土工程支模浇筑结构	江苏正方园建设集团有限公司	ZL 2020 2 1542483.5	实用新型
一种屋面双 T 板拼缝防水搭接结构	江苏正方园建设集团有限公司	ZL 2020 2 2392934.8	实用新型
一种可快速接桩的抗拔桩	中一达建设集团有限公司	ZL 2020 1 0346670.4	发明专利
一种双层拼接式临时道路	中一达建设集团有限公司	ZL 2020 2 0679593.X	实用新型
一种混弄土墙面高度较高裂缝的修补装置	中一达建设集团有限公司	ZL 2020 2 0679946.6	实用新型
一种具有临时支撑作用的顶板开洞处的地下室外墙构造	中一达建设集团有限公司	ZL 2020 2 0679627.5	实用新型
一种拼装式临时围墙	中一达建设集团有限公司	ZL 2020 2 0679594.4	实用新型
一种可叠加升高式移动脚手架	中一达建设集团有限公司	ZL 2020 2 0680137.7	实用新型
一种下室顶板预留吊装口的封堵结构	中一达建设集团有限公司	ZL 2020 2 0679592.5	实用新型
一种现浇混凝土原生态造型饰面	中一达建设集团有限公司	ZL 2021 2 1583930.6	实用新型
一种具有防水功能的墙柱模板对拉固定装置	中一达建设集团有限公司	ZL 2021 2 0582836.2	实用新型
一种适用于基坑作业的起吊设备	中一达建设集团有限公司	ZL 2020 2 0679591.0	实用新型
一种户外临时消防泵房	中一达建设集团有限公司	ZL 2020 2 0679626.0	实用新型
一种基础底板后浇带防护结构	中一达建设集团有限公司	ZL 2020 2 0680042.5	实用新型
一种防摔倒的登高梯	龙海建设集团有限公司，中易建设有限公司	ZL 2019 1 0447666.4	发明专利
一种内墙用涂料的制备方法	龙海建设集团有限公司，中易建设有限公司	ZL 2017 1 0550794.2	发明专利
一种可变截面爬模施工用高效爬模设备	中峥建设集团有限公司	ZL 2021 2 0613257.X	实用新型

2021 年度溧阳市建筑施工省级以上优质工程情况表

表 11

工程名称	施工单位	项目经理	获奖名目	颁发部门
北京新机场工程	龙海建设集团有限公司（参建）	尤波涛	鲁班奖	中国建筑业协会
北京新机场工程	龙海建设集团有限公司（参建）	尤波涛	国优金奖	中国施工企业管理协会
溧阳市文化艺术中心	龙海建设集团有限公司	吕伟民	扬子杯	江苏省住房和城乡建设厅
陕西延长中煤榆林能源 30 万吨／年低密度乙烯和乙烯醋酸共聚物项目	龙海建设集团有限公司	丁玖鸿	化学工业优质工程	中国化工施工企业协会
江阴热电替代整合澄东南地区小热电蒸汽保供项目（二标）	江苏天目建设集团有限公司	尤　飞	中国安装之星	中国安装协会
“只有红楼梦”戏剧幻城项目一期施工总承包工程（制作）	江苏天目建设集团有限公司(参建)	汤文俊	中国钢结构金奖	中国建筑金属结构协会
“原第三建筑工程公司及周边 05 地块（上书房四期）38# 房及地下车库工程	江苏天目建设集团有限公司(参建)	张国川	扬子杯	江苏省住房和城乡建设厅
堀场中国总部生产基地建设项目钢结构工程	江苏天目建设集团有限公司	杜国军	金钢奖	上海市金属结构行业协会
丹阳市生活垃圾焚烧发电项目安装工程	苏华建设集团有限公司	黄正宇	中国安装之星	中国安装协会
北京新机场工程	中易建设有限公司	朱云飞	中国安装之星	中国安装协会
溧阳市燕山中学新校区建设工程（综合楼）	江苏溧阳建设集团有限公司	蒋雪芳	扬子杯	江苏省住房和城乡建设厅

续表 11

工　程　名　称	施　工　单　位	项目经理	获奖名目	颁发部门
象山小学土建、安装工程（教学区）	江苏溧阳建设集团有限公司	施建友	扬子杯	江苏省住房和城乡建设厅
太湖新城东侧校区和畅小学建设项目施工总承包工程	江苏正方园建设集团有限公司	王明生	扬子杯	江苏省住房和城乡建设厅
溧阳市文化艺术中心	江苏溧阳城建集团有限公司(参建)	翟国平	扬子杯	江苏省住房和城乡建设厅

2021 年度溧阳市工程建设省级工法情况表

表 12

工　法　名　称	主要完成单位	完成人
在役管道免拆保温层基于 DDA 数字成像检测施工工法	苏华建设集团有限公司	黄柏枝、周胜、史俊杰、夏斌、闻中全
富水地层地下室防排一体式整体防水施工工法	龙海建设集团有限公司	华卫、张峻诚、任蓓蓓、孙建中、朱新健
超大口径蒸汽管道在长距离顶管内穿管施工工法	江苏天目建设集团有限公司	陈洪民、房国锋、杨俊伟、高荣、陈亮
自锁可调节带式吊架结合拆卸式平顶板风管安装施工工法	江苏天力建设集团有限公司	史俊生、任茁、恽杰、穆晓燕、狄国忠
装配式建筑悬挑架分离组合型压环锚固施工工法	江苏溧阳建设集团有限公司	高荣、韩建敏、吴文娟、吕科希、党斌锋
大跨度预应力梁板信息化无缝跳仓施工工法	江苏苏南建设集团有限公司	刘忠林、黄德星、王恒、袁飞、史旭兰
大跨度钢屋盖拱索异构可滑移预应力张拉施工工法	江苏苏南建设集团有限公司	陈嬉、刘忠林、袁飞、王恒、史玉婷
基于横竖双向防护体系外脚手架安全拆卸施工工法	江苏瑞峰建设集团有限公司	朱振宇、芮华、缪技峰、姚宣宇、王克诚
地下室顶板景观绿化带多斗式蓄排水管道系统施工法	常州东华建筑安装工程有限公司	经浩芳、陈君、潘小华、戚云涛、唐毅
多样化建筑结构抗剪支撑架装配化体系施工工法	溧阳市金燕建筑安装工程有限公司	周国强、周浩、许旭腾、华宏伟、左琦
高层建筑减震型工具式混凝土输 送泵管施工工法	江苏圣科建设有限公司	汤小牛、谢宽、胡玉胜
脚手架模数工具化连墙件嵌入式外墙体系施工工法	晟唐伟业建设集团有限公司	彭秀川、石国芳、蓝彬、钱敏、黄婷
大跨度高空网架结构悬挂架装饰涂刷支撑系统施工工法	中一达建设集团有限公司	任中群
板附式倾角可调型变截面爬模施工工法	中峥建设集团有限公司	董方、沈鸥、赵莉春、黄军、王凯

3.16 亿元，是省建筑业百强企业（综合实力类排名 34 位）。公司现拥有鲁班奖 1 项，国优工程奖 4 项，中国安装工程优质奖（中国安装之星）11 项。

【龙海建设集团有限公司】 龙海集团 2021 年完成施工总产值 158 亿元，上缴本地税金 3.09 亿元，比上年增长 35%。全年共发布招标 1237 次，签约金额 7.6 亿元，其中溧阳地区 265 次，签约金额 2.2 亿，平台现有供应商 800 余家。公司被评为中国建筑业 AAA 级信用企业、江苏省建筑业百强企业、江苏省民营百强企业和常州市五星企业。

【江苏天力建设集团】 拥有 20 个分公司，在全国 30 多个省从事建筑项目施工，是常州市五星级企业，江苏省建筑业百强企业。2021 年完成上交税费 1.69 亿元，其中溧阳本地缴纳税费 1.09 亿元，首次溧阳本地纳税突破亿元大关。集团全年签订单项合同额超亿元的合同 11 份，其中 3 亿元以上的合同 4 份。

【溧阳建设集团有限公司】 公司下属 7 家子公司和 17 家分公司，施工项目以长三角为中心，遍布全国各地。2021 年公司完成施工产值近 80 亿元，上缴税金 1.12 亿元，再次获得常州市“四星企业”称号。

【江苏溧阳城建集团有限公司】 拥有建筑工程施工总承包一级及多项专业承包资质的综合性施工企业。2021 年度公司全年完成产值 26.9 亿元，销售收入 22.97 亿元，净利润 5244.54 万元，申

龙海建设集团承建的溧水商办工程　　（市住建局　供稿）

报缴纳税额1.02亿元。公司坚持诚信经营，以项目管理、成本管控为核心，以信息化管理为载体，坚持科技创新，走高质量的科技创新发展之路。2021年公司获得中国施工企业管理协会“AAA”信用等级证书和江苏省建筑业企业安全生产单位，常州市、溧阳市“四星企业”称号。创建江苏省优质工程奖“扬子杯”一项，江苏省建筑施工标准化星级工地五项，省级绿色智慧示范片区标准化星级工地二项，发明专利一项。

【江苏瑞峰建设集团有限公司】 注册资本3亿元，房屋建筑总承包一级资质企业。公司获中施协信用11星企业、AAA信用企业、2019—2020年度江苏省“守合同重信用企业”、常州市三星级“明星企业”、溧阳市“十强企业”称号。董事长缪文峰被评为常州市“明星企业家”。2021年完成施工产值31.95亿元，地方纳税0.3亿元。2021年完成国家II类成果1项；省级、市级II类成果各1项；科技创新成果QC小组3项。长年结对帮扶永和村困难户、帮困助学学生。

【江苏苏南建设集团有限公司】 全年完成施工总产值42.32亿元，同比2020年增长3.7%，上缴国家税收超亿元，溧阳地方税收3100万元，工程施工质量合格率达100%，获省、市建筑施工标准化星级工地和智慧工地称号，有优良工程多项，省级工法2项，QC小组活动成果奖2项，国家实用新型专利23项，全年安全生产无重大事故，被授予江苏省建筑企业安全生产先进单位称号。

2021年度溧阳市建筑业十强企业一览表

表13

序号	企业名称	董事长	序号	企业名称	董事长
1	江苏溧阳城建集团有限公司	赵文斌	6	中峥建设集团有限公司	陈　杰
2	江苏正方园建设集团有限公司	吕树宝	7	江苏万远建设有限公司	潘志荣
3	江苏溧阳建设集团有限公司	吕永武	8	江苏茂盛建设集团有限公司	陈建平
4	江苏苏南建设集团有限公司	花新华	9	百茂建设集团有限公司	任　庆
5	江苏瑞峰建设集团有限公司	缪文峰	10	江苏鹏程钢结构集团有限公司	史蒙杰

2021 年度溧阳市建筑业突出贡献企业一览表

表 14

序号	企业名称	董事长	序号	企业名称	董事长
1	苏华建设集团有限公司	宋小华	4	江苏天力建设集团有限公司	史俊生
2	龙海建设集团有限公司	张龙海	5	江苏金马工程有限公司	马亚平
3	江苏天目建设集团有限公司	周天喜		—	—

2021 年度溧阳市建筑业十优企业一览表

表 15

序号	企业名称	序号	企业名称
1	安顺集团建设有限公司	6	溧阳市金燕建筑安装工程有限公司
2	江苏中安建设集团有限公司	7	江苏华晨路桥有限公司
3	中易建设有限公司	8	晟唐伟业建设集团有限公司
4	常州东华建筑安装工程有限公司	9	江苏通用路桥工程有限公司
5	江苏科嘉建设有限公司	10	溧阳市水利市政建筑有限公司

2021 年度溧阳市建筑业优质企业一览表

表 16

序号	企业名称	序号	企业名称
1	臻龙建设有限公司	16	江苏中辰建设工程有限公司
2	中一达建设集团有限公司	17	江苏金之润建设工程有限公司
3	江苏龙地建设工程有限公司	18	江苏恒卓工程建设有限公司
4	苏阳建工集团有限公司	19	江苏益弘建设工程有限公司
5	江苏汉宇建筑有限公司	20	江苏金沙建设有限公司
6	江苏中天市政工程有限公司	21	江苏宇浩建筑安装工程有限公司
7	江苏鼎邦建设工程有限公司	22	江苏洪泉建设有限公司
8	江苏海菱机电设备工程有限公司	23	江苏中硕建设有限公司
9	溧阳市立达安装工程有限公司	24	江苏恒固建设集团有限公司
10	江苏鸿恺建设有限公司	25	江苏万晟建设发展有限公司
11	江苏溧阳晶鑫建设有限公司	26	江苏浚译建设有限公司
12	江苏圣科建设有限公司	27	江苏驰丰建设有限公司
13	江苏天目神威建设有限公司	28	江苏闳晟建设有限公司
14	江苏昱星建设有限公司	29	江苏顺联工程建设有限公司
15	宏昌建筑集团有限公司	30	溧阳市常兴环保工程有限公司

表 17

2021 年度溧阳市建筑业十佳工程一览表

序号	工程名称	承建单位
1	河南平煤神马聚碳材料有限责任公司配套工程融建一体化采购施工总承包	苏华建设集团有限公司
2	上海市松江区 10 万台套新能源车零部件 3# 车间	龙海建设集团有限公司
3	广东惠州石化产品结构优化及质量升级项目二甲苯塔吊装	江苏天目建设集团有限公司
4	普洛斯云南滇中物流园一期总承包	江苏天力建设集团有限公司
5	江苏泽允机械制造有限公司环保、化工设备及非标机械零部件制造项目	江苏金马工程有限公司
6	溧阳市原湾里水厂地块开发项目	江苏溧阳城建集团有限公司
7	无锡市精神卫生中心精神科病房楼二期改扩建项目	江苏正方园建设集团有限公司
8	常州华林家园三期项目	江苏溧阳建设集团有限公司
9	2022 年第 19 届亚运会淳安场地自行车馆	江苏苏南建设集团有限公司
10	溧阳市赵家村棚户区改造一期工程	江苏瑞峰建设集团有限公司

表 18

2021 年度溧阳市建筑业十佳项目部一览表

序号	项　　目	项目负责人	承建单位
1	广西百色市右江区农村电网改造工程总承包	谢志平	苏华建设集团有限公司
2	溧水区 2017G06 地块商办工程	陈炜炜	龙海建设集团有限公司
3	溧阳市城投教育中心建设工程	狄志良	江苏天目建设集团有限公司
4	云南曲靖市师宗碧宗 30MW 蓄光互补光伏发电项目	赵桂民	江苏天力建设集团有限公司
5	常熟市龙腾特种钢有限公司资源综合利用发电（1X60MW）项目	芮爱强	江苏金马工程有限公司
6	溧阳市南大街西侧 9# 地块	方　略	中峥建设集团有限公司
7	河北唐山国堂焦炉余热锅炉安装工程	邢福庄	江苏万远建设有限公司
8	广德绿地城一期项目	邱　超	江苏茂盛建设集团有限公司
9	溧阳南河一品项目	朱金荣	百茂建设集团有限公司
10	常州润来科技有限公司精密铜管项目 2# 厂房	史永平	江苏鹏程钢结构集团有限公司

表 19

2021 年度溧阳市建筑业优秀工匠一览表

序号	姓　名	单　　位	序号	姓　名	单　　位
1	金海全	苏华建设集团有限公司	11	史元凯	江苏天力建设集团有限公司
2	孙国优	苏华建设集团有限公司	12	潘　晶	江苏天力建设集团有限公司
3	范伟星	苏华建设集团有限公司	13	刘彬法	江苏金马工程有限公司
4	蒋建国	龙海建设集团有限公司	14	史　裕	江苏金马工程有限公司
5	戴明瑜	龙海建设集团有限公司	15	施海峰	江苏金马工程有限公司
6	陶　春	龙海建设集团有限公司	16	潘　杰	江苏溧阳城建集团有限公司
7	汤文俊	江苏天目建设集团有限公司	17	王友胜	江苏溧阳城建集团有限公司
8	胡　宾	江苏天目建设集团有限公司	18	杨火伢	江苏正方园建设集团有限公司
9	陈　强	江苏天目建设集团有限公司	19	丁跃华	江苏正方园建设集团有限公司
10	徐　杰	江苏天力建设集团有限公司	20	尤波涛	江苏溧阳建设集团有限公司

续表 19

序号	姓　名	单　　位	序号	姓　名	单　　位
21	汤小浩	江苏溧阳建设集团有限公司	26	史强文	中峥建设集团有限公司
22	刘少勇	江苏苏南建设集团有限公司	27	杨思远	江苏万远建设有限公司
23	黄德星	江苏苏南建设集团有限公司	28	强小钟	江苏茂盛建设集团有限公司
24	陈雪峰	江苏瑞峰建设集团有限公司	29	强永忠	百茂建设集团有限公司
25	朱振宇	江苏瑞峰建设集团有限公司	30	虞忠庆	江苏鹏程钢结构集团有限公司

2021 年度溧阳市建筑业优质项目部一览表

表 20

序号	建筑单位	项目部	序号	建筑单位	项目部
1	苏华建设集团有限公司	罗云新项目部	32	中峥建设集团有限公司	朱卿项目部
2	苏华建设集团有限公司	路志浩项目部	33	江苏万远建设有限公司	潘玉泉项目部
3	苏华建设集团有限公司	张竹明项目部	34	江苏万远建设有限公司	袁金伟项目部
4	龙海建设集团有限公司	陈园项目部	35	江苏茂盛建设集团有限公司	陈家喜项目部
5	龙海建设集团有限公司	郑航海项目部	36	江苏茂盛建设集团有限公司	高晓良项目部
6	龙海建设集团有限公司	虞国庆项目部	37	百茂建设集团有限公司	赵涛项目部
7	江苏天目建设集团有限公司	沈留坤项目部	38	百茂建设集团有限公司	王琛项目部
8	江苏天目建设集团有限公司	房国锋项目部	39	江苏鹏程钢结构集团有限公司	杨俊华项目部
9	江苏天目建设集团有限公司	沈峥项目部	40	江苏鹏程钢结构集团有限公司	史旭雯项目部
10	江苏天力建设集团有限公司	刘爱金项目部	41	安顺集团建设有限公司	史红兴项目部
11	江苏天力建设集团有限公司	张芳项目部	42	安顺集团建设有限公司	胡为庚项目部
12	江苏天力建设集团有限公司	郭健项目部	43	江苏中安建设集团有限公司	朱益诚项目部
13	江苏金马工程有限公司	马菁良项目部	44	江苏中安建设集团有限公司	薛继根项目部
14	江苏金马工程有限公司	朱丽平项目部	45	中易建设有限公司	陈闯项目部
15	江苏金马工程有限公司	郑正球项目部	46	中易建设有限公司	谢晓刚项目部
16	江苏溧阳城建集团有限公司	黄浩如项目部	47	常州东华建筑安装工程有限公司	邵峰项目部
17	江苏溧阳城建集团有限公司	朱江明项目部	48	常州东华建筑安装工程有限公司	狄卫星项目部
18	江苏溧阳城建集团有限公司	史莲项目部	49	江苏科嘉建设有限公司	邵文立项目部
19	江苏正方园建设集团有限公司	余日升项目部	50	江苏科嘉建设有限公司	史盛开项目部
20	江苏正方园建设集团有限公司	吕顺宝项目部	51	溧阳市金燕建筑安装工程有限公司	史云超项目部
21	江苏正方园建设集团有限公司	吴建项目部	52	江苏华晨路桥有限公司	钱军成项目部
22	江苏溧阳建设集团有限公司	龚向军项目部	53	晟唐伟业建设集团有限公司	柳晓春项目部
23	江苏溧阳建设集团有限公司	蒋国洪项目部	54	江苏通用路桥工程有限公司	张凤春项目部
24	江苏溧阳建设集团有限公司	陈晨项目部	55	溧阳市水利市政建筑有限公司	沈雪东项目部
25	江苏苏南建设集团有限公司	范金明项目部	56	臻龙建设有限公司	赵婧项目部
26	江苏苏南建设集团有限公司	孙志豪项目部	57	中一达建设集团有限公司	周杰项目部
27	江苏苏南建设集团有限公司	王恒项目部	58	苏阳建工集团有限公司	费娇项目部
28	江苏瑞峰建设集团有限公司	周力强项目部	59	江苏中天市政工程有限公司	余道真项目部
29	江苏瑞峰建设集团有限公司	刘明法项目部	60	江苏鼎邦建设工程有限公司	史建军项目部
30	江苏瑞峰建设集团有限公司	张福荣项目部	61	江苏鸿恺建设有限公司	倪钦项目部
31	中峥建设集团有限公司	张欣华项目部	62	江苏溧阳晶鑫建设有限公司	吴德保项目部

续表 20

序号	建筑单位	项目部	序号	建筑单位	项目部
63	江苏溧阳晶鑫建设有限公司	陈华项目部	67	江苏中辰建设工程有限公司	赵国庆项目部
64	江苏圣科建设有限公司	张华杰项目部	68	江苏金之润建设工程有限公司	潘宇项目部
65	江苏天目神威建设有限公司	韩书海项目部	69	江苏顺联工程建设有限公司	马文俊项目部
66	宏昌建筑集团有限公司	陈良项目部	70	江苏浩云建设有限公司	殷世武项目部

2021 年度溧阳市建筑业先进个人一览表

表 21

序号	姓名	序号	姓名	序号	姓名	序号	姓名	序号	姓名
1	杨志龙	31	蒋志东	61	张敏	91	任中群	121	杨勇
2	姜华平	32	周建兵	62	沈建杰	92	张朋鹏	122	耿国庆
3	史卫忠	33	杨飞	63	朱琦	93	周勇刚	123	李佳
4	卢建平	34	王振青	64	刘飞	94	周建康	124	何东海
5	谈志勤	35	许杰	65	狄鹏宇	95	谢伟彬	125	杨超
6	滕如庆	36	赵建明	66	吕红军	96	李士超	126	宋韬
7	陈海波	37	王文广	67	王培树	97	许卫国	127	周春伟
8	胡繁荣	38	张富俊	68	戴高良	98	葛振康	128	芮涛
9	袁茂水	39	刘建明	69	江济州	99	王瑜	129	陆惠仁
10	聂晔	40	潘振宇	70	吴海涛	100	刘加庆	130	高明
11	韩俊	41	谈志平	71	陶春桂	101	谢宽	131	沙萍
12	张亚林	42	范根南	72	沈诚	102	金彪	132	季攀
13	史志冬	43	陈洪林	73	陈志浩	103	吴波	133	孔杰
14	彭旭东	44	张国东	74	狄国华	104	张英杰	134	严飞
15	黄晓琦	45	孔文亚	75	杨建波	105	吕长泉	135	王康
16	王纪生	46	姚宣宇	76	戚云涛	106	陈永波	136	丁钰
17	赵志龙	47	吴元昌	77	徐克娇	107	陈俊杰	137	沈祥
18	王建军	48	吴忠平	78	许龙庚	108	钱承昊	138	陈乐
19	郑连平	49	姜建	79	袁建新	109	刘和兴	139	方汉平
20	王国利	50	嵇国华	80	陶凯	110	于杰	140	殷卫芝
21	宗国强	51	卢建国	81	李杰	111	杨建卫	141	吕俊杰
22	宋跃国	52	向泽仁	82	王庆安	112	许金鹏	142	赵苏彦
23	陆浩坤	53	潘椋	83	陈洪建	113	刘冰	143	王冠达
24	张爱国	54	潘建峰	84	陈国松	114	王东浩	144	潘坚
25	张惠民	55	许伟	85	钱光华	115	蒋清剑	145	陈广宇
26	宋押才	56	宋建叶	86	王晓俊	116	陈奕桦	146	葛云锋
27	王正伟	57	彭爱春	87	潘琪	117	史春芳	147	甘和华
28	李成进	58	张琦	88	李晨吉	118	蒋易成	148	顾敏
29	孙冠雄	59	黄春润	89	杨春华	119	潘文龙	149	钟国良
30	丁琪	60	邱德保	90	谷晓兵	120	杨军浩	150	冯科达

（蒋　琳）

商贸流通

栏目编辑　虞燕娟

综　述

【概　况】 2021 年，面对新冠肺炎疫情反复的考验，溧阳市统筹推进疫情防控和消费品市场发展，多措并举扩内需、促消费，通过“政策 + 活动”双轮驱动促进消费回补和激发消费潜力，最大限度地减少疫情造成的经济损失和冲击影响。随着全市经济向好形势持续巩固，社会消费品零售额总额实现快速增长，2021 年全市实现社会消费品零售总额 388.98 亿元，比上年增长 22.5%，增速位列常州市第二，高于常州平均增速 2.3 个百分点。

2021 年主要消费品增长情况一览表（限上法人单位）

表22

商品类别	增长率（%）	商品类别	增长率（%）
汽车类	3.8%	烟酒类	19.8%
建筑及装潢材料类	12.7%	金银珠宝类	514.0%
石油及制品类	27.8%	家具类	20.3%
粮油、食品类	20.8%	通信器材类	11.1%
服装、鞋帽、针纺织品类	123.7%	书报杂志类	21.5%
家用电器和音像器材类	3.2%	化妆品类	64.2%
中西药品类	0.3%	体育、娱乐用品类	87.1%
电子出版物及音像制品类	13.6%	文化办公用品类	1.2%

【消费品市场】 分行业看，批发、零售，餐饮业平稳增长，住宿业恢复缓慢。全年限上单位共实现零售额 102.43 亿元，比上年增长 17.0%。其中，批发业实现零售额 5.98 亿元，比上年增长 15.0%；零售业实现零售额 85.65 亿元，比上年增长 16.9%，这两个行业零售额总量占全市限上社零的比重达 89.5%，批零行业主体地位依然稳固。虽然国内疫情形势逐渐好转，但是受接待旅游团队数量骤减及会议、商务接待大幅减少等因素影响，住宿业恢复缓慢，临近年底疫情管控更为严格，营业水平难以完全恢复，住宿业实现零售额 3.79 亿元，比上年增长 9.0%；餐饮业实现零售额 7.00 亿元，比上年增长 25.4%。

分类别看，生活类消费品实现较快增长。与民生密切相关的吃、穿、用等基本生活类商品零售额总体保持较快增长。2021 年，限额以上粮油食品类商品零售额比上年增长 20.8%，日用品类比上年增长 8.6%，体育、娱乐用品类比上年增长 87.1%，以上三类商品零售额合计占全市限额以上零售额的 17.5%，比上年增长 19.4%，拉动全市限额以上零售额增长 3.3 个百分点，对消费品市场稳定发展发挥了重要作用。

分区域看，城镇市场担当零售主导力量。2021 年，两个中心城区实现限上零售额 72.85 亿元，占限上零售额比重为 71.1%，比上年增长 15.3%；乡村地区实现限上零售额 29.58 亿元，占全市限上零售额比重为 28.9%，比上年增长 21.5%。由城乡消费品零售额比重来看，城镇市场仍是消费品零售的主体。

注：限额以上标准为批发业年主营业务收入 2000 万元以上，零售业年主营业务收入 500 万元以上，住宿、餐饮业年主营业务收入 200 万元以上。

（戴　欢）

【服务业】 2021 年，溧阳市实现服务业增加值 555.69 亿元，同比增长8.8%；完成社会消费品零售总额389亿元，同比增长22.5%；完成限额以上服务业营业收入454.8亿元，同比增长31.9%。

重点项目建设推进。持续推进市领导挂钩重点产业项目的月报送制度，加强对项目的跟踪服务、衔接落实，协调解决项目在推进过程中面临的各种困难和问题，促进重点项目早开工、早建设、早投产。2021年度，66个溧阳市服务业重点项目计划总投资626.75亿元，年度计划投资101.69亿元；其中新建项目33个，年度计划投资40.7亿元，续建项目33个，年度计划投资60.99亿元。截至2021年年底，66个重点项目完成投资89.5亿元。

向上争取工作取得突破。加强服务业重点领域和企业培育工作，主动靠前服务，积极向上争取，生产性服务业发展成效显著。溧阳高新区和江苏安靠分别入选省级两业融合园区和企业试点；多项工作获得常州市级专项认定，苏高新南大创新园现代服务业集聚区获评常州市级现代服务业集聚区，江苏安靠获评常州市级两业融合标杆企业，依路物流获评第一批常州市级重点物流企业。

（陈　蕾）

住宿餐饮业

【概　况】 2021年，溧阳市有限额以上（年主营业务收入200万元以上）住宿、餐饮业法人单位48家，其中，住宿业30家，餐饮业18家（按住宿业餐饮业营业额所占比重来区分），年平均从业人数4142人。

2021年全市限额以上住宿、餐饮法人单位全年营业额97132.5万元。其中，客房收入31070.3万元，餐费收入59035.3万元，商品销售额2475万元，其他收入4551.9万元。年末床位数8380个，餐位数24446个，客房数5230间。

2021年，全市限额以上住宿业法人单位全年营业额63592.3万元。其中，客房收入28097.4万元，餐费收入30986.4万元，商品销售额294.1万元，其他收入4214.4万元，年末床位数7319个，餐位数12531个，客房数4619间。

2021年，全市限额以上餐饮业法人单位全年营业额33540.2万元。其中，客房收入2972.9万元，餐费收入28048.9万元，商品销售额2180.9万元，其他收入337.5万元，年末床位数1061个，餐位数11915个，客房数611间。

（戴　欢）

电子商务

【概　况】 2021年，全市电商网络销售额突破180亿元，其中农业农村电商网络销售额达30亿元。全市400多家规模以上企业和2500多个个体工商户从事电子商务，电商直接从业人员6000余人。江苏优鲜到家农业科技有限公司、溧阳市晓付电子商务有限公司、江苏天目湖旅游股份有限公司三家企业被评为2021—2022年度常州市电子商务示范企业，江苏金瓜子电子商务产业园创成2021—2022年度江苏省电子商务示范基地，全市示范主体阵容进一步扩大。

【电商助农】 在祠堂村实施农产品商品化率试点项目，通过与农产品销售平台的合作，建设标准化、商品化的甘薯生产基地，目前已辐射周边多个村建成甘薯生产基地260余亩，实现村级集体经济经营性收入156万余元；举办了溧阳市2021年祠堂甘薯开采节暨电商助农活动和“双十二”助农富民直播周等电商专题活动，借助区域公用品牌“1号优选”的现有渠道，联合邮政“邮乐购”直播平台，为各镇区的特色农产品拓宽销售渠道，提升品牌知名度；为全面推进乡村振兴工作，与省电商直播联盟、龙道电商等专业平台合作，策划了7场有针对性的电商专题培训，培训682余人，培养了一批具有较强创新创业能力的农村电子商务人才和创业致富带头人。

（蒋依纯）

粮　油

【粮食购销】 2021年，国家粮食主管部门要求各地要坚决落实党中央关于“六稳”和“六保”决策部署，按照粮食安全省长责任制要求，抓好疫情防控常态化下的粮食收购工作。市农业农村局扎实推进粮食收购工作，了解农民售粮、企业收粮意愿，及时掌握市场动态，确保全市丰产的粮食颗粒归仓。两季收购前，溧阳市提前备足仓容和收购资金，分别召开全市夏秋粮食收购会议，组织企业入市收购。为落实“六保”工作及防控需要，2021年全市粮食收购企业在稻谷市场价格总体维持强势运行，开秤后价格一路走高（涨幅约8%）的情况下，入市收购，全年收购粮食约21万吨，其中，小麦5.6万吨，籼稻6.3万吨，粳稻3.55万吨。收购均价分别是：小麦119元/百斤，籼稻126元/百斤，普通粳稻139元/百斤，优质粳稻162元/百斤。

【粮食安全责任制】 粮食安全是国家安全的重要基础。溧阳市人民政府高度重视粮食安全工作，贯彻落实粮食安全省长责任制下的市县长负责制，从2016年开始，常州对辖市（区）实施粮食安全责任制考核以来，溧阳市粮安考核工作始终保持常州辖市（区）前列。为确保2021年考核再创佳绩，溧阳市农业农村局（粮食行政管理部门）作为考核牵头单位，加强与各成员单位的沟通协调、密切配合、协同联动、形成合力。各成员单位主动与上级对口部门沟通汇报，准确把握考核要求，保证自评材料与评分标准一致，确保考核任务落实到位。各成员单位按照考核要求，经过资料收集整理自评和汇总，完成2021年度粮食安全责任制考核的基础工作，按时上报市粮食安全责任制考核迎考办，迎考办依据各成员单位上报的材料进行逐项审核并进行综合汇总，汇总结果溧阳市自评得分为113.6分。溧阳市粮安考核牵头单位市农业农村局（粮食行政管理部门）被常州市推荐为省政府督查激励单位。

【粮食流通监督】 2021年溧阳市粮食流通监督工作，全面落实《粮食流通管理条例》《江苏省粮食流通条例》等相关要求，重点围绕做好粮食“六稳”“六保”工作，开展粮食流通监督检查，确保全市粮食流通秩序正常。开展粮食库存检查工作。按照上级有关要求，加强和改进检查方式，建立随机抽查、专项检查等检查模式，守住数量真实、质量良好、储存安全的行业底线。加强粮食收购市场和政策性粮食销售出库监管。开展粮食收购市场专项检查，规范收购秩序，严厉查处“打白条”、压级压价等坑农害农行为。严格检查督促粮食收储企业遵守“五要五不准”收购守则，保护好农民利益和种粮积极性。进一步加强国家政策性粮食储存、销售出库管理，督促和指导企业严格执行仓储管理和国家政策性粮食销售的有关规定，依法治理各种形式的“出库难”。做好“12325”全国粮食流通监管热线工作。按照“12325”热线管理的有关规定，做好案件接收、分办转办、组织调查等工作，做到工作程序完整、审批审核手续齐全、各环节记录存档，出现问题时可倒查追溯；开展形式多样的宣传活动，扩大知晓度和覆盖面，确保溧阳市监管热线的监督作用发挥实效。加大涉粮案件查办力度。加大对违反国家粮食购销政策案件的查办力度，案件查办动真碰硬、勇于担当，办结案件要事实清楚、有根有据、定性准确、处理得当，办成铁案，经得起检验。2021年，查处溧阳市粮食购销有限公司擅自动用政策性粮食3311.84吨案，溧阳市粮食购销有限公司河口粮库和周城库截留力资费案等。

【优质粮油工程】 加快转变农业发展方式，把建设“优质粮工程”，作为助力乡村振兴的抓手，通过创新服务，实现了粮食品牌的提升，粮食产业得到发展。2021年，溧阳市海斌粮食作物专业合作社获全国放心粮油示范加工企业称号，溧阳市天目湖天目家园食品有限公司获全国放心粮油示范销售店称号，江苏优鲜到家农业科技有限公司获全国放心粮油示范配送中心称号，溧阳市岁丰农业科技有限公司的庆丰大米获江苏省“好吃苏米”金奖产品。2021年，溧阳粮食产后服务中心达到全域全覆盖，获全国粮食产后服务中心交流会典型性推广。

（丁　黎）

供销合作

【概　况】 2021年，供销合作社系统持续深化综合改革、服务乡村振兴，推进供销合作事业高质量发展。改造升级农村综合服务社5家。基层社“三会”制度建设持续推进，昆仑街道供销合作社和天目湖镇供销合作社第一次代表大会先后召开，选举出各自的理事会和监事会，按“三会”制度要求，实现民主管理，规范运行。

先后建成北京、南京、常州3个溧阳名优农产品展销中心，提高溧阳“两品一标一基地”农产品的知名度、品牌度和美誉度；通过主动对接，积极努力，以及在“美丽中国茶香行·食在茶乡”活动中的出色表现，在2021年10月“第十七届中国茶叶经济年会”上溧阳获得中华全国供销总社直属的中国茶叶流通协会“全国年度十强”茶旅融合特色县域授牌，是本年度江苏唯一；溧阳供销总社出资企业江苏优鲜到家农业科技有限公司被省委省政府授予“全省脱贫攻坚暨对口帮扶支援合作先进集体”称号；溧阳供销总社出资企业苏南农资配送有限公司推进“化肥农药零增长”行动，构建“高产试验示范田＋大户俱乐部＋测土配方实验室＋组合套餐＋农飞防服务”于一体的农资综合服务新模式，助力现代农业发展成效显著，其经验做法被江苏省供销总社推荐上报为中国“绿色农资”典型案例，全省共3个。

【展示展销】 全年组织各种形式的农产品展销活动13场。通过展示展销，向省内外消费者、游客展示推介溧阳本地及陕西地区安全、优质、健康的农产品，促进全市产业融合与农产品品牌资源共享，为引领农产品抱团闯市场创造了条件，为农业发展和农民增收增添了活力。其中，5月14—17日，组织溧阳天目湖茶叶研究所等12家茶企参加2021中国（岚山）茶产业发展大会暨茶叶交易博览会，这是溧阳首次组团参加中国茶叶交易博览会，在茶博会上溧阳茶企展出系列优质茶叶，展馆宾朋满席，茶商、茶企汇聚一堂。5月30日，为期2天的溧阳市供销社名优农产品展销会在白露山开幕，此次展销会共组织8家农业企业和专业合作社的溧阳白茶、蓝莓系列产品、天目湖香肠、乌米饭等本地特色农产品及陕西地区蜂蜜、菜籽油等100多个品种集中亮相，获得社会效益和经济效益双丰收。

【农资保供】 受原材料货紧价扬、国际市场价格拉动和阶段性需求增加等多重因素影响，全国化肥价格持续上涨，在历史高位运行，给农资保供带来较大压力。供销合作社系统农资企业和网点积极发挥农资供应主渠道作用，做实储备，做优服务，加强市场预测，及时掌握货源信息，关注重点化肥生产企业运行动态，综合监测研判价格走势，有效应对农资价格上涨、货源不足等困难。苏南农资配送有限公司充分发挥在大型药肥生产企业优质客户的优势，及早启动储备工作，全面腾空库容，调高储备容量等级，加大货源调运力度，对泓口、南渡两大仓储中心和各镇级农资经营网点的储备和配送进行产品差异化布局，为精准服务提供物资保障，对平抑全市农资价格发挥关键作用。2021年，全系统销售各类化肥16.56万吨（推广生态肥2万吨），销售额3.89亿元；销售各类农药468吨，销售额2808万元。无人机统防统治面积15万亩次，下拨“农飞防”补助资金26.5万元。开展测土配方43份，涉及面积10.3万亩。庄稼医生巡诊50场次。组织科学施肥施药培训会110场，参加人数3680人次。

【农药废弃包装物回收】 2021年，农药废弃包装物回收在全市推开，覆盖全市供销社165个农资网点。全年累计回收农药废弃包装物近135.3吨，农药废弃包装物回收后送专业机构进行无害化处理133.17吨，极大地降低了农业面源污染危害，提升了乡村生态环境质量，得到省级财政资金奖励。

【跨区域供销合作社系统合作】 2021年4月20—23日，溧阳市供销合作总社组成学习考察组，赴陕西安康、汉阴等地考察交流消费帮扶对接合作工作。同时，学习安康、汉阴供销合作社社有资产管理、基层组织与农产品现代流通网络建设等方面的先进经验。组织社有企业参与苏陕合作，助力共同富裕，成功案例被江苏省供销总社在全国供销总社会议上进行经验交流，并在5月27日的《中华合作时报》转载。江苏优鲜到家农业科技有限公司把具有江苏地域特色的农副产品和养殖项目引入汉阴，在2020年“大三花”肉鹅养殖项目取得良好经济效益的基础上，在汉阴县首批投放8000只“三黄鸡”，出栏时全部保价回收。与此同时还分别与汉阴企业签订秦岭黑猪等7类特色农产品购销意向协议，金额达8000余万元；溧城供销社人力资源服务公司成功帮助210余名汉阴务工人员到溧就业，每年创造劳务收入超过1400万元。

【社有资产管理】 加强社有资产监督管理。根据人事变动，调整社有资产管理委员会成员。坚持社有资产经营面向社会，阳光操作，制定下发《溧阳市供销合作社资产监督管理实施细则》，进一步健全房屋租赁管理档案，规范合同范本，租赁合同到期前及时张贴招租公告，投标竞价。对不同位置、地段进行摸底排查，比照地段级差，制定合理标价，确保社有资产保值增值。对资产状况进行全面摸排，对老、破、旧的门点进行修缮。在省总社支持下，投入68万元，对别桥供销社后周集镇1250平方米棉花工场及生资仓库危房进行修缮改造。提高了资产完好率，增加了经济收益。

（朱伟忠）

烟　草

【概　况】 2021年来，市烟草局围绕“高质量发展、高效能治理、高素质队伍”三大战略目标，奋勇争先、克难奋进，贯彻关于行业高质量发展的部署要求，实现了“十四五”规划的良好开局。

围绕“学党史、悟思想、办实事、开新局”主题，成立党史学习教育领导小组和青年党史学习小组，制定支部—小组—党员三级党史学习清单，开展道德讲堂、打卡红色地标、观看“四史”教育电影等主题活动。在市局（公司）举办的党史知识竞赛中，溧阳市局党支部获得全市系统一等奖；《推动党史学习教育真抓实做 高效开展》《金叶辉映党旗红》在人民网江苏频道发布；微党课《青年党员讲水西精神》在《东烟视频》发布。根据市局“1236”强基计划，结合溧烟实际，制定“六融合六延伸”党建向基层一线延伸方案。将“我为群众办实事”及“两在两同”建新功主题实践活动融入日常、抓在经常、做在平常，收到并解决基层反馈问题25条。1人获得2021年溧阳市“两优一先”优秀共产党员称号；1位稽查员获赠零售客户授予的“为民服务,为民解忧”锦旗。

落实新时代党的组织路线，将政治要求、政治标准贯穿于党员干部管理全过程，着力培养造就忠诚干净担当的高素质专业化干部人才队伍。全年组织线下培训20余次，网络学院人均学时98.93小时，着力提升全员理论水平与实操能力；落实“创新转型、奋斗出彩”的理念，制定《溧阳市烟草专卖局（分公司）“季度之星”评选方案（试行）》，激励全员制定年度小目标，在追赶目标中实现价值引领。1名青年职工被共青团常州市委授予“常州市青年岗位能手”的称号。大力培育和践行社会主义核心价值观，主动担当和履行社会责任，编排年度志愿活动计划，优化志愿服务分队，常态化开展爱心捐款、无偿献血、“路长制”巡查、交通执勤等活动，积极弘扬主旋律、汇聚正能量、树立新风尚，凝聚企业高质量发展“精气神”，获得2019—2021江苏省文明单位、2021年度溧阳市服务业五星企业称号，推动实现党建业务工作与精神文明建设同频共振、互促共进。

【业务发展】 承接省市局赋予的农网终端建设试点任务，推进以“消费环境便民、快递包裹便民、金融缴费便民、农技卫生便民、爱心驿站便民、就业信息便民”六项赋能为特色的“金丝利零售”农村加盟终端建设，探索助力乡村振兴。加强与公安部门协作配合，拓宽涉假案件情报信息，保持打假打私力度，先后组织开展“百日会战”“重点商圈”“利剑7号”“利剑8号”专项整治行动，全年查获各类违法涉烟案件445起，涉案卷烟数量653.14万支。树立“区域一盘棋”思维，与宣城烟草签订《苏皖边界毗邻地区烟草专卖联查联办机制工作协议》，联合郎溪烟草严厉打击“江苏经营——安徽毗邻地区异地设库”的违法经营模式，拦截跨省冲卡案件1起。守护“未成年人成长”。重点对中小学校、幼儿园周边开展清查，组织电子烟经营户签订规范经营电子烟承诺书131份；查处常州首起向未成年人销售卷烟案件、首起向未成年人销售电子烟案件。扩大联合治理“朋友圈”。牵头与检察院、教育局、市管局同发起《保护未成年人免受烟草（含电子烟）侵害倡议书》《加强未成年人控烟管理倡议书》；会同商务局、市场监督管理局开展烟卡联合检查10次，日常检查262户次；会同海事部门、治安部门加强卡口、内河、码头、仓库排查工作，开展2轮次联合摸排。持续优化“营商环境”。持续开展虚假户、异常户清理。打造“一件事 溧即办”政务品牌，实现申请烟酒店、便利店营业执照、烟草证、食品卫生许可证、门头全程通办。

【管理工作】 以推进企业治理体系和治理能力现代化为目标，统筹抓好企业管理各项工作，全方位服务高质量发展大局。创新普法形式。建立跨部门的普法宣讲团，主动联系教育部门，深入职校宣传青少年控烟和电子烟危害等相关知识，拍摄宪法公益视频宣传宪法权威，延伸普法触角。聚力创新重点课题。围绕市局重点工作，用创新转型的理念实现与业务的深度融合，《烟草零售户规范经营信息筛查模型管理及应用软件》获得计算机软件著作权专利。强化提升治理效能。跨科室成立“同心合溧”联合监督小组，每月定期督查各科室对上级文件制度的执行落实情况、“五类烟”的规范使用情况、疫情防控和安全管理的关键环节等。防范化解重大风险。持续做好常态化疫情防控工作，积极推进新冠疫苗接种工作；开展“安全生产月”系列活动，对照自评问题清单，从严排查整改，全年排查整改安全隐患65个；加强防范舆情风险，压实信访稳定工作责任。

（杨怡凌）

盐　业

【概　况】 2021年，溧阳盐业公司克服困难，踏实求进，突出以效益为中心，用市场化竞争的工作手段、创新改革的办法来统筹全年工作，着重抓好“淮牌”食盐“生命线”，加快思想转型步伐，确立新定位、顺应新形势，努力开创溧阳盐业发展新局面。全年实现营业收入1843.78万元，实现利润总额超52.09万元，销售小包装食盐5009.24吨。

【经营环境】 2021年，公司坚守主营阵地，捍卫市场份额，工作进度上抓头抓早，根据市场情况，做到政策不过夜，措施不过夜，迅速传达布置，抓好落实。开展“淮盐”品牌宣传活动，坚持品牌战略引领，宣传“淮盐”“大清淮盐”的品质安全和历史文化底蕴，以中高端食盐第一品牌形象占领市场。通过进广场、进社区、农贸市场、进超市等形式，不断提升淮盐影响力和企业品牌形象。全年组织开展“淮盐”品牌宣传90余场次，出动220余人次。非盐经济已是盐改后公司效益的重要来源之一，和主营工作相辅相成，相互促进，渠道共享。加大对特通渠道的开发，2021年年初和市教育局签订2021年度全市119家大中小学校食堂食盐供应合同，确保全市学校的食盐安全。

【新盐政管理】 根据国家颁布的《食盐专营办法》，协调推动市政府出台了《溧阳市盐业体制改革实施方案》，签订《职能移交协议》，将盐业行政管理职能分别移交市经信局和市食品药品监督管理局，实现新旧监管体制平稳过渡。派驻3名盐政协管人员到市市场监管部门协助开展盐政执法工作，加强对盐政协管人员的培训和考核，重点加强对新出台的盐业法律法规和工信部、发改委有关盐改过渡期相关文件的培训与学习，提高盐政协管人员的综合素质和业务技能，始终把维护人民群众食盐安全作为重点，确保溧阳市盐业市场的秩序稳定。

【内部管理】 加强财务资金风险、库存商品风险、应收款风险是整个经营工作重中之重，在风险控制上常抓不懈，从制度上、程序审批上落手，做到事前有审批、事中有跟踪、事后有落实，做到事事有人负责，对风险防范做好前瞻性预案。在经营工作中不断强化全员风险意识、成本意识，在细节管理上，要做到审时度势，确保所购商品成本低，避免难销、高成本商品的采购，对应收款、应交款及时跟踪处理，库存现金、库存商品坚持日清月结，确保经营风险管理零事故。

公司为提升全员素质，持续夯实人才队伍基石建设，履行全面从严治党责任，年初组织签订全面从严治党责任书，每季度召开党建工作领导小组会议。支部规范“三会一课”、党费收缴、组织关系管理等党建工作实务，按时召开组织生活会和党员评议工作。开展了系列企业文化教育活动，营造出良好的企业文化氛围。

【食盐安全和储备】 溧阳盐业依法严格执行国家规定的食盐定点批发制度，不断加强行业自律，做到守法诚信经营。参与食盐安全的维护工作，加强对派出的盐政协管员的管理，主动融入市市场监督管理局对食盐安全的监督管理，增强溧阳地区食盐安全的监管能力，规范溧阳市场盐业经营秩序。履行溧阳市人民政府赋予的食盐政府储备责任，主动承担食盐的企业社会责任储备，确保自然灾害或突发事件发生时溧阳市食盐的安全供应。

（蒋志宏）

市场和物流

【江苏苏浙皖边界市场】 苏浙皖边界市场始建于2001年，是江苏、浙江、安徽三省交界地区规模最大的综合市场，由江苏苏浙皖边界市场发展有限公司建设运营。市场占地面积489亩，总建筑面积近30万平方米，划分为农副产品区、建材及仓储物流区、景丽家具城、精品建材城四个区域。2021年全年总成交额达1153亿元，上缴各项税费2000余万元，截至2021年，市场有经营户1800余户，从业人员超1.6万人，相关源头产业及配套用工人员已达5.5万人，知名商标品牌入驻市场1000余个，经营范围辐射全国十多个省市，先后被授予全国标准化示范市场、江苏省文明市场，江苏省重点物流企业、常州市星级服务企业等先进称号。

为进一步整合资源，打造出一个环境优美、布局合理、专业性强、档次更高、打造“服务溧阳、面向苏浙皖、辐射长三角”的现代化新市场，对老市场进行全方位的升级改造。将部分一些影响市容市貌和周边环境的蔬菜、水果、水产、家禽、粮油等业态进行整体外迁。对老市场的建材区和商业街商铺立面、地下隐蔽设施等进行改造，对提升市场整体效果和功能。

市场于2020年启动“苏浙皖农产品商贸中心”项目，项目总投资逾 2835.5亿元，项目2021年被列为江苏省重点工程。项目具体分两方面：改造提升综合交易市场；新建农副产品交易区、冷链物流中心，茶叶展览展示中心、茶道创意体验馆、教育培训基地，配套建设商务商贸区等。构建“市场规模领先，结构布局合理，整体联合有序，服务配套完善、管理运营科学，市场竞争力强，发展空间广阔”的综合交易市场。

深度挖掘溧阳发展历史，发扬溧阳市井文化，以丰富农产品批发贸易市场的文化内涵和业态外延。吸引多元化的客流，激发农批市场贸行业的经营活力。为溧阳市民打造城市公园型的文化市场集群。利用原产地及产业化优势，以茶叶为依托载体，在充分挖掘和体现传统文化、民族文化、历史文化和时尚文化的基础上，提高溧阳茶文化理念，向产、供、销一体化发展，打造“溧阳茶”品牌。同时引进全国知名的茶叶品种、品牌及客商，通过资源和品牌的多维度整合、文化元素的融合，将茶文化城打造成为集文化娱乐、购物休闲、旅游观光、收藏鉴赏、学术交流、赏古阅今于一体，在全国具有一定知名度的茶(旅)产业融合发展体验基地。

项目建设既是策应实施国家乡村振兴战略和长三角一体化发展的需要。同时又推进服务业供给侧结构性改革，提高溧阳及周边地区消费者食品安全，满足广大人民群众对美好生活的多样化、多层次需求。项目在同时解决溧阳周边地区农产品批量储存问题的基础上，打造苏浙皖三省交界地区规模最大、功能最完善的农产品物流供应链枢纽集散中心。项目建成后能有效同时提升城市品牌影响力，放大江苏茶文化品牌效应的需要。

创新思路，推进现代化服务型企业的经营理念。建立起规范化管理平台，与现代企业制度的管理要求和经营模式对接；信息化联络平台，与专业的物流企业对接；网络化交易平台，与所有的经营户和消费者对接。同时为适应市场的发展趋势，通过实体市场向虚拟市场、体验式市场等功能的转化，大力发展“夜经济”等举措，进一步优化市场 24 小时的业态分布和组合，把一体化休闲模式融入市场，有效地提升市场活力，更好地服务苏浙皖三省交界区域一体化推进，满足广大人民对物质文化的新需求。

（姜　云）

【溧阳八佰伴（溧阳华地百货）】 溧阳八佰伴位于商业区燕山路 2 号，总面积 40000 平方米。隶属于江苏华地国际控股集团有限公司，集团于 2010 年 10 月 21 日在香港主板上市（股票代码：01700. HK）。溧阳华地百货于 2002 年 8 月 8 日开业，2003 年 9 月 26 日乔迁现址营业。2011 年 7 月起重装调整，于 12 月下旬升级为溧阳八佰伴开业。溧阳八佰伴是按照香港华地国际集团的连锁化标准规划、布局和经营管理的全方位大型高档商场。2021 年主营收入（含税）61940 万元，利润总额 3200 万元，上缴税款 2706 万元。

（赵燕玲）

【溧阳万达广场】 常州溧阳万达位于南大街 199 号，于 2018 年 6 月 1 日开业，占地面积 10.02 万平方米，计租面积 5.77 万平方米，总品牌数 234 个，地面停车场车位 588 个。2021 年组织营销活动天数 285 天，投入促销旺场费 500 余万元，预计 2021 年实现总客流 840 万元，总销售 46778 万元的成绩。

溧阳万达不仅重视广场经营，更加重视广场的文化口碑经营。万达集团积极响应政府防疫号召，部门各司其职做好防疫保障，落实各项管控措施，做好定点消杀。不断提升广场经营品质，争创绿色商场、新型智慧商场，打造溧阳行业标杆。在做好防疫的基础上，溧阳万达力在打造多元经济，创造多个就业岗位，并积极开展各类慈善公益活动，配合政府机构，宣扬正能量，秉承大企业担当。

2021 年，因疫情减免各类商户扶持金额总计 600 万元。广场全年实现收入 7600 万元，费用 2300 万元（不含税费），年度缴纳增值税 374.64 万元，所得税 306.14 万元，土地税 40.2 万元，房产税 394.23 万元，各类税费 71.81 万元，总计纳税 1187 万元。

（唐小敏）

【江苏华达国际物流有限公司】 江苏华达国际物流有限公司成立于 1982 年 4 月，公司下属溧阳市贝特贸易有限公司。公司有员工 31 人，固定资产 7200 万元，注册资金 500 万元，公司有车辆 7 辆，联合运输车辆 16 辆，货物运输总能力达 1100 吨。公司下设联运分公司、运输分公司、物流分公司、外运分公司、贸易分公司、常州分公司 6 家分支机构。2021 年完成营收 2750 万元。

国内运输　公司一贯奉行“您的满意就是我的工作”为经营宗旨，创造了“团队管理”和“管理团队”的企业文化。主要运输线路有：溧阳至上海、北京、广州、西安、乌鲁木齐、成都、哈尔滨的快速物流通道。

国际货运　经过多年超常规的发展，在国际化、综合性、科学化发展方面取得了长足的进展。主要航线有“美加、欧洲、中东、东南亚、地中海”航线等。

国际贸易　开展纺织服装、轻工、机电、五金、化工等商品的进出口贸易；承接来料加工、来件装配、来样定订的“三来一补”业务。

（吴文彬）

旅　游

栏目编辑　陈　莉

综　述

【概　况】2021年，全市旅游接待总人数达1862.19万人次，旅游总收入229.35亿元，旅游增加值107.13亿元，同比增长27.55%。全市在建重点文旅项目共15个，总投资额195.03亿元，其中包括投资105亿元的曹山未来城(一期)、投资30亿元的中国再生医学健康管理中心等项目。拟开工重点文旅项目共27个，包括投资30亿元的天目湖白茶小镇高端文旅康养度假村项目、投资15.5亿元的富尔达颐养社区（一期）等，27个拟开工项目计划总投资136.2亿元。

市文旅局紧密围绕“生态品质巩固提升年”工作主线，以实现长三角生态创新示范城市为工作目标，以争当全域旅游示范建设的探索者、开拓者和引领者的工作定位，积极探索创新举措，不断深化体制改革，文化、旅游、体育等各项建设取得重要突破和重大成果。完成第三批“溧阳茶舍”的授牌工作和第四批“溧阳茶舍”等级评定工作，评定出印象天目等3家四星级、美芥·老宿舍等9家三星级，并统一以奖代补，促进茶舍发展。用好新媒体平台，塑造品牌。对接百度平台，完善溧阳茶舍落地页。同时联合订单来了和轻度旅创等公司，推进上线茶舍PMS系统，进一步扩大品牌知晓度和美誉度。推进乡村旅游重点村的创建和申报工作。上兴镇牛马塘村、别桥镇塘马村、戴埠镇杨家村入选江苏省乡村旅游重点村；桂林村、龙峰村、陆笪村、南山后村、深溪岕村、钟家村获评第二批常州市乡村旅游重点村。重点推进研学旅游发展，促进旅游＋教育深度融合，溧阳市被江苏省旅游协会授予“江苏省研学旅行示范区”称号，并在2021年茶叶节开幕式上授牌。

积极创新宣传形式，精心策划文旅活动。2021年年初，为响应“留溧过年”号召，溧阳市在全国范围内率先推出全域景区“免票游”活动。举办“2021中国·溧阳茶叶节暨天目湖旅游节”、太湖迷笛音乐节、爱情泼水节、稻田音乐节、冰雪温泉节等活动。在“2021中国·溧阳茶叶节暨天目湖旅游节”期间，主导举办“‘跑遍中国’中国·溧阳一号公路红色传承风光跑”“抖in美好溧阳”等系列子活动，抖音平台话题量累计超15亿次，吸引市民游客的广泛参与。首届“溧阳·太湖迷笛音乐节”在焦尾琴公园激情上演，溧阳文旅公众号、迷笛微信公众号、微博号等平台同步发布宣传内容，各平台累计曝光量达300余万次。第三届“爱情泼水节”因疫情影响改为线上举办，联合江苏广播共同举办“2021中国溧阳爱情泼水节”七夕特别奉献“为爱比心，云上告白”活动，吸引176万人秀图点赞。在疫情背景下，自主策划、编导、制作“文物里的溧阳”系列线上讲解专题片，让历史走进生活，增强文化自信，年度播放量累计超10万次。同时，整合全域文旅活动资源，指导文旅企业、单位办好“美岕山野赏萤节”“曹山杨梅节”“溧阳白露山蓝莓文化节”“美好星球嘉年华”等系列时节活动，保持宣传热度，激发文旅内生动力。全年累计指导各大文旅企业开展各类节庆活动20余场。

2021年年底，全市拥有国家级旅游度假区1家、省级旅游度假区1家，国家A级旅游景区7家（AAAAA级旅游景区1家，AAAA级旅游景区1家，AAA级旅游景区3家，AA级旅游景区2家）、全国工农业旅游示范点7家，全国休闲农业与乡村旅游星级企业9家（五星级2家、四星

2021 年溧阳市旅行社情况

表 23

单位名称	地　址
天目湖旅行社	天目湖旅游度假区
阳光国际旅行社	平陵中路 251 号
华天假日国际旅行社	东大街 182 号
山水国际旅行社	平陵中路 212 号
东方旅行社	清溪路商业街 4 区 19 ～ 20 号
蓝天国际旅行社	平陵中路 319 号
华夏国际旅行社	南大街 117 号
交通旅行社	西大街 142 号
春秋国际旅行社	燕园路 88 号
青年国际旅行社	新省溧中对面
金旅国际旅行社	溧阳汽车站出口处
溧阳风光国际旅行社	平陵中路 218 号（平陵大酒店对面）
安途旅行社	建设中路 1 ～ 16 号
途宏旅行社	锦绣路 290 号
溧阳南山花园旅行社有限公司	戴埠镇戴南村委杨家村 88 号 1 幢
小任旅游	镇善南路 58 号
扬天户外	燕山路 73 号一楼
智诚假期	诚信广场
平陵国际旅行社	台港路 277 号
大千之旅行社	戴埠镇珠江东路 28 号
溧阳市悦达旅行社	溧阳市戴埠镇李家园村委杨树头村 9 号
瓦屋山旅行社	钱家路 88-8 号
溧阳环球国际旅行社	燕山中路 11 号锦汇广场
溧阳市云途国际旅行社	溧城街道罗湾西路 101-101
常州时光之旅旅游	社渚镇湖西村委升平北路 68 号
溧阳市弘旭国际旅行社	天目湖镇迎宾大道 288 号 1 幢
常州市思美乐国际旅行社	天目湖镇屏峰花园 2# 楼 1 房
与你同行国际旅行社（溧阳）有限公司	社渚镇周城集镇新风街 58 号
汇友文化旅行社	昆仑街道景豪公寓 4 幢 116-1 室
常州溧阳天目水韵旅游	天目湖镇天目湖牌楼对面 2 号楼 14、15 号
常州涵田旅行社有限公司	天目湖镇东园路 88 号

2021 年溧阳市星级饭店情况表

表 24

单位名称	星级	地　址
天目湖宾馆	五星	天目湖旅游度假区
溧阳宾馆	五星	西大街 118 号
天目湖御水温泉度假酒店	五星	天目湖南山竹海景区
皇廷国际大酒店	四星	燕山中路 9 号
扬子国际大酒店	四星	溧城镇南大街 131 号
涵田度假村酒店	四星	天目湖旅游度假区
金鼎苑宾馆	三星	上兴镇永兴大道 12 号
日日春	三星	曹山度假区
天之福	三星	曹山度假区
翠竹园宾馆	二星	天目湖旅游度假区

级 6 家、三星级 1 家），江苏省五星级乡村旅游区（点）1 家、江苏省四星级乡村旅游区（点）11 家（包括 4 家全国农业旅游示范点），江苏省三星级乡村旅游区（点）4 家，江苏省二星级乡村旅游区（点）3 家，省级自驾游基地 3 家；旅行社及网点 71 家（旅行社 31 家，网点 40 家），星级饭店 10 家（五星级 3 家、四星级 3 家、三星级 3 家、二星级 1 家），星级溧阳茶舍 43 家。

旅游开发

【概　况】 2021 年市文旅局紧紧围绕市委、市政府重点工作部署，以重大活动、重大项目、重大创新为依托，推动文旅工作全领域、全方位、全链条高度发展，借助资源共享、优势互补、协同并进，不断提升服务供给力、产业竞争力、品牌影响力，以旅游业发展为抓手引领产业发展，为城乡融合打造创新项目，项目涉及“旅游＋乡村”“旅游＋红色文化”“旅游＋教育”“旅游＋农业”“旅游＋工业”“旅游＋水利”“旅游＋体育”等多种业态。

实施项目带动战略，以优质增量推动产业升级。新增在谈项目 23 个，计划总投资 365.5 亿元；全年招引并推进了长三角马术小镇、天目湖安卓梅达酒店、米兰船艇等签约落地项目 3 个。争取文旅企业资金扶持，去年全市文旅企业共获得各级扶持、奖励和基金支持近 5000 万元。

全市围绕“532 发展战略”，推动长三角文旅中轴和休闲度假中心建设，部署组织各项创建工作，谱写文旅产业高质量发展新篇章。2021 年，溧阳市被列入

表 25

2021 年江苏省星级乡村旅游接待区（点）情况表

景区名称	等级	地 址
南山花园	五星级	戴埠镇戴南村
翠谷庄园	四星级	戴埠镇南山竹海度假区徐家圩村
吴楚农耕文化园	四星级	戴埠镇黄岗岭村
欣龙生态园	四星级	戴埠镇黄岗岭村 128 号
通用山庄	四星级	深溪岕徐家村 168 号
古松山庄	四星级	横涧深溪岕 67 号
十思园	四星级	天目湖旅游度假区竹塘村思源路
日日春	四星级	上兴镇龙峰村日日春庄园
白露山庄	四星级	上兴镇上沛龙峰村
天淼山庄	四星级	溧阳市欣丁路 1 号
晶阳山庄	四星级	溧阳市竹煤线与 019 乡道交叉口西北
康鸿生态园	三星级	戴埠镇竹海大道 478 号
松溪生态园	三星级	溧阳市竹箦镇陶庄村委横山岗 2 号
四季春	二星级	天目湖镇天目湖镇南钱村
天目湖农业发展有限公司	二星级	常州市溧阳市天目路 600−25 号
长寿谷	二星级	溧阳市新溪路 88 号

表 26

2021 年溧阳茶舍（精品民宿）情况表

星级	镇	单位名称	地址
第一批溧阳茶舍（11 家）			
四星级	天目湖镇	陶然美岕	天目湖镇 106 县道全民村 15 号
	戴埠镇	叁朵花	戴埠镇横涧深溪岕 67 号
		香云小筑	戴埠镇黄岗岭村赵岕组 179 号
		岕宿竹马岭	戴埠镇上宥里村 66 号
		轻度 MildGo	戴埠镇山口村委白虎岕 16 号
三星级	天目湖镇	天目湖青青子衿民宿	天目湖镇下桂林村 63 号
	戴埠镇	绿乡民宿	戴埠镇戴南村高山岗 32 号
		南山十一间	戴埠镇竹海大道 365 号
		南山梵璞	戴埠镇李家园村竹海大道 202 号
		南山遥	溧阳市 X002(竹海大道)
		泡泡度假庭院	戴埠镇李家园路下场园 40 号
第二批溧阳茶舍（11 家）			
四星级	戴埠镇	取舍	戴埠镇高桥小窑头村 168 号
		芷岚秋	戴埠镇徐家玗小岕村 80 号
		一生一遇	戴埠镇李家园村 68 号
		青峰仙居	戴埠镇松岭村委王家村 68 号
		青翕喜粤	戴埠镇李家园村牛马地村 141 号
		同画里	戴埠镇黄岗岭村
		璞宿隐心	戴埠镇宥里村 100−2 号
三星级		溪岕里美宿	戴埠镇李家园村下场园 8 号
		清心 · 如是	李家园村杨树头 19 号
		南橘野舍	戴埠镇李家园村 126 号
		十六号民宿客栈	戴埠镇新茶亭村 16 号

首批省级文化和旅游消费试点单位，新增两个国家 AAA 级旅游景区——曹山美音茶园景区和别桥原乡旅游区。

【全域旅游推进】 在市委、市政府部署下，谋划全域旅游示范，完成“争创全域旅游示范实施意见”“推动富有文化底蕴的世界级旅游度假区建设行动方案”，配合市委、市政府组织召开“全域旅游示范”推进大会。基于溧阳市全域旅游和乡村旅游发展现状，审议通过《溧阳市“十四五”全域旅游发展规划》和《溧阳市乡村旅游发展专项规划》。溧阳市在全域旅游示范区建设方面的政策创新、体制机制创新等工作，探索全域旅游引领溧阳县域治理新路径，推动《全域旅游的溧阳高质量发展实践》正式出版。

【提升旅游服务品质】 市文旅局配合、加强旅游厕所的建设和管理工作，优化提升旅游公共服务水平，从细节上强化溧阳旅游的良好形象。2021 年，市文旅局被评为“2021 年常州市旅游厕所建设先进组织单位”，新建旅游厕所 13 座（其中 AAA 级 3 座、AA 级 7 座、A 级 3 座）。截至 2021 年年底，溧阳市共有 92 座旅游厕所（AAA 级 22 座、AA 级 29 座、A 级 41 座）。

【培育“溧阳茶舍”品牌】 完成第三批“溧阳茶舍”的评定工作，评定出美岕树屋 1 家五星级、石塘三十七号等 2 家四星级、新故民宿等 6 家三星级，并在 2021 年茶叶节暨旅游节的开幕式上进行统一授牌。以奖代补，促进茶舍发展。出台《溧阳市民宿业品质

续表 26

星级	镇	单位名称	地址
第三批溧阳茶舍（9 家）			
五星级	戴埠镇	溧阳南山花园旅游发展有限公司（美岕 · 树屋）	戴埠镇竹海大道 258 号
四星级	天目湖镇	天目湖石塘三十七号民宿酒店	天目湖镇毛尖村委石塘村 37 号
	上兴镇	曹山花居	上兴镇牛马塘村 69 号
三星级	戴埠镇	新故民宿	戴埠镇戴南村委油坊组 9 号，
		安云 · 观山	戴埠镇李家园村杨树头 58 号
		静墅客栈	戴埠镇黄岗岭荒田岕 43 号
		晚秋山居	戴埠镇横涧村深溪岕村 205−1 号
		竹塘山居	戴埠镇横涧村委官岭村 38 号
	南渡镇	美岕风吹稻花民宿	南渡镇庆丰村蒋家 44 号
第四批溧阳茶舍（12 家）			
四星级	戴埠镇	玖宿南院	戴埠镇李家园村沸水塘 138 号
	天目湖	菡谷	天目湖镇东园路 88 号，聆湖湾商业街 15 幢、18 幢
		印象天目	天目湖镇大田里组
三星级	戴埠镇	归来小院	戴埠镇李家园村委
		灰姑娘	戴埠镇同官村委同官村
		忆南山小隐	戴埠镇赵墅村新茶亭 5 号
		梦田	戴埠镇李家园村委上野毛山
		松涧小居	戴埠镇松岭村委西山 43 号
		一忱里	戴埠镇戴南村委高山岗村 58 号
	溧城街道	溧阳南山花园旅游发展有限公司（美岕 · 老宿舍）	溧城街道南大街 98 号
	社渚镇	约见彩虹	社渚镇天淼山庄别墅区 18 幢
	天目湖镇	怀秋小筑	天目湖镇桂林村委上桂林村

提升三年行动计划》，出台新版《“溧阳茶舍”等级评定与管理办法》，指导民宿行业协会研究制定《溧阳市民宿行业自律公约》。加强与莫干山、长兴等地民宿协会的交流，组织百余名会员外出考察，帮助企业在改善宏观环境上出力，在搞活机制上献策，在强化管理上传经交流，在扩大企业联合上牵线，增加市场竞争力，实现更大的效益。开展民宿学院开讲活动，邀请高校学者、业内大咖、行业从业者作专题培训、经验分享，提升行业协会会员的整体水平。打造一批拥有较强市场影响力的本土民宿品牌，市文旅局、公安局、市场监督管理局、卫健局、团市委、妇联共同主办、民宿行业协会承办中国溧阳首届“遇见溧阳 · 醉美茶舍”品质民宿评选活动，经过自主申报、初步审核、实地考察、网络公示和综合评审等流程，最终评选出特色民宿品牌 50 家、十佳民宿主理人 10 人，特色民宿品牌培育奖 14 家，十佳民宿主理人培育奖 20 人。将第三批溧阳茶舍共计 9 家单位，全部纳入政府采购定点单位。指导符合条件的溧阳茶舍开展溧阳市级、常州市级放心消费先进单位申报工作。完成第一、二批 23 家茶舍的星级复核工作。

【乡村旅游品质提升】 推进乡村旅游重点村的创建和申报工作。上兴镇牛马塘村、别桥镇塘马村、戴埠镇杨家村入选江苏省乡村旅游重点村；桂林村、龙峰村、陆笪村、南山后村、深溪岕村、钟家村获评第二批常州市乡村旅游重点村。培育乡村文化和旅游能人。根据《文化和旅游部办公厅关于开展 2021 年度乡村文化和旅游能人推荐工作的通知》，组织开展 2021 年度乡村文化和旅游能人支持项目人员的推荐工作，溧阳市轻度旅创负责人张庆入选 2021 年度国家乡村文化和旅游能人名单，成为常州唯一。

旅游宣传

【概　况】 2021 年是溧阳市创建国家全域旅游示范区之后的第一年。以“两节”走过 30 周年为契机，市文旅局围绕市委、市政府关于“争创全域旅游示范”这一核心目标定位，抓住“网红江苏”的发展契机，以多种渠道和手段传播城市知名度和美誉度，着力从深化品牌内涵、优化产品供给等方面，持续推动全市旅游高质量发展。

2021 年年初，为响应“留溧过年”号召，溧阳市在全国范围内率先推出全域景区“免票游”活动，被《人民日报》、“学习强国”学习平台、今日头条等主流媒体争相报道，央视《新闻直播间》以《溧阳天目湖：天然大氧吧全域免费游》为题，现场直播连线报道活动盛况。

茶叶节举办前夕，召开“一地六县”文旅联盟高端对话暨精品线路发布会，发布长三角之心“走心之旅”精品线路，达成景区同城化合作、旅游联合推广等一系列合作成果，促进区域文旅协作发展。在“2021 中国·溧阳茶叶节暨天目湖旅游节”期间，主导举办“1 号公路传承风光跑”“抖 in 美好溧阳”等系列子活动，抖音平台话题量累计超 15 亿次，吸引市民游客的广泛参与。

5 月，全市争创全域旅游示范推进大会召开，动员全市上下将全域旅游作为践行“两山”理论、撬动全域发展的核心抓手。大会引发媒体集中关注，“学习强国”、《中国旅游报》、新华网等 16 家主流媒体平台纷纷报道。

端午节期间，首届“溧阳·太湖迷笛音乐节”在焦尾琴公园举行，“溧阳文旅”微信公众号、迷笛微信公众号、微博号等平台同步发布宣传内容，各平台累计曝光量达 300 余万次。七夕来临之际，第三届“爱情泼水节”因疫情影响响改为线上举办，联合江苏广播共同举办“2021 中国溧阳爱情泼水节”七夕特别奉献“为爱比心，云上告白”活动，吸引超 176 万人秀图点赞。在疫情背景下，自主策划、编导、制作“文物里的溧阳”系列线上讲解专题片，让历史走进生活，增强文化自信，年度播放量累计超 10 万次。

9 月，市文旅局抢抓“后疫情”时代发展机遇，率先推出南京都市圈“惠游溧阳”活动，发布实施“全域景区 9 月免票游”、定向发放 1000 万元全域旅游消费券、旅行社组团奖补等优惠政策，在南京、芜湖举办专场推介会，吸引《人民日报》、“学习强国”学习平台等 100 余家媒体全网热推，活动总曝光量达 5580 万次，天目湖山水园和南山竹海景区 9 月累计接待游客 30 余万人次，较 2019 年、2020 年分别增加 67.78% 和 125.55%。12 月，结合前期精准施策经验和冬季文旅市场特点，面向相关行业定向推出扶持措施，组织开展首届冰雪温泉节活动。有效促进疫后文旅市场复苏。

整合全域文旅活动资源，指导文旅企业、单位办好“美芥山野赏萤节”“曹山杨梅节”“溧阳白露山蓝莓文化节”“美好星球嘉年华”等系列时节活动，保持宣传热度，激发文旅内生动力。全年累计指导各大文旅企业开展各类节庆活动 20 余场，丰富人民群众的文化休闲生活。

【推出新春“免票游溧阳”活动】 溧阳市所有景区于 2021 年春节期间，面向所有人群，推出新春“免票游溧阳”活动。免票时间：2021 年 2 月 12—26 日（大年初一至十五）。免票对象：所有到溧阳游客（含本地市民、留溧外来员工）。免票办法：游客提前至少一天扫码或关注天目湖公众号进入微信商城进行线上预约；严格执行游客接待量不超过最大承载量 75% 的限流措施，实施分时段预约入园游览制度；到达景区后，需佩戴口罩、测量体温，出示健康码、行程码以及预约人身份证即可入园。

【溧阳元素亮相沪宁高铁沿线】 溧阳市文体广电和旅游局于春运期间在沪宁高铁沿线将溧阳的美丽风光与高铁列车完美结合，深入影响重点市场目标人群，向人们传递着专属于溧阳的独特魅力。高铁列车上，溧阳 1 号公路、天目湖、南山竹海、溧阳茶舍等天然风光和精品民宿画面，通过品牌天幕、海报的媒体形式，高频次地映入人们的视野，牵引着游子对家乡的思念，带给人们另一种家的体验。

该次列车穿梭于南京、镇江、丹阳、常州、苏州、昆山、上海等城市深度覆盖长三角区域，为强化溧阳城市形象认知注入强大的力量，也让人们感受到溧阳幸福的温度。

【长三角“一地六县”文旅联盟高端对话暨精品线路发布会】 2021 年长三角“一地六县”文旅联盟高端对话暨精品线路发布会于 4 月 9 日在溧阳举行。活动发布 2021 长三角“一地六县”文旅联盟 Logo、长三角之心“走心之旅”精品线路，并达成景区同城化合作、旅游联合推广等一系列合作成果。

【“抖 in 美好溧阳”活动】 2021 中国·溧阳茶叶节暨天目湖旅游节系列活动——“抖 in 美好溧阳”于 4 月 18 日在溧阳曹山未来城开幕！整个活动以“国风”“流行”“清新”为主元素，设置溧阳城市馆和抖音潮玩互动区域，城市品牌元素与时尚年轻潮流充分融合，挖掘城市爆款基因，激活年轻力和时尚感。

该次活动邀请众多明星艺人现场助阵，为网红溧阳增色增彩，注入年轻新势力。该次音乐盛典引起各大主流媒体纷纷报道，提升溧阳聚焦度和影响力。

“抖 in 美好溧阳”全民任务上线 2 天，话题量达 3.6 亿次，超过 1 万人参与视频上传。溧阳文旅抖音直播首秀，线上万人观看，总点赞超过 1.5 万次。

【溧阳在建生态长廊有奖征名公告】 以习近平总书记提出的“公

园城市”理念为发展建设愿景，溧阳市联动各方资源，对境内的宁杭高速铁路与宁杭高速公路之间区域创新规划，打造成一条缝育自然的森林生态链带，一条多维视角的森林旅行纽带，一条惠民共享的森林体验绿带。

在建生态长廊将以“公铁并行交通绿廊”为基础，旨在探索“以生态修复为核心”的公铁并行交通绿廊复合利用新模式。市文旅局于4月29日起面向全球公开征集生态长廊名称。

【溧阳旅游亮相国内各大城市】 “五一”小长假期间，溧阳旅游宣传图、宣传视频在北京、上海、杭州、西安、三亚、成都等多个城市宣传推广，以灯箱、LED大屏等形式在各大点位进行投放。

投放的五大机场（上海虹桥机场、北京首都国际机场、西安咸阳国际机场、成都双流国际机场、三亚凤凰国际机场）媒体全部设立在机场到达区出口或出租车等候区，是到达旅客行动路线的“必经之地”，且停留时间较长，覆盖从南到北的旅游人群，极具传播力及影响力。

杭州湖滨大道是杭城最繁华商圈，投放溧阳旅游宣传画面的十组双面高清屏联装，覆盖整条湖滨路品牌商业街及休闲步行道。

上海轨道交通客流量大，宣传投放传播广，视觉冲击力强，覆盖年轻出行人群，影响中坚消费人群。此次投放的人民广场地铁站出入口、徐家汇地铁站出入口、陆家嘴地铁站出入口、衡山路地铁站出入口等，均为上海主要商圈。

【歌曲《溧阳》全网上线】 2021中国溧阳茶叶节暨天目湖旅游节期间推出的原创歌曲《溧阳》于5月13日在全网上线，歌曲在酷狗、酷我、QQ音乐、网易云音乐、喜马拉雅、全民K歌等音乐平台陆续上线，并供广大歌迷下载。

4月10日，歌曲《溧阳》在“溧阳文旅”视频号首发，短短几天，浏览量超130万，点赞数达4.7万，转发量达3.2万，网友们纷纷留言点赞，仅是通过朋友圈分享，这首歌曲便已火爆，引无数溧阳人自豪、无数游子思乡，也让不少外地的朋友认识了溧阳，向往着溧阳。

【精品采摘活动】 由溧阳市农业农村局、溧阳市文体广电和旅游局、溧阳市天目湖镇人民政府主办，溧阳市天目湖农业发展有限公司承办的天目湖第七届桑果游学采摘节于5月2日开幕。在占地500多亩的“江南丝府桑博园”内，桑园占地50多亩，满园都是桑葚清甜的气味，基地内50多种果桑点缀在枝头可供采摘。除可以品尝美味的果实，还可到园内的丝织博物馆领略灿烂的蚕桑文化，从古代蚕桑丝绸到现代的丝绸工业，从蚕桑故事到著名人物介绍，感受历史与文化的底蕴。

溧阳白露山文化旅游节暨第十届蓝莓采摘节于5月30日开幕。活动现场，嘉宾们观看精彩的文艺表演，并参与蓝莓品鉴、蓝莓互动游戏等多项活动。该届蓝莓节一直持续至8月20日，其间，白露山生态园还将推出一系列精彩活动，如“蓝莓诗歌与市集”“蓝莓之森音乐会”系列活动等。

江苏省杨梅产业发展评鉴会暨大岭生态园第三届杨梅开采节于6月11日在大岭生态园隆重开幕。开幕式上，大岭生态园与江苏省农业科学院休闲农业研究所签订技术服务协议，为生态茶园建设与茶旅融合发展添砖加瓦。为丰富杨梅节活动内容，开幕式设置书画特色展位，制茶、品茶等茶文化展示，古筝表演，吸引大批游客参观咨询。大岭生态园南临天目湖大溪水库湿地公园，东靠溧阳1号公路。日照充足，雨量充沛，森林覆盖率高，空气中负氧离子高达每立方厘米1万个左右，全年空气优良率达95%以上。园内山涧溪泉自然汇聚而成的水库，水质为pH值7.8左右的弱碱性优质水。这里的杨梅经过近10年的呵护培育，品质上乘。

七彩曹山第五届水果采摘节暨日日春第十届杨梅采摘节于6月12日开幕。日日春杨梅采摘节作为曹山旅游度假区的传统活动，已连续举办10年，可以说是越办越红火，越办越有味道。以果办节，名气越传越远，每到杨梅采摘季，都会吸引大批游客前来七彩曹山，以采摘为名，进行一次甜蜜、欢乐的乡野之旅。

【乡村文化节】 2021美岕山野赏萤节于5月20日在美岕山野温泉度假村开幕。美岕山野温泉度假村为市民游客准备萤火虫主题下午茶、萤火虫cosplay互动、帐篷休闲互动、草坪拍照打、萤火虫烧烤自助等体验活动。入住美岕山野温泉度假村期间，随处可见的“Twinkle”IP形象、印有“Twinkle”形象的文创产品、树屋内的萤火虫主题装饰、酒店里的萤火虫书屋、餐厅里的萤火虫主题餐饮，都将为游客带去沉浸式的夏日赏萤体验。

2021溧阳·太湖迷笛音乐节于6月12日燃情开演，来自全国各地的乐迷汇聚，溧阳焦尾琴公园与50余支乐队共赴这场音乐狂欢劲爆的电子音浪。天目湖旅游公司、溧阳1号公路曹山未来城、溧阳茶舍、天目湖宾馆、天目湖涵田度假村、美岕山野温泉度假村、蓝城·悠然南山、溧阳博物馆等纷纷展示各自的文创产品，更好地提升溧阳城市品牌的知名度和美誉度。

2021中国（上海）萱草文化节于6月17日在上海应用技术大学开幕。溧阳市南渡镇人民政府作为该次活动的支持单位，共同分享萱草花的千姿百态及其隽永的文化内涵。

8月13—14日，由溧阳文旅和江苏广播联手举办的七夕溧阳爱情品牌日——2021中国溧阳爱情泼水节七夕特别奉献“为爱比心，云上告白”活动开幕。依托江苏广播全省平台，并结合江苏广播四大视频号、“大蓝鲸”App、微信公众号等新媒体矩阵打造全方位、多层次、立体式的融媒体传播活动。

中国溧阳第二届稻田音乐节暨第三届“四美”丰收节于10月17日在南渡镇庆丰村种子塔剧场开幕，该次中国溧阳第二届稻田音乐节暨第三届“四美”丰收节为期3天，除稻田音乐会，其间陆续举办以丰收为主题的文艺表演及割稻比赛，热闹非凡，游客们三五成群，结伴而来，品尝当地特色农产品，感受艺术气息，共庆丰收、感党恩，共赏乡村振兴风采。环境优美、交通便捷、配套齐全、人气爆棚、活力四射的新庆丰，既满足城里人的田园梦、农村人的城市梦，也让共富路上的队伍越来越壮大。

蓝城·悠然南山2021金秋丰收庆典暨戴埠镇第二届乡村振兴运动会于10月30日在杨家村开幕。6500亩的山水田园间，来自各地的宾客共聚一堂，一同欣赏一年一度的艺术盛宴。这一盛会用“在地化”的艺术形式和农耕体验，展现特色田园乡村的崭新面貌。

溧阳冰雪温泉节开幕式于12月1日在御水温泉·竹溪谷举行，此次活动由溧阳市文体广电和旅游局主办，溧阳市天目湖御水温泉、涵田半山温泉、美岕山野温泉承办。

【《文物里的溧阳》系列专题片】 为弘扬中华传统文化，普及文物历史知识，溧阳市文体广电和旅游局推出《文物里的溧阳》系列线上讲解专题片。专题片由溧阳市文体广电和旅游局自主策划、编导和制作，并由工作人员本色出演。以溧阳市博物馆馆藏文物为中心，由博物馆专家提供专业技术支持，制作团队自主进行再创作，用轻松愉悦的解说氛围让文物鲜活起来，让历史走进生活，使观众在了解文物的同时增长历史知识、增强文化自信。

学史以明智，知古而鉴今。首轮10条视频作品依托“溧阳文旅”微信公众号和视频号发布后，截至2021年年底，点击量累计超10万次，获赞近5000次，对溧阳文物知识起到较好的宣传作用。

【“惠游溧阳”推介会】 为贯彻落实省政府“苏政30条”关于鼓励发放消费券的举措，大力促进文旅复苏、消费惠民，9月12日，溧阳市在南京举办“惠游溧阳”专场推介会，面向南京都市圈成员和常州市民，开展为期一个月的全域景区免门票活动。江苏省文化和旅游厅、江苏省旅游协会、江苏省自驾游协会以及数百名旅游企业代表参加推介会。

“惠游溧阳”芜湖专场推介会于9月13日举办，数百名芜湖市旅游企业代表参加推介会。此次推荐会，来自南京都市圈自驾游推广合作联盟市场部总监助理潘浩为大家带来溧阳自驾路线的体验之旅，他给大家推荐一条溧阳三日游的自驾路线，以1号公路贯穿起了溧阳的天目湖、南山竹海、曹山未来城、美丽乡村牛马塘、庆丰村等美景，天目湖鱼头、乌米饭等美食打卡点悉数在列。

【第三届大运河文化旅游博览会】 第三届大运河文化旅游博览会于9月22—25日在苏州举行。作为国家全域旅游示范区和常州文化旅游行业的重要组成部分，溧阳旅游产品被主持人和观众屡屡提及。溧阳市古琴协会在常州展位上呈现的古琴演奏，吸引众多游客驻足。全域旅游手绘地图和文创布袋也深受喜爱。

该次运河特色旅游产品展重点之一的休闲度假展区中，天目湖旅游股份有限公司、涵田旅投开设单独展位，向宾客传递“品质生活、美好度假”的产品理念。

展区中特设的运河精品民宿酒店专区，展出包括溧阳美岕山野温泉度假村在内的30多家国内精品民宿酒店。溧阳南山花园旅游发展有限公司董事长仲春明先生作为嘉宾代表，出席乡村振兴与民宿融合创新沙龙，探索新形势下民宿的高质量发展，激发乡村振兴新活力。

在运河美食展的现场，溧阳新华厨大酒店董事长王新华向在场的嘉宾和观众介绍溧阳的特色美食，更有大厨现场展示传统美食溧阳扎肝的制作技艺。

溧阳本土出产的梅玲玉，作为常州市推出的10件旅游文创精品之一，从创新、创意的角度，展示常州运河沿线地区独特的文化韵味和浓郁的运河风情。

【溧阳茶舍小程序入选2021年度江苏省智慧文旅培育项目评选名单】 溧阳茶舍是代表溧阳民宿高质量发展的城市品牌也是重要的城市名片。“溧阳茶舍”小程序以“溧阳文旅”官方公众号为入口，为游客提供轻松便捷的文旅信息化服务。

【《清风朗月·溧阳茶舍》四季宣传片】 为更好地打造“溧阳茶舍”这张溧阳全域旅游休闲新名片，溧阳市文旅局组织拍摄了以“春、夏、秋、冬”为主题的溧阳茶舍宣传片，通过微电影的方式，让人感受到“在溧阳，住进你另一个家”。

旅游管理

【概　况】 2021年，市文旅局依据《中华人民共和国旅游法》《旅游安全管理办法》《旅行社条例》等法律法规，规范旅游企业的经营行为，加大服务旅游企业力提升旅游服务接待水平，全市旅游环境得到实质性优化。根据高质量发展需求，完成天目湖宾馆金树叶级绿色旅游饭店评定工作，完成皇廷国际大酒店四星级旅游饭店评定性复核工作，完成熊猫翠竹园宾馆三星级旅游饭店的评定工作，完成第一、二批“溧阳茶舍”等级民宿复核工作。由于新冠疫情对文旅市场的影响，积极争取各方资源，扶持文旅企业发展，帮助省级及以上乡村旅游重点存获村镇公共服务项目建设扶持资金71万元。

【文旅行业消防安全培训及演练】 为贯彻全国第二十个“安全生产月”，提高工作人员的消防安全意识，全面落实安全月主题“落实安全责任、推动安全发展”的工作要求，6月10日下午，市文旅局在假日酒店开展“全市文旅系统消防演练培训暨宣讲”活动。

全市网吧、娱乐场所、A级景区、星级宾馆、旅行社等文化旅游负责人与安全分管负责人共计200余人参加培训和演练。全市文旅系统深入学习《生命重于泰山——学习习近平总书记关于安全生产重要论述》，贯彻落实省委省政府、市委市政府以及省文化和旅游厅和市文旅局的统一部署，深刻汲取响水“3·21”特别重大爆炸事故教训，通过强化责任、手段创新、完善机制、攻坚克难等形式，为文旅工作营造良好稳定的安全生产环境。

会议邀请溧阳市消防救援大队中关村特勤专职队芮鹏通过现场播放视频，生动地向大家讲解火灾预防、火灾抢救、自救逃生等基本消防知识。全体参训人员参加模拟火情疏散逃生，现场学习如何正确使用灭火器，并参与应急疏散、逃生、组织灭火等演练。

【文旅行业安全检查】 开展旅游包车整治行动、高风险旅游项目整治行动、文化和旅游场所客流超载整治行动、无证照经营整治行动等8项专项整治行动，监管3场营业性演出，覆盖互联网上网服务营业场所、文化娱乐场所、游戏游艺经营场所、A级景区、星级酒店、旅行社、星级茶舍、乡村旅游点、乡村旅游重点村等市场经营主体，通过专项检查、突击检查、暗访等形式，对经营主体依法经营、规范经营行为进行监管，及时纠正违规经营行为，严肃查处违法经营行为。

（市文体广电和旅游局）

天目湖旅游度假区

【概　况】 天目湖旅游度假区成立于1992年，1994年被批准为省级旅游度假区，总规划面积320平方公里，已实施旅游开发区域约90平方公里，形成“一中心三片区”的大旅游格局，“一中心”即游客综合服务中心，“三片区”即沙河滨湖旅游区、龙潭乡村体验区、南山康体养生旅游区，于2015年获评国家级旅游度假区，是全国仅二的集国家级旅游度假区、国家AAAAA级旅游景区、国家生态旅游示范区于一身的度假区（景区），先后获国家水利风景区、国家特色景观旅游名镇、全国环境优美乡镇、国家森林公园、国家湿地公园、国家级水利工程管理单位、中国最佳旅游度假目的地等殊荣。

生态资源优越　以丘陵山区为主，森林覆盖率达84.5%，空气质量达国家一级标准，每立方厘米空气中的负氧离子含量高达3万个，富硒土壤极具养生保健功效。拥有沙河和大溪两座国家大（2）型水库，水域面积25平方公里，天然弱碱性水质，水质达到国家二级饮用水标准。南山竹海是江苏省第二大山脉，苏南第一大山脉，江苏地区难得一见的低山丘陵景观密集地，是江苏省分布面积最广的竹海。御水温泉是华东地区稀缺的碳酸氢钙型温泉。天目湖国家森林公园保存170份板栗良种资源的基因库，是全国两家重点板栗良种繁育基地之一。拥有野生植物1100多种，野生脊椎动物149种。天目湖国家湿地公园内水源丰盈、生态优良，动植物资源丰富。现已查明的维管束植物有376种（湿地植物103种）、鸟类213种，鱼类89种，底栖动物76种，两栖类10种，爬行类25种，浮游动物88种。

文化底蕴深厚　有建于明代的鸡鸣村与金宅，有江苏迄今保存最完好的古官道；有东汉文学家、书法家蔡邕的读书台，传统音乐《蔡氏五弄》被列为江苏省非物质文化遗产；是著名的“焦尾琴故里”，以焦尾琴为代表的中国古琴是世界非物质文化遗产；被誉为“中华第一诗”的《游子吟》在此写就；以春秋时代楚人伍子胥名“员”命名的伍员山，史贞女义救伍子胥的感人故事广为流传；讲述姜子牙钓鱼传奇故事的太公山，距今已有1300余年的历史的龙兴寺；已有1400多年历史、源于佛教四报恩理念的报恩禅寺；高24米，青石垒砌而成，被誉为“亚洲第一浆砌石拱坝”的平桥石坝。

度假产品丰富　拥有山水园、南山竹海、御水温泉以及悠然南山、竹海漂流等景区，江苏省自驾游基地2家。涵田度假村、WEI酒店、天目湖宾馆、美岕山野温泉度假村、竹溪谷、悦南山、望星谷等40多家宾馆酒店。欣龙生态园、翠谷庄园等众多乡村旅游点，其中全国休闲与乡村旅游点1家，全国农业旅游示范点5家，江苏省四星级乡村旅游点5家，以及石塘三十七号、印象天目、芷岚秋、陶然美岕、三朵花等100余家精品民宿。各类住宿接待设施126家，客房数超过6000间，床位10000余张。

服务设施齐全　实现市区和宁杭城际高铁站到度假区以及度假区内景区间公共交通的无缝对接，神州自驾落户高铁站，游客中心和主要旅游点提供公共自行车租赁服务。全长400多公里的网红“1号旅游公路”把景区、乡村旅游点以及田园乡村串联起来，推动全域旅游发展。规模停车场13个，面积达15万平方米以上，其中，生态停车场面积4万多平方米。度假区主入口设立多功能一级游客服务中心，各主要景区都设立二级游客中心，景区和酒店公共区域提供免费Wi-Fi，游客凭网络订单到景区换票或直接刷二维码入园。

综合效益显著　天目湖旅游公司为全市首家主板上市企业和江苏省旅游景区类首家上市企业。天目湖旅游直接从业人员8000余人，随着天目湖旅游的知名度扩大，天目湖品牌的影响力越来越高，“天目湖”商标使用范围已涵盖旅游、餐饮、茶叶、果品、工艺产品等100多个品种，天目湖砂锅鱼头、玉枝和玉莲白茶商标被评为全国驰名商标，天目湖旅游、啤酒评为江苏省著名商标，天目湖白茶和白芹分别为国家农产品地理标志产品，“富子”白茶被评为“中国上海世博会十大名茶”。

【产业发展】 2021年，天目湖旅游度假区贯彻落实“生态品质巩固提升年”工作主题，致力于做大做强天目湖旅游产业。全年接待游客约817万人次，实现旅游总收入57.96亿元，旅游直接收入20.57亿元，旅游产业发展亮点纷呈，中国再生医学健康管理中心、方所文化村、安悦·天目山居、青峰山下民宿村开工建设，长三角马术小镇、悦榕庄·天目湖、安卓梅达高端度假酒店签约落地。

始终把品质提升作为度假区转型升级的第一道关口。远谋世界级，近学东钱湖。《天目湖重点区域“十四五”发展战略规划》《天目湖镇区概念性城市设计方案》形成初步成果，《天目湖重点区域旅游发展策划方案》加快编制。出台《关于开展鼓励民宿高品质设计试点工作的意见（试行）》，严控数量，严把质量。深化“旅游+”和“+旅游”文章，推进文旅、茶旅、农旅融合，举办天目湖国风嘉年华、茶香中国行、乡村振兴运动会、长寿文化节等活动，举办天目湖白茶开采节和乡村招牌菜大赛，加快创建天目湖夜间文旅消费集聚区，依托天目湖国家湿地公园，开发生态研学路线。天目湖山水园景区获评江浙沪优秀智慧景区，天目湖宾馆成为江苏首家国家白金五钻级酒家，石塘37号被评为四星级茶舍，竹溪谷度假酒店开业即获评“中国酒店金枕头奖”。两节闭幕式各端口直播流量达1.16亿次；开通“天目湖玩咖”抖音官方账号、哔哩哔哩官方账号，“中国·天目湖”微信公众号开通旅游板块，“天目湖玩咖”官方抖音账号上传短视频53条，粉丝人数超8.8万，获赞27万。天目湖专属车厢入驻江苏首列“乡村振兴号”。热曲《万疆》天目湖创意视频剪辑荣登抖音全国实时热搜榜第9位，通过入驻流行短视频网站进行多维度宣传，B站“天目湖玩咖”，自7月5日注册开通，截至12月14日，共发布29条视频，达到55万的点击量，粉丝数达1.1万。中央电视台《新闻联播》等中央级媒体报道7次。强化品牌建设，入围第二批江苏省夜间文旅消费集聚区建设单位，桂林村创建常州市乡村旅游重点村，完成梅岭玉地质文化镇创建申报。

始终坚持把招引文旅大项目、好项目作为度假区转型跨越的关键之举。总投资15亿元的长三角马术小镇、10亿元的悦榕庄·天目湖项目、10亿元的南山小寨二期及停车场项目顺利签约落地。总投资10亿元的安卓梅达酒店、总投资10亿元的阿丽拉酒店项目落地。总投资超30亿元的再生医学健康管理中心项目入选省级服务业重点项目，健诊中心主体框架建成，洲际英迪格酒店开工建设；诗莉莉漫戈塔·竹里江南度假酒店开工建设；青羽舍、安悦·天目山居、玉枝茶文化中心主体建筑基本建成；鼎珵文化艺术馆、东野酒店、龙海茶舍完成土地挂牌。温德姆至尊酒店主体土建工程完成并开始装修，计划2022年茶叶节前后建成投运；方所文化村全国首店项目进展顺利，预计2022年5月竣工投运。南山和园开元度假村一期酒店全面投运，综合服务中心大楼装修设计方案已完成，正在办理竣工验收，计划明年建成投运；遇天目湖酒店、水庐宾馆完成改造和装修。青峰九间堂、隐湖居、自在溪山茶舍建成投运。组建招商专班，选配招商专员，以杭州招商基地建设为载体，面向南京、上海、浙江、北京等地，瞄准法国普德赋、华侨城、复星文旅等头部企业开展精准招商。实行项目招商、推进周例会制度，确保项目攻坚始终保持快节奏，用优质项目的招引与建设为全域旅游发展注入动能。

打开齐抓共管的旅游整治局面，提升全域旅游内在品质。以文明城市建设为契机，从环境提升、秩序优化、安全监管三个方面着手，推进旅游市场秩序整治，整体面貌得到显著提升。通过镇疫情防控工作专班、民宿党建联盟、微信群等督促辖区内500欧家旅游单位落实常态化疫情防控措施，按照区域、行业类别成立6支督查小组，检查落实情况并督促整改到位。建立投诉处理机制，全年处理旅游投诉82起，责令6家存在饭托、拉客、欺客、宰客等行为的餐饮单位限期整改，严厉查处3家旅游购物场所虚假宣传、强迫购物、不明码标价等违法违规行为。联合市监、派出所、城管等部门，深入景区开展全方位安全专项检查行动，对景区内28家旅游企业，103家民宿单位，148家餐饮单位，5家文化场所的餐饮卫生、消防安全、建筑安全、诚信经营等方面进行全方位拉网式排查，排查、整改事故隐患总计198个。

坚持发挥天目湖的比较优势，把“+旅游”文章做足。策划以知青文化为主题的桂林村、以水资源保护文化为主题的周院和以艺术为主题的西塘岕省特色田园乡村建设。通过资源盘整、引入市场主体等途径，增强可持续发展能力。上桂林获评省级特色田园乡村，获评常州市第二批乡村旅游重点村。周院项目设计方案和施工图均已完成，周院小学旧址改造正在施工，三胜村西塘岕策划方案正在深化设计。白茶小镇控制性规划编制基本完成，区域边界优化调整。签订小镇客厅市场化合作协议。玉枝茶旅休闲产业园作为溧阳市重点工程正在有序推进，主体建筑已封顶，工程完成75%。加快茶叶精深加工研究，周大敬、龙鑫茶场等企业利用茶叶的余料、辅料进行精深加工提炼，做成医疗级保健品用茶。制定《关于开展鼓励旅游民宿高品质设计工作的意见（试行）》，鼓励和扶持旅游民宿高品质设计，规范改建旅游民宿流程。建立民宿联合评审制度，制定自律公约和行业规范，明确证照办理、面积规模、服务管理等方面的相关要求，提高准入门槛，增加中高端民宿比例。南山特色田园乡村建设项目酒馆、民宿、法餐厅、和茶馆、美院展示中心和书院等陆续建成开放；乡伴大塘理想村、爱心湖山野运动度假村、青峰山下民宿村项目齐头并进，竞相打造溧阳市乡村旅游新样板。全年新增15家民宿单位，有9家被授牌溧阳星级茶舍，美岕·树屋成为全市唯一五星级茶舍。

始终坚持把做优生态环境、安全环境和政务环境作为度假区兴业安民的基石。投资6200万元用于沙河水库清淤，总投资3000余万元的大溪水库生态清淤即将收尾。投入1800余万元完成了梅岭、吴村、杨村、桂林、洙漕及河塘整治约2500亩的退耕还林植树工作；同时投入2200余万元对洙漕河两侧安徽郎溪凌笪下吴村2900亩青虾进行了退养、收储。投资1900万元对平桥河、杨村河两侧375亩黄桃园及两大水库临湖面的85亩茶园进行了收储。投入1200万元用于天目湖湿地公园水质净化功能提升建设。投入1400万元用于金宝山、红石岕湿地建设。投入5600万元对平桥河、横塘河、洙漕河（一期、二期）进行综合治理。投资260余万元的凌峰、杨村、吴村3个茶园集中区氮磷拦截示范工程已完成建设并通过验收。成立森林和水资源保护中队，建立快速反应、联动执法的高效机制，坚决打击破坏森林和水资源行为，使水域、陆地的巡查工作24小时不间断。由天目湖镇人民政府、市公安局、市交通运输局、市农林局、市安监局联合行动，对两大水库内的“三无”船只进行集中清理，共清理、取缔“三无”船只5艘，并研究完善长效管理机制。

【天目湖瑞吉酒店项目开工】 1月11日，“文旅融合巩固突破年”重大文旅项目集中开工暨溧阳瑞吉酒店项目开工仪式在戴埠镇举行。此次集中开工建设有8个重大文旅项目，总投资为37.45亿元，其中包括悦榕庄酒店项目、溧阳瑞吉酒店项目、天目湖夜游长廊项目等。天目湖瑞吉酒店为中国第十家，也是中国唯一一家落户在县级市的瑞吉酒店，项目建筑面积约4万平方米，内设客房240间，将依托瑞吉酒店全球顶级品牌优势和高端运营管理水准，携手蓝城·悠然南山优越的生态资源和田园美学，以茶文化为主题，打造溧阳乃至长三角乡村振兴的典范和度假酒店的顶级标杆。

【2021溧阳“两节”闭幕式暨天目湖国风嘉年华活动】 5月16日，溧阳“两节”闭幕式暨天目湖国风嘉年华活动在天目湖涵田聆湖湾举办。国风乐队音阙诗听献唱《谷雨》《红昭愿》等热门单曲，梅花奖得主单雯带来唯美昆曲《牡丹亭》，华彩少年刘丰现场演绎《烟火尽落》《雅乐诗》，国乐大师方锦龙弹奏琵琶名曲《忆江南》《十面埋伏》。线下活动精彩纷呈，国风、国乐、市集、剧本杀、打卡、汉服游园等关键词受到新生代受众关注，新华社、中新社、《中国旅游报》等中央媒体纷纷报道。

【首届“天目湖乡村招牌菜PK赛活动”】 9月17日，由天目湖旅游度假区管委会和溧阳市供销总社举办的“天目湖乡村招牌菜PK赛”在天目四季春生态园举办，现场有20家参赛单位共33道菜品进行激烈的比拼。甘大美私房菜馆“草鸡烧鲍鱼”、泰和农庄“鲍鱼鲜虾鸡汤”等10道菜获称天目湖乡村招牌菜。泰和农庄、印象天目茶舍、竹塘人家评为天目湖二星乡村餐厅。天目湖老根山庄、随园香、甘大美私房菜馆、天目十二灶、佳宴莱大酒店、十思园、天目湖遇季度假酒店评为天目湖一星乡村餐厅。

【方所文化村项目】 天目湖方所文化村全国首店项目2021年9月开工建设，项目总投资约6600万元，建设主题图书馆、亲子空间、文化IP孵化工坊、艺术工作室、艺术民宿、廊桥等，计划2022年10月份建成投运，建成后将为度假区提供主客共享的文化休闲空间，增加文化消费业态。

【戴埠镇杨家村入选第二批省级乡村旅游重点村】 10月20日，江苏省文化和旅游厅公示2021年第二批省级乡村旅游重点村名单，全省共24个村入选，戴埠镇杨家村为溧阳唯一上榜村。

【2021金秋丰收庆典暨戴埠镇第二届乡村振兴运动会】 10月30日下午，伴随着戴南村别具一格的《飞龙大鼓》，2021金秋丰收庆典开幕。运动会由戴埠镇人民政府、蓝城·悠然南山携手主办，并获得溧阳市文体广电和旅游局的大力支持，用“在地化”的艺术形式和农耕体验，展现特色田园乡村的崭新面貌。村民原创歌曲、社渚傩舞等表演，给人耳目一新的乡间艺术体验；更有植物私塾、木铎扬声教育的签约环节、常州工程职业技术学院教学基地的授牌仪式。

【夜间文旅消费集聚区】 在10月29日举办的“水韵江苏·有你会更美”文旅消费推广第一季成果发布暨第二季启动仪式上，江苏省文化和旅游厅公布江苏省第二批夜间文化和旅游消费集聚区建设单位，“天目湖夜间文旅消费集聚区”入选。天目湖夜间文旅消费集聚区位于天目湖旅游度假区天目湖片区核心区域，是游客的主要集散地，总面积约3.5平方公里（不包含水面）。集聚区内现有国家AAAAA级旅游景区（山水园景区）、天目湖集镇商业街、天目湖游客集散中心（生态创新馆）、方所特色文化村、中国再生医学健康管理中心、夜桂林、涵田度假村等文旅项目，集住宿、餐饮、演艺、观光游览、沉浸式体验等多种业态为一体。

【桂林村获评常州市乡村旅游重点村】 10月28日，常州市文化广电和旅游局、常州市发展和改革委员会发布第二批常州市乡村旅游重点村名单，天目湖镇桂林村位列其中。桂林村入选常州市乡村旅游重点村，桂林村将以产业发展为主线，以文旅融合为重点，以党建为引领，打造“桂林山水茶、青春不夜村”品牌IP，未来的桂林村将进一步推动乡村旅游建设。

（谢新冉）

曹山旅游度假区

【概　况】 曹山旅游度假区位于溧阳经济开发区（上兴镇）境内，总规划面积50.85平方公里，其中核心区规划面积为9.02平方公里。区位交通优势明显，拥有全方位多维立体交通网络，毗邻国际4F南京禄口机场，紧邻宁杭高铁瓦屋山站，距离南京市中心直线距离约58公里、上海约220公里、杭州约150公里，一小时快速融入沪宁杭都市圈，两小时直达长三角各大城市群。以这里为圆心，囊括长三角最有经济实力的2亿消费人群，有效拓展城乡要素双向流动半径。

2016年，溧阳市曹山旅游度假区党工委、管委会成立；2018年1月，省政府批复同意设立江苏省溧阳曹山旅游度假区的请示，同年6月获批七彩曹山国家级田园综合体，11月成为省级现代农业产业示范园建设单位；2019年4月，省级特色田园乡村牛马塘村正式开村；2021年1月牛马塘村被认定为常州市乡村旅游重点村、6月入选江苏省乡村旅游重点村名录，同年5月曹山森林步道入选第一批“江苏省森林步道”名单，11月龙峰村入选常州市级乡村旅游重点村，12月曹山美音茶园获批为国家AAA级旅游景区。

【基础建设】 曹山旅游度假区注重一、二、三产业融合发展，以农为基、以绿为根、以文为魂。以“中国地瓜村”为文化品牌，打造省级特色田园乡村牛马塘村。以“十里莓（梅）岭”为主题，打造莓（梅）产品华东地区最大、品种质量全国一流、深加工水平江苏最优的田园综合体。以“七彩曹山”为主题，构建“养眼、养身、养心”三个层次的产品体系，助推曹山旅游度假区打造影响力辐射长三角的文旅产业，扩大溧阳全域旅游版图。

以“重大项目突破”为目标，以“高端休闲旅游度假酒店”产业为方向，积极推进总投资280亿元的曹山未来城、10亿元的新阳度假酒店、10亿元的汉宇度假村等文旅项目。以特色产业与乡村旅游开发相结合，发展“旅游＋农业”，在日日春、白露山、紫竹林、天之福等一批自有企业提供采摘、休闲等旅游产品的基础上，引入南京淳璞“来斯”项目，建设汽车、火车、拖拉机来斯亲子体验园，“曹山花居”、亲子民宿、茶渔观舍等主题餐饮民宿项目。引进省农科院特色经济作物研究院等科研机构，打造集研发、示范、推广、培训一体化平台。突出“旅游＋体育”的项目特色，“四海钓鱼”项目、棕榈湾美音营地、果林花海自行车公园、日日春水上自行车乐园、曹山自行车公路赛道、簸箕山自行车越野赛场等系列项目，让农村独特的资源优势转化为发展优势，为“七彩曹山”注入新的旅游元素，为都市圈、城市群高质量发展“补位”“配套”。

【宣传推广】 曹山旅游度假区宣传推广活动多措并举，吸引来自全国各地的游客近300万人次。较为知名的有“日日春杨梅节”“全国自行车邀请赛”“全国象棋甲级联赛”“全国舞龙舞狮争霸赛”“中国七星钓鱼文化节”等。溧阳高铁站、瓦屋山高铁站广告营销全面铺开，展示七彩曹山美好形象。尝试新型营销渠道，与文化旅游公司合作视频号发布，与学习强国、新华网等媒体平台合作，持续推进与腾讯、搜狐、今日头条等网络媒体平台合作，发布曹山热点讯息，宣传曹山亮点扩大影响力。运行“七彩曹山”官方微信，推进原创文字、实景图片、新闻稿件三位一体的品牌宣传。围绕曹山旅游度假区发展目标，推进智慧景区建设，完善大数据客情分析、农业电商、微信助手小程序、自动化旅游停车管理系统、运营管理后台等内容，为游客提供涵盖“吃住行游购娱”六大要素的旅游资讯和服务，初步实现“一部手机畅游曹山”的功能。

曹山旅游度假区按照“一城一园”的旅游新局，加快“曹山未来城”和“国家农业公园”建设，助力国家级农业产业园建设，争创国家级旅游度假区，打造江苏省一流的乡村旅游度假目的地，华东地区知名的农文旅休闲度假目的地。2021年度接待游客近400万人次，总收入6.8亿元。

（王倩倩）

邮　　政

【概　况】 2021年，溧阳分公司统筹推进疫情防控和经营发展；坚持效益优先，持续强化总部项目引领；坚持创新驱动，确保高质量发展走在前。2021年实现总收入2.63亿元，完成率103%，比上年增12.81%。规模列全省县分公司第十六位，较上年上升三位。其中非寄递业务收入24236万元，完成年计划的103.02%，比上年增12.81%。寄递业务收入2030万元，完成年计划的104.9%，比上年增19.35%。

分公司获得集团公司2020年“服务乡村振兴优秀县（区）分公司”称号；获得2018—2021年度全国邮政系统先进集体光荣称号；获得2019—2021年度“江苏省文明单位”和2019—2021年度“常州市文明单位标兵”荣誉称号；获得快递包裹健康发展度全省第一；在二、三季度全省县域金融“比学赶帮超”活动中，获得3个单项标杆、2个分类标杆奖，获得二、三季度“金融综合发展全能单位”县（市、区）分公司奖项。获得市分公司组织的建党100周年“颂歌献给党，共筑常邮梦”大合唱比赛第一名，获得市分公司组织的“迎建党百年，聚青春力量”篮球赛第一名等诸多荣誉。周雯、张江涛获评全省邮政十佳理财经理；王桂兰在全省邮政柜员技能竞赛中，获全能明星奖二等奖等。

2021年，分公司组织开展青年员工团建、座谈会、八段锦、运动会等多种文体活动；常态化开展节日慰问、高温慰问活动，发放职工节日福利69.5万元；全年发放员工生日蛋糕卡共计12.08万元。旺季竞赛期间开展“润喉糖”“爱心餐”“贴心包”“暖心包”等“送温暖”系列活动共计15万元；全年发放互助保障会大病补助金9.3万元，“三关爱”补助金2.5万余元；累计补助困难员工15人次，为退休员工发放定制纪念品，高考子女发放“升学礼”，落实为一线员工配发皮鞋、手套等办实事项目。

【落实疫情防控要求】 围绕疫情防控工作要求，从严落实窗口防疫、寄递防疫，全环节压实疫情防控主体责任；推进全市邮政从业人员疫苗接种，做到应接尽接率100%，严格落实快递人员核酸检测要求，做到应检尽检。同时，先后启动作业打印寄递、为老人、幼儿打印健康码等服务，积极配合政府做好各类防疫工作。

【履行普遍服务义务】 开展普遍服务达标集中整治行动，持续提升普遍服务水平。关键指标达标。围绕“四提升、五压降、六达标”年度目标，各项关键指标全面达标。提升客户体验。完成全市173个邮筒（箱）的智能化改造工作。创新开展网点“净化亮化”服务焕新工程，全面提升服务窗口环境面貌，优化客户体验。纯邮政网点转型，实现预期目标，同时完成2个网点的迁址工作。

【三级物流体系建设项目】 分公司抢抓机遇，主动作为，2021年年初成功入围三级物流体系项目，年底完成了项目建设并投入运营。主动深化交邮合作、推进邮快合作，取得显著成效。溧阳邮政500多家加盟店、86家镇村站点的基础设施和服务网络共享，实现“一点多能”“N站合一”，站点叠加代收代缴、便民金融、收发快递、网络代购、产品代销、实物销售等便民服务，提升农村邮政基本公共服务能力。实行农村支局“甩点”投递，有效缩短农村投递人员投递时长，为开拓市场争取了时间；创造网点+站点的互相引流模式，实现金融、寄递、渠道多业务联动协同。为落实惠农工程，打通了“最后一公里”，累计实现农产品交易额936万元、惠农快递包裹收入101.8万元、融资E贷款约700万元。

【财务管理】 完善全面损益核算体系。将所有支局、代办所、营揽投部全部纳入损益核算体系，精确核算每个三级部门的损益情况，为各部门掌握项目收支损益情况提供有力支撑。针对降本增效重点指标，仔细分析数字背后的原因，有针对性地提出改进意见。加强企业资金风险管控。分公司全年实现资金收缴的“去现金化”，现金收缴比例大幅下降。对大额现金缴款、大额“私对公”汇款，同一客户频繁“三方支付”汇款实施实时监控制度，力争实现资金零风险。

【人力资源管理】 加强干部队伍建设。培养青年人才，选派2名青年人才到重点部门担任见习经理，提任35周岁以下支局长5人，配备专职理财经理38人，选拔12名大学生员工补充到支局长后备人才库。

优化人力资源配置。优化调整了内部岗位。压降寄递事业部后台人员，充实到营销、揽投一线。加强了金融关键岗位人员配备。理财经理配备达标、综合柜员专职化率达80%，全面实现市分公司的配备目标。持续加强了外包管理。健全外包管理制度，进一步清晰各环节职责，对外包公司实施月度考评。

提升员工职业技能。全年组织85人参加邮政职业技能等级认定，组织232名金融从业人员开展岗位资格认证考试，其中97人获得负责人岗位资质，228人获得理财初级岗位资质，21人获得理财中级岗位资质，岗位通过率100%。

完善薪酬分配机制。依托实体化运作，划小核算单元，传导成本管控责任，助推业务发展提速增效。完善业务提成比例，薪酬政策向一线、向效益、向能力、向贡献倾斜。

【安全风险管控】 按频次开展综合安全大检查和专项检查，落实专兼职安全员管理职责，发现隐患及时落实；开展“安全隐患”随手拍活动、广泛开展各类安全培训及演练，增强安全防范本领。

落实2021年代理金融风控合规工作总体安排，深入推进风控体系建设。深化全面排查：排查256人次，调离金融岗位1人，问责处理3人，其中警告1人、告诫2人。严格执行合规要求：强化网点宣传、营销、“双录”合规性，员工个人行为规范的合规性，落实违规积分620分，约谈11人次。2021年分公司风险等级评为一级，获得“2021年全省代理金融风险内控案防管理先进县级单位”称号。

【学习教育活动】 分公司党委以建党百年为契机、以党史学习教育为引领，切实推进党建各项工作走深走实。把学习宣传贯彻中共十九届六中全会精神和习近平总书记重要讲话精神作为重要政治任务抓实抓好，推动全会精神入脑入心、落地见效。制定党史学习教育37项主要项目、开展10余个主题活动、完成78个“我为群众办实事”举措，其中“免费打印健康码，方便老年人出行”活动被“学习强国”学习平台进行报道。

领导班子带头领学，不断强化学习深度。分公司党委坚持“三个第一时间”学习机制，坚持每周开展1次班子集中学习和1次党史学习读书会，每月开展1次中心组专题学习，班子成员领学并结合实际发言常态化开展。多种形式强化学习效果。分公司党委用月度党建KPI考评表规范基层党组织的活动开展和党员日常行为，用晒“学习强国”“中邮先锋”学习积分，开展学习积分及优秀学习笔记评比等活动，熏染浓厚

12月25日，江苏省邮政分公司陈智泉总经理到溧阳调研慰问

（钱恩民 供稿）

学习氛围；组织党员干部通过“三会一课”、主题党日等活动沉下身、静下心来学思践悟。

开展“党旗领航”“阵地飘党旗”“党员志愿服务”“向榜样学习”等主题活动，充分发挥“溧阳邮政”公众号宣传阵地，开展优秀党员事迹系列报道，激发党员干部干事创业的热情，发挥党员先锋模范作用。强化党建工作标准。分公司党委严格执行基层党建责任清单制，切实把党建工作列入党委重要议事日程，坚持常议常抓。始终把制度建设贯穿在党建工作当中，建立健全、补充完善、抓好落实。创新工作方式。通过持续开展“一支部一特色”“龙城先锋邮政服务驿站”“支局与社区（村委）结对共建”“书记领题”等活动，不断强化基层党组织战斗堡垒作用和聚合外部资源的作用。

（钱恩民）

中国电信集团有限公司溧阳分公司

【概　况】 中国电信溧阳分公司（以下简称溧阳市电信局）是为溧阳地区各党政机关、企事业单位和居民提供话音及数据通信服务的主要电信运营商，同时承担着全市党、政、军特殊通信（党政专门网、应急通信）重任。公司经营业务范围包括固定电话、宽带、天翼手机、网络电视和社会信息化应用等诸多电信业务。

分公司先后获得江苏省诚信单位、常州市诚信单位、常州市保护消费者权益先进集体、溧阳市安康杯竞赛优胜单位称号，获得江苏省“文明行业”称号。

适老服务有温度　　（史春荣　供稿）

【业务发展】 2021年公司业务收入增长幅度和业务收入再创历史新高。通过坚持终端引领带动智能手机规模发展，加快光纤入户改造，推进启动5G布局建设工作；开展“极速宽带”和“高清iTV”免费体验活动，以实实在在的优惠让广大客户体验网络时代的便利与快捷。

公司认真履行央企的社会责任，加快推动地方信息化建设步伐，主动参与政府电子政务公开服务平台、医院医生工作站、镇区社会面治安监控系统扩容等信息化项目的建设，提升政务管理、社会管理的信息化水平；平安护民、数字卫生系统、数字城管、司法E通、天翼对讲、车辆LBS以及移动视频监控等“智慧型”等一批项目有力地促进了政府及企业的现代化转型。

【服务能力】 2021年，全市电信服务门店有100多家，其中乡镇门店80余家，让全市人民更加快捷的享受电信优质服务；推动服务门店模式转变，方便广大客户更加直观的选择需要的产品；公司营业厅全部配置兼职辅导员，帮助新入网客户熟练掌握智能软件安装和使用，时刻引领“移动互联网时代”新潮流。强化落实首问负责制和服务升级处理制度，优化管理流程，持续提升客户满意度。

【网络建设】 全面推进“光网城市 宽带溧阳”战略，实现全市光网络全覆盖，打响中国电信“光宽带”品牌，全面提供家庭千兆的高速宽带接入服务。效改善景区、高层小区和重点区域的5G信号质量；持续开展宁杭高铁沿线网络优化；推进Wi-Fi网络规模化建设，强化热点的全面有效覆盖；在覆盖的基础上，加大建设力度，加快推进5G网络覆盖。

【企业管理】 以深入推进创先争优为契机，以“创新推动转型上水平，争先实现发展新突破”为主题，以树旗帜、展风尚，铸品质、促和谐为主线，开展党建生态区建设和基层党组织建设、“道德讲堂”等活动，推进学习型企业建设。引导和鼓励广大员工积极投身市场，争先创优；举行丰富多彩的文体活动丰富员工业余生活和有效缓解员工工作压力；增强员工的生产安全防范意识，严格落实

电信人奋战抗疫一线　（史春荣　供稿）

安全生产责任制。

【信息化建设】 依托于云计算中心的建设运营，溧阳市信息化方面的基础能力得到提升，智慧溧阳、智慧教育、智慧卫生、智慧自然资源局（国土、规划系统）、城管管理局“数字城管”、市政府协同OA平台、市政府网站、电子政务网、生态环境局、房屋征收等一批信息系统运用溧阳市云计算技术，工业信息化融合、市政务服务、地方经济建设、民生服务、城市管理等领域的信息化平台投入使用。溧阳市云计算中心极大提升了溧阳市智慧经济发展水平，为支撑“四大经济”建设，加快地方经济转型发展注入活力。

（史春荣）

中国移动通信集团江苏有限公司溧阳分公司

【概　况】 中国移动通信集团江苏有限公司溧阳分公司（以下简称溧阳移动）是溧阳地区运营规模最大、客户数量最多、网络覆盖最全的全业务通信运营商，截至2021年，移动宽带用户超20万户，累计各类用户规模超53万户，继续保持行业主导地位。

2021年，溧阳移动累计出动志愿者500多人次投身绿色环保、应急救援、禁燃禁放、疫情防控等志愿服务，用实际行动服务社会、奉献社会，为改善城市环境面貌、优化社会公共秩序、改进公共服务质量、提升市民文明素质、助力疫情防控做出应有的贡献，赢得良好的社会美誉，获得市委、市政府一致好评，先后获得江苏省文明单位、江苏省青年文明号、江苏省巾帼文明岗、常州市工人先锋号、常州市诚信单位、溧阳市创建全国文明城市先进集体等多项称号。

【服务工作】 溧阳移动围绕“数字民生、无线政务、网络文化、信息兴业”，助力全国文明城市创建和“智慧城市”“智慧经济”建设。

截至2021年，溧阳移动在全市有各类营业厅131家，通过开展“心级服务，百厅创优”活动，全面提升溧阳移动营业厅整体形象。2021年，溧阳移动在全市范围内开设38家宽带电视服务站，营业网点覆盖面宽、受理业务全，满足人们多元化需求，为周边群众打造“家门口的宽带电视服务好管家”，实现移动智慧家庭产品的体验、销售、服务一体化。

溧阳移动充分发挥优势，持续推动转型升级，承建智慧交通、智慧政务、平安城市等项目，助力建设新型智慧城市，其中天眼系统项目，实现全市交通管理工作统一部署、对黑车及大客车不按站点停靠监控监管；源头企业治超监管系统，从源头上监管车辆超载，实现交通安全管控；持续建设森林防火智能监测三期项目，实现全市75%林区范围监管；平安护民三期项目新增2021路监控补盲，进一步推进立体化、信息化治安防控体系建设。同时针对企业，积极推动固话、互联网专线、商务宽带及跨境、跨省、跨市数据专线建设，提供专用、稳定、安全的链路，惠及大型企业300余家、小微企业近5000家。溧阳移动持续助力政府全面建设5G智慧城市，全面提升通信基础设施建设水平，让信息化成果惠及更多的行业，为溧阳社会发展做出更大贡献。

溧阳移动践行社会责任，为溧阳市政府、溧阳市政法委、溧阳市文体广电局、溧阳市司法局、各镇政府等单位发送疫情防护、旅游宣传、扫黑除恶、招聘等燃信及政务短信。利用和目高清画质、双向语音、异动报警、24小时不间断云存储的功能优势，对外地以及境外返溧人员进行居家隔离监控并接入疫情防控指挥部大屏，利用人工智能技术、云技术、5G技术的优势，结合传统闸机，实现苏康码识别、体温检测、身份证人脸比对等，助力卫健局、各医院加强安全管理水平，在疫情尚未完全控制的情况下持续为医疗场所提供最佳服务，把控好进门的第一道关。

【网络建设】 5G是数字经济战略的先导领域，是推动供给侧结构性改革的重要引擎，是新基建的重中之重。2021年，溧阳移动进一步抓紧5G网络的建设，截至2021年年底城区和乡镇中心已实现5G网络全覆盖，并同步对部分农村进行了700M覆盖，累计开通5G站点707个(616个宏站、91分)，5G峰值速率可达1500mbps；4G方面持续优化建设溧阳整体网络，4G宏站达2682个，城区4G覆盖率达99.4%，镇区4G覆盖率达98.8%，宁杭铁路溧阳沿线专网覆盖率100%，高速覆盖率99%。21年通过4G建设，网络结构优化调整，溧阳移动持续对4G网络加大、加厚，4G无线建设投资约7022.14万元，5G无线建设投资约4.8亿元，城市光网建设投资约2707万元，所有小区均具备千兆宽带接入条件，为智慧城市建设和各类物联网业务应用打造优质承载网络。

【通信保障】 2021年，溧阳移动继续在通信保障的道路上砥砺奋进，为“迷笛音乐节”“溧阳茶叶节暨天目湖旅游节”“溧阳庆丰丰收节”“宋团城观灯节”等重大活动事件提供流畅移动的通信服务，全年保障期间批量投诉0次，为推动溧阳打造宁杭生态经济带最美副中心城市贡献力量。溧阳移动分公司积极响应一线防疫通信服务需求，与各镇政府街道对接，通过移动政务短信向市民宣传最新疫情相关要求，并为全市96个核酸检测现场的采集设备、居民信息读取、移动办公设备提供优质通信服务。

（吴雅瑜）

中国联合网络通信有限公司溧阳市分公司

【概　况】 中国联合网络通信有限公司（以下简称溧阳联通）于2008年10月15日，由中国网通（集团）有限公司和中国联合网络通信有限公司合并而成。中国联通作为国家给集团层面唯一一家混改的央企，坚持以推动供给侧结构性改革为主线，以混改为突破口，将混合所有制改革与推进供给侧结构性改革、推进新旧动能转换相结合，探索了国有经济新形态，通过引入14家战略投资者快速提升中国联通在5G、云计算、大数据、物联网、AI、区块链等领域能力，推动落实自身创新转型升级，助力产业及实体经济的供给侧结构性改革、转型升级及新旧动能转换，支撑保障“三去一降一补”目标的实现。溧阳联通2021年在网用户13万户。

【经营业务】 溧阳联通引入了许多的互联网战略投资者，其中包括中国人寿、腾讯、百度、京东、阿里巴巴等十几家战略投资者，其中百度、阿里巴巴、腾讯、京东4家投资超过270亿元。混改后的溧阳联通也开始引入互联网思维，陆续推出了各种互联网资费卡，从而惠及和吸引了近亿的用户。溧阳联通充分利用产品优势，加大推广力度，集团业务、渠道业务和自有人员营销业务全面提升，近两年经营业绩排在常州各区县前列。

【信息化建设】 溧阳联通凭借其诸多优势，助推溧阳经济社会信息化进程，为全市广大企事业单位提供更多高效便捷的信息化服务，并进一步加强与市政府在信息化基础设施建设、产业链整合与提升、先进信息技术应用、农村信息化推进等多个领域的长期深度合作。

【网络服务】 溧阳联通致力于加大加快零售渠道建设、自有人员营销队伍，为市民提供更加便捷的通信服务。截至2021年年底，溧阳联通共建成营业厅40家，各网点约50家，自有营销服务人员25人，进一步丰富了为广大市民服务的平台。

溧阳联通这两年全力建设和改善4G/5G网络，实现4G覆盖基本满足用户需求，语音渗透基本无缝隙。同时加快5G网络建设，为用户提供更快速的网络服务。为此溧阳联通成立了网络工程工作小组，配合市公司强化工程质量和工期目标，细化工作内容和工程责任，经过艰辛的努力，顺利达到了既定目标。已覆盖溧阳的全部城区和乡镇的主要景点和基础交通设施，在所覆盖范围内，可以提供高速数据业务，用户的网络满意度大幅提升。

【企业管理】 溧阳联通在向外界提供良好的通信服务的同时，不断强化内部管理，向管理要效益，进一步提高了工作效率；狠抓安全生产，落实安全责任目标，确保了全年无一起安全责任事故；加强预算管理和可控成本管理，提高财务管理水平；注重开展思想工作，积极开展各类工会活动，员工队伍保持稳定，在职员工80人。

（徐　丽）

金融管理

【概　况】2021年年末，全市金融机构本外币各项存款余额1732.20亿元，比年初增加204.31亿元，增长13.37%；本外币各项贷款余额1325.78亿元，比年初增加195.08亿元，增长17.25%。银行业金融机构不良贷款余额为11.04亿元，比年初增加2.61亿元，不良贷款率为0.83%。辖内5大主要保险公司2021年保费收入18.46亿元，理赔支出5.72亿元。东海证券全年交易额1199.40亿元。

【金融服务】2021年，中国人民银行溧阳市支行认真贯彻落实中共十九大和十九届历次全会精神，及全国金融工作会议和中央经济工作会议精神，以“稳增长、促改革、调结构、惠民生、防风险”为重点，全面贯彻落实稳健的货币政策，用好增量，盘活存量。召开“金融赋能 绿色发展”政银企对接会，签订意向授信470.99亿元。年末授信193.4亿元，用信113.28亿元，尚有62亿元在审批中。差异化打造“小升规企业提升工程”和“科创型企业培育工程”两项工程名单。重点扶持名单内“小升规企业”贷款余额8.66亿元，较年初增长20.45%,新增规上企业114家,“科创型企业”贷款余额94.39亿元，较年初增长19.45%，均高出全辖平均贷款增幅。紧盯“四大经济”发展,出台《“金融支持绿色发展”专项行动方案》，年末全辖绿色贷款余额148.56亿元，比年初增加50.35亿元，增长51.27%，高出同期贷款增幅34.02个百分点。持续深化普惠金融（征信）试验工作，全面加大服务汽车零部件产业集群企业力度，汽车及零部件产业集群贷款余额32.83亿元，平均利率4.53%，其中信用保证类占比26.53%。全面推进农村信用体系建设，开展“三信”评定，引导涉农金融机构创新推广“整村授信”“特色行业授信”等信用模式。年末，全市授信农户91165户，金额105.65亿元，实际用信37619户，金额6.4亿元。

2021年，实现各级次预算收入529.19亿元，比上年增长17.04%；支出453.07亿元，比上年增长3.91%；办理各类退税79621笔、金额190281.51万元。以溧阳市移动支付建设引领县创建工作为契机，携手银联推进“电动溧阳”接入云闪付，打

4月9日，“金融赋能 绿色发展”溧阳市政银企对接会议召开

（市金融监督管理局　供稿）

2021 年溧阳市银行类金融机构主要统计指标一览表

表 27

单位：亿元人民币、万美元

项　目	工商银行	农业银行	中国银行	建设银行	江南银行	农业发展	交通银行	中信银行	江苏银行	华夏银行	招商银行	兴业银行	邮储银行	浦发村镇	光大银行	民生银行	浦发银行	广发银行	南京银行	平安银行	合计
各项人民币存款余额	133.01	292.68	112.91	134.98	483.19	1.72	25.73	40.22	37.33	36.27	25.70	37.18	135.72	16.50	49.72	40.47	15.26	27.21	37.98	15.36	1712.24
与年初相比 %	8.89	11.36	16.20	16.86	17.99	−67.73	14.10	53.51	14.09	22.41	29.93	−20.62	10.64	2.42	−10.07	3.08	−18.44	86.63	73.03	43.15	14.38
其中：储蓄存款余额	68.11	180.54	54.43	83.06	266.84	—	5.46	5.82	8.25	7.80	6.08	9.81	126.40	7.32	10.00	16.19	3.59	3.16	10.64	3.21	876.69
与年初相比 %	6.64	9.74	17.10	10.12	19.82	—	2.25	6.40	13.95	7.00	51.24	17.77	15.09	33.33	5.93	−3.46	5.90	28.46	24.30	11.46	13.93
单位存款余额	64.86	111.74	58.31	51.84	216.33	1.72	20.24	30.15	29.06	28.46	19.58	27.37	9.31	9.18	39.71	24.28	11.67	24.05	27.32	12.15	817.34
与年初相比 %	11.41	13.70	15.44	30.81	15.81	−67.73	17.61	45.65	14.05	27.45	24.32	−28.93	−27.38	−13.56	−13.37	7.96	−23.83	98.27	104.34	54.97	13.64
各项人民币贷款余额	139.38	206.62	100.36	120.18	307.83	36.83	31.53	59.31	29.68	33.90	20.44	23.50	38.82	16.05	52.03	18.72	11.15	34.17	37.32	6.67	1324.49
与年初相比 %	18.06	21.16	20.15	30.02	16.29	−6.45	11.93	57.40	8.56	9.11	103.38	−26.91	12.91	1.52	−0.59	42.25	−37.50	7.42	41.26	101.51	17.19
外币存款余额	3228.00	9292.00	14127.00	2421.00	185.00	—	183.00	303.00	381.00	102.00	168.00	244.00	32.00	—	329.00	61.00	69.00	1.00	182.00	2.00	31311.00
外币贷款余额	574.00	543.00	33.00	2.00	860.00	—	—	—	—	—	—	—	—	—	—	—	—	—	—	—	2011.00
结售汇总额	48153.60	30324.90	35327.95	26635.70	6342.32	—	369.99	—	8117.28	—	64.02	41.24	87.70	—	4604.18	—	2041.00	—	772.45	—	162882.33
出口收汇	25292.70	15671.08	53190.22	17463.21	5438.63	—	321.99	—	161.47	—	3827.54	41.63	90.02	—	1207.99	—	—	—	941.63	—	123648.11
进口付汇	7373.54	4741.75	7088.28	10536.76	393.21	—	0.83	—	50.61	—	324.81	—	—	—	974.16	—	—	—	97.42	—	31581.37
利用外债	2010.14	120.00	—	150.00	—	—	—	—	—	—	—	—	—	—	—	—	—	—	—	—	2280.14
资本金结汇	0.00	8645.46	5161.05	1633.44	4.40	—	—	—	8003.12	—	—	—	—	—	3218.18	—	2041.00	—	—	—	28706.65

2021 年年底溧阳市银行机构网点一览表

表 28

银行名称	网点数	乡镇	一级支行（家）	二级支行（家）	从业人员（人）	备注
工商银行	10	1	1	9	170	离行式自助银行 6 家
农业银行	21	10	1	20	292	离行式自助银行 5 家
中国银行	11	0	1	10	167	离行式自助银行 2 家
建设银行	15	3			207	离行式自助银行 7 家
农业发展银行	1	0	1		22	
江南农村商业银行	32	23	10	22	480	金融便民点 175 家，离行式自助银行 2 家
交通银行	1	0	1		24	离行式自助银行 2 家
邮政储蓄银行	4	2	1	3	75	只包含邮储银行正式员工，不包括代理网点工作人员
中信银行	1	0	1		23	
江苏银行	1	0	1		24	
华夏银行	2	0	2		37	
溧阳浦发村镇银行	3	1	2		59	法人机构：1 家总行，2 家一级支行
招商银行	1	0	1		23	离行式自助银行 3 家
兴业银行	2	0	1	1 家社区支行，没有现金柜	32	
光大银行	2	0	1	1 家社区支行，没有现金柜	21	
民生银行	2	0	1	2 家社区支行，没有现金柜	24	
浦东发展银行	1	0	1		21	
广发银行	1	0	1		15	
南京银行	1	0	1		32	
平安银行	1	0	1		15	

2021 年溧阳市银行机构主要统计指标一览表

表 29　　汇率：6.3757　单位：亿元

		合计	农发	工行	农行	中行	建行	交行	中信	招商	华夏	浦发	兴业	民生	光大	广发	平安	南京	江苏	江南	邮政	村镇
一、各项存款	余额	1732.20	1.72	135.07	298.61	121.91	136.53	25.85	40.42	25.80	36.33	15.31	37.34	40.51	49.93	27.21	15.36	38.10	37.57	483.31	135.74	16.50
	比上月	41.64	0.24	3.67	3.38	1.03	6.19	0.74	6.16	3.61	1.39	3.70	−11.98	−1.41	−13.40	5.17	1.57	13.85	1.07	19.36	−2.34	0.36
	比年初	204.31	−3.61	11.66	30.76	17.00	18.90	2.84	14.07	5.93	6.70	−3.47	−9.65	1.20	−8.67	12.63	4.63	14.09	−2.47	72.70	13.05	0.39
	增长(%)	13.37	−67.73	9.45	11.48	16.20	16.07	12.34	53.40	29.84	22.61	−18.48	−20.54	3.05	−14.80	86.63	43.15	58.68	−6.17	17.71	10.64	2.42
其中：个人存款	余额	879.15		68.40	180.67	55.70	83.33	5.51	5.95	6.13	7.81	3.63	9.89	16.23	10.04	3.16	3.21	10.67	8.26	266.84	126.41	7.32
	比上月	12.02		0.70	0.90	3.65	2.16	0.13	0.21	0.66	−0.03	0.06	0.34	0.37	0.61	0.28	0.82	0.24	−0.14	2.01	−1.19	0.23
	比年初	107.11		4.29	16.02	7.94	7.63	0.12	0.32	2.05	0.51	0.18	1.43	−0.59	0.55	0.70	0.33	2.08	1.01	44.13	16.57	1.83
	增长(%)	13.87		6.69	9.73	16.62	10.08	2.23	5.68	50.25	6.99	5.22	16.90	−3.51	5.80	28.46	11.46	24.21	13.93	19.82	15.09	33.33
单位存款	余额	834.79	1.72	66.62	117.54	66.03	53.11	20.31	30.21	19.64	28.52	11.67	27.45	24.28	39.88	24.05	12.15	27.41	29.26	216.44	9.32	9.18
	比上月	30.13	0.24	2.97	2.12	−2.62	4.03	0.58	5.92	2.97	1.42	3.63	−12.32	−1.78	−14.01	4.89	0.75	13.61	1.40	17.35	−1.16	0.13
	比年初	88.69	−3.61	7.37	14.37	9.07	11.64	2.70	9.51	3.85	6.19	−3.65	−11.08	1.79	−9.22	11.92	4.31	12.01	−2.10	28.58	−3.51	−1.44
	增长(%)	11.89	−67.73	12.44	13.93	15.92	28.07	15.33	45.94	24.38	27.72	−23.83	−28.76	7.96	−18.78	98.27	54.97	77.99	−6.70	15.21	−27.36	−13.56
二、各项贷款	余额	1325.78	36.83	139.74	206.97	100.38	120.19	31.53	59.31	20.44	33.90	11.15	23.50	18.72	52.03	34.17	6.67	37.32	29.68	308.37	38.82	16.05
	比上月	44.54	−1.63	1.86	13.43	−1.57	1.62	0.29	18.71	1.42	4.12	−0.88	−5.83	−0.72	−5.32	4.84	0.22	8.65	1.27	4.24	−0.14	−0.03
	比年初	195.08	−2.54	21.39	36.21	16.85	27.75	3.36	21.63	10.39	2.83	−6.69	−8.65	5.56	−0.31	2.36	3.36	10.90	2.34	43.67	4.44	0.24
	增长(%)	17.25	−6.45	18.07	21.21	20.17	30.02	11.93	57.40	103.38	9.11	−37.50	−26.91	42.25	−0.59	7.42	101.51	41.26	8.56	16.50	12.91	1.52
其中：短期贷款	余额	529.85	2.80	33.73	66.13	20.47	27.15	17.05	5.88	3.53	23.56	7.56	6.70	4.03	15.40	6.92	6.67	23.22	14.86	215.79	17.99	10.40
	比上月	5.64	−0.10	1.45	0.53	0.51	−0.03	−0.03	0.20	0.10	−0.91	−0.87	−5.52	−0.09	−6.59	2.71	0.22	8.23	1.65	4.35	−0.06	−0.11
	比年初	39.06	0.15	0.40	2.44	4.10	−2.26	−1.47	2.26	1.98	−2.78	−4.55	−6.47	−1.91	−5.39	2.46	3.37	9.37	2.82	31.22	2.77	0.55
	增长(%)	7.96	5.66	1.20	3.83	25.05	−7.68	−7.94	62.43	127.74	−10.55	−37.57	−49.13	−32.15	−25.93	55.16	102.12	67.65	23.42	16.91	18.20	5.58
中长期贷款	余额	757.00	34.03	105.84	128.91	76.54	89.94	13.45	53.42	16.91	9.17	3.60	16.80	14.69	36.63	9.10		14.11	14.81	92.58	20.83	5.65
	比上月	29.03	−1.53	0.43	7.06	−1.94	1.72	−0.08	18.50	1.32	3.86	−0.02	−0.31	−0.63	1.27	−0.57		0.42	−0.38	−0.11	−0.08	0.09
	比年初	147.16	−2.70	20.89	23.52	12.13	27.93	5.06	19.37	8.41	4.44	−2.13	−2.18	7.47	5.07	5.01	−0.01	1.53	−0.48	12.45	1.68	−0.31
	增长(%)	24.13	−7.35	24.59	22.32	18.83	45.04	60.31	56.89	98.94	93.87	−37.17	−11.49	103.46	16.06	122.49	−100.00	12.16	−3.14	15.54	8.77	−5.20
票据融资	余额	38.92		0.18	11.93	3.37	3.09	1.04			1.17					18.15						
	比上月	9.88		−0.02	5.84	−0.13	−0.08	0.40			1.17					2.70						
	比年初	8.86		0.09	10.25	0.62	2.08	−0.24			1.17					−5.11						
	增长(%)	29.47		100.00	610.12	22.55	205.94	−18.75								−21.97						

注：各项存款包括财政性存款 13.10 亿元

2021 年年底溧阳市主要保险、证券类机构业务情况表

表 30　　单位：亿元

险　种	单　　位	保费收入	保险理赔（给付）
财产险	中国人民财产保险股份有限公司溧阳支公司	3.64	2.38
	中国太平洋财产保险股份有限公司溧阳支公司	1.88	1.31
	中国人寿财产保险股份有限公司溧阳支公司	0.55	0.31
	财产险小计	6.07	4.00
人身险	中国人寿保险股份有限公司溧阳支公司	5.84	1.19
	中国太平洋人寿保险股份有限公司溧阳支公司	6.55	0.53
	人身险小计	12.39	1.72
保险业务合计		18.46	5.72
东海证券溧阳南大街营业部证券成交额		1199.40	

造“智慧旅游”“示范商圈”“便民服务”等具有溧阳特色的移动支付场景。不断加强征信业务和信息安全管理，防范信息泄露风险，全年共受理企业信用报告查询1475笔、个人信用报告查询20850笔、司法查询48笔、异议处理24笔。持续推进反假货币宣传长效机制，共收缴假币1802张，金额157100元，鉴定人民币182份，有力打击假币违法犯罪活动。

【外汇管理和服务】 2021年，全辖跨境收入16.28亿美元，比上年增长12.07%，支出7.15亿美元，比上年增加63.87%，收支顺差9.13亿美元，比上年缩减10.17%；结汇12.42亿美元，比上年增长63.13%，售汇3.86亿美元，比上年增长122.30%，结售汇顺差8.56亿美元，比上年扩大45.63%；货物贸易项下收汇13.61亿美元，比上年增长29.51%，付汇3.90亿美元，比上年增长69.13%；收付汇顺差9.71亿美元，比上年扩大18.38%。市外汇局以“我为群众办实事”实践活动为契机，指导辖内外汇指定银行积极推广汇率避险产品，主动解决企业汇率避险难题，持续倡导树立汇率风险中性理念，有力推动全市外向型经济在疫情常态化形势下高质量发展。持续围绕“防风险、强监管、交易留痕、监管渗透”的总原则和“宏观审慎管理、微观市场监管”的监管总要求，加强资本项目监控，防范跨境资本流动风险，同时注重提高服务实体经济意识和能力，营造良好营商环境。全年共对9家企业发起现场核查，对1家企业作降级处理，对8家企业违反外汇管理规定，情节较轻的进行批评教育。对5家B类企业进行到期评估，5家恢复A类。对4家银行开展国际收支申报业务现场核查，对1家银行开展资本项目外汇业务专项核查，对1家银行开展执行外汇政策合规性检查。对1家银行违规办理资本金结汇业务进行立案查处，有力维护了辖内外汇交易市场的稳定有序。

（肖懿珊）

【企业股改上市】 2021年，全市股改上市工作稳步推进。重点企业上市“蓄势待发”，全年完成深交所创业板IPO申报1家（金源股份）、证监局辅导备案2家（时创能源、安顺控股）、股改企业17家。后备梯队建设“层层递进”，通过对高新技术企业、专精特新企业进行细致广泛的调研，将全市15家企业纳入常州市“双百行动计划”上市后备企业名单，并新增“科创苗圃”企业16家，全年在江苏省股权交易中心挂牌企业82家，逐步夯实全市上市后备资源基础。上市政策激励“应兑尽兑”，组织两批次企业股改上市奖励申报，对安靠智电等131家符合要求的企业兑现奖励1651.02万元，充分激发企业股改上市内生力。

（余丹敏）

【信贷服务实体】 2021年，溧阳市全力推动“政银担”信贷模式扩容扩面，高效利用政府、银行、担保机构三方信贷风险分担补偿机制，充分发挥财政资金杠杆放大效应，有力撬动金融机构对“四大经济”的信贷投放，有效降低企业融资门槛和成本。“政银担”信贷模式全年发放金额84笔4.69亿元。帮助企业应急转贷及“周转融”166笔，共计21.94亿元。大力发展普惠金融，引导涉农金融机构创新推广“整村授信”“整厂授信”“特色行业授信”等信用模式，以支持种植业、养殖业、竹木林业、加工业等特色产业为重点，为生产经营正常、存在资金短缺的农户和新型农业经营主体提供融资支持。年末，全市授信农户91165户，金额105.65亿元；实际用信37619户，金额6.40亿元。加快推进农村信用体系建设，全市评定信用户1343户；信用村6个，分别为天目湖镇桂林村、三胜村、田家山村，埭头镇埭西村，别桥镇西庄村以及竹箦镇长岗村；信用镇1个为天目湖镇，信用试点镇3个，分别为埭头镇、别桥镇和竹箦镇。全面推广省综合金融服务平台，打破供需信息不对称，提升银企精准对接质效。全市银行全部接入平台，中小企业注册数3877家，发布融资需求2276项；解决融资1985笔，融资金额67.99亿元。

（蔡　瑜）

【防范金融风险】 2021年，组织开展“守住钱袋子、护好幸福家”为主题的防范非法集资宣传教育活动，进一步提高群众的风险意识和金融知识。与市场监管局、公安局联合开展“双随机、一公开”检查活动。组织开展私募基金进行现场检查，对全市95家相关企业进行了检查，并进行相关的分类处置。积极帮助资金困难企业转贷，帮助企业转贷167笔，22.53亿元。

（蔡　瑜）

银　行　业

**【中国工商银行股份有限公司溧阳

支行】 2021年，工行溧阳支行全面贯彻落实新时代党的建设总要求，全力以赴提升支行市场核心竞争力。年末，支行本外币各项存款余额135.06亿元，各项贷款余额139.74亿元。全年新增投放项目贷款24.74亿元，新增制造业贷款5.06亿元，新增制造业户数48户。在防控金融风险前提下，加快产品创新，打造品牌形象，推出小微贷、e抵快贷、e企快贷、苏农担等创新产品，建立"广覆盖、多层次、高效率、可持续"的普惠金融体系。年末，普惠贷款余额10.59亿元，较年初增长4.5亿元，增速达73.9%。进一步优化网点布局，完成上兴支行网点新设，体育路支行迁址古县支行开业等工作。

（杨　珏）

【中国农业银行股份有限公司溧阳市支行】 2021年，农行溧阳市支行全面落实上级行党建经营工作会议部署，立足新发展阶段，贯彻新发展理念，对标新发展定位，整体经营规模迈上新台阶。农行溧阳市支行获"2019—2021年度江苏省文明单位"称号，综合管理部获常州市"安康杯"竞赛优胜班组，上沛支行职工小家被评为省行工会优秀职工小家、常州市总工会"信赖职工小家"。年末，全行本外币存款余额298.6亿元，全年净增30.8亿元，总量和增量四大行占比43.1%和39.3%，其中对公存款净增13.8亿元，占四大行份额的34.2%，个人存款净增16亿元，占四大行份额达45.2%。各项贷款余额207亿元，全年净增36.2亿元，总量和增量四大行占比36.5%和35.4%。支行各项存款峰值首次突破300亿元，贷款总量首次突破200亿元，存、贷款总量及增量始终保持四大行首位。

积极服务全市重大项目、重点工程建设，累计投放项目贷款23.4亿元，比上年增加1.6亿元，连续两年项目净投放超20亿元；持续保持制造业贷款增长态势，年末贷款余额50.7亿元，净增14.5亿元，稳居四大行首位；积极服务碳达峰碳中和，绿色信贷余额37亿元，比年初增14.7亿元，日均余额26.7亿元，比年初增4.5亿元，超额完成任务目标；坚持按揭业务优先发展，全年个人住房贷款投放超10亿元，比年初净增6.2亿元，按揭增量四大行稳居第一。以创新为支撑，数字化转型迈出新步伐。全年新增掌银注册数5.3万户，个人掌银全年月活跃客户数14.7万户。全力推动电子社保卡签发和医保电子凭证激活工作，全年分别新增3.1万户、4.2万户。积极推动"常享付"电子钱包医保支付活动，不断提升家校互通效率，校园缴费合作学校累计44所，辖内学校合作率47%。着力推动普惠线上业务发展，积极推广常信贷、首户e贷、烟商e贷、惠农e贷等产品，年末线上普惠贷款余额12.1亿元，净增4.4亿元，增幅达57%。

开展重点领域信用风险专项治理和潜在风险客户风险化解工作，全年累计压降退出各类风险客户及不合规贷款4.5亿元。全力推动行内不良贷款处置工作，全年累计处置不良贷款15877万元，清收不良贷款本息4021万元，不良贷款余额及不良率分别比年初下降8775万元、0.59%。严格落实好网点防诈骗工作，全年网点堵截各类外部欺诈风险事件235起，涉及金额192.3万元，未发生一起事故案件。

（潘尚君）

【中国银行股份有限公司溧阳支行】 2021年，中行溧阳支行以"市场争先、系统领先"的目标，抢抓机遇、共同拼搏，坚持党建统领为中心，以业务发展和风险防控两大平台为依托，抓重点、强弱项、补短板，全面推进五年发展规划，全面提升发展质效。支行通过个金转型、公私联动、渠道建设、作风转变等方面激发内生动力，凝聚全员合力，稳步推进溧阳支行各项工作有序开展。年末，全行本外币存款121.91亿元，本外币贷款100.38亿元。连续多年取得外汇业务综合考核A类银行。授信客户数新增63户，对公贷款余额新增4.15亿元。秉承"以客为尊，不断创新"的宗旨，由专业的客户经理提供"一对一"的优质银行服务，依托遍布全球的海内外服务网络、资深的理财专家和多元化的投资理财产品，实现财富的保值增值。

（姜田才）

【中国建设银行股份有限公司溧阳支行】 2021年，建行溧阳支行内设部门7个，下辖营业网点15个，其中乡镇营业网点3个，全行员工207人。年末，支行一般性存款时点余额135.05亿元，各项贷款余额120.30亿元，实现主营业务收入4.35亿元，拨备前利润3.21亿元。大中型企业贷款比年初新增19.39亿元，四行排名第一。其中制造业贷款余额15.09亿元，较年初新增10.34亿元；绿色信贷余额14.95亿元，

7月，建行溧阳支行党员突击队开展防范非法集资宣传活动

（中国建设银行股份有限公司溧阳支行　供稿）

较年初新增7.91亿元；住房租赁较年初新增2.5亿元。

持续深化普惠金融战略，推动小微企业发展。支行普惠贷款余额17.07亿元,较年初新增5.01亿元。普惠客户1308户，较年初新增272户。积极履行大行责任担当，落实疫情期间小微企业抒困政策，全年累计为1.39亿元小微快贷办理延期续贷，实现应延尽延。支行走进溧阳青虾协会、农机展销会、茶叶协会、白芹种植基地、粮食购销公司等开展集中客群拓展活动。结合本地农业资源禀赋，促成省分行“茶叶贷”创新产品落地，当年投放省分行重点关注茶叶客群普惠客户24户2552万元，受到上级行嘉奖。助农新产品苏农云贷在溧阳支行实现快速推广，继5月落地常州分行首单苏农云贷后，支行苏农云贷当年审批通过30户930万元，贷款余额834万元，均居全省县域建行前列。成立大中型项目团队、普惠团队、乡村振兴团队，集中人力资源，提升团队效率。其中，大中型项目团队成立短短3个多月，申报获批项目贷款10户，金额合计33.1亿元。完成昆仑支行网点装修，天目湖支行迁址和朝阳支行迁建工作。

（杨嘉昕）

【江苏江南农村商业银行股份有限公司溧阳市支行】 2021年年末，江南银行溧阳市支行各项存款余额483.31亿元，比年初增长72.70亿元，存款总量份额28.11%，增量份额36.59%；各项贷款余额308.37亿元，比年初增长43.67亿元，贷款总量份额23.26%，增量份额22.38%。存贷款总量、增量市场份额继续稳居溧阳同业第一。支行行长朱海金获溧阳市2021年度“杰出企业家”称号，支行获省联社授予的“砥砺坚守奖”、人行溧阳市支行授予的“2021年溧阳市现金示范区创建工作一等奖”及溧阳市放心消费创建活动办公室授予的“市级放心消费先进单位”称号。 支行1名员工获“百名无偿献血党员代言人”“常州好人”“优秀志愿者”“中国红十字会会员之星”等称号和“安全保卫个人三等功”。支行员工积极配合溧阳人行参与“2021年反假货币知识与技能竞赛”及“2021年金融交流道德讲堂”。

江南银行溧阳市支行始终厚植三农经济，切实践行“服务‘三农’方向不移、信贷支农力度不减”的理念，年末涉农与小微贷款余额253.44亿元，较年初新增39.27亿元，增幅18.34%；三农贷款余额73.93亿元，较年初新增11.12亿元，增幅17.71%。“两增两控”贷款余额68.20亿元，户数4818户。制造业贷款余额58.8亿元，为实体经济发展注入强劲动力；对溧阳市二级以上资质建安企业授信总额近40亿元，全年累计为辖内客户办理“周转易”3413笔、97.76亿元，惠及客户1839户。174个普惠金融服务站遍布溧阳地区的农村区域，全年累计提供金融服务38.25万次、金额2.63亿元。发放工会创业贷款197笔2560万元，发放青年创业贷款20笔1346万元。开展“客户大走访”“万企联万村 共走振兴路”升级扩面走访活动，促进政农银合作共赢，强化对现代农业、新型农业经营主体的支持。专业合作社贷款累计投放136笔1.84亿元；家庭农场贷款累计投放1132笔4.56亿元；农业龙头企业贷款累计投放337笔38.72亿元。支行大力推进“百行进万企”升级扩面走访，摸清底数，掌握需求，优先投放，积极为民营和小微纾困解难，努力打通民营小微融资“最后一公里”。年末，走访率达100%，累计投放“富民创业贷”140户、2595.70万元；“农担贷”257户、金额12202万元。特色定制“乡村振兴贷”，自2021年6月开始，陆续与多家企业完成合作，其中乡村振兴贷投放3笔，共计8.1亿元，其他类项目贷款已投放2笔，共计4.9亿元。全面启动“阳光信贷”提档升级，利用“整村授信”方式，精准有序完成从产品宣讲到逐户走访一系列流程。全年评议159个村（居）委会，86274个家庭享受评议额度，预授信总金额91.14亿元，共体验用信36584户，有效用信户数2384户。

（陈小兵）

【中国农业发展银行溧阳市支行】 2021年，农发行溧阳市支行坚决助力疫情防控和复工复产，全力服务脱贫攻坚、粮食安全和乡村振兴，全面落实“六稳六保”，实时推出小微贷、生猪贷、复工复产贷等产品，同时对符合条件的各类贷款执行利率优惠，视条件给予首年下浮50或100BP优惠，除基金产品执行1.2%的利率外，全行其他贷款产品利率最低仅有2.05%。年末，全行各项贷款日均余额368319万元，较年初下降25446万元；日均存款余额41122万元，较年初下降21699万元；累计投放贷款78345万元，其中：粮食购销储贷款26105万元，中长期贷款45000万元，短期流贷7240万元，业务发展稳中有进，支农力度显著增加。

全力打造四块“金字招牌”。立足溧阳为省粮食生产功能区的职能地位，坚定支持好托市粮、储备粮及粮食市场化收购，持续巩固粮食收购资金供应主渠道角色。立足溧阳地处长三角重要节点的区位优势，以长江为载体，全力推进长江经济带发展、长三角一体化发展，支持社会经济发展绿色转型。依托溧阳山水灵湖的资源禀赋，推进美丽乡村建设和新型城镇化建设，进一步支持“土地＋人居＋生态＋产业”模式，挖掘生态产品潜力，支持生态旅游、乡村旅游，推进农村人居环境整治、大力支持美丽宜居乡村建设。

（王　亢）

【中国邮政储蓄银行溧阳市支行】 2021年，邮储银行溧阳市支行积极贯彻落实集团公司、总行、省、市分行以及监管部门各项工作部署，立足新发展阶段，坚持新发展理念，奋力推动支行高质量可持续向纵深发展。年末，支行各项存款日均余额23.93亿元，较年初净增2.19亿元，增幅10.08%；各项贷款余额40.32亿元，较年初净增4.94亿元，增幅13.97%。与退役军人事务局等7家单位开展党建共建活动，在社渚镇金山村设立党建共建联络站暨乡村振兴服务站，为服务国家乡村振兴战略贡献智慧和力量。为贫困小学生送去学习用品，开展“红铃铛”课堂志愿服务、“慈善一日捐”“一袋牛奶的暴走”等公益活动。支行党支部获常州市分行2020—2021年度先进基层党组织称号。

支行始终坚持“服务社区、服务中小企业、服务三农”的战略定位，扎根溧阳实体经济，加大绿色信贷支持力度，积极践行普惠金融。支行普惠贷款合计12.52亿元，较上年增加2.13亿元，普惠金融领域贷款占比23.12%；绿色贷款结余5497.64万元，本年净增1939.69万元。支行将农户信息大数据平台建设、农村信用体系建设作为三农金融数字化转型、支持乡村振兴的重要抓手，并配套推进创新产品，将乡村振兴金融服务工作抓出成效。精心梳理辖内行政村、“一村一品”示范村镇名单，全面开展信息采集工作。采集信用村113户、信用户4734户。支行以农村信用体系建设为依托，先后面向当地户籍农户、优质农户推出“邮农贷”和“线上信用户贷款”两款线上产品。支行“邮农贷”“线上信用户贷款”实现放款50多笔1000多万元。支行积极做好市重点项目、重点企业的支持，为曹山未来城项目累计发放按揭贷款近5000万元，为时代上汽提供授信4亿元，溧阳抽水蓄能电站授信5亿元，科华集团授信5000万元。支行综合管理部获“常州市机关团体企业事业单位内部治安保卫工作先进集体”称号、支行获“江苏省放心消费创建先进单位”称号。

（邮储溧阳支行）

【溧阳浦发村镇银行股份有限公司】 2021年，溧阳浦发村镇银行股份有限公司积极开拓市场，优化存、贷结构，加强信贷管理，强化风险控制，改善金融服务，履行社会责任，各项业务发展较为平稳。获全市服务业三星企业、全国百强村镇银行称号。坚持“存款立行”理念，加大营销力度，加大对储蓄存款的拓展力度。坚持支农支小市场定位，坚持小额分散基本经营原则，进一步提升三农小微和普惠金融服务能力。年末，各项存款余额16.5亿元，年度日均存款余额16.16亿元。贷款余额16.05亿元，全年贷款日均余额15.99亿元，年末涉农贷款占比87.26%。

（肖　潇）

保 险 业

【中国人民财产保险股份有限公司溧阳支公司】 2021年，中国人民财产保险股份有限公司溧阳支公司设有经理室、综合部、农险业务部、理赔分中心、续保业务部、商团一部、汽修厂修理部、直销业务部等12个内设科室，别桥、戴埠、社渚、竹箦、南渡、高新区6个外设乡镇营业网点，与30多家保监局批准的保险代理机构合作，方便客户就近投保。实现保费收入3.63亿元，比上年增长10.78%。其中，车险保费收入2.2亿元，非车非农保费收入8650万元，农险保费收入5230万元，保费规模、市场份额、赔付金额均列溧阳市场第一，为全市各类客户提供风险保障服务，并积极参与地方经济建设，在医责险、建筑施工行业安全生产责任保险、农村农业保险、医疗责任险、校园方责任险等重大项目中保驾护航。牢固树立以“服务赢客户”的理念，积极拓展和引入社会服务资源，丰富和完善客户增值服务体系，相继推出免费救援、新车油洗、免费代驾、免费代步车等多项特色增值服务，微信注册率97.89%，排名全辖前列。全年车险保费收入2.245亿元，实现报表利润1100万元。城镇职工大病保险保费1849万元，非车非农保费收入8650万元，比上年增长45.44%，净增保费2702万元，实现报表利润888万元。因地制宜开办农险产品，先后新开办青虾保险、水稻大灾险、小麦大灾险、公益林保险等7个政策性产品，果树种植保险，螃蟹养殖气温指数等8个商业性产品，共开办39个农业保险产品，其中政策性31个，商业性8个，覆盖全市农、林、牧、渔主要产业，保险责任涵盖农业种养业基本生产风险，保障类型从物化成本逐步向指数、价格、收入保险推进。全年农险保费收入5230万元，比上年增长10.61%，净增502万元，实现报表利润1565万元。

（杨泾渭）

【中国人寿保险股份有限公司溧阳支公司】 2021年，中国人寿保险股份有限公司溧阳支公司坚持价值引领，深化转型升级，全方位多层次参与社会保障体系建设。全年完成总保费5.84亿元，比上年增长5.03%，其中新单保费于溧阳市场份额排名第一，短险保费4467万元；赔款支出5503.05万元，其他类给付6408.18万元。立足客户需求，持续推进“国寿616”客户节等品牌活动，不断强化重疾一日赔、空中客服等品牌服务，提升保险服务的满意度。推进乡村振兴工作与业务发展整体部署，全年“安康关爱行动”老年人意外伤害保险参保实现全覆盖；积极参与社会保障体系建设，做好全市居民医保经办、医疗救助经办、城乡居民大病保险等多层次的健康保险服务，覆盖参保人群47万余人，不断减轻群众就医费用负担。

（张子裕）

【中国人寿财产保险股份有限公司溧阳市支公司】 2021年，中国人寿财产保险股份有限公司溧阳市支公司聚焦上级公司“高质量发展突破年”“领跑2021”年度主题，在中支公司正确领导下，全体员工坚定信心，奋发有为，在做好防疫防控常态化工作的同时，有序推动各项工作顺利开展。全年完成保费5543万元，其中非车险2196万元，占全险种39.62%，全年综合赔付率58.9%，连续多年实现经营盈利。认真落实降赔增效工作方案，全面巩固理赔作为“长期一号工程”的重要地位。扎实各项降赔举措，加大稽核力度，创新打假防骗工作举措，强化各环节的管控力度，不断改善理赔关键指标，全流程、全方位实现降赔增效，积极培育服务竞争优势，加强自助理赔项目、绿色服务站、微信平台等多样化服务平台的运用。

（王云红）

【中国太平洋财产保险股份有限公司溧阳支公司】 2021年，中国太平洋财产保险股份有限公司溧阳支公司牢固树立责任意识，充分认识加快业务发展、提高人均产能、巩固市场地位，全年实现保费收入1.88亿元，赔款1.31亿元。进一步提升“用心承诺，用爱负责”的服务理念。各对外窗口部门、各销售渠道专员积极做好与客户的沟通与协调，全心全意为客户提供全面周到、合规合理的承保流程和良好的服务体验，中后台部门员工在各自的工作岗位上尽心尽责。

（何丽薇）

【中国太平洋人寿保险股份有限公司溧阳中心支公司】 2021年，中国太平洋人寿保险股份有限公司溧阳中心支公司致力打造“在你身边”的专业形象，沿着“长航行动”确立的战略方向，转型续航，做寿险行业的长期主义者，积极落实“扬冠军文化，做旗舰公司”的企业精神，中心支公司业务继续保持良好的发展态势，实现总保费收入6.55亿元，市场占比43.11%，继续位列市场第一。其中，个人业务提质增效，达成新保保费1.01亿元。办理各类给付、理赔案件35623件，累计支付金额1.4亿元。公司持续完善客户服务体系，不断推进基础服务标准化、增值服务差异化，追求客户满意度水平持续提升。积极探索和实践基于新技术应用的模式创新，大力推广移动保全、官方微信公众号、“太平洋保险”App等科技应用，太E赔提升理赔时效，有效简化客户办理常规业务的流程，实现客户体验的提升，加快人工智能与大数据核心技术驱动，建立智能机器人体系平台，为客户经营、营销活动和风险管理提供营运科技赋能，营造集健康、养老、生活和公益为一体的保险服务生态圈。

（耿剑磊）

证　券　业

【东海证券股份有限公司溧阳南大街证券营业部】 东海证券股份有限公司溧阳南大街证券营业部成立于1994年，位于城区南大街12号，是溧阳第一家设立的证券营业部，员工26人，营业面积近7000平方米，设有贵宾室、大户室等现场交易设施，是全国券商中拥有最大营业面积的营业部之一。营业部坚持“合规、严格、创新、发展”的经营思路，严抓内部管理、积极应对地区竞争，在不放松传统经纪业务的基础上，大力拓展创新业务。通过增加投资顾问数量等方式齐集精兵强将再次整合组成全新的理财中心，对客户的服务工作分片包干，责任到人。对于客户托管在营业部巨大的证券资产市值，依托公司总部理财中心，通过一对一、一对多的主动服务，对客户进行辅导、咨询，指导客户进行操作，不断使得客户资产保值增值。网上交易委托方式交易量占营业部总交易量的85%以上。全年交易额1199.40亿元，获2021年度“卓越表现奖”“运营管理质量优秀奖”“优秀固定资产管理单位”称号。

（施陈梁）

【南京证券溧阳营业部】 2021年，南京证券溧阳营业部秉持打好客户基础，做好开户工作，做大做强营业部规模，做好营业部团队建设，合规经营，稳中求进的经营思路，为溧阳服务客户数突破万户，托管资产突破10亿元。跟进拟IPO企业2家，提供专业化的财务顾问服务，引进投资公司投资溧阳当地企业。其中金融产品代销收入完成2倍，新开户流通资产完成4倍，新开有效户净增长完成2倍，基金保有量完成2倍。积极通过各个社区开展对居民的防诈骗、非法集资、反洗钱以及股票相关知识进行宣传。积极履行证券公司的社会责任和义务。

（谭　茂）

其他金融机构

【小额贷款公司】 2021年，全市小额贷款公司13家，其中新增天目湖科贷、汇智科贷2家科技小额贷款公司，融辉农贷农村小额贷款公司终止经营资格；就业总人数约90人，总注册资本13.21亿元。年内累计发放贷款511笔，金额7.47亿元，比上年减少20.88%；年末贷款余额11.45亿元，比上年减少9.08%；其中涉农、涉科余额达10.88亿元，占比95.02%。在2021年常州市地方金融从业机构年度综合评优评先活动中，国强农贷被评为“行业优秀企业”，安顺东方农贷被评为“最佳成长企业”。全市9家小贷公司获2021年省级普惠金融发展专项资金124.03万元。

【典当业】 2021年，全市有典当业企业2家，注册资本5500万元。实现典当余额485.26万元，比上年减少2.42%；实现典当总额499.3万元，比上年减少1.43%。其中，动产典当业务83.58万元，占比16.74%，比上年增加9.41%；房地产典当业务415.72万元，占比83.26%，比上年减少3.52%。

【担保业】 2021年，全市有融资性担保机构4家（含2家分公司），注册资本4.03亿元。其中国有担保机构3家、民营担保机构1家；国有注册资本3.53亿元，民营注册资本0.5亿元。全年全市担保机构为53家企业提供融资担保11.25亿元，比上年减少15.29%；全年发生担保代偿4749.52万元，代偿率为4.22%，代偿回收金额2560.18万元；年底在保户数143户，在保责任余额10.22亿元，比上年减少8.36%。溧阳市中小企业融资担保有限公司获溧阳市财政补贴资金（配套资金及担保费补贴）2546.6万元；全市2家担保公司获2021年省级普惠金融发展专项资金559.09万元。

（余丹敏）

发展改革管理

【概　况】 2021年，市发改委围绕“生态品质巩固提升年”工作主题，锚钉发改主责主业，实干担当、砥砺奋进，各项工作迈上新台阶、实现新跨越。被省委、省政府评为“全省脱贫攻坚暨对口帮扶支援合作先进集体”，被评为江苏省常州市发展改革系统2021年度综合先进单位，获得2021年度溧阳市重大贡献奖2项、工作创新奖4项。

发挥党委中心组引领作用，召开中心组学习会10次、专题学习调研活动3次，开展“两在两同”建新功行动，立足“四个一线”广泛调研，形成20余篇调研报告，采取专题读书班、集中研讨、党课宣讲、心得交流等形式，统一思想、凝聚力量、推动工作。推进党史学习教育。推进落实党史学习教育，全年集中学习6次，覆盖党员、干部90余人。组织走进党史教育基地、参观主题展馆、服务项目推进、办好民生实事等活动近16场（次）。开展“我为群众办实事”活动，梳理解决7个群众关注度大的民生实事项目。注重学习教育与典型激励相结合，开展向全国最美公务员王颖同志学习，引导党员、干部自觉担使命、强落实、作表率，先后13人被表彰为常州市、溧阳市和本委“两优一先”先进个人，蒋开、陈伟获得“助溧之星”称号。

打好意识形态主动仗。把握舆论工作主动权，运用电视、报刊、网络等媒体展示发改形象、传播发改声音。《攻坚再攻坚　奋楫勇争先　溧阳以高质量项目推动高质量发展》等4篇文章在《常州发展与改革》《政情通报》等发表；《就地放假　错峰过年》被央视2套《经济信息联播》专题报道。着力抓好选人用人。加大年轻干部培养选拔力度，通过压担子锻炼、加强业务培训等方式方法促进年轻干部快速成长。2021年，增补发改委党委委员2名，发改委（含下属事业单位）共职务晋升4人次，职级晋升1人次，挂职、借用6人次。办理外单位人员调入1人，新招录公务员5人，接收安置军转干部1人。

（汪国富　刘　薇）

【规划编制】 统筹推进“十四五”规划及16项市级重点规划和20项市级一般专项规划编制。牵头编制《溧阳市“十四五”现代服务业发展规划》《美丽溧阳建设总体规划（2021—2035）》《溧阳市“十四五”物流业发展规划》等5项市级重点和一般专项规划编制，为开启基本实现社会主义现代化建设新征程奠定坚实基础。

科学定政策。牵头制定《关于贯彻新发展理念　在全省县域高质量发展中争创产业集群示范的实施意见》《关于贯彻新发展理念　在全省县域高质量发展中争创区域协作示范的实施意见》等一批重点政策文件，均已转化为领导决策和全市行动纲领。制定《关于2021年春节期间减少外来员工流动的实施意见》，成为全国首倡并率先制定出台文件的县市之一，获得央视等重要媒体平台宣传报道。

主动抓争取。向上争取各类政策、资金、资源。全年共争取到各类债券资金、中央预算内资金、省级专项资金共计77.19亿元，创历史新高。别桥无人机小镇获省土地奖励325亩，居全省第一。溧阳市推进县城补短板强弱项做法、“生态产品交易”、“敞墙透绿”、“五堂一站微民生”等20项典型经验案例获国家和省宣传推广。

（蒋　开　姚　涵）

【发展动能增强】 项目攻坚。推动资源向项目聚拢、力量向项目聚合，2021年列入省重大项目数量7个（含1个储备项目和2个半年度增补项目），创历史新高。溧阳市在省重大新建项目开工率、常州市重大项目竣工目标完成率、新入库超30亿元市重大项目3项指标在常州排名第一，在省重大项目投资完成率、新入库常州市重大项目年度目标完成率2项指标位列第二，全年排全常州第一名。获得常州市重大项目招引与推进贡献单位。为各辖市（区）唯一。

推进城乡融合。制定出台《关于搭建城乡产业协同发展平台推进城乡产业协同发展的实施意见》，现代农业产业园发展规划已基本完成；在国内率先建立“生态产品交易平台”试点，《新华日报·思想周刊》参事版发文“推进‘两山’双向转化”。别桥无人机小镇、南山竹海风情小镇、溧阳高新区锂享小镇、天目湖白茶小镇、竹箦绿色铸造小镇入围省级特色小镇创建名单，数量居全省第一。高标准承办第一次全国县城补短板强弱项现场会，受到了国家发改委及12个省63县(区、市）与会代表高度赞誉。

推动提质增效。推动现代服务业集聚发展，苏高新南大创新园现代服务业集聚区获评常州市级现代服务业集聚区。积极开展示范企业申报，江苏安靠被评为常州市级两业融合标杆企业，依路物流被评为第一批常州市级重点物流企业。建立健全政银企对接长效机制，组织梳理信贷支持县城城镇化补短板强弱项项目37个，申请贷款金额120亿元。

（詹国平　姚　涵）

【区域发展】 融入国家战略。苏浙皖交界地区“一地六县”长三角产业合作发展区建设加快推进，会同“一地六县”有关单位修订完善《长三角产业合作区共同探索生态产品价值实现机制的战略框架协议》相关内容。举办长三角地区三省一市（沪苏浙皖）发展改革委主任工作座谈会，溧阳市“一地六县”智慧平台探索区域信用一体化举措获全省推广。

加强区域联动。溧阳与广德、郎溪三地建立“三级运作、统分结合、务实高效”区域合作机制。筹备苏皖合作示范区决策层和协调层会议各项工作，梳理2021年度苏皖合作示范区重点合作项目清单、签约事项。服务保障南京都市圈、苏皖合作、“一地六县”等代表团多批次考察交流和调研学习活动，受到一致肯定。

开展对口协作。对照《常州市2021年度对口支援协作合作工作要点》，制定《溧阳市2021年度东西部协作工作要点》，推动各项工作计划落实，对口支援汉阴、白河两县实现脱贫摘帽，我委被省委、省政府评为“全省脱贫攻坚暨对口帮扶支援合作先进集体”。湖北秭归、盐城滨海的对口支援工作持续深化、有力推进。

（高　畅）

【民生改善】 惠民利民有温度。摸排梳理出24个突出民生问题、36项重点工作任务以及54个三年重点实施项目；做好涉案、涉税、服务政府价格认定和争议调解工作，全年受理价格认定1101起金额37937万元，接受价格争议调解5次和争议咨询8起；创新设立价格争议调解服务站2个。

保供稳价有力度。编制完成《溧阳市大面积停电事件应急预案》《溧阳市2021年有序用电方案和电力供应应急预案》《溧阳市2021年价格调控目标责任制实施意见》《溧阳市价格异动应急预案》，应急处置能力和防范各种风险能力有效提升；落实市级冻猪肉储备300吨，可随时动用并投放；推进落实差别化自来水、天然气、蒸汽、电价格政策，阶段性降低水、气价格，减免企业收费112万元。

民生实事有精度。坚决调控好房价，稳妥开展价格备案工作，规范商品住房销售价格行为，全年完成价格备案项目25个，备案面积239.69万平方米。推进城乡公交一体化票制票价改革，实现城乡居民均等享受2元一票制公交惠民政策。全面清理规范水电气暖行业收费项目，动态调整公布相关收费目录清单。稳妥确定中小学课后延时服务收费范围和收费标准，合理制定民办非营利高中学费。溧阳市信用体系建设创新发展、成效显著。全年组织各类信用培训8场（次）共500余人次，帮助200余家企业完成信用修复。创建信用贯标企业9家、信用市级示范企业1家。

（张宇光　周丽春）

【安全法治责任落实】 加大法治宣传贯彻力度。坚持领导干部带头学法，全年委党委先后4次组织专题学法会议，先后2次组织人员网上观看或者现场旁听行政诉讼案件审理活动；借助“12·4国家宪法日”“全民禁毒宣传月”“信用中国”“信用溧阳”等节点和平台，开展法治宣教、漂流签名、法律咨询等活动，为庆祝建党100周年营造安全稳定的社会环境。

推进依法科学民主决策。规范重大行政决策行为，落实重大行政决策公众参与机制和专家论证制度；开展规范性文件清理，打通政策落实“最后一公里”。规范行政权力运行，发改委窗口全年完成行政审批事项298余件，所有事项均按期办结，无超期，无投诉。在项目投资、能源节能和物资储备等领域，全面推行“双随机一公开”监管方式。

落实安全主体责任。开展电力安全、油气管道安全专项整治。深入企业、小区排查整治安全隐患。依据《溧阳市大面积停电事件应急预案》组织开展应急演练。防范实体风险。完成《关于2021年春节期间减少外来员工流动的实施意见》政策奖补资金2482余万元兑现工作，有序推进中小微企业复产达产和“六稳”“六保”工作；兑现2020年“四大经济”奖励资金34429万元，有效提振企业投资信心；加大对上各类资金、资源、政策争取力度，推进重大项目跃上台阶。

（汪国富）

财　　政

【概　况】 2021年是“十四五”开局之年，也是全面建设社会主义现代化国家新征程开启之年。全市财政系统坚持以“政”领“财”、以“财”辅“政”，担当作为、攻坚克难，积极落实“六稳”“六保”任务，深化财税体制改革，提升财政政策效能，突出“生态品质巩固提升年”的工作主题，为建设长三角生态创新示范城市提供坚实的财政保障。2021年，溧阳市财政重点工作获全省三等奖、社会保险基金预算绩效管理工作获全省一等奖、财政监督全面工作被评为全省表现突出市县。在全市的机关目标任务考核中名列前茅，被授予2021年度重大贡献奖1项、工作创新奖2项。

市十六届人大第五次会议批准溧阳市2021年度一般公共预算收入预算为782320万元，经市第十六届人大常委会第四十次会议批准调整为873000万元，实际完成873251万元，完成调整预算的100.03%，比上年增加135219万元，增长18.32%。会议批准全市2021年一般公共预算支出预算为730000万元，经市第十六届人大常委会第四十次会议批准调整为1029500万元，实际完成1030836万元（不含上级专项），完成调整预算的100.13%。其中，市本级年初支出预算为644100万元，经市第十六届人大常委会第四十次会议批准调整为759500万元，实际完成743263万元，完成调整预算的97.86%。

会议批准全市2021年政府性基金收入预算为719516万元，经市第十六届人大常委会第四十次会议批准调整为2750537万元，实际完成2790718万元，完成调整预算的101.46%。收入增加的主要原因是土地出让价款增加。会议批准全市2021年国有资本经营收入预算为1997万元，支出预算为1997万元。实际完成国有资本经营收入为1997万元，支出为1997万元，完成年初预算的100%。会议批准全市2021年社会保险基金收入预算为493960万元，经市第十六届人大常委会第四十次会议批准调整为418434万元，实际完成427431万元，完成调整预算的102.15%。

【财政收支平衡】 组织收入。密切关注新冠疫情、减税降费及国内外经济形势等，强化分析研判，与相关部门协调合作，完善收入征缴机制，加大收入组织调度，确保财政收入持续稳定增长。2021年，全市一般公共预算收入完成87.33亿元，比上年增收13.52亿元，增长18.32%，在常州一市五区中增幅排名第一。镇区（街道）共完成一般公共预算收入65.8亿元，比上年增收11.87亿元，增长22.01%，高于全市增幅(18.32%)3.69个百分点。

争取债券资金。2021年，溧阳市向上争取各类地方政府债券资金共计76.91亿元。其中，新增债券62.61亿元，新增债券额度全省占比3.5%，全常州占比30.2%，连续五年争取债券额度位居全省前列。

严格控制支出。坚决落实过紧日子要求，优化支出结构，大力压减行政运行支出，落实一般性支出压减10%，三公经费压减20%要求，优先足额保障“三保”支出，不断提高民生实事项目和重大民生工程资金保障水平。

【财政政策落实】 持续实施减税降费。落实减税降费政策，全年减税降费8.5亿元；强化政策宣传解读，提高政策知晓度，帮助企业用足用好政策。金融支持实体经济。完善科技资金池，压降贷款利率，扩围政银担，探索政银保业务。发挥应急转贷资金作用，帮助企业渡过难关。2021年度累计转贷5.03亿元。放大财政资金“乘数效应”，促进金融服务实体经济提质增效。加大企业扶持力度。全年拨付2.51亿元，用于“四大经济”政策奖励、工业企业精准扶持、科技创新平台奖励、天目湖英才榜人才培育引进等，助力企业发展。

【支持乡村振兴】 助力生态宜居建设。2021年，市财政拨付资金3.12亿元用于美意田园行动和特色田园乡村建设；支持各镇区开展交通干线沿线环境提升、村庄环境综合整治、农村河塘综合整治、农村生活垃圾处理、生态公墓建设和散坟整治五项行动，打造美韵乡居。上兴全面推进田园综合体建设，支持农村一二三产融合发展。

落实支农惠民政策。发放耕地地力保护补贴、稻谷补贴、种粮农民一次性补贴等涉农补贴1.66亿元，惠及12万户家庭；拨付996万元用于28个农村一事一议财政奖补项目，受益人口约7.8万；补贴涉农保险保费5000余万元，为农户提供22.31亿元风险保障资金。

助推现代农业发展。溧阳市作为唯一推行农村土地经营权抵押贷款贴息政策的县级市，通过设立专项资金，对有农担公司担保的新型农业企业申请的贷款进行贴息。在全省率先实施常态化农担零保费政策，实现零担保费率，降低农业经营主体的融资负担，促进全市特色农业产业和现代农业发展。

【民生保障】 保障疫情防控。累计投入1.33亿元专门用于疫苗接种、核酸检测和其他疫情防控物资购置等，做好疫情防控后勤保障工作。全力稳岗就业。加大就业补助资金、职业技能提升行动资金和失业保险基金稳岗返还等各类政策资金投入，鼓励就业创业，帮助企业稳定就业岗位。富民创业基金规模从200万元扩大至1000万元，撬动银行贷款1亿元，支持创业需求。支持教育优先。累计投入23.2亿元，用于幼儿园改扩建、学前教育提升、校舍改造、校安工程、“放心餐”工程、小规模学校保障、贫困学生资助等，推动教育事业良好发展。加强社会保障。落实城乡居民基本养老保险基础养老金调整政策，筹集4.1亿元用于发放基础养老金，基础养老金由220元提高到272元，高于省定最低标准（173元）57.23%。丰富文体生活。统筹安排资金用于基本公共服务文化体系建设，支持公共文化设施、大型体育场馆免费或低收费向社会开放；做好重点文物保护利用，推进非物质文化遗产保护与推广；坚持文化惠民，开展“文化三送”活动；加大文体活动赛事经费投入，繁荣文体事业发展。持续便民惠民。全年安排1.02亿元，用于保障城镇公交服务、支持消防救援、平安护民和扫黑除恶长效机制的开展，提升群众安全感、满意度。加强资金监管。发挥资金使用效益，确保“一竿子插到底”，直接惠企利民，2021年直达资金3.6亿元，均及时足额拨付，惠及教育、养老、医疗、就业等各项民生方面。

（王　婷）

国有资产

【概　况】 2021年，市属三大国有企业紧扣“生态品质巩固提升年”工作主题，全面深化国企改革，整合聚集资源要素，统筹优化资源配置，完善国有资产监管体制，促进国有资产保值增值。完善法人治理结构，提升资本运作水平，增强市场竞争能力，发挥国有企业在保障和促进溧阳市经济高质量发展中的重要作用，为建设长三角生态创新示范城市做出新的贡献。

截至2021年年底，3家企业资产总额1072.35亿元，负债总额529.96亿元，所有者权益总额542.39亿元。市属三大国有企业经营状况平稳向好，国有资本运营质量稳步提升，国资国企改革重要领域和关键环节取得进展和突破，为溧阳市经济高质量发展奠定坚实基础。

（徐　彪）

【苏皖合作示范区建设发展集团有限公司】 2021年，苏皖集团紧扣“凝聚精气神，建设新溧阳”的总要求，围绕“生态品质巩固提升年”的工作主题，以项目建设为主线，推进旧城更新、市场化运营等版块协同发展，不断开拓创新，克难奋进。获得全市“弘扬企业家精神，推动创新型发展”活动服务业五星企业、常州市五一劳动奖状、溧阳市“重点工程项目创优立功竞赛”优胜单位、溧阳市模范职工之家等奖项荣誉。

聚焦民生实事，完善城市功能品质。2021年苏皖集团在建项目24项，计划总投资约209.21亿元。重点在三个方面：推进旧城更新。坚持“规划引领、片区改造、项目支撑、全面配套”的建设思路，委托东南大学对东升片区，城中河、人民路沿线、溧阳团城地块，唐家村、王家村、三家村地块进行城市规划设计，以点串线渐进开发。鲁仙宫、团城故事馆初具成型，文昌阁基本完成，同时修复灯光球场。保障民生工程。坚持践行以人民为中心的发展思想，抢工抢时、打造精品，全力推进安置房工作。文华苑小区(33# 地块)竣工验收，进入交付阶段；下份北地块和贝桥一期两处拆迁安置小区年底开始交付；其他拆迁安置房项目推进有条不紊，确保让百姓早日入住。常态落实项目提速。科学统筹，狠抓落实，确保以最快速度、最高质量抓好项目建设。宁杭铁路溧阳站服务楼从正式开工到交付使用，36 天完成建设，再现“苏皖速度”；水西村 228 号展馆在不具备全面开工的条件下，苏皖集团 24 小时日夜施工，在正常工期一半不到的时间内完成装修及布展任务。

彰显地域特色，承办热点活动。举办焦尾琴夜公园。春节期间，苏皖集团在焦尾琴公园举办为期 16 天的以“美音自在”为主题的夜公园活动。作为主办方，苏皖联合各部门严格做好体温检测、健康码和行程卡查验等防疫工作；落实限流措施，全面推行网上预约；确保疫情期间为留溧人员和市民提供安心、舒心的游园体验。举办迷笛音乐节。端午时节，2021 溧阳 · 太湖迷笛音乐节在焦尾琴公园举办。苏皖集团联合迷笛公司在场外引导、安全巡查、食品安全、通讯医疗等方面严格把关，确保音乐节安全有序开展。此次迷笛音乐节每天带动 7000 余名乐迷涌入溧阳，微博、抖音、微信等网络平台吸引了上千万点击阅读和粉丝关注，进一步展示溧阳形象、提升城市知名度。

投身防疫一线，诠释“苏皖速度”。全员上阵，启动核酸应急演练。根据市疫情防控指挥部统一部署，苏皖集团联手溧城街道于 8 月 6 日在马垫卫生院、东都花园、旧溧城镇镇政府、溧城医院 4 处点位开展全员核酸检测应急演练；8 月 14 日，再次联手街道在阳光城市北香园小区开展核酸检测应急演练。两次应急演练活动累计完成采样 15653 人，通过演练，全面提升溧阳市应对突发公共卫生事件的疫情防控和应急处置能力。

筑牢上兴稳控防线。为遏制新冠疫情传播扩散，方便物资配送车辆驾驶员核酸检测，苏皖担起 48 小时内在上兴建设临时核酸检测采样点并交付使用的重任。面对时间紧、任务重的情况，领导现场盯靠调度，通宵进行检查指导，为管控点建设布置全局。项目负责人与工作人员全天候在岗，采取“多人轮转、交替作业”方式，确保施工衔接有序，在 48 小时内完成了 2 栋房屋的拆迁、近 8000 平方米的场地布置，70 间集装箱的改造装修。

加强筹资融资，做好资金保障。融资规模有序增长。在 2021 年年末，公司融资余额为 123.36 亿元，较年初新增 54.15 亿元。完成年初市委市政府制定的融资目标，余额增量与公司年度工程项目及日常经营支出匹配。融资结构有效调整。自 4 月首次成功发行 5 亿元短期公司债以来，已发行私募公司债 8 亿元、PPN 3 亿元。年末发行 PPN 7 亿元、保障房 ABS 20.8 亿元、私募公司债 5 亿元，12 月底直接融资余额 48.8 亿，占融资总额的 39.56%，有效调整了公司的融资结构，拓宽了融资渠道。融资成本有力压降。公司首次发行短债，即以 3.75% 的利率创 2017 年以来县级城投首次发债最低利率，为公司后续发行债券的估值管理打下了坚实的基础。全年，公司总体平均融资成本为 3.53%，较上年末下降 160.15 个 BP，是溧阳 7 家地方国有企业中首个完成下降到 5% 以下的公司。

把握转型契机、加快国企市场运营探索。扩大经营范围。苏皖集团 2021 年共建设 6 个经营性项目，总投资约 36.71 亿元。公司自主开发销售的云顶江南花园项目，酒店、住宅楼主体封顶；自建精品酒店项目扎实推进，驻锡“燕山”（53—3 地块）建筑施工完成，大溪招待所和邮电干校方案持续优化设计。

探索乡村品牌。深化村庄特色，围绕节假日举办“留在乡村遇大年”“塘马撒欢记”“篝火陆笪里”“寻迹塘马战役”等特色活动，发挥村民自主创业积极性；精细化甘蔗、西瓜、番茄等瓜果种植板块，丰富游客采摘体验；利用新流转土地，定制捉泥鳅、插秧、植树、钓龙虾等特色活动体验区。

资产保值增值。2021 年，苏皖集团共有 140 间门面房对外出租，年度上平台公开拍租资产为 88 间门面房。2021 年共收年租金约 1060 万元，比上年同期增长 28%。

修订完善《苏皖集团领导班子主体责任清单》《苏皖集团党委书记“第一责任人”责任清单》《苏皖集团领导班子“一岗双责”责任清单》，明确责任内容、责任要求，将责任清单上报纪检监察组，确保责任层层压实，进一步增强干部廉洁自律意识，筑牢防腐思想防线。结合工作实际和疫情情况，积极动员党员响应组织安排，奔赴社区一线配合相关部门做好核酸检测、防疫宣传等志愿服务，助力溧阳疫情防控工作；与社渚镇河口村和乘马圩村开展结对共建服务活动，与当地村民深入沟通，先后对需要帮扶的项目进行现场踩点，开展道路整修帮扶活动。成立项目招投标监管小组，结合“三效三提”专项行动重点任务工作要求，对苏皖集团国有资金投资工程建设项目招标管理流程进行梳理，并对公司2021年直接发包的工程项目进行梳理，撰写报告，自查自纠。

（苏皖集团）

【溧阳市城市发展集团有限公司】 2021年，城发集团紧扣全市中心工作和重点任务，深入践行“生态品质巩固提升年”工作主题，坚持稳中求进工作总基调，立足新发展阶段，围绕“建设生命康原未来城、打造溧阳城市新中心”的总目标，以天目湖生命康原为主战场，充分发挥自身优势，团结实干、开拓创新，扎实推进各项工作。

集团主要经营范围为片区开发建设、房地产、国有资产运营管理、客运服务、交通水利及相关产业的投资建设，以及文化、旅游、体育产业的培育发展等，是一家集开发、建设、服务、生产等能力为一体的综合性集团企业。在建重点工程主要有南京航空航天大学天目湖校区二期、江苏省中医院溧阳分院新院、长荡湖退圩还湖工程、溧阳港、永平初中、安置房建设等项目。

2021年，城发集团获江苏省“安康杯”优胜单位、溧阳市模范职工之家、溧阳市五星企业、溧阳市共青团工作先进集体等荣誉称号。龙政线迁改、融资成本压降和推进城乡公交一体化建设项目获溧阳市工作创新奖。南航天目湖校区一期项目获得溧阳市建筑业十佳精彩工程奖项。通用机场公司获评江苏省五一劳动奖状。江苏长荡湖建设投资发展有限公司获评溧阳市重点工程创优立功竞赛优胜单位。万达房产原木材地块开发项目、夏林村拆迁安置地块项目获得常州市优质“金龙杯”奖项。客运公司获评江苏省文明单位、常州市文明单位标兵、“溧阳市先进基层党组织”等称号。

2021年城发集团以“城市综合运营商”为目标，创新思路，强化措施，集中发力，扎实推进各项工作。贯彻落实中央、省委、常州市委和溧阳市委党史学习教育要求，积极开展党史学习教育活动，把学党史、悟思想、办实事、开新局贯穿工作全过程，坚持党委先行谋划，支部紧前推进，结合实际制定党史学习教育方案，组织开展庆祝“建党一百周年”、党史学习教育读书班、红色教育基地实地参观、观看“四史电影”等系列活动，巩固深化“不忘初心、牢记使命”主题教育成果，以昂扬的姿态奋力推进集团党建工作高质量发展。

城发集团党委始终坚持围绕中心、服务大局，不断增强党组织战斗堡垒作用和党员先锋模范作用。在市重点民生项目——江苏省中医院溧阳分院项目工地成立临时党支部，打造特色党建阵地，并设置了老书记接访室、党员活动室、老书记工作室等，致力于从民众中来，到民众中去。每周一老支书工作室接访项目工友及来访群众，听民声，答民意，解民忧，实现服务群众零距离。持续发挥“101”亲情服务驿站、“公交爸爸妈妈”服务驿站、“的哥的姐”服务驿站、“清道夫”服务驿站和筑梦先锋服务驿站作用，把新时代文明实践中心驿站活动纳入集团党建的整体布局和日常工作。疫情防控期间，集团党委第一时间召开疫情防控工作部署会议，根据上级要求迅速组织行动，积极应对。下属纬城公司仅用48小时高标准建成城东临时核酸检测采样点，受到市防控指挥部高度评价；下属客运公司积极参与239省道上黄卡口管控，投入69人528人次，24小时不间断对到溧车辆和人员严密排查、详细登记，坚决不漏一车一人；集团员工积极投身到楼长制、社区志愿者防控、公交卡口等疫情防控工作；在防台防汛、路长制等各项工作中，集团党员干部和职工积极参加。

为应对不断变化的融资政策，同时结合国有企业市场化转型要求，集团推动优质资源集聚发力，实现溧阳首家母子公司主体信用评级均为AA+的目标，拓宽了融资渠道。2021年，集团利用评级优势，开展融资业务，至年底集团综合融资成本4.81%，实现平均融资成本全市最低，在2020年全年压降1.08%的基础上再下降0.32%，直接节约财务费用约6000万元。

围绕通航目标，溧阳别桥通用机场更名为长荡湖通用机场。10月18日，通用机场完成试飞试验，标志着机场正式具备了地面到空中的成熟保障能力。机场公司与上海凌九宵、上海新辰、云游（武夷山）等多家通航公司进行合作洽谈，11月9日完成相关通航企业入驻协议的签订，年底开航并正式运营，成为常州唯一的通用航空机场。

作为溧阳市单体投资最大项目，省中医院溧阳分院正在加速建设。省中医院溧阳分院是天目湖生命康原新城区内最大的医疗项目，一期总投资19.43亿元。5月正式开工，12月底完成主体封顶。

溧阳市500千伏龙政线迁改项目是2021年市重点项目，集团利用白鹤滩建设的机遇，争取500千伏龙政线的迁改。龙政线迁改工程于2021年3月正式启动，总投资3.7亿元，在项目实施过程中，克服前期各种困难，在市委市政府指导下，与国家电网、水利厅、镇区（街道）等多方联动，完成了溧阳市500千伏龙政线的迁改。

为加强对国有资产使用管理，促进国有资产保值增值，充分利用闲置资产，集团下属燕山资产管理有限公司严格按照溧阳市对国有资产管理相关规定，创新国有资产处置方式，提高国有资产利用率，拓展招租推广渠道，对闲置商业用房和门市等经营性资产进行出租，至2011年，招租资产73处标的，租金收入1800余万元。

下属纬城工程建设有限公司完成由全民所有制公司改为国有独资企业的转变，紧紧围绕发展经济这一目标，抓机遇、求发展，全面参与施工领域，经营业绩稳步增长，在工程管理与施工、公路航道养护、安全生产等方面均取得了优异的成绩。2021年公司承建房建、市政工程6393万元，公路、航道养护工程1767万元，航道疏浚工程276万元，累计合同标的8436万元，完成城东停车场临时核酸检测采样点项目工程、南水西河水环境整治工程、北河及溧梅河疏浚工程等项目建设。管养公路线路142.092公里，绿化养护面积1564286平方米，管养航道45.6公里，确保道路、航道整洁美化、通行畅通。

2021年，集团下属客运公司经济运行平稳，安全工作成效显著，新购纯电动公交车30辆，优化调整公交线15条，新增公交线7条。根据溧阳市关于开展社会主义现代化建设试点和省城乡公交一体化建设试点县的工作要求，集团推动实施城乡公交一体化工作，对路运公司13条农村道路客运班线经营权收回国营，对142辆营运车辆予以回购，并对152名驾驶员和30名管理人员进行接收和安置，实现城乡公交线路“一张图网”、经营“一个主体”、票价“一同标准”、服务“一样水平”。集团有公交车606辆，全年总客流量约2057万人次。城乡公交一体化的全面实施，顺利通过江苏省城乡公交一体化示范市创建工作验收，加快了城区内部、城乡之间、乡村之间公共交通发展，促进城乡道路公交服务均等化，提升公交分担率和绿色出行比例，为城乡居民提供安全、便捷、经济、高效的出行服务。“智慧交通”项目完美收官，已拥有2个大平台、25个子模块、3个可视化应用的完整系统，项目完成至今一直平稳运行，各项数据指标处于行业内领先水平。根据溧阳市巡游出租车更新改造计划和推动“电动溧阳”建设要求，公司推进纯电出租车更新工作，共更新273辆纯电出租车并投入运营，向绿色、低碳、便捷大步迈进。

（杨顺超）

【江苏平陵建设投资集团有限公司】 2021年，平陵集团明确“现代产业发展服务商”总定位，积极创新、改革转型，企业发展跑出加速度。实现全口径营业收入1.78亿元，比上年增长70.2%；实现利润总额1.1亿元，比上年增长45.7%；净资产收益率10.12%，国有资产保值增值率110.6%，资产总额达107亿元，比上年增加48.7%，集团主体信用保持AA等级。“电动溧阳生态圈加速构建”和“生态创新展示馆建成开放”分别获全市工作创新奖和优秀项目奖，集团升级为全市服务业四星级企业。

提升资本运作效能，“以投促引”成效明显。打造政府产业引导基金升级版，成功发起设立总规模100亿元的溧阳市政府投资基金，吸引全国目光。以“母基金＋子基金”运作模式，引导支持全市重大项目建设，扶持“专精特新”企业快速成长。组建更多个性鲜明、与溧阳市战略主导产业精准匹配的产业基金，放大政府投资基金引导效应。设立总规模5亿元储能产业基金，支持溧阳市绿色储能产业发展。围绕中科院物理所天目湖储能研究院孵化项目，联合社会资本设立全市首支人才基金——中科海松基金，助推科技创新人才“聚溧”。深化与行业知名机构合作，以参与深创投中小企业发展基金形式，首次进入国家中小企业发展基金“朋友圈”。创新业务模式，出资2亿元参与本地上市企业“安靠智电”定向增发，出资1.56亿元投资时创能源项目，支持溧阳市新能源龙头企业做大做强。以新能源储能、智能网联等为方向，全年对外投资项目5个，投资金额超2.1亿元，提供有效招商信息15条、吸引项目落地3个，投资额超20亿元。已投子基金管理规模超90亿元，累计提供有效招商信息50余条，吸引项目落地8个，总投资额超50亿元。

健全金融支持体系，“服务小微”持续升级。集团担保公司发挥政策性融资担保机构职能，与市工信局等部门深入镇区，联合开展企业调研摸底，梳理确定300多家工业企业重点培育名录库，制订各业务部门协调联动的扶持“小升规”企业操作规程。广泛拓展“政银担”合作，全年新增2家政银担签约银行，与9家银行建立风险共担机制。创新开展托管资金竞争存放招标，强化银行对小微企业扶持导向。全年新增政银担数32户，新增政银担金额1.7亿元，其中小升规目标企业新增14家，新增担保5050万元。全年办理担保业务206笔、金额10.92亿元，在保余额10.26亿元，在保户数151户，自2018年以来首次实现在保客户与业务规模双增长。业务结构持续优化。截至2021年年底，担保公司500万元以下户数比年初增加29户，在保余额比年初增加6903万元，余额占比比年初提高8.62个百分点；1000万元以下户数比年初增加35户，在保余额比年初增加1.6亿元，余额占比比年初提高12.6个百分点，未出现单户1000万元以上新增。科贷公司全年发放转贷150笔、金额16.9亿元，对企业实施差异化利率优惠19万元，完成追偿2253万元。首次尝试小微贷业务，截至2021年年底余额突破5000万元。强化房地产三方资金监管，保障全市房地产市场稳定运行，全年托管资金收益近6000万元。

拓展城市产业运营，“电动溧阳”雏形初显。根据市委、市政府“电动溧阳”工作部署，重点围绕“一套制度、一个平台、一张骨干网”助推“电动溧阳”建设，成功保障全国新能源汽车下乡首站活动在溧举行。推动补贴细则制订实施、“电动溧阳”平台开发维护和充电设施建设布局多线任务齐头并进，自“电动溧阳”政策正式实施以来累计兑现补贴2500多万元，半年时间推动全市新增纯电动汽车2000余辆，其中非公共营运车辆1830辆，新增市场渗透率（纯电动汽车上牌数占同期新车上牌总数）达18%以上，买电动车、用电动车在溧阳市渐成风潮。坚持规划为先、高标建设，在全市各镇区（街道）建成公共充电站13个，其中城区9个、乡镇4个，全年改造充电车位161个，安装120千瓦大功率智能快充桩104个，快充比例65%以上，平陵电动已成为全市120千瓦智能大功率快充数量最多、覆盖范围最广、服务响应速度最快的建设运营主体。积极与住建、城管等部门联动，在全市20个小区建设改造汽车充电桩142个，超额完成2021年民生实事任务。电动溧阳平台已接入各类智能充电桩315个，平台用户达7000多人，累计充电次数和充电量分别超23000次和64万千瓦时，充电量月度环比平均增长60%以上。

做强项目平台载体，“创新发展”持续深入。发挥国企资金、资源和机制优势，在全市率先探索市属国有企业与镇区实体化联动发展模式，与上黄镇政府合作，启动建设占地34亩、标准厂房面积2.6万平方米的科创产业园，在为镇区产业发展打造平台载体的同时，有效拓展集团引导产业项目落地的物理空间。上黄科创产业园已完成项目设计和招标，取得正式规划条件。助力溧阳市“生态创新”理念实践，深化生态产品交易市场建设，升级完成生态产品交易2.0平台，增设藻类细分剖面与水质多参数浮标2套，更新完善天目湖流域生态容量评价体系、生态价值核算模型以及平台系统可视化界面，进一步总结完善有关农业污染有偿退出、高端项目付费准入以及跨界生态修复量化补偿等试点案例，相关工作被国家发改委列为长三角一体化发展规划“十四五”重大项目。集团承建的溧阳生态创新展示馆正式建成开放，相继完成安徽省党政代表团江苏考察、沪苏浙皖发改委长三角一体化调研、常州盛市长调研等重大接待保障。全年接待近200个团体，入馆观众超1.8万人次，成为市委宣传部、市委党校现场教学点，入选常州市委组织部爱国主义教育基地。聚焦国家“双碳”战略目标，积极开展相关业务研究，集团成为中国节能协会碳中和专委会成员。紧盯绿色金融发展方向，拓展集团融资功能，整合生态产品交易市场、电动溧阳、科创产业园等项目资产包，获批16亿元绿色定向融资债券。同时，车辆检测、驾培服务品牌持续做优，集团党建和宣传工作再上台阶，工、青、妇工作亮点纷呈，集团形象和社会美誉度取得新突破。

平陵集团将坚持服务全市产业高质量发展主线不动摇，做强国企资源平台优势，用活各类金融支持工具箱，推动产业结构优化升级、保障实体经济稳中求进；深度融入溧阳城市发展大格局，不断拓展电动溧阳生态圈、建好科创产业园、擦亮检测驾培牌，以全产业链思维进一步延伸城市运营服务“能力圈”，赋能城市能级创新提升；践行绿色发展、创新驱动，以“双碳”为落脚点深化生态创新、以“数字”为着力点撬动效能变革、以“文化”为立足点提升形象建设，不断扩大特色化发展影响力。

（平陵集团）

税　务

【概　况】 2021年，溧阳市税务局坚持围绕大局，不断提升服务高质量发展的能力水平，税收职能作用持续巩固深化，为溧阳市经济稳定恢复、稳中向好注入强劲动力。全力克服疫情影响、减税降费和经济形势三重困难压力，依法依规组织收入，量质规模跃上新台阶。继续稳固全省百亿县市地位，税收收入连续四年突破百亿，实现139.78亿元，增长23.90%，地方预算收入实现76.04亿元，增长19.92%，两项增速稳居全常州第一，税收增幅列全省县区第三，地方预算收入增幅居苏南片区首位。做好非税划转工作，实现非税收入4.62亿元，比上年增长25.47%。社保费征收41.66亿元，剔除失地保险非日常性征收因素外同比增长66.42%。全年落实各项税收优惠60.30亿元，其中征前减免42.48亿元，直接退库17.82亿元。研发费用加计扣除新政享受企业237户，享受率77.96%，排名全常州第二。社保非税落实政策减免1.92亿元，涉及33.54万户（次），有效助力地方经济持续健康发展。加强税收风险应对管理，全年完成应对2590户次，直接应对入库税款2.73亿元，实现综合成效5.12亿元，对税收支撑作用持续提升。开展成品油专项整治，按规定取消经销资格90户，限制供票30户，风险疑点识别17户，应对和自查补税727.30万元。

推广非接触式办税　　（市税务局　供稿）

落实党委会“第一议题”、中心组“第一专题”制度，创新党委班子带头学、青年理论学习小组主动学、网络平台助力学等“六学”方式。制定《进一步丰富完善全局“纵合横通强党建”机制制度体系的若干措施》《推进党的建设高质量发展两年行动重点任务清单》，建立党建工作例会制及党建、纪检联席会议机制，完善基层党建工作和全面从严治党绩效考评机制，强化过程管理和监督检查。打造“吾知吾行 集成合一”党建品牌，推出“一支一项”特色项目，深化示范支部和星级支部创建，规范和落实支部“三会一课”、组织生活会、民主评议党员等制度，强化日常督查考评，持续推进支部标准化、规范化。

成立党史学习教育领导小组，拟订党史学习教育实施方案，通过集中学习、专题宣讲、交流研讨等形式，推进“六专题一实践”活动，累计组织中心组学习7次，交流研讨5次，青年理论学习小组研讨43次，支部集中学习243次，党课宣讲37次，实地参观学习17次。创新开展“察实情、谋实招、求实效”主题活动，按照“收集上报—研究处置—通报反馈—跟踪问效—分析研判”的闭环工作机制，分级开展调研走访，开展谈心活动，征集干部群众意见建议107条，逐条落实并反馈。组织开展党员初心访、党史征文、党史知识竞赛、中心组学习研讨暨现场研学活动，举行“光荣在党50年”表彰活动。

【深化改革】 成立《意见》落实领导小组和7个专项工作组，建立落实工作机制，细化改革任务分工，制定现阶段本地化落实50项任务工作方案和两年改革任务清单，绘制时间表、路线图，并以专报形式向市委、市政府、市委改革办汇报落实情况。办税服务大厅挂牌溧阳市政务服务中心税务分中心，先行融入政府政务服务一体化体系。在各镇（街道）为民中心设置8个办税服务延伸点，纳入一体化管理，向实现同城通办迈出一大步。制定风险应对深度分析团队工作规程，构建“1+2+N”运行模式，组建“专精特新”工作团队，采取工作专班、集中办公运行方式，按照提示提醒策略流程和工作规范，提升应对质效。全面深入开展人力资源调研，制定职能调整、优化人力资源配置实施方案，积极稳妥地优化调整税务分局（所）的征管机构设置及职能和人力资源配置。加强“5+N”团队建设和规范管理，优先选用各类人才库成员，鼓励管理经验丰富的干部担纲挂帅，有效盘活现有人力资源。

【税收法治】 牢固树立法治思维，强化法治引领，依法履职用权的理念和意识深入人心，税收改革发展的法治基础更加坚实。做到执法信息公开透明、执法全过程可回溯管理、执法决定合法有效，行政裁量权得到有效约束。制定税务行政处罚标准，完善纳税人维权运行机制，运用说服教育、约谈警示等非强制性执法方式，引导纳税人缴费人自行纠正。全年成功调解纳税争议1起，和解行政复议1起。开展减税降费成效、落实专票电子化、执法风险等重点领域专项督察，强化内外部审计监督，开展“一案双查”。全年完成人工巡查疑点150余户次，得到上级局肯定。充分发挥公职律师和法律顾问的作用，全年参与2起重大执法决定法制审核和85起合同审查工作；协作参与30户企业资产拍卖，入库税款5580.49万元；参与54家企业破产清算，入库税款272.48万元。

【优化营商环境】 围绕全市“五个示范”和“两个健康”建设，推进“放管服”和办税缴费便利化改革，积极回应群众关切点，纾解堵点难点，以营商“软实力”激发发展“新动能”。将优化税收营商环境作为“一把手工程”，对标对表，提速增效，各项指标数据显著提升。留抵退税到账时间、全流程耗时指标持续走在常州前列，纳税人缴费人获得感和满意度有效提升。“税邮合作”入选常州市优秀实践案例，“江苏税务”App提前两个月达成80%的综合覆盖面。践行“学党史我为群众办实事”和“两在两同”建新功活动，开展“大调研、大走访、大交流”，召开纳税人座谈会16场，走访纳税人12户，征集意见建议92条，为群众办实事11项，首次挂牌成立建筑业纳税人之家。“春雨润苗”专项行动服务“专精特新”小巨人企业，出台一户一策辅导方案。“银税互动”向474户企业发放纳税信用贷款3.27亿元。简化纳税申报表单，升级新办企业“一表制”服务，推广发票领用“套餐式”服务，实现一站申请、一表填报、一次办结。全面推广应用电子税务局、微信公众号、手机App、邮寄和自助办税5类“非接触式”办税渠道，实现企业税费事项全程网上办理。“12345”“一企来”服务热线实现“一号通答”，便民办税延伸点打通办税缴费“最后一公里”。

【调研学习活动】 开展“察实情、谋实招、求实效”走访调研活动，开展集体座谈10次，累计谈心谈话439人次，畅通意见建议反馈渠道，做深做细思想政治工作，增进沟通，凝聚共识。完善交流换岗办法、困难职工帮扶等长效机制，切实关心关爱干部职

“税企党建共学区”开展与纳税人共读党史图书活动

（市税务局　供稿）

工。深化党委与纪检组会商机制，召开监督联席会议，构建一体化综合监督体系，加强干部日常监管。常态化开展警示教育，组织季度“考廉日”活动和《以案明纪》专题学习。开展疫情防控、现金税费征缴、电子专票、深化征管改革等专项监督。推进纪律作风问题专项整治，约谈提醒重点岗位，对22类问题开展自查自纠，组织2轮明察暗访。按照“六个统一”要求，对3个稽查案件开展“一案双查”，政治生态得到进一步优化。常态开展健康文体公益活动，开展志愿服务，全局328名党员认领志愿服务项目，募集善款十多万元，1162人次参与志愿服务，汇聚起强大社会正能量。《我的母亲》《税务蓝的三个昵称》等节目受到上级肯定并展示。

（袁琴琴）

市场监督管理

【概　况】 2021年，溧阳市市场监督管理局深入贯彻落实习近平总书记“争当表率、争做示范、走在前列”要求，围绕中心，服务大局，以防控新冠疫情为首要，以深化“放管服”改革为统领，以服务经济发展为主线，以强化市场监管为契机，不断解放思想，真抓实干，取得了良好成效。

2021年度推进质量工作获省政府落实市场监管领域有关重大政策措施真抓实干成效明显督查激励，被评为2018—2021年度江苏省文明单位，2021年全省食品安全工作先进集体，推进省际毗邻区域协同发展，争当‘满意消费长三角一体化示范区建设’先行者工作被评为2021年常州市法治惠民实事优秀项目三等奖。成功申报2021年度江苏知识产权强省建设示范县（市、区）创建单位，特种设备超期未检率长期保持在0.2%以下，在常州各辖区（市）中排名第一。局党委连续第三年获评“五个好”市级机关党组织。

【新冠疫情防控】 规范进口冷链食品集中监管仓运行，累计成功预约入库、出库进口冷链食品596批次共784吨，检测结果均为阴性。出动1100多人次开展进口冷链食品专项检查，督促148家食品生产经营企业等使用“江苏冷链”追溯系统，落实进口冷链食品“三专、三证、四不”要求。

对全市4235家餐饮单位、343家零售药店开展疫情防控常态化巡查，常州市疫情防控期间对1400多家美容院、酒吧等四类重点场所实施2次临时性关停，严禁零售药店销售退热、止咳、抗病毒、抗生素等“四类药品”。

关注疫苗、核酸检测试剂安全，对疾控中心及23家新冠疫苗接种单位、22个临时接种点、3家新冠病毒检测试剂使用单位进行全覆盖检查。

【食品餐饮安全监管】 以“四有两责”为契机，组织召开全市食品安全工作会议，及时调整食安委组织机构，明确成员单位职责和工作规则，确保任务到岗、责任到人、监管到位。

开展农村假冒伪劣食品、大型宴请接待单位等专项检查12次，检查农村、学校周边、旅游景区等重点区域经营单位2458家次。“阳光餐饮”完成2373家，完成率105.5%，常州地区排名第一。完成6180批次食品抽检，对32家食品生产企业开展了第三方审查评估，6家食品小作坊获评省“名特优”小作坊，目标达成率位列常州各辖区（市）第二。完成两节、两考、迷笛音乐节、桨板运动会等十多次重大活动餐饮安全保障任务。

【技术标准战略实施】 实施质量强市和标准化战略，辅导企业申报各级质量奖，鼓励参与标准制定工作。上上电缆集团连续第三次获中国质量奖提名奖，华鹏智能仪表获常州市市长质量奖提名奖，戴胜实木家具通过“江苏精品”认证。全年引导企业制修订国家标准10项、行业标准9项，申报省级标准化试点3项、省地方标准12项，申报江苏省首届标准创新贡献奖2项。

【知识产权项目推进】 以创建2021年度江苏知识产权强省建设示范市为契机，开展“发明专利提升”工程和“高新技术企业发明专利和商标扫零”工程。与中国（常州）知识产权保护中心建立互动协作、资源共享机制，实现了知识产权快速授权、确权和维权。

全年指导企业完成知识产权质押融资18件、金额2.3亿元。江苏时代新能源列入省知识产权战略推进计划项目，上上电缆集团获评中国专利奖优秀奖，上河城获评国家级“知识产权保护规范化市场”。全市有效发明专利累计1764件；比上年增长13.5%；万人有效发明专利22.46件，比上年增长10.3%；中国驰名商标14件。

【药械监管】 制定下发《2021年溧阳市药品医疗器械化妆品监管工作要点的通知》，对《溧阳市药品和医疗器械安全突发事件应急预案》进行全面修订。开展药品流通环节、中药饮片流通环节、药品网络销售、含兴奋剂药品经营、新冠核酸检测试剂、医疗器械质量安全风险隐患治理等专项检查。突出药械、化妆品经营使用监管重点领域，对全市1037家药械经营企业和医疗机构开展监督检查，覆盖率100%。

规范开展行政许可和备案工作。办理新开办药店39家、零售药店换证40家、变更247家、注销14家。办理三类医疗器械经营许可18家、二类医疗器械零售备案及变更55家、二类医疗器械批发备案及变更18家、二类医疗器械网络销售备案46家。

【综合监管】 深化"双随机、一公开"监管联席会议制度，牵头全市26个部门制定185个单部门检查任务，发起38个跨部门联合检查，发起任务部门数、任务完成进度均位居常州各辖区（市）前三。严格落实信用监管制度，归集江苏省市场监管信息平台涉企信息3.2万条，唤醒市场主体118户、注销5760户，吊销企业159家、农民专业合作社56户，依法办理经营异常名录移出7039户，列入14435户。企业年报率96.6%，位列常州各辖区（市）第一。

【特种设备安全监管】 以安全生产专项整治三年行动实施方案为牵引，常态长效排查特种设备安全隐患。建立健全"网格化＋大数据＋铁脚板"监管模式，推进电梯智慧监管系统建设，开展大型游乐设施和客运索道、"两工地"之外起重机械、场（厂）内机动车辆、市场监管领域燃气、快开门式压力容器专项整治"回头看"等专项检查，排查、整改隐患793起，整改率100%，完成全市15万个气瓶区块链赋码工作。

【市场秩序维护】 遵照"主管部门牵头—相关部门配合"的联合执法模式，会同商务、教育、公安等部门，妥善处置校外培训机构、健身房等行业重大群体性投诉5次。加强部门镇区联动，开展打击净水器违规促销、保健品虚假宣传、医疗器械会销等执法行动30次。全面执行深化文明城市建设三年行动计划，实施常态化路长巡查制度，及时反馈整改问题291个。

推进"铁拳""双打"、进口冷链食品、转供电涉企违规收费等专项执法行动，查处各类案件540件，清退违规收费296万元。有序推进公平竞争审查，全省首创与东南大学签订科研项目合同，组织全市28个部门审查了2019—2021年度发布的1433份规范性文件和政策措施，切实消除影响公平竞争的制度束缚。

【消费维权】 放心消费建设持续深入，主办"一地六县"市场监管部门第二次联席会议，牵头制定出台《美丽乡村放心消费体系建设与管理规范》并召开新闻发布会，通过经验交流、维权联动、媒体宣传，打响放心消费"溧阳品牌"，发挥标杆引领效应，为其他区域提供可复制、可推广的宝贵经验，对提升全国消费环境起到积极推动作用。

以行业协会和基层分局为重点，开展放心消费创建申报辅导培训，2021年申报省级放心消费创建先进单位10家、先进行业1家、示范街区1家、先进区域1家，申报常州市级放心消费创建先进单位32家，申报溧阳市级放心消费创建先进单位102家。办结消费投诉9184件，为消费者挽回经济损失320万元，办理诉转案207件。

（赵墨翰）

应急管理

【概　况】 2021年，市应急管理局在压紧责任链条、强化源头治理、消除风险隐患、夯实基层基础等方面谋思路、出实招，各项工作取得了良好成效。全市未发生较大以上事故，其中化工行业连续10年、矿山行业连续7年未发生亡人事故。

【专项整治行动】 制定《溧阳市关于进一步深化安全生产三年专项整治工作的实施意见》，明确2021年23项重点任务清单，并加强统筹、狠抓落实、治出成效。本质安全提升力度更大。危化品方面，对7家高危工艺企业设计诊断、9家化工领证企业许可条件实施"回头看"。取缔流动非法加油点3处，拆除非法储存设施3处。工贸矿山方面，排查非煤矿山企业隐患80余项；实现单班作业10人以上粉尘涉爆企业全覆盖检查。

交办工作推进力度更大。加强新业态监管，组织专家团队对全市16家锂电池生产及相关配套企业逐一"体检"，并督促企业根据锂电池工艺危险特征编制专项应急救援预案，组织实战演练。结合实际出台《溧阳市“危污乱散低”出清提升行动实施方案》，实施了溧城街道食品小作坊集中区连片整治，共排查“危污乱散低”企业162家，完成整治153家，小微企业结构进一步优化。

督导督办整改力度更大。及时召集责任部门部署省安全生产巡查组反馈问题的整改落实，逐条明确责任单位、指定责任人员、制定整改措施，高效完成了8家企业（单位）共29项隐患整改。对照巡查反馈意见，迅速制定整改方案，分解整改任务，以巡查整改推动本质安全水平提升。

【监管执法】 加强制度创制。出台《溧阳市非正常亡人事故（事件）会商研判制度》，明确由市安委办汇总上报各类亡人事故（事件），提升应急响应、处置、救援等能力。善用智慧技术。增强事故企业“企安码”监管能力，对部分事故企业“企安码”定制升级，新增设施设备与风险点“3D”巡检、OA系统与EIP系统数据联动等功能，建成“1+6”厂区应急指挥系统，提升企业安全管理能力。改革监管模式。探索“下沉式”监管，在监察大队内部设立3支执法中队，“定点驻扎”责任乡镇，与镇（区）监管力量形成互补，取得明显成效。

【安全生产监管】 全力打赢工业企业风险报告“阵地战”。按照“大数据＋网格化＋铁脚板”工作要求，采取“集中培训＋重点指导”组织培训900余人次。规上、规下企业均提前一个月完成任务，478家规上企业排查较大以上风险2815条；1356家规模以下企业完成申报。有序打赢危化品专项治理“持久战”。梳理危险化学品使用单位安全现状，通过组织开展填报审核专项培训等方式高质量获取企业基础信息、隐患情况。截至2021年年底，3021余家危化品使用企业（单位）完成系统申报，排查各类风险隐患5000余项，其中工贸企业排查风险隐患2566条，整改完成率100%。高效打赢安全发展示范城市“攻坚战”。对照常州市复核工作组反馈意见深入整改，仔细查找症结、深入分析原因，一条一条定措施，一件一件抓落实，完善城市安全风评报告等资料，推进城市安全“四色图”绘制、人员密集场所安全评估等重点任务。10月14—15日，省评议工作组对溧阳市创建工作进行现场评议。

高频检查筑牢“安全屏障”。根据安全生产工作阶段性特点，自6月起来，接连推进夏季安全生产大检查、秋季安全生产大检查和安全生产“百日攻坚”行动。夏季安全生产大检查排查各类企业（单位）4783家次，排查整改隐患8189个，实现全覆盖、兜底查、严处罚的既定目标，为建党百年大庆和各级党委换届提供坚实保障。秋季安全生产大检查完成既定工作目标，检查工业企业553家次，摸排危化品企业217家次，实现夏秋两季安全生产检查工作无缝衔接。创新实施“百日攻坚”行动，形成工业企业隐患和行业领域隐患2份清单，各镇区（街道）、各部门在抓好现有隐患清零的基础上，进一步摸排企业安全风险和事故隐患，做到排查不留死角、防控不留盲区、整治不留后患，全力压降事故起数，保持年末安全生产平稳态势。此外，实施了多种安全生产专项检查，结合安责险赔付数据，对6家高赔付率企业进行专项执法；通过事故分析研判，对7家企业开展外包、检维修专项执法行动；汲取非亡人事故教训，牵头对16家企业开展活性炭生产经营单位专项执法；结合高温作业易发事故特点，对158家铸造、轧钢企业开展夜间专项检查；吸取码头吊装事故教训，及时向交通部门和市场监管部门发出安全生产警示提示函，并联合开展码头企业专项执法。

【应急救援建设】 在抓好安全生产工作的同时，坚持抓好应急救援体系建设，机制、队伍、平台等全方位推进。

应急指挥中心基本建成。严格对照县级指挥中心的“四个功能”标准，在现有条件下盘活存量资源，建成投用应急指挥大厅、视频调度系统、信息安全设备和安防体验馆等软硬件设施设备，通过功能研发、数据对接、系统融合、专线等方式，实现与市场监管、环境保护、治安防控、消防、道路交通、信用管理等多部门之间数据共享。

应急救援队伍持续壮大。协调相关责任部门，加快危化品事故、森林火灾扑救、地震和地质灾害（非煤矿山事故）、抗洪抢险4支应急队伍建设，提升“溧急应”品牌力，为“溧急应蓝盾救援服务中心”配备冲锋舟、无人机等专业救援装备。

应急预案体系日益完备。指导相关责任部门编制完成防汛抗旱、集中饮用水源突发污染事件、地震、自然灾害救助等应急预案，防御台风、水上搜救、突发卫生事件等预案正在征求意见或已完成初稿，以《溧阳市突发事件总体应急预案》为总览，30余个专项预案相衔接的预案体系基本成型。

【防灾减灾救灾】 坚持把保护群众生命财产安全作为防灾减灾工作宗旨，在防灾宣传、救灾准备、灾情统计等方面打开新局面。

防汛应急工作有条不紊。做好台风“烟花”“灿都”和强对流天气防范工作，密切关注水情雨情，“烟花”过境期间累计向生产经营单位发送预警短信2万余条。积极开展汛前检查，指导各镇（区、街道）提前储备防灾救灾物资、规划集中安置点位，全力做好抢险救援准备。局部出现汛情后，班子成员全员出动，立即赶赴一线参加救援，人民生命财产安全得到保护。

防灾减灾机制日益完善。围绕“防范化解灾害风险 筑牢安全发展基础”主题，广泛开展全国减灾日宣传，稳步推进福阳社区全国综合减灾示范社创建。统筹设置救灾物资储备仓库，与发改、水利等部门合作储备沙袋、救援冲锋舟、救生衣等救灾物资。完善救灾物资代储机制，与大型商超签订代储协议，食品、饮用水等无法长期保存的救灾物资由商超代储，兼顾资源节约与调配速度。

综合风险普查查实查细。结合上级要求和溧阳市实际，谋划制定普查工作方案，逐一明确普查要求、普查范围、普查时限和责任单位。与住建、交通等10个重点部门组建工作专班，编制专项方案，提高部门重视程度。把好数据审查关，编制普查办工作规则，明确普查部门信息报送要求，对上报数据实行联络员、普查办“双过审”制度，有效提高数据质量。

（黄　霞）

统计管理

【概　况】 2021年，全市统计系统贯彻落实中央关于统计工作的重大决策部署，紧紧围绕市委、市政府的重点工作，以服务经济社会发展为中心，以敬业担当奉献为职守，数据质量不断提升、监测评价更加精准、统计改革取得突破、基础建设结出硕果，统计生态持续优化，统计服务水平再上新台阶。

经济运行稳中向好。2021年，全市经济运行保持总体平稳、稳中有进的良好态势。全市实现地区生产总值1261.30亿元，按可比价计算比上年增长10.1%，增幅在常州各辖市区位列第一。全市规模以上工业实现产值2112.80亿元，增长31.8%，增幅位居常州各辖市区第二；规上工业增加值增长19.5%，增幅位居常州各辖市区第一。全市固定资产投资增长8.0%，增幅位居常州各辖市区第一。全市共实现社会消费品零售总额388.98亿元，增长22.5%，增幅位居常州各辖市区第二。一般公共预算收入完成87.33亿元，增长18.3%，税收占比为87.1%。全体居民人均可支配收入为49521元，增长9.7%，增幅位居常州各辖市区第一。

统计职能有效发挥。密切关注全市经济和社会发展各项重点目标任务，加强月度、季度经济指标监测，对全市经济运行监测、发展状况评价和发展趋势进行研判，增强经济运行的前瞻性和主动性，提出经济监测预警。以统计产品为契机，密切关注常州辖市区和苏南县（市、区）经济发展，全面梳理对比指标完成进度，多层次开展分析预判，寻求提升对策。主动对接全省2020年高质量发展考核结果和2021年高质量发展评价指标体系，第一时间撰写《2020年溧阳市高质量发展绩效评价指标排名情况》供市主要领导参考。高质量考核指标位居全省前列。

局领导带队多次走访镇（区、街道）和企业，开展有针对性、时效性的调研，及时掌握企业动向。2021年共走访调研企业40余家，撰写20余篇专题调研统计分析，其中1篇获得市委市政府领导2次批示。树立正确干部工作导向，调动干部积极性，鼓励干部担当作为。围绕“学党史、悟思想、办实事、开新局”的总体要求，及时制定出台党史学习实施方案，召开党史学习教育动员会。

【统计服务】 2021年，市统计局切实加强对宏观经济和周边县（市区）经济运行态势的跟踪分析，遵循问题导向、发展导向和服务导向，密切关注经济活动中出现的新情况、新问题、新热点，有针对性地撰写分析材料、专题报告。2021年共完成统计分析80余篇，政务信息130余篇，调研信息18篇。其中11篇统计分析被市委市政府主要领导批示近20次，9篇政务信息被省统计局网站录用，4 篇信息被《溧阳时报》录用。积极参与省统计课题，撰写报送《生态创新城乡融合——溧阳社会主义现代化建设路径探索》调研报告；在常州地区率先刊印第四次全国经济普查汇编资料；改版《宁杭生态经济带》《南京都市圈》《长三角城市群主要经济指标》和《统计小册子》等统计产品。

【统计调查工作】 常规调查有序开展。严格落实各专业年定报制度，严把关、高标准、重落实地做好年定报工作。开展江苏特色小镇监测工作，新增 4 个特色小镇实现数据对接；开展工业企业调查，就原材料价格上涨对企业的影响进行专题调研；开展投资重点项目调查，关注疫情对项目推进的影响；开展贸易企业成本调查，着重了解近阶段政策对企业经营的利好因素。

人口普查持续推进。按照省市统一部署，做好溧阳市第七次全国人口普查数据汇总、评估和普查资料归档、数据发布等后续工作。撰写《第七次人口普查主要数据情况汇报》，供市主要领导掌握普查成果第一手资料。发布《溧阳市第七次全国人口普查公报》等普查资料，为政府决策提供统计支撑。

人口抽样调查圆满完成。按照“规范有序、全程管控、重点突出”的原则，在全市 34 个村（社区）的 248 个调查小区开展人口变动情况抽样调查。根据调查进度安排，完成队伍组建、人员培训和样本核实、入户登记、数据处理、质量验收等工作。调查显示，2021 年全市常住人口 80.43 万人，首次超过户籍人口，其中城镇人口 51.55 万人，城镇化率 64.09%。

【统计法治工作】 不断加强统计领域政务诚信建设，制定并出台《溧阳市统计领域政务诚信建设实施方案》《溧阳市统计信用承诺制度》。完成全市统计系统工作人员及新增企业《统计从业人员统计信用承诺书》《企业统计信用承诺书》的签订工作，逐步实现统计信用承诺全覆盖。积极组织开展红名单企业申报工作，常州乔尔塑料有限公司被认定为全市唯一一家红名单企业。通过红名单企业的示范引领作用，在全社会营造良好诚信的统计氛围，切实推进依法统计、诚信统计工作进程。

加大统计执法检查力度。制定并下发《2021 年溧阳市统计局法治工作要点》《2021 年全市统计执法监督检查方案》《关于开展 2021 年统计数据质量核查工作的通知》等文件。组织执法骨干力量，完成 50 家企业的“双随机”执法检查、50 家企业的统计数据核查、5 个镇的统计督查，检查情况良好。

以提升服务业统计数据为目的，以贸易统计规范化建设为契机，有序推进限下规范化工作。通过“1234”工作法，采取“悬挂铜牌、直通车、专门窗口、现场服务”等举措，帮助企业解决发展难题，扶持样本企业做大做强。限下贸易样本单位配合程度大幅提高，数据上报更加精准，为高质量发展提供强力支撑。

（王若凡）

审　计

【概　况】 2021 年，审计局完成计划内审计项目 30 个，累计管理不规范金额 101.32 亿元，查出违规金额 8241 万元，核减固定资产投资金额 3272 万元，出具审计报告或审计调查报告 43 篇（次），发出审计决定 1 篇（次），提出审计建议 71 条，收到市领导批示 25 篇（次），移送案件线索 4 条。先后获得五好市级机关党组织、溧阳市先进基层党组织、机关先进基层党组织、机关特色党支部、五一巾帼标兵岗等荣誉。在常州市辖市区审计机关综合考核中位列第一等次，在常州市优秀审计项目评选中摘取优秀“大数据”审计项目、优秀“两统筹”审计项目及优秀审计项目三等奖等荣誉。

【上级指令性审计】 根据审计署、省厅、常州市局统一部署，市审计局积极配合“一条鞭”审计，完成 4 项指令性项目。分别于 2021 年 1 月和 7 月开展两轮政府隐性债务化解跟踪审计，通过审计，动态掌握政府债务和隐性债务情况，推动债务化解工作做真做实，推动积极稳妥化解政府性债务风险，促进打好防范化解重大风险攻坚战；于 8 月派出审计组一行 5 人赴句容市开展全省中小学教育经费管理使用情况专项审计调查，通过审计，推动区域进一步健全教育投入机制、提高教育经费管理和使用绩效，保障学生权益。此外上半年抽派 2 名同志分别参与全省土壤污染防治专项调查、淮安中小学教育管理经费使用情况专项审计，保障各项政策措施落到实处、发挥实效。促进政令畅通，全力以赴推动中央和省委、市委重大政策措施贯彻落实，发挥审计监督建设性作用，有效推进国家治理体系和治理能力现代化，及时揭示问题和风险隐患，提出合理性建议。

【财政金融审计】 采用“1+N”项目组织方式，在2020年度本级预算执行情况及决算草案审计中融合了2020年度市社会保险基金专项审计和市自然资源局代管及专项资金审计。依托信息化和大数据手段，对市本级预算执行和一级部门预算执行进行全覆盖审计，过程中抽选26家单位的绩效管理情况进行现场核查。出具审计报告3篇次，提出切实可行建议11条。促进人社部门账户清退流程规范高效、追回虚领失业金；推动社保中心及时清理跨省跨险种重复领取养老保险待遇筛查人员；督促市医保局以及医保中心检查并整顿30家定点单位报销以及收费不规范等问题，促使800多家企业规范强制性社会保险（生育保险）缴纳工作。市自然资源和规划局采纳审计建议，及时整改，规范管理收回欠缴土地出让金，完成土地整治资金的专项清理，并及时收回上年度出借资金。审计推动重大改革措施贯彻实施，发挥在维护经济安全、深化财政改革、促进经济高质量发展中的积极作用。

【固定资产投资审计】 做到分类管理、分层次审计，最大程度发挥有限的审计资源作用，提高政府投资绩效；融合现代科技成果，将广联达、BIM技术等与投资审计充分融合，创新审计理念、技术方法，实现从传统投资审计向现代化投资审计转变；以抽查复审工作作为推动投资审计转型的重要着力点，提升审计监督绩效。年内开展抽查复审项目3个，审计金额7.92亿元；竣工决算审计项目完成4个，审计金额31.87亿元，核减金额3272万元，跟踪审计项目开展2个，审计金额1.1亿元。持续聚焦老小区整治工程、校舍安全工程等重点民生工程，严格建设管理，让老百姓住“安全屋”，让青少年上“安心课”。开展区域治污项目审计和农村污水治理项目审计，率先探索PPP项目的国家审计模式，建立科学的绩效考核制度并严格落实，促进水资源的有效循环利用，有效推进绿水青山型环境整治。10月召开全市政府投资建设项目审计学习交流会，邀请律师为30余家在溧开展政府投资审计业务的社会中介机构作辅导报告，明确审计行为规范，确保中介机构在政府投资审计工作中进一步发挥积极作用。

【经济责任审计】 以促进科学发展和领导干部守法守纪守规尽责、廉洁用权、干净干事为目标，把握事业为上、实事求是、依纪依法、容纠并举等原则，重点关注领导干部参与经济决策、执行、监督、管理以及遵守廉政规定和践行新发展理念情况，规范领导干部权力运行与落实自然资源资产管理和生态环境保护责任。对商务局、上黄镇、苏皖集团等13个单位党政主要领导干部实施经济责任审计，还对埭头镇主要领导开展自然资源资产任中审计，做到三责联审、任中离任结合。出具审计报告27篇次，揭示问题资金16.17亿元，提出审计建议45条。通过审计发现问题，及时提出审计建议及整改要求，加强财务管理，防止资产流失，规范资金使用，促进健康发展。

【内部审计指导】 强化计划管理和制度建设，对内审机构相关工作资料实施备案管理，建成对全市内审机构常态化、动态化的监督机制，围绕组织保障、制度建立、基础工作、项目质量以及项目整改五个维度开展考核。在实施国家审计项目过程中抽调被审计单位内审人员跟审学习，提高审计方法和技巧，并揭露其内部控制和行政履职方面的漏洞，指导被审计单位建立健全管理制度。举办全市内审人员职业技

校安工程审计　　（市审计局　供稿）

审计健康养老服务 （市审计局 供稿）

能提升培训班，拓宽各镇（区、街道）内审人员综合素养和审计实战能力的同时，还为内审人员提供平台交流探讨存在的不足和困难，促进内审指导工作有的放矢。

【党委政府交办专项审计】 围绕市委、市政府中心工作，紧扣“重大项目突破年”和“现代化建设试点工作突破年”工作主题，立足部门监管职责要求，除了按计划完成市客运有限公司2020年度经营情况审计，还完成了春节留溧补贴核查、房产税减免核查、平陵广场回购安置房资产情况核查、全市资金安全专项督查、市人民医院政策性亏损分析、行政事业单位经营性资产未纳入平台公司的情况核实、“四大经济”补贴资金审计、市路运公司旅游专线亏损情况审计、市校车服务公司经营情况专项检查、公安局信息化系统建设资金专项调查等10个市委市政府临时交办项目，通过审计实事求是揭示、分析和反映问题，加大对各类风险隐患揭示力度，出具审计建议为市政府领导决策提供依据，促进政策措施优化和财政资金效益提升。

【发挥部门协同作用】 持续推进巡审联动，审计骨干受邀为市委巡察组作专题授课，并同步展开教育局领导干部经济责任审计与市委巡察“回头看”工作，从经验分享到业务合作，以“双体检”推动发现深层次问题，切实实现资源集聚、优势互补，增强监督综合效能；全年配合参与纪检监察、省市县三级巡视巡察工作共计27人次，与纪委联合开展涉粮资金使用情况“回头看”专项检查、市稻谷补贴资金专项督查、市养老机构补贴资金专项督查、停车场收费专项检查、自然资源局整改情况督查和3项挪用公款案件核查项目，一体推进审计监督体系和监督能力现代化建设。

【推进审计信息化建设】 坚持向科技要出路、向信息要资源、向数据要效率，积极推进“金审三期”工程在溧阳落地，建成溧阳市法规数据库，包含上级各类法规政策4万余条、溧阳市级法规政策261条，在社会保险基金审计、自然资源资产审计等领域推行“双主审”和“双方案”，加强大数据分析技术应用，审计干部在常州市大数据审计技能竞赛中勇夺第一名。

【学习教育】 把握高标准完成巡察整改的契机，促进党建业务双融合，进一步健全审前廉政教育、审中监督检查、审后廉政回访的全过程廉政监督体系，持续改进作风，党组班子亲自走进审计一线，严格落实审计“四严禁”工作要求和“八不准”工作纪律，防控廉政风险，确保求真务实。

坚持班子领导带头学、专题讲座辅导学、审计现场实践学，深入推进党史学习教育。针对审计组流动性强的特点，推行“送学上门”“云课堂”和流动党支部等举措。举办革命老区游学、红色电影观摩、党史知识竞赛等喜闻乐见的活动，增强学习实效。先后与常州市审计局党组联合举办领导干部读书班，与财政局缔结党建共建伙伴关系，注重交流学习，拓宽政治视野，为“十四五”时期审计办实事、开新局汇聚新思路、凝聚新力量。

强化宗旨意识，紧扣行业特长，举办“审计清风”系列公益培训4次，并提供咨询服务，系统解答网络公司库存和工程管理、传媒集团制度管理、溧城镇业务管理、社渚镇工程建设4项有关专业咨询，让审计更贴近群众。全年度在改善民生、保护环境和提供政务服务等方向开展志愿服务共计308人次，解决群众问题或困难72起，充分发挥“心手相牵、邻里守望”党建品牌志愿服务队的堡垒作用。

（钱映彤）

科学技术

栏目编辑　陈　莉

科技管理

【概　况】 2021年，科技工作聚焦“532”发展战略，以“四大经济”为支撑，集聚创新资源，争创“五大示范”，不断培育创新驱动高质量发展新动能，各项科技工作成效明显。创建江苏省首批创新型示范县市；获2021年省科技统计工作成效突出单位称号。认定高新技术企业69家，新增省级以上“三站三中心”16家，省级众创空间2家，搭建重大科技创新平台4家。承办“名城名校合作行创新创业赢未来”（重庆、成都）活动、举办“中国绿色催化专家智库”会议等。“链通溧阳”科技服务平台举办先进动力和储能电池产业对接峰会和第二届电动汽车低温热泵系统峰会。

【科技人才】 加强高层次人才引育，依托“天目湖英才榜”强化“三招三引”，实施领军型创新人才，构建高层次、创新型人才队伍体系。2021年，引进培育项目立项7项，江苏省科技副总立项8项。吸引毛明院士工作站落户溧阳，全年累计有18位两院院士和27位知名专家学者为溧阳高质量发展把脉问诊、献计出力。

4月12日，先进动力和储能电池产业对接峰会在溧阳市召开

（市科技局　供稿）

【科技金融】 加大科技资金扶持，省科技创新券服务机构入库2家，省科技创新券科技型中小企业入库8家，发放2020年溧阳市科技创新券64家927.25万元；新增2家“苏科贷”合作银行，发放2535万元，“苏科贷”累计发放1.52亿元。

高质量发展

【高新区建设】 2021年，溧阳高新区进一步明确创新发展定位布局，加快提升园区建设水平，创新驱动指数连续三年位居全省第一，入选科技部国家高新区以升促建调研名单，成为全国16个单位中唯一入围的县域城市。中科院物理所长三角研究中心揭牌投用，重庆大学智慧城市研究院、东南大学溧阳基础设施安全与智慧技术创新中心、上海交通大学溧阳智能制造研究院等高端科研载体相继落户。

【高新技术企业】 2021年1—12月，全市实现高新技术产业产值820.61亿元，比2020年增长53.7%，高新技术产业产值占规模以上工业产值的比重达到38.8%，2020年全市研发经费占GDP比重达3.01%。继

2021年溧阳市高新技术企业一览表

表31

单位名称	单位名称	单位名称
江苏佳世达环保工程有限公司	溧阳二十八所系统装备有限公司	江苏金隆新材料有限公司
溧阳市万盛铸造有限公司	常州金纬智能化工装备有限公司	常州乔尔塑料有限公司
江苏迪赛诺制药有限公司	江苏上上电缆集团新材料有限公司	溧阳市大地新材料有限公司
溧阳天目先导电池材料科技有限公司	溧阳市永新绝缘粉末有限公司	溧阳市中大电力交通装备有限公司
江苏凌瑞电力科技有限公司	溧阳紫宸新材料科技有限公司	江苏三乔智能科技有限公司
上汽时代动力电池系统有限公司	江苏金松新材料有限公司	江苏东南焊材有限公司
江苏立达电梯有限公司	科华控股股份有限公司	溧阳市荣鑫环保科技有限公司
江苏国粮仓储工程有限公司	江苏司能润滑科技有限公司	江苏开磷瑞阳化工股份有限公司
金纬机械常州有限公司	江苏富春江环保热电有限公司	江苏人民机具有限公司
江苏省奥谷生物科技有限公司	江苏南电智慧能源服务有限公司	溧阳市乔森塑料有限公司
常州金纬片板膜科技有限公司	溧阳市鑫盛化工设备有限公司	江苏盛德电子仪表有限公司
顺博合金江苏有限公司	江苏擎高精密工业部件有限公司	江苏江南绝缘粉末有限公司
江苏时代新能源科技有限公司	常州范斯特汽车部件有限公司	常州赛密思新材料有限公司
江苏今日智能科技有限公司	常州金纬管道科技有限公司	江苏中恒电子新材料有限公司
常州安控电器成套设备有限公司	江苏金源高端装备股份有限公司	溧阳市安华机电设备有限公司
江苏保龙设备制造有限公司	江苏新东周新材料有限公司	溧阳市新丰收机械有限公司
江苏常净环保科技有限公司	溧阳市永恒热处理有限公司	江苏叶琦机械有限公司
江苏金梧实业股份有限公司	江苏开利地毯股份有限公司	溧阳市盛杰机械有限公司
常州汉德机车工业有限公司	溧阳中科海钠科技有限责任公司	江苏国电新能源装备有限公司
溧阳市中纺联针织有限公司	江苏富民鑫科重型机械有限公司	溧阳中材环保有限公司
常州金纬片板设备制造有限公司	江苏兴锻智能装备科技有限公司	江苏国强交通科技有限公司
溧阳市超强链条制造有限公司	安住机械设备（江苏）有限公司	江苏巴斯威节能科技有限公司
溧阳市裕达机械有限公司	江苏五洲机械有限公司	江苏东翼通用航空科技有限公司
江苏科达利精密工业有限公司	江苏维泽净化科技股份有限公司	长沙远大住宅工业（江苏）有限公司
荷贝克电源系统（溧阳）有限公司	溧阳中材重型机器有限公司	溧阳市腾达机械设备有限公司
江苏阿李动力科技有限公司	江苏玛德克智能科技有限公司	常州中冷环保技术有限公司
江苏德迅科技有限公司	金亿源（江苏）新材料有限公司	江苏积力环保科技有限公司
江苏翔鹰新能源科技有限公司	江苏晨丰机电设备制造有限公司	江苏华能墙材有限公司
江苏卓高新材料科技有限公司	江苏益尔机电有限公司	江苏力乐汽车部件股份有限公司
江苏集能易新能源技术有限公司	常州瑞持机械有限公司	常州永诺机械科技有限公司
江苏联赢激光有限公司	布勒（常州）机械有限公司	常州艾克瑞特衡器有限公司
常州三森机电科技有限公司	溧阳市力士汽车配件制造有限公司	江苏云博智能科技有限公司
江苏宏伟除尘配件研发有限公司	溧阳市金牛环保机械有限公司	溧阳市联华机械制造有限公司
溧阳市中豪热处理有限公司	常州朱美拉模具技术有限公司	江苏竹溪活性炭有限公司
江苏世科同创环境技术有限公司	上齿集团有限公司	溧阳市虹翔机械制造有限公司
溧阳月泉电能源有限公司	江苏富昌机械设备有限公司	溧阳市新力机械铸造有限公司
时代上汽动力电池有限公司	常州索韬自动化科技有限公司	溧阳市金桥机械有限公司
江苏丽阳电子仪表有限公司	江苏安靠智能输电工程科技股份有限公司	柳晶机械设备（溧阳）有限公司
江苏良友正大股份有限公司	江苏通达机械设备制造有限公司	溧阳市北方机械有限公司
溧阳市苏菱机电有限公司	江苏顶塑实业有限公司	江苏恒欣仓储设备有限公司
常州时创能源股份有限公司	江苏米多机械有限公司	江苏普正精密科技有限公司
常州微焓热控科技有限公司	恒电科技有限公司	江苏德优镁轻合金科技有限公司
溧阳市振大铁路设备有限公司	江苏科滤环境科技有限公司	江苏华强模具科技有限公司
溧阳市华威过滤设备有限公司	江苏沃姆克电子科技有限公司	江苏省社渚轴承有限公司

续表 31

单位名称	单位名称	单位名称
溧阳市振和机械制造有限公司	江苏佳联环境科技有限公司	江苏铭丰电子材料科技有限公司
天目湖先进储能技术研究院有限公司	江苏羚羊机械有限公司	江苏惠太汽车科技有限公司
常州金纬管道设备制造有限公司	江苏亚泰智能科技有限公司	常州净界环保科技有限公司
江苏冠宇机械设备制造有限公司	溧阳福思宝高速机械有限公司	恒天宝丽丝生物基纤维股份有限公司
江苏华鹏变压器有限公司	溧阳市科达环保机械制造有限公司	江苏瑞复达新材料有限公司
常州索维尔电子科技有限公司	江苏乾昭新材料有限公司	溧阳市飞跃机电有限公司
常州大云环保科技有限公司	江苏汉德纳米材料科技有限公司	溧阳维信生物科技有限公司
江苏保龙机电制造有限公司	常州谷德机械有限公司	常州和仕达机械装备制造有限公司
江苏正昌粮机股份有限公司	溧阳市嘉雄不锈钢设备有限公司	申芝电梯有限公司
江苏兆年智能科技有限公司	常州百佳纺织科技有限公司	常州恒联机械五金有限公司
江苏中关村科技产业园节能环保研究有限公司	溧阳力诺机械有限公司	江苏蓝海住宅工业有限公司
江苏文轩热管理系统有限公司	江苏南洋中京科技有限公司	江苏京晶光电科技有限公司
常州金纬挤出机械制造有限公司	赫菲斯热处理系统江苏有限公司	江苏冶建锌业有限公司
常州美通新能源科技有限公司	溧阳市佳禾电子材料有限公司	江苏竹海活性炭有限公司
江苏润德物流科技有限公司	江苏中远机械设备制造有限公司	溧阳市天盛绝缘材料有限公司
江苏中关村嘉拓新能源设备有限公司	溧阳市山湖实业有限公司	江苏翔能科技发展有限公司
溧阳市金昆锻压有限公司	江苏广义牵引技术研究所有限公司	江苏维美轻工机械有限公司
溧阳德维透平机械有限公司	江苏联盟化学有限公司	常州福升新材料科技有限公司
江苏亿鼎传动机械有限公司	江苏布诺科技有限公司	溧阳市双马塑胶纺织有限公司
常州金纬化工成套设备有限公司	常州市华菱新材料有限公司	江苏百斯福科技股份有限公司
江苏华鹏智能仪表科技股份有限公司	溧阳艺佳超微粉体科技有限公司	江苏钢锐精密机械有限公司
溧阳市宏达电机有限公司		

续发挥高新技术产品引导经济结构调整和产业结构优化作用。全年认定高新技术企业 69 家，全市累计拥有高新技术企业 196 家，涵盖新材料、先进制造及自动化和新能源与节能等技术领域。不断完善高新技术企业培育梯队建设，全年入库科技型中小企业 149 家，认定省民营科技型企业 50 家，常州市高新技术产品 175 个。

【重大科技项目】 创新主体向更高层次突破。中科海纳、安靠智电获得省碳达峰碳中和科技创新专项资金共 3300 万元支持，中南生物夺得省科学技术一等奖，科华、兴锻获得省科学技术三等奖。长荡湖水产、日日春获省重点研发计划（现代农业）专业资金农业科技社会化服务后补助项目；新实施投资超 5000 万元科技成果转化与产业化项目 3 个。

产学研合作

【概　况】 共同参与“南京都市圈创新合作宣言”“南京都市圈科技创新生态图谱”等合作框架的制定与发布，建设南京都市圈科创共同体。搭建“链通溧阳”科技服务平台，围绕特色产业链上下游联动发展存在的短板，举办先进动力和储能电池产业对接峰会和第二届电动汽车低温热泵系统峰会。组建天目湖钠离子电池产业技术创新联盟。全年签订重大产学研合作项目 79 项。

科技创新创业平台

【概　况】 江苏联盟化学与中科院宁波材料所合作成立“生物基高分子材料”联合创新中心；组织华鹏变压器、时代新能源等企业围绕共建企业联合创新中心，对接江苏省产业技术研究院。新增江南烘缸、华鹏智能仪表、新力机械、诚鑫环保 4 家省级工程技术研究中心；新增天目湖先进储能技术研究院、东南大学溧阳研究院 2 家省级众创空间。全市累计建成省级以上“三站三中心”154 家，常州市级以上众创空间、孵化器、加速器 34 家。

【特色活动】 “两节”期间，举办中国绿色催化专家智库会议，邀请 16 位院士、13 位专家到溧阳共商绿色化学发展，搭建催化科技界与产业界沟通交流的平台。抢抓融入南京都市圈，加入都市圈科技创新智库联盟，承办“名城名校合作行 创新创业赢未来”重庆、成都产学研对接活动，深入交流重庆大学溧阳智慧城市研究院运行情况，组织二十八所、铭丰电子、乔尔塑料等多家企业与四川大学、电子科技大学、成都信息工程大学等多所院校签订9项产学研合作协议，组织溧阳市16位企业家与重庆大学、电子科技大学教授开展面对面交流。

表32 2021年溧阳市新增省级创新创业平台清单一览表

运营主体	级别
东南大学溧阳研究院	省级众创空间
天目湖先进储能技术研究院有限公司	省级众创空间
江苏华鹏智能仪表科技股份有限公司	省级工程技术研究中心
常州市诚鑫环保科技有限公司（中外外资）	省级工程技术研究中心
溧阳市江南烘缸制造有限公司	省级工程技术研究中心
溧阳市新力机械铸造有限公司	省级工程技术研究中心
江苏时代新能源科技有限公司	省级企业技术中心
江苏卓高新材料科技有限公司	省级企业技术中心
江苏盛德电子仪表有限公司	省级企业技术中心
江苏省社渚轴承有限公司	省级企业技术中心
溧阳市欣龙生态农业发展有限公司	省级企业博士后创新实践基地
溧阳市虹翔机械制造有限公司	省级企业博士后创新实践基地
江苏竹溪活性炭有限公司	省级企业博士后创新实践基地
重庆大学溧阳智慧城市研究院	省级企业博士后创新实践基地
东南大学溧阳研究院	省级研究生工作站
江苏翔能科技发展有限公司	省级研究生工作站
江苏上上电缆集团新材料有限公司	省级研究生工作站
溧阳市四方不锈钢制品有限公司	省级研究生工作站

防震减灾

【概　况】 2021年，在市委、市政府正确领导和上级部门指导下，溧阳市防震减灾工作以“两个坚持，三个转变”为指引，牢固树立居安思危、常备不懈的管理理念，着力坚持“一个方针”，推进“三大体系”，深化“七进活动”，努力提升防震减灾管理水平和能力，连续第9年获评全省防震减灾县级先进单位。

【震情监测管理】 科学制定实施年度震情跟踪和应急准备方案，严格执行24小时震情值班和重大异常报告制度，及时调查落实地震宏、微观异常，每月开展震情会商。加强监测台站管理，提高监测台网运维能力，确保全市12

表33 2021年度溧阳市创新人才项目清单一览表

姓　名	单位	项目类别
吴　凡	天目湖先进储能技术研究院有限公司	常州市领军型创新人才引进培育项目（企业创新类）
任　瑜	天目湖先进储能技术研究院有限公司	
王相文	江苏上上电缆集团有限公司	
尹　良	天目湖先进储能技术研究院有限公司	
李海波	江苏时代新能源科技有限公司	
蒋　朝	溧阳紫宸新材料科技有限公司	
孔维和	溧阳中科海钠科技有限责任公司	
王思鹏	常州微焓热控科技有限公司	科技副总
段绪果	江苏省奥谷生物科技有限公司	
吴　鹏	溧阳市新力机械铸造有限公司	
贾云龙	溧阳市万盛铸造有限公司	
张书琴	溧阳市虹翔机械制造有限公司	
姜金德	溧阳中材重型机器有限公司	
宋江峰	溧阳市天目湖农业发展有限公司	
李连地	江苏瑞复达新材料有限公司	

种手段29套地震观测仪器正常运行，不断提升观测数据的质量和连续率。在全省观测资料评比中观测资料质量第二名，体应变、水温、水位、强震和前兆管理维护第三名。GNSS获得全国观测资料评比第三名。

【观测项目建设】 推进国家地震烈度速报和预警工程江苏子项目在溧阳的项目建设，完成溧阳地震台基准站和上兴3号井基本站的建设和设备安装工作。为提高地震观测效能，对溧阳地震台监测环境进行全面改造，重点改造重力、地磁、流体和倾斜等观测项目，其中流体和倾斜通过中国地震局验收，统一纳入国家地震监测台网管理。

【群测群防工作】 完善地震宏观测报网络建设，在对全市宏观观测点调研的基础上，重新修订《溧阳市地震宏观观测点管理办法》《地震宏观观测点年度考核办法》，调整建立19个地震宏观观测点，完善管理考核制度，组织宏观测报员业务培训，发挥群测群防在地震短临预报、灾情信息报告中的重要作用。

【自然灾害风险普查】 贯彻落实国家、省和常州关于开展第一次全国自然灾害综合风险普查有关要求，开展地震灾害风险普查工作，成立工作领导小组，建立普查工作机制，制定《溧阳市第一次全国自然灾害综合风险普查实施方案（地震灾害专篇）》，严格按照市普查办的时间节点和工作进度要求做好各项工作，确保地震灾害风险普查每一项具体工作落实到位，不留死角。

【安全示范城市创建】 对照《溧阳市创建省级安全发展示范城市实施方案》，结合市地震局承担的源头治理、防控机制、保障能力和应急救援四个方面的主要目标任务，细化落实防震减灾规划、科技创新、科普场馆建设、应急避险演练、监测预警、应急预案建设等7项“具体目标任务”，加大配合力度，做好服务保障，做到一项一项协调推进，一件一件对标对表，保证高质量完成创建任务。

【应急管理准备】 为进一步应对突发地震灾害，在深化地震应急指挥平台和“12322”地震灾情信息平台建设的同时，及时调整各镇、街道地震灾情速报员，并组织开展业务培训，保证地震应急指挥信息通畅。进一步修订地震局地震应急响应预案，完善地震应急响应人员分工表和24小时应急处置时刻表，明确应急处置流程和规范，确保震情处置科学、及时、准确、可靠。

【妥善应对有感地震】 1月4日21时49分，安徽广德发生3.3级地震，造成溧阳市范围有感。地震发生后，市地震局根据预案立即启动有感地震应急响应，及时向市分管领导和两办报告，迅速查明地震影响范围，了解是否造成灾情，在溧阳论坛、“溧阳发布”微博、“中国溧阳”微信公众号发布震情信息，消除市民恐慌，稳定社会舆情。

【公益宣传活动】 在防灾减灾日之际，分别在文化幼儿园教育集团开展教职员工防震减灾科普知识讲座，在燕湖初级中学开展图板展览、知识讲座，组织天目湖中心小学部分师生开展“仁智娃心向共产党，红领巾寻访地震台”研学活动。5月10日联合教育、应急和红十字会在燕湖初中开展“积极开展防震减灾演练 提升师生自救互救能力”为主题的地震应急疏散示范演练，提高师生在突发地震情况下的自我保护和自救互救能力，以此带动全市中小学校开展一次地震应急疏散演练。

结合国际防灾减灾日，开展以“平安中国、平安溧阳”为主题的防震减灾公益宣传活动，全年在镇（街道）、社区播放防震减灾题材电影及科普动漫宣传片20场，推广“溧阳防震减灾”微信公众号，发放宣传图册5000余份。

以防灾减灾日、科普宣传周和安全生产日为契机，紧扣“我为群众办实事”实践活动，开展各类防震减灾宣传活动。在《溧阳时报》以防震减灾联席会议办公室名义专刊介绍溧阳防震减灾工作“十三五”期间发展取得的成绩；邀请省地震局专家到学校、社区、农村作科普知识讲座5场，组织社区居民参观地震科普馆。通过多种形式的宣传活动使社会公众了解地震科普知识、增强防震安全意识和提高应急避险能力。

（市地震局）

气象服务

【概　况】 2021年，市气象局本着“监测精密、预报精准、服务精细”的目标，增强气象防灾减灾能力，提升服务效益，加强气象社会管理水平和规范管理。

2019—2021 年度获江苏省文明单位、2020 年度先进基层党组织称号，1 人获得 2021 年度常州市观测网络先进个人称号。

【气象服务】 2021 年，市气象局发布《天气公报》37 期、《一周天气预报》52 期、《气象信息》9 期、《旅游气象服务材料》51 期，发布各类预警信号 56 次，制作专题类气象服务材料包括春耕春播材料 5 期、夏收夏种服务材料 11 期，秋收秋种服务材料 12 期，供电气象服务专报 51 期，曹山杨梅节服务材料 4 期，白茶特色农气材料 7 期，春运气象服务材料 41 期。启动重大气象灾害应急响应命令 5 次。

2021 年汛期，台风“烟花”途经溧阳市天目湖镇，产生短时强降水和 8 级大风天气，7 月 22 日气象台制作发布《天气公报》，指出 6 号台风“烟花”将在 24—27 日对全市有较强风雨影响。7 月 23 日 15 时 30 分溧阳市气象局启动重大气象灾害（台风）三级应急响应命令。24 日制作两期全天天气公报，报告台风最新动态和路径预报，24 日 10 时 26 分发布台风黄色预警信号。25 日继续关注台风动态，加强气象监测和预报，制作和发布 2 期天气公报，25 日 12 时市气象局启动重大气象灾害（台风）二级应急响应命令，22时29分发布暴雨蓝色预警信号。26 日加强对台风的监测预报，发布 2 期天气公报，14 时 46 分继续发布台风黄色预警信号，与市台、省台进行加密会商，研究判断台风最新路径变化和对溧阳市可能造成的影响，并制作各类气象服务材料，与应急局、融媒体中心联合启动应急大喇叭向政府各相关部门和公众及时播报台风信息，有效降低台风“烟花”对溧阳市造成的经济损失。

开展茶叶节、曹山杨梅节等重大节日气象保障服务，共制作茶叶节材料 11 期，杨梅节材料 4 期。

【气象科普】 市气象局为提升生态文明气象保障服务体系，投资近百万元更新改造旅游景区空气质量智能监测显示系统，采购 3 套大气负氧离子自动采集器及控制系统，6 套 LEDP5 全彩显示屏及控制系统，聚焦智慧气象、生态气象、旅游气象。

与溧阳生态环境局，常州市环境科学院开展溧阳市环境空气质量预报系统分析，加强空气污染气象条件分析研判及信息共享工作，开展以空气污染气象条件为主要内容的专项气象服务。发布《空气污染》专报 365 期，遇重大活动保障、重污染天气出现时，参加多部门联合会商，共同发布环境空气质量预报预警信息。

开放特色科普场馆——溧阳市防灾减灾科技馆，做好气象科普宣传工作。利用“3·23 世界气象日”“5·12 防灾减灾日”“全国科普日”等活动为契机，通过开放溧阳气象科普馆的形式，对公众进行防灾减灾宣传，派出业务骨干进学校、进社区宣传气象科普知识，着力提高全民气象科学素质和气象灾害防御能力。

（溧阳市气象局）

长三角物理研究中心

【概　况】 长三角物理研究中心（以下简称“中心”）位于溧阳市中关村大道 1 号，是中科院物理所与溧阳市人民政府深度合作、联合创建的科技创新企业。中心立足物理所数十年技术积淀，以市场需求为导向建设高水平研发平台，开展科技研发并孵化高新技术企业，同时开展高端学术交流和科学普及活动，促进溧阳在前沿科学技术、新能源、高端制造等领域形成可持续发展竞争力，增添城市的科技内涵。

【学术交流】 中心从物理所引进以 5 位两院院士为核心的研发团队，在溧阳孵化江苏卫蓝、天目先导、中科海钠和天目湖储能研究院四家企业，并搭建先进设备平台，通过合作研发、技术服务等渠道为诸多企业提供技术服务。目前四家孵化企业完成多轮融资，营收稳步增长，实现了可观的经济社会效益。

“十四五”期间，中心将围绕国家“双碳”战略目标，聚焦储能、先进金属材料器件、高端仪器设备国产化、太阳能电池四大方向，以科技创新和高质量发展助力溧阳建设长三角生态创新示范城市。

【科教融合】 中心致力于通过各种渠道提升溧阳的城市知名度和影响力。引入 ICAM 等国际学术组织，同时形成电动中国、天目量子、天目湖论坛等极具影响力的系列品牌会议，吸引上万人次科技工作者到溧阳开展学术交流和研讨；与北京航空航天大学、北京理工大学等 18 家高校签订协议建设学生双创实践基地，吸引高校毕业生到溧阳创业创新；与本地教育部门合作，组织院士专家团队为中小学教师开展科学前沿培训等活动，提升一线教师的科学素养和教学水平。

（江苏省溧阳高新区）

综　述

【概　况】 2021 年，全市共有各级各类学校 153 所，其中幼儿园 72 所（含民办 23 所），小学 44 所，初中 25 所，普高 7 所（含完中 1 所、民办高中 1 所），中职 2 所，少体校、培智学校、青少年活动中心各 1 所。在校学生 98849 人，其中在园幼儿 21675 人，小学生 42766 人，初中生 19299 人，普高学生 10663 人，中专学生 4446 人；在编在岗教职工 6993 人，其中专任教师 6665 人。

【党建工作】 开展党史学习教育，成立中共溧阳市委教育工委党史学习教育领导小组，开展“童心向党”专题合唱比赛 15 场、演讲比赛 20 场，举行“守初心‘溧’德树人，担使命‘阳’光育才”为主题的庆祝中国共产党成立 100 周年大会。组织全市中小学校长书记参加思想政治课基本功竞赛，8 个品牌项目获第三批常州市中小学校“一校一品”党建文化品牌项目建设成果，29 人次和 15 个基层党组织受市级以上“两优一先”表彰。150 余篇外宣报道在常州市级以上媒体发表，其中国家级媒体发布 10 条，省级 50 条，20 篇党建工作信息被《人民日报》等录用。

4 月 9 日，市委教育工委组织召开党史学习教育动员大会。要求全体党员干部把握正确方向，做到“四坚持四着力”，增强“四个意识”、坚定“四个自信”、做到“两个维护”；明确目标任务，坚持集中学习和自主学习相结合、规定动作和自选动作相结合，从最突出的问题抓起、最迫切的需求切入、最现实的利益出发；加强组织领导，成立领导小组和办公室，班子成员要扛起“一岗双责”的政治责任，带动全体党员干部全身心投入、全过程参与；注重学习成效，把党史学习教育与推进教育教学改革、加强教职工师德师风建设和办更好的溧阳教育结合起来，防止学习和工作“两张皮”，把党史学习教育成果转化为推动溧阳教育各项工作见成效、出亮点的源动力。

【教育资源】 谋划“十四五”教育发展远景目标，出台《溧阳市推进教育高质量发展行动方案》，完成《溧阳市教育发展“十四五”规划》的编制工作。实施教育协作，参与南京都市圈教育一体化发展，与南师大签约共建南师大溧阳实验小学、实验幼儿园，成立长三角品牌职校联盟，与河北威县、山东枣庄联合培养电梯专业技能人才。落实“两个只增不减”，投入约 5.6 亿元，推进 10 所幼儿园的学前教育提升工程、7 所中小学的校安工程和 11 所学校的塑胶场地改造工程，竣工投用 11 所，新增学位 3270 个，加快补齐资源短板。总投入 960 万元，实现中小学健康灯、智能黑板、直饮水机全覆盖。普惠性幼儿园覆盖率提高至 98.5%，做好义务教育招生改革，取消 3 所热点学校择校，实现基础教育集团化办学全覆盖，放大优质教育资源覆盖面。

为强化苏皖合作，推进两地教育事业，苏皖“胥河情”教育联盟于 3 月 24 日在溧阳市社渚中心小学举行专题研讨活动。研讨活动中，各与会联盟学校校长围绕本学期“胥河情”教育联盟重点工作规划及落实、教师交流与轮岗、教研培训及课程开发等议题展开讨论，一致认为苏皖两地地域相连、人文相近、亲情相融，应充分利用苏皖合作的契机，拓宽教育领域的交流与合作，提升两地的教育教学水平，以造福两地万千学子、服务两地社会。

7月23日，市教育局和市残联举行溧阳市康教融合工作签约仪式。京华康复医院等6所康复机构、溧阳市新区实验幼儿园等5所学校以及市教育局、残联的相关负责人参加仪式，双方对接单位进行一对一签约、交流。该次签约仪式是为贯彻落实好省市《第二期特殊教育提升计划》《江苏省残疾预防和残疾人康复实施办法》《关于印发〈普通学校与康复机构合作开展融合教育工作方案〉的通知》等文件精神的举措，标志着溧阳市康教结合工作的启动，为进一步推动普通学校和康复机构责任共担、资源共享、合作共进，助推区域融合教育发展，完善特殊教育保障体系保驾护航。

【教育质量】 实施《溧阳市推进学前教育更好发展三年行动计划(2021—2023年)》，下发溧阳市普惠性民办幼儿园奖补资金管理办法，创建成常州市幼小衔接实验区。承办“2020年幼儿园课程游戏化项目园骨干教师研训员培训”，创建成省级课程游戏化项目园4所，常州市级课程游戏化项目园1所。成立义务教育优质均衡推进小组，2020年优质均衡比例提高至84.4%，已完成江苏省义务教育优质均衡发展县（市、区）创建申报工作。新增常州市“新优质”学校2所，溧阳市社渚中心小学被评为江苏省教育系统先进集体。落实“五育并举”，组织5万余名中小学生参与心理健康普测，开展学生近视综合防控和常规健康体检工程，体质健康测试合格率继续保持95%以上，新增常州市“墨香校园”3所，常州市劳动教育示范学校6所，近500名学生参与常州市青少年科技创新大赛，2万多名学生参与社会劳动实践活动。新高考本科总上线率93.55%，其中北京大学达线6人。省溧中成为常州首家“北京大学博雅人才共育基地”。溧阳中专转设成为江苏联合职业技术学院办学单位，获批4个专业300名高职计划，高职资源供给进一步扩大。落实《溧阳市推进苏锡常都市圈职业教育改革创新打造高质量发展样板的实施方案》，稳步推进现代学徒制和“1+X”证书试点工作，联合苏华集团，共建示范性企业职工培训基地1个。

市教育局组织学校申报2020年度教育贡献奖和工作创新奖，经考评组初评，推荐30所学校于2021年1月15日进行集中交流展评，评出“教育贡献奖”和“工作创新奖”各11个。

【教育管理】 2月4日，常州市督查组对溧阳校外培训机构冬春季疫情防控和规范办学行为开展专项督查。检查组采取随机抽查的方式，通过查看现场、询问交流、查阅台账等，先后检查溧阳市启迪教育培训中心有限公司等3家机构。检查组对各机构的常态化防疫措施给予肯定并强调要加强春节师生人员流动管理，如签写承诺书、对师生行程建档、开学前一周师生健康日志记录、凡跨省师生须持两次核酸检测报告等。

市教育局落实疫情防控要求，组织发动师生疫苗接种和常态化核酸检测工作，制定并实施《2021年秋季溧阳市中小学部分教室教学直播方案》，全面落实“停课不停教、停课不停学”。下发《溧阳市学校实验室危险化学品使用安全专项治理行动实施方案》，对全市27所中学开展实验室危险化学品专项督查，加强安全教育，新增3所“常州市平安校园”。聘任103名责任督学，首次外聘6位常州各辖市教育专家参与督导，对36所中小学、幼儿园进行督导评估工作，在上级督导考核中屡获好评。做好“5+2+1”课后服务工作，落实“3个全覆盖”，服务中小学生45678名，占义务教育阶段学生总数的73.6%，为上万名学生提供大品牌预包装的简餐服务，分3批次为近5000名学生提供校车接送服务。成立“校外培训机构专项督查”工作专班，开展学科类校外培训机构专项督查5次，推进校外培训机构与4家资金监管银行衔接，有序推进全市68家学科类校外培训机构“营改非”工作。

3月27日，由市教育局、市妇联、市文明办联合主办的以“把孩子培养成家庭生活‘三好生’”为主题的家庭教育专家报告会在省溧中报告厅举行，《中国教育报》《家庭教育周刊》主编，著名家庭教育专家杨咏梅与现场500余名家长分享家教智慧和技巧。杨咏梅从疫情期间的“家庭教育”详细阐述良好生活习惯、行为习惯、学习习惯的组成，尤其强调父母与孩子沟通时的技巧，通过典型的案例剖析让家长深刻反思、内化。杨咏梅与全市家庭教育讲师团成员和未成年人中心志愿者，在溧阳市妇儿中心进行交流，并作“家庭教育的核心价值观”专题讲座，令与会人员深受启发。市教育局、市妇联、市文明办将联合开展“亲子共成长”家庭教育支持行动，持续协作开展“家庭教育大咖公开课”“家庭教育大讲堂”、家庭教育指导服务“五进”工程以及家长成长营之“星火计划”等系列活动，为家庭教育提供体系化、系统性支持，助力形成亲子共学习同成长的家庭教育氛围。

【校长队伍建设】 3月25日，市委教育工委根据《溧阳市委教育工作委员会关于切实加强和优化教职员工思政工作的通知》文件精神，分别在市六中、外国语小学、二实小和永平小学四所学校设立赛点，组织27名书记、校长（园长）参加思想政治课基本功竞赛决赛，并委托第三方专业机构对思政课视频进行评定，以检视书记校长思想政治课的演讲水平。该次竞赛旨在加强全市教职员工思想政治和师德师风建设，着力提升广大教师的思想政治素养，引导广大教师以德立身、以德施教、以德育人，落实中小学幼儿园立德树人根本任务。

【教师队伍建设】 成立师德专题教育领导小组，推进溧阳市教育系统作风建设突出问题专项整治行动，开展“师德模范”“师德标兵”评选工作。以庆祝第37个教师节为契机，开展以“赓续百年初心 担当育人使命”为主题的“学习张桂梅 强教必有我”宣讲活动，营造风清气正育人环境。贯彻《溧阳市高层次教育人才引进、培养奖励办法》，实施“优才计划”，高层次教育人才引进实现新突破，与12名“双一流建设高校”师范专业溧阳籍学生签订回乡工作协议，委托常州幼儿师范学校定向培养45名五年一贯制学前教育专业学生，招聘备案制幼师247人。选拔15名副校级领导，35名中层干部，组建溧阳市教育系统青年干部培训班，与南京航空航天大学合作开办“教育教学工作人员同等学力硕士班”，首届招收86人。全面推进“县管校聘”，流动人数341人。新增江苏省优秀教师1人，常州市三类校长19人，“龙城十佳”教师10人，1403人获评溧阳市第十一批“四类优秀”教师。

4月15日，市教育局组织部分德育工作者赴苏州参加为期三天的中小学班主任工作技能提升与心理健康教育高级研修班。培训活动中，全国十佳班主任段惠民、江苏省首位心理学科特级教师苏华、江苏省心理教育名师吴蓉、浙江省优秀班主任朱永春依次作了五场精彩的培训报告。参与培训的教师认真聆听，精心笔记，参与现场互动，激发思维的碰撞。与会教师表示会将该次的学习收获运用于日常的教育教学中，提升自己的班主任工作技能与心理健康教育水平。

9月9日，溧阳市举行教育系统“学习张桂梅，强教必有我”宣讲活动暨第37个教师节庆祝活动（市教育局 供稿）

6月28日，全市培训启动大会在溧阳市燕山中学举行，来自全市各中小学、幼儿园、中专学校信息管理团队160余人参加。培训会现场解读培训实施方案，提出培训要求，明确学员学习任务和管理员操作任务，为贯彻落实《省教育厅关于实施江苏省中小学教师信息技术应用能力提升工程2.0 的意见》，扎实做好溧阳市中小学教师信息技术应用能力提升工程2.0工作做充分准备。

【教育成果展评】 5月14日，“溧阳市第七届中小学生艺术展演活动”之舞蹈专场在江苏省溧阳中学报告厅内开展。此次比赛共有36支队伍参赛，各舞蹈队以靓丽的身影，婀娜的舞姿，澎湃的激情，表达他们对校园生活的热爱，对未来的美好憧憬。小演员们翩然的舞姿、轻盈的动作以及千变万化的阵容，赢得全场掌声。各校代表队各展其能，尽显功夫，从题材、难度、编排、服装都精心准备，均达到较高的艺术水准，充分展示全市中小学生的青春与朝气。

5月18日，常州市第四届义务教育“新优质学校”风采展示活动（溧阳专场）在溧阳市永平小学举行。7位校长汇报展现学校的办学理念，展示“新优质学校”创建为学校带来的生长与幸福。7所学校的孩子们分别用音乐情景剧、诗舞艺、舞蹈、音诗画、合唱等精彩纷呈的表演形式，向来宾们展现了多才多艺、自由生长的溧阳学子风采。个性化的社团活动，展示每个学校的特色。多元融合的社团活动，立足学生需求，关注全员与个性，为学生提供一个施展才华的舞台。

学前教育

【幼儿园教师基本功竞赛】 为落实《江苏省基础教育教师教学基本功大赛规程》的相关精神和要求，提升幼儿园教师专业能力，秉持以赛促研，以赛促发展的原则，5月9日，溧阳市教师发展中心在溧阳市教育局报告厅举行“2021年溧阳市幼儿园教师基本功竞赛（第一轮）”，来自全市各幼儿园共185名幼儿教师参加该次比赛。基本功竞赛不仅为全市幼儿园教师提供锻炼自己、展现风采的平台，也是参赛教师不断反思，促进自我成长的良好契机。

【阳光幼儿园接受“省优质幼儿园”评估考察】 6月22日，江苏省优质幼儿园评估专家组一行3人到阳光幼儿园进行为期一天的创省优评估现场考察工作。专家组肯定阳光幼儿园创建工作成效，认为幼儿园教师精神面貌良好，幼儿活动积极主动，体现出园所“以人为本，自主发展”的教育理念。

【常州阳光幼儿园到昆仑实验幼儿园参观交流】 10月17日，常州市阳光幼儿园教师团队50余人到溧阳市昆仑实验幼儿园，参观、了解昆幼“小空间、大班额”背景下的新型游戏模式，从而寻求方法，解决阳光幼儿园小园所中幼儿游戏的实际问题。教师们自由参观各班教室环境、廊道功能区以及户外场地。

小学教育

【课程研讨会】 1月7日，溧阳市第一届小学英语教学专业委员会成立大会暨2020年主题年会活动在实验小学举行并宣读第一届理事名单，颁发理事聘书。溧阳市小学英语教学专业委员会全体理事、常州市蔡雪飞名师工作室全体成员、溧阳市蔡雪飞名师工作室全体成员及各小学部分英语老师参加该次活动。

1月12日，常州市优秀教师城乡牵手行动暨虞清河小学美术名师成长工作室教研活动在昆仑小学举行，工作室全体成员及昆仑小学、南渡中心小学美术教师参加活动。该次活动提高小学美术教师教研能力，加强“儿童融合式美术创作指导”课题的研究，

1月13日，溧阳市教育学会小学语文专业委员会理事会议在溧阳市燕湖小学举行，会上选举新一届理事会成员。

4月29日，溧阳市徐春明小学科学名师成长工作室和虞清河小学美术名师成长工作室的成员们在外国语小学开展联合教研活动。扬州市中小学STEM名师工作室蒋波参加了该次活动。蒋波作《“真融探创”理念下开展STEM教育的实践与反思》的主题讲座，他剖析了PBL项目学习的一般流程与重点环节，用实践向参训教师展示“聚焦真问题，让融合创新真正发生”的教育理念。外国语小学的老师周婷和王欣用两节“我的小纸船”的精彩课例，完整演绎STEAM教育案例。两节课各有侧重，分别从科学探究与美术制作的角度进行指导，教学环节层层递进，让学生经历从真实问题到探究思考，从动手初探到反思修改的螺旋上升式思维架构过程。

【参观交流】 4月10日，陕西省白河县党政代表团一行到永平小学考察，校长阮建林接待了来宾。他向来宾们讲解溧阳悠久的历史，“永平”校名的由来，介绍学校智慧教育办学理念和办学成果。来宾们参观校园才艺街、阅读街等场馆。白河县党政代表团对永平小学独具特色的智慧文化氛围和发展变化赞叹不已，表示永平小学真抓实干，教育事业成效卓著，发展成就令人鼓舞，希望能和溧阳教育开展更深层次的交流，实现教育跨越式高品质发展。

4月10日，金坛西城实验小学教育集团总支部一行在校长杨国华的带领下到南渡中心小学参观交流。来宾们参观学校的校园风貌和特色功能教室，观看南渡中心小学“乐教育，渡成长”的主题宣传片，听取校长任祥春对校园文化构建、办学特色打造、教育活动开展、学校教育成果等情况的介绍。参观人员进一步了解学校的“乐渡”教学哲学、办学愿景、育人目标，感受到一所百年老校的历史履痕和文化积淀。

4月14日，江苏省教育厅一级巡视员林伟，督导室党支部书记、主任徐泰来等一行领导和专家到上兴中心小学进行工作调研，并举行教育督导问题座谈会。调研组一行实地查看校容校貌，向校长朱俊详细询问学校的办学规模、设施配备、师资建设、文化建设等情况。省督导室领导对上兴中心小学现代田园教育办学特色给予充分肯定，并勉励学校要以学生发展为目标导向，立足于学校实际，切实提升学校优质均衡发展水平。

6月10日，常州市民宗局谢杨等一行到溧阳市马垫小学指导“红石榴家园”建设工作。专家组对马垫小学“红石榴家园”的建设工作表示肯定，发挥典型示范作用，推动溧阳民族团结进步事业迈向更高发展水平。创建民族工作“红石榴家园”是江苏省民族工作在新时代为呈现新风貌和新特色而打造的新品牌。2020年，溧阳市马垫小学创建成江苏省首批“红石榴家园”，也是溧阳唯一一家获此殊荣的单位集体。

【课外兴趣活动】 4月9日，南京交通职业技术学院党委委员、副校长应海宁、学院体育部直属党支部书记史立峰一行到溧阳市新昌小学指导学校排球项目建设，为推动排球教学、品牌打造和竞技水平注入“硬核力量”。应海宁对新昌小学排球场地建设、课程开发与实施、育人文化打造等给予充分肯定，就进一步加强“院校合作、培根铸魂”的后续行动进行展望，并指出高校与地方基础教育联手共同发展排球运动意义深远。南京交通职业技术学院副教授、国家级排球裁判、体育部球类教研室主任倪婷婷现场为新昌小学的学生们上了一节高水平的排球训练课，就基本功练习、进攻与防守技巧等几个方面逐一为小队员进行技术指导，其间还有两位国家一级排球运动员、多次获国家级、省级冠军的大学生进行专业的动作示范和助教，整个教学过程既专业又轻松。

溧阳市第二实验小学是“全国‘儿童成长节律’学校生活研究联盟”学校。学校致力于打造“传统文化的底色，丰富多元的选择”的课程特色，倡导跟着“二十四节气”去劳动，在自然与人文的融通中，认识农作物、学习劳动技能，养成劳动习惯，形成劳动意识，成就幸福人生的个体价值，培养学生成为主动、健康发展的时代新人。溧阳市第二实验小学校本课程“跟着节气去劳动”在《中国教师报》上获整版报道。

5月7日，溧阳市文化小学举行《蚕精灵历险记》新书发布会活动。来自市委宣传部、教育局、学校家长委员会成员、“丝带学校”联盟的教师代表，以及部分学生代表等300余人参加该次发布会。《蚕精灵历险记》由著名动物小说作家沈石溪作序，主要讲述一群蚁蚕小精灵如何突破重重惊险刺激的考验，实现自己理想的故事。该书由文化小学一批理解孩子、爱好文学、喜爱蚕精灵的老师共同创作，是学校首部原创童书，由北京少年儿童出版社正式出版。2021年2月，由全体师生共同设计的“蚕精灵”标志成功注册为国家专利。《蚕精灵历险记》是课程基地建设又一重要成果。

9月29日，杨庄小学邀请江苏省教育科学规划领导小组办公室研究员宗锦莲博士到校指导课题研究。宗锦莲对学校深挖地域文化，提炼办学特色，提升办学内涵，开发实施多门精品社团课程给予肯定。建议学校以“舞龙舞狮”的特色项目为主要契机，在已有精品课程的基础上继续深入研究。探索立足于“起舞文化”课程建设的可能性与可行性，体现课程框架的层次性，明晰起舞课程的特质与学生培养的目标。

【常州市五好乡村教工之家对2所学校评审验收】 5月17日，常州市五好乡村教工之家分别对社渚中心小学和永平小学进行现场评审验收。专家组指出两所学校创建“常州五好乡村教工之家”实现“环境美”，校园中处处有文化，处处有风景；“内涵深”，既有悠久的历史，也有现代的传承；“氛围好”，以家文化为宗旨推动创建，调动广大教职工的积极性，发挥教职工的主体能动作用，实效性强。

【常州市“双减”工作调研会议在溧阳市上黄中心小学举行】 9月29日，常州市“双减”工作调研会议在溧阳市上黄中心小学召开。常州市教育局基教处处长邓小进指出，“双减”工作是中央关心、群众关切、社会关注的重大改革，是提升人民群众教育获得感、满意度的迫切要求，推进“双减”工作，要从政治上解读“双减”，要提高教师们的思想认识，强化使命担当，落实“双减”各项任务；要从民生上落实“双减”，做到作业减量不减质、课堂增效不增负、活动丰富不单一，确保课后服务质量，真正落实“双减”工作。

初中教育

【课程交流会】 1月5日，溧阳市初中物理乡村骨干教师培育站研修活动在戴埠初中举行。该次研修活动内容丰富、准备充分，既有公开课教学观摩、同课异构课堂展示研讨，还有专家讲座、专业引领。

3月10日，为加强2021年中考毕业班教学工作指导，提升教学质量，溧阳市教师发展中心组织中考学科教研员到上兴初中调研初三中考教学工作，了解学校毕业班的教育教学现状，促进学校提升中考教学和复习水平。

3月10日，为做好溧阳市

2021年中考体育考试工作，溧阳市教育局组织相关教师在省溧中附中召开体育中考研讨会。会议回顾2020年疫情背景下体育中考的基本情况，确认本年度体育中考的项目及组织形式，对学校的体育教学工作重点部署，提出体育中考项目教育教学的明确要求。

4月7日，为提升学校德育工作水平，探索新形势下德育活动的新理念、新途径、新策略。溧阳市初中德育教学研讨活动在燕山中学举行。燕山中学姜勤琴和罗光杰老师开设两节班会课“相看两不厌”“知足常乐”，引导学生尊重和理解父母，正确面对初中生的烦恼与快乐，树立正确的理想观。

【溧阳市燕山中学与台湾新北市立板桥国民中学合作开设“一对一英语口语交流”课程】 为加强苏台两地师生互访交流学习，建立主题体验教育模式，溧阳市燕山中学、台湾新北市立板桥国民中学秉持开放办学方针，开设英语对话交流实践课程，提供学生英语会话、听与说练习之平台。在拓宽学生视野，丰富学生课余生活的同时，让学生学习跨文化、语言沟通的认识与技巧，了解不同地域的文化风俗。4月12日，溧阳市燕山中学与台湾新北市立板桥国民中学合作开设“一对一英语口语交流”课程，该次交流主题为“My life story”。2所学校在尝试一种新的学习和生活方式的同时，收获友谊与知识，共同成长。

【溧阳市光华初级中学2名老师获常州市初中信息技术青年教师基本功比赛一、二等奖】 4月16日，常州市初中信息技术青年教师教学基本功大赛在常州市北郊初级中学闭幕，溧阳市光华初级中学杨芳老师代表溧阳参赛并获常州市一等奖、偰艳老师获常州市二等奖。

该次大赛包含专业知识考核、实践操作测试、教学设计与课件制作、模拟课堂教学环节等多个项目，杨芳、偰艳两位老师凭借扎实的功底、充分的准备、良好的心理素质和出色的发挥，取得优异的成绩。

【汤桥初中2名学生当选江苏省少年科学院院士】 10月30—31日，汤桥初中参加在无锡举办的第九届江苏省少年科学院院士评聘活动，由该校申报的“关于溧阳市级非物质文化遗产保护的建议”成为此次活动中溧阳市中小学唯一入选对象。评聘活动分现场展评与闭门笔试两部分。该校选手赵杰和涂超敏在展评环节中向专家评委老师讲解关于溧阳市级非物质文化遗产保护的建议，赢得了大家的一致好评，两位同学也当选第九届江苏省少年科学院院士。

【青少年法治教育实践基地授牌仪式在燕山中学举行】 12月20日下午在星火传递教育馆举行“青少年法治教育实践基地”授牌仪式。溧阳市人民法院审判委员会专职委员邵益勇、溧阳市燕山中学校长张玉春、溧阳市人民法院法官代表、溧阳市燕山中学师生代表等60余人参加该次活动。此次授牌仪式标志着溧阳市燕山中学将成为溧阳市人民法院第一个对外的中小学法治教育实践基地，学校法治教育也将更制度化和规范化。

【溧阳市燕山中学女子篮球队获得江苏省青少年篮球（县组）锦标赛亚军】 由江苏省体育局、江苏省教育厅等主办，苏州市体育局、昆山市文体广电和旅游局承办的2021年江苏省青少年篮球（县组）锦标赛于12月21—24日在昆山开发区体育休闲中心篮球场举行。来自江苏省苏州昆山市、常州溧阳市、徐州铜山区、无锡锡山区、南京浦口区等16支队伍196名运动员展开45场激烈对决。按照赛事规程，成绩分为两部分：素质测试成绩占40%，比赛成绩占60%。溧阳市燕山中学女子篮球队在素质测试比赛缺少一人、排名靠后的情况下，以正式比赛全胜的战绩，获得女子组总成绩亚军。

普高教育

【省溧中吴杰获江苏省基础教育青年教师（高中体育与健康）教学基本功大赛一等奖】 2020年江苏省基础教育青年教师（高中体育与健康）教学基本功大赛于12月6—10日在江苏省苏州相城中学举行。该次活动由江苏省教育厅主办，江苏省中小学教研室承办，苏州相城区中小学教学研究室和相城中学协办。省溧中老师吴杰经过为期5天的多项比赛，最终获得一等奖。

【优质生源基地授牌】 3月23日，南京理工大学副校长廖文和一行到江苏省溧阳中学举行优质生源基地签约授牌仪式。廖文和对省溧中向南京理工大学输送优秀高中毕业生表示感谢，对学校发展取得的成绩表示赞誉，并对南京理工大学进行介绍，同时表达两校进一步加强常态化深层次合作，共同为“为党育英才、为国铸利器”的初心和使命。双方进行优质生源基地的签约和授牌。

4月19日，举行省溧中与北京大学张飞舟教授共签的博雅人才共育基地授牌仪式。张飞舟对省溧中向北京大学输送优秀的高中毕业生表示感谢，对学校在拔尖创新人才培养方面取得的优异成绩表示赞誉。江苏省共有18所北京大学博雅人才共育基地学校授牌，而省溧中是常州唯一获此殊荣的学校。

4月25日，武汉大学土木工程与建筑学院院长刘泉声教授、动力与机械学院党委副书记汪思明教授来省溧中进行优质生源基地授牌。武汉大学溧阳籍刘泉声教授介绍武汉大学的办学历史、学科设置、培养优势并重点强调学校人文社科和自然科学交叉融合的培养特色为志存高远的大学生的将来发展奠定扎实的基础。汪思明教授通过具体翔实的数据为大家解读武汉大学在江苏的招生及培养情况。

【光华高中举行2020学年对外公开教学活动】 3月26日，光华高中为增进与兄弟学校间的交流与合作，深化课堂教学改革，促进课堂教学研究，打造高效课堂，举行了以“聚焦新课标，构建新课堂——‘评—学—教’一致性的路径与案例研究”为主题的大型对外公开教学活动。来自南京、苏州、常州、南通、连云港等市140多位教师参加该次教学活动。该次活动共开课22节，涉及语、数、外等 12门学科。光华高中教师与来自南京、苏州、常州、南通、连云港等地的9位特优名师进行同课异构。各学科在课后分组展开教学研讨活动。共同探讨教学中的热点、难点问题，探讨教学的策略和艺术，交流彼此的教学经验，追求课堂教学的高效性。

【“谈智隽奖学金”第二十七次颁奖典礼在光华高中举行】 10月10日，“谈智隽奖学金”第二十七次颁奖仪式在光华高中弘毅厅举行，颁奖嘉宾谈李莉莉一行专程参加颁奖仪式。谈李莉莉表示自己与家人会将谈老先生培育英才、感恩回馈母校的这份情怀一代一代地传承下去。该次颁奖典礼按照谈氏奖学金新规章共发放奖学金155600元，获奖师生达150余人次。

职业教育

【溧阳中专举行“科研活动周”】 溧阳中专在“‘三引一主’打造师资队伍全省样板”的领航创建目标下，坚持科研立校、科研兴校的发展理念，教科研成绩卓有成效。3月10日，学校举行新一轮“科研活动周”启动仪式。教科研是促进教师专业成长的一个重要平台，也是提升学校教育教学质量的一个重要契机。

【2021年省职业院校技能比赛】 3月26日，溧阳中专老师潘旭超在江苏省职业院校技能大赛焊接技术项目中获教师组一等奖。潘旭超从2012年起一直坚持参加市赛、省赛，在焊接技术项目上，曾获得6次三等奖，3次二等奖，每年比赛结束，他都反复琢磨，不断积累经验，坚持训练，在2021年的比赛中，获得一等奖。

3月30日，2021年江苏省职业院校技能大赛电梯安装与维修保养项目中，江苏省溧阳中等专业学校获2金1银的成绩。苏星、周涛静组成的教师代表队获金牌；王玉强、李志成和郑宇轩、龚成金组成的2支中职组学生代表队分获金牌和银牌。指导老师宋军潮、高福明获“江苏省优秀教练”称号。

【陕西省平利县政协调研组到溧阳中专调研考察】 6月16日，陕西省平利县政协调研组一行10人到溧阳中专调研考察。调研组对溧阳职业教育的快速发展与专业平台的建设等表示充分的肯定，对平利县的教育状况、产业发展、人才需求等方面进行介绍，希望双方在专业建设、人才输送等方面加强合作。通过该次调研交流，双方就区域合作、产教融合等方面进行探讨，为双方职业教育的合作与发展奠定基础。

南京航空航天大学天目湖校区

【概　况】 南京航空航天大学天目湖校区（以下简称南航天目湖校区）位于江苏省溧阳市千里湖西侧，北起梅岭玉大道，南至烈山路，东界南大街，西抵嵩山路。校区总体规划用地面积163.07公顷，规划地上建筑面积130万平方米，其中溧阳市代建90万平方米。校区建设分两期，2018年4月一期工程开工建设，2019年9月正式投用，建有教学、生活、科研、体育设施等功能区14栋单体约16万平方米。2021年7月6日，南航天目湖校区二期第一批工程交付使用，完成北区二期学生公寓楼等8栋单体及运动场地等配套设施建设，地上地下建筑面积约15万平方米。新增教室座位数6500余个、办公面积2.5万平方米、公寓楼床位数4900余张、餐厅座位数2000余个、实验室面积7400平方米、运动场地和航体训练场等3.6万平方米。溧阳市与南京航空航天大学共同签署《溧阳市人民政府、南京航空航天大学合作办学补充协议》。南航天目湖校区定位为民航/通航特色发展示范区、新兴交叉学科先试区、飞行领域旅教融合样板区、服务国家战略先行区。2021年年底有在校学生4400余人，分布在交通运输、飞行器适航技术、土木工程、自动化、电气工程及其自动化、探测制导与控制技术、测控技术与仪器、生物医学工程、电子信息类（大类培养）、微电子科学与工程、计算机科学与技术、信息安全、软件工程、物联网工程、人工智能、飞行技术等专业。学校已经形成了多校区师资共享机制，每学期300余位教师赴天目湖校区任教。

【规划建设】 2021年，完成北区二期学生公寓楼等计8栋单体、地上地下建筑面积合计约15万平方米，以及运动场地等配套设施的建设任务并运行良好。新增公寓楼床位数4900余张，餐厅座位数2000余个，教室座位数6500余个，新增办公面积2.5万平方米，实验室面积7400平方米，新增运动场地和航体训练场等约3.6万平方米。

根据《溧阳市人民政府　南京航空航天大学合作办学补充协议》，校地双方共同推进校区南区规划建设。经广泛调研、充分论证，完成《天目湖校区总体规划设计要点》的编制，优化完善南北区总体功能布局，明确南北区的建设内容、建设时序及周期等关键事项，为下一步的土地征用、规划调整、设计招标等工作奠定基础。

【运行管理】 以践行“我为群众办实事”为契机，持续提升校区运行保障水平。经过改建，新设南山苑B2图书馆科技分馆、东篱苑B6图书馆文艺分馆，增加近400个阅览自习座位与3万册藏书空间；完成校区首批学生搬迁至将军路校区及宿舍内部调整工作；结合学生搬迁，实现飞行专业学生相对集中住宿；增设新能源汽车充电桩，满足教职工需求；统筹规划相关学院的教师、辅导员、教务员办公室，协调安排信息类学院专业基础实验室及科创空间，校区学生组织及社团活动用房，调整用房近3000平方米，很好地满足校区师生工作、学习的需要。

落实疫情防控政策，做好防控常态化工作。按照校地疫情防控要求，联系属地做好教职工与学生返校、报到工作，完成7000余人次的学生返校及新生报到工作；启动三针疫苗接种工作，组织落实常态化核酸检测；针对疫情复杂情况，广泛调研，结合实际，及时调增班车车次。

【人才培养】 学校在校区设立学工办、团工委。校区学工以传承红色基因、铸牢蓝色梦想为主线，统筹学生教育管理工作。建章立制，完成校区学生日常管理和应急预案等制度4项。依次开展“知书识礼”文明礼貌教育月、“泗水同窗”学风建设教育月等主题教育，做到月月有主题，周周有重点，提升学生教育管理工作的实效性。

思政教育注重大师引领与日常教育相融合，邀请叶培建、李健、孙泽洲等专家做客天目讲堂，组织“请党放心　强国有我”演讲比赛、团支部开展主题团日活动等。组织优秀学生事迹分享会，打造“习惯养成、学支帮扶、榜样引领”立体学风建设体系。指导学生自我管理、自我服务，规范学生组织管理，成立团学组织4个、学生社团15个。强化队伍自身建设，组织校区“湖畔研习社”学工人员理论学习与多主题业务培训。

举办校区学生科技节，联动校地、学院资源，打造常态化学术科创交流平台，联办虚拟仿真实验开放周，开展“青科创讲堂”8期、头脑奥林匹克赛事2项，浓郁学术科创氛围；打造湖畔嘉年华文体节，开展迎新晚会、航天嘉年华、周末音乐会、“新生杯”与阳光伙伴体育比赛等，开设“天目剧场”，丰富校园文化。

（南京航空航天大学天目湖校区）

湖畔嘉年华文体节　（南航天目湖校区　供稿）

文化·传媒

栏目编辑 陈 莉

文化综述

【概 况】2021年，市文旅局高质量开展公共文化服务，建立健全文化小礼堂、文化馆分馆、图书馆分馆等基层文化阵地的长效管理机制，不断提升基层文化阵地的管理和服务水平。精准实施“文化三送”活动，2021年全年完成送书下乡30000册，送戏下乡96场，组织开展各类社会教育活动100场，公益培训50场。图书馆累计接待读者110万人次，外借图书26.5万册次，办理读者证8527张，开展阅读推广活动30余项110余场次，全市10家“溧·书房”如期完成并投入使用，首家“溧·书房”运营稳定，全年累计接待读者21万人次，举办摄影、茶艺等各类培训活动88场，参与读者1700余人。文化馆对外免费开放公共文化服务设施13个，线上、线下服务群众近85万人次，累计举办各类讲座10场，展览27场，文艺活动34场，下乡巡演12场，对外培训和指导32场，建设文化志愿者队伍，共有文化志愿者956人，文明小义工100余人，文化志愿团队20支。博物馆服务群众33.6万人次，接待政府及企事业单位嘉宾200多场。推进优秀群众文艺作品生产，以庆祝建党百年为主题，组织开展溧阳市2021“百年风华 艺心向党”群众文化艺术原创作品比赛，溧阳市选送58件优秀群众文艺作品参加首届常州市公共文化“青果奖”，共有7件书画作品、1件小戏作品、1件舞蹈作品获奖。

2021年，按照“保护为主、抢救第一、合理利用、加强管理”的文物工作方针，依法加强文物保护和管理，加快文物保护与利用，文旅局联合人民检察院签发《关于建立文物保护公益诉讼协作机制的意见》，联合自然资源局签发《关于进一步做好基本建设考古前置工作的函》，正式将考古前置作为土地上市前必要条件，并明确各部门职责，规范申请、实施、验收等操作程序。完成省级文物保护单位淳化阁帖保护建筑的修缮工程，完成天目湖镇任兰枝墓址、太虚观遗址两处市保单位环境整治工程并通过专家验收，完成市级文保单位太白楼修缮工程、竹箦桥局部修缮及环境整治工程，完成和鹿港桥的保养维护及环境整治，开展市级文保单位及革命文物菡子故居的修缮，推进开展鲁仙宫、古城墙、溧阳旱灾赈济纪念塔修缮及环境整治工作，督导推进一般不可移动文物百家塘王氏宅的修缮工作。7项传统技艺入选常州市第五批非遗名录。2021年度，博物馆共新增征集或登记藏品20件（套），馆内共有各类藏品5055件（套）。博物馆启动省级文物保护专项资金修复馆藏13件书画项目。

2021年，共出动执法人员7640多人次，检查文旅经营单位3820多家次，处理各类举报投诉260起，查获“黑电台”4个，立案查处违规经营案件52件。利用“3·15”“4·26”等活动主题日，开展“扫黄打非”进村镇、进社区、进校园、进景区宣传月活动，全年共发放宣传画册2000份、宣传散页5000册，并制作展板16块进行现场宣传。

完成中国共产党成立100周年、中共十九届六中全会、全国“两会”以及春节等重要时期的安全播出任务。全年未收到广播电视广告相关投诉。2021年，配合市有关部门做好全市非法无线广播清理整治工作，全年共查处2起非法无线广播案件，未发生安全播出事故。推进智慧广电乡村工程建设，2021年10月，全市12个镇（区、街道办）智慧广电乡村工程通过省级验收。发挥数字应急广播系统功能，特别在疫情防控方面，市应急广播不间断宣传疫情防控知识，确保市委、市政府决策部署迅速宣传落实到位。

影剧公司全年经营总收入483万元；全年完成放映场次4500多场。其中农村送电影下乡3744场，42个社区和16个学校放映300余场，组织开展“庆祝中国共产党成立100周年公益电影展映”活动，累计放映约350场次。联系企业放映150多场，观众人数达150多万人次。

2021年，溧阳市获评江苏省首批文化和旅游消费试点单位、江苏省首批文化和旅游产业融合发展示范区建设单位。天目湖旅游度假区成为江苏省首批夜间文化和旅游消费集聚区建设单位。溧阳七彩火车文化旅游开发有限公司（曹山休闲观光项目）获得省级现代服务业（文化和旅游）专项扶持资金90万元。上汽大通房车科技有限公司（智能房车工厂项目）获得省级体育产业发展专项扶持资金80万元。溧阳曹山旅游发展有限公司、溧阳原乡建设投资有限公司等5家企业获得省旅游产业发展专项基金低息贷款共计4000万元。

社会文化

【公共服务效能提升】 以高质量考核为契机，开展群众文化活动。推进文化活动进农村，完成送书下乡30000册，送戏下乡96场，组织开展各类社会教育活动100场，公益培训50场。7月1日在市政府广场举办江苏省庆祝中国共产党成立100周年“百年百场”优秀群众文艺作品巡演（溧阳站）活动，线上观看人次超9万次。为推动文化小礼堂“建管用育融”一体化，结合全市实际，6—8月在全市157个文化小礼堂中开展“百堂共庆颂党恩”主题文化活动，向建党100周年献礼。市文化馆艺术团、溧阳市古琴协会、溧阳大眼睛少儿艺术团入选江苏省“优秀群众文化团队”培育对象名单。市文化馆入选江苏省“最美公共文化空间”打造对象名单。

【群众文艺创作】 以庆祝建党百年为主题，组织开展溧阳市2021“百年风华 艺心向党”群众文化艺术原创作品比赛并面向全市群众文化工作者、群众文艺爱好者或群众文艺团队、全市中小学教师及学生征集作品，比赛设舞台艺术类（音乐、舞蹈、戏剧、曲艺）和美术类（含书法）2个大类，整个活动吸引50多支队伍近千名爱好者报名参赛，共收到来自全市各界文艺爱好者的作品400余件，其中包括书法、篆刻、油画、粉画、国画、音乐、舞蹈、小戏小品、曲艺、器乐等多种门类。最终，评定获奖作品43个，其中舞台艺术类作品13个（音乐类作品7个、舞蹈类作品5个、戏剧类作品1个），美术类作品30件（绘画作品10件、书法作品10件、儿童书法绘画作品10件）；评选出入围作品62个，其中舞台艺术类入围作品36个，美术类入围作品26件。

溧阳市选送58件优秀群众文艺作品参加首届常州市公共文化“青果奖”，最终7件书画作品、1件小戏作品、1件舞蹈作品共9件作品获奖。

溧阳市被文化和旅游部授予2021—2023年度中国民间文化艺术之乡（少儿书法）荣誉称号。

【常州市第五批“非遗”代表性项目】 4月8日，溧阳市绿茶制作技艺、上黄羊糕制作技艺、古县乌米饭制作技艺、旧县豆腐制作技艺、怀姜糖膏制作技艺、明式砖作技艺、溧阳乌饭酒制作技艺7项传统技艺入选常州市第五批“非遗”名录。

【“溧阳北湖亭奖”优秀作品表彰项目评审】 组织开展2021年度“溧阳北湖亭奖”优秀作品表彰项目申报评审工作。经条件审核、专家评审及评审委员会审议，共有4类21件作品获奖(金奖1件，银奖2件，铜奖18件)，其中美术、书法、摄影类金奖1件，银奖1件，铜奖12件；音乐、舞蹈、戏曲类银奖1件，铜奖1件；文学类铜奖4件；广播电视电影类铜奖1件。

文化遗产保护

【文保新机制】 2021年2月，溧阳市人民检察院与溧阳市文体广电和旅游局共同出台《关于建立文物保护公益诉讼协作机制的意见》，就文物保护工作在日常沟通联络、联席会议、案件线索移送反馈、重大案件协商、专业互助、联合开展专项行动、文物修缮、成果宣传3个方面加强沟通与协作。3月，市文体广电和旅游局与市自然资源局联合下发《关于进一步做好基本建设考古前置工作的函》，正式将考古前置作为土地上市前必要条件。

【文物保护】 开展革命文物保护

表 34

2021 年度“溧阳北湖亭奖”优秀作品表彰项目评审情况表

作者姓名	作品名称	类别	获奖等级
潘建忠	《收获季节》	美术、书法、摄影类	金奖
彭　表	《书法直幅“康有为书论”》		银奖
程安中	《古韵新风》		铜奖
凌　丹	《歌词月满弦节选》		
杨　霖	《并不平凡的世界》		
张进卫	《运河之畔 5G 风》		
张丽萍	《“道遵 · 德昭”联》		
黄小红	书法作品		
刘琴芳	《南山芳草》		
卢忠兔	《好事成堆》		
徐　菱	书法作品		
黄　晖	丁欣词《满江红白衣天使出征》		
史姣靓	《运河之韵 · 和美与共》		
蒋龙生	《斗马》		
潘振新	《走遍江南寻到你》	音乐、舞蹈、戏曲类	银奖
徐星频	《娃娃替我陪妈妈》		铜奖
张俊（黑凝）	《出塞》	文学类	铜奖
郭宏冰	《白月光》		
黄　郁	《挂在窗口的男人》		
钱友红	《狗叫了一夜》		
刘卫江	《醉美南山》	广播电视电影类	铜奖

利用规划和省级文保梅岭玉矿遗址保护规划编制工作，完成溧阳国保及省保单位安全风险评估工作方案编制。完成 2021 年度国家和省级文物保护专项资金申请，并得到 2021 年度省级文物保护专项资金补助 160 万元。完成省级文物保护单位淳化阁帖保护建筑的修缮工作。完成菡子故居、太白楼、竹簧桥、和鹿岗桥、任兰枝墓址、太虚观遗址 6 处市级文保单位的修缮、保养维护及环境整治工作。开展鲁仙宫、古城墙、溧阳旱灾赈济纪念塔 3 处市保单位的修缮及环境整治工作，开展一般不可移动文物百家塘王氏宅修缮工作。

【考古发掘】 完成古县村西侧地块、茶文化市场地块、别桥镇中心小学南侧 3 个地块考古调查、勘探工作。启动胥河段沿线新石器时代及商周时期古遗址、古墓葬考古调查、勘探工作。10 个区域的文物资源评估申请通过省文物局批复同意。完成东滩头遗址二期、观山北遗址考古验收工作，并对古县遗址、上兴经开区刘庄土墩墓群开展考古发掘工作。4 月召开古县遗址阶段性考古成果专家论证会，专家一致认为古县遗址是全国首度发现三国南朝时期相对完整的县城遗址，在全国范围内都有着重要意义。

【文物安全】 11 月，溧阳市文体广电和旅游局组织召开全市文物安全巡查工作会议，会议要求各镇（街道）高度重视村一级的日常巡查工作，与文物点所在的行政村签订文物安全责任书，并聘请义务巡查员，建立专业人员与社会力量相结合的巡查队伍，更好利用村一级文保员的力量做好每月日常巡查工作。对全市 66 处文物保护单位每季度进行一次全面巡查，针对巡查过程中发现的问题要求相关管理使用单位及时整改并上报整改情况。1 月及 6 月各组织开展全市各级文物保护单位、古建筑类的一般不可移动文物、文博场馆、考古工地全面的文物安全排查。5—9 月，分别组织开展文物消防安全专项整治及革命文物建筑安全隐患排查工作，台风后考古工地及文保单位修缮工地安全巡查，全市既有古建筑安全隐患排查工作。11 月联合市消防救援大队开展冬季文物消防安全联合检查。

文旅市场管理

【概 况】 2021年，市文化市场综合行政执法大队围绕市委、市政府工作部署，坚持以构建“和谐繁荣、平安稳定”的文旅市场、构建“基层扫黄打非网格化管理工作体系”和构建“服务基层党建品牌”为工作目标，突出整治重点，强化日常监管，狠抓各项举措，在队伍建设、信息化建设、文旅市场管理、专项整治，以及“扫黄打非”工作方面作出努力和贡献，重点组织开展溧阳市旅游市场秩序、未经许可经营旅行社业务及“不合理低价游”、旅游包车、旅游购物店、校园周边治安与文化环境、境外电视传播秩序、“扫黄打非”等专项整治行动。

【日常监管】 加强文旅市场开展巡查工作，确保文旅场所疫情防控到位、安全生产可控、市场秩序规范。全年，共出动执法人员7640多人次，检查文旅经营单位3820多家次，处理各类举报投诉260起，查获“黑电台”4个，立案查处违规经营案件52件。

在维护文旅市场日常秩序的同时，加强演出活动管理，尤其是节假日期间，演出活动多、人员密集，大队在严格审核演出内容的同时，每次演出都按照要求组织人员对演出的疫情防控、演出安全、演出内容等情况进行现场监管，重点监管太湖迷笛溧阳音乐节、溧阳庆丰稻田音乐节、溧阳埭头葫芦村音乐节、曹山未来城音乐节等重大户外演出，有效保障意识形态领域的安全。

【联合协作】 以“扫黄打非领导小组办公室”“校园周边综合整治领导小组”等各类领导小组或办公室为契机，统一协调各个部门参与文化市场综合执法工作。通过召开“旅游市场秩序整治工作联席会议”等联席会议、组织集中行动、总结经验做法的程序，形成固定的工作机制，为推进文化市场综合执法工作提供组织保障。

为进一步深化苏皖文旅执法协作，促进溧阳、广德、郎溪三地文旅市场健康繁荣发展，根据市委、市政府建设区域协作示范城市的要求，三地秉持“精诚协作、互学互鉴、共建共赢”的理念，共同签订《江苏省溧阳市与安徽省广德市、郎溪县“扫黄打非”及文旅市场互查区域联防协作协议》，通过信息联通、市场联查、问题联治、队伍联建等方面开展区域联防协作，为三地文旅执法常态化合作奠定基础，着力推进三地文旅市场进一步繁荣有序。

【扫黄打非】 探索扫黄打非管理的新路径，强化乡镇扫黄打非执法工作，推进强镇扩权执法下沉机制，通过简政放权，授权、委托其行使部分扫黄打非监管权，设立基层“扫黄打非”服务站点238个，建立市、镇、村三级联动网络，实现监管和执法资源的有效配置和全面覆盖。

组织召开镇、街道办文旅市场（“扫黄打非”）管理工作会议，与镇、街道办文旅市场管理机构签订目标管理责任书，部署落实镇、街道办文旅市场管理、疫情防控、安全生产、市场规范以及“扫黄打非”工作。

利用“3·15”“4·26”等活动主题日，开展“扫黄打非”进村镇、进社区、进校园、进景区宣传月活动，全年共发放宣传画册2000份、宣传散页5000册，并制作展板16块进行现场宣传。

【疫情防控】 按照市防疫指挥中心和上级条线部门的要求，结合安全管理落实各项疫情防控措施，疫情防控期间，为有效阻击疫情的扩散，减少人群聚集，按照上级要求，部署落实全市文旅场所暂时关停等工作，并从严从细做好场所复工工作。疫情防控主要阶段，大队共出动检查人员3240次，检查网吧和娱乐场所1620家次，推动文旅场所防疫意识的提高和疫情防控措施的落实，保障从业人员和消费者的身体健康和生命安全。

【专项整治】 紧扣市委、市政府“生态品质巩固提升年”工作主题，坚持标本兼治、防打结合、属地管理、突出重点，提升旅游服务质量，重点组织开展溧阳市旅游市场秩序、未经许可经营旅行社业务及“不合理低价游”、旅游包车、旅游购物店、校园周边治安与文化环境、境外电视传播秩序、“扫黄打非”等专项整治行动，开展联合执法行动16次。

文明城市建设网吧禁烟行动 针对上网人员在网吧内吸烟这个社会难点问题，市文化市场综合行政执法大队主动与网安大队、网吧协会开展座谈交流，从法律角度、社会影响角度与网吧业主进行沟通，有效改变网吧业主经营理念，落实部署相关整改措施。开通管理软件语音通知功能，每隔半小时通过语音播报“网吧内禁止吸烟”的内容，提醒网吧客户在网吧内禁止吸烟。在吧台上网开卡时由服务员提醒上网客户禁止吸烟。通过网吧管理微信群，由网吧协会向各网吧业主不定期的宣传网吧禁止吸烟行为。文化和公安部门加大日常巡查力度，不定期对网吧进行蹲点禁烟行动取得良好成效，改变网吧上网环境，为全市文明城市建设工作做贡献。

校园周边文化环境提升行动　为全面净化学校周边社会文化环境，给未成年人提供一个积极向上，健康文明的学习生活环境，市文化市场综合行政执法大队联合宣传部、教育局、公安局等多部门，以校园周边网吧、娱乐场所、图书、音像店为重点整治场所，以无证无照经营音像、图书摊点及非法出版物等为重点整治对象，严厉打击文化市场各类违法违规经营行为，规范校园周边文化经营场所经营秩序，确保校园周边文化市场环境的安全、有序、稳定。

在全市部分学校摆放以“护助少年儿童健康成长，拒绝有害出版物及信息”为主题的宣传展板，张贴“绿色阅读、文明上网”的宣传海报，并向学生宣讲“扫黄打非”宣传活动的意义和目的，号召他们要培养健康阅读习惯，远离淫秽、色情、暴力的出版物和网络有害信息。

违规音乐产品专项检查　根据《文化和旅游部文化市场综合行政执法监督局关于加强违规音乐产品查处工作的通知》要求，围绕违规音乐查处重点，共出动执法人员65人次，检查全市经营的歌舞娱乐场所共33家，做到城区和乡镇全覆盖。执法人员在对33家经营单位检查过程中按照被封杀艺人姓名和违规歌曲名称在点歌系统中搜索，未发现违规音乐产品。执法人员对经营单位负责人加强相关法律法规宣传，要求其在经营过程中禁止传播违规音乐作品。

境外电视传播秩序专项整治工作　根据《溧阳市2021年度境外电视传播秩序专项整治工作方案》，大队组织开展专项整治的宣传工作，联合局广电科组织召开境外电视传播秩序专项整治工作联席会和推进会，联合综治办、公安局、市场监督局等相关部门开展对境外卫星电视接收持证单位的执法检查。全年共组织联合执法行动两次，查获“黑电台”4个，下发责令整改通知书两份，发放告市民书500余份。

暑期网吧和娱乐场所专项整治行动　为保障暑期文化市场的健康、有序发展，让中小学生在暑期有一个良好的社会文化环境，8月，制定《溧阳市暑期网吧和娱乐场所专项整治行动》工作方案，并组织人员对全市50家网吧和33家娱乐场所开展两个月的专项整治检查行动。通过专项整治行动，娱乐场所和网吧行业能严格遵守国家相关法律法规，严控未成年人进入网吧行为，文明上网、绿色上网、守法经营、诚信经营、有序竞争的行业风气正在逐步形成。

文化产业

【概　况】　全市深入学习贯彻中共十九大精神，围绕“做强文化重点行业、培育文化产业特色、壮大文化骨干企业”的建设目标，推动文化和旅游产业深度融合，推进重大项目建设，优化文化旅游市场环境，产业继续实现稳步发展。2021年，溧阳市获评江苏省首批文化和旅游消费试点单位、江苏省首批文化和旅游产业融合发展示范区建设单位。天目湖旅游度假区成为江苏省首批夜间文化和旅游消费集聚区建设单位。

【资金争取】　溧阳七彩火车文化旅游开发有限公司（曹山休闲观光项目）获得省级现代服务业（文化和旅游）专项扶持资金90万元。上汽大通房车科技有限公司（智能房车工厂项目）获得省级体育产业发展专项扶持资金80万元。溧阳曹山旅游发展有限公司、溧阳原乡建设投资有限公司等5家企业获得省旅游产业发展专项基金低息贷款共计4000万元。

【产业格局】　在生态空间上形成一批以自然资源和文化底蕴为基底的文化旅游景区、度假区；在生产空间上构建出“一核一带一环一组团”的文旅产业发展布局；在生活空间上打造出一批以城市公园、美意田园、民居风情、生态景观协同，推动溧阳成为一个没有边界、主客共享、居旅相宜的美意大景区，更深层次释放了旅游红利，更广领域转换文化价值。

广播电视管理

【安全播出】　全年围绕中国共产党成立100周年安全播出工作这一主题，贯彻落实总局《广播电视安全播出管理规定》和省局《关于进一步加强广播电视安全播出工作的通知》文件精神。完成中国共产党成立100周年期间、中共十九届六中全会、全国“两会”以及春节等重要时期的安全播出保障任务，一年以来未发生安全播出事故。

【推进智慧广电建设】 推进智慧广电乡村工程建设。根据《关于推进江苏智慧广电乡村工程建设的通知》的要求，结合各地实际和需要，按照“统一规划，分类推进，分步实施”原则，推进省级“达标乡镇（街道）”建设；2021年10月，溧阳市12个镇(区、街道办）智慧广电乡村工程通过省级验收，为全市争创首批省智慧广电乡村工程示范市奠定扎实的基础。发挥数字应急广播系统功能。自2020年全市市、镇、村三级数字应急广播系统平台建设通过省级验收以来，特别在疫情防控方面，市应急广播不间断宣传疫情防控知识，确保市委、市政府决策部署迅速宣传落实到位。规范应急广播管理。为发挥应急广播在防灾减灾和重大突发公共事件中的信息传播和指挥调度作用，根据安全可靠、快速高效、平战结合、分级管理的基本原则，制定《溧阳市应急广播信息发布管理规定（试行)》，规范应急广播信息发布工作。

【广告和黑广播管理】 为落实广告审查制度和落实播出责任，开展在播广告全面梳理排查工作。对不符合新《中华人民共和国广告法》《广播电视管理条例》和《广播电视广告播出管理办法》等规定的广告全面整改。2021年5月，根据省局《关于落实总局办公厅停止播出“中医新知甩脂贴”等部分广告的通知》《关于加强〈食医话健康〉等健康养生类节目监管的通知》《关于进一步对广播电视广告违规问题进行排查整改的通知》和《关于转发国家市场监管总局等八部门做好校外培训广告管控工作的通知》等通知要求，市文旅局对在播广告梳理排查，要求电视台健全广告审查制度，落实播出责任。全市未收到广播电视广告相关投诉。2021年，配合市有关部门做好全市非法无线广播清理整治工作，全年共查处2起非法无线广播案件，播出内容均为低俗医药广告；同时根据校外培训广告管控的内容，及时上报工作情况和校外培训广告管控工作情况月统计表。

图　书　馆

【概　况】 2021年，全市10家溧书房如期建成并投入使用；收回镇前街8号老馆部分馆舍用作储存书库；剔除旧书，进一步优化馆藏结构；引入自助借还、自助办证设备，部分实现自助服务；建成首个建筑工地流动书屋；获2021长三角地区公共图书馆阅读马拉松大赛秀组织奖、常州市图书馆学会优秀阅读推广组织奖，“美音溧阳故事会”项目被常州市图书馆学会评为阅读推广优秀项目，党支部被中共溧阳市委评为优秀基层党支部；宋国忠被评为江苏省文旅系统先进工作者。

【文献资源建设与读者服务】 全年采编新书19584种、37914册，订购各类报刊532种；外借图书265437册次，办理读者证8527张，接待线下读者量创历史新高。

【阅读推广活动】 全年开展阅读推广活动30余项110余场次，包括纪念庆祝100周年开展的春晖朗读“学党史·致巾帼·芳华100说”“护苗2021”“读党史、抒党情、领党恩”等主题朗诵会、《巾帼绽芳华，勇做追梦人》等图文展、“童年的阅读与写作”等专题讲座、长三角阅读马拉松大赛以及“红领巾”读书征文比赛、美音溧阳故事会、文明小义工、“溧图书韵”等活动。

【溧书房】 分在全市人流聚集地的10个溧书房如期建成并投入使园。溧书房平陵中路馆运营满一年，累计接待读者21万余人次，举办读书、摄影、茶艺等各类培训活动88场，参与读者1700余人次，其中不乏从南京等地慕名前来的读者。

【公共文化服务模式创新升级】 在溧书房及本馆引入自助借还、自助办证设备以及人脸识别等智能化技术手段，极大提升了服务效率和市民体验。建成首个建筑工地流动书屋——龙海建设集团夏林馨苑服务点。全年为232个各类馆外图书流动服务点开展送书上门服务，年流转图书3.2万册次，为各镇、村分馆提供技术支持与服务。

博　物　馆

【宣教工作】 2月8日，博物馆举办“溧博人气文物，由您来pick”的线上投票活动，选出2020年度最受欢迎的馆藏文物——陶四神。4月3日博物馆举办陶四神知识讲座和戳戳乐DIY陶四神活动，扩大“溧博人气文物，由您来pick”活动影响力，给参与投票的文博爱好者们提供学习空间，更加详细地了解自己所喜爱的文物。5月18日国际博物馆日，将文物知识搬进小学，在校园内开启“千秋金濑话溧阳”的时空之旅，以流动宣传展板的形式对重点馆藏文物进行介绍。6 月 12 日博物馆举行“喜迎端午制香囊”活动，既有端午知识讲座又有手工活动制香囊，将活动的知识性、娱乐性与互动性相结合，优化博物馆“第二课堂”模式。7 月 8 日博物馆举行“彩泥捏青瓷”活动，为孩子们度过一个既收获知识，又收获快乐的暑假。9 月 25 日博物馆举办“舞动的精灵——蝴蝶科普研学”活动，普及科学文化，拥抱自然生活。激发青少年对大自然的热爱，引导他们爱护自然、守护环境。

【馆校合作】 4 月 30 日，溧阳市博物馆与天目湖中心小学签署《溧阳市博物馆劳动实践基地共建协议书》及《党支部结对共建协议书》，并举行焦尾琴知识讲座、古琴演奏、学生才艺表演、古法造纸、“童心向党 薪火相传”研学活动等一系列社教活动。

【联合承办的“溧阳地域文明探源论坛暨六朝考古学术工作坊”第四期】 12 月 26—27 日，溧阳市博物馆和南师大六朝考古研究所（筹）联合承办的“溧阳地域文明探源论坛暨六朝考古学术工作坊”第四期在溧阳举行。论坛吸引来自中国人民大学、南京师范大学、云南大学、南京博物院、常州市考古研究所、镇江博物馆、南京市考古研究院等工作单位的近 40 名专家、学者参加。与会专家交流讨论溧阳地域文明探源与六朝考古相关的新发现、新成果，对推动区域文明探源和学术研究的深入具有重要意义，也为溧阳全面建设历史文化名城提供坚实的学术支撑。

【接待工作】 溧阳市博物馆 2021 年全年共接待游客 33.6739 万人次，接待政府及企事业单位嘉宾 200 多场。博物馆已成为党政机关、学校社区学习溧阳历史文化、进行爱国主义教育的重要场所。

【文物征集与修复】 2021 年度博物馆共新增征集或登记藏品 20 件（套），主要为民间人士的无偿捐赠，馆内现有各类藏品 5053 件（套）。博物馆利用省级文物保护专项资金启动的馆藏 13 件书画修复项目，通过专家验收，完好入库。

【考古调查工作】 溧阳市博物馆继续配合南京博物院考古研究所开展古县遗址主动发掘项目及上兴溧阳经开区进行刘庄土墩墓群的发掘工作。溧阳市博物馆联合南京博物馆开展省级课题“胥河溧阳段商周及新石器时代古遗址古墓葬”考古调查与研究。

【文物保护工作】 针对全市 66 处文物保护单位，完成每季度的文物巡查工作。2021 年 3 月，博物馆联合文化市场执法大队开展全市范围内江苏省文物保护单位巡查工作。对全市 87 处文物监控探头，每周 2 次进行文物技防台账记录，其间对出现问题的监控摄像头及时联系安装公司进行维修。通过文物技防与文物巡查工作，为溧阳市各级文保单位的安全提供了有力保障。完成“江苏省文物综合管理平台”对全市 66 处文保单位的信息录入。

【展览工作】 2021 年，承办或协办七场短期展览：“壶韵茗香秀江南——曼生壶回归故里精品展”“‘牛’转乾坤——辛丑（牛年）新春生肖文物图片展”“我与博物馆——天目湖中心小学学生手绘、手工作品展”“摄影发现中国 · 溧阳生态摄影大展”“丰碑·铭记·传承——庆祝中国共产党成立 100 周年图文展”“蝶舞翩跹——名蝶精粹与蝶文化展”“常州革命文物图片展”。

文　化　馆

【概　况】 2021 年，市文化馆不断完善公共文化服务职能，打造全民艺术普及工程，以工作实效全力推进全市群众文化活动的发展。2021 年以来，按照市委、市政府及市文体广电和旅游局全年工作的总体计划和部署，发挥文化馆职能作用，提升文化馆的综合管理水平，各项工作取得一定成效。

【场馆免费开放】 按照上级单位的部署，2021 年在做好疫情防控的同时，做好文化馆免费开放工作，开设春季、秋季以及暑期“全民艺术普及课堂”项目 70 个，群众报名近 1500 人次。13 项公共文化服务设施全部对外开放，截至 10 月底，市文化馆线下共服务群众约 40 万人次，线上共服务群众约 45 万人次。为配合文明城市检查和防疫工作，安排志愿者和值班人员全时段做好接待和服务。馆内设施提档升级，打造全新的美术馆和多功能厅。美术馆满足大型艺术展览的需求，多功能厅能同时容纳 100 余人，满足讲座、会务、演出等功能。

【群众文化活动】 围绕全市中心工作，配合举办好各类文化活动。2021 年是建党 100 周年，市文化馆策划推出“百年梦圆，美好生活”系列文化活动，包括诵读活动、歌手大赛、舞蹈巡演等不同形式，举办“童心向党、共绘百年”儿童百米长卷绘画活动、“百团颂百年永远跟党走”群众文化广场演出、“百年百幅”阮荣春、朱国平师生书画作品展等活动，组织参演常州庆祝中国共产党成立100周年歌咏演出，在全市营造欢庆氛围。举办形式多样百姓喜闻乐见的文化活动。截至10月底累计举办各类讲座10场，展览27场，文艺活动34场，下乡巡演12场，对外培训和指导32场。为党代会、政协会议、人大会议、溧阳灯会、全体政法队伍主题党课等市、镇各级演出、会议、活动提供专业设备和人员支持50多场。

【文化志愿者队伍】 建设文化志愿者队伍，市文化馆共有文化志愿者956人，文明小义工100余人，文化志愿团队20支，截至10月底共发布志愿活动近295场，参与人数千余人次。文化馆还举办端午节香包手作、妇女节踏青活动、儿童节绘伞活动等志愿者和文明小义工专场活动。

【文化精品创作】 全年进行“美丽乡村，最美笑脸”摄影作品征集、“童年拾光”儿童主题摄影作品征集、庆祝中国共产党成立100周年全市群众美术书法摄影作品展、记录·辉煌——庆祝中国共产党成立100周年全省艺术摄影大展、庆祝建党100周年‘百年百场’优秀群众美术书法摄影作品巡展、第四届全国粉画展、2021“中国书法·年展”全国楷书作品展、我们的小康生活美术作品征集、江苏省“八十年代书家”精英探寻展等作品征集和展览的组织报送工作。策划“印象秋冬，魅力溧阳——溧阳秋冬风光摄影大赛”，全市摄影爱好者踊跃投稿参与；策划“百年风华 艺心向党”溧阳市群众文化原创作品大赛，设置舞台艺术类和美术类2个大类，面向全市申报征集，共征集舞台艺术类作品53件，美术类作品300余件，选送优秀作品参加“常州市群众文化原创作品大赛”。黄晖的书法作品参加常州市主题创作书法展获金奖并入选《庆祝中国共产党成立100周年——“常州三杰精神”书法作品展》；刘琴芳工笔画作品入选中国美术家协会举办的“百花向阳——2021全国花鸟画作品展”、2021“万年浦江”全国中国画册页展、“伯年国艺”全国中国画（手卷）写意作品展等。潘建忠粉画作品入选“第四届全国粉画展”初选。朱平辅导的大合唱《唱支山歌给党听》在庆祝中国共产党成立100周年中国邮政集团有限公司常州市分公司歌咏大会获一等奖。辅导的南京航空航天大学合唱团《灯火里的中国》在庆祝中国共产党成立100周年歌咏大赛中获在常高校二等奖。

影剧公司

【概　况】 全年经营总收入483万元；全年完成放映场次4500多场，其中农村送电影下乡3744场，42个社区和16个学校放映300余场，组织开展“庆祝中国共产党成立100周年公益电影展映”活动，累计放映约350场次。联系企业放映150多场，观众人数达150多万人次。

【服务升级】 2021年，公司免费送数字电影放映设备到别桥镇塘马村、竹箦镇西汤村、南渡镇旧县村、古县街道文化事业中心、昆仑街道等五个点，为当地群众观影提供便利。更换电影放映设备16套，购置数字放映电影节目4100部。在放映期间，发放电影名单征询表，对村民观影需求进行调查，将选片权交给观众，推动供需有效对接，对送电影下乡服务进行提档升级，不断满足基层群众的文化新期待。

【未成年人思想道德建设项目】 开展“让青少年在党的光辉下茁壮成长——建党百年优秀电影进校园活动”，依托市影剧公司组建的20支放映队，送《我的战争》《英雄儿女》《此时此刻·2019大阅兵》等经典影片进学校、进社区、进乡镇；抓住时间节点，开展“庆祝中国共产党成立100周年公益电影展映”活动，送《党的女儿》《红色娘子军》《南征北战》等经典影片进校园放映，培养未成年人的爱国意识，加强未成年人的爱国主义精神教育。

【电影惠民工程】 为庆祝中国共产党成立100周年，溧阳市影剧公司联合各乡镇和街道办共同举办“庆祝中国共产党成立100周年公益电影展映”活动，将《党的女儿》《红色娘子军》《南征北战》和《永不消逝的电波》4部经典影片在各街道乡镇社区、村委巡回展映，累计放映约315场次。组织开展“百片千村万场”公益电影展映活动，共13场。配合市地震局开展“2021年平安中国防震减灾电影季”活动，播放《众志成城 生死不离》等防震减灾题材类电影和《科普动漫 宣教你我——地震常识及避震方法》

宣传片，共计10场。联合溧阳市妇联开展“吾美吾家　百村靓溧”行动宣传——红色电影专场活动，共8场。配合市政府做好文明城市宣传工作，播放文明城市宣传片200多场次。配合上级部门开展宣传“扫黑除恶”活动，共计350场。重阳节期间送电影进敬老院，共10场次。通过农村电影放映平台，举办观影活动，丰富全市人民的业余生活，提高溧阳市精神文明建设水平。

（市文体广电和旅游局）

融媒体中心

【概　况】 2021年是“十四五”开局之年和建党100周年，市融媒体中心以内容建设为根本、人才培养为支撑、创新管理为保障，融新局、谋新篇、启新程。发挥主流媒体的喉舌作用，围绕市委、市政府聚焦“长三角生态创新示范城市”，贯彻“美丽宁杭新支点、城乡融合试验田”的定位，以“生态优先、产业优升、开放优容”为导向，团结实干，及时开设相关新闻宣传专栏报道，传播权威声音、畅通民意渠道，为各项工作开展营造舆论氛围。获2021年度溧阳市工作创新奖、优秀项目奖。

4月23日，中宣部、国家广电总局专题调研溧阳融媒建设工作并给予高度评价，省委组织部、省编办简报专门刊发《深化事业单位改革试点，打造县级融媒体“溧阳样本”》介绍溧阳经验。

【电视宣传】 运用媒体融合和新媒体思维，对《溧阳新闻》进行重大改版，升级节目包装，采用男女对播的主持形式，增加“主播说新闻”板块，新闻节目内容和形式有了较大的提升创新。《溧阳新闻》围绕建党100周年、党史学习教育、全民小康建设成就、生态品质巩固提升、疫情防控等中心工作、重要工作精心组织好相关宣传报道，策划开辟《奋斗百年路，启航新征程》《学党史　悟思想　办实事　开新局》《我为群众办实事》《践行嘱托开新局》《走向我们的小康生活》《冲破“县级市”思维　争创“五个示范”》专栏，营造良好的宣传氛围。整合频道资源，拓宽引进渠道，坚持品质优先，精心组织片源，强化电视剧播出，特别推出《庆祝中国共产党建党100周年优秀电视剧展播》，共播出优秀革命题材电视剧33部1300多集。12月3日的《溧阳新闻》获常州电视新闻节目编排一等奖；《一封信背后的红色传承》《全市首张“跨省通办”营业执照成功颁发》《新闻特写：一个都不能少》获常州市广播电视作品二等奖，《全国首例！市人民法院判决高空抛物正式入刑第一案》《“精耕”高效农业　助推乡村振兴》《店铺失火夫妻被困　好邻居砸窗救人》获常州市广播电视作品三等奖。

【报纸宣传】 2021年，《溧阳时报》共出报256期，2392个版面，其中增版（增刊）79期，增出版面432个。重点围绕庆祝建党100周年、“生态品质巩固提升年”工作主题、重大项目建设、“三效三提”作风建设、安全生产、疫情防控等主题宣传，在新闻版面开设“奋斗百年路　启航新征程”“建党100周年溧阳大事记”“我为群众办实事”“红色百年看风华”“党史学习教育系列评论”“水西百忆”“‘两在两同’建新功”“实现项目突破，争取一流业绩”“突破‘县级市思维’，争创五个示范”“防范电信网络诈骗，捂紧你的钱袋子”“禁止燃放烟花爆竹，守护溧阳蓝”“疫情防控，全‘溧’行动”等各类专栏40多个，累计刊发新闻专栏稿件近1000篇；副刊开设“老照片的故事”“溧阳党史故事一百讲”“我心永向党，奋斗新征程”“说说我身边共产党员的故事”“新四军江南指挥部纪念馆藏品欣赏”“青年百悟传初心”等庆祝建党100周年主题宣传栏目和其他栏目10多个；制作社会主义核心价值观、文明新风、保护未成年人、书香溧阳、疫情防控、安全生产、禁放烟花爆竹、文明旅游、道德模范、创建安全发展示范市、争创五个示范、文明养犬、防范电信网络诈骗等各类公益广告200多条（版面）；完成书籍文稿校对任务、补充完善文明城市创建相关报纸宣传台账资料、完成《2021年民生实事画册》资料收集及编校制作任务。

2021年，报刊部获“江苏省县市新闻中心系统好新闻评选”好专栏奖2项，2人获得好标题奖，4人获得好版面奖；1人获评第六届全国县市区域“百佳优秀媒体人”。

【广播电台】 2021年度，调频97.2溧阳综合广播6档直播节目，每档由原来60分钟调整为90分钟，各类资讯内容丰富，亮点纷呈，且全部开通可视化直播，做到广播媒体可听、可看、可互动，关注度活跃度逐步提高；碎片化录制节目《溧阳话讲讲》《戏迷风采》《美音溧阳》立足打造精品节目，继续保持高人气态势，社会关注度高，广受听众好评。

积极与部门、乡镇合作办节目，提高广播的收听率和收听效果，已经与8家单位合作，产生良好的社会反响和经济效益；参与全市多项重大活动，完成直播车随行移动解说任务。2021年，广播电台共参与全市现场直播车解说活动共15次，完成各次工作任务，展示溧阳美丽形象，受到与会领导一致好评。

应急广播面对突发情况，广播部所有人员全天候待命，只要接到任务，都及时到岗，加班加点，保证应急广播及时、准确发布信息。据统计，共发布更新200多次播报信息，助力疫情及自然灾害防控。

2021年，《王颖当选全国“最美公务员”》《严格规范犬只管理树立文明城市形象》等节目分获常州市优秀广播电视节目新闻2个二等奖，2个三等奖。

【精品创作】 百集沉浸式《水西百忆》受到央视、“学习强国”学习平台、江苏卫视、常州电视台等上级媒体的推送报道；获评第十五届小康电视节目工程短视频类好作品、“百年风华”全省党员教育全媒体作品创作大赛一等奖、江苏省融媒体优秀案例、江苏省庆祝第22个中国记者节系列云展播、获评2021江苏省“庆祝建党百年融媒体精品案例征集评选”活动“十佳案例”、2021长三角广播电视媒体融合优秀案例。

加强内容生产部门之间的协作，提升节目和栏目品质。2021年12月3日的《溧阳新闻》获常州市电视新闻节目编排一等奖；《小城故事》获常州市电视社教优秀栏目一等奖；《纪念陈毅元帅诞辰120周年诗词分享会》获电视文艺专题节目一等奖；《寻美溧阳》MV获电视文艺艺术片一等奖。与新华社合作创作的《温度》系列片，视频上线仅一天，点击量就破百万。

锡剧团创排的现代锡剧《等你回家》获常州五个一工程奖，并进行江苏艺术基金巡演活动；锡剧小戏《西边日出东边雨》获中华颂全国小戏小品曲艺大赛优秀组织奖、优秀导演编剧奖、优秀演员奖；歌曲《溧阳铁军》获常州艺术基金资助项目。

【新媒体运营】 “中国溧阳”微信公众号目前拥有粉丝8.8万人，较上年新增1.4万人。2021年7月22日疫情期间的一条推文阅读量达100万+，这是常州地区当年唯一突破100万的推送。在常州地区众多官方微信公众号中，“中国溧阳”成绩斐然，稳居前列，政务号全年排名第一。代运号18个，全年发稿6000多篇，是2020年的1.4倍。

“自在溧阳”App目前共有注册用户32万人，比年初新增36000多人，全年发布国内、省内、常州市，以及溧阳市级新闻资讯14400多条，比上年总发布量增长近2倍；日均发布新闻资讯40条左右，是上年日均发布量的1.8倍。

围绕相应主题的宣传，新媒体部门提前做好各类创意策划，探索新的宣传报道方式，全年开设各类专题专栏22个（App专题12个、微信5个、时空网5个），“自在溧阳”App开设直播30场，更换创意启动页面150张，各类宣传标语30条，“中国溧阳”发布H5 推文6条，宣传海报50张。

【对外宣传】 2021年，融媒体中心紧扣全市工作大局，围绕主题专题做好“大文章”，全方位提升溧阳城市知名度、标识性、美誉力。在常州市级以上主流媒体共刊发外宣1000余篇（次），央媒重要栏目聚焦溧阳100余次，其中新华社11次，中央电视台64次，江苏卫视188次；《新华日报》14篇，其中头版4篇；《中国经济周刊》38篇；“学习强国”145次，其中全国平台3次。11月2—6日，央媒连续聚焦溧阳，仅11月溧阳就被央媒报道9次。

【艺术推广】 发挥自身优势，创作精品剧目，为庆祝建党一百周年，配合拍摄（由市委组织部主办，中共溧阳市委党校（江南铁军教育学院）、溧阳市融媒体中心、新四军江南指挥部纪念馆）联合制作《水西百忆》百集微纪录片，寻找优质题材和一流编剧导演，创排锡剧小戏《西边日出东边雨》、歌曲《奋斗新溧城》、锡歌《水西精神放光芒》、歌曲《溧阳铁军》、小戏《无法兑现的承诺》、小品《骗你没商量》等优质作品，锡剧小戏《西边日出东边雨》获得2021年中华颂全国小戏小品曲艺大赛优秀组织奖、优秀剧目奖，歌曲《溧阳铁军》获常州艺术基金资助项目。

2021年7月，面对突如其来的新型疫情，剧团用自己的方式助力抗疫防控。剧团借助媒体平台编写抗疫戏曲《珍珠塔·荣归》选段以及《双推磨》选段，以人民群众能通俗易懂的艺术形式来传播抗疫规范、教化育人，而又以高于生活的表现手法传递人间的真善美。

将强埠小学作为戏曲传承基地，进行锡剧教学课程的编写，锡剧校歌的作词、作曲已经完成，并申报江苏省教育厅特色教学项目。锡剧进校园活动在上黄、西平、后六等学校延伸拓展。

【演艺拓展】 参与2021中国溧阳茶叶节暨天目湖旅游节开幕式演出，宣传溧阳茶叶、推介溧阳茶舍。配合参与2021中国溧阳第二届稻田音乐节暨第三届“四美”丰收节的文艺演出。举办小主持大赛、少儿春晚节目选拔赛。结合送戏下乡创排大量形式多样的优秀节目，为司法、环保、医保、安全生产等各条线做巡回宣传演出，将市委市政府的“惠民工程”做到实际、做出实效，让市民共享文化发展成果，提升溧阳文化软实力。

文化艺术中心剧院配合市委市政府开展重要会议19场，服务保障今年的党代会，各镇街道庆祝建党百年晚会8场、茶叶节地方文化戏曲周6场，日常剧院的经营性会议演出24场。剧团、剧院配合中心（传媒集团）工作，参与集团举办的各项演出活动共50多场，做好各项活动的后勤服务保障工作。完成各类演出、活动共计90场左右（包括文化惠民演出、锡剧周周演、送戏下乡演出、商演和其他演出活动），还配合市委宣传部、企业、学校开展了一系列文艺活动。

【互联网信息】 依托“溧阳市网络问政”队伍，严格落实舆情监测人员24小时值班制度，对重要敏感内容做到迅速发现、科学研判、及时处置，1—10月，溧阳市舆情信息的总量为1030376条，人工审查帖文69515个，处置本地舆情3627条，编辑《舆情快报》274期，《舆情月报》12期。科学、有效引导处置“金峰水泥事故后续”“保姆案宣判”“苏浙皖物流中心”“三胜村干部”等涉溧重点敏感舆情。

开展“清朗”“净网”等系列专项行动，约谈溧阳论坛、“溧阳焦点”。压实信息内容管理主体责任，确保网络综合治理“最后一公里”畅通。建立各镇（区）街道“蓝信”联系人制度，组建“溧阳市网络文明志愿者”队伍，举报涉政治类、生态类、金融类、历史虚无主义等不良信息举报数据700余条。组建“溧阳市网络安全红色卫士”志愿者团队，高度重视普法教育，突出执法普法并重以推动依法办网。承办江苏省委网信办“百年辉煌e心向党”党史学习教育活动暨“百城百网百馆红色寻根行”活动启动仪式。成立溧阳市互联网行业委员会，坚持党对互联网的全面领导，在《溧阳时报》推出“互联网党建”系列报道，推广成员单位在互联网融合与创新发展中的有益尝试，引领全市互联网行业发展走上新的台阶。完成对属地互联网近4000条资产的逐一核对，最终入库2624条。建立涉及全市近80个镇（区）街道、部门、单位的网安工作群。随着省级和常州市“网安2021”行动的启动，不间断对全市重要信息系统、政务网站进行安全监测，累计及时完成30余起漏洞修复和整改事件。

【经营创收】 拓展业务范围，延伸服务内容，开展“媒体＋”定制化业务，为镇区、机关企事业单位提供电视、报纸、广播、新媒体、直播和落地活动等全方位宣传服务平台，围绕经营创收进行“贴地飞行”，开展本土化各类服务，向基层提供政务、商务、生活、乡村振兴、文旅融合等综合服务，得到中宣部和广电总局多次点赞及社会各界的广泛认可和好评。全年经营创收再创新高，达7000多万元。

【组织建设】 市融媒体中心党委下设6个党支部、1个党总支，党员116名。始终把党的政治建设摆在首位，严格坚持中心组学习制度，每月集中学习1次，一月一个专题。认真执行“一会一廉”学习制度，结合主题党日、“三会一课”等形式，组织党员干部深入学习贯彻习近平总书记“七一”重要讲话精神、中共十九届六中全会精神等，7月，组织党员前往溧水红色李巷接受廉政文化熏陶，推动党风廉政建设向纵深发展，打造政治过硬的舆论宣传队伍。

守住意识形态工作主阵地，坚持每季度专题研究一次党建工作，贯彻落实民主集中制要求和“三重一大”制度。组织青年党员、一线党员、骨干党员，分期分批到上级媒体跟岗实践锻炼，累计达100多人次。坚持以上率下，统筹谋划、精心组织，推动党史学习教育和媒体融合发展紧密结合，着力提升溧阳融媒影响力。组织开展今古话溧阳《百家讲坛》思政党课、党员集体过“政治生日”等专题活动，精心打造精品项目《水西百忆》，获评江苏省庆祝建党百年融媒体十佳案例和长三角庆祝建党100周年宣传优秀案例奖。全力践行“三效三提”，着力打造“融美服务＋宣传、政务、产业、用户”党建品牌，讲好溧阳故事，传播溧阳精彩。

（市融媒体中心）

群众体育

【概　况】 2021年，着力培育群众参与度广的区域性品牌活动为切入点，紧紧围绕溧阳1号公路、七彩曹山、燕山公园等固有运动休闲资源，开展体旅融合项目草鞋跑、定向越野、美食定向等本土特色赛事活动。基本形成“春办大会操、夏开亲水季、秋跑1号公路、冬办登山节、四季打乒乓、全年下围棋”的赛事格局，举办各类健身活动200余场次，参与人数超10万人次。溧阳市获评全国群众体育先进单位。

【体育基础设施建设】 市体育管理中心体育馆实行免费及低消费对外开放，吸引更多市民参与全民健身活动。利用体彩公益金，推动行政村、社区体育设施维护提升，带动社会力量投入体育健身设施建设，2021年新建成两个体育公园，分别是南渡美音文化体育公园及昆仑街道凤凰洲文化体育公园，新建健身步道10公里（竹箦镇），新建笼式足球场（昆仑街道），新建二代健身路径两套（戴埠镇、埭头镇）及新建更换一批一代健身路径、室外篮球场、室内乒乓球场等。

【社会体育指导员队伍建设】 全市设有晨晚练健身点800多个，社会体育指导员4000余名。举办三级社会体育指导员培训班和一线体育指导员再培训30期，全年参加培训人员达1600余人次，举办两次全省一级一线社会体育指导员培训班培训300余人。完成二级以上社会体育指导员输送培训工作。

【完成省级体质测定】 根据国家体育总局《关于做好体质测定与运动健身指导站建设运行工作的通知》要求，2021年全市省级体质测定与运动健康指导站向3000个以上市民实行免费开放检测。指导站不仅能够全面检测个体体质，还将为测试者出具适合的、科学的锻炼指导报告和营养膳食建议，测试者可以根据报告进行健身锻炼，更科学地增强体质。

【溧阳市第九届运动会暨第六届全民健身节】 运动会由市政府主办，市文旅局、教育局、总工会、工信局、农业农村局、残联、老年体协等单位承办，运动会从5月持续到11月，共设6个大部，大会共有1.5万多名运动员参加40多个大项300余个小项比赛。

【“跑遍中国”中国·溧阳1号公路红色传承风光跑】 4月24日，跑遍中国·奔跑江苏2021“溧阳1号公路”红色传承风光跑在竹箦镇新四军江南指挥部纪念馆开跑。来自全国各地的3000余名跑步爱好者奔跑在“溧阳1号公路”彩虹跑道上，传承红色基因，重走红色路线，追寻红色足迹。溧阳融合“文化+体育+旅游”的发展理念，选择在革命老区以欢乐跑的形式，进一步激发人民群众的爱党爱国热情，推动全民健身发展，让广大参与者在锻炼、健身的同时，了解溧阳全域旅游特色，传承红色基因，筑梦健康。

【建党100周年全省广场舞线上线下百千万联动大展演】 2021年以“‘颂歌献给党，永远跟党走，幸福舞起来’庆祝建党100周年全省广场舞线上线下百千万联动大展演（溧阳站）活动”为主题，举办溧阳千人广场舞表演。比赛共有12支各镇（街道）代表队1000余名运动员参加表演，极大地丰富了群众精神生活。

【2021中国国际标准舞（体育舞蹈）青少年锦标赛】 10月30日，2021中国国际标准舞（体育舞蹈）

10月30日，举行2021中国国际标准舞（体育舞蹈）青少年锦标赛

（市文体广电和旅游局　供稿）

青少年锦标赛开幕式在溧阳市体育馆举行。该次国际标准舞青少年锦标赛，是国标舞后备力量的一次集中展示，设置甲A组、青年组、业余精英组等多个组别，还有名校对抗赛、青少年省际对抗赛等。赛事由中国国际标准舞总会指导，溧阳市人民政府主办。共有来自全国各地近2000名选手参赛，其中溧阳本地选手近500人。

竞技体育

【概　况】 2021年，全市竞技体育水平稳步提升，竞技体育运动取得新佳绩。其中溧阳市运动员罗甜甜代表中国曲棍球队参加2020东京奥运会，罗甜甜、郑超群、王小华、张海侠、王杰缘参加2021年全国第十四届运动会获得冠军，多人次在参加全国各级各类的体育竞赛中获得前三名。推进体教结合，建立以学校体育为依托培养后备人才的体制机制，基本形成以少体校为龙头，省溧阳中学、光华高级中学为两翼，8所（光华高中、文化小学、燕山小学、省溧中等）国家级篮球、足球传统（特色）学校，多所省级、常州市级传统、特色学校为骨干，广大基层学校为基础的业余训练点网络日渐成熟。溧阳市每年向上级训练单位输送优秀体育人才200余人。

【2021全国桨板锦标赛】 10月16日，2021年全国桨板锦标赛在江苏溧阳上黄镇长荡湖国家湿地公园开幕。该次比赛由国家体育总局水上运动管理中心、溧阳市人民政府主办，江苏省体育局水上运动管理中心、溧阳市文体广电和旅游局承办。来自全国25个省（自治区、市）的59家地区协会、俱乐部的393名注册运动员及桨板发烧友奋楫竞逐长荡湖。2021全国桨板锦标赛首次落户江苏，也是举办以来级别最高、规模最大的一次比赛。

体育产业

【概　况】 2021年，引进上海马术管理中心与南山花园合作，建设总投资15亿元的长三角马术小镇项目；通过指导与建议，总投资280亿元的曹山未来城二期项目中，已将4万平方米的华东最大室内滑雪场纳入实施规划；四海钓鱼溧阳休闲垂钓基地已完成7个水库基础设施建设与改造，并全部对外营业；12月底，“溧阳体育公园＋中体城”项目正式签约，打造溧阳最美体育运动公园。

【获体育产业发展专项资金】 针对体育健身场（馆）下达疫情扶持资金112万元，扶持11个重点体育健身企业和项目。通过实地走访和调研全市重点体育企业10余家，听取企业的困难、需求和发展建议，通过联系沟通加强指导，组织企业申报省级体育产业专项资金，上汽大通智能房车工厂获得省级扶持70万元。溧阳获得中国体育旅游精品目的地称号。

体育彩票销售

【概　况】 2021年全年完成公益体彩销售总额1.41亿元，全省区县排位第22位。开展“体彩新春季”“体彩健身达人秀”“感恩公益有你，尽享乐透惊喜——超级大乐透10亿大派奖”“遇见·欧洲杯　不负热爱——”“616江苏彩民节”“2021光芒焕新”等为主题的品牌宣传、营销活动、实体店庆祝仪式，有效地向公众推广体育彩票品牌形象。

【体彩工作】 开展网络安全专项治理工作、体育彩票市场典型案例的警示教育活动，要求中心工作人员及网点代销者，借鉴和总结经验。认真、严谨的自查自纠网点合规清单工作。认真学习上级文件精神，高度重视安全运营工作，保障体彩销售工作稳妥高效完成。

（市文体广电和旅游局）

卫生与健康

栏目编辑　陈　莉

综　　述

【概　况】 全市共有各级各类医疗机构296家，其中综合医院14家、中医医院1家、妇保保健院1家，专科医院3家、护理院1家，镇（区）卫生院17家（不含中医院泓口分院）、厂矿医务室（卫生站、门诊部、诊所）102家、村卫生室（社区卫生服务站）156家。全系统卫健从业人员6989人，其中卫技人员5557人，执业（助理）医师数2257人，注册护士数2344人。实有床位数4236张。全市医疗机构总诊疗439.6万人次。医疗机构总收入252690万元。

【基础建设】 2021年，完成戴埠镇中心卫生院总投资5000万元，新建建筑面积9750平方米的院区总工程量的30%；完成新昌卫生院总投资5410万元，新建建筑面积5100平方米的院区总工程量的30%；完成天目湖镇卫生院总投资2000万元，新建建筑面积3000平方米的院区总工程量的30%。完成马垫卫生院总投资2000万元，建筑面积6000平方米改造。发热门诊及PCR实验室建设总投资3000万元，市人民医院1610平方米的发热门诊，市南渡镇中心卫生院765平方米的发热门诊，市戴埠镇中心卫生院293平方米的发热门诊均新建完工。市中医医院140平方米的发热门诊，市人民医院271平方米的PCR实验室，市中医医院358平方米的PCR实验室，市疾控中心275平方米PCR实验室均改建完工；南渡镇中心卫生院精神科扩建工程已基本完成，预计2021年4月份投入使用。竹箦镇中心卫生院新病房楼改造工程竣工投入使用。

【江苏省人民医院溧阳分院】 2021年，江苏省人民医院溧阳分院门急诊、住院和手术的量分别为916214人次（含核酸检测174317人次）、34981人次和12768台次，其中四级手术3884台次，同比增长20.7%。完成核酸检测718406人次，日核酸检测能力已超10000人次，并创成“江苏省示范发热门诊”。加入中国创伤救治联盟建设单位，获“中国县级医院急诊联盟急诊急救大平台建设示范单位”称号，新创成4个常州市临床重点专科，建成互联网医院和溧阳市放射治疗中心，获“江苏省文明单位”“江苏省老年友善医疗机构”和“江苏省平安医院”称号，离退休党支部获评全省“六有一提升”党支部，多个科室的持续质量改进项目分获亚洲医疗质量改进与创新案例比赛一等奖、江苏省医院品管圈一等奖等多个奖项。全院获常州市医学引进新技术评估二等奖1项，溧阳市医学引进新技术评估一等奖2项、二等奖1项、三等奖3项。获批江苏省医院协会医院管理创新研究课题重点项目1项、南京医科大学护理研究中心肿瘤护理研究分中心开放课题1项，常州市卫生健康委员会青年人才项目1项、江苏大学医学科技发展基金7项、院级课题立项18项；国家知识产权局发明专利2项，实用新型发明专利124项；在各类期刊上发表论文207篇，其中SCI收录论文12篇，中文核心9篇，科技核心26篇。

【江苏省中医院溧阳分院】 江苏省中医院溧阳分院2021年完成新导管室的建设，配置全新DSA，为胸痛中心和卒中中心的建设提供硬件支持；3.0T核磁共振仪安装完成；东院区设立面向社会的核酸采样点，在英伦建设PCR实验室，将核酸应急检测能力提高至每日1万份，为城市防疫提供有力保障；克服医院空间狭小的困难，两次按规范进行发热门诊改造，强化预检分诊和发热门诊管理，发热门诊引进核酸快速检测仪器，半小时出报告，实现发热门诊病人闭环管理；副院长殷向志作为国家基层防控专家，三次接受征召，奔赴厦门、兰州、内蒙古抗疫一线工作，受到有关部门表彰。

推进“胸痛、卒中、创伤”三大中心建设提升急诊急救能力，提供更及时、更有效的急救服务，为患者开辟一条“急救高速公路”，提升急危重症救治能力和抢救成功率；省中医院本部专家全年来院授课、坐诊、手术、业务指导共计396人次；派遣21名医学博士、硕士分期到院参与科室的管理和业务指导工作，协助相关科室开展4新技术，全院共计开展新技术20项。

完成互联网医院入驻领牌及上线工作，实现线上挂号、排队叫号、就诊、处方、药品物流、收费、检验检查申请、查询报告、就诊评价等功能。病人可通过“江苏健康通”App或微信小程序链接，享受线上复诊、线上续方、处方配送到家等服务。医生可以在电脑端或手机端以图文、视频的方式完成互联网在线咨询及复诊。

医学教育与科研

【概　况】 2021年，全市卫生健康系统科教人才专项经费使用200多万元。全市市级及以上科技项目立项数6项（常州市卫健局3项，溧阳市科技局3项）；常州市新技术二等奖1项；溧阳市医学新技术引进奖14项；发表SCI（E）收录论文11篇、出版著作26篇；国家发明专利1项，实用新型专利130项。

【学科人才】 加强重点学（专）科能力建设，建有省级重点专科1个、常州市级共建重点学科1个、常州市引进医学创新团队2个、常州重点专科11个。加快建设全面、协调、可持续发展的人才队伍，常州市领军人才、拔尖人才培养对象各1名，新增常州市青苗人才培养对象1人。加大引智培智工作力度，充分发挥人才引领、创新驱动、科技支撑的作用，深化“院府合作”内涵，完成2021年常州市卫健委及财政局对2个医学创新团队的年度考核，并对两个学科进行规范建设。

【医学教育】 3名卫生院院长完成省管理培训班；13名毕业生到全科医师规培基地报名。从事临床医师岗位的新录用医学本科生参加全科医师规范化培训达100%。全市继续教学学分达标率≥95%，完成继续医学教育项目43项，320名晋升高级职称卫技人员继续教学学分达标材料并获达标证书。

医　政

【概　况】 立足“两个一百年”历史交汇关键节点，紧密结合中国共产党成立100周年主题，传承红色革命精神，举办“百年芳华 天使情怀”“5·12”国际护士节表彰大会，表彰6个“护理团队之星”、38名“护理之星”。2个团队获得常州“十佳护理团队”称号，1人获得常州“十佳专科护士”称号，3人获得常州“优秀护士”称号，6人获得常州“优秀基层护士”称号。1人获得“2021优秀基层感控工作者”称号。新增1家PCR实验室、2家医院病源微生物实验室生物安全完成备案。组织开展溧阳市院前急救技能竞赛，3人获“常州市五一创新能手”称号。溧阳市卫生健康局获“溧阳市征兵工作先进单位”称号，2人获“征兵先进个人”称号，1人获“民兵工作先进个人”称号。

【落实政府重点工程】 2021年5月完成第三批“溧阳市康复养老护理骨干人才培训项目”35名康

“5·12”国际护士节表彰大会　（市卫健局　供稿）

复养老护理高层次人才学习工作，2019—2021年合计培养100名优秀人才。完成陕西省白河、汉阴两县挂钩科教工作任务，接受12名同志到溧阳市人民医院、溧阳中医医院进修学习；扶贫协作支医工作共选派优秀医务人员12人到白河、汉阴两县开展人才支援工作，开展新技术新项目8个，诊疗患者3200人次，开展手把手示教100台，会诊和疑难病例讨论240人，培训1200人次，举办学术讲座31场。溧阳、汉阴、白河三地结对医院达18对。

创新“县域城乡一体、院前院内融合”急诊急救新模式，建成“1+2+6”院前急救体系（即1个指挥调度中心、2个市级急救站和6个乡镇急救站），搭建院前院内急救信息衔接平台，实现了患者信息院前院内共享。持续推进胸痛、卒中、创伤、危重孕产妇救治、危重新生儿和儿童救治的“五大中心”建设。在人员密集的公共场所配置AED(自动体外除颤器)100台，编制《溧阳市AED培训安装手册》1500余份，加强急救人员培训，培训医护人员450余人，重点场所“第一目击者”及社会志愿者1100余人，稳步提升危急重症救治质量和效率。

【医院综合管理】 全市公立医疗机构门急诊人次362.4万人次；民营医疗机构门急诊63.2万人次。全市二级及以上医疗机构全面推行预约就诊制。溧阳市人民医院普外科确定为江苏省临床重点专科。

【医联体工作】 2021年2家市级医院为17家乡镇卫生院共举办各类讲座205次，累计培训基层医务人员2879人次，会诊病人2260余人次，开展手术782余例。组织省级专家下乡义诊、讲学、带教92人次。区域影像远程会诊中心、心电中心、消毒供应中心运行正常。

【医政监督执法】 对全市医疗卫生机构开展综合执法检查，共检查医疗机构105户次，其中公立医疗机构35户次，民营医疗机构71户次，出动车辆48次，出动监督员315人次。重点检查医疗机构各类规章制度落实情况，是否按照《医疗质量安全核心制度要点》《医疗技术临床应用管理办法》《医院感染管理办法》《医疗机构依法执业自查管理办法》《放射诊疗管理规定》等要求，建立医疗机构相关的规章制度。2021年共立案查处21件案件，总计处罚金额419000元。其中公立医疗机构查处案件4件，罚款人民币51000元；民营医疗机构查处案件7件，罚款人民币115000元；打击非法行医7件，罚款人民币253000元；民营医疗机构医务人员处罚2件，一起给予暂停执业6个月，一起给予警告；公立医疗机构医务人员处罚1件，给予警告。

新冠疫情防控期间加强医疗机构监督检查，检查医疗机构95户次，其中公立医疗机构48户次，民营医疗机构47户次，出动车辆44辆次，出动监督员285人次。重点检查医疗机构的入口管理、预检分诊、发热门诊、院感防控、病区管理、可疑病例留观和转运处置、工作人员疫苗强化接种等疫情防控措施落实情况，要求医疗机构严格把握“入口关”，做好预检分诊、查验两码、体温监测的工作；加强病区管理，执行病区封闭管理，做好新入院患者和陪护的核酸检测；落实院感防控措施，做好医护人员防护、环境通风和物表消毒工作，加强保洁、保安、餐饮等第三方人员管理，杜绝院内感染的发生。疫情常态化管理以后开展个体诊所复诊验收及开诊后日常监管，保障市民安全就医。

【中医工作】 通过院府合作带动全市中医药服务能力提升。2021年，溧阳市中医医院“自制小儿止咳贴辅助治疗支气管哮喘”获得常州市新技术引进奖二等奖；溧阳市中医医院“香桂散脐贴缓解带状疱疹疼痛的临床应用研究”获得常州市科技局奖励项目、溧阳市中医医院“益气活血方防治急性心肌梗死心肌缺血再灌注损伤的机理研究”获得接轨南京专项。

新冠肺炎疫情防控工作中加大中医药的运用，为全市疫情防控工作建起一道牢固的中医“防疫屏障”。

对21名基层医务人员开展基层卫生技术人员中医药知识与技能培训。新增3名人员为第五批常州市孟河医派百人传承培养工程培养对象。

全市所有乡镇卫生院均设置有符合国家标准的“中医馆”。以“中医馆”建设带动中医科规范发展，全市所有乡镇卫生院中医类别人员均达医务人员的20%以上，均已设置中医科、中药房、针灸、推拿、理疗等科室，配备中药饮片柜、药架、调剂台、消毒锅等设备，且能提供300种以上中药饮片及100种以上中成药，并提供中药代煎、打粉、装胶囊、切片等服务，实现中医药阵地全覆盖。在村卫生室推进“中医阁(角)”项目，90%以上的村卫生室均配备中医或者能中会西的人员，配有针灸针、火罐、刮痧板、神灯等中医诊疗设备，开展不少于4种以上的中医药技术方法。

【血液管理】 2021年，血站继续结合“五进”工作和党建工作联系在一起，解放思想，开拓视野，在宣传上有所突破，形式上也有创新，制作通俗易懂的记事手册、宣传餐巾纸、无偿献血扑克牌，利用车载广播、报纸连载、先进人物访谈等形式，将宣传无偿献血潜移默化地融入工作、生活中；全年无控制临床用血，基本满足临床需求。在12月无偿献血宣传月中，首次携手南京航空航天大学天目湖校区学生及教职工开展“用青春点亮生命之光——无偿献血进南航”宣传活动。实现无偿献血首次走进高校，向高校大学宣传无偿献血知识，让他们了解无偿献血，加入无偿献血的行列，用青春点亮生命之光。全年累计车载广播6次、可视直播访谈1次、溧阳电视台和溧阳广播电台7次、《常州日报》1次、《溧阳时报》6次、血站微信公众平台和血站网宣传报道23次。

2021年共采血8238人次，同期增长5.89%；采血量为13023.84单位，同期增长7.03%。血小板采集639人次，同期增长28.83%；采集量为980单位，同期增长32.79%。全年供应本市红细胞13030.5单位，同期增长10.5%；供应血小板354单位，同期增长14.56%；供应血浆9437.75单位，同期增长11.05%，供应冷沉淀2874.25单位，同期增长28.8%。

初级卫生保健

【农村卫生】 有序开展“优质服务基层行”活动，15家卫生院达到基本标准，其中戴埠镇中心卫生院、南渡中心卫生院、竹箦镇中心卫生院、社渚镇中心卫生院、上兴镇卫生院、溧城镇卫生院达到推荐标准。

稳步推进家庭医生签约服务工作，有序开展签约履约工作。

戴埠镇中心卫生院被确认为农村区域性医疗卫生中心基本建成单位。天目湖镇卫生院中医科、上兴镇卫生院慢病科、别桥镇卫生院消化内科被确认为“市级基层医疗卫生机构特色科室”。

完成农村医学专业30名学生毕业选岗分配工作。选派13名基层卫技人员参加基层卫生人才能力提升培训工作；培养糖尿病、高血压基层首席医师13名。180名乡村医生参加中医适宜技术培训。依托基层卫生人员实训基地，组织249名基层卫技人员参加基层适宜卫生技术培训。由120名全科医生以师带徒的形式指导全市144名年轻乡村医生进行理论及实践学习，提升乡村医生服务能力。

【基本公共卫生服务与社区卫生】 有序推进项目实施进度。2021年全市基本公共卫生服务经费按人均90.12元补助标准落实。加强项目组织管理工作，强化服务人员培训，年终进行绩效考核，群众满意度不断提升。

妇幼卫生

【妇幼健康】 规范新冠肺炎疫情防控期间妇幼健康服务，推进妇幼公共卫生服务项目工作，不断提高全市妇女儿童健康水平。规范开展孕产妇保健服务和计划生育技术服务，细化分级服务要求，拓展服务内涵，推广无痛分娩、产后康复、儿童发育行为评估等适宜技术项目。规范高危孕产妇管理，落实省、市关于高危孕产妇分级服务和管理规定，加强孕产妇妊娠风险筛查、妊娠风险评估和高危孕产妇专案管理，加强“两个中心”建设，规范危急重症孕产妇转诊和救治。推进妇幼基本公共卫生服务项目。2021年，全市活产新生儿数4071人，叶酸服用1744人，服用率102.69%；孕产妇艾滋病、梅毒和乙肝检测率100%，阳性病例均得到随访和治疗；农村妇女“两癌”检查28500人。落实出生缺陷三级预防措施，2021年免费婚检率84.63%，完成待孕夫妇免费孕前优生健康检查789对，目标人群覆盖率112.7%，产前筛查率93.02%，新生儿出生缺陷发生率9.33‰，婴儿死亡率1.47‰，孕产妇系统管理率为81.36%。规范开展0～6岁儿童健康管理，完成全市幼儿园“六一”儿童健康体检和儿童视力筛查建档工作，儿童保健管理率97.61%。编印并免费发放《新婚甜蜜》和《祝你生个好宝宝》宣传折页、《妇幼健康服务手册》、“优生优育拎袋”等5.6万余份。以“3·8”“7·11”“世界避孕日”“世界艾滋病日”等重大节日为契机开展“进社区、进企业、进高校”宣传咨询活动。全市共设有31台二代身份证免费刷取避孕药具发放机，2021年，全市共发放各类免费避孕套305275只，外用避孕药膜987盒，外用避孕栓 69 盒，口服避孕药 550 板，共上报避孕药具不良反应／不良事件 795 例。

疾病控制和卫生监督

【概　况】 落实国家免疫规划政策，全年开展儿童免疫规划疫苗免费接种 118044 针次，免疫规划疫苗基础免疫接种率均达 95% 以上；地方性水痘共接种 12433 剂次，接种率均达 95% 以上。完成“中国老年健康生物标志物研究”“江苏省糖尿病高危人群筛查干预”“江苏省肿瘤综合筛查”项目。举办 2021 年突发饮用水污染事件应急处置模拟演练，并通过云平台直播对外展示。通过省市场监督管理局的检验检测机构资质认定到期换证评审。首次主办省级继续教学项目“基本公共卫生服务项目——老年人健康管理研究与进展”。“恶性肿瘤疾病负担与经济负担研究”项目获常州市预防医学会预防医学科技奖三等奖，“溧阳市骨关节炎疾病筛查与干预项目”获常州市预防医学会预防医学科普奖。“三重四极杆气质联用测定水中农药残留的方法运用”项目获溧阳市卫健局医学新技术引进二等奖。

【疾病预防控制工作】 全年无甲类传染病报告，乙类、丙类传染病报告数分别为 10 种 811 例和 5 种 914 例。未报告新冠肺炎确诊病例和无症状感染者。完成治疗艾滋病病人和感染者 CD4 淋巴细胞检测共计 283 人次。发现和规范管理肺结核病人，共开展痰检 2505 人次。全市建立居民电子健康档案 706584 份，电子建档率 92%。为 91909 名 65 岁及以上老年人进行免费健康体检。高血压、糖尿病年内管理患者数分别为 76535 人和 20461 人。全市合计查螺面积为 380.7784 万平方米，完成药物灭螺面积 7.6 万平方米。戴埠镇松岭村、山口村各复现 1 个有螺环境，共解剖钉螺 232 只，均为阴性。开展“三热病人”血检 481 人次，血检阳性 0 例。

完成南京市江宁区到溧阳 5 例新冠肺炎确诊病例调查处置，对市人民医院 11 个病区、大统华超市城西店等 7 个涉疫场所实行封控管理，共管控密接 212 人，次密接 1033 人，消毒涉疫场所约 20 万平方米，未出现二代病例。新冠疫情防控中及时、迅速对全市密切接触者、密切接触者的接触者、公安提供需协查人员、涉疫进口物品接触人员等开展精准摸排和流行病学调查，共接收各类协查函 217 件，管控 810 人，对 7 起涉疫进口物品及其环境开展消毒约 2800 平方米。疾控中心 PCR 实验室共开展新冠病毒核酸检测 165777 份，血清抗体检测 1200 份。

全市共完成新冠疫苗接种 764077 人、1558243 剂次，其中完成全程接种共 710012 人，完成灭活疫苗加强 144547 人，腺病毒加强 233 人。

首次承担国家医改重大专项江苏省肿瘤综合筛查项目、重大公共卫生专项江苏省糖尿病高危人群筛查干预等项目。“老年人健康生物标志物队列研究”“恙螨种群、密度调查及现场控制效果研究”“炎症通过 miR—21 调控 BCL2 在吸烟所致胰岛细胞凋亡中作用机制研究”等合作项目规范开展。更新和添置液相色谱仪、离子色谱仪、全自动碘分析仪、全自动器皿清洗机、纯水机，紫外可见分光光度计等仪器设备。

通过学生健康监测网络直报系统，共收集 77 所中小学校共 74470 名学生的基础资料；2020—2021 学年，学生因病缺课上报率为 100%，上报 63730 名学生的体检信息，对 20 所中小学开展教学生活环境监测评价工作。对市政供水、农村集中式供水单位的 51 个监测点的水源水、出厂水、末梢水进行监测，共监测水质样品 180 件。完成市 5 个乡镇 20 个行政村 100 户居民的农村环境卫生调查。食品安全风险监测完成食品污染物和食源性致病菌监测 8 类 59 件、报告食源性疾病病例监测 782 例。29 个艾滋病筛查实验室和检测点共开展羁押人员、高危人群等重点人群检测 56945 人次；艾滋病哨点监测完成 400 份血清 HIV、梅毒、丙肝抗体检测任务。完成新冠肺炎病毒核酸检测 165760 人次；完成传染病、食源性疾病等应急检测样品 1074 份的多病原检测；检测生活饮用水、公共场所等样品 1561 份、7945 项次。

【卫生监督】 加强公共场所监督检查，开展“两站一场”疫情防控检查。加强医疗机构监督检查，严厉打击违法行为。对疫情期间擅自开诊的行为进行严肃处理，责令停业整顿 6 家，行政处罚 3 家。

坚持文明城市长效管理，做好每季度文明城市第三方测评的迎检工作。开展饮用水专项检查。每季度对辖区内集中式供水单位、二次供水单位开展日常卫生监督检查。联合市文旅局开展全市游泳场所专项检查。对抽检不合格的单位进行约谈并责令立即整改。全年共发放公共场所卫生监督信息公示栏211块，禁烟标志240份，宣传展栏20套。

开展尘毒危害专项整治工作，对全市矿山、冶金、建材、化工领域100家企业开展三轮监督检查，共出动卫生监督员546人次，执法车辆273次，责令整改182户次，立案查处3户次。联合市人社局、市总工会对34家用人单位开展“女职工产假等权益专项行动检查”检查。配合常州市卫生监督所开展职业卫生培训工作。开展学校卫生工作专项检查，重点对学校饮用水安全进行监督检测工作。

开展医疗机构规范执业行为专项整治活动，共实施行政处罚13例，吊销医师执业证书2人次、暂停执业1人次、警告2人次。对5家医疗机构和3名医师的不良医疗行为分别记19分和9分。开展打击非法行医、非法医疗美容专项检查。累计查处无证行医16例，取缔16例，实施行政处罚15例。

完成国家“双随机”检查任务，全年共计完成215家，共计实施行政处罚33起。行政处罚全年总计71件，其中一般程序39件，简易程序32件，处罚金额113.35万元。申请法院强制执行6件，无证行医移送公安1件。

【卫生应急】 高标准完成新冠肺炎疫情防控各项要求。卫健系统持续保持指挥体系的“平战结合”状态，常态化防控24小时值班值守，指挥部值班电话24小时专人接听。流调队、核酸检测队、消杀队、医疗救治队保持激活状态。溧阳市采样服务点24小时双人值守采样，对外公布咨询服务热线。组建60支流调队伍并开展2轮次人员更新培训，按要求完成集中隔离点设置和储备工作。做好重点人群、入境人员的闭环管理，迅速应对处置南京、扬州、常州等地突发疫情。

多部门联动开展实战演练。开展两次全员核酸检测应急演练，全市完成近6.5万人；8月24—25日开展流调转运隔离消毒等处置工作实战演练。全面加强医疗机构院感防控。全市各级各类医疗机构落实场所码管理、预检分诊制度和发热门诊管理。持续推进新冠疫苗接种。逐步开展并完成18～59周岁、60周岁及以上、12～17周岁、3～11周岁人群接种。做好“党代会”“九运会”等重大活动期间疫情防控、医疗救治工作的备案、指导、督查、保障。

2021年，共收到国家传染病预警信息系统的传染病预警信息96条，以手足口病、猩红热及流行性腮腺炎为主。全市共报告学校等集体人群水痘、诺如病毒感染性腹泻等传染病相关暴发疫情6起（分别为水痘3起、诺如病毒感染性腹泻2起、发热伴血小板减少综合征1起），调查处置率、及时率均达100%。

爱国卫生

【概　况】 2021年，学习贯彻落实国务院《关于深入开展爱国卫生运动的意见》和省、常州相关方案，结合新冠肺炎疫情常态化防控、深化文明城市建设等工作，落实全市《深入开展爱国卫生运动的实施方案》，巩固提升国家卫生城市水平，结合文明城市建设、城市综合长效管理工作，形成城市卫生长效管理机制，城市管理水平名列常州全市前列，积极督促、指导各镇做好卫生镇村的长效管理工作。加强病媒生物防制，组织开展冬春季灭鼠、夏季灭蚊蝇、秋季灭蟑工作，病媒生物密度在国家标准之下。有序开展健康城市和健康村镇建设，上黄镇建成省级健康镇，溧城街道八字桥村等5个村（社区）建成江苏省健康村（社区），社渚镇中心卫生院等3个单位建成江苏省健康单位。推进健康元素普及和健康场景建设，在部分乡镇建设健康公园广场、健康步道和健康小屋等，全市共建健康公园广场17个，健康步道35条，健康小屋40个，健康家庭936个。

人口和家庭发展

【计生惠民政策】 根据《常州市促进3岁以下婴幼儿照护服务发展实施方案》要求，2021年全市建成2家省普惠托育机构和1家省示范性托育机构。规范实施农村部分计划生育家庭奖励扶助和独生子女伤残死亡家庭扶助制度。截至2021年年底，全市累计享受农村部分计划生育家庭奖励扶助对象23638人、享受独生子女伤残死亡家庭扶助1890人。2021年共发放农村部分计划生育家庭奖励扶助金2217.98万元、独生子女伤残死亡家庭扶助金1497.24万元。做好企业持证退休职工的一次性奖励金的发放，着力解决2008年1月1日至2017年12月31日期间企业持证退休职工一次性奖励金兑现问题，并做好年满60周岁持独生子女父

别桥镇计生协会“5·29”包粽子比赛　（市卫健局　供稿）

母光荣证的城镇无业人员、进社保的被征地农民和灵活就业人员的登记审核及一次性奖励金的发放，共计3116.88万元。

【流动人口服务管理】 加强流动人口宣传，重点宣传政策法规和生殖健康等科普知识，发挥“康健驿站”阵地优势，进企业广泛开展“人口流动　健康同行”活动，做好流动人口关怀关爱工作。2021年，举办流动人口关怀关爱宣传活动10场次，发放宣传折页1200余份。开展流动人口基本公共卫生计生服务均等化专项活动，推进流动人口儿童预防接种、孕产妇和儿童健康管理、健康档案、传染病防控、健康教育和促进、计划生育等工作。

【关爱活动】 加强生育示范关怀基地的建设，深化计生特殊家庭的帮扶工作，完善精神慰藉、走访慰问、志愿服务、保险保障四项制度。2021年，建成常州市生育示范关怀基地2个。组织志愿者开展集中性的健康教育主题活动，以计生家庭需求为导向，通过广泛传播健康知识、推荐保险保障等措施，提高计生家庭健康意识、树立正确的健康理念、培养健康的生活方式，增强抵御意外和疾病风险的能力，提升广大计生家庭的综合健康保障水平，让每个计生家庭更健康、更幸福、更美满。举办各类宣传活动13场次，宣传5000多人次，发放宣传折页8000余份，受到群众一致好评。

卫生健康信息化建设

【概　况】 开展“互联网＋医疗”工作，推进“溧阳健康”App建设和应用市场上架工作，持续推进“智慧医疗”项目建设。完成家庭医生签约医系统、远程多学科会诊平台、住院电子病历质控系统、护理病历系统、区域心电管理平台和区域病案系统建设；推进两家市级综合医院的互联网医院建设工作，完成国家医保对接与区域HIS系统改造，持续推进卫生院诊间支付项目，部署云影像平台和疫情风险感知信息系统，在全市范围推进核酸检测信息系统应用。开展区域卫健信息系统的等级保护评测工作。

【系统运行平稳】 优化服务功能与流程，及时对信息系统功能进行改造，增添收费减免、家医签约减免等一批新功能，持续推进卫生院诊间支付项目，完善诊间支付查询、退费等功能，增设移动收费自动播报小喇叭，推进区域医疗收费电子票据系统建设项目，满足医院业务工作开展需要。进一步完善全市65岁老年人体检系统，对基层公卫信息系统改造并新增高血压非计划随访录入功能。完成国家医保编码贯标对照工作，开展三轮医保信息系统接口改造测试，确保国家医保平台的稳步上线。开展卫生应急信息系统的定期调测，推进“区域双向转诊系统”建设，完成基层卫生院和二级医院的系统对接。加强核酸检测信息系统及核酸检测预登记信息系统应用，推进采集、送检、接收等流程的信息化，落实全民核酸检测与隔离点、基层医疗机构的核酸检测工作。完成部署与溧阳市智慧城市大数据云平台进行对接，每月按时汇集、上传十三类数据，共上传数据381万余条。

【计生信息统计】 推进新全员人口信息综合管理平台应用，不断提升个案库信息质量，做好平台中身份证重复、身份证错误等个案清理工作。2021年全市共出生3544人，人口出生率为4.36‰，自然增长率为−3.13‰，人口出生数量和人口出生率双双下降；育妇数量大幅下降，育龄妇女数与已婚育龄妇女数分别为16.41万人、10.81万人，占总人口比重分别为20.21%、13.32%。

（市卫健局）

居民生活

【概　况】 2021年，全市户籍人口78.55万人，总户数27.01万户。年内出生4247人，人口出生率为5.41‰，死亡人口5835人，死亡率为7.43‰，户籍人口自然增长率为-2.02‰。男女性别比为100.32。全市常住人口80.43万人，其中城镇人口51.55万人，城镇化率64.09%。溧阳市全体居民人均可支配收入为49521元，增长9.7%。其中城镇居民人均可支配收入为60560元，比上年增长9.2%；农村居民人均可支配收入33371元，比上年增长10.9%。城乡居民收入比为1.81，较上年缩小0.03。

【就业创业】 2021年，全市城镇新增就业人数21600人，城镇失业人员再就业5128人，就业困难人员再就业1173人，支持成功自主创业1750人，引领大学生创业人数326人，扶持农村劳动力自主创业639人。城镇登记失业率1.5%。

（市统计局）

人力资源

【概　况】 2021年，全市以“2021年十万人才汇常”推进人口集聚为牵引，配套实施“万名人才集聚”强溧工程，在“双招双引”基础上，强化“招工引匠”，为重点板块、重点项目破解用工难题，助推产业转型升级。全年城镇新增就业人数超2.16万人，城镇登记失业率控制在2%以下。

【社会保障网络】 2021年，以建设覆盖全民的多层次社会保障体系为目标，深入实施全民参保工程，全力推进被征地农民应保尽保，全面落实企业职工基本养老保险省级统筹制度。企业退休人员人均增加养老金104.74元/月，机关事业单位退休人员人均增加养老金220.7元/月，城乡居民基础养老金从220元/月提高至272元/月。全市企业职工养老、城乡居民养老、机关事业养老、工伤、失业保险缴费人数将分别达19.14万人、6.7万人、1.59万人、22.5万人、13.45万人。社会保障卡新增制卡2.36万张，全市持卡人数80.11万张，制卡网点增加至78个。

【人事人才服务】 2021年，大力推进“龙城英才计划”，深入实施“天目湖英才榜”三年行动方案、紧缺专业人才三年百人计划、持续加大“双创”培育力度，以政策突破推动体制机制创新，人才强市建设向纵深发展。全年培育省“双创人才”创业项目10个，“龙城英才计划”创业项目36个，资助奖励各类人才2380余人，资助金额达6300余万元。建立培训学员技能培训电子档案和学分累计制度，共培训电工、维修工等各类技术工种7000余人，发放补贴资金近1922万元。溧阳市天目湖农业发展有限公司获评江苏省省级乡土人才传承示范基地；夏安扣、葛联敏、林富春获评省级乡村振兴类高级职称；江苏上上电缆集团超高压分厂氩弧焊挡工何海伟获全省优秀农民工称号；市人社局获全省优秀农民工工作先进集体称号。

【劳动关系】 2021年，坚持把构建和谐劳动关系摆到更加突出的位置，重点聚焦、管控结合，确保农民工群体安“薪”在溧工作生活。健全工资支付监控信息系统，强化工程建设项目工资支付监控信息化管理，定期组织公布重大欠薪违法案件。全市124个在建工程实名制考勤、银行专户等四项制度得到全面落实。全市规模以上企业的劳动合同签订率

100%，已建工会企业集体合同的签订率99%。以工程建设领域为重点，组织开展5次联合检查，检查用人单位344户，涉及劳动者1.12万人，签订合同人数1.1万人。开展“全市清理整顿人力资源市场秩序专项行动”，抽取74家市本级人力资源服务机构和劳务派遣机构，涉及劳动者1.2万余人。接受劳动监察投诉举报案件1974件，责令用人单位追发3239名劳动者被克扣、拖欠的工资3530.29万元。市人民法院、市劳动监察大队、市建设管理中心获常州市保障农民工工资支付工作优秀集体，连续4年在常州市保障农民工工资支付工作专项考核中赢得最高等级A级的考核等次评价。

（后希伟）

社会保障

【概　况】 2021年，全市城镇职工基本养老、医疗和失业“三大保险”综合覆盖率均超98%。城镇企业职工基本养老保险参保19.14万人，新增参保人数0.9万人，城乡居民养老参保6.7万人；城镇职工基本医疗保险参保26.79万人，居民基本医疗保险参保47.19万人；失业保险参保人数13.81万人；工伤保险参保23.5万人；生育保险参保人数16.02万人。全市共有农村特困对象1799人，其中集中供养423人、分散供养1376人。

（后希伟）

【住房保障】 2021年，全市保障性安居工程开工1030套，建筑面积178826平方米。办理房改房，经适房上市备案570户，办理公有住房出售9户。完善公租房退出机制，清退不再符合公租房条件的家庭8户。全年共争取到上级住房保障专项补助资金759余万元，省棚改专项债券2.84亿元。

（市住建局）

医疗保障

【概　况】 2021年，围绕医保基本政策、待遇标准、基金管理、经办管理、定点管理、信息系统“六统一”要求做深做实职工基本医疗保险和生育保险常州市级统筹工作。开展居民医保市级统筹过渡期政策差异化梳理、资金测算、风险评估、系统融合对接等各项工作，确保在2021年12月31日前全面实现居民医保“六统一”。全市职工医保参保26.79万人，增长5.6%。生育保险参保16.02万人，增长10%。居民医保参保47.19万人，比上年末减少1.5万人，下降3.08%。异地就医通道进一步畅通，实现异地就医实时结算65838人次，医疗总费用3.51亿元。

【医保政策】 2021年，职工医保新增普通门诊统筹，对参保人员发生的普通门诊合规费用（不含已享受其他门诊统筹待遇的费用）给予保障；门诊慢性病不设起付标准，统筹基金按定点社区卫生服务机构75%、其他定点医药机构70%的比例支付，超过支付限额走普通门诊统筹；新增特定病待遇，对恶性肿瘤放化疗等重大疾病药费按规定进行补偿，全面保障参保人员门诊待遇享受。居民医保住院补偿标准在上年提高的基础上，市内定点三级医院由55%提高至65%，定点二级医院保持75%不变，定点一级医院由85%提高至90%。职工医保、居民医保政策范围内住院医疗费用基金支付比例分别为88.48%、70.43%。

【医保扶贫】 2021年，市医保局全面开展医疗救助自查工作，审核救助对象身份，及时将无固定收入重疾人员纳入医疗保障范围，确保救助对象100%参保。全年财政全额补助1.07万人，保费593.53万元。全年71611人次享受门诊救助，费用2288.38万元，其中基本医保、大病保险、医疗救助分别支付1010.1万元、215.76万元、500.66万元；5162人次享受住院救助，费用4999.22万元，其中基本医保、大病保险、医疗救助分别支付3439.01万元、539.12万元、272.03万元。

【医保基金运行】 2021年，全市职工医保（含生育保险）基金收入112838万元，增长34.02%。其中，职工医保收入102137万元，增长32.28%；生育保险收入6450万元，增长20.79%。职工医保（含生育保险）基金支出90577万元，增长25.56%（2021年核酸检测费用及新冠疫苗接种费用支付近5000万元），其中待遇支出90284万元（生育待遇支出4400万元），增长26.15%，转移支出293万元。居民医保基金收入7.48亿元，增长7.61%，其中保险征缴费2.47亿元，财政补助4.95亿元。居民医保基金支出6.81亿元，增长19.65%。

【医保基金监管】 2021年，市医保局联合市纪委监委、市场监管局、卫健委等相关部门执法，共同研究工作方案并开展现场稽核工作。对全市212家定点医疗机构和257家定点药店开展全覆盖专项检查，合计追回医保基金1264.05万元，处罚违约金133.75万元。加快“溧阳智慧医保平台”建设，通过医保智能信息库、数据挖掘、报表分析等手段，不断实现全市医保基金监管智能化。市医保局结合“宣传贯彻《条例》维护基金安全”集中宣传月活动，召开定点医药机构警示教育大会1次，学习解读《医疗保障基金使用监督管理条例》4次，印发宣传海报500余份，“溧阳医保”微信公众号推出15期基金监管政策解读和5期典型欺诈骗保案例通报。

【医保服务】 2021年，市医保局继承接医保参保征缴业务后，进一步推进窗口“综合柜员制”改革，设置5个参保窗口、6个支付窗口、2个咨询窗口，为参保人提供“进一扇门，取一个号，排一次队”就能办结的“一门受理、一站服务、一柜办结”优质服务。下放14种慢性病和7种特定病办理权限分别至一级、二级定点医疗机构，缩短审核时间。科学有序地将部分业务逐步下沉至12个镇（街道），积极打造“15分钟医保服务圈”，打通便民服务“最后一纳米”。结合党史学习教育“我为群众办实事”实践活动，市医保局协同市人民医院解决A型血友病患者购药难的问题，实现A型血友病患者在“家门口”快速、便捷购药的愿望。组建医保“政策宣传队”“志愿服务队”，开展“医路有‘你’医保与您同行”医保政策下乡宣传活动12次，接受群众咨询5000余人次，发放各类宣传资料1万余份。“学习强国”平台发布自制微视频“如何开通医保电子凭证”，播放14676次，点赞213人次。

（邱　天）

社会事务

【社会救助】 2021年，坚持落实社会救助和保障标准与物价上涨挂钩的联动机制，全市城乡低保标准从2021年7月1日起，每人每月900元提高到每人每月940元，对低保家庭中的退役军人每人每月按低保标准50%增发保障金；分散、集中农村特困人员供养标准实现一体化。共发放低保金2818.8万元、农村“五保”供养经费2571万元、城市“三无”生活保障金126.7万元、困难残疾人生活补贴8421.7万元、重度残疾人护理补贴1164万元，困难群体幸福指数显著提升。立足早发现、早救助，建立临时救助备用金制度，在常州市范围内率先将低保标准2倍以内的临时救助审批权限下放到镇（街道），减少审批层级，缩短审批时限，开辟困难群众“救急难”快速办理的绿色通道。开展“结对低保边缘户 共走发展幸福路”活动，全市副科职以上干部“一人一户、一户一策”结对帮扶低保边缘家庭。通过提供生活、就业、教育、住房等救助帮扶，探索实现低保边缘户享受政策待遇与建档立卡对象一致，首次将低保边缘对象纳入医疗救助范围。为低保边缘对象发放生活补助金56.7万元、医疗救助金29万元、临时救助金6.1万元、残疾人补贴32.5万元，主动对154名困难学生进行教育救助，为1户低保边缘家庭进行危房改造，困难群众的获得感、幸福感和安全感得到进一步增强。

【社会福利】 2021年，聚焦“一老一小”，不断满足全龄段群众多元化需求。对300户困难家庭免费实施居家适老化改造，降低家庭发生意外的风险。在昆仑街道、古县街道、戴埠镇新建3家日间照料中心，在竹箦镇、南渡镇、上黄镇老年人居住相对集中且有用餐需求的农村地区试点建设3家“如意小食堂”，完善居家养老服务网络。为有效满足全市特困老人的集中供养需求，启动投资2.77亿元的市级特困人员供养中心建设。4家养老机构采取“公办民营”模式，既提升养老服务质量，又提高床位使用率，惠及更多有需求的老年群体。居家养老服务站实现城乡全覆盖，39家“如意小食堂”覆盖全市8.5万名老年人的用餐需求。整合智慧养老服务平台，“一键通”服务7000余名老人，智能化看护设备惠及全市2000余户散居“五保户”“三无”老人、80周岁以上空巢老人等对象。为全市2.9万名80周岁以上老人免费提供居家上门服务，服务对象满意率100%。认真贯彻落实《中华人民共和国未成年人保护法》，成立未成年人保护工作领导小组，完善市、镇、村三级儿童保护网络，积极打造关爱服务阵地，推动建成儿童关爱之家4家，打通困境儿童关爱保障“最后一公里”。

【社会治理】 2021年，顺利完成村（居）“两委”换届选举工作，173个村参选率91.25%，54个社区居委会参选率90.69%。结合社区实际，梳理出《社区协商事项指导目录》，提炼形成“五步协商法”（提出方案、民意调查、议事协商、民主决策、组织实施），从制度层面推动协商机制落地生根。因地制宜打造“民主三制”（参事制、票判制、双评制）、“百姓议事堂”、“礼和说事”等一系列协商共治品牌，有效化解农村社区管理缺位和治理失灵等问题，“政社互动”工作机制覆盖率实现100%。溧城街道八字桥村入选全国村级议事协商创新实验试点单位。新建或改建5个村（社区）综合服务中心，有效推动社区服务扩能提质。在天目湖镇、社渚镇新建镇级社工服务站，有力改善社工服务条件。坚持党建引领社会组织，挂牌成立社会组织综合党委和党群服务中心，设立市级社会组织党建指导站。全市共登记社会组织1415个，备案1483个。

【专项事务】 2021年，通过编制落实专项规划、完善基础服务设施等措施，民政领域基本公共服务持续提质增效，绿色殡葬理念逐渐深入人心。编制《溧阳市殡葬设施布局规划》，确定“1+9”市、镇两级生态公墓总体布局，基本满足全市未来50年常住人口100万人需求。市级青龙山人文纪念园和9个镇级生态公墓一期工程全面竣工，建成墓穴5.3万座。投资2.82亿元的上姚殡仪服务中心投入运行，服务功能从简单、单一向全能、智能化发展，提升全市殡葬服务质量。制定出台《溧阳市殡葬移风易俗实施方案》，在常州市范围内率先实行全域禁放礼炮、禁止随意抛撒纸钱，引导广大群众树立绿色殡葬理念。顺利完成苏皖界线联检和乡镇界线勘定工作，组织编制《溧阳市公共服务地图册》《溧阳印象》地名影像册，完美展现城市新面貌，成为展示城市文化的有力媒介。充分挖掘地名文化蕴含的红色基因，传承红色精神，新四军江南指挥部旧址、塘马村2处地名入选江苏省首批红色地名。顺应“放管服”改革趋势，完成婚姻登记环境提档升级，有力推动婚姻登记规范化、标准化，溧阳市被确定为江苏省婚俗改革实验区。

（陈志琴）

慈善工作

【概　况】 2021年，市慈善总会广泛动员社会力量，多方筹募善款善物，精准实施救助项目，全年募集善款1753.49万元，救助支出1353.91万元，惠及各类困难群众1.82万人次，赢得社会好评。被省民政厅授予5A级公益组织称号，多项工作成果与经验被“学习强国”学习平台、江苏电视台、《常州日报》宣传推介。

12月8日，溧城街道八字桥村被民政部确认为全国村级议事协商创新实验试点单位 （市民政局 供稿）

【募捐方式多样】 2021年，依托慈善项目，链接社会爱心与困难需求，全年新增冠名基金、定向捐赠34笔，募集到账资金720.97万元，比上年增长70%，创历年新高。“慈善一日捐”活动累计募得21838份爱心捐款460.39万元，参与人数、捐赠总额实现新高。年末，落实企业协议认捐，到账认捐资金452万元，“99公益日”网络募捐活动获1076人次爱心捐赠8.46万元。

【助力乡村振兴】 2021年，实地调研乡村需求，对症施策，全年累计向南渡镇联盟村、强埠村，竹箦镇水西村、前马村，社渚镇大田村，天目湖镇平桥村等15个村拨付帮扶款378万元，推动一批乡村道路、卫生室、村民广场项目建设。建立乡村振兴项目回访机制，确保资金使用高效、精准。“学习强国”平台、《江苏慈善》《常州日报》《溧阳时报》以《超越帮扶的爱：溧阳慈善助力乡村振兴》为题作专门报道。

【实施精准救助】 2021年，“康复助医”支出309.26万元，筹资216.93万元，为全市低保、“五保”、建档立卡户购买慈善补充保险，建立低保及低保边缘家庭“医保目录外常用药”费用补助制度，惠及困难群众1.62万人次；救助重大疾病困难群众163人82.21万元。根据苏民福〔2018〕10号文件要求，结合溧阳实际并参照周边地区做法，明确溧阳困境儿童救助本级标准为自负部分的6%，最高3万元／人。“朝阳助学”支出215.73万元。其中，向全市139名贫困大学生发放助学金76万元，向14名贫困研究生发放助学金14万元；联合市残联资助贫困残疾人家庭中小学生18人，发放助学金6万元；联合正昌集团、大眼睛艺术团等爱心单位，筹资33.47万元帮扶培智学校93名特殊儿童。“对外援助”拨付款物117.45万元，策应“苏陕扶贫协作”，向陕西汉阴、白河捐赠帮扶款项70万元，用于当地教育扶贫、产业扶贫、乡村振兴和困难户救助等；河南洪灾后，总会向受灾严重的登封县少林街道捐赠30万元，用于灾后重建；为陕西汉阴慈善协会筹集“过暖冬”新衣物1097件17.45万元。

【强化慈善宣传】 2021年，以总会开展的各项活动为切入点，以社会爱心善举为侧重点，全年刊发12篇微信推文，出刊《溧阳慈善》4期，在“学习强国”平台、江苏电视台、常州电视台、溧阳电视台、《江苏慈善》《常州日报》《溧阳时报》、人民网、今日头条、腾讯新闻等各级各类电视媒体、主流纸媒、网络媒体等报道溧阳慈善相关信息117篇(次)。其中，报道“朝阳助学”的文章在“江苏省好新闻”评比中获二等奖；溧阳慈善志愿队相关文章被中华慈善总会《慈善公益报》录用；资助市献血协会、市音协、市蓝天救援队、心愿树爱心工作站等公益性社会团体开展群众性公益活动，拓展慈善服务领域。联合正昌集团、糖烟酒公司、常武机电、烟草公司等爱心企业，开展慰问退役老兵、关爱特殊儿童、关怀困难老人等活动，推动慈善理念进社区、进学校、进农村，引领社会新风。

（周　窑）

老龄工作

【概　况】 2021年，全市老龄工作聚焦老龄事业规划设计，老年合法权益维护、老年精神关爱、老年友好型社会构建，围绕建立完善老年健康服务体系和建设居家社区机构相协调、医养康养相结合的养老服务体系总要求，实施积极应对人口老龄化国家战略，加快推进老年健康服务体系建设，推进医养结合深入发展，提升老年健康服务管理能力和水平，不断增强老年人的健康获得感、满意度，确保20万老年人同步进入小康社会。

【长寿之乡品牌建设】 2021年5月，在浙江丽水召开长寿之乡绿色发展区域合作联盟二届一次会员代表大会暨“长寿之乡与高质量绿色发展”高峰论坛上，溧阳市“溧湖”牌大米、“天目湖”牌灵芝五味子胶囊成功申报“中国长寿之乡养生名优产品”。

【敬老爱老】 2021年年末，全市有百岁老人253人，定期发放百岁老人尊老金。围绕“弘扬养老孝老敬老传统，共建共享老年友好社会”敬老月活动主题开展走访慰问活动，举办第六届长寿文化节，开展老年人文体活动，“十佳爱心助老志愿者”评选和表彰活动，组织开展“迎重阳树新风”等敬老志愿系列活动。利用宣传横幅、宣传栏、橱窗板报、电子屏、广播电视、网络等形式开展宣传，开设“敬老月”活动专题、专栏、专版，重点宣传《中华人民共和国老年人权益保障法》，宣传各类尊老敬老的典型人物和感人事迹，开展尊老敬老进机关、进乡村、进社区，吸引和鼓励更多的人投身为老助老志愿服务事业，传递社会正能量，营造尊老爱老助老良好社会风尚。

【安康关爱行动】 2021年，开展安康关爱行动切实减轻家庭因老年人意外伤害带来的额外经济负担。市、镇、村三级联动，进一步强化宣传发动，优化保险方案，提高理赔服务效率，参保人数达19万余人，参保率比上年提升5%，理赔资金544万元，超额完成全市“安康关爱行动”承保覆盖率。

【心理关爱项目试点】 2021年，认真贯彻落实《国家卫生健康委办公厅关于实施老年人心理关爱项目的通知》和省、常州文件精神，广泛组织为老义诊、健康管理、精神关爱与公益讲座等活动，有序推进并规范实施全市5个村（居）老年人心理关爱试点项目。对1360名65岁及以上的老年人开展心理健康宣教、心理健康状况评估等，根据评估结果开展不同的认知与心理干预、转诊推荐等服务，开展讲座和培训累计10次以上。

【人口老龄化国情教育】 2021年，积极组织镇、村（社区）开展人口老龄化国情教育，贯彻落实习近平总书记关于加强老龄工作重要讲话和重要指示精神。举办中共党史学习教育培训班，全市各镇（街道）80余名老龄工作者参加培训。根据国家卫健委办公厅通知精神，开展2021年老年人健康宣传周活动。

【老年协会建设】 2021年，全市26家老年协会获常州市示范老年协会称号。全市226个村居社区中，192个跨入常州市城乡社区老年协会规范化建设达标行列，其中有44个村居社区进入优秀示范村行列，为常州市第一。市老龄协会获社团组织4A级等次。

【老龄健康工作】 2021年，发挥卫生资源优势，加快健全老年医疗服务体系。中医院在设立老年医学科的基础上启动建设二级老年病医院。全市9家医疗卫生机构创成常州市老年友善医疗机构。持续开展医养结合质量提升行动，全面完成老年健康公共卫生服务目标任务，积极开展老年人健康体检及失能失智监测调查工作，65岁以上老年人参加体检人数10.1万人，完成2690名65岁以上老年人失能失智监测调查。

【老年精神文化生活】 2021年，依托全市现有镇（区）、村（社区）老年活动中心（室），发挥老年协会组织作用，广泛开展老年文体活动。开展老年人运用智能技术专项普及培训4378人次，超额完成年度目标任务。围绕改善老年人居住环境、方便老年人日常出行、提升为老年人服务质量、扩大老年人社会参与、丰富老年人精神文化生活、提高为老服务科技化水平等六方面内容，溧城街道五里亭社区建成全国老年友好型社区。南渡镇“和美佳心灵茶吧”入选常州市老年人心灵茶吧示范点。

（陈叶香）

残疾人事业

【概　况】 2021年，全市持证残疾人20130人，占全市总人口的2.5%。其中视力残疾2261人，听力残疾1661人，言语残疾50人，肢体残疾人11868人，智力残疾2906人，精神残疾1269人，多重残疾115人。在持证残疾人中，重度残疾人10567人，占持证残疾人总数的52.5%。其中：视力重度残疾1587人，肢体重度残疾5125人，智力重度残疾1627人，精神重度残疾833人，听力重度残疾1292人，言语重度残疾15人。

【残疾人生活保障】 做好残疾人“两项补贴”审核工作。严格履行残疾人“两项补贴”审核职能，全年发放残疾人生活补贴金8620万元，受惠残疾人10060人，发放残疾人护理补贴金1123万元，受惠残疾人10228人，有力保障残疾人的基本生活。加强残疾人保障服务。为9528名符合条件的持证残疾人投保意外伤害险，投保金额57.2万元。全年共有20名残疾人得到理赔，理赔金额23.67万元。出台残疾人大病补充保险政策。2021年7月1日起，投保200余万元的残疾人大病补充保险正式生效。全市持证残疾人免费享有保障，对首次诊断发生的50种重大疾病，定额赔付4万元；对因病住院，符合医保目录范围内，剩余未获补偿的费用，按比例给予赔付（最高5万元）。有1名残疾人获得理赔4.11万元。对特困残疾人进行临时救助。对享受救助政策后仍然困难的350余户残疾人家庭进行走访慰问，全年共发放慰问品、慰问金和临时救助金40余万元。推进助学政策落实。对113名残疾学生和低保残疾人家庭子女发放就学补助金13.55万元。联系5家爱心企业，结对18名困难残疾家庭学生，发放扶持资金6万元。实施残疾儿童康复救助政策。对本市进入专业康复机构训练的0～14岁贫困家庭残疾儿童按标准进行救助，全年为239名残疾儿童发放救助金350余万元。

【残疾人就业创业】 开展残疾人增收致富专项行动。实施家禽下乡致富工程。为250户边远农村地区困难残疾人家庭发放家禽雏苗16000羽，每户增收4000元。实施“科技进家”致富项目，与江苏优鲜到家农业科技有限公司合作，帮助3户残疾人从事现代设施农业生产，户均增收3万元以上。加大残疾人培训和就业力度。市残联与第三方机构合作，根据区域分布，举办家禽养殖、电子商务培训两类共10期培训班，有400多人次参与培训。通过举办残疾人专场招聘会、扶持自主创业、购买服务等方式大力推进溧阳市残疾人就业，实现新增就业78人。稳步推进按比例安排残疾人就业年审工作，对147家按比例安排残疾人就业企业进行年审，对41家符合条件的企业发放补贴和奖励金27.45万元，残保金入库突破2100万元。扶持残疾人自主创业，对43名残疾人发放自主创业补贴31万元。扶持残疾人辅助性劳动项目，为辅助性劳动机构投保安全生产险，全年发放劳动补贴资金30余万元。

【残疾人公共服务】 打造阳光透明规范评残。推行“见面不知名”

评残模式，有效杜绝了“人情证”“关系证”等一些不合规的残疾人证，办证环境得到明显提升，真正做到残疾评定公正、公开、公平，受到社会各界的一致好评。该项工作获2021年度江苏省残联创新创优示范项目。开展上门评残服务。针对部分因行动不便或家庭、交通、经济等多方面原因，无法走出家门的残疾人，市残联组织医生进行上门评残服务，这一便民措施从残疾人实际需求出发，为群众办实事，让残疾人从“不能跑”到“不用跑”，赢得申请人及其家属的高度赞许。强化残疾人精准康复服务。完善省级残疾人精准康复服务数据库，做好康复进社区、服务进家庭工作，为322名有康复需求的残疾人上门康复指导，建立康复档案。新建4个康复服务示范点，并通过省级验收。在完善原有康复站建设基础上，新建6个村（社区）康复站。对全市46户残疾人家庭实施无障碍改造，录入省级数据库。会同南渡医院精神科，每季度免费为1020名精神病患者下乡供药；完成辅助器具政府购买服务，为贫困残疾人发放各类辅助器具1500余件；为397名白内障患者免费实施复明手术，为听力患者适配助听器70个，为下肢截肢患者安装假肢24条。推行“互联网＋康复服务”。依托福恬康复医院，针对重度肢残人开展“互联网＋康复服务”试点工作，通过线上线下服务，搭建康复指导师和残疾人的沟通平台，开展远程居家康复、专家在线指导、远程儿童康复教学互动等服务，不断满足各类残疾人的特殊需求，为残疾人融入社会创造良好的条件。加强残疾人托养服务。围绕省政府实事工程目标，以残疾人基本生活需求为核心，开展残疾人的居家托养服务，完成122名16～60周岁的智力、精神、重度肢体残疾人的居家托养工作，超额完成目标任务。

【残健融合】 开展系列助残活动。市残联党支部联合清溪社区党支部开展“同心同乐庆元宵、残疾共融一家亲”、“关爱残疾人，春节慰问社区行”、“三八”节联谊会等一系列活动。举办第31个“全国助残日”残疾人辅助器具捐赠活动，向全市残疾人捐赠轮椅、助行器、拐杖等各类器具1300多件，走访慰问2户困难残疾人家庭。联合市培智学校开展“学党史 颂党恩”“六一”益童行活动，残联机关干部对10户特殊儿童进行上门走访慰问。“七一”前夕，市残联组织人员对8名50年党龄残疾人党员上门慰问，送去慰问品和慰问金。联合福恬康复医院开展“守望相助 情系安康”活动。展示残疾人多样风采。运动员刘一鸣参加全国第十一届残疾人运动会，并在田径女子跳远T12级、女子4×100米接力T11～13团体赛、女子200米T12级、女子100米T12级比赛中分别获一金三铜的佳绩。组织5名残疾人运动员参加常州市第七届残疾人运动会群体项目，获五银一铜的好成绩。组织残疾儿童参加全省和平海报作品征集活动，获2个一等奖、3个二等奖。专门协会活动丰富。市残联组织各专门协会骨干参观新四军江南指挥部纪念馆，开展“追寻先辈脚步，重温革命历史”主题学习教育；智残人及亲友协会、精残人及亲友协会以及聋协开展“巩固残疾人脱贫成果 提高残疾人生活质量”为主题的全国助残日活动；盲协组织盲人代表对盲道进行实地调研，开展“点亮心路·共走幸福路”参观体验溧阳美丽乡村建设活动；聋协开展“参观博物馆——拓展新视野”活动；肢协与市科普志愿者协会联合开展为戴埠工疗点送菜秧，并与“星星的孩子”交流。与市武术运动协会联合开展健身气功培训，切实推动残疾人康复健身，增进残疾人的身心健康。加大残疾人事业宣传力度。与融媒体中心合作，围绕全市残疾人重点工作、民生实事、残疾人先进典型等，通过“学习强国”学习平台、溧阳时报、常州日报、紫牛新闻、江苏先锋网等各大网络平台，发表宣传报道71篇，其中“学习强国”平台1篇。

【自身建设】 加强残疾人数据信息平台建设。开展全市残疾人家庭收入状况抽样调查，通过上门入户、电话调查等方式，对71户残疾人家庭进行收入状况的入户调查和数据录入工作，并顺利通过省级验收。完成全市近2万名残疾人的家庭基本状况调查工作。提升残疾人工作者业务能力。积极组织残联机关干部参加省、常州市残联举办的业务培训班，分期分批举办全市残联系统干部能力提升培训班。组织基层残联专职委员进行线上平台学习，参加专职委员知识竞赛，溧阳市残联获第五届全国残联专职委员知识竞赛区县级组织奖。

（周　媛）

民族宗教事务

【概　况】 2021年，全市民族宗教工作深入学习贯彻落实新修订《中国共产党统一战线工作条例》（以下简称《条例》），充分认识《条

11 月 26 日，“播下同心‘籽’开出团结花”《水西百忆》校园品读会 （李 刚 供稿）

例》重大意义，准确理解《条例》关于民族工作、宗教工作的新要求,积极在大统战格局下开展工作。建立健全市、镇（街道）、村（社区）三级宗教工作网络和镇(街道)、村（社区）两级责任制，全面落实“分级负责，属地管理”的宗教工作机制，进一步完善民宗工作网络化管理模式。积极开展“宗教政策法规学习月”和宗教活动场所“四进”活动。深入开展庆祝中国共产党成立 100 周年活动和“五个认同”主题教育活动，切实维护宗教领域的稳定和谐。

【服务少数民族】 结合中国共产党成立 100 周年庆祝活动，结合党史学习教育，开展“迎建党百年，讲四史故事”活动。“迎”：2 月，联合政协民族宗教组、燕湖小学、马垫小学等单位共同举办“讲四史故事 铸牢中华民族共同体意识”倡议活动，参加活动的 10 位来自多个民族的学生代表现场书写春联，向新四军江南指挥部纪念馆及周边老区人民赠送春联，以实际行动融入民族团结工作。“庆”：5 月，积极开展全市民族团结进步宣传月工作，为溧阳市首家“红石榴家园”——马垫中心小学揭牌，王颖工作室新年度正式宣讲，宣传学习获得中等职业教育国家奖学金的布依族学生程江南事迹。为溧阳市首个“铸牢中华民族共同体意识实践基地”——清安小学挂牌，通过创建红石榴家园，促进各民族像石榴籽一样紧紧拥抱在一起，不断铸牢中华民族共同体意识，共建美好家园，共创美好未来。“承”：11 月，联合市委党校、市文明办、教育局、融媒体中心在清安小学举办“播下同心‘籽’开出团结‘花’——《水西百忆》红色故事我来讲”校园品读会公益专场活动，并通过直播的方式向全网呈现，把民族团结工作落实到日常工作中，贯穿到学校教育、家庭教育、社会教育各环节各方面，让民族团结之花常开长盛。

【宗教场所管理】 2021 年，加强宗教活动场所疫情常态防控，坚决守牢防控底线。在实行“双暂停”期间，为确保广大信教群众的生命安全和身体健康，切实切断宗教活动场所疫情传播风险，防范人员集聚风险，动员场所教职人员和广大信教群众广泛宣传发动，积极引导广大信教群众树立每个人都是健康第一责任人的意识，做好自我防护，筑牢免疫屏障，专门成立工作组开展宗教活动场所疫情防控巡查，检查场所“双暂停”情况。有序开展宗教活动场所建筑安全鉴定、消防评估工作，于 11 月底完成全市宗教活动场所既有建筑鉴定、消防评估和隐患排查工作。有效推进宗教活动场所法人登记工作，于 11 月底完成 3 处场所法人登记。加强宗教活动场所标准化、信息化建设。进一步推动宗教活动场所安全工作标准化建设，建设“宗教场所智慧云安全管理平台”，推行“宗安码”,建立“人防 + 技防 + 物防”三位一体的安全防范体系，构建形成全覆盖、全方位安全风险防控，实现标准化、专业化和信息化宗教场所安全风险辨识管控体系，进一步建立健全了安全工作制度、日常巡查制度等，有效防范化解各种安全风险隐患，全市各宗教活动场所“宗安码”系统运作正常。

（李 刚）

关心下一代工作

【概 况】 2021 年，全市各级关工委和广大“五老”志愿者以习近平总书记关于做好关心下一代工作的重要指示为指引，围绕庆祝建党 100 周年，紧扣立德树人根本任务，以“文化塑造未来”铸魂工程为抓手，增强“四个意识”、坚定“四个自信”、做到“两个维护”，主题教育、法治教育、校外教育辅导站、关工委组织建设、“五老”队伍建设、关心关爱青少年成长等各项工作取得新成效。

【建党百年主题教育活动】 开展“颂建党百年、做时代新人”主题教育，市关工委和市教育局联合发文，部署“颂建党百年、做时代新人”主题教育。溧城街道关工委在西平小学举行表彰关心下一代先进集体、“最美关爱奉献者”以及“颂建党百年，做时代新人”主题教育活动。在市图书馆大厅举办了为期一周的常州市关工委成立28年以来的历史图片展，溧阳市关工委系统30余幅图片被采用。开展期间组织溧阳市各级关工委领导和“五老”、青少年观展，观展人数达5600人。关工委和老干部局联合开展溧阳市2021年“五老”“千场党史报告进校园”活动，昆仑街道90多岁离休老干部范源董等32位老干部作了60多场“四史”报告会，2万多青少年聆听了党史报告。关工委还积极参与老干部局举办的“溧阳市庆祝中国共产党成立100周年主题图片展览”，关工委主任路发今等一批老干部活动照片12余幅被采用参展。全市各级关工委与教育系统关工委开展“老少同台演讲、老少同台讲好中国故事”朗诵比赛等活动87场次，听讲人数达5.3万人次，撰写各种征文、创作书画摄影作品148篇(件)。

【关工委培训】 在纪念中国关工委成立30周年之际，习近平总书记作出重要指示。组织全市各镇（街道、区）关工委负责人认真学习贯彻习近平总书记重要指示，进一步落实“党建带关建”的机制，进一步凝聚关心下一代工作的合力。全市24名基层关工委主要领导参加常州市关工委第十五期关工委干部培训班。全市各级关工委共举办各类培训班73期，培训基层关工委干部和“五老”志愿者3000人次。上黄镇关工委制定镇关心下一代工作制度，先后建立“留守儿童之家”“家长联系制度”“留守儿童的应急机制”等相关制度。将关心下一代工作纳入镇村两级考核，提升镇村两级关心下一代工作的重要性，确保关心下一代工作顺利开展。

【法制教育】 2021年，全市法制教育报告团通过老少牵手、专题讲座、模拟法庭、文艺节目等形式多样的实践活动，组织法制教育报告团（宣讲团）11个，“五老”法制教育报告员93人，举行报告会97场次，听讲青少年6万人次；全市有“五老”法制副校长75人，接受法制教育的青少年达10万人次，全市未成年人零犯罪社区（村）达99%。在公安派出所建关爱工作站16个，做到全覆盖。发挥老民警关爱青少年的作用，不断强化青少年法治教育，探索预防和减少青少年违法犯罪工作新路径，营造青少年健康成长的法治环境。市检察院和关工委联合出版《蒲公英维权》系列连环画读本，发送到全市6万多名中小学生。市司法局联合市关工委、教育局，在各中小学校开展“法在身边”普法教育。举行普法报告会26场，接受教育的青少年近万人。全市未成年人的刑事案件12件，涉案的未成年人13人，全市未成年人违法犯罪呈下降趋势。

【校外教育辅导站建设】 2021年，全市关工委组织有666个，依托全市316所校外教育辅导站和676名“五老”志愿者开展丰富多彩活动。胜笪村校外教育辅导站利用“溧阳市明慧读书台”村校合办，先后投资30多万元。按照“组织领导有力、装备设施良好、辅导队伍稳定、管理制度健全、活动常态有效”的标准，利用寒暑假和双休日，为全村64名留守儿童开展形式多样的校外辅导教育活动。溧城街道福阳社区、社渚镇姚巷村、上兴镇上兴社区3家校外教育辅导站获“常州市优秀校外教育辅导站”。盛世华城社区创新组织社区学生开展“五彩水滴”（“红色感悟”“ 蓝色警示”“橙色脉动”“ 金色感恩”“ 绿色体验”）系列活动，吸引未成年人踊跃参与。退休省劳模潘洪强获省关工委、农林厅“三扶两创”创业之星、常州市老有所为十佳最美老人和“科技特派员”。吴潭渡村连续17年为贫困学生和优秀学生发放奖学金近38万元；竹箦镇关工委联合镇民政、妇联等部门，共同做好助学工作。走访贫困学生家庭75户，其中困境儿童35名，资助42万元。春雷助学对象19人，资助1.9万元。贫困家庭在校大学生12人，由慈善总会出资7.3万元。资助父母残疾的学生6人0.9万元。别桥镇关工委会同镇团委结对帮扶11人5500元、会同镇妇联结对帮扶8人4000元、会同镇民政慈善救助贫困大学生21人92000元。上黄镇关工委关爱补助贫困学生达273928元，上黄飞跃电配厂冯初华帮困助学合计152600元。天目湖镇为“留守儿童之家”配备电视、电话、亲情电话、电脑、活动器材、图书等。全市各级关工委筹集帮困助学资金达378万元，扶助困难青少年2050人。

（尹耀东）

天 目 湖 镇

表 35　2021 年天目湖镇主要社会经济指标一览表

项　　目		数　据
自然概况	年末土地总面积（平方公里）	210.63
	其中：镇区建成面积（平方公里）	4.32
	居民委员会、行政村委会（个）	13
	总人口（人）	58453
	其中：非农业人口（人）	1284
综合实力	国内生产总值（GDP，万元）	466300
	人均 GDP（元）	79773
	财政收入（万元）	46000
	全社会固定资产投资（万元）	93300
	实际利用外资（万美元）	2550
	人均可支配收入（元）	33371
	社会消费品零售总额（万元）	213787
工业	工业企业（家）	35
	工业企业职工（人）	1495
	工业总产值（亿元）	23.3
	工业增加值（亿元）	9.91
	工业销售收入（亿元）	25
	工业利税（亿元）	1.85
	工业固定资产净值（亿元）	1.42
农业	农林牧渔业总产值（万元）	69409
	其中：农业（万元）	53638
	林业（万元）	7633
	牧业（万元）	2678
	渔业（万元）	5040
	农业服务业（万元）	420
	粮食产量（吨）	10205
	年末农机总动力（万千瓦）	2.53

续表35

项　　目		数　据
第三产业	第三产业实体（个）	418
	第三产业从业人员（人）	1875
	第三产业增加值（亿元）	30.33
	集贸市场（个）	2
	注册工商经营户（户）	319
社会事业	中学（所）	1
	在校中学生（人）	278
	小学（所）	2
	在校小学生（人）	1197
	文化娱乐场馆（个）	—
	体育健身场所（个）	30
	人口自然增长率（‰）	1.82

【概　况】 天目湖镇位于溧阳市南部，233 国道纵贯全镇南北，宁杭高速公路溧阳南道口、宁杭城际高铁溧阳站紧临镇区，交通十分便捷。风景宜人、闻名遐迩的天目湖，集国家级旅游度假区、国家 AAAAA 级旅游景区、国家生态旅游示范区于一身。全镇区域总面积 210.63 平方公里，旅游度假区规划面积 320 平方公里。辖 12 个行政村、1 个居委会，总人口 58453 人。2021 年，全镇实现地区生产总值 39.7 亿元，完成公共财政收入 2.5 亿元。旅游区接待游客 817.44 万人次，实现旅游营业收入 20.57 亿元，入选第二批江苏省省级夜间文化和旅游消费集聚区建设单位、国家级森林康养试点建设基地。

经济发展　始终把项目品质提升作为天目湖发展的第一目标。项目招引有新突破。总投资 30 亿元的白茶小镇高端文旅康养度假村（郡安里）、

10亿元的悦榕庄·天目湖项目、总投资10亿元的天目湖安卓梅达高端度假酒店、总投资10亿元的天目湖阿丽拉高端度假酒店项目签约落地。总投资30亿元的大溪文旅综合体，总投资10亿元的幻古丛林·山海经演艺综合体、院士村落正在深化设计。顶层设计精致推进。《天目湖重点区域“十四五”发展战略规划》《天目湖镇区概念性城市设计方案》形成初步成果，《天目湖重点区域旅游发展策划方案》加快编制。出台《关于开展鼓励民宿高品质设计试点工作的意见（试行）》。镇区内所有新建项目实行设计评审制度。通过前瞻性的规划，高品质的设计，文化创意打造，将传统上不是旅游资源的空间变成了旅游点位。文旅融合提质升级。深化“旅游+”和“+旅游”文章，推进文旅、茶旅、农旅融合，举办天目湖国风嘉年华、茶香中国行系列活动，举办天目湖白茶开采节和乡村招牌菜大赛，依托天目湖国家湿地公园，开发生态研学路线。天目湖山水园景区获评江浙沪优秀智慧景区，天目湖景区入选2021年度江苏省智慧旅游景区名录，天目湖宾馆成为江苏首家国家白金五钻级酒家，石塘37号被评为四星茶舍。天目湖轻度旅创CEO张庆获评国家乡村文化和旅游能人，常州唯一。天目湖夜间文旅消费集聚区入选第二批江苏省级夜间文化和旅游消费集聚区建设单位。品牌效应日趋凸显。两节闭幕式各端口直播流量达1.16亿次，天目湖玩咖官方抖音号成功开通，粉丝数超10万，播放量超4000万。天目湖专属车厢入驻江苏首列“乡村振兴号”。根据热曲《万疆》进行天目湖创意视频剪辑，荣登抖音全国实时热搜榜第9位。通过入驻B站等短视频网站多维度宣传有效引流新生代。中央电视台《新闻联播》等中央级媒体报道7次。

城乡建设　始终坚持把生态环境保护作为天目湖发展的第一责任，让绿色成为美丽天目湖最靓底色。污染防治成效明显。环境空气质量持续改善，$PM_{2.5}$平均指标在全市所有乡镇中排名第一。科学谋划天目湖水源地及集镇区域烟花爆竹禁放工作。强化餐饮油烟监管，6家大型以上餐饮单位餐饮油烟在线监控安装完成。配合市水利局实施农污PPP项目三期工程完成132个村庄生活污水治理工程。水源地保护持续高压。全面开展河塘清淤轮疏，推进污水全收集全处理，确保天目湖水源地水质持续向好。水源地保护实施精细化管理，按照“四无一有”（无违规养殖、无水质恶化、无四违现象、无环境卫生问题、有浓厚的水源地保护工作氛围）管理目标进行考核，沙河水库一号公路沿线池塘进行全面整治。两大水库上游获批省级生态安全缓冲区。沙河水库饮用水源地二级保护区完成调整。完成下吴村2880亩青虾塘退养，首次实现跨省土地流转，大溪水库上游梯级湿地正加快形成。断面水质达标率全市第一方阵，大溪水库高分通过省级验收。环境整治不断加码。快速推进镇前街精品街道建设、天目路人行道空间及绿化提升整治、老菜场停车场提升改造、集镇区停车位优化提升、碧桂园及富华苑垃圾分类省级达标小区建设等集镇品质提升工程。重点经

桂林村夜景　（天目湖镇　供稿）

潮玩天目湖　万象国风夜

（天目湖镇　供稿）

营场所违建整治数量、整治速度均为全市第一。集镇面貌得到较大提升，长效管理三季度名列常州一类镇第一。乡村建设“靓”点纷呈。精心策划以知青文化为主题的桂林村、水资源保护文化为主题的周院和艺术为主题的西塘齐省特色田园乡村建设。桂林村上桂林获评“江苏省特色田园乡村”“常州市第二批乡村旅游重点村”。周院项目设计方案和施工图均已完成，周院小学旧址改造施工已启动，三胜村西塘策划方案已通过市级评审正在深化设计。

社会管理　社会治理创新创优。试行“早安·天目湖”安全生产系列活动，企业安全主体意识显著提高，重点针对游船、校车和燃气等开展常态化安全管理。每个村设立应急救援仓库，组建应急救援“吾急应”突击队，确保突发事件处理有人、人有装备。定期组织开展“三项排查”，严格执行矛盾纠纷排查调处、领导带班接访等制度，高质量完成中国共产党成立100周年期间的安保维稳工作。高效推进两网融合，以网格的全覆盖助力疫情防控及文明城市长效管理。民生服务愈发温暖。建成了全市首个社会工作服务站。天目湖镇慈善总会定向捐款30万元为村卫生室增添保障设备，利用“龙海基金”为84名残疾学生及低保残疾人家庭学生发放助学金16万元。依托心愿树爱心工作站和东陵社区等平台，多形式开展特殊人群爱心关怀活动。出台《溧阳市天目湖镇教育人才引进、培养奖励办法》，引进3名城区优秀教师，被推荐为常州市2021年度履行教育职责成效明显镇。加快实施塘西老小区基础及附属设施，以及部分公共服务配套设施改造。新政务服务中心建成投用，在“溧即办”的基础上，试行四大类60项“天天办”服务品牌。整合高频30件事，实现一窗办理、一章审批、一站服务，累计办件9800件，办结率达100%。联动规划、综合执法、建设、环保、污水处理、市场准入、公安等部门，新设市场主体住所（经营场所）合法性审查问题有效解决。

【天目湖中国再生医学健康管理中心项目顺利开工】　4月9日，天目湖中国再生医学健康管理中心项目举行开工仪式。该项目总投资31.1亿元，总建筑面积13万平方米，建设再生医学中心、康养中心和洲际英迪格酒店，是集高端医疗、健康养生、度假休闲于一体的综合型项目，已入选江苏省重点服务业项目、常州市重点产业项目，计划2024年整体竣工投运。

2021年天目湖镇各村（社区）基本情况表

表36

村（社区）	中共支部（总支、党委）书记	村委（社区）主任	经济总收入（万元）
天目湖	孟广富	孟广富	1289.44
田家山	杨建伟	杨建伟	1005.10
桂　林	许浩生	许浩生	391.53
南　钱	葛小宇	葛小宇	383.37
三　胜	陈国军	陈国军	423.16
吴　村	陈建国	陈建国	151.93
杨　村	朱建军	朱建军	164.47
平　桥	王荣建	王荣建	149.78
梅　岭	叶卫国	叶卫国	158.78
毛　尖	胡　珍	胡　珍	173.79
观　山	罗阿宝	罗阿宝	129.98
洙　漕	韩金华	韩金华	295.15

2021年天目湖镇销售收入2000万元以上企业一览表

表37

企业名称	法人代表	销售收入（万元）
江苏钢锐精密机械有限公司	张贤铭	101000
溧阳东发纺织有限公司	蒋伟年	18500
溧阳市立方贵金属材料有限公司	王自伟	27000
溧阳市诚亿布业有限公司	袁阿保	10000
江苏海强电缆有限公司	陈献民	2300

（谢新冉）

上 兴 镇

2021 年上兴镇主要社会经济指标一览表

表 38

项目		数据
自然概况	年末土地总面积（平方公里）	245.6
	其中:镇区建成面积(平方公里)	40
	居民委员会、行政村委会（个）	24
	总人口（人）	80829
	其中：非农业人口（人）	37158
综合实力	地区生产总值（GDP，亿元）	85.06
	人均 GDP（万元）	10.52
	财政收入（亿元）	8.18
	全社会固定资产投资（亿元）	31.61
	实际利用外资（万美元）	9600
	农民人均纯收入（元）	28715
工业	工业企业（家）	334
	工业企业职工（人）	13867
	工业总产值（亿元）	311.62
	工业增加值（亿元）	54.29
	工业销售收入（亿元）	307.93
	工业利税（亿元）	41.92
	工业固定资产净值（亿元）	23.18
农业	农林牧渔业总产值（万元）	—
	其中：农业（万元）	—
	林业（万元）	—
	牧业（万元）	—
	渔业（万元）	—
	农业服务业（万元）	—
	粮食产量（吨）	61911
	年末农机总动力（万千瓦）	6.33
第三产业	第三产业实体（个）	441
	第三产业从业人员（人）	13125
	第三产业增加值（亿元）	20.86
	集贸市场（个）	5
	年末个体工商经营户（户）	528
社会事业	中学（所）	3
	在校中学生（人）	1646
	小学（所）	4
	在校小学生（人）	3079
	文化站馆（个）	1
	体育健身场所（个）	145
	人口自然增长率（‰）	−5.79

【概　况】 上兴镇位于溧阳西北，属丘陵地带，四季分明，气候宜人，拥有丰富的矿产资源。地域面积广大，有耕地面积近 1 万公顷，水域面积 2000 公顷，林地面积 3300 公顷，有 100 亩以上水库 7 座。镇域面积 245.6 平方公里，辖 4 个集镇、1 个居委会、23 个行政村，总人口 80829 人。上兴镇距南京禄口国际机场 38 千米，宁杭城际铁路、宁杭高速公路、104 国道、341 省道在集镇区交会。2021 年全镇实现地区生产总值 85.06 亿元，主要经济指标保持 20% 左右增长，其中公共预算收入实现 4.5 亿元，同比增长 12.2%；实现工业纳税销售收入 320 亿元，同比增长 32.3%；实现规上工业总产值 275 亿元，同比增长 37.2%；工业设备投入完成 6.1 亿元，同比增长 23%；实际利用外资到账 9600 万美元。经开区和曹山旅游度假区在全省排名分别上升 11 个和 7 个位次。

经济发展 2021 年，上兴镇成功签约亿元以上项目 14 个，总投资 401.5 亿元，其中，总投资 220 亿元的瓦屋山低碳城再续超百亿项目辉煌，60 亿元时创光伏、35 亿元长盈新能源项目接续突破，东南大学基础设施安全与智慧技术创新中心成功落地。金纬、力翔等一批优质项目成为承接新旧动能转换的重要载体。国强“退二进三”实质性启动，工业应税销售达到 225 亿元，集团税收超 4 亿元；江苏友发当年开工、当年投产，实现销售 40 亿元，圆满完成市委、市政府下达任务。转型升级蹄疾步稳。一手抓要素盘活，持续加大对“散乱污”企业整治和“僵尸企业”清理，全年盘活闲置土地 2000 亩、厂房 2.2 万平方米；一手抓技改升级，鼓励引导企业开展绿色制造转型，盛德电子、天山水泥成功评定绿色工厂。科技创新活力迸发。牵手国内两大高端平台，搭建东南大学基础设施安全与低碳技术创新中心和中航工业气动院南方分院，加快军方四综合检测平台、国强宝钢联合实验室等重大科研平台建设。国电新能源、国强交通、巴斯威和中材环保成功申报高新技术企业，协多利、盛翔建材、新丰收机械完成两化融合认定，盛德电子入选全省首批四星级上云企业。全年净增规上企业 12 家，新增高新技术企业 7 家，经开区应急装备产业园获评江苏省特色创新产业园区。曹山未来城建设全面加速，当年完成投资 30 亿元，会议会展中心主体封顶；新阳、山居笔记、汉宇等 5 个精品度假酒店项目持续推进，晨曦、轩逸等 8 家新引进的精品民宿蓄势待

发，景区旅游内涵日益丰富。智慧景区系统投入运营，旅游厕所、公共停车场、游客服务中心等公共配套全面提升。全年高质量举办文旅活动12场，接待游客超350万人次，营收近3亿元。曹山美音茶园获批国家AAA级旅游景区，曹山现代农业产业示范园高分通过省级验收。

城乡建设　2021年，上兴镇坚持以产城融合、城乡融合为主线，持续优化城镇功能布局。空间规划科学布局。启动编制上兴镇国土空间总体规划和瓦屋山低碳城、北湖科创城2个控制性规划，研究编制17个行政村实用性村庄规划，实现23个行政村全覆盖；完成上兴镇综合交通、旅游度假区、蓝绿空间3个专项规划编制工作，联合周边镇区编制《江苏中关村科技产业城规划》和《上兴镇（经开区）竹箦镇统筹规划研究》，空间谋划更加系统、要素整合进一步加强。功能配套日益完善。完成公园路、S456先导段、北环路旅游大道等骨干道路以及总长20公里的农路建设；启动总面积42万平方米的4个安置房小区建设，代建标准厂房7.4万平方米；改造提升公寓、宿舍566套，总面积3.7万平方米北湖人才公寓建设即将启动。110kV官塘（曹山）变电站基本建成，曹山未来城供水管网全面完工，新建3万吨／日处理能力的北山综合污水处理厂。征地拆迁攻坚克难。全年启动7个新开地块，征收房屋总计119户，面积约3.5万平方米，扫尾清零5个地块，共计79户；启动35个土地流征地块，总面积6445亩，签约3668亩。区域协作成效初显。主动融入江苏中关村科技产业城建设，启动在空间规划、功能配套、产业联动等方面深度契合的体制机制研究。在宁打造科技孵化、人才引进“飞地”，新建占地2万多平方米的域外孵化器。加强与溧水区白马镇的互通互联，搭建乡村振兴党建联盟，探索共建国家级田园综合体，打造“两溧特别合作区”先导区，塑造名副其实的“融入南京第一城”。美丽乡村华丽绽放。莓林果乡国家级田园综合体、北村、牛头山、留云美丽乡村建设渐次展开，美意田园更具乡愁；自我加压在全市率先启动花村宅基地制度改革试点工作，村集体收益近600万元，成为全市宅改工作样板；龙峰村获评常州市级乡村旅游重点村，牛马塘村创成省级乡村旅游重点村。

社会管理　2021年，上兴镇启动上兴河整治工程，河道清淤、驳岸改造、景观提升一期工程全部竣工，河域水质全面改善。以对历史负责的决心加大矿区整治力度，“一企一策”完成北山建材、盛翔建材整治提升，天山廊道施工便道全面建成、运营在即。做好民生实事。老河幼儿园和汤桥小学幼儿园投入使用，全镇中考成绩创历史最优。上兴卫生院对标二级综合医院加快改造提升，引进省特色科室“针刀科”，成立MMC专科，软硬件水平大幅提升；易地重建上沛卫生院，力争2022年年底投入使用。全市首家“溧书房”落户上兴，区镇魅力更添人文书香。做强民生保障。牢牢兜住疫情大考下的民生底线，落实常态化疫情防控措施，开展核酸检测应急演练2次，疫苗接种超10万人次；持续加大对孤寡老人、低保户、留守儿童和特殊计生家庭的帮扶关爱，发挥“关爱之家”“春晖家园”等载体作用，全年受惠群众近3000人，帮扶资金超2300万元；创新开展驻点招聘、点单招聘等模式，帮助企业招工千余人次，社保扩面增员近1400人。做精民生治理。绷紧安全生产工作底线不放松，聘请第三方安全专家驻厂会诊，全年责令整改企业40家，立案处罚7家，责令停产整顿3家。保持拆违高压态势，全年拆除各类违建228户、总面积1.25万平方米；完成时代美苑等4个安置小区改造工程，实施菜市场内外一体化管理，整治镇容各类违法行为1.6万次，城镇向精细精致演进。深入推动网格化治理工作，聚焦征地拆迁、土地流转等重点领域，全年化解各类信访矛盾1684件。

加强政府自身建设，深入开展党史学习教育，多措并举实施“两在两同”建新功行动，突出党建引领，夯实基层党建基础，精心打造“红枫”“曹山大学堂”等党建品牌。2021年，积极推动政府信息依法公开，做好行政复议申请受理和行政诉讼应诉工作，主动接受镇人大主席团的工作监督，认真办理市人大、政协交办议案12件，镇人大代表批评、意见和建议16件，办复率达100%。深入开展“八五”普法工作，上兴村创成江苏省民主法治示范村。服务效能优化提升。深化“区政合一”管理体制机制改革，厘清经开区与上兴镇的权责边界，加快政府职能转变，完善各项工作制度，优化工作流程，政务服务效率得到有效提升，成为全市首个拥有“一件事专窗”的乡镇。作风建设不断加强。深入开展“三效三提”专项行动，落实单位内部综合考核，纠治“四风”顽疾，严查征地拆迁、建设工程中各类违法违纪案件，有力整治侵害群众利益的行为，党风政风引领社会风气持续向好。

2021年上兴镇各村（社区）基本情况表

表39

村（社区）	中共支部（总支、党委）书记	村委（社区）主任	经济总收入（万元）
分 界	蒋有明	蒋有明	156.59
陶 村	周生辉	周生辉	116.5
老 河	邹荣国	邹荣国	246.45
上 城	江 波	江 波	453.55
上 兴	陆建春	陆建春	195.62
练 庄	毛建军	毛建军	145.64
赵 沛	何忠华	何忠华	115.99
余 巷	蒋志敏	蒋志敏	310.15
永 和	董明洪	董明洪	169.15
步 村	戴洪彬	戴洪彬	118.49
涧 东	韦建华	韦建华	161.88
万家边	强文俊	强文俊	145.78
沛 民	王佩峰	王佩峰	132.8
龙 峰	余庆贵	余庆贵	277.89
桥东干	张益安	张益安	189.16
东 塘	陈和国	陈和国	143
毛 家	楚训全	楚训全	100.02
缪 巷	马国强	马国强	117.84
祠 堂	施国林	施忠良	139.77
蒲 村	陈 耿	陈 耿	111.93
吐 祥	芮爱国	芮爱国	173.18
圩 庄	伊水银	伊水银	239.71
汤 桥	汤惠军	汤惠军	117.33
上兴居委会	施 蓓	施 蓓	—
上沛居委会	张红军	余小琴	—

2021年上兴镇销售收入2000万元以上企业一览表

表40

企业名称	法人代表	销售收入（万元）
江苏国强镀锌实业有限公司	袁国强	1474104
江苏友发钢管有限公司	董希标	300733
江苏国电新能源装备有限公司	冯 玮	281160
江苏国强兴晟能源科技有限公司	袁国强	185906
江苏超强工程材料有限公司	黄桂珍	78070
溧阳天山水泥有限公司	李 阳	65127
江苏明佳交通材料有限公司	许先明	61732
溧阳市华力金属有限公司	易会盛	58087
江苏国智建筑科技有限公司	吴翔凌	50316
溧阳市盛杰机械有限公司	潘剑青	43144

续表40

企业名称	法人代表	销售收入（万元）
江苏嘉盛环境设备制造有限公司	黄 胜	40613
江苏国强民富建材科技有限公司	吴厚英	36291
协多利洁净系统（常州）有限公司	周昌晶	29422
兴跃洋新材料科技（江苏）有限公司	顾玉育	17516
法德尔（常州）流体设备有限公司	马克·戈德史密斯	15300
溧阳市宝丽佳塑胶纺织有限公司	孙 勇	14135
博飞特（江苏）汽车设备自动化有限公司	潘全妹	13270
溧阳爱格板业有限公司	郭继新	11688
江苏国强交通科技有限公司	彭栋敏	11004
溧阳中材环保有限公司	朱宝华	10449
溧阳强盛科技有限公司	袁传水	9732
溧阳市塑宝塑胶科技有限公司	丁雪峰	9380
江苏北山建材有限公司	张忠明	8785
江苏英诺威洁具有限公司	刘宗权	8402
溧阳比利美英伟生物科技有限公司	谭跃德	7880
溧阳市盛翔新型建材有限公司	葛芙妹	7837
江苏盛德电子仪表有限公司	陈志萍	7783
溧阳市兴亚王胖门窗科技有限公司	王荣庆	7374
江苏阿翔食品有限公司	苏靖翔	6057
江苏友发国强钢管有限公司	董希标	6051
江苏建腾机械设备有限公司	张建华	5326
江苏巴斯威节能科技有限公司	陈成国	5019
众雅（江苏）机械设备有限公司	蒋 铮	4298
江苏叶琦机械有限公司	巢卫东	4003
常州赛密思新材料有限公司	黄金锋	3770
溧阳市南方活性炭厂	朱 涛	3180
江苏阳帆机电设备制造有限公司	杨宏伟	3042
江苏倍文自动化设备股份有限公司	沈俊明	2889
溧阳双翔木业制品厂	向自喜	2850
溧阳市康达新材料有限公司	张建新	2784
常州容导精密装备有限公司	董兴玉	2760
江苏乔翔专用车有限公司	刘宗权	2658
江苏中恒电子新材料有限公司	周 静	2582
常州江帆冷却塔有限公司	江建华	2554
溧阳市盛力橡塑制品有限公司	吴建春	2300
兴锐五金科技（江苏）有限公司	吴丽萍	2258
常州翰洋智能科技有限公司	赵前耀	2193
江苏晶宇液压机械有限公司	潘宗浩	2086
江苏新曙锻造有限公司	周达明	2051
江苏佳力得新材料科技有限公司	叶永泉	2048

（王倩倩）

社 渚 镇

2021 年社渚镇主要社会经济指标一览表

表 41

项目		数据
自然概况	年末土地总面积（平方公里）	207
	其中：镇区建成面积（平方公里）	6.3
	居民委员会、行政村委会（个）	24
	总人口（人）	76149
	其中：非农业人口（人）	—
综合实力	地区生产总值（GDP，亿元）	119.33
	人均 GDP（万元）	15.67
	财政收入（万元）	61174
	全社会固定资产投资（亿元）	28.25
	实际利用外资（万美元）	1800
	农民人均纯收入（元）	—
工业	工业企业（家）	173
	工业企业职工（人）	7983
	工业总产值（亿元）	159.3449
	工业增加值（亿元）	68.76
	工业销售收入（亿元）	289.08
	工业利税（亿元）	50.3367
	工业固定资产净值（亿元）	88
农业	农林牧渔业总产值（万元）	—
	其中：农业（万元）	—
	林业（万元）	—
	牧业（万元）	—
	渔业（万元）	—
	农业服务业（万元）	—
	粮食产量（吨）	72599
	年末农机总动力（万千瓦）	6. 9521
第三产业	第三产业实体（个）	—
	第三产业从业人员（人）	—
	第三产业增加值（亿元）	41.39
	集贸市场（个）	2
	年末个体工商经营户（户）	—
社会事业	中学（所）	2
	在校中学生（人）	1335
	小学（所）	5
	在校小学生（人）	3104
	文化站馆（个）	1
	体育健身场所（个）	1
	人口自然增长率（‰）	−2.71

【概　况】　社渚镇位于溧阳西南部，属茅山革命老区，处于苏皖两省三市（县、区）溧阳、高淳、郎溪交界处。镇域面积 207 平方公里，常住人口 76149 人（户籍人口 7.2 万人），下辖 22 个行政村、2 个居委会、610 个村民小组。2021 年，全镇保持经济平稳发展，稳中向好的态势。完成地区生产总值 119.3 亿元；财政总收入 6.19 亿元；税收收入 5.57 亿元。工业投入 24.62 亿元；规模以上工业产值 144 亿元；工业应税销售收入 270 亿元；全社会固定资产投资 27.71 亿元。2021 年，社渚镇在“敢想敢干”中开辟新路、在“创新创业”中克难攻坚、在“先行先试”中示范引领，向着“苏皖合作绿色发展新示范”和“溧西南开放合作重要门户”的发展目标前行。获评“江苏省乡村振兴先进集体”，被授予“中国青虾之都”称号，成功创建“江苏省放心消费示范街区”。

经济发展　着力重大项目突破，培育绿色发展动能，推动产业集群形成，打造先导区高质量发展新“增长极”。招商引资精准施力。以市场化理念组优招商团队，优化项目招引机制，建设苏州招商基地，不断完善招商网络。突出高端装备、新材料、汽车零部件等龙头企业的招引，主攻上海、苏州，瞄准央企和上市公司，明确项目准入绿色门槛，提升企业科技含量。2021 年，共签约项目 13 个，计划总投资额 86.9 亿元，其中 10 亿元以上项目 5 个，5 亿元以上项目 4 个，总投资较上年翻一番。共获得 4 次全市重大项目招引月度“流动红旗”，其中冠军 1 次、亚军 1 次、季军 2 次。11 月份，成功举办全市重大项目集中开工仪式。项目建设稳步推进。强化“拿地即开工”理念，着力做好项目推进“三同步”，即在项目筹备时同步报备、项目启动时同步组建、项目设计时同步报批。制定《社渚镇违法闲置低效三类用地出清盘活方案》，通过有偿收回、限期开发、厂房租赁等方式，退出低效企业 5 家，盘活永春机电、力润机械等 3 家企业，涉及建设用地 58 亩，盘活闲置厂房 28300 平方米，提升土地的产出效率。通过组建工作专班、开展“百日攻坚”行动、实施“一项目一清单”，统筹推进重点项目早开工、早投产、早见效。营商环境提档升级。全力推进溧宁高速社渚丁山段拆迁清零工作，于 4 月底提前完成交办任务，确保溧宁高速建设无障碍施工，为先导区赢得发展空间。“渚动办”以更高效、更主动的代办服务打响品牌，房德科创从洽谈到落户仅用时 60 天，普兰特从洽谈到开工仅用时180天，“先导区速度”不断刷新。打造全市首个跨省合作“开门接电”示范区，保障企业电力供应；与移动、电信签署5G战略合作框架协议，推进数字化、智能化基建配套；与建设、邮储等银行开展党建结对共建工作，深化业务合作，为先导区高质量发展注入金融新活力。

社渚镇致力于做大青虾特色渔业品牌，2021年，社渚镇青虾养殖规模已达6.5万余亩，建有“太湖2号”原种繁育基地1个、良种繁育基地11个，良种覆盖率95%以上。全镇从事青虾养殖的农户1450户，相关养殖企业43家，青虾营销经纪人185名，拥有2个万亩和9个千亩青虾养殖示范基地。年产青虾6500吨，产值7.65亿元，带动农户劳务增收5200余万元。同时，青虾研究院外部建设与内部装修均已完工，青虾展示馆、青虾交易市场开工建设中，平台的辐射带动作用逐渐彰显。

城乡建设　走“生态优先、绿色发展”之路。攻克涉矿区域顽疾。以“一区域两路廊”为重点，大力开展环境专项整治行动7次，查处问题32处，已全部完成整改，环境质量得到提升。以4家省级绿色矿山创建为契机，累计投入5000余万元，淘汰落后挂网设备、实施矿区道路硬化、改进企业降尘工艺等，多措并举抑制扬尘。2021年，金峰廊道建设专班全力推动项目建设，共租地1090.44亩（已完成94.4%），堆场、破碎场征地454.16亩，迁移坟墓1115冢，基坑开挖325组，柱墩施工290组，处理苗木迁移、土地租用等矛盾纠纷百余件。巩固环境治理成果。深化环境治理，全镇$PM_{2.5}$月均浓度（30.9微克／立方米）全市排名第二，全年累计优良天数285天；断面水质考核达标率87.5%，排名全市第四。全力深化239省道周边环境综合整治，关闭无证经营汽修店4家，淘汰落后化工1家，取缔未批先建小化工1家，不断补齐环境治理短板。继续实施“科技＋生态”青虾产业绿色发展形态，完成青虾尾水排放工程2000亩，为生态环境容量机制创新提供更多的典型案例。以“两清两拆”为重点，累计摸排问题千余处，出动2000余人次，清运垃圾40吨，清理河塘6处，拆除新增违建22处、存量违建120处，总拆违面积达14219平方米。建立健全农村环境卫生长效管理机制，在第三季度城市长效综合管理二类街道考核中名列常州市第二，在溧阳城乡一体化成效管理考核中名列第三。秸秆禁烧全年记录火点数1个，排名全市前三。勾勒美意社渚图景。投资5000万元，倾力打造洑家特色田园乡村，建成“山这边”展馆，引入米其林餐厅等文旅产业，展现出村美民富的繁荣景象。同时，依托“溧阳1号公路”、前宋水库，以点带面、串点成线，丰富天目湖以西的旅游业态。加快先导区综合服务中心、人才公寓等配套项目建设，同步推进苏皖合作示范区展示馆、文化中心、人文公园等文旅休闲地标项目，串联形成城镇综合体、产业集聚区、宜居生活区一体化发展格局。

社会管理　坚持从讲政治的高度，有温度地做好民生工作，补短板、增供给，把提升群众获得感和幸福感作为做好民生工作的“航向标”。织密疫情防控网络。加强入境人员和中高风险地区来社渚人员排查管控，第一时间发现、第一时间报告、第一时间管控。2021年，共核查信息14361条，管控居家隔离87人，管控居家健康监测49人，健康监测1957人，转运集中隔离145人。精准发动全镇疫苗接种工作，依托网格化和“户长制”的优势，做好全员核检准备工作，以战时状态应对疫情防控。累计接种疫苗第一针51323人，接种第二针49370人，完成“加强针”8012人，完成率在全市排名前五。夯牢民生事业根基。全年发放民政民生资金共计1804.76万元，较2020年增长4.6%，其中最低生活保障取消27户39人，做到“应保尽保、应退尽退”，让惠民政策落到实处。缴纳城乡居民基本养老保险157.95万元，医疗保险1525.81万元，财政民生支出只增不减，扩大社会保障覆盖面。梳理“我为群众办实事”重点民生项目10个，惠民实事50个，重点推进金峰廊道、大溪水库综合治理等市级民生实事项目，有序推进“开门接电”示范区、安置小区建设等镇级民生实事，解决好老百姓最关心最实际的问题。赋权事项承接工作不断完善，新承接市水利局事项6个，行政审批局、城管局事项7个，发改委事项3个，税务窗口进驻社渚，广大群众、企业获得更高效的政务服务。守护安全稳定局面。制定党政领导班子成员安全生产重点工作清单，不断强化安全生产监管，累计安全执法201次，挂牌督办重大隐患14条，排查一般隐患700处，并全部整改到位。深入开展既有建筑安全隐患排查专项行动，排查危房17243户，申报省级危房补助资金14户，翻建危房35户，保障社渚百姓的居住安全。2021年，接待群众来访近560起、1200人次，化解矛盾110起，信访事项及时受理率达99.9%，按期办结率达99.8%，全力推进信访突出问题“百案攻坚”专项行动，存量积案9件，现已化解6件，化解率66.7%，走在全市前列。营造安全放心的消费环境，成功创建2021年度江苏省放心消费示范街区。

【社渚镇被授予“中国青虾之都”称号】 社渚镇充分利用区位优势大力发展特种养殖产业，争创名特优农产品品牌，尤其是青虾养殖产业得到高质量发展。运用产业化、标准化、品牌化的发展模式，在青虾育苗、养殖技术、园区建设、青虾交易等方面均居全国领先水平。2021年5月，被中国渔业协会授予“中国青虾之都”称号，这是继2016年被授予“中国青虾第一镇”称号后的又一荣誉。

2021年社渚镇各村（社区）基本情况表

表42

村（社区）	中共支部（总支、党委）书记	村委（社区）主任	经济总收入（万元）
社渚村	蒋云虎	蒋云虎	115.95
下西村	虞鹏月	虞鹏月	102.49
王家村	霍亚平	霍亚平	186.64
新塘村	林　克	林　克	101.70
新山村	肖德顺	肖德顺	158.42
宋村村	宋德喜	宋德喜	106.99
宜巷村	陈爱兵	陈爱兵	143.85
东升村	赵国兴	赵国兴	136.07
河口村	李和林	李和林	152.75
乘马圩村	赵荣华	赵荣华	106.84
孔村村	张春九	张春九	166.12
湖西村	沈建胜	沈建胜	140.95
大田村	吕三妹	吕三妹	138.16
姚巷村	尹洪发	尹洪发	100.29
殷桥村	王云凯	王云凯	117.13
上蒋村	张　苗	张　苗	106.53
梅山村	颜洪喜	颜洪喜	102.86
金庄村	丁国平	丁国平	148.53
丁山村	张建刚	张建刚	180.59
周城村	彭泽宇	彭泽宇	132.30
金峰村	朱法金	朱法金	136.62
金山村	黄忠新	黄忠新	252.63

2021年社渚镇销售收入2000万元以上企业一览表

表43

企　业　名　称	法人代表	销售收入（万元）
江苏金峰水泥集团有限公司	丁建庆	698203.81
溧阳市新金峰水泥有限公司	赵小俊	642146.95
溧阳市宏峰水泥有限公司	朱茂金	588772.31
溧阳市金山尾矿综合利用有限公司	朱茂金	241965.93
江苏铭丰电子材料科技有限公司	明小强	115016.51
江苏奥冠首信薄钢有限公司	曾万华	47904.7
江苏华冶钙业有限公司	刘国福	25893.02
溧阳市宏峰矿业有限公司	刘海明	48556.88
溧阳市江山矿业金山有限公司	张洪德	42512.14
江苏省社渚轴承有限公司	张振清	21159.99
江苏荣辉木业有限公司	申世军	26414.77
江苏溧阳南方水泥有限公司	张俊炜	23135.55
江苏华强模具科技有限公司	李国强	12545.15
溧阳市江山矿业长山南有限公司	杜刚	12888.48
恒天宝丽丝生物基纤维股份有限公司	李建伟	12522.14
江苏红泽混凝土有限公司	吴建忠	11289.11
江苏浩跃新型防水材料有限公司	霍建荣	7088.87
溧阳市苏通机械有限公司	赵黎明	31864.23
溧阳市江山矿业长山北有限公司	杜吉友	11312.94
溧阳市天目助剂有限公司	毛福生	2868.95
江苏省前峰服饰有限公司	管爱民	6005.7
溧阳市志超机械科技有限公司	吴国强	9630.99
江苏前峰电子有限公司	管爱民	6279.41
江苏惠太汽车科技有限公司	陈宏德	8642.22
江苏九久交通设施有限公司	虞建成	3713.79
溧阳广道针织有限公司	彭志伢	3082.49
江苏冠乾特种水产饲料有限公司	官德保	2415.84
溧阳市双龙制衣有限公司	吴玉凤	2564.4
溧阳市联成溶剂有限公司	王爱荣	3258.92
溧阳市安恒机械制造有限公司	周夕坤	4536.18
江苏途兆汽车零部件有限公司	杨文俭	4403.13
江苏德优镁轻合金科技有限公司	刘永和	2670.84
溧阳市华顺机械配件有限公司	潘文明	2032.65

（毕　俊　龚　鑫）

埭 头 镇

表 44

2021 年埭头镇主要社会经济指标一览表

项目		数据
自然概况	年末土地总面积（平方公里）	43.7
	其中：镇区建成面积（平方公里）	7.3
	居民委员会、行政村委会（个）	8
	总人口（人）	27101
	其中：非农业人口（人）	—
综合实力	地区生产总值（GDP，亿元）	44.81
	人均 GDP（万元）	16.3
	财政收入（亿元）	2.82
	全社会固定资产投资（亿元）	15.57
	实际利用外资（万美元）	1000
	农民人均纯收入（元）	—
工业	工业企业（家）	265
	工业企业职工（人）	8505
	工业总产值（亿元）	62.05
	工业增加值（亿元）	20.7
	工业销售收入（亿元）	62.05
	工业利税（亿元）	7.42
	工业固定资产净值（亿元）	15.07
农业	农林牧渔业总产值（万元）	—
	其中：农业（万元）	—
	林业（万元）	—
	牧业（万元）	—
	渔业（万元）	—
	农业服务业（万元）	—
	粮食产量（吨）	18673
	年末农机总动力（万千瓦）	—
第三产业	第三产业实体（个）	—
	第三产业从业人员（人）	2603
	第三产业增加值（亿元）	16.5
	集贸市场（个）	2
	年末个体工商经营户（户）	—
社会事业	中学（所）	2
	在校中学生（人）	1967
	小学（所）	2
	在校小学生（人）	1943
	文化站馆（个）	1
	体育健身场所（个）	1
	人口自然增长率（‰）	−3.2

【概　况】 埭头镇位于溧阳市区东北郊，总面积 43.7 平方公里，下辖 7 个行政村，1 个居委会，总人口 27101 人；2021 年，全镇完成地区生产总值 GDP38.6 亿元；有规上工业企业超 50 家。2021 年，通过精心规划、精致建设、精细管理，攻坚克难，埭头镇的经济发展、美丽乡村建设、民生事业、社会治理等各项工作取得新成效，先后创成“省级耕地保护激励单位”、江苏省“2019—2021 年度文明乡镇”等荣誉。

经济发展　2021 年，埭头镇签约项目 12 个，其中 10 亿元以上项目 4 个。重大项目建设取得新进展。总投资 1 亿美元的海祺船舶甲板智能化装备制造项目已到账外资 900 万美元；总投资 10.2 亿元的博科高端检测设备生产基地项目已签约，投资方北京博科是北京“专精特新”企业、“瞪羚”企业，更是全球前三的美国宝克集团在国内的唯一代理商；总投资 11 亿元的杰洋光伏设备生产项目已备案，投资方常州杰洋是光伏硅片承载器这一细分领域的单打冠军，占据全球近 80% 的市场；总投资 5 亿元的亚泰智能切割装备生产项目已纳入常州市重点项目库，10 月份已开工。全镇 10 个市重点项目 7 个已经开工，其中江苏迈雷特、常州朱美拉及常州鼎吉等 3 个项目，厂房主体基本完成搭建；常州亚泰和江苏优力克等 2 个项目，正加速推进生产厂房建设，争取早竣工、早投产；世辉科技和利京密封等 2 个项目已试生产；海祺船舶项目已立项并完成土地勘探，计划尽快启动建设。全年通过认定国家级高新技术企业 5 家，通过率位居全市第一，埭头镇高企数量累计达到 14 家。申报常州市科技研发计划项目 1 项，申报溧阳市重点研发计划 2 项，获批常州市工程技术中心 2 家，江苏省研究生工作站 1 家（羚羊机械），江苏省工程技术中心 1 家（诚鑫环保），为溧阳市首家获批省级研发平台的台资企业。达成产学研合作项目 11 项，实现专利成果转化 1 项，省部级科技成果鉴定 1 项。完成“龙城英才计划”申报 3 个，省双创人才项目 1 项（江苏迈雷特），实现省级人才项目零的突破。

城乡建设　2021 年，埭头镇持续打好蓝天、碧水、净土保卫战。实现 $PM_{2.5}$ 平均浓度同比下降 10.4%；优良天数优良率为 83.4%；平均降尘量为 2.35 吨 / 月 · 平方公里；秸秆禁烧全年火点数为 0；严格落实河道长效管护制度，全年考核

名列全市前三。不断提档升级道路、美化绿化环境，完善各项配套。推进埭六路沿线环境整治，美意田园“两清两拆”环境整治，打造新安北路精品街道，共清理垃圾700余吨，拆除违法建筑95处、共计8600余平方米，重点经营场所违法建设拆除16处，共计765平方米。以“葫芦文化和啤酒元素”为核心，以“酿造一个未来乡村”为目标的埭头镇葫芦村（钟家村）正式开村，不仅成为溧阳特色田园乡村的崭新IP，更是全国首次将工业文化和夜消费主题融入乡村的新探索，同时获评了“江苏省特色田园乡村”“常州市重点旅游乡村”等荣誉称号。全省唯一“美音公路”奏响乐章，充分融入音乐、童趣、葫芦（福禄）、灯效等元素，已成为葫芦村乡村振兴的特色发展之路。凭借其区位优势，通过葫芦村的核心IP，连同周边葫芦洲现代农业产业园连片打造，同时融入自身特色，发挥旅游对经济的带动效应，实现“路、景、产”融合发展。全年完成粮油种植3.9万亩，完成水稻1万亩、小麦500亩的绿色高质高效示范基地创建，获补贴资金约74.2万元。完成申报各类惠农资金补贴面积2.24万亩，补贴资金650万元。积极争取集体经济扶持项目1个，一事一议项目2个，争取资金140万元；有序推进土地流转工作，全年流转面积达2200亩。坚决遏制耕地“非农化”，防止“非粮化”。全面开展清除一枝黄花工作，累计清除面积1600亩。实施“互联网＋农业＋品牌”，集中推介埭头优质农产品；㠓山牌大米获得第五届“前黄”杯“江苏好大米”特等奖，同时被评为常州市名优农产品。后六大米、丽华香米、黄家荡大闸蟹等被认定为绿色食品A级农产品。成功创建江苏省级绿优（水稻）基地、溧阳市绿色蔬菜产业基地。

社会管理　2021年埭头镇教育、卫生、公共设施提升等民生事业稳定发展，埭头小学改造、埭头卫生院改造提升、村卫生室建设等工作顺利推进，埭西新村人行道板顺利铺设，白塔小区改造，南埝路、邹家路的白改黑顺利实施，镇政府敞墙透绿顺利完成。排查全镇70多座桥梁安全情况，白塔南桥顺利拆建。开展水利工程汛前、汛后大检查，实施重点水利项目5个。7座新改建公厕全部完工，3座智能垃圾分类亭全面使用，创新建设2个小型垃圾分类积分兑换超市。认真做好本地居民养老保险、社保卡、残疾证等办理

美丽乡村葫芦村　　　　（埭头镇　供稿）

发放工作；线上线下多渠道举办埭头企业招聘活动，推荐就业700余人，对高校毕业生就业失业实行实名制动态管理；积极开展用工、业务及实操培训；探索推出扶残助残“一件事”应用场景，取得阶段性成效，完成386名残疾人生活补贴和392名残疾人护理补贴发放，共计补贴金额323.6万元，完成临时救助31人，累计金额3.63万元；协调解决各类劳资纠纷72起，追回欠薪55余万元。持续推进文明建设。常态化开展“五好文明户”“最美家庭”“十佳孝星”“十佳老有所为”等各类评比表彰活动；聚焦余家坝村移风易俗试点“一三四五”建设成果，建立红白事登记制度，积极倡导文明新风，推动移风易俗蔚然成风。

【埭头镇葫芦村正式开村】　2021年10月1日，以“葫芦文化和啤酒元素”为核心，以“酿造一个未来乡村”为目标的葫芦村正式开村！葫芦村是溧阳特色田园乡村的崭新IP，更是全国首次将工业文化和夜消费主题融入乡村的新探索，打造了乡村旅游发展的靓丽新名片。

【埭头镇重大项目招引突破新高度】　2021年，埭头镇共签约10亿元以上项目4个，其中“瞪羚”企业项目1个，江苏省“专精特新”小巨人项目2个。分别是新加坡海祺船舶智能化装备生产项目、江苏新瑞贝科技股份有限公司生物质新材料研发生产项目、杰洋光伏精密期间研发制造项目、北京博科高端检测设备生产基地项目。埭头镇将着力引进一批“顶天立地”单打冠军项目、“专精特新”小巨人项目，形成远近结合、梯队接续的重大项目储备格局。

2021 年埭头镇各村（社区）基本情况表

表 45

村（社区）	中共支部（总支、党委）书记	村委（社区）主任	经济总收入（万元）
埭　头	史旭菲	史旭菲	418.92
埭　西	史卫平	史卫平	230.42
余家坝	史俊杰	—	399.03
后　六	王建良	王建良	588.91
前　六	吕　杰	吕　杰	344.76
邹　家	阚中培	阚中培	196.69
南　埝	戴俊良	戴俊良	115.05

2021 年埭头镇销售收入 2000 万元以上企业一览表

表 46

企　业　名　称	法人代表	销售收入（万元）
江苏振钢金属材料有限公司	李　坤	75148
溧阳市四方不锈钢制品有限公司	RAYMOND JOHN FIELD	61553
嘉士伯天目湖啤酒（江苏）有限公司	刘开锦	53932
江苏宝鹏建筑工业化材料有限公司	史蒙杰	52048
溧阳市鹏程彩钢有限公司	史　鹏	49415
江苏南洋中京科技有限公司	汪　磊	30069
常州亚泰焊材有限公司	刘建华	23580
溧阳好利医疗用品有限公司	DAVID EDWIN WELSH	13904
江苏苏阳电工机械有限公司	史米生	13078
溧阳企飞包装材料有限公司	江汇海	11619
赫菲斯热处理系统江苏有限公司	陈　曦	10543
溧阳市溧福肉粉有限公司	鲍振海	10232
溧阳市鼎科新材料有限公司	彭　科	9851
溧阳市宏宇建材有限公司	周毓敏	9585
常州文房日用品有限公司	杨　斌	8961
常州百佳纺织科技有限公司	李荣喜	8769
溧阳市凯瑞地毯制造有限公司	谢建冬	8750
溧阳市兴中锻造有限公司	阮国强	8514
常州拜尔斯塑胶制品有限公司	徐赛斌	7629
常州市诚鑫环保科技有限公司	赖宗伸	7387
溧阳市利达有机硅科技有限公司	陈拉克	7171
江苏羚羊机械有限公司	芮明先	7087
江苏亚泰智能科技有限公司	刘小华	6204
常州佳昕新型建材有限公司	郭　强	5350
江苏华基包装有限公司	凌志琴	5272
江苏云都混凝土有限公司	施国法	4933
江苏优力克自动化设备有限公司	宗国庆	4779
溧阳市佳禾电子材料有限公司	王成宜	4658
常州谷德机械有限公司	滕正根	4311
江苏荣晖文化发展有限公司	蒋　烨	4113
常州博坤玻璃科技有限公司	王莲香	3873
江苏乾昭新材料有限公司	蒋功云	3769
溧阳力诺机械有限公司	李　俊	3685
江苏嘉成轨道交通安全保障系统有限公司	史和平	3618
溧阳市科达环保机械制造有限公司	马增荣	3584
溧阳市嘉雄不锈钢设备有限公司	史　俊	3433
常州渔经生物技术有限公司	蒋金华	3417
溧阳杰康诺酵母科技有限公司	孙培华	3389
溧阳荣耀塑胶有限公司	李荣喜	3304
溧阳福思宝高速机械有限公司	罗春龙	2817
江苏威森热交换器有限公司	ROGER GWIN MINOR	2747
江苏阳毅实业有限公司	杭立平	2735
江苏鼎吉能源工程技术有限公司	陈冰峰	2671
江苏中远机械设备制造有限公司	陈　力	2662
天昇塑料（常州）有限公司	石川忠彦	2533
江苏洁美管业科技有限公司	史玉仙	2478
江苏联阳机械制造有限公司	史　群	2467
溧阳市中皓机电设备有限公司	鲁立格	2458
溧阳市荣达机械有限公司	管　君	2337
溧阳市科达新材料有限公司	刘夕梅	2272
江苏迈雷特智控技术有限公司	杨宏伟	2264
溧阳达森布艺有限公司	王　野	2258
江苏德汇机电设备有限公司	黄跃彬	2222
江苏开磷天健化工设备制造有限公司	李远喜	2197
常州乾昭材料科技股份有限公司	蒋功云	2085
江苏利信新型建筑模板有限公司	陆立君	2010
常州伽亨斯楷夫机械有限公司	金建忠	2007

（蒋璐怿）

戴 埠 镇

2021 年戴埠镇主要社会经济指标一览表

表 47

项　　目		数　据
自然概况	年末土地总面积（平方公里）	142.6
	其中：镇区建成面积（平方公里）	5.3
	居民委员会、行政村委会（个）	16
	总人口（人）	45533
	其中：非农业人口（人）	3148
综合实力	地区生产总值（GDP，亿元）	48.96
	人均 GDP（万元）	10.84
	财政收入（亿元）	1.51
	全社会固定资产投资（亿元）	16.32
	实际利用外资（万美元）	701
	农民人均纯收入（元）	34839
工业	工业企业（家）	170
	工业企业职工（人）	4650
	工业总产值（亿元）	43.8
	工业增加值（亿元）	14.72
	工业应税销售收入（亿元）	46.8
	工业利税（亿元）	3.01
	工业固定资产净值（亿元）	99.68
农业	农林牧渔业总产值（万元）	79400
	其中：农业（万元）	48894
	林业（万元）	8740
	牧业（万元）	4168
	渔业（万元）	12926
	农业服务业（万元）	4672
	粮食产量（吨）	17434
	年末农机总动力（万千瓦）	1. 13
第三产业	第三产业实体（个）	3470
	第三产业从业人员（人）	17697
	第三产业增加值（亿元）	25.68
	集贸市场（个）	2
	年末个体工商经营户（户）	962
社会事业	中学（所）	3
	在校中学生（人）	1663
	小学（所）	2
	在校小学生（人）	1567
	文化站馆（个）	1
	体育健身场所（个）	45
	人口自然增长率（‰）	−1.86

【概　况】 戴埠镇位于溧阳南部，苏、浙、皖三省交界处，东面与宜兴市西渚镇、太华镇接壤，南面与安徽省广德县新航镇毗邻，西与天目湖镇毗邻，北依古县街道。镇域面积 142.6 平方公里，辖 15 个行政村、1 个居委会，总人口 45533 人。2021 年，全镇实现公共财政收入 1.51 亿元；工业应税销售收入 46.8 亿元；工业利税 3.01 亿元；农业总产值 7.94 亿元；全社会固定资产投资 16.32 亿元；第三产业增加值 25.68 亿元；农民人均纯收入 34839 元。镇区拥有国家 AAAAA 级旅游景区——南山竹海。戴埠镇获评 2021 年度常州“五大明星城”（文旅休闲）建设先进集体，戴南杨家村入选 2021 年第二批省级乡村旅游重点村，李家园村成功获评省级特色田园乡村，横涧深溪岕村入选第二批常州市乡村旅游重点村，河西村获评常州市先进基层党组织，南山竹海风情小镇创建工作顺利通过年度考核。

经济发展　2021 年，克服疫情影响，顺利完成年度目标任务。全年完成公共财政收入超 1.5 亿元；全社会固定资产投资完成 17.3 亿元，同比增长 10%；工业应税销售完成超 44 亿元，同比增长 13.7%；规上工业总产值完成 35.9 亿元，同比增长 30.5%；限额以上社会消费品零售额完成 1.5 亿元，同比增长 9%；外贸进出口完成超 3 亿元，同比增长 25%。项目招引不断突破。累计成功签约重点项目 10 个，总投资 38 亿元，其中总投资超 10 亿元项目 2 个，并于 7 月、12 月分别获评全市重大项目招引“流动红旗”评比亚军、季军单位。项目建设不断加快。全年共有 7 个项目参加市重大项目集中开工仪式，全年盘活闲置土地 70 亩、厂房近 3 万平方米。项目服务不断优化。镇为民服务中心新站投用，“戴你办”服务品牌持续深化。有序推进翔能科技上市步伐，江南烘缸成功创建省级工程技术研究中心，高效钢制烘缸项目入库常州市重点项目。2021 年接待旅游人次超 700 万人，实现旅游收入 12 亿元，同比恢复到 2019 年的 85% 和 68%。高端酒店全面开花。竹溪谷获评“中国酒店金枕头奖”，南山和园开元度假村一期酒店建成投运。温德姆至尊酒店主体竣工，诗莉莉漫戈塔 · 竹里江南度假酒店、爱心湖山野运动度假村、渔人码头酒店及研发中心开工建设，瑞吉酒店完成开工筹备。精品茶舍持续发展。全年新增溧阳星级茶舍 13 家，总数达 34 家，占全市比重 77%，其中美岕 · 树屋被评为全市唯一一家五星级茶舍，南山片区列胡润榜最具潜力景区民宿片区百强第 9 位。

城乡建设　2021 年，全面提升李家园核心区环境，完成岩石花园、荧光乐园、涧河改造等节点景观提升工程，完成“两清两拆”等违法建设拆除 2.7 万平方米，李家园村成功获评省级特色田园乡村。乡村振兴建设稳步推进，悠然南山小镇中心、游客中心全面验收，杨家村实现农业收支平衡。创成常州市“双百”家庭农场 2 家，溧阳市示范家庭农场 6 家，溧阳市示范合作社 14 家。牛场村入选全国乡村特色产业亿元村；戴埠镇顺利通过省级绿色优质竹笋基地验收。围绕戴南杨家村、松岭王家村、牛场大塘村“3+N”试点区域，积极探索宅基地改革，推进全市首宗集体经营性质用地入市手续。欣龙生态园入选省博士后创新实践基地，南山和园获评江苏省主题创意农园。抓实抓细环境保护。做好大气精准防治监测，加大“控煤、治污、管车、降尘”力度，空气质量持续提升。开展“危污乱散低”企业出清提升行动，水环境进一步改善。全年各项空气质量指数全部达标，$PM_{2.5}$ 平均浓度 31.4 微克／立方米，天气优良率 84.9%，均列全市前三。大力绘就精美集镇，完成镇南工业园区污水管道建设，打造河西北路精品街道，完成东街公园改造。完成西兴巷公厕、西街公厕 2 处星级公厕建设，对核心区域 4 座老旧公厕进行提升改造。扎实开展城乡管理。着重抓好背街小巷等重点部位的集中治理，文明城市各项评比持续位居全市前列，2021 年二季度位列常州一类 38 个乡镇城乡管理一体化测评第一名，获评常州市“建设全国文明城市工作先进集体”。

社会管理　奋力建设民心工程。2021 年，持续推动党史学习教育成果转化，11 个民生实事项目赢得群众广泛赞誉。发放各类救助资金 840 余万元。江苏省风湿免疫分中心、河西村日间照料中心揭牌投运。戴埠小学、横涧小学、第二幼儿园等教育工程相继实施，戴埠幼儿园道路微改造工程作为“我为群众办实事”典型案例被常州电视台宣传报道。探索乡村“复兴少年宫”戴埠样本，放飞乡村孩子多彩梦想。改造镇区道路 3590 米、两侧道板 19400 平方米，斑竹岭—石墩头、同官—横涧两条“1 号公路”建成通车，建设 42 处农村道路会车点，安装 57 座桥梁信息公示牌，重建改造 3 座农危桥，新建平横线路灯，提升道路通达率。做好全域给水管网铺设及老旧管网升级改造工作，2021 年，铺设管网 717 公里，有力攻克居民用水难题。筑牢疫情防控体系。建立完善疫情专项防控、信息报送、协调沟通、工作预案、排查预警等制度，2021 年，管控全国低风险地区返溧人员 1682 人次，无一人漏管脱管。圆满完成戴南村全员核酸检测演练任务，全镇设置 25 个全员核酸检测点、87 个检测通道，切实提高突发

南山竹海　　（戴埠镇　供稿）

河洛岗桥　　　　　　　　　　（戴埠镇　供稿）

疫情应急处置能力。将疫苗接种作为源头防护的重要手段，18～80周岁应接尽接人群接种率100%。200余名镇村干部、800余名党员和志愿者积极投身疫情防控一线，切实扛起责任担当。社会大局和谐稳定。依托全镇313个村民小组，组建219个“微网格”，实现民生服务、疫情排查、政策宣传零距离。认真开展信访不稳定因素排查，实行重点时期信访零报告制度，全年未发生进京上访、赴省集体上访等问题，“信访百案攻坚”案件均程序性化解。深入推进民主法治建设，戴南村入选第八批“全国民主法治示范村”。2021年以来，辖区内未发生生产安全事故，实现了零事故、零死亡，生产安全形势相对平稳。

2021年戴埠镇各村（社区）基本情况表

表48

村（社区）	中共支部（总支、党委）书记	村委（社区）主任	经济总收入（万元）
松　岭	杨勤春	杨勤春	128.62
南　渚	杭祥平	杭祥平	121.71
横　涧	王　瑶	王卫兵	198.32
黄岗岭	朱玉仙	朱玉仙	200.31
同　官	张利民	张利民	258.36
李家园	刘永友	刘永友	606.16
戴　南	杨旭宇	杨旭宇	553.52
高　桥	马建平	马建平	278.68
牛　场	李来西	李来西	228.23
河　西	孔建平	孔建平	482.91
山　口	张旭东	张旭东	286.71
红　武	汤卫民	汤卫民	184.19
戴　北	杨　杰	杨　杰	480.30
赵家桥	郑　新	郑　新	110.58
郑　墅	杨　军	杨　军	196.03
居　委	潘育育	潘育育	—

2021年戴埠镇销售收入2000万元以上企业一览表

表49

企　业　名　称	法人代表	销售收入（万元）
江苏鸿开有色金属有限公司	沈祖富	133360.86
江苏翔能科技发展有限公司	周　洪	39682.55
常州博尼特种钢管有限公司	陈国洪	17559.43
溧阳市江南烘缸制造有限公司	何维忠	16896.67
江苏冶建锌业有限公司	史建群	15607.51
江苏谦胜合成材料有限公司	邵建波	14990.54
溧阳市天鑫混凝土有限公司	李世明	13117.81
溧阳市金泰锻造有限公司	王建庆	10065.11
溧阳市戴西金属建材厂	王瑞伢	9745.75
江苏腾业建材有限公司	李杰峰	9372.28
溧阳市立源机械配件有限公司	郑　波	7773.84
溧阳市明鑫模具有限公司	吴　明	6892.24
溧阳市永南模具制造有限公司	江永军	6017.44
江苏港鹏重工机电设备制造有限公司	王敏惠	5888.06
溧阳市兴达机械有限公司	杨书平	5662.88
江苏维美轻工机械有限公司	何维忠	5628.39
江苏恒力通用装备有限公司	邱中衡	5361.78
溧阳市德意利机电设备有限公司	耿建群	4641.63
江苏竹海活性炭有限公司	李正元	4555.01
江苏明天胶业有限公司	刘　彬	4423.88
常州雪奈利时装有限公司	庄子文	4067.38
溧阳顺风农牧机械有限公司	蒋东华	3973.09
溧阳瑞齐斯特科技有限公司	才　荣	3892.61
江苏怡富纺织服饰有限公司	甘德生	3690.23
溧阳华科机械有限公司	王明达	3575.09
溧阳市誉诚电缆材料有限公司	陈玉凤	3295.39
江苏索曼奇科技有限公司	沈　亮	3230.55
溧阳市创新机械有限公司	甘建保	3207.11
溧阳市乾康木业有限公司	袁永泽	2878.24
溧阳市天盛绝缘材料有限公司	黄　尹	2847.64
江苏祥云建陶有限公司	刘杏斌	2798.91
常州雅乐美纺织有限公司	彭云娟	2706.93
溧阳市惠闳机械有限公司	王惠娟	2412.46
溧阳市宏大胶业有限公司	周文亮	2375.43

（袁子杰）

南 渡 镇

2021年南渡镇主要社会经济指标一览表

表 50

项 目		数 据
自然概况	年末土地总面积（平方公里）	113.25
	其中:镇区建成面积(平方公里)	4
	居民委员会、行政村（个）	17
	总人口（人）	50047
	其中：非农业人口（人）	—
综合实力	国内生产总值（GDP，亿元）	62.73
	人均 GDP（万元）	12.53
	财政收入（亿元）	4.352
	全社会固定资产投资（亿元）	21.6293
	实际利用外资（万美元）	8184
	农民人均纯收入（元）	—
工业	工业企业（家）	127
	工业企业职工（人）	6877
	工业总产值（亿元）	168
	工业增加值（亿元）	30.09
	工业销售收入（亿元）	189
	工业利税（亿元）	21.3715
	工业固定资产净值（亿元）	—
农业	粮食产量（吨）	60846
	年末农机总动力（万千瓦）	7.129
第三产业	第三产业实体（个）	219
	第三产业从业人员（人）	5047
	第三产业增加值（亿元）	23.45
	集贸市场（个）	4
	注册工商经营户（户）	3083
社会事业	中学（所）	3
	在校中学生（人）	2250
	小学（所）	4
	在校小学生（人）	1957
	文化站馆（个）	18
	体育健身场所（个）	168
	人口自然增长率（‰）	0.08

【概　况】 南渡镇镇域面积113.25平方公里，辖16个行政村、1个居委会，总人口50047人。2021年，全镇完成国内生产总值62.73亿元，实现财政总收入4.35亿元；工业营业收入189亿元；工业利税21.37亿元，比2020年增长46.37%；全社会固定资产投资21.63亿元，比2020年增长12.66%。成功签约江苏利华涡流纺纱项目，又一次实现百亿项目重大突破。成功举办第二届中国溧阳稻田音乐节暨第三届“四美”（美景、美味、美音、美人）丰收节，获央视新闻、央视音乐频道等多家国家级媒体报道。开展“快乐志愿”服务，实现群众微心愿362件，乡村复兴少年宫建设经验被中国文明网和《新华日报》报道。

经济发展 坚持高质量发展不动摇，紧抓产业项目为经济发展立“基”。项目建设卓有成效。莱赛尔、江苏利华两个百亿项目顺利推进，500亿级绿色纤维产业集群轮廓初现。三乔智能、润鼎二期、南京宜热等项目相继投产，为全镇经济注入强劲动力。赛得利无纺布、瑞昕海洋装备、江苏天赐、塔塔资源等项目陆续建成，为产业转型升级积蓄能量。园区载体提档升级。新材料工业创新区换挡前行，迅速完成规划环评、园区风险评估、园区水环境三级防控体系方案。持续优化园区基础配套，完成兴隆路西延伸、兴盛路管廊工程、110千伏高压线迁改。智能制造产业新区全面发力，完成园区产业规划、规划环评，深度优化设施配套，融入江苏中关村科技产业城，顺势启动园区二期征收，为产业谋篇布局打开新空间。营商环境持续优化。围绕“四把”精神（把企业家当自己人，把企业事当自己事；把老百姓当自己人，把百姓事当自己事），秉承“六最”理念（服务好企业，是最大的岗位责任，是最强的个人本领，是最好的营商环境；服务好百姓，是最大的政治责任，是最强的能力体现，最善的情怀展现），一对一定期开展企业走访跟踪，成立专班对接协调能评、环评、土地指标等难点堵点，全力保障项目顺利推进，打通服务项目“最后一米”。

农旅融合蓬勃发展。乡村振兴阔步前行，17个行政村全年共实现集体经营性收入达1500余万元。优化村庄布局，初步完成16个行政村的实用性村庄规划。深入推进庆丰村宅基地改革试点，划定30亩择位竞价区域，完成第一批宅基地择位竞价拍卖。推进庆丰三期农旅综合体建设，完成生态餐厅、美溧美音小剧场、种子塔、田间小火车及周边景观工程建设。

城乡建设　紧盯文明创建目标不放松，着眼品质提升为魅力集镇赋“能”。2021 年，集镇建设打开新格局。不断改善镇村居民居住条件，建成交付春晖苑三期安置房。投资 1200 万元，实施春江花园，春晖苑一、二期，增福小区等老小区整治出新。投资 800 万元，实施集镇环境秩序一体化提升工程，提升公共设施管护、绿化维护、垃圾分类等服务水平。投资 2500 万元，聚焦农村生活垃圾处理、生活污水治理和村容村貌提升等重点领域，实施人居环境提升工程。投资 1000 余万元，修建农危桥梁 2 座，新建农路 3 公里，提档升级 4 公里。顺利完成白鹤滩至江苏 ±800 千伏高压直流输电线路南渡段征收工作。全市最大的高速道口溧宁高速南渡互通建成开放。曹山至庆丰互通旅游道路建成通车，路网结构进一步完善。强化道路安全，完成 104 国道沿线多处安全隐患整治，建成 5.5 公里临水路段安全防护栏，完成辖区内农桥限载标志、桥梁应急牌设置。集镇管理再上新水平。持续做好文明城市复检。抓好“三乱”专项整治和农贸市场周边环境专项巡治。推进环卫综合体项目建设，新增 140 余个垃圾分类亭，同步完成住宅小区垃圾分类设施建设。通过国家卫生镇复评。全面完成经营场所拆违工作，集镇品质和文明程度逐年提升。人居环境呈现新面貌。全面开展大气巡查治理，编制完成 15 家企业“一企一策”综合整治方案，扎实开展秸秆禁烧工作，空气质量显著改善，$PM_{2.5}$ 日均 28.6 微克／立方米，稳居全市前三位。开展水质断面巡查整治和河流排污口调查，完成 18 处支流河塘水体治理。提升镇村人居环境品质，完成全镇 5960 户农污项目整改。开展“危污乱散低”出清专项整治，关停散乱污企业（作坊）9 家，整治提升 10 家，努力营造安全稳定的人居环境。

社会管理　聚焦服务为民不松懈，立足关键小事为民生工程铸“魂”。疫情防控有序有力。完善重大疫情防控机制，全面推进疫苗接种工作，2021 年，累计接种疫苗 9.5 万剂次。实战演练全员核酸检测，加大对重点人员摸排管控，织密织牢基层防疫安全网。社会保障稳步提升。兜住困难群众基本生活底线，落实临时救助、居民养老保险、医疗保障、残疾人两项补贴政策、退役军人优抚等工作，全年累计支出各类民生保障超 5000 万元。落实就业优惠政策，通过春晖行动招聘会帮助提供就业岗位 1500 余个。科教文卫协调发展。教育事业节节攀升，南渡高中获评江苏省文明校园，南渡初中中考综合考评名列全市前茅。扩增文体配套设施，实现镇村两级

南渡镇芜申运河　　（南渡镇　供稿）

健身设施100%全覆盖。积极参加市九运会并获单项团体冠军。平安建设长效发力。持续深入推进安全生产三年专项整治工作，开展危化企业本质安全诊断和生产条件“回头看”行动。有序推进农村房屋安全隐患排查整治，保障群众生命财产安全。长效开展扫黑除恶专项斗争，净化社会环境。积极化解退役军人、征地拆迁等信访积案，成功创建常州市平安法治和谐示范点，获评常州市安全文明乡镇。

2021年南渡镇各村（社区）基本情况表

表51

村（社区）	中共支部（总支、党委）书记	村委（社区）主任	经济总收入（万元）
联　盟	朱和平	朱和平	126.36
平　城	宋　斌	宋　斌	143.95
新　河	芮汉华	芮汉华	138.86
大　圩	朱才保	朱才保	122.81
西　圩	陈利民	陈利民	155.51
庆　丰	洪　骥	洪　骥	276.93
永　丰	夏和平	夏和平	114.01
强　埠	许云亮	许云亮	232.75
堑　口	张雪华	张雪华	209.33
梅　庄	朱卫星	朱卫星	199.09
福　新	孙洪保	孙洪保	121.58
旧　县	吴云江	吴云江	164.35
东　湖	季晓斌	季晓斌	203.99
黄　山	曹　煜	张玉平	155.19
胜　笪	张晴泽	张晴泽	150.42
腾　村	王定保	王定保	179.21
石　街	姜国涛	姜国涛	135.50

2021年南渡镇销售收入2000万元以上企业一览表

表52

企业名称	法人代表	销售收入（万元）
江苏瑞昕金属制品科技有限公司	周建国	716560.73
江苏弘溧新材料有限公司	彭建平	388522.38
江苏旗云油脂科技有限公司	陶云瑞	80882.94
江苏开磷瑞阳化工股份有限公司	李红林	70138.37
溧阳兰天化工有限公司	董　伟	56674.3
常州乔尔塑料有限公司	肖和平	55937.95
溧阳市中大电力交通装备有限公司	王忠伟	52436.02
江苏力强化工有限公司	蒋明春	49413.4
江苏联盟化学有限公司	蒋全松	40112.61
溧阳市山湖实业有限公司	李田彬	34418.54
圣地亚科技（江苏）有限公司	芮汉华	31876.71
朗盛（溧阳）多元醇有限公司	陈　飚	30796.93
江苏金隆新材料有限公司	王汉林	30392.55
江苏润鼎智能装备科技有限公司	张立煌	21304.67
江苏安顺能源有限公司	邵　顺	21250.97
江苏三乔智能科技有限公司	肖和平	19585.51
溧阳市乔森塑料有限公司	肖和平	16036.84
江苏鼎力新材料有限公司	彭美仙	13426.34
常州市华菱新材料有限公司	李道胜	13188.23
江苏人民机具有限公司	蒋小明	12735.01
溧阳开成毯业有限公司	蒋夕平	12526.8
江苏庆福新材料科技有限公司	陈水浩	12401.75
江苏强林生物能源材料有限公司	于　杰	9986.53
溧阳市濑江混凝土有限公司	李继平	8574.46
溧阳市晟强新型墙体材料有限公司	陆晓宏	8293.49
江苏海鼎能源科技发展有限公司	陈海泉	7072.1
江苏金贝装饰材料有限公司	徐秀金	6950.32
常州市天盾涂料有限公司	强国方	6831.05
溧阳市濑江水泥有限公司	许木新	6774.95
溧阳市大地新材料有限公司	陈玲芳	6717.62
江苏廷锴建材有限公司	王　芬	6696.52
江苏弘博热电有限公司	张德祥	6374.7
溧阳祥兴新材料有限公司	彭　梁	6363.48
溧阳艺佳超微粉体科技有限公司	张光文	6315.26
溧阳市金濑水泥制造有限公司	余国法	5611.61
江苏东南焊材有限公司	潘来松	5548.13
首瑞（常州）机电科技有限公司	杨金荣	5211.74
溧阳新源水务有限公司	何刚信	4692.52
南京宜热纵联环保科技溧阳有限公司	莫立勤	3703.61
江苏永顺新材料科技有限公司	徐晓欣	3674.39
江苏吕氏机械制造有限公司	吕建军	3439.14
江苏广义牵引技术研究所有限公司	周宏兵	3277.88
首瑞（常州）电气设备有限公司	袁冬明	3095.87
溧阳市致远建筑材料有限公司	施文文	2963.75
溧阳市瑞吉不锈钢制品有限公司	吴其新	2956.06
溧阳市双强装饰材料有限公司	吴锁伐	2914.85
江苏浩安防水材料有限公司	孔锡平	2875.42
江苏协盛机具有限公司	罗年保	2867.27
溧阳市金濑织物有限公司	黄凤平	2627.34
溧阳市润天机械制造有限公司	姜仲杰	2290.79
溧阳市荣鑫环保科技有限公司	许　琴	2270.48
溧阳火红服饰有限公司	李火红	2262.99

（洪　瑾）

竹 箦 镇

2021年竹箦镇主要社会经济指标一览表

表53

项目		数据
自然概况	年末土地总面积（平方公里）	163.9
	其中：镇区建成面积（平方公里）	6.8
	居民委员会、行政村委会（个）	17
	总人口（人）	52866
	其中：非农业人口（人）	2192
综合实力	地区生产总值（GDP，亿元）	47.73
	人均GDP（万元）	9.02
	财政收入（亿元）	1.7
	全社会固定资产投资（亿元）	17.59
	实际利用外资（万美元）	705
	农民人均纯收入（元）	34579
工业	工业企业（家）	361
	工业企业职工（人）	15869
	工业总产值（亿元）	51.5
	工业增加值（亿元）	19.05
	工业销售收入（亿元）	51.1
	工业利税（亿元）	2.14
	工业固定资产净值（亿元）	22.32
农业	农林牧渔业总产值（万元）	84892
	其中：农业（万元）	33647
	林业（万元）	2582
	牧业（万元）	12533
	渔业（万元）	32649
	农业服务业（万元）	3481
	粮食产量（吨）	44769
	年末农机总动力（万千瓦）	3.78
第三产业	第三产业实体（个）	2186
	第三产业从业人员（人）	11096
	第三产业增加值（亿元）	22.49
	集贸市场（个）	4
	年末个体工商经营户（户）	2528
社会事业	中学（所）	2
	在校中学生（人）	1755
	小学（所）	2
	在校小学生（人）	1655
	文化站馆（个）	1
	体育健身场所（个）	2
	人口自然增长率（‰）	−3.44

【概　况】 竹箦镇位于溧阳、金坛、句容三地交界处，北依茅山，南临濑水，历史悠久。行政区划变更后，镇域面积为163.9平方公里，辖15个行政村、2个居委会，总人口52866人。2021年，实现地区生产总值47.73亿元，财政收入1.7亿元。

经济发展　2021年，净增规模以上工业企业9家，净增税收超千万元企业2家。全年招引项目22个，总投资80.18亿元，其中30亿元以上项目1个、10亿元以上项目2个、亿元以上项目8个。在招商引资"月通报、夺红旗"活动中两夺月度红旗。2021年自全市重大项目集中开工以来，月月有项目开工，全年共有10个开工项目，合计总投资36.85亿元。

城乡建设　2021年，竹箦镇锚定建设"江苏省最美特色小镇"目标，全面推进集镇改造建设，实施集镇强弱电管线、燃气、自来水、污水管道入地，迁移主街道高压变压器12处，拔除各类线杆150根，增建各类标准停车场15处，集镇基础设施不断完善，集镇品质全面提升。以深化文明城市建设为主要抓手，不断提高集镇长效管理水平，城市长效管理考评连续三个季度位列常州市25个二类街道（乡镇）第一名，年度考核排名第一；在溧阳市城乡一体化长效管理考核中连续两个季度位列第一名，年度考核排名第二。北村村、前村村、前马村实现村集体经济经营性收入100万元的突破，姜下村更是突破240万元。陆笪村创成"常州市级乡村旅游重点村"。水西村"长三角红色研学第一村"建设已加快推进。西汤村"西汤有鹅、鹅有生活"特色田园乡村建设

10月25日"抗美援朝出国作战70周年"之际，为镇上参加过抗美援朝的老战士颁发纪念章

（竹箦镇　供稿）

基本完成，“田、林、湖、草、娱、食、住”交相辉映的生态、幸福新农村的画卷即将完美呈现。投入480余万元开展1号公路竹箦段、水西线、溧竹线、上上线及集镇等20多公里主要交通道路亮化工程，提升全镇居民出行安全系数。竹箦镇全年水质考核断面达标率并列全市第一，空气质量优良天数比率位列全市第一。

社会管理　2021年，竹箦镇深入学习习近平新时代中国特色社会主义思想，深悟“两个确立”决定性意义，在赓续红色基因中更加坚定做到“两个维护”。高质量完成镇村换届工作，进一步重用年轻干部，35周岁以下年轻干部担任中层干部的比例达到44%。竹箦派出所不仅获得公安部表彰，记集体一等功，还被命名为全国“枫桥式公安派出所”。竹箦司法所被江苏省司法厅评为“江苏省优秀司法所”。姜下村党委书记吕岗华获得“江苏省乡村振兴先进个人”称号。深入开展“我为群众办实事”实践活动，着力解决群众急难愁盼问题。各项保障措施及时、准确、有效地落实到目标群众，全年低保金、临时救济金、困境儿童保障金、残疾人两项补贴等累计发放1320余万元，不断兜住民生底线。全年共调处各类劳资纠纷60余起，共计追讨经济补偿金、工资等100余万元。投入逾200万元的全市首家“一站式”公共服务阵地——“竹节生生”竹箦镇为民服务中心建成投运。王渚村、西芮村等5个村卫生室完成建设，着力补齐公共卫生短板。围绕中秋、国庆等重大节日举办了一系列群众喜闻乐见的文艺会演。对全镇90周岁以上老人和高考录取985、211工程大学的竹箦籍学子开展走访慰问，在全镇进一步营造尊老爱老、重学重教的浓厚氛围。10月25日“抗美援朝出国作战70周年”之际，为镇上的老战士颁发纪念章。

【竹箦镇绿色铸造孵化器项目开工】　5月29日，竹箦镇举行绿色铸造孵化器项目开工仪式。竹箦镇绿色铸造，突出“绿色”发展理念，强力推进铸造产业持续、健康、有序发展，使传统铸造产业浴火重生，焕发出勃勃生机，成为江苏省铸造产业转型升级示范基地，是中国铸造协会授予的全国唯一一个“中国绿色铸造小镇”“国家火炬常州溧阳绿色铸造特色产业基地”“江苏省绿色铸造特色小镇”。

2021溧阳1号公路红色传承风光跑　（竹箦镇　供稿）

2021年竹箦镇各村（社区）基本情况表

表54

村（社区）	中共支部（总支、党委）书记	村委（社区）主任	经济总收入（万元）
竹箦村	周俊才（主持工作）	周俊才（主持工作）	172.82
中梅村	付鹏帆	付鹏帆	286.29
王渚村	周 锋（主持工作）	周 锋（主持工作）	164.05
前村村	万志强	万志强	297.14
北村村	邱建冬	邱建冬	296.27
陆笪村	陶志明	陶志明	322.39
陶庄村	李 俊	李 俊	168.13
下宅村	宋卫明	宋卫明	167.94
姜下村	吕岗华	吕岗华	546.57
长岗村	彭意忠	彭意忠	137.08
南旺村	彭国才	彭国才	180.66
前马村	陈科华	陈科华	264.50
西芮村	潘希庆	潘希庆	377.69
洙汤村	缪留清	缪留清	142.52
水西村	芮瑜亮	芮瑜亮	282.04

2021年竹箦镇销售收入2000万元以上企业一览表

表55

企业名称	法人代表	销售收入（万元）
溧阳市光明金属有限责任公司	陈义发	55695
溧阳市虹翔机械制造有限公司	吕逸建	30959
溧阳市金桥机械有限公司	王国强	22395
溧阳宏基兴业混凝土有限公司	袁 敏	21777
江苏福泰建材有限公司	余延凤	18120
溧阳市新力机械铸造有限公司	陈信华	16574
江苏普正精密科技有限公司	孙丽丽	16003
溧阳市北方机械有限公司	巢卫东	15236
纽威精密锻造（溧阳）有限公司	郝如冰	14596
江苏万亦得机械设备有限公司	杨 静	13989
江苏竹箦阀业有限公司	汤 伟	13983
溧阳市骏威重工机械有限公司	宋双俊	12464
江苏新旺混凝土有限公司	谢治国	9754

续表55

企业名称	法人代表	销售收入（万元）
溧阳市联华机械制造有限公司	陈洪民	9471
溧阳市东晨服饰制伞有限公司	刘一东	9071
江苏竹溪活性炭有限公司	陈浩勤	8616
江苏良友环保科技有限公司	邱建冬	8141
江苏康宏新材料有限公司	葛寿康	8028
溧阳市新明机械配件制造有限公司	杨建明	8006
溧阳市双盛机械制造有限公司	陈博雄	7755
溧阳三丰铸锻有限公司	过玉娟	7734
溧阳市正平锻造有限公司	费小平	7309
江苏锡洲机械制造有限公司	江洁清	5833
溧阳市濑江防火门有限公司	吕才林	5697
江苏华亿锻造有限公司	赵锡松	5337
溧阳市威达金属制品有限公司	王 春	5118
溧阳市金盛金属加工厂	仲年惠	4930
江苏建腾机械设备有限公司	张建华	4756
溧阳市新世纪电器材料有限公司	宋 洁	4447
江苏新东周新材料有限公司	钟小明	3940
江苏晶阳加工有限公司	姜跃平	3793
江苏恒欣仓储设备有限公司	操文武	3476
溧阳市宇鹰锻造有限公司	傅祖平	3288
溧阳市恒业地毯制造有限公司	周俊才	3120
江苏捷慧机械设备制造有限公司	罗明良	3092
溧阳市德胜活性炭厂	张胜娣	3014
溧阳市全盛生物科技有限公司	常 鑫	2495
江苏晶竹服饰有限公司	王志红	2448
溧阳市恺源电池有限公司	陈国民	2224
溧阳市东南活性炭厂	袁卫建	2215
溧阳市华星塑料厂	杨继生	2193
溧阳市泓业车辆配件有限公司	李洪生	2184
溧阳沃基线缆科技有限公司	朱惠珍	2119

（岳 磊）

上 黄 镇

2021 年上黄镇主要社会经济指标一览表

表 56

项　　目		数　据
自然概况	年末土地总面积（平方公里）	47.6
	其中：镇区建成面积（平方公里）	3.3
	居民委员会、行政村委会（个）	9
	总人口（人）	25208
	其中：非农业人口（人）	8384
综合实力	地区生产总值（GDP，亿元）	42.49
	人均 GDP（万元）	16.73
	财政收入（亿元）	1.32
	全社会固定资产投资（亿元）	13.84
	实际利用外资（万美元）	700
	农民人均纯收入（元）	35480
工业	工业企业（家）	252
	工业企业职工（人）	5325
	工业总产值（亿元）	50.7
	工业增加值（亿元）	14.56
	工业销售收入（亿元）	66
	工业利税（亿元）	3.98
	工业固定资产净值（亿元）	8.3
农业	农林牧渔业总产值（万元）	35616
	其中：农业（万元）	3082
	林业（万元）	4567
	牧业（万元）	800
	渔业（万元）	26000
	农业服务业（万元）	1167
	粮食产量（吨）	6947
	年末农机总动力（万千瓦）	4.44
第三产业	第三产业实体（个）	1667
	第三产业从业人员（人）	3876
	第三产业增加值（亿元）	15.32
	集贸市场（个）	2
	年末个体工商经营户（户）	1385
社会事业	中学（所）	1
	在校中学生（人）	271
	小学（所）	1
	在校小学生（人）	606
	文化站馆（个）	1
	体育健身场所（个）	10
	人口自然增长率（‰）	−0.0072

【概　况】 上黄镇位于溧阳市北部，地处溧阳、宜兴、金坛三市（区）交界，镇域面积 47.6 平方公里，辖 8 个行政村、1 个居委会。2021 年全镇完成地区生产总值 42.49 亿元，财政收入 1.32 亿元，全社会固定资产投资 13.84 亿元，总人口 25208 人。2021 年，上黄镇成功创建江苏省健康镇，获评 2019—2021 年度江苏省文明镇，获得溧阳市 2021 年度农村人居环境长效管护工作优胜单位。

经济发展　成功举办 2021 年度上黄镇重大项目集中签约仪式，高低压成套设备柔性生产线及新型玻璃纤维电缆保护管制造项目、功能型纸护用品制造及智慧云仓电商平台项目、轨道交通装备及零部件制造项目等 3 个项目落户上黄，总投资额达 18.5 亿元。项目招引力度加大，全面梳理优化招商政策，形成全员招商格局，招商氛围倍加浓厚，有效对接项目信息 60 余个。投资 12 亿元的高精密轴承产业园、投资 10 亿元的新型电缆保护管制造项目等 8 个亿元以上项目成功签约。全年引进 7 个项目，总投资额首次突破 50 亿元。9 个市级重点工业项目中，5 个已投产试运行，4 个已开工建设。2021 年实现规上工业总产值 58.3 亿元，比上年增 23.81%，新增规模以上企业 10 家。瑞复达、恒联五金、申芝电梯、蓝海住工、和仕达、维信生物、飞跃机电均被评为高新技术企业，恒联机械五金与南京大学深入开展产学研合作，中南化工生物农药项目获得江苏省科学技术进步一等奖；飞跃机电与溧阳 5 家企业组建成江苏溧阳风电光伏产业联盟；瑞复达新材料与省产业技术研究院弓箭联创中心。实行一个项目一套专班，高效运转提供各项服务，完成园区基础设施建设 220kV 高压线迁改工程，保障共昌铝业、壹加壹、和仕达等 12 个市级重点工业项目全面开工，恒联二期建成投产。

上黄唐宁街　　（上黄镇　供稿）

城乡建设　围绕“危污散乱低”出清提升行动，推进散乱污整治，已建立一企一档，全面完成整治提升。2021 年关停散乱污企业 3 家，整改 5 家；加大散煤治理力度，基本实现无散煤，加强对宾馆、浴室巡查力度，发现问题及时整改。深化重点行业污染治理，督促扬子水泥完成两条生产线超低排放改造工作；对锅炉和工业炉窑开展“回头看”；督促重点涉气企业江苏利德塑业有限公司完成制订了“一企一策”提升整治方案，已完成整治；督促 4 家铸造企业完成制订“一企一策”整治方案，已完成整治；完成上黄工业集中区产业集群排查整治，建立整治管理台账，实施动态管理。全面推进生活源治理，强化餐饮油烟监管，面积 500 平方米以上餐饮店新都宾馆已安装在线监控。强化重污染天气应对，加强秸秆和垃圾禁烧工作力度，配备“千里眼”、无人机助力秸秆和垃圾禁烧工作，同时加大宣传力度；夯实应急减排清单，11 家企业制定精细化应急减排方案，及时督促企业启动预警，严格落实限产停产措施。及时处置热点网格大气溯源报警系统，接系统报警后及时进行现场查处，全年处置报警 30 余次，对高发网格报警点坡圩工业园区附近的企业加强巡查监管，结合产业集群排查的情况对该区域涉 VOCS 企业重点督促整改。对镇内 37 家企业开展涉磷情况调查，构建涉磷企业清单动态管理机制，推进总磷源头治理。根据常州下发生态红线问题清单，上黄涉及 20 条，核查后 5 条无问题，其余 15 条已经整改完成。开展环境治理设施环保、安全联合执法专项行动，对重点企业环境治理设施开展隐患排查，已督促扬子水泥、利德塑业、新翼机械完成污染防治设施安全风险评估工作。聚焦生态环境治理，长荡湖国家湿地公园完成退养还湖 1162 余亩。加大湿地公园、南山后长寿村推广力度。浒西村获评全市美意田园行动先进集体。2021 年度，上黄镇成功创建江苏省健康镇，山下村成功创建江苏省健康村，上黄中心幼儿园成功创建江苏省健康单位。

社会管理　2021 年，完成夏林路、滨河路、三庙桥、中秀里路桥提档升级，持续对集镇污水管网进行改造提升，西埝、尚典、前留住美丽宜居项目基本完工，全面排查并修缮集镇区域路灯，如意小食堂建成使用，广受群众好评。持续加强困难群众精准帮扶，累计发放低保金、生活补助、慈善救助以及残疾人生活补助 1145 万元，居民医保覆盖率达到 99% 以上。开展“元旦之歌”等 8 期洮湖书韵朗诵活动，围绕庆祝建党 100 周年开展“生态滨湖小镇欢度国庆佳节”“弘扬端午文化　献礼建党百年”等主题系列文艺活动，成功举办 2021 全国桨板锦标赛。上黄中学中考优秀率、普高录取人数在全市同类学校中居领先位置。全镇 800 多名党员干部和志愿者在疫情防控中冲锋在前，经历 7 次紧急情况处置，累计摸排疫区关联人员 3572 人，排查车辆 3654 辆，集中隔离 90 人，核酸采样 17199 人次，环境采样 617 份，疫苗接种 45243 人次，开展应急演练 2 次，全镇上下齐心协力、众志成城，构筑群

中华曙猿地质公园　（上黄镇　供稿）

长荡湖湿地　　（上黄镇　供稿）

防群控严密防线。全力构建“大数据＋网格化＋铁脚板”治理机制，处置平台各类事件7503件，办结率100%。持续推进重点行业领域安全生产隐患治理，引入第三方监管模式，累计检查企业110家次，发现隐患198项，整改完成率100%。人民来访接待中心建成运行，领导接访制度常态落实，全年共计受理信访事项302件，办结率97.3%。

【六指羊羔等获评“江苏省名特优”农产品称号】上黄镇整合特色农产品资源，提炼品牌差异化价值，打造独创性“上黄瑶”农产品品牌。加大特色品牌扶持力度，六指羊羔等特色食品，以其特别的传统加工秘制工艺、独特口感风味和悠久制作历史，获评“江苏省名特优”农产品称号，上黄农产品知名度得到进一步提升。

2021年上黄镇各村（社区）基本情况表

表57

村（社区）	中共支部(总支、党委）书记	村委（社区）主任	经济总收入（万元）
上黄村	黄　宪	黄　宪	243.73
桥西村	黄进军	黄进军	239.62
水母山村	朱正联	朱正联	174.11
周山村	秦夕中	秦夕中	584.57
坡圩村	王　权	王　权	236.09
浒西村	张志良	张志良	245.98
山下村	袁小荣	袁小荣	207.51
西埝村	王文宇	王文宇	176

2021年上黄镇销售收入2000万元以上企业一览表

表58

企业名称	法人代表	销售收入（万元）
溧阳市宏泰特种扁钢有限公司	王国忠	122953
江苏扬子水泥有限公司	秦三罗	101661
溧阳市飞跃机电有限公司	冯初华	71481
江苏共昌精密铝业有限公司	邵黎军	68993
申芝电梯有限公司	童益平	25781
溧阳市诚泰机械制造有限公司	冯　剑	21680
溧阳亚邦建材有限公司	周　波	20816
常州恒联机械五金有限公司	肖又松	18265
江苏利德塑业有限公司	周益民	15738
溧阳市三盛新材料有限公司	秦福江	15278
溧阳维信生物科技有限公司	朱为民	13697
溧阳宏特弹簧材料有限公司	谈豪进	12983
溧阳市宏鑫泰机械制造有限公司	张　盛	12540
江苏瑞复达新材料有限公司	宋学斌	11843
溧阳市宇政机械制造有限公司	张志良	11330
江苏蓝海住宅工业有限公司	王晓峰	10800
溧阳中南化工有限公司	陈保林	10448
溧阳市大禾建材有限公司	黄惠芬	8806
常州辰午新材料有限公司	谢云娟	7444
江苏腾业新型材料有限公司	黄　鹤	7283
江苏京晶光电科技有限公司	高长有	6993
江苏申芝设备有限公司	谢再年	6680
江苏腾业特种有色金属科技有限公司	胡建俊	6433
常州长城驾驶服务有限公司	钱立锋	6014
溧阳市远程包装有限公司	黄昕巍	4906
溧阳正和燃气有限公司	蒋亚军	3150
溧阳畅宇科技有限公司	增田博志	2836
江苏恒升源建材有限公司	张　剑	2486

（狄　霞）

别　桥　镇

2021 年别桥镇主要社会经济指标一览表

表 59

项　　目		数　据
自然概况	年末土地总面积（平方公里）	120.84
	其中：镇区建成面积（平方公里）	6.03
	居民委员会、行政村委会（个）	17
	总人口（人）	63735
	其中：非农业人口（人）	2117
综合实力	地区生产总值（GDP，亿元）	68.74
	人均 GDP（万元）	10.79
	财政收入（亿元）	1.63
	全社会固定资产投资（亿元）	18.43
	实际利用外资（万美元）	800
	农民人均纯收入（元）	—
工业	工业企业（家）	182
	工业企业职工（人）	4450
	工业总产值（亿元）	51.42
	工业增加值（亿元）	21.76
	工业销售收入（亿元）	84.22
	工业利税（亿元）	8.5
	工业固定资产净值（亿元）	13.2
农业	农林牧渔业总产值（万元）	—
	其中：农业（万元）	—
	林业（万元）	—
	牧业（万元）	—
	渔业（万元）	—
	农业服务业（万元）	—
	粮食产量（吨）	70268
	年末农机总动力（万千瓦）	5.0883
第三产业	第三产业实体（个）	177
	第三产业从业人员（人）	601
	第三产业增加值（亿元）	34.07
	集贸市场（个）	3
	年末个体工商经营户（户）	2877
社会事业	中学（所）	2
	在校中学生（人）	703
	小学（所）	3
	在校小学生（人）	1336
	文化站馆（个）	18
	体育健身场所（个）	32
	人口自然增长率（‰）	−6

【概　况】 别桥镇位于溧阳市北部，东临长荡湖，北接常州市金坛区，属半圩区半丘陵地貌，区域面积 120.84 平方公里，辖 17 个行政村，总人口 63735 人。2021 年，完成地区生产总值 68.74 亿元，比 2020 年增长 10%；公共预算收入 1.07 亿元，比 2020 年增长 6.3%；实现规上工业产值 49.4 亿元，同比增长 33.4%；完成零售业商品销售额 2.75 亿元，同比增长 7.6%。别桥镇成为江苏省无人机产业创新联盟 12 家发起成员之一，并获副理事长单位，“无人机 +5G+ 人工智能”迎来区域协同发展加速。别桥原乡旅游区顺利创成国家 3A 级旅游景区。塘马村被评为第四批江苏省生态文明建设示范村、江苏省乡村旅游重点村名录、江苏省首批 100 个红色地名。黄金山村退役军人服务站获得全省“百家红色精品退役军人服务站”和常州市先进基层党组织称号。江苏海斌米业有限公司、溧阳市鹏鹏畜禽机械化屠宰有限公司被评为 2021 年江苏省级农业龙头企业。

经济发展　2021 年，别桥镇牢牢把握“两湖”（西太湖和长荡湖）创新区发展机遇，鼓励支持企业基础再造、数字转型、绿色制造、品质提升、产业链升级，实现规模以上工业产值增幅 33.4%，规模以上工业增加值增幅 25.3%。始终秉持招好商、招大商理念，全年共洽谈项目 94 个，签约湖南中明铝质幕墙新材料、江苏成鹏汽车零部件生产等 5000 万元以上项目 17 个，其中亿元以上项目 9 个，全年完成工业性投资 11.7 亿元。坚持创新驱动增添发展活力，鼓励技术创新和发明创造，成功申报高新技术企业 3 家，全年高新技术产值 13.4 亿元。工业园区加速整合，制定工业园区整治方案，优化产业布局，初步形成规模优势明显、产业配套完善的产业集群，实现工业园区提档升级。

长荡湖通用机场　　　　（别桥镇　供稿）

整治“危污乱散低”企业38家，淘汰落后产能企业1家，净增法人单位148家。持续推动困难企业腾笼换鸟，盘活闲置土地1060.5亩，利用闲置厂房349589.47平方米。商贸服务业不断升级，生产性服务业集聚发展，实现服务业投资5.3亿元，零售业商品销售额2.75亿元。成功举办原乡赏花节、采摘节、冬季嗨购节别桥专场等系列活动，实现收入超500万元，其中电商销售超120万元。振兴乡村经济，村级集体经济经营性收入全部达70万元以上，5个村达100万元以上。

城乡建设　2021年，加速国土空间规划编审和相关村庄规划，完成溧阳市别桥镇中心街南侧、应图路东侧地块控制性详细规划报批。积极探索宅基地改革，房地一体农村不动产登记外业测量100%完成。全力推进500kV龙政线、800kV白鹤滩线等重点工作，完成土地征收24869.63平方米，加快推进土地集约有效利用。持续完善路网体系，完成后周至黄金山连接线改造，实施溧金快速通道建设，启动湖塘路、阁帖路、华原路等5条道路建设，实施后周至绸缪道路、上市路等道路“白改黑”工程。特色街区风貌提升，完成阳光茗苑沿街景观绿化升级改造，启动丹金溧漕河集镇段两侧景观改造工程，实施无人机氛围街区景观标识更新，全镇基础设施面貌焕然一新。深化美意田园行动，打造美丽乡村2.0版。推进实施小石桥梓村、北山方里村、长荡湖湖塘村等9个村庄的美丽宜居建设，北河整治建设有序推进。投入394万元推进全镇域垃圾分类，完善农村环境卫生长效管理机制。全镇生态建设取得新进展，全年$PM_{2.5}$平均浓度得到明显下降，河道水面保洁机制逐渐完善，全域常年水质保持在Ⅲ类以上，水环境质量持续好转，空气质量优良率和生态环境公众满意度大幅提升。

社会管理　民生事业稳步推进，2021年，各项民生实事工程总投入6000多万元，全面实施别桥集镇路灯亮化工程、美丽乡村公路、改造和拆除农村危桥等项目建设。累计发放低保救助金126万元。对8户困难老人家庭进行适老化改造，对10户困难残疾人家庭进行无障碍改造。为民服务中心全年窗口办件7776件，办结率100%，居民养老保险新增1322人，续缴9882人，完成率132.8%。走访企业200余家，搭建就业岗位1600余个。组织开展第八届全民健身操比赛、红歌比赛、“我们的节日”等一系列群体性精神文化活动；积极做好“淳化阁帖”旧址维修工作，开展32处文保单位及不可移动文物编制入册工作。深入推进“无毒系列”创建和平安前哨建设，常态长效抓好扫黑除恶，严厉打击“黄赌毒”“套路贷”等违法犯罪。全年处置“网格化”工单3万件，办结率100%。八类案件破案率100%。坚持一手抓遗留问题解决，一手抓初信初访调处，各类信访矛盾有所缓解。化解重大矛盾8起，受理各类信访件105件。围绕道路交通、危险化学品、建筑安全等重点领域开展专项整

塘马湿地　（别桥镇　供稿）

别桥镇貌（别桥镇 供稿）

治，全年未发生重大安全生产事故。

【别桥原乡旅游区获批国家AAA级旅游景区】 别桥原乡景区持续挖掘文旅元素，开辟美音小剧场板块，完善原乡花海景观节点，策划设计稻梦空间二期；不断完善配套服务功能，投资2000余万元新建原乡客栈，原乡集市完成招租运营，进一步丰富了景区内涵，补足了原乡文旅短板。11月30日，别桥原乡旅游区获批国家AAA级旅游景区。

【黄金山旅居康养中心暨绿色食品基地项目正式奠基】 12月，溧阳黄金山旅居康养中心暨绿色食品基地项目正式奠基，项目（一期）占地600亩，主要面向长三角地区中高端康养群体提供服务。项目将建设16000平方米的康养中心，并充分利用黄金山村的生态资源和地域优势，种植培育高品质粮食、绿色蔬菜、中药膳食等各类健康放心的产品，开辟生态农业、大棚采摘、种植体验、休闲观光、房车营地、水上娱乐、粮食加工等重点功能区域。

2021年别桥镇各村（社区）基本情况表

表60

村（社区）	中共支部（总支、党委）书记	村委（社区）主任	经济总收入（万元）
前　程	谢志龙	谢志龙	120.80
合　星	虞　忠	虞　忠	158.04
长荡湖	—	袁　俊	358.49
马　家	刘忠庆	刘忠庆	119.33
塘　马	黄春洪	黄春洪	293.25
西　马	杨志荣	杨志荣	110.03
小石桥	袁立民	袁立民	109.47
北　山	李洪生	李洪生	109.39
两　湾	沈旭东	沈旭东	144.94
后　周	高泓林	高泓林	113.12
黄金山	王国新	王国新	129.83
西　庄	俞雪强	俞雪强	112.69
绸　缪	狄　鹏	狄　鹏	103.99
镇　东	吕云杰	吕云杰	158.22
玉华山	朱庚庆	朱庚庆	272.69
道　成	周国忠	周国忠	112.75
别　桥	濮和春	濮和春	113.31

2021年别桥镇销售收入2000万元以上企业一览表

表61

企　业　名　称	法人代表	销售收入（万元）
江苏中溧智能装备制造有限公司	阮萍杰	256705.3
江苏鑫林钢铁有限公司	李　珂	125166
常州市宏豪制钢有限公司	魏　卫	105027.5
溧阳市万兴特种建材有限公司	何珍美	28307.4
江苏力乐汽车部件股份有限公司	马金保	20801
松菱重工（溧阳）有限公司	车志涛	20552.1
溧阳市旭邦建材有限公司	李居雷	16028.2
溧阳鑫科金属材料加工有限公司	黄　晨	13042.3
江苏新华机电设备制造有限公司	马建新	13016.1
长沙远大住宅工业（江苏）有限公司	唐　芬	12720.2
江苏屹居木业有限公司	管洪伟	10826.7
江苏金久科技新材料有限公司	闵向东	10330.6
江苏耀东饲料科技有限公司	蒋荣才	9459.1
江苏隆迪新材料有限公司	狄　璟	9339.5
江苏华能墙材有限公司	华云鹤	8901.3
溧阳市万邦金属制品有限公司	姚　桃	8814.4
溧阳鑫晨电子有限公司	吕东平	7776.7
江苏三盈机电设备制造有限公司	刘卫东	6758.6
江苏积力环保科技有限公司	史卫忠	5988.2
江苏溧阳建设集团永枫钢机有限公司	吕永武	5351.5
江苏蒂森建筑机械有限公司	马建新	4682.8
溧阳市联创重工科技有限公司	宣族强	4504.9
江苏万金汽车零部件制造有限公司	卢学学	4130
溧阳别桥华鹏光伏有限公司	钱　俊	3497.6
溧阳市昆仑锻造厂	施爱松	2940.4
溧阳市航星金属制品有限公司	袁红娣	2616.1
江苏一洲轧辊有限公司	施耀东	2324.1

（潘　超）

溧 城 街 道

2021 年溧城街道主要社会经济指标一览表

表 62

项　目		数　据
自然概况	年末土地总面积（平方公里）	51.52
	其中：镇区建成面积（平方公里）	23.17
	居民委员会、行政村委会（个）	47
	总人口（人）	270773
	其中：非农业人口（人）	213524
综合实力	地区生产总值（GDP，亿元）	272.36
	人均 GDP（万元）	10.05
	财政收入（亿元）	9.81
	全社会固定资产投资（亿元）	61.11
	实际利用外资（万美元）	700
	农民人均纯收入（元）	42963
工业	工业企业（家）	436
	工业企业职工（人）	7923
	工业总产值（亿元）	50.56
	工业增加值（亿元）	14.09
	工业销售收入（亿元）	52.54
	工业利税（亿元）	6.52
	工业固定资产净值（亿元）	21.2
农业	农林牧渔业总产值（万元）	39005
	其中：农业（万元）	30738
	林业（万元）	560
	牧业（万元）	650
	渔业（万元）	6969
	农业服务业（万元）	88
	粮食产量（吨）	7769
	年末农机总动力（万千瓦）	1.79
第三产业	第三产业实体（个）	28822
	第三产业从业人员（人）	49673
	第三产业增加值（亿元）	219.38
	集贸市场（个）	16
	年末个体工商经营户（户）	21980
社会事业	中学（所）	3
	在校中学生（人）	2585
	小学（所）	6
	在校小学生（人）	7674
	文化站馆（个）	2
	体育健身场所（个）	272
	人口自然增长率（‰）	−1.12

【概　况】 溧城街道位于溧阳市东部，区域总面积 51.52 平方公里，下辖 9 个行政村、8 个村改居、30 个社区，总人口 270773 人。2021 年，完成地区生产总值 272.36 亿元，公共财政收入 9.81 亿元。

经济发展　2021 年，坚持以地域特色和产业培育为重点，招引优质项目 6 个，总投资 5.78 亿元，其中中技储能项目投资 5 亿元，为溧阳绿色发展添砖加瓦；芝小官、罗森便利店、捞王等知名连锁休闲品牌项目 5 个，总投资 7800 万元，丰富了溧城生活消费层次。营商环境全面优化。基本完成食品小作坊招租工作，签约率高达 97%。集中区内“桃花侠烧麦”成功申报常州市“名特优”特色食品，为城市增添一抹烟火气。科技服务赋能高质量发展。引导企业申报各类科技项目，索尔维稀土新材料技术（转让）合同通过省系统审核，认定登记额超 1 亿元。

城乡建设　2021 年，城市建设与空间拓展齐头并进，有序推进赵家村安置房建设项目，主体工程基本完成；高质高效推动永盛家园、景鸿花园等 6 个老旧小区改造，新增停车位超 1100 个，道路黑色化近 4.77 万平方米，新增电瓶车停车位 1080 个，墙面出新 2.24 万平方米。完成 100 户（2 万平方米）民房签约拆除，企业签约 13 家，拆除 18 家（含以前已签未拆企业），土地征用 752 亩。其中，同巷里、南航皇仓等 6 个民房地块，宝塔湾、盛东钢厂等 4 个企业地块完成清零，新开地块焦尾琴项目（南塘岕村）、芜申线航道整治项目（马垫村、歌岐村）7 天内 100% 预签约，15 天内 100% 腾空，保障了市重点项目建设，跑出了溧城征收“加速度”。

社会治理　通过网格排查处理各类公共安全事件 1 万余起，处理“12345”投诉工单 4100 余件，处

疫情防控，我们在行动　（溧城街道　供稿）

5月26日，常州市“护苗2022”专项行动暨“绿色书签行动”进基层启动仪式　（溧城街道　供稿）

理矛盾纠纷600余起，基层网格化服务阵地得到加强。紧扣市级城市长效综合管理考核要求，督促处置长效案件7.8万件。摸索建立《格格日记》专题，通过图文报道、手绘插画等多种形式为“网格蓝”发声，进一步提高公众安全感与满意度。创新停车管理新举措，大胆启用“脸盆罚单”，有效破解小区车辆违停、占用消防通道难题（该举措是常州市域“电子告知单”执法的首次探索，群众反响好、接受度高，受到“融溧阳”“文明溧城”“抖音”等平台广泛宣传报道）。在环境整治中，突出生态环境问题整改，全力以赴打赢“三大战役”，深化城镇污水处理质效整治，入河排污口排查建档初步完成，湾溪河、燕山河等河道水质稳步提升。石材加工集中区基本建成，扬尘污染得到进一步控制。“危污乱散低”出清行动和食品小作坊集聚示范区建设齐抓共管，实现了整治、管理“双提升”。拉网式排查拆除餐饮、住宿等11类经营场所违法建设152处，整理出近1.4万平方米城市清朗空间。着眼“美意田园”擦亮环境品牌，马垫村人居环境整治工程竣工验收，淦西、下滩、史家等7个自然村美丽宜居乡村建设顺利开展，高品质乡村布局加速显现。在民生服务中，持续开展低保对象动态管理、低保边缘家庭结对帮扶工作，全年取消低保家庭16户；新建嘉丰社区、昆仑花园社区“如意小食堂”2个；唐家—清溪路成功入选省级旅游休闲街区培育单位，“心愿树”爱心工作站获全国学雷锋志愿服务先进典型，新市民公益课堂广受学生、家长好评，社会效应持续扩大。深入推进文化惠民，举办“百团颂百年永远跟党走”“孝亲敬长爱满重阳”等系列广场文艺演出30余场，服务2万余人次。安全管理成效显著，完成工贸行业21家规上企业、52家规下企业重大风险源申报。组织专家对各条重大风险开展核查，确保扎牢风险口袋。

2021年溧城街道各村（社区）基本情况表

表63

村（社区）	中共支部（总支、党委）书记	村委（社区）主任	经济总收入（万元）
清安村	彭　宏	彭　宏	51.19
南村村	强和富	强和富	204.15
湾里村	赵龙伟	赵龙伟	472.16
罗庄村	张　顺	张　顺	200.01
长阳村	唐小卫	唐小卫	166.12
八字桥村	周　华	周　华	98.48
马垫村	赵洪生	赵洪生	58.22
倪庄村	吴全林	吴全林	34.48
歌岐村	王志峰	王志峰	32.8
北水西社区	赵　科	赵　科	373.13
唐家社区	李志龙	李志龙	1238.93
钱家社区	钱昔保	钱昔保	285.22
先进社区	彭　伟	彭　伟	234.92
共联社区	宋俊华	宋俊华	159.92
图塘社区	陈建平	陈建平	127.54
三和社区	周　伟	周　伟	752.02
庄家社区	周洪珍	周洪珍	523.61
东升社区	张　叶	张　叶	—
东门社区	张旭蓉	刘　益	—
北门社区	李　琴	李小琴	—
北郊社区	徐献波	狄　笛	—
昆仑东苑社区	汪莉莉	汪莉莉	—
昆仑花园社区	彭秀芝	狄　清	—
砻坊场社区	夏　燕	丁　娜	—
县前街社区	王　曦	王　曦	—
大营巷社区	殷春玲	殷春玲	—
甘露寺社区	李文姬	殷雪莲	—
后街新村社区	史红芬	张　慧	—
码头街社区	杨　斌	杨　斌	—
燕山社区	史永锦	史永锦	—
文化新村社区	朱玲娣	朱玲娣	—
平陵社区	黄妍萍	黄妍萍	—
清溪路社区	刘秋珍	葛伟杰	—
燕山南苑社区	程亚秋	程亚秋	—
台港新村社区	宋　瑜	宋　瑜	—
清安社区	陈　莉	陈　莉	—
嘉丰社区	周　瑛	周　瑛	—
锦汇社区	严　莉	严　莉	—
福阳社区	孙丽霞	车昀熹	—
盛世华城社区	宗　翔	邹　琦	—

续表63

村（社区）	中共支部（总支、党委）书记	村委（社区）主任	经济总收入（万元）
阳光城市社区	施静霞	张绵英	—
五里亭社区	陈　茜	童　玥	—
东华园社区	徐　俊	杨丽萍	—
奥体花园社区	汤　苗	汤　苗	—
团结社区	陆　敏	陆　敏	—
永定社区	张娟芳	张娟芳	—
湾溪社区	周　琦	周　琦	—

2021年溧城街道销售收入2000万元以上企业一览表

表64

企业名称	法人代表	销售收入（万元）
溧阳苏宁易购销售有限公司	郑宝吉	277630
溧阳安顺燃气有限公司	邵　良	130486
江苏宏光钢铁有限公司	王国林	79555
溧阳索尔维稀土新材料有限公司	张海飞	71003
溧阳八佰伴商业管理有限公司	晁　剑	58602
溧阳市鸿熙金属材料有限公司	潘全富	51894
江苏力诺信化工科技有限公司	王　峰	47041
溧阳市万峰青商贸有限公司	骆红勇	44992
溧阳大统华购物中心有限公司	陈淑琴	43855
冶建新材料股份有限公司	史优良	40266
溧阳大润发商业有限公司	林澄洲	34328
常州百斯福模塑股份有限公司	杨建才	23178
溧阳市昕光化工有限公司	李德明	22768
京东五星电器集团溧阳有限公司	潘一清	22498
常州协宏物资有限公司	陶福平	19924
溧阳市林盛商贸有限公司	朱淑清	19284
溧阳市达隆物资有限公司	徐云飞	18644
江苏玖道建筑材料有限公司	荣静娟	17307
溧阳市恒基商品混凝土有限公司	葛云洲	17070
溧阳南祥贸易有限公司	杨　丽	16191
溧阳新元窗帘制品有限公司	周伟坚	15446
溧阳水务集团有限公司	宋　真	14252
江苏银阳物资有限公司	周银花	14077
苏哈商业管理（溧阳）有限公司	朱胜杰	13167
溧阳市第一糖烟酒有限公司	陶洪昌	12212
溧阳市双马塑胶纺织有限公司	谈怀定	12202
江苏东方印务有限公司	芮　勇	11212
溧阳福鑫元建材有限公司	张　青	11059
江苏源宋国际贸易有限公司	姜香萍	10307
常州聚格贸易有限公司	韦志凤	10058
溧阳泓润进出口有限公司	朱忠川	9282
溧阳远大通信发展有限公司	朱建兴	8903

续表64

企业名称	法人代表	销售收入（万元）
溧阳联星混凝土有限公司	陈洪才	8244
常州鑫金华五金机电有限公司	肖全凤	8027
溧阳市贝得电机有限公司	李　成	7981
常州荣逸机电有限公司	陈荣海	7559
溧阳市拓晟贸易有限公司	朱玉娇	6985
溧阳平陵众达汽车销售服务有限公司	蒋小明	6541
常州瑞科森化工科技有限公司	张鸣阳	6359
溧阳市方成物资有限公司	庄志仁	6294
溧阳市皓登贸易有限公司	秦新峰	6262
溧阳益寿春药业连锁有限公司	陈靖丰	5678
溧阳市特圣电器有限公司	李艳玉	5563
溧阳千盛香酒业有限公司	瞿琴妹	5355
溧阳顺达加油站有限公司	赵　骏	5236
溧阳市新常武机电有限公司	王丽丽	5234
溧阳市聚阳物资有限公司	吴伟民	5214
溧阳天目上上电缆销售有限公司	潘德元	5134
溧阳市经典酒业有限公司	陈志琴	5060
溧阳宾馆有限公司	周晓光	5036
溧阳市金峰国际饭店管理有限公司	唐传彬	4879
溧阳市持恒建材有限公司	朱忠秋	4855
溧阳市博基混凝土有限公司	周永乐	4570
江苏轩耀建材有限公司	黄　兴	4512
溧阳市中天纺织日用品有限公司	谈怀定	4385
溧阳市红发轮胎有限公司	潘利平	4378
溧阳市雨田化工有限公司	余洪辉	4261
溧阳市昊盛化工有限公司	陈国建	4145
溧阳水务物资有限公司	金夕平	4081
溧阳市天目商务印刷有限公司	孙建东	3935
溧阳市中港石化加油有限公司	周裕评	3918
溧阳苏宁易购商贸有限公司	赵春勇	3544
溧阳乐融电器有限公司	颜惠平	3511
溧阳市协进建材有限公司	蒋小萍	3498
溧阳苏欣农机有限公司	丁为国	3473
溧阳市名隆电器有限公司	朱小平	3393
溧阳市敏姿商贸有限公司	商丽乐	3339
常州泊拉德化工有限公司	龙　群	3198
溧阳市力广贸易有限公司	张银花	3017
溧阳市华夏电器销售有限公司	陆　武	2945
常州腾翔食品有限公司	刘桂英	2748
溧阳市天目湖肉类制品有限公司	韦乔俊	2673
溧阳市三义五金有限公司	徐贤义	2609
溧阳市华力水泥制品有限公司	鲍富松	2450
溧阳市承苏阳木业有限公司	承秀娟	2270
溧阳市扬子国际大酒店有限公司	唐传彬	2101

（薛志远）

昆仑街道

2021年昆仑街道主要社会经济指标一览表

表65

项目		数据
自然概况	年末土地总面积（平方公里）	118.08
	其中：镇区建成面积（平方公里）	—
	居民委员会、行政村委会（个）	29
	总人口（人）	89926
	其中：非农业人口（人）	—
综合实力	地区生产总值（GDP，亿元）	337.8
	人均GDP（万元）	30.7
	财政收入（亿元）	54.9
	全社会固定资产投资（亿元）	154.4
	实际利用外资（万美元）	14944
	农民人均纯收入（元）	—
工业	工业企业（家）	900
	工业企业职工（人）	55170
	工业总产值（亿元）	1161.8
	工业增加值（亿元）	241.6
	工业营业收入（亿元）	1166.3
	工业利税（亿元）	92.1
	工业固定资产净值（亿元）	241.2
农业	农林牧渔业总产值（万元）	—
	其中：农业（万元）	—
	林业（万元）	—
	牧业（万元）	—
	渔业（万元）	—
	农业服务业（万元）	—
	粮食产量（吨）	31920
	年末农机总动力（万千瓦）	—
第三产业	第三产业实体（个）	1190
	第三产业从业人员（人）	15421
	第三产业增加值（亿元）	62.9
	集贸市场（个）	0
	年末个体工商经营户（户）	2331
社会事业	中学（所）	2
	在校中学生（人）	590
	小学（所）	7
	在校小学生（人）	2897
	文化站馆（个）	1
	体育健身场所（个）	2
	人口自然增长率（‰）	13

【概　况】 昆仑街道位于溧阳城区北部，分别与溧城街道、埭头镇、别桥镇、竹箦镇、南渡镇交界，镇域面积118.08平方公里，辖21个行政村、8个居委会。总人口89926人。2021年，昆仑街道紧扣“两大突破年”工作主题，坚持以人民为中心的发展思想，树立政治意识和大局意识，围绕园区“创成国高新、迈向科学城”的工作重点，全面推进街道各项工作。完成地区生产总值337.8亿元，公共财政预算收入54.9亿元，全社会固定资产投资154.4亿元，实现人均GDP37.94万元。

园区发展 以保障园区稳定为核心，以问题为导向，运用法治思维和法治方式，多措并举，整合多方力量，有效化解矛盾、维护稳定。坚持把深化社会治理工作作为推动社会治理体系和治理能力现代化、创建幸福园区的重点工作来抓，通过健全社区管理和服务机制，推行网格化管理和服务，发挥司法所、综治办等条线部门的触手作用，初步形成部门密切配合、社会力量广泛参与、居民自治良性互动的社会治理工作格局。全年调解矛盾纠纷743起，调解成功率达95%以上，“一村一顾问”做到全覆盖。深入开展政法队伍教育整顿，开展各类学习教育50余次，围绕防范网络诈骗、学习《中华人民共和国民法典》等主题开展各类活动14次，发放宣传资料近10万份，悬挂横幅200余条，有7篇报道在市级媒体刊登，省级媒体刊登1篇。村干部平均学历水平明显提升。实行领导干部挂钩联系村制度，针对重点村、重点问题，专人包干，挂图作战，定岗定责。为园区稳定发展环境作出努力，为全市人大换届选举的平稳态势奠定基础。

民生福祉 昆仑街道想群众之想，急群众之急，解群众所难，切实开展各项“为民办实事”工程，提升2个村级卫生室，规划新建2个“如意小食堂”，

爱心志愿者　　　　　　（昆仑街道　供稿）

大美原野　　（昆仑街道　供稿）

规划1个医养综合体，促进为民服务效益实现最大化。街道在市一季度测评中成绩位列全市第五，二季度位列全市第二，三季度位列全市第三，全年文明城市工作位列全市第二名。在全市“电动溧阳”的推进下，率先安装89个新能源汽车充电车位装置并投入使用，超额完成市下达任务。在2021年初评比中，昆仑街道获得2020年度住宅小区综合管理三等奖的好成绩。全面提升老小区人居环境。投入500万元，完成约1700平方米的散住楼改造，居住环境焕然一新。完成南师大合作办学签约并启动项目建设，推进校（园）长及优秀教育人才招聘。泓口小学、濑江幼儿园完成整体搬迁并投入使用。妥善解决胡桥幼儿园停办、中粮香缇小区居民子女就学等问题。实施结对帮扶低保边缘户“八个一工程”，园区全体副科职以上干部与53户低保边缘和14户接近低保边缘户开展结对帮扶活动，建立“一户一档”，集中组织3次走访慰问，帮扶资金达20万元，实物慰问品6万多元，政策咨询与解答79人次，无一例因困难上访。

乡村振兴　昆仑街道大力推进乡村全面振兴，着力加强制度建设，在水污染治理、基础设施建设等方面加强农村人居环境整治力度，不断改善村容村貌，提升村民幸福感、满意度。建立“三农”工作联席会议制度，每月听取各涉农局办工作推进情况，根据工作需要召开专题会议，研究分析解决存在的困难和问题。建立月汇报、季通报、年考核的工作机制。深入推进“农村规范化建设提升年”，出台下发《村级工程项目建设管理办法》《2021年度行政村目标管理考核意见》《“三农”领导小组办公室工作细则》《专职化村干部管理暂行办法》。2021年，方里村获评省级特色田园乡村称号，同步推进11个行政村22个自然村美丽宜居乡村建设规划工作。农村污水整治统一部署，协调推进陶家、方里、余桥等村农村生活污水后续整治工作，市政府主要领导到陶家村现场调研给予充分肯定。

2021年昆仑街道各村（社区）基本情况表

表66

村（社区）	中共支部（总支、党委）书记	村委（社区）主任	经济总收入（万元）
胥　泊	狄朝彬	狄朝彬	259.42
方　里	史良刚	史良刚	138.61
班　竹	—	卢爱琴	239.23
泓　口	王正清	王正清	350.18
吴潭渡	杨　俊	杨　俊	224.37
新　昌	蒋立新	蒋立新	235.55
胡　桥	蒋振林	蒋振林	200.43
陶　家	陶志明	陶志明	197.03
马　塘	袁国裕	袁国裕	314.73

续表66

村（社区）	中共支部（总支、党委）书记	村委（社区）主任	经济总收入（万元）
蒋　店	马志浩	马志浩	274.41
合　心	黄生平	黄生平	197.79
昆　仑	蒋国元	蒋国元	113.20
夏　庄	裴德金	裴德金	134.43
杨　庄	杨宁俊	杨宁俊	235.46
毛　场	杨　继	杨　继	192.18
徐格笪	吴俊焘	吴俊焘	102.51
宋　庄	蒋晓琴	蒋晓琴	103.96
前　棠	狄建如	狄建如	183.35
棠　下	张国庆	张国庆	117.05
胥　渚	狄苏彬	狄苏彬	123.01
新　庄	宋　杰	宋　杰	342.39
濑江新村	蒋培娣	蒋培娣	（财政保底）
凤　凰	沈利平	沈利平	（财政保底）
古　渎	姜旭清	姜旭清	100.82
余　桥	陈恒峰	陈恒峰	126.00
濑　阳	王　磊	王　磊	242.78
道人渡	（待选）	（待选）	107.78
淦　西	黄小杰	黄小杰	116.00
钱家圩	蒋争光	蒋争光	189.89

2021年昆仑街道销售收入2000万元以上企业一览表

表67

企　业　名　称	法人代表	销售收入（万元）
江苏上上电缆集团有限公司	丁山华	3041678
江苏时代新能源科技有限公司	吴映明	2490120
时代上汽动力电池有限公司	吴映明	857458
江苏华鹏变压器有限公司	钱洪金	519730
顺博合金江苏有限公司	王真见	280722
江苏富民新材料有限公司	王清民	247923
溧阳紫宸新材料科技有限公司	陈　卫	230048
科华控股股份有限公司	陈洪民	190198
江苏正昌集团有限公司	郝　波	178213
江苏科达利精密工业有限公司	励建立	130134
上汽时代动力电池系统有限公司	杨晓东	117542
江苏金源高端装备股份有限公司	葛艳明	116206
常州海大生物饲料有限公司	姜建兵	113750
江苏卓高新材料科技有限公司	陈　卫	85245
常州时创能源股份有限公司	符黎明	68622
江苏中关村嘉拓新能源设备有限公司	陈　卫	67529

续表67

企　业　名　称	法人代表	销售收入（万元）
江苏金峰铜业有限公司	徐云梓	65147
江苏维多股份有限公司	罗春龙	49777
江苏翔鹰新能源科技有限公司	徐　振	49149
江苏开利地毯股份有限公司	将夕生	46099
溧阳市金昆锻压有限公司	徐海根	45243
江苏碧玉谷化工有限公司	李　凌	44399
江苏司能润滑科技有限公司	施耀刚	44191
江苏华鹏智能仪表科技股份有限公司	戴　诚	43625
江苏迪赛诺制药有限公司	王军平	41566
江苏联赢激光有限公司	韩金龙	39957
常州范斯特汽车部件有限公司	梁　鹤	38417
江苏立达电梯有限公司	戴云松	37309
溧阳二十八所系统装备有限公司	欧乐庆	36819
上汽大通房车科技有限公司	王　瑞	35063
江苏冠宇机械设备制造有限公司	陈国顺	33231
江苏保龙设备制造有限公司	周水保	32650
立讯精密工业（江苏）有限公司	李　晶	32268
江苏富春江环保热电有限公司	王　斐	28257
江苏国粮仓储工程有限公司	杨文利	28146
江苏盛昌钢铁有限公司	芮小明	26475
溧阳市金世纪混凝土有限公司	丁建庆	24540
常州金纬片板膜科技有限公司	何海潮	23244
江苏富民鑫科重型机械有限公司	蒋　熠	21816
江苏省奥谷生物科技有限公司	朱为民	21402
溧阳市昆达金属制品有限公司	周海坤	21222
溧阳壹连电子有限公司	田　奔	20417
江苏北星新材料科技有限公司	马　军	20261
溧阳月泉电能源有限公司	陈　卫	20175
江苏丽阳电子仪表有限公司	蒋立群	19308
溧阳市永恒热处理有限公司	张育埝	19221
溧阳市万盛铸造有限公司	陈春花	19193
溧阳市常瑞电力科技有限公司	陈晓凌	17687
江苏兴锻智能装备科技有限公司	张忠良	16637
常州索维尔电子科技有限公司	付　瑜	16083
荷贝克电源系统（溧阳）有限公司	MarcZoellner	15703
常州汉德机车工业有限公司	陈一鸣	14827
江苏和胜新能源汽车配件有限公司	李建湘	14312

续表67

企 业 名 称	法人代表	销售收入（万元）
江苏粘博士新材料有限公司	戚务俊	13112
江苏阿李动力科技有限公司	李新宏	13109
江苏衡帛机械科技有限公司	吴国忠	12809
常州金纬挤出机械制造有限公司	王　亮	12395
金纬机械常州有限公司	何海潮	12148
常州金纬片板设备制造有限公司	何海潮	11824
常州金纬化工成套设备有限公司	何海潮	11577
溧阳市裕达机械有限公司	杨志忠	11338
溧阳卓越新材料科技有限公司	陈　卫	10717
溧阳市中纺联针织有限公司	吴　敏	9569
常州金纬管道设备制造有限公司	何海潮	9229
溧阳市苏菱机电有限公司	黄小平	9087
溧阳市高邦电缆材料有限公司	周建平	8805
常州金纬管道科技有限公司	何海潮	8406
常州金纬智能化工装备有限公司	何海潮	8405
溧阳市新方化工有限公司	狄小苏	8048
江苏和中普方新能源科技有限公司	杨　槐	7549
溧阳德维透平机械有限公司	罗春龙	7440
溧阳市西郊环保设备厂	张云霞	7400
溧阳市铁建特种混凝土有限公司	耿静生	7245
江苏保龙机电制造有限公司	周水保	7224
江苏德盛食品有限公司	SAETAN JINTAPORN	6788
江苏科凡新能源科技有限公司	吴国明	6712
安住机械设备（江苏）有限公司	张　超	6680
江苏欧能机械制造有限公司	黄锡生	6663
溧阳市立洋纺织有限公司	邹幼农	6502
溧阳市民晖金属材料有限公司	吴建才	6447
溧阳市正阳燃气设备制造有限公司	宋卫平	6373
溧阳纵贯线换热器有限公司	吕伟伟	6238
江苏迅隆铝业有限公司	史嘉雄	6180
江苏金梧实业股份有限公司	何　强	6045
江苏亿鼎传动机械有限公司	孙　城	5929
江苏南山电子工业有限公司	蒋凌鹰	5622
溧阳华荣锻造有限公司	钟子娟	5477
溧阳市中豪热处理有限公司	孙志明	5470
溧阳市特种变压器电器设备有限公司	杨亚平	5440
溧阳强鑫纺织有限公司	毕国新	5389

续表67

企 业 名 称	法人代表	销售收入（万元）
溧阳市振大铁路设备有限公司	沈望振	5372
溧阳市绿茵毯业有限公司	袁再英	5170
溧阳河西港金属加工有限公司	吴　斌	5154
江苏兆年智能科技有限公司	何群伟	5133
江苏双益节能玻璃有限公司	潘云娇	5121
江苏良友正大股份有限公司	陈志亮	5119
溧阳欣大精密电子有限公司	周德良	4983
溧阳巨神科技材料有限公司	蒋国兵	4563
江苏巨鹏旅游用品有限公司	潘江平	4540
溧阳市俊杰服装厂	王成香	4493
溧阳新钢川空气体有限公司	谢银宇	4291
溧阳华湖新材料有限公司	孙一斌	4233
江苏宇泽纺织科技有限公司	杨　勤	4228
江苏佳世达环保工程有限公司	袁双明	4220
江苏擎高精密工业部件有限公司	韩大保	4032
溧阳市天合饲料机械有限公司	黄建新	3938
溧阳市经纬新能源科技有限公司	蒋建设	3886
溧阳市华达电子电器厂	孙其利	3777
江苏劲连通信技术有限公司	许海英	3745
江苏振标建筑材料科技有限公司	冯　彪	3707
溧阳市精卫新型材料有限公司	刘金梅	3558
常州大云环保科技有限公司	戎清亮	3496
溧阳市瑞威中速柴油机配件有限公司	吴进昌	3266
南京宜热纵联节能科技溧阳有限公司	莫立勤	3108
溧阳市华鹏电机配件有限公司	朱益民	3075
江苏巨邦制药有限公司	杨整风	3051
金纬机械溧阳有限公司	何海潮	3016
溧阳尼欧斯化工有限公司	葛　原	2937
溧阳市鑫盛化工设备有限公司	缪　传	2861
溧阳市宏达电机有限公司	童小春	2764
溧阳发瑞机械有限公司	徐海根	2630
溧阳市先进纸箱有限公司	黄霞秋	2613
江苏卫蓝新能源电池有限公司	向　晋	2535
溧阳科工机械有限公司	杨俊强	2511
江苏常净环保科技有限公司	沈良忠	2356
溧阳市鑫维尼纺织有限公司	宋利群	2091

（王奕荇）

古县街道

表 68

2021 年古县街道主要社会经济指标一览表

项目		数据
自然概况	年末土地总面积（平方公里）	61.65
	其中：镇区建成面积（平方公里）	20
	居民委员会、行政村委会（个）	10
	总人口（人）	50608
	其中：非农业人口（人）	—
综合实力	地区生产总值（GDP，亿元）	84.65
	人均 GDP（万元）	16.73
	财政收入（亿元）	3.21
	全社会固定资产投资（亿元）	25.21
	实际利用外资（万美元）	700
	农民人均纯收入（元）	—
工业	工业企业（家）	235
	工业企业职工（人）	7550
	工业总产值（亿元）	104.24
	工业增加值（亿元）	23.67
	工业销售收入（亿元）	98.9
	工业利税（亿元）	8.12
	工业固定资产净值（亿元）	56.94
农业	农林牧渔业总产值（万元）	—
	其中：农业（万元）	—
	林业（万元）	—
	牧业（万元）	—
	渔业（万元）	—
	农业服务业（万元）	—
	粮食产量（吨）	16220
	年末农机总动力（万千瓦）	1.68
第三产业	第三产业实体（个）	2874
	第三产业从业人员（人）	12058
	第三产业增加值（亿元）	39.2
	集贸市场（个）	2
	年末个体工商经营户（户）	3567
社会事业	中学（所）	1
	在校中学生（人）	613
	小学（所）	1
	在校小学生（人）	1955
	文化站馆（个）	1
	体育健身场所（个）	84
	人口自然增长率（‰）	1.35

【概　况】 古县街道位于溧阳市东部，东临宜兴市，西、南与天目湖镇和戴埠镇相接，北与溧城街道毗连，区位优越，交通发达。古县街道辖美景天城、天目国际村 2 个居委会和上阁楼、大林、新联、黄墟、古县、茶亭、新桥、百家塘 8 个村委会，区域面积 61.65 平方公里，总人口 50608 人。宁杭高速、宁杭高铁横穿东西，233 国道、南山大道和长山路纵贯南北。拥有溧阳东、溧阳南 2 个高速公路出入口，高铁溧阳站位于街道北部。西部为十里长山，东部为平原圩区。境内坐拥燕山、屏峰山等山峰，溧戴河、茶亭河穿境而过。四季分明，降水丰富，十分宜居。

经济发展 2021 年古县街道全年完成公共财政预算收入 3.21 亿元，比 2020 年增长 5.9%。净增规上工业企业 5 户，工业应税销售收入 98.9 亿元，规上工业总产值 84.69 亿元，比 2020 年增长 7.3%。全年进出口总额约为 13.4 亿元，实际利用外资可达 700 万美元。限额以上社会消费品零售总额完成 5.22 亿元，比 2020 年增长 18.4%。全社会固定资产投资 25.21 亿元，地区生产总值 84.65 亿元，人均 GDP16.73 万元。

城乡建设 对区域内的市政基础和公建设施进行改造提升，重点对天目星城片区 12 个老旧小区进行集中改造。2021 年已完成对翠屏新村一区的改造，翠屏新村二区、天目星城、岗头新村、滨河花园 4 个小区于 2021 年底开始改造。同时加强环境整治，侧重解决滨河水域环境污染问题。通过安装水下溶氧补水装置，对污水流量较大的 7 个出水口进行应急处理，对 2 座截污井进行升级改造，对区域内的河道进行全面疏浚、清淤，对两岸乱垦乱植进行清理，对边坡进行修葺，实现区域水质的初步好转。按照“雨污分流、保证畅通、局部治理、保证达标”的标准，完成 106 万平方米老旧小区和

春到百家塘　　（古县街道　供稿）

白芹丰收　　　　　　　　　（古县街道　供稿）

18.5公里市政道路雨污管网的系统规划。完善公共服务设施，建成为民服务中心、退役军人事务所等设施；对照“智慧校园”建设标准，对永平小学相关教育教学设施进行改造提升；对天目湖初中的校园环境进行全面提升并建成400米标准跑道。对照深化文明城市建设要求，建成新时代文明实践所、综合文化服务中心、“如意小食堂”、便民驿站等设施。完善如意小食堂、道德讲堂、百姓议事堂、文化小礼堂、幼童小学堂、心愿树爱心工作站“五堂一站”配套设施。对照安全和便民要求，建成古县街道日间照料中心。改造区域内菜场、公厕、市政道路等设施，按轻重缓急有针对性地解决一批群众反响强烈的建成区基础配套缺失问题。围绕百家塘特色田园乡村的规划布局，不断改善基础设施，通过美化村庄环境、盘活闲置土地、推进综合治理、发展特色产业，村庄面貌焕然一新。

社会管理　全年举办5期共600余人次参与的安全生产培训班；围绕“五个专项”“三个责任”，全面排查化解风险隐患，检查企业291家（次），发现各类安全隐患1814条，整治“危污散乱低”企业40家，查处各类安全生产违法案件24起。充分发挥“今晨七点有约”群众工作品牌在化解社会矛盾中的关键支撑作用；紧扣保障项目建设、推进征地征收，化解遗留问题三大工作重点，全年处理信访事件150余件，街道主要领导共接待来访群众47批次82人次，区域内未发生重大负面舆情。利用街道综合指挥中心进行扁平化管理，进一步完善全覆盖、无缝隙的工作责任体系。创新“楼长制”，以小区单元楼为单位，由街道全体机关干部兼任住宅小区单元楼“楼长”，形成“古县楼长”工作品牌；探索构建联防联控全覆盖、群防群治无缝隙的全新工作模式。建成35个核酸采样点，常态化做好全员核酸采样准备工作和疫苗接种组织动员工作。扎实开展文明实践活动，打造乡村复兴少年宫特色品牌——“奔向未来城红领巾加油站”；“口袋书学党史”“朗朗古县声”等特色活动影响广泛。搭建奔向未来城文化大舞台，组织30余场“古县戏韵·锡剧周周演”进社区、下乡村；开展100余场电影放映活动；组织乒羽比赛、红歌音乐会、建党百年文体展等各类下基层文体活动。街道综合文化服务中心建投以来，开设书法、古琴、茶艺、插花、绘画、文艺辅导等公益课程，全年服务近10000人次；开辟机关文化阵地“古县艺术馆”，举办各类展览、讲座、培训活动20余场。开展低保提标及核查工作，全年累计发放低保金110余万元；开展结对帮扶工作，为低保边缘家庭稳定收入来源。充分发挥临时救助应急性、补充性和过渡性作用，累计为92户家庭发放临时救助资金13万元。落实好儿童福利保障政策，保障困境儿童基本生活，进一步规范“关爱之家”建设运营情况。

【南航天目湖校区二期第一批工程顺利交付】 7月7日，南京航空航天大学天目湖校区二期第一批工程正式交付。首批交付的工程包括四栋学生公寓，一栋食堂，一栋教学楼及道路、景观、体育场地等各类配套设施，建筑面积约11.2万平方米。首批工程自开工到正式交付，仅用时13个月。

【“溧阳体育公园＋中体城”签约仪式举行】 12月24日，“溧阳体育公园＋中体城”项目签约仪式在溧阳天目湖豪生大酒店举行。项目东至溧阳市城东大道，西至焦尾琴大道，南至长深高速，北至京杭高铁，总占地面积约3500亩。项目以打造溧阳“城市活力会客厅”为目标，建设集体育、旅游、文化、康养、教育于一体的体育公园＋综合体。该项目的成功签订，是溧阳市政府与中体城、中交一公局集团围绕“体育＋”产业融合开展的一次重大实践，也是溧阳市政府推进天目湖生命康原未来城建设和提升片区体育产业发展新的里程碑。

【溧阳市医疗健康中心封顶】 天目湖生命康原成立以来，作为首个大型公建项目的溧阳市医疗健康中心主体工程于12月28日封顶。该项目位于天目湖生命康原规划区南部的核心康养区，项目总占地面积约184亩。项目分两期建设，目前正在建设的一期为江苏省中医院溧阳分院新院，启用后的新院区将突出中医药特色优势，注重提升医疗综合实力，成为技术一流、服务一流、管理一流、环境一流、硬件一流的现代化综合性中医医院。

2021年古县街道各村（社区）基本情况表

表69

村（社区）	中共支部(总支、党委）书记	村委（社区）主任	经济总收入（万元）
茶亭村	胡叶平	彭志新	748
古县村	宋建平	宋建平	857
新桥村	钱文华	钱文华	243
百家塘村	潘凤娟	潘凤娟	106
上阁楼村	顾云华	蒋云新	210
黄墟村	王曙洪	王曙洪	139
新联村	陈伟春	陈伟春	246
大林村	潘建国	潘建国	193
美景天城社区	刘　莉	刘　莉	—
天目国际村社区	周亚瑾	周亚瑾	—

2021年古县街道销售收入2000万元以上企业一览表

表70

企业名称	法人代表	销售收入（万元）
布勒（常州）机械有限公司	孔云生	190866.66
溧阳中材重型机器有限公司	吴建宏	72089.64
江苏鹏程钢结构集团有限公司	史蒙杰	65757.08
溧阳市力士汽车配件制造有限公司	史长生	59839.43
江苏安靠智能输电工程科技股份有限公司	陈晓晖	51749.96
溧阳金利宝胶粘制品有限公司	陈世岳	32760.38
江苏法斯特机械有限公司	唐金祥	24338.18
江苏恒祥石化工程有限公司	杨恒保	23644.02
溧阳市储丰钢板仓设备制造工程有限公司	赵菊荣	23375.48
江苏通达机械设备制造有限公司	尹水保	20518.74
常州市宏寰机械有限公司	张福平	19840.13
上齿集团有限公司	张焰庆	19427.68
江苏开利地毯股份有限公司天目湖分公司	蒋夕生	18714.45
江苏顶塑实业有限公司	丛桂阳	15508.13
溧阳市华磊锻造有限公司	蒋小华	15164.25
金亿源（江苏）新材料有限公司	谈怀定	14343.69
溧阳圣泰重型机械有限公司	葛芙妹	13825.11
溧阳顺能光电电力有限公司	张伏波	13109.52
江苏欣源钢机有限公司	陈　杰	10670.12
江苏爱卓电气制造有限公司	黄　莺	9874.58

续表70

企业名称	法人代表	销售收入（万元）
江苏富昌机械设备有限公司	尹水富	9775.39
江苏威泽智能科技股份有限公司	杨献春	8293.3
江苏天目建设集团钢机有限公司	陈　强	7902.38
江苏广信东腾环保装备有限公司	任建东	7767.96
溧阳康达威实业有限公司	胡良宏	6331.49
溧阳市特佳机械有限公司	黄国伟	5613.62
江苏欧标有限公司	周国军	5599.73
中安（常州）电气有限公司	潘立群	5502.37
江苏益尔机电有限公司	管亚峰	4715.19
江苏嘉允机械制造有限公司	吴黎华	4374.69
江苏上齿传动有限公司	张焰庆	4247.61
溧阳市众星环保机械有限公司	崔洪彬	3689.25
溧阳市威克尔饲料机械制造有限公司	姜梅仙	3641.19
江苏丰达电器设备有限公司	赵云龙	3561.74
溧阳市中钢冶金设备有限公司	杨玉全	3225.98
恒电科技有限公司	杨阿齐	3195.16
江苏华能节能科技有限公司	徐建青	3142.58
江苏华冶环保工程有限公司	钟爱心	3136.31
天目照明有限公司	蒋伟年	3017.56
常州索韬自动化科技有限公司	王必武	3009.83
江苏五洲机械有限公司	周际宇	2981.55
大峘集团溧阳冶金工程技术有限公司	朱炳安	2948.54
江苏晨丰机电设备制造有限公司	庄晓波	2917.86
江苏翔龙矿山设备有限公司	黄建农	2806.35
南方铁塔有限公司	史正明	2770.61
常州宇成机械设备有限公司	程定稆	2767.62
江苏驰威机械有限公司	高　爽	2737.52
江苏沃姆克电子科技有限公司	曹文伟	2691.31
瑞那斯铝业（常州）有限公司	曹卫强	2678.43
溧阳市起重机厂有限公司	周伟华	2591.23
溧阳市久隆工程机械有限公司	狄　胜	2587.07
常州鸿锋机械有限公司	孙　兢	2548.85
常州益林机械有限公司	赵　黎	2460
常州远见机械有限公司	唐金春	2452.8
溧阳市南亚塑胶有限公司	莫志国	2374.85
溧阳市龙驰机械有限公司	王　丽	2251.36
溧阳市东诚机械制造有限公司	周小保	2198.22
溧阳市宏大机械设备有限公司	王小明	2179.71
布勒水产设备（常州）有限公司	邵利平	2073.05
溧阳市金牛环保机械有限公司	张　涛	2009.91

（陈　诺）

新任市领导

徐华勤

常州市政府副市长，中共溧阳市委书记。十三届全国人大代表，十二届江苏省人大代表。

安徽潜山人，1971年11月出生，1993年4月加入中国共产党，1993年7月参加工作，党校研究生学历，2002年12月毕业于江苏省委党校科学社会主义与国际共产主义运动专业。1991年9月至1993年7月，在淮北煤炭师范学院中文系文秘专业学习。1993年8月至1994年12月，任常州市茶山乡政府办公室秘书。1994年12月至1997年5月，任常州市茶山乡党委秘书。1997年5月至1997年9月，任常州市郊区政府办公室秘书。1997年9月至1998年7月，任常州市郊区人民政府办公室副主任。1998年7月至2002年4月，任中共常州市郊区区委办公室副主任（其中：2002年4月至2002年7月因行政区划调整，没有任职）。2002年7月至2003年2月，任中共常州市天宁区委办公室副主任（其中：2000年3月至2002年12月，在江苏省委党校社会主义与国际共产主义运动专业学习）。2003年2月至2004年9月，任中共常州市天宁区委办公室主任。2004年9月至2004年11月，任常州市天宁区委办公室主任、区长助理。2004年11月至2006年3月，任常州市天宁区政府区长助理、党组成员。2006年3月至2006年4月，任常州外向型农业综合开发区党工委书记、天宁区政府党组成员。2006年4月至2006年6月，任常州外向型农业综合开发区党工委书记、天宁区青龙街道党工委书记。2006年6月至2006年10月，任中共常州市天宁区委常委，青龙街道党工委书记，常州外向型农业综合开发区党工委书记。2006年10月至2006年12月，任中共常州市天宁区委常委，天宁经济开发区党工委委员。2006年12月至2007年12月，任中共常州市天宁区委常委，天宁经济开发区党工委书记。2007年12月至2008年10月，任中共常州市天宁区委常委，常州市天宁区人民政府副区长、党组副书记，天宁经济开发区党工委书记。2008年10月至2012年8月，任中共常州市天宁区委常委，常州市天宁区人民政府副区长、党组副书记。2012年8月至2015年6月，任常州市统计局局长、党组书记。2015年6月至2015年10月，任中共溧阳市委副书记，溧阳市人民政府副市长、代市长，江苏中关村科技产业园管委会主任（兼），常州市统计局局长、党组书记，溧阳市行政学校校长。2015年10月至2016年1月，任中共溧阳市委副书记，溧阳市人民政府副市长、代市长，江苏中关村科技产业园管委会主任（兼），溧阳市行政学校校长。2016年1月至2019年12月，任中共溧阳市委副书记，溧阳市人民政府市长，江苏中关村科技产业园管委会主任（兼），溧阳市行政学校校长。2019年12月至2020年2月，任中共溧阳市委书记，溧阳市人民政府党组书记、市长，市行政学校校长。

2020年2月至2020年6月，任中共溧阳市委书记，溧阳市人民政府党组书记、市长，市委党校校长、市行政学校校长。2020年6月至2022年3月，任中共溧阳市委书记。2022年3月起，任常州市政府副市长、中共溧阳市委书记。十三届全国人大代表，十二届江苏省人大代表。

（市委办）

叶明华

中共溧阳市委员会副书记，溧阳市人民政府党组书记、市长。

江苏苏州人，1972年5月出生，1995年8月参加工作，1993年6月加入中国共产党，江苏省委党校研究生学历，2007年7月毕业于江苏省委党校社会学专业。1991年9月至1995年8月，江苏石油化工学院材料工程系高分子材料专业大学学习。1995年8月至1997年1月，任武进市邹区镇团委书记。1997年1月至1999年11月，任中共江苏省纪律检查委员会三、二室科员。1999年11月至2004年4月，任中共江苏省纪律检查委员会二室副主任科员。2004年4月至2005年8月，任中共江苏省纪律检查委员会二室主任科员。2005年8月至2006年6月，任中共常州市纪律检查委员会办公室副主任。2006年6月至2008年2月，任中共常州市纪律检查委员会纪检监察一室主任（其间：2004年9月至2007年7月，江苏省委党校社会学专业研究生学习）。2008年2月至2011年5月，任中共金坛市委员会常委、中共金坛市纪律检查委员会书记。2011年5月至2013年8月，任中共常州市武进区委员会常委、中共常州市武进区纪律检查委员会书记。2013年8月至2013年10月，任中共常州市武进区委员会常委、中共常州市武进区纪律检查委员会书记（正处级，援疆）。2013年10月至2016年9月，任中共常州市武进区委员会常委（正处级，援疆）（其间：2013年8月至2013年12月，任新疆维吾尔自治区尼勒克县委常委）。2016年9月至2019年6月，任中共常州市武进区委员会副书记（正处级）（其间：2013年12月至2017年1月，任新疆维吾尔自治区尼勒克县委副书记）。2019年6月至2020年6月，任中共常州市武进区委员会副书记、二级调研员。2020年6月至2021年1月，任中共溧阳市委员会副书记，溧阳市人民政府党组书记、副市长、代理市长。2021年1月，任中共溧阳市委员会副书记，溧阳市人民政府党组书记、市长。2021年7月，在中共溧阳市第十三届委员会第一次全体会议上当选为中共溧阳市委副书记。2022年1月，在溧阳市第十七届人民代表大会第一次会议上当选为溧阳市人民政府市长。

（市政府办）

邵钦华

市人大常委会党组书记、主任。

江苏溧阳人，1966年10月出生，党校研究生文化，1992年12月加入中国共产党，1988年9月参加工作。1984年9月南京大学经济管理专业大学学习；1988年9月，常州外经公司溧阳分公司职工；1989年9月县计委干部；1992年3月，任市政府办公室秘书；1993年9月，任市政府办公室综合科副科长；1994年9月，任市政府办公室对外管理科科长；1995年6月，任市政府办公室综合科科长；1997年1月，任市政府办公室副主任；2001年9月，任溧城镇党委副书记、镇长；2004年3月，任南渡镇党委书记（其间：1999年3月至2001年12月江苏省委党校区域经济学专业研究生学习）；2007年3月，任南渡镇人大筹备组组长（其间：2009年12月明确享受副处级待遇）；2010年4月，任溧阳市经济和信息化局党委副书记、局长；2011年6月，任中共溧阳市委常委、政法委书记；2014年8月，任中共溧阳市委常委、江苏中关村科技产业园党工委副书记、管委会副主任、江苏省溧阳经济开发区党工委书记；2016年6月，任中共溧阳市委常委、江苏中关村科技产业园党工委副书记、管委会副主任，同年7月，任中共溧阳市委副书记、市委政法委书记、江苏中关村科技产业园党工委副书记、管委会副主任，同年11月，任中共溧阳市委副书记、市委政法委书记；2018年5月，任中共溧阳市委副书记；2020年8月，任中共溧阳市委副书记、江苏省中关村高新技术产业开发区党工委书记；2021年7月，任溧阳市人大常委会党组书记；2022年1月，在溧阳市第十七届人民代表大会第一次会议上当选为溧阳市人大常委会主任。

（市人大办）

周卫中

溧阳市政协党组书记、主席。

江苏溧阳人，1966年4月出生，1984年8月参加工作，1989年2月加入中国共产党，省委党校研究生文化，2002年12月毕业于江苏省委党校科学社会主义与国际共产主义运动专业。1982年9月至1984年8月在江苏省武进师范学校普师专业中专学习。1984年8月至1988年4月任溧阳县清安乡上阁楼小学教师。1988年4月至1989年3月在共青团溧阳县委员会工作。1989年3月至1991年9月任共青团溧阳县委员会学少部副部长（其间：1987年8月至1990年7月在常州教育学院中文专业大专学习）。1991年9月至1992年10月任共青团溧阳市委员会副书记。1992年10月至1995年3月任共青团溧阳市委员会书记。1995年3月至1996年4月任共青团溧阳市委员会书记，党组书记。1996年4月至1996年7月任溧阳市大溪乡党委副书记（正科级）。1996年7月至2000年1月任溧阳市大溪乡党委副书记、乡长（其间：1995年8月至1997年12月在中央党校函授学院经济管理专业大学学习）。2000年1月至2000年6月，任溧阳市南渡镇党委副书记、人大主席［其间：1998年4月至2000年4月在南京师范大学企业管理（工商管理）研究生课程班学习］。2000年6月至2004年2月，任溧阳市周城镇党委书记（其间：2001年9月至2002年12月在江苏省委党校科学社会主义与国际共产主义运动专业研究生学习）。2004年2月至2006年2月，任溧阳经济开发区党工委书记、管委会主任。2006年2月至2006年3月，任溧阳经济开发区党工委书记、管委会主任，溧城镇党委书记。2006年3月至2007年12月，任溧阳经济开发区党工委书记，溧城镇党委书记。2007年12月至2008年1月，任中共溧阳市委员会常委、溧阳经济开发区党工委书记、溧阳市溧城镇党委书记。2008年1月至2009年4月，任中共溧阳市委员会常委、宣传部部长、溧阳经济开发区党工委书记、溧阳市溧城镇党委书记。2009年4月至2010年4月，任溧阳市人民政府副市长、溧阳经济开发区党工委书记、溧城镇党委书记。2010年4月至2011年6月，任溧阳市人民政府副市长。2011年6月至2011年7月，任中共溧阳市委员会常委、市人民政府副市长。2011年7月至2019年6月，任中共溧阳市委员会常委、市人民政府党组副书记、副市长。2019年6月至2020年6月，任中共溧阳市委员会常委、市人民政府党组副书记，副市长、二级调研员。2020年6月至2020年12月，任中共溧阳市委员会常委、市人民政府党组副书记、副市长、市行政学校校长、二级调研员。2020年12月至2021年1月，任政协溧阳市委员会党组副书记、二级调研员。2021年1月至2022年1月，任政协溧阳市委员会党组副书记、主席。2022年2月，任政协溧阳市委员会党组书记、主席。

（市政协办）

庄松年

中共溧阳市委副书记、政法委书记、溧阳高新区党工委书记、管委会主任。

江苏溧阳人，1971年8月出生，大学学历，1996年12月加入中国共产党，1991年8月参加工作。1987年，南京交通学校公路运输管理专业中专学习；1991年8月至1996年3月，在溧阳市交通局运输管理所工作（其间：1992年9月至1995年7月在常州市电子工业职工大学财务会计专业大专学习）；1996年3月至1996年12月，任溧阳市运输管理处监督检查科科长（其间：1992年7月至1996年7月兼任溧阳市交通局团委书记），1996年8月，任溧阳市运输管理处监督检查科科长、市青联副主席（兼），1996年12月至1999年5月，任溧阳市运输管理处副主任；1999年5月至2001年9月，任溧阳市运输管理处主任(其间：1996年8月至1999年7月在江苏省委党校行政管理专业大学学习）；2001年9月至2007年3月，任上兴镇党委副书记、镇长；2007年3月至2007年11月，任溧阳市天目湖旅游度假区党工委副书记，天目湖镇党委副书记、人大筹备组组长，同年11月，任溧阳市天目湖旅游度假区党工委副书记，天目湖镇党委副书记、人大主席；2008年2月至2008年7月，任社渚镇党委副书记、镇长，2008年7月至2012年7月，任社渚镇党委书记（其间：2011年11月明确享受副处级待遇）；2012年7月至2012年12月，任溧阳经济开发区党工委副书记、管委会主任，2012年12月至2016年6月，任江苏中关村科技产业园管委会副主任，溧阳经济开发区党工委副书记、管委会主任；2016年6月至11月，任中共溧阳市委常委、江苏中关村科技产业园管委会副主任；2016年11月至2020年8月，任中共溧阳市委常委、江苏省中关村科技产业园党工委副书记、管委会副主任；2020年8月至2021年7月，任中共溧阳市委常委、江苏省中关村高新技术产业开发区党工委副书记、管委会主任；2021年7月至2021年8月，任中共溧阳市委副书记、政法委书记，江苏省溧阳高新技术开发区党工委副书记、管委会主任。2021年8月，任中共溧阳市委副书记、政法委书记，江苏省溧阳高新技术产业开发区党工委书记、管委会主任。

（市政法委）

刘　佩

中共溧阳市委常委、市纪委书记、市监委主任、三级调研员。

江苏常州人，1972年7月出生，1996年9月加入中国共产党，1992年8月参加工作，党校研究生学历。2005年7月毕业于江苏省委党校区域经济学专业。1990年10月至1992年8月，在长沙民政学校民政管理专业学习。1992年8月至1996年3月，任常州市民政局政工科办事员、科员(其中：1993年9月至1996年7月，在常州市机械冶金职工大学财会管理专业学习)。1996年3月至2001年10月，任常州市民政局团委副书记（其中：1999年8月至2001年12月，在中央党校函授学院行政管理专业学习）。2001年10月至2002年12月，任常州市民政局组织宣传处副处长（其中：2002年9月至2005年7月，在江苏省委党校区域经济学专业学习）。2002年12月至2004年8月，任常州市民政局组织宣传处（人事教育处）处长（其中：2003年8月至2005年7月，挂职任常州市福利院党支部副书记、副院长）。2004年8月至2005年7月，任常州市民政局局长助理、组织宣传处(人事教育处)处长。2005年7月至2006年3月，任常州市民政局局长助理。2006年3月至2012年1月，任常州市民政局副局长。2012年1月至2012年4月，任中共溧阳市委常委。2012年4月至2020年6月，任中共溧阳市委常委、组织部部长。2020年6月至2020年10月，任中共溧阳市委常委、组织部部长、党校校长。2020年10月至2020年11月，任中共溧阳市委常委、组织部部长、党校校长、三级调研员。2020年11月至2020年12月，任中共溧阳市委常委、市纪委书记、市监委主任提名人选、市委党校校长、三级调研员。2020年12月至2021年1月，任中共溧阳市委常委、市纪委书记、市监委主任提名人选、三级调研员。2021年1月至2021年12月，任中共溧阳市委常委、市纪委书记、市监委主任、三级调研员。

（市纪委）

曹　俊

中共溧阳市委常委、宣传部部长。

江苏溧阳人，1972年9月出生，函授大学文

化，1999 年 1 月加入中国共产党，1995 年 8 月参加工作。1993 年 9 月南京师范大学中外文秘书专业大专学习；1995 年 8 月市交通局干部；1996 年 6 月，任团市委办事员、宣传部、农工青年部副部长；2000 年 1 月，任团市委办公室主任；2001 年 9 月，任团市委副书记、市青联副主席；2003 年 6 月，任团市委党组书记、书记、市青联主席（其间：2001 年 9 月至 2005 年 7 月湖南大学网络学院法学专业大学学习）；2007 年 9 月，任市劳动和社会保障局党组书记、副局长；2008 年 2 月，任市劳动和社会保障局党组书记、局长；2009 年 10 月，任市政府办公室主任；2010 年 4 月，任市政府办公室党组书记、主任；2011 年 8 月，任市委办公室主任；2012 年 1 月，任市委办公室主任、溧城镇党委书记、人大主席、江苏省溧阳经济开发区党工委副书记；2013 年 3 月，任市人民政府副市长；2021 年 7 月，任溧阳市委常委、宣传部部长。

（市委宣传部）

张　顺

中共溧阳市委常委、市人民政府党组成员、副市长。

江苏溧阳人，1974 年 1 月出生，1996 年 8 月参加工作，2001 年 6 月加入中国共产党，大学学历，1996 年 7 月毕业于江苏石油化工学院精细化工专业。1996 年 8 月至 2001 年 1 月，任溧阳市环境保护局科员。2001 年 1 月至 2002 年 2 月，任溧阳市环境保护局管理科副科长。2002 年 2 月至 2004 年 8 月，任溧阳市环境保护局管理科科长。2004 年 8 月至 2007 年 3 月，任周城镇副镇长。2007 年 3 月至 2007 年 6 月，任社渚镇政府筹备组副组长。2007 年 6 月至 2010 年 4 月，任市环境保护局副局长。2010 年 4 月至 2015 年 6 月，任南渡镇党委副书记、镇长。2015 年 6 月至 2016 年 7 月，任南渡镇党委书记。2016 年 7 月至 2018 年 8 月，任中共溧阳市委常委、南渡镇党委书记。2018 年 8 月至 2019 年 12 月，任中共溧阳市委常委。2019 年 12 月至 2021 年 11 月，任中共溧阳市委常委、天目湖旅游度假区党工委书记、天目湖镇党委书记。2021 年 7 月，在中共溧阳市第十三届委员会第一次全体会议上当选为市委常委。2021 年 11 月，任中共溧阳市委常委、市人民政府党组成员、副市长。2022 年 1 月，在溧阳市第十七届人民代表大会第一次会议上当选为溧阳市人民政府副市长。

（市政府办）

吴　寅

中共溧阳市委常委、组织部部长、统战部部长、市政协党组副书记、市委党校校长。

江苏常州人，1974 年 12 月出生，1996 年 8 月参加工作，1994 年 12 月加入中国共产党，江苏省委党校研究生学历。2010 年 7 月毕业于江苏省委党校社会学专业。1996 年 8 月至 1997 年 12 月，任常州市郊区北港乡政府办公室、团委科员（其间：1997 年 8 月至 1997 年 11 月，借调郊区区委办公室综合科工作）。1997 年 12 月至 1998 年 10 月，任常州市郊区区委宣传部《常州晚报·市郊大地》编辑部干部。1998 年 10 月至 2001 年 5 月，任常州市郊区区委组织部办公室、干部科科员（其间：1998 年 9 月至 2000 年 12 月，中央党校函授学院经济管理专业大学学习）。2001 年 5 月至 2002 年 2 月，任常州市郊区区委组织部组织科副科长（主持工作）。2002 年 2 月至 2005 年 8 月，任常州市委组织部研究室科员（其间：2004 年 4 月，任常州市委组织部研究室副主任科员）。2005年8月至2008年3月，任常州市委组织部干部二处副主任科员。2008年3月至2010年12月，任常州市委组织部干部二处副处长（其间：2007年9月至2010年7月，江苏省委党校社会学专业研究生学习）。2010年12月至2015年3月，任常州市委组织部干部监督处处长（其间：2014年2月至2014年10月，借调市委党的群众路线教育实践活动领导小组办公室督导组工作）。2015年3月至2015年11月，任常州市委组织部干部监督处处长（副处级）。2015年11月至2017年3月，任常州市委组织部干部一处处长（副处级）。2017年3月至2018年1月，任常州市纪委组织部部长。2018年1月至2020年10月，任常州市纪委、监委组织部部长。2020年10月至2020年11月，任常州市纪委、监委组织部部长、中共溧阳市委常委、组织部部长。2020年11月至2020年12月，任中共溧阳市委常委、组织部部长。2020年12月至2021年7月，任中共溧阳市委常委、组织部部长、党校校长。2021年7月，任中共溧阳市委常委、组织部部长、统战部部长、市政协党组副书记、市委党校校长。

（市委组织部）

武　伟

中共溧阳市委常委，溧阳市人民武装部上校政治委员、党委书记、常州军分区党委委员。

江苏兴化人，1977年8月出生，2001年7月入伍（工作），2002年7月加入中国共产党，全日制本科学历，2001年7月毕业于扬州大学法学专业。2001年9月至2002年3月，在南昌陆军学院步兵指挥专业培训。2003年9月至2003年12月，在南昌陆军学院基层政治工作专业培训。2001年7月至2004年5月，任江苏省盐城军分区射阳海防营副连职排长。2004年6月至2007年5月，任江苏省盐城军分区政治部宣传保卫科正连职干事。2007年6月至2010年5月，任江苏省扬州军分区政治部副营职干事。2010年6月至2014年3月，任江苏省扬州军分区政治部正营职干事。2014年3月至2015年7月，任江苏省扬州市邗江区人武部副部长。2015年7月至2017年6月，任江苏省扬州市邗江区人武部副部长兼军事科科长。2017年6月至2018年8月，任江苏省扬州市邗江区人民武装部副部长。2018年8月，任江苏省溧阳市人民武装部政治委员。2020年12月，任中共溧阳市委常委、市人民武装部政治委员、党委书记、常州军分区党委委员。2021年3月起任江苏省溧阳市人民武装部上校政治委员。2021年7月，在中共溧阳市第十三届委员会第一次全体会议上当选为溧阳市委常委。

（市人武部）

赵　明

中共溧阳市委常委、市人民政府党组副书记、副市长。

江苏溧阳人，1977年12月出生，1999年12月参加工作，2001年12月加入中国共产党，党校大学学历，2002年12月毕业于中央党校函授学院经济管理专业。1996年6月至1999年10月，南京理工大学电子工程与光电技术学院电气技术专业学习。1999年12月至2001年7月，任周城镇新金山村村主任助理。2001年7月至2001年10月，任周城镇团委副书记。2001年10月至2002年8月，任周城镇党委政府文书。2002年8月至2003年1月，在市接待办公室工作（其间：2000年6月至2002年12月中央党校函授学院经济管理专业大学学习）。2003年1月至2004年3月，任市政府办公室秘书科秘书、综合科秘书。2004年3月至2006年2月，任市政府办公室综合科副科长。2006年2月至2008年2月，任市政府办公室督查科科长。2008年2月至2009年8月，任市发展和改革局副局长。2009年8月至2013年7月，任市政府办公室副主任。

2011年1月至2011年11月，任市政府金融工作办公室副主任(主持工作)。2011年11月至2013年7月，任市政府金融工作办公室主任。2013年7月至2017年4月，任别桥镇党委副书记、镇长。2017年4月至2020年2月，任市发改委党委书记、主任。2020年2月至2020年12月，任市人民政府党组成员、政府办党组书记、主任。2020年12月至2021年7月，任市人民政府党组成员、副市长。2021年7月起，任中共溧阳市委常委、市人民政府党组副书记、副市长。2021年7月，在中共溧阳市第十三届委员会第一次全体会议上当选为市委常委。2022年1月，在溧阳市第十七届人民代表大会第一次会议上当选为溧阳市人民政府副市长。

（市政府办）

朱 威

中共溧阳市委常委、江苏省溧阳高新区党工委副书记、管委会副主任。

江苏溧阳人，1978年10月出生，2000年6月加入中国共产党，2000年8月参加工作，河海大学研究生学历，2014年6月毕业于河海大学工商管理专业。1997年9月至2000年7月，在江苏公安专科学校治安管理专业学习。2000年8月至2005年9月，溧阳市公安局西门派出所科员。2005年9月至2007年9月，任溧阳市公安局西门派出所副所长。2007年9月至2009年10月，任溧阳市公安局清安派出所所长。2009年10月至2010年5月，任溧城镇副镇长。2010年5月至2010年7月，任江苏省溧阳经济开发区管委会副主任、溧城镇副镇长。2010年7月至2013年2月，任江苏省溧阳经济开发区管委会副主任(其中，2011年9月至2014年6月，在河海大学工商管理研究生学习；2012年7月至2013年7月，在北京中关村发展集团挂职)。2013年2月至2014年10月，任江苏中关村科技产业园招商局局长。2014年10月至2016年6月，任常州市商务局开发区处长。2016年6月至2016年7月，任江苏中关村科技产业园管委会副主任。2016年7月至2017年12月，任江苏中关村科技产业园管委会副主任、招商局局长。2017年12月至2021年7月，任江苏省溧阳经济开发区党工委副书记、管委会主任、上兴镇党委副书记、镇长。2021年7月至2021年8月，任中共溧阳市委常委、江苏省溧阳高新技术产业开发区党工委副书记、江苏省溧阳经济开发区党工委副书记、管委会主任、上兴镇党委副书记、镇长。2021年8月至2021年11月，任中共溧阳市委常委、江苏省溧阳高新技术产业开发区党工委副书记、管委会副主任、江苏省溧阳经济开发区党工委副书记、管委会主任、上兴镇党委副书记、镇长。2021年11月，任中共溧阳市委常委、江苏省溧阳高新技术产业开发区党工委副书记、管委会副主任。

（溧阳高新区）

钱 进

中共溧阳市委常委、市纪委书记、市监委主任。

江苏常州人，1980年10月出生，2001年6月入党，1999年9月参加工作，博士研究生学历，2010年9月毕业于解放军后勤指挥学院军队管理学专业。1999年9月至2003年9月，在解放军总后船艇学院学员四队学习。2003年9月至2006年1月，在国防科技大学研究生五队学习。2006年1月至2007年2月，任解放军总后船艇学院训练部参谋。2007年2月至2007年9月，任解放军总后船艇学院指挥系教员。2007年9月至2010年9月，在解放军后勤指挥学院军队管理学专业博士研究生学习。2010年9月至2012年12月，清华大学工业工程系管理科学与工程专业全日制博士后、助理研究员。2012年12月至2014年11月，任常州市委办公室综合三处科员(其中：2014年2月至2014年10月，借调至市委党的群众路线实践教育活动领导小组办公室工作)。

2014年11月至2015年8月，任常州市委办公室综合三处副主任科员。2015年8月至2016年7月，任常州市委办公室综合一处副主任科员（其中：2014年10月至2015年10月，挂职任常州市信访局接待服务中心副主任）。2016年7月至2017年11月，任常州市委办公室综合一处副处长。2017年11月至2018年9月，任常州市委办公室综合一处处长。2018年9月至2019年2月，在江苏省政府办公厅秘书六处工作。2019年2月至2019年6月，任江苏省政府办公厅主任科员。2019年6月至2020年4月，任江苏省政府办公厅二级主任科员。2020年4月至2021年2月，任江苏省政府办公厅一级主任科员。2021年2月至2021年12月，任江苏省政府办公厅秘书六处副处长。2021年12月至2022年1月，任中共溧阳市委常委、市纪委书记、市监委主任提名人选。2022年1月，任中共溧阳市委常委、市纪委书记、市监委主任。

（市纪委）

陈　波

中共溧阳市委常委、溧阳经济开发区党工委书记、上兴镇党委书记。

江苏溧阳人，1980年11月出生，2003年9月参加工作，2009年5月加入中国共产党，大学学历，2002年6月毕业于扬州大学食品科学与工程专业。1998年9月至2002年6月，扬州大学农学院食品科学与工程专业大学学习。2003年9月至2005年7月，市农畜水产品监测中心办事员。2005年7月至2007年8月，常州市溧阳食品药品监督管理局食品综合监督科办事员。2007年8月至2009年7月，市政府办公室信息科科员。2009年7月至2011年5月，任市政府办公室综合科副科长。2011年5月至2013年10月，任市政府办公室综合科科长。2013年10月至2017年12月，任市政府研究室副主任。2017年12月至2020年2月，任溧阳市昆仑街道党工委书记。2020年2月至2021年7月，任溧阳市戴埠镇党委书记。2021年7月至2021年12月，任中共溧阳市委常委、戴埠镇党委书记。2021年12月起，任中共溧阳市委常委、溧阳经济开发区党工委书记、上兴镇党委书记。

（溧阳经济开发区）

张爱文

溧阳市人大常委会党组副书记、副主任、三级调研员。

江苏溧阳人，1966年10月出生，党校大学文化，1991年6月加入中国共产党，1985年8月参加工作。1982年9月武进师范学校普师专业中专学习；1985年8月，任戴埠小学教师（其间：1990年6月江苏省高等教育自学考试汉语言文学专业大专毕业）；1991年9月，任戴埠镇团委副书记；1992年9月，任戴埠镇党委委员、团委书记；1993年6月，任团市委副书记；1996年4月，任团市委党组书记、书记；2001年2月，任新昌镇党委副书记、镇长；2003年12月，任竹箦镇党委书记（其间：2004年3月至2006年7月在省委党校经济管理专业本科班函授学习）；2008年6月，任中共溧阳市委常委、新疆维吾尔自治区伊犁哈萨克自治州特克斯县委副书记；2010年12月，任市人民政府副市长；2013年3月，任中共溧阳市委常委、宣传部部长；2020年1月，任中共溧阳市委常委、宣传部部长、统战部部长，同年10月晋升三级调研员；2021年7月，任市人大常委会党组副书记；2022年1月，在溧阳市第十七届人民代表大会第一次会议上当选为市人大常委会副主任。

朱志军

溧阳市人大常委会副主任、三级调研员。

江苏溧阳人，1968年4月生，江苏省委党校研究生学历，1990年8月参加工作，1994年6月加入

中国共产党，2001年12月毕业于中共江苏省委党校环境经济与环境管理专业。1986年9月至1990年7月，在南京农业大学园艺系蔬菜专业学习。1990年8月至1992年6月，在县、市蔬菜办公室工作。1992年6月至1994年9月，任市政府办公室秘书。1994年9月至1997年1月，任市政府办公室综合科副科长。1997年1月至2001年6月，任市政府办公室综合科科长。1997年4月至1999年9月，任市政府办公室督查科科长（兼）。2001年6月至2007年1月，任市政府办公室副主任。2004年3月至2007年1月，任市政府侨务办公室党组书记。2007年1月至2009年10月，任市政府办公室主任。2009年10月至2012年8月，任埭头镇党委书记。2012年8月至2015年12月，任天目湖镇镇长、党委副书记、天目湖旅游度假区管委会主任、党工委副书记。2015年12月至2016年2月，任天目湖旅游度假区党工委书记、管委会主任、天目湖镇党委书记、镇长。2016年2月至2019年12月，任天目湖旅游度假区党工委书记、天目湖镇党委书记。2017年10月至2019年12月，任陕西省白河县委常委、副县长（挂职）。2019年12月至2021年1月，任溧阳市人大常委会党组成员、三级调研员。2021年1月，任溧阳市人大常委会副主任、三级调研员。2022年1月，在溧阳市第十七届人民代表大会第一次会议上当选为溧阳市人大常委会副主任。

夏国中

溧阳市人大常委会副主任。

江苏溧阳人，1970年6月出生，党校研究生学历，1991年4月加入中国共产党，1991年8月参加工作。1988年9月，常州工业技术学院工业外贸专业大专学习；1991年8月，任竹簀镇团委副书记、书记；1994年6月，任市对外经济贸易委员会干部，同年12月，任清安乡工业助理、党委政府秘书；1998年7月，任清安乡党委组织委员；2000年1月，任溧城镇党委组织委员（1998年9月至2001年5月兼任小山头村党支部书记）；2001年10月，任平桥镇副镇长；2004年9月，任天目湖旅游度假区党工委委员、管委会副主任、天目湖镇党委委员、副镇长；2007年3月，任天目湖旅游度假区管委会副主任、天目湖镇政府筹备组副组长（其间：2008年2月明确正科职）；2008年7月，任天目湖旅游度假区党工委副书记、天目湖镇党委副书记（正科职）；2009年10月，任埭头镇党委副书记、镇长；2012年8月，任埭头镇党委书记；2016年2月，任上兴镇党委书记，同年6月，任江苏省溧阳经济开发区党工委书记、上兴镇党委书记，同年11月，任江苏省溧阳经济开发区党工委书记、上兴镇党委书记、市曹山旅游度假区党工委书记；2020年3月，任江苏省溧阳经济开发区党工委书记、上兴镇党委书记（其间：2019年12月至2020年2月挂职任陕西省汉阴县委常委、县政府党组成员；2020年2月至2021年7月，挂职任陕西省汉阴县委常委、县政府党组成员、副县长）；2021年10月，任上兴镇党委书记；2021年11月，任市人大常委会党组成员；2022年1月，在溧阳市第十七届人民代表大会第一次会议上当选为溧阳市人大常委会副主任。

张雅萍

溧阳市人大常委会副主任，市工商联主席。

江苏溧阳人，1969年1月出生，党校研究生学历，民盟，1989年12月参加工作。1989年12月市瓦屋山林场职工；1990年3月市锡剧团职工；1992年9月江苏省文化学校群众文化专业中专学习；1995年8月市文化局文化市场管理办公室办事员；1997年11月，任市文化馆副馆长；2002年2月，任市文化馆馆长；2003年2月，任市文联副主席；2004年4月，任江苏省溧阳经济开发区管委会副主任；2006年2月，任江苏省溧阳经济开发区

管委会副主任、溧城镇副镇长；2007年3月，任江苏省溧阳经济开发区管委会副主任、溧城镇政府筹备组副组长，同年11月，任江苏省溧阳经济开发区管委会副主任（其间：2008年2月明确正科职）；2010年4月，任市妇联主席；2020年3月，任市文体广电和旅游局局长、市休闲经济办公室主任；2021年2月晋升一级主任科员，同年3月晋升四级调研员；2021年12月，当选溧阳市工商联主席；第十五届溧阳市人大常委；第十六届溧阳市人大常委。2022年1月，在溧阳市第十七届人民代表大会第一次会议上当选为溧阳市人大常委会副主任。

（市人大办）

陆慧琦

市人民政府副市长、市红十字会会长。

江苏溧阳人，1980年2月出生，2003年3月参加工作，非中共党员，大学学历，2002年7月毕业于南京大学经济学专业。2003年3月至2005年3月，溧阳日报社记者。2005年3月至2010年12月，任溧阳市招商局办事员、副局长。2010年12月至2012年1月，任溧阳市投资促进局副局长。2011年11月至2012年12月，任溧阳经济开发区招商局局长。2012年1月至2012年12月，任溧城镇副镇长。2012年12月至2013年7月，任江苏省溧阳经济开发区管委会副主任（正科职）。2013年2月至2013年7月，任江苏中关村科技产业园科技局局长。2013年7月至2017年1月，任溧阳市科技局局长、知识产权局局长。2016年2月至2017年1月，任溧阳市政府办公室副主任（兼）。2017年1月至2017年10月，任溧阳市人民政府副市长、市第十届工商联主席。2017年10月至2021年12月，任溧阳市人民政府副市长、市第十届工商联主席、市红十字会会长。2021年12月，任溧阳市人民政府副市长、市红十字会会长。2022年1月，在溧阳市第十七届人民代表大会第一次会议上当选为溧阳市人民政府副市长。

钱　栋

溧阳市人民政府党组成员、副市长、古县街道党工委书记、天目湖生命康原党工委书记、建设指挥部总指挥。

江苏溧阳人，1972年1月出生，1993年2月参加工作，1994年6月加入中国共产党，江苏省委党校研究生学历，2011年7月毕业于江苏省委党校企业管理专业。1993年2月至1994年10月，任强埠镇东梅村会计。1994年10月至1996年8月，任汤桥乡计生助理。1996年8月至1998年7月，任汤桥乡秘书、计生助理。1998年7月至1998年9月，任汤桥乡党委委员、纪委副书记。1998年9月至2000年1月，任汤桥乡党委委员、纪委书记。2000年1月至2001年10月，任上兴镇纪委书记。2001年10月至2007年5月，任上兴镇党委副书记。2007年6月至2009年10月，任市建设局副局长。2009年10月至2014年8月，任市重大项目办主任、党组书记、市政府办公室副主任。2014年8月至2016年2月，任燕山新区党工委书记。2016年2月至2017年5月，任市住房和城乡建设委员会党委副书记、主任、市建筑工程管理局局长、燕山新区党工委书记。2017年5月至2019年3月，任市住房和城乡建设委员会主任、党委书记、市建筑工程管理局局长、燕山新区党工委书记。2019年3月至2020年2月，任市住房和城乡建设局党委书记、局长、燕山新区党工委书记。2020

年2月至2020年3月，任市住房和城乡建设局党委书记、局长、燕山新区党工委书记、天目湖生命康原党工委书记、建设指挥部总指挥。2020年3月至2020年8月，任市住房和城乡建设局党委书记、局长、人防办主任、天目湖生命康原党工委书记、建设指挥部总指挥。2020年8月至2020年12月，任市住房和城乡建设局党委书记、局长、人防办主任、古县街道党工委书记、办事处主任、一级主任科员、天目湖生命康原党工委书记、建设指挥部总指挥。2020年12月至2021年7月，任古县街道党工委书记、办事处主任、四级调研员、天目湖生命康原党工委书记、建设指挥部总指挥。2021年7月至2021年9月，任市人民政府党组成员、副市长、古县街道党工委书记、办事处主任、天目湖生命康原党工委书记、建设指挥部总指挥。2021年9月，任市人民政府党组成员、副市长、古县街道党工委书记、天目湖生命康原党工委书记、建设指挥部总指挥。2022年1月，在溧阳市第十七届人民代表大会第一次会议上当选为溧阳市人民政府副市长。

陈文明

溧阳市人民政府党组成员、副市长、市公安局党委书记、局长、警务督察长、市委政法委副书记、二级高级警长。

江苏常州人，1972年11月出生，1992年8月参加工作，1997年12月加入中国共产党，江苏省委党校研究生学历，2012年7月毕业于江苏省委党校经济管理专业。1988年9月至1992年8月，常州无线电工业学校无线电技术专业中专学习。1992年8月至1999年2月，任常州市公安局技侦科办事员、科员（其间：1997年12月江苏省高等教育自学考试江苏公安专科学校公安管理专业大专毕业）。1999年2月至2001年3月，任常州市公安局技侦支队四大队副大队长。2001年3月至2003年7月，任常州市公安局技侦支队四大队大队长。2003年7月至2007年10月，任常州市公安局行动技术支队副支队长（其间：2003年9月至2006年6月，东南大学远程教育学院法学专业大学学习）。2007年10月至2009年6月，任常州市公安局禁毒支队副支队长。2009年6月至2013年6月，任常州市公安局刑警支队副支队长（其间：2009年9月至2012年7月，江苏省委党校经济管理专业研究生学习）。2013年6月至2015年6月，任常州市公安局法制支队支队长、直属分局局长。2015年6月至2018年9月，任常州市公安局刑事警察支队政委。2018年9月至2020年12月，任常州市公安局刑事警察支队政委、三级高级警长。2020年12月至2021年10月，任常州市公安局刑事警察支队政委、二级高级警长（其间：2019年10月至2021年6月，挂职任陕西省宁陕县委常委、副县长）。2021年10月至2021年11月，任溧阳市人民政府副市长、二级高级警长。2021年11月，任溧阳市人民政府党组成员、副市长、市公安局党委书记、局长、警务督察长、二级高级警长、市委政法委副书记。2022年1月，在溧阳市第十七届人民代表大会第一次会议上当选为溧阳市人民政府副市长。

方学军

市人民政府党组成员、副市长、社渚镇党委书记。

江苏溧阳人，1970年11月出生，1991年8月参加工作，1997年12月加入中国共产党，大学学历，1999年12月毕业于中央党校函授学院经济管理专业。1988年9月至1991年7月，扬州工学院计算机应用专业学习。1991年8月至2002年8月，任溧阳市工商局企业登记管理科科员、副科长，城郊工商所所长。2005年2月，任溧阳市工商局埭头分局分局长。2005年2月至2006年5月，任溧阳市工商局纪检组组长。2006年5月至2006年9月，任常州市工商局消费者权益保护处副处长。2006年9月至2007年7月，任常州市工商局人事教育处副处长。2007 年 7 月至 2015 年 9 月，任溧阳市工商局党组副书记、局长。2015 年 6 月至 2016 年 5 月，任溧阳市市场监督管理局党委副书记、局长。2016 年 5 月至 2020 年 2 月，任竹箦镇党委书记。2020 年 2 月至 2020 年 11 月，任社渚镇党委书记。2020 年 11 月至 2021 年 11 月，任社渚镇党委书记（副处职）。2021 年 11 月，任市人民政府副市长、社渚镇党委书记。2022 年 1 月，在溧阳市第十七届人民代表大会第一次会议上当选为溧阳市人民政府副市长。

（市政府办）

王朝晖

溧阳市政协党组副书记、副主席。

江苏溧阳人，1968 年 6 月出生，1992 年 8 月参加工作，1991 年 11 月加入中国共产党，大学学历。1988 年 9 月至 1992 年 7 月在南通纺织工学院纺织工程专业学习；1992 年 8 月至 1995 年 3 月，在溧阳市经济开发区昆仑开发总公司新技术项目投资公司工作；1995 年 3 月至 1996 年 6 月，在溧阳市纺织工业公司工作；1999 年 6 月至 1996 年 8 月，在溧阳市经济委员会工作；1996 年 8 月至 1998 年 7 月，任溧阳市溧城镇秘书；1998 年 7 月至 2000 年 1 月，任溧阳市马垫乡组织委员；2000 年 1 月至 2000 年 10 月，任溧阳市溧城镇党委政府秘书（副镇级）；2000 年 10 月至 2001 年 10 月，任溧阳市溧城镇宣传统战委员；2001 年 10 月至 2002 年 10 月，任溧阳市埭头镇党委副书记；2002 年 10 月至 2003 年 2 月，任溧阳市埭头镇党委副书记、工会工委主任；2003 年 2 月至 2005 年 11 月，任溧阳市埭头镇党委副书记、镇长、工会工委主任；2005 年 11 月至 2006 年 7 月，任溧阳市埭头镇党委副书记、镇长；2006 年 7 月至 2006 年 10 月，任溧阳市埭头镇党委书记、镇长；2006 年 10 月至 2007 年 3 月，任溧阳市埭头镇党委书记；2007 年 3 月至 2007 年 8 月，任溧阳市溧城镇党委副书记、政府筹备组组长，江苏省溧阳经济开发区党工委副书记；2007 年 8 月至 2010 年 4 月，任江苏省溧阳经济开发区党工委副书记、管委会主任，溧阳市溧城镇党委副书记、镇长；2010 年 4 月至 2010 年 9 月，任江苏省溧阳经济开发区党工委书记、管委会主任，溧城镇党委书记；2010 年 9 月至 2012 年 1 月，任江苏省溧阳经济开发区党工委书记，溧城镇党委书记；2012 年 1 月至 2012 年 12 月，任江苏省溧阳经济开发区党工委书记；2012 年 12 月至 2013 年 6 月，任溧阳市人大常委会党组成员（副处级）；2013 年 6 月至 2016 年 4 月，任溧阳市人民政府副市长（援青）（其间：2013 年 7 月至 2016 年 7 月，任青海省海南州共和县委常委、副县长）；2016 年 4 月至 2017 年 1 月，任中共溧阳市委员会常委、溧阳市人民政府副市长（援青）；2017 年 1 月至 2018 年 5 月，任溧阳市委常委；2018 年 5 月至 2020 年 10 月，任溧阳市委常委、政法委书记；2020 年 10 月至 2021 年 7 月，任溧阳市委常委、政法委书记，三级调研员；2021 年 7 月至 2022 年 1 月，任溧阳市政协党组副书记；2022 年 1 月，任政协溧阳市委员会党组副书记、副主席。

唐华新

常州市政协副主席、溧阳市政协副主席、民建常州市委主委。

江苏溧阳人，1965 年 10 月出生，1988 年 8 月参加工作，大学学历，1988 年 7 月毕业于河海大学陆地水文专业。1984 年 9 月至 1988 年 7 月河海大学水资源水文系陆地水文专业大学学习；1988 年 7 月至 1991 年 3 月在江苏省溧阳县（市）环保检测站工作；1991 年 3 月至 1994 年 3 月，任江苏省溧阳市环境保护局环境监测站副站长；1994 年 3 月至 1995 年 10 月，任江苏省溧阳市环境保护局管理科副科长；1995 年 10 月至 1997 年 1 月，任江苏省溧阳市环境保护局局长助理；1997 年 1 月至2007年6月，任江苏省溧阳市环境保护局副局长；2007年6月至2007年12月，任江苏省溧阳市环境保护局局长；2007年12月至2008年2月，任江苏省溧阳市人民政府副市长、溧阳市环境保护局局长；2008年2月至2016年12月，任江苏省溧阳市人民政府副市长、溧阳市红十字会会长（兼）；2016年12月至2017年1月，任江苏省溧阳市人民政府副市长、溧阳市红十字会会长（兼）、民建常州市委主委；2017年1月至2022年1月，任溧阳市政协副主席、民建常州市委主委；2022年2月，任常州市政协副主席、溧阳市政协副主席、民建常州市委主委。

王耀庆

溧阳市政协副主席。

江苏溧阳人，1969年2月出生，1987年12月参加工作，1990年3月加入中国共产党，党校大学学历，2003年12月毕业于中央党校函授学院经济管理专业。1987年12月至1989年8月，任大溪乡统计助理统计员，其间：1989年5月至1992年7月在常州市广播电视大学电视专业中专学习。1992年8月至1998年7月，任大溪乡统计助理。1995年9月至1998年7月，任大溪乡秘书。1998年7月至2000年1月，任强埠镇党委、政府秘书、人大秘书。2000年1月至2001年10月，任后周镇纪委副书记、监察室主任。2001年10月至2004年8月，任后周镇副镇长。2004年8月至2007年3月，任后周镇党委副书记。2007年3月至2008年4月，任别桥镇党委副书记。2008年4月至2008年7月，任别桥镇党委副书记、人大主席。2008年7月至2012年12月，任竹箦镇镇长、党委副书记。2012年12月至2016年5月，任竹箦镇党委书记。2016年5月至2017年1月，任溧阳市政府党组成员。2017年1月至2020年12月，任溧阳市人民政府副市长。2021年1月起，任政协溧阳市委员会副主席。

丁　红

溧阳市政协副主席、溧阳市市场监督管理局局长、知识产权局局长。

江苏溧阳人，1973年2月出生，1991年8月参加工作，无党派，中央党校大学学历，2009年12月毕业于中央党校函授学院经济管理专业。1988年9月至1991年8月在江苏省劳动经济学校劳动管理专业中专学习。1991年8月至1993年12月任溧阳市劳动就业培训中心办事员，其间：1993年12月获江苏省自学考试指导委员会（南京大学）社会管理专业大专学历。1993年12月至1996年6月任溧阳市劳动局计划调配科科员。1996年6月至2000年12月任溧阳市劳动局劳动监察科副科长。2000年12月至2006年12月任溧阳市劳动局劳动争议仲裁科副科长。2006年12月至2009年5月任溧阳市劳动和社会保障局劳动仲裁科科长。2009年5月至2013年2月任溧阳市信访局副局长，其间：2007年8月至2009年12月在中央党校函授学院经济管理专业大学学习。2013年2月至2015年6月任溧阳市食品和药品监督管理局局长。2015年6月至2017年1月任溧阳市市场监督管理局副局长(正科级)。2017年1月至2020年7月任溧阳市统计局局长。2020年7月至2020年12月任溧阳市教育局局长。2021年1月至2021年12月任政协溧阳市委员会副主席、溧阳市教育局局长。2021年12月任政协溧阳市委员会副主席、溧阳市市场监督管理局局长、知识产权局局长。

谢菊芬

溧阳市政协副主席、溧阳市城市管理局局长、民盟溧阳市基层委员会主委。

江苏溧阳人，1967年12月出生，1990年8月参加工作，中国民主同盟，大学学历，1990年8月毕业

于江苏农学院园艺专业。1986年9月至1990年8月在江苏农学院园艺专业大学学习。1990年8月至1997年4月，任溧阳市建委绿化办办事员。1997年4月至1999年3月，任溧阳市建委物业管理处副主任。1999年3月至2003年3月，任溧阳市建委园林管理处副主任、市绿化养护队队长（兼）。2003年3月至2004年5月，任溧阳市建委园林处主任。2004年5月至2005年7月，任溧阳市城市管理局副局长。2005年7月至2007年9月，任溧阳市城市管理局副局长、市园林绿化管理局局长。2007年9月至2010年12月，任溧阳市城市管理局副局长。2010年12月至2016年5月，任溧阳市城市管理局副局长、民盟溧阳市基层委员会主委。2016年5月至2017年1月，任溧阳市政协海联委主任、市城市管理局副局长、民盟溧阳市基层委员会主委。2017年1月至2018年3月，任溧阳市农林局局长、民盟溧阳市基层委员会主委。2018年3月至2019年3月，任溧阳市农林局局长、市粮食局局长、民盟溧阳市基层委员会主委。2019年3月至2020年2月，任溧阳市农业农村局局长、民盟溧阳市基层委员会主委。2020年2月至2021年12月，任溧阳市城市管理局局长、民盟溧阳市基层委员会主委。2021年1月起，任政协溧阳市委员会副主席、溧阳市城市管理局局长、民盟溧阳市基层委员会主委。

（市政协办）

新闻人物

王　颖

常州市信访局副局长、党组成员，溧阳市信访局局长。2021年11月，被中组部、中宣部联合授予"最美公务员"称号，并被中央组织部记一等功。

江苏溧阳人，1972年出生，中共党员。她躬身信访工作23年，时刻牢记自己的共产党员身份，始终忠诚于党的信访事业，把执着坚守、信念坚定体

现在做好本职工作中。她长期工作在群众工作第一线，坚持走到群众身边去听、站在群众角度去想、朝着群众需求去做，连续8年坚持工作日信访接待"不打烊"，先后利用"8小时"外时间下访群众460余批次，把大量矛盾纠纷化解在基层、解决在萌芽状态，带领溧阳信访工作高质量发展持续走在前列，为维护群众合法权益、促进社会和谐稳定作出了重要贡献。溧阳市连续3年被评为江苏省信访工作先进市，溧阳市信访工作考核连续2年位列全省第一，国家信访局授予溧阳市"信访工作示范县"荣誉。溧阳市信访局先后被评为全国普法工作先进单位和全国信访工作先进集体。常州市委市政府、江苏省政府信访局先后作出向王颖同志学习的决定。

（市信访局）

陈西马

溧阳市竹箦镇前马村村民。2021年4月，被中央文明办评为"中国好人"。

1930年9月出生。1982年陈西马的岳父去世后，陈西马和妻子一起照顾岳母。2013年，其身患骨癌的妻子病逝，因为过度伤心，陈西马的身体日渐消瘦，家人都劝他把岳母送去养老院，这样他也能轻松一点。可是陈西马却毅然决然地说："我不同意，她虽然是我的岳母，但也是我的妈妈呀！"于是他一个人继续承担起照料当时已99岁岳母的责任。每天早晨都给岳母梳头、洗脸，像伺候孩子那样精心。一日三餐，荤素搭配，

让老人吃的健康。为了让岳母的身体始终保持干净、舒适，陈西马只要一有空闲，就清洗岳母的床单、被褥，从来不让岳母受凉、受热、受脏。

2014年，老人在陈西马去农贸市场买菜时，私自外出散步，不慎摔了一跤，造成腿骨折住院，除了陈西马的女儿陈春妹每天帮老太太擦洗身体外，其他时间陈西马就一直寸步不离地守护在老人身边十多天。老人出院后，行动还不太方便，他就每天陪老人在家门口散步，带着老人晒太阳，闲暇之余，帮老人梳头、按摩、捶背，陪老人聊天解闷。在陈西马的精心照料下，老人已经能自己上下床，基本的生活也都能自理。

2021年1月，106岁的岳母安详离世。陈西马用自己的不离不弃和无怨无悔谱写了孝老爱亲的赞歌。2016年，陈西马获溧阳市“十佳孝星”称号。2017年获“常州好人”称号。2018年获“江苏好人”称号。2020年获评“2020新时代慈孝典范”。2021年获“江苏省百佳孝星”称号，同年被评为“中国好人”。

（市文明办）

贾望亮

科华控股股份有限公司员工。2021年8月，被人力资源和社会保障部授予“全国技术能手”荣誉称号。

河南省鹤壁市人，1993年11月出生。2017年毕业于河南科技大学材料成型及控制工程专业，同年7月任职于科华控股股份有限公司。毕业于铸造专业的贾望亮在最热的季节，就职于最热的熔炼车间。他以不怕苦不怕累的精神和谦卑好学的心态融入工作。在遇到困难时不退缩、不逃避，也正是因为这种不服输的劲头，被周围的同事亲切地称为“小钢炮”。在工作中，贾望亮积极将自身所学理论与工作实际相结合，他的座右铭是，不要怕困难，困难就是用来解决的。凭着这种不畏困难的勇气，不断提升自身专业技能。2019年，在“圣泉杯”第五届全国铸造行业职业技能竞赛中，贾望亮及其熔炼浇注工组获得第三名的成绩。

（市人社局）

芮云凯

埭头镇政法和社会事业局局长、溧阳市司法局埭头司法所所长。2021年10月，被司法部授予“全国司法所模范个人”称号。

江苏溧阳人，1984年2月出生，中共党员。2006年参加工作以来一直在司法行政部门工作，年均接待群众200余批300多人次，其中化解可能导致“民转刑”纠纷20余件，尤其善于化解重大复杂疑难纠纷，数年来共化解各类信访积案20余件，本镇3年来未发生赴省进京信访情况，极大地维护了当地社会的和谐稳定。扎实的业务知识、务实的工作态度、真诚的服务意识赢得了当地百姓的口碑，成为当地群众心中值得信任和依赖的“老芮”，也在当地渐渐形成了“有困难找老芮”的口碑。先后获评省最美信访干部，省信访系统“岗位之星”、省优秀调解员等称号。

（市司法局）

王林松

溧阳市松林农机专业合作社理事长、溧阳市松林农机专业合作社党支部书记、溧阳市岁丰农业科技有限公司总经理、南渡镇永丰村委村主任助理。2021年12月，被农业农村部评为全国粮食生产先进个人。

江苏溧阳人，1978年10月出生，2019年12月加入中国共产党。2011年8月，王林松开始弃医从农，在南渡镇庆丰村陆续流转土地，发展粮食生产。截至2021年，王林松成立的合作社拥有固定资产900余万元，成员156名，流转土地面积3800余

亩。利用合作社党支部的优势，充分发挥先锋模范带头作用，引进江苏省农科院高产优质品种南粳46，运用中国工程院张洪程院士科研团队的科学绿色栽培技术，增加稻米品质，打响产品品牌，所打造的“庆丰大米”获得2020年第二届江苏“好吃苏米”金奖，江苏省十大品牌，同时带领周边种粮农户签订优质稻订单1.5万吨，每亩比周边普通农户可增收200余元，通过订单收购为农民增收300多万元，带动就业160人次。近年来，无偿为周边农民提供种植技术培训10多场次，培训人员600余人次。曾获“常州市水稻百亩丰产创高产竞赛一等奖”“第十二届常州市职工职业技能竞赛一等奖”“常州市五一劳动奖章”“常州市见义勇为先进个人”等荣誉，2020年合作社成为“扬州大学张洪程院士团队创新基地”和“江苏省农业科学院亚夫科技服务站”。

史志刚

溧阳市农业农村局种植业科科长、农药管理科科长。2021年10月，被江苏省委、省政府表彰为全省脱贫攻坚暨对口帮扶支援合作先进个人。

江苏溧阳人，1981年8月出生，2006年11月加入中国共产党。2019—2021年，史志刚担任竹箦镇中梅村第一书记期间，首先深入调研制定脱贫方案。通过3个多月的走访和踏勘，在掌握村情民俗的基础上，和帮扶企业溧阳正昌集团一同制定了“七彩中梅”美意田园发展规划。其次，多方联系筹措落实扶贫项目。一是抓住镇政府统一筹建“溧阳竹箦镇姜下农业休闲示范园”的契机，于2019年初，为中梅村落实入股资金约80万元，预计年收益在投资额的8%；二是主动联系前村，采取“村村联合”抱团发展的方式，于2020年在前村村委东北角边上共建了一个三层2700平方米的标准化厂房和1500平方米的钢结构厂房，2020年底该项目顺利竣工验收并对外出租，预计每年可为两村增加50万元集体经济收益；三是挖掘资源，增加收入。2019年5月，联系促成江苏优鲜到家农业科技有限公司与中梅村签订500亩优质水稻种植收购协议，不但解决了村种植大户卖粮难的问题，当年还为种植大户和村里分别增加了5万元和3万元左右的收入。

通过坚持不懈的努力，中梅村产业得到较快发展，2019年和2020年中梅村村集体总收入均稳定在100万元以上，一举摆脱贫困。2020年度，史志刚被溧阳市委、市政府评为脱贫攻坚优秀第一书记。

滕健康

溧阳市农业管理综合行政执法大队副大队长。2021年10月，被省委、省政府评为全省脱贫攻坚暨对口帮扶支援合作先进个人。

江苏溧阳人，1971年5月出生，1994年7月加入中国共产党。2019年8月，积极响应组织号召，奔赴陕西省安康市脱贫攻坚第一线，成为汉阴县农业农村局一名综合帮扶队员，配合汉阴县农业综合执法大队开展工作，重点帮扶汉阴县漩涡镇塔林村。经过牵线搭桥，促成溧阳市别桥中学、新华机电厂等企业于2019年9月中旬与安康市汉阴县茂林专业合作社以40元的单价购买了2万余斤香菇、木耳，达成80万余元的菌类交易额，为供需双方建立了直接的联系渠道。2020年7月，夏国中副县长从溧阳引进优鲜到家公司帮助汉阴县消费脱贫，滕健康作为溧阳市农业农村局派驻汉阴的帮扶人，积极参与其中，帮助汉阴县农产品企业进行市场推销，从2020年7月至2020年年底帮助推销汉阴农副产品实现销售额300万余元，其中生态黑猪216万元、菜籽油89万元、山茶油18万元、土蜂蜜11万元，带动贫困户149户420人增收。2021年3月，汉阴县农业农村局从溧阳引进溧阳鸡（三黄鸡），滕健康和畜牧中心的同事一起指导汉阴县的畜禽养殖产业，把溧阳鸡的地方保护品种发展到汉阴，不仅扩大了溧阳市的种子资源领域范围，更丰富了汉阴县人民的餐桌。对此，汉阴县融媒体中心、汉阴电视台等媒体作了“苏陕一家协作发展　为汉阴腾飞添动力”的专题报道。

（市农业农村局）

先　进　个　人

全国（条线）先进个人

姓名	工作单位	获得荣誉	授予单位	授予时间
蒋鸿娜	市检察院	全国检察机关扫黑除恶专项斗争先进个人	最高人民检察院	2021年4月
陈西马	竹箦镇前马村	中国好人	中央文明办	2021年6月
贾望亮	科华控股股份有限公司	全国技术能手	人力资源和社会保障部	2021年8月
芮云凯	市司法局	全国司法所模范个人	司法部	2021年10月
王　颖	市信访局	全国最美公务员一等功	中共中央组织部	2021年11月
王林松	市松林农机专业合作社	全国粮食生产先进个人	农业农村部	2021年12月

省级（条线）先进个人

（排名不分先后）

姓　名	工作单位	获得荣誉	授予单位	授予时间
丁山华	江苏上上电缆集团有限公司	全省“两优一先”	省委组织部	2021年7月
彭　峰	市燕湖小学	全省教育系统先进个人	省教育厅	2021年9月
苏治强	溧阳阳光绿城物业服务有限公司	全省第八届道德模范提名奖	省文明委	2021年10月
史志刚	市农业农村局	全省脱贫攻坚暨对口帮扶支援合作先进个人	省委、省政府	2021年10月
滕键康	市农业综合行政执法大队	全省脱贫攻坚暨对口帮扶支援合作先进个人	省委、省政府	2021年10月
宋国忠	市图书馆	全省文化和旅游系统先进工作者	省人力资源和社会保障厅、省文化和旅游厅	2021年11月
何海伟	江苏上上电缆集团有限公司	全省优秀农民工	省农民工工作领导小组	2021年11月
魏学润	市检察院	全省检察机关网信工作先进个人	省人民检察院	2021年12月
狄朝彬	昆仑街道胥泊社区	全省“百名示范”村（社区）党组织书记	省委组织部	2021年12月
芮爱国	上兴镇吐祥村	全省“百名示范”村（社区）党组织书记	省委组织部	2021年12月

姓　名	工作单位	获得荣誉	授予单位	授予时间
吕三美	社渚镇大田村	全省“百名示范”村（社区）党组织书记	省委组织部	2021年12月
马春生	市人力资源和社会保障局	全省金牌劳动关系协调员	省协调劳动关系三方委员会	2021年12月
顾和庆	市信访局	全省信访系统岗位之星	省信访局	2021年12月
葛　铭	溧阳市政协	全省政协系统先进工作者	省人力资源社会保障厅 省政协办公厅	2021年12月
任晓敏	市检察院	全省检察机关扫黑除恶斗争先进个人	省人民检察院	2022年1月
杨银凤	市农业农村局	全省疫病监测先进个人	省动物疫病预防控制中心	2022年1月
朱小云	市畜牧兽医站	全省疫情信息报送先进个人	省动物疫病预防控制中心	2022年1月

常州市先进个人

姓　名	工作单位	获得荣誉	授予单位	授予时间
吴映明	江苏时代新能源科技有限公司	2021年度常州市工业明星企业家	常州市委、市政府	2022年2月
徐贵生	江苏金峰水泥集团有限公司	2021年度常州市工业明星企业家	常州市委、市政府	2022年2月
丁山华	江苏上上电缆集团有限公司	2021年度常州市工业明星企业家	常州市委、市政府	2022年2月
袁国强	江苏国强镀锌实业有限公司	2021年度常州市工业明星企业家	常州市委、市政府	2022年2月
钱洪金	江苏华朋集团有限公司	2021年度常州市工业明星企业家	常州市委、市政府	2022年2月
郝　波	江苏正昌集团有限公司	2021年度常州市工业明星企业家	常州市委、市政府	2022年2月
邵　良	溧阳市安顺集团有限公司	2021年度常州市工业明星企业家	常州市委、市政府	2022年2月
秦三罗	江苏扬子水泥有限公司	2021年度常州市工业明星企业家	常州市委、市政府	2022年2月
陈晓晖	江苏安靠智能输电工程科技股份有限公司	2021年度常州市工业明星企业家	常州市委、市政府	2022年2月
葛艳明	江苏金源高端装备股份有限公司	2021年度常州市工业明星企业家	常州市委、市政府	2022年2月
史　铭	溧阳市四方不锈钢制品有限公司	2021年度常州市工业明星企业家	常州市委、市政府	2022年2月
肖和平	常州乔尔集团有限公司	2021年度常州市工业明星企业家	常州市委、市政府	2022年2月
符黎明	常州时创能源科技有限公司	2021年度常州市工业明星企业家	常州市委、市政府	2022年2月
孟广才	江苏天目湖旅游股份有限公司	2021年度常州市现代服务业明星企业家	常州市委、市政府	2022年2月
宋小华	江苏溧阳锅炉设备安装工程总公司	2021年度常州市房地产和建筑业明星企业家	常州市委、市政府	2022年2月
周天喜	江苏天目建设集团有限公司	2021年度常州市房地产和建筑业明星企业家	常州市委、市政府	2022年2月

姓　名	工作单位	获得荣誉	授予单位	授予时间
陈建平	江苏茂盛建设集团有限公司	2021 年度常州市房地产和建筑业明星企业家	常州市委、市政府	2022 年 2 月

先　进　集　体

溧阳市获得的综合荣誉

荣誉称号	授予单位	授予时间
2020 年度乡村振兴工作获省实绩考核第一等次	省委农村工作领导小组	2021 年 1 月
2020 年度信访工作绩效考核获全省第一	省政府信访局	2021 年 2 月
2020 年度财政工作获省绩效考核一等奖	省财政厅	2021 年 2 月
2020 年度农村人居环境整治工作列全省第一等次	省农村人居环境整治联席会议办公室	2021 年 3 月
“溧阳 1 号公路”曹山线获“2020 年度全国十大最美农村路”网评第一名	交通运输部	2021 年 3 月
中国最具诗意百佳县市第 11 位	《小康》杂志社	2021 年 5 月
江苏省自然资源节约集约利用模范县（市、区）	省自然资源厅	2021 年 5 月
2021 年中国最具发展潜力百佳县市第 14 名	《小康》杂志社	2021 年 6 月
2021 年全国县域旅游综合实力百强县第 17 位	全国县域旅游研究课题组、北京华夏佰强旅游咨询中心	2021 年 7 月
争创全国法治政府建设示范市活动先进地区	省委依法治省办	2021 年 7 月
2021 中国智慧城市百佳县市排名第 8 位	《小康》杂志、中国小康网	2021 年 10 月
全国“2021 年度茶旅融合特色县域”10 强第 1 位	中国茶叶流通协会	2021 年 10 月
中国民间文化艺术之乡	文化和旅游部	2021 年 11 月
2021 中国康养百佳县市	《小康》杂志	2021 年 11 月
2021 年全国县域农业农村信息化发展先进县	农业农村部信息中心	2021 年 11 月
2021 中国城市基本现代化指数列全国县级市第 18 位	竞争力智库等机构	2021 年 12 月
“2021 中国高质量推进基本现代化典型城市”优秀城市	竞争力智库等机构	2021 年 12 月
首批长三角高铁旅游小城	江苏、浙江、安徽、上海市三省一市文旅厅	2021 年 12 月
全国营商环境百强县第 18 位	中国社会科学院财经战略研究院	2021 年 12 月

荣誉称号	授予单位	授予时间
首批江苏省创新型示范县（市、区）	省科学技术厅	2021年12月
首批省级文旅产业融合发展示范区	省文化和旅游厅	2021年12月
2021年中国工业百强县（市）第28位	中国信息通信研究院	2021年12月

全国（条线）先进集体

获得单位	获得荣誉	授予单位	授予时间
江苏上上电缆集团有限公司	第五批制造业单项冠军产品	工业和信息化部、中国工业经济联合会	2021年1月
溧阳市税务局第一税务分局办税服务岗	全国巾帼文明岗	国家税务总局	2021年2月
埭头镇埭头村	2021年度“全国民主法治示范村”	司法部、民政部	2021年3月
戴埠镇戴南村	2021年度“全国民主法治示范村”	司法部、民政部	2021年3月
市老促会	全国老区宣传工作特等奖	中国老区建设促进会	2021年6月
竹箦派出所	集体一等功	公安部	2021年6月
江苏正昌集团有限公司党委	全国先进基层党组织	中共中央	2021年6月
天目湖宾馆	国家白金五钻级酒家	商务部	2021年6月
市人民医院	中国县域急诊急救大平台建设示范单位	中华医学会急诊医学分会、中国县级医院急诊联盟	2021年6月
江苏金源高端装备股份有限公司	第三批专精特新“小巨人”企业	工业和信息化部	2021年7月
冶建新材料股份有限公司	第三批专精特新“小巨人”企业	工业和信息化部	2021年7月
溧阳市金昆锻压有限公司	第三批专精特新“小巨人”企业	工业和信息化部	2021年7月
江苏上上电缆集团有限公司	2020年中国机械工业百强第22位	工业和信息化部	2021年7月
江苏上上电缆集团有限公司	中国质量奖提名奖	第四届中国质量奖评选委员会	2021年9月
江苏上上电缆集团有限公司	2021 年全国质量标杆	中国质量协会	2021年9月
江苏金峰水泥集团有限公司	2021中国民营企业500强	全国工商联	2021年9月
江苏国强镀锌实业有限公司	2021中国民营企业500强	全国工商联	2021年9月
溧城街道八字桥村	第二批全国乡村治理示范村	中央农办	2021年9月
南渡镇庆丰村	第二批全国乡村治理示范村	中央农办	2021年9月
戴埠镇牛场村	2021年全国乡村特色产业亿元村	农业农村部	2021年10月
溧阳市常明律师事务所	全国优秀律师事务所	司法部	2021年10月
溧阳正昌集团有限公司	2021中国十大科技创新领军企业	AWA大赢家农商联盟	2021年11月

获得单位	获得荣誉	授予单位	授予时间
市公安局交警大队	全国公安机关成绩突出交警大队	公安部	2021 年 12 月
曹山美音茶园	国家 AAA 级旅游景区	文化和旅游部	2021 年 12 月
别桥原乡旅游区	国家 AAA 级旅游景区	文化和旅游部	2021 年 12 月
溧城街道八字桥村	全国村级议事协商创新实验试点单位	民政部	2021 年 12 月
市信访局	全国普法先进单位	中宣部 司法部	2022 年 1 月
科华控股有限公司	国家级“绿色工厂”	工业和信息化部	2022 年 1 月

省级（条线）先进集体

获得单位	荣誉称号	授予单位	授予时间
东滩头遗址考古项目	江苏省“田野考古奖”	省考古学会	2021 年 1 月
古县遗址考古项目	江苏省“田野考古奖”	省考古学会	2021 年 1 月
溧阳市外国语小学	2020 年江苏省智慧校园示范校	省教育厅	2021 年 1 月
泓口初级中学	2020 年江苏省智慧校园	省教育厅	2021 年 1 月
昆仑街道沙涨村	省传统建筑组群	省住房和城乡建设厅	2021 年 1 月
溧阳市人民法院	全省优秀法院	省高级人民法院	2021 年 2 月
市交通运输局 104 国道溧阳收费站党支部“五零四好”党建品牌	2020 年全省公路系统优秀党建品牌	省交通运输厅公路事业发展中心	2021 年 2 月
溧城街道八字桥村	第十四批省级民主法治示范村	省司法厅、省民政厅	2021 年 3 月
别桥镇镇东村	第十四批省级民主法治示范村	省司法厅、省民政厅	2021 年 3 月
昆仑街道濑阳村	第十四批省级民主法治示范村	省司法厅、省民政厅	2021 年 3 月
天目湖镇平桥村	第十四批省级民主法治示范村	省司法厅、省民政厅	2021 年 3 月
别桥镇黄金山村	第十四批省级民主法治示范村	省司法厅、省民政厅	2021 年 3 月
竹箦镇陆笪村	第十四批省级民主法治示范村	省司法厅、省民政厅	2021 年 3 月
竹箦镇水西村	第十四批省级民主法治示范村	省司法厅、省民政厅	2021 年 3 月
上兴镇步村村	第十四批省级民主法治示范村	省司法厅、省民政厅	2021 年 3 月
南渡镇庆丰村	第十四批省级民主法治示范村	省司法厅、省民政厅	2021 年 3 月
社渚镇金庄村	第十四批省级民主法治示范村	省司法厅、省民政厅	2021 年 3 月
江苏上上电缆集团有限公司	2020 江苏省百强创新型企业位列第 35 位	省科技发展战略研究院、省科技情报研究所	2021 年 3 月
燕山南苑小区	2020 年度党建引领物业管理服务工作省级示范点住宅小区	省委组织部、省委非公有制企业和社会组织工作委员会、省住房和城乡建设厅党组、省住房和城乡建设行业委员会	2021 年 3 月

获得单位	荣誉称号	授予单位	授予时间
江苏上上电缆集团有限公司	2020江苏省百强创新型企业居第33位	省科技发展战略研究院	2021年3月
江苏华朋集团	2020年度苏商品牌竞争力百强企业	省苏商发展促进会	2021年4月
江苏上上电缆集团	2020年度苏商品牌竞争力百强企业	省苏商发展促进会	2021年4月
江苏天目湖旅游股份有限公司	2020年度苏商品牌竞争力百强企业	省苏商发展促进会	2021年4月
溧阳中材重型机器有限公司	2020年度苏商品牌竞争力百强企业	省苏商发展促进会	2021年4月
溧阳市水利局	2020年全省防汛抗洪工作先进集体	省委办公厅	2021年5月
上兴镇牛马塘村	2021年度省级乡村旅游重点村	省文化和旅游厅	2021年5月
别桥镇塘马村	2021年度江苏省级乡村旅游重点村	省文化和旅游厅	2021年5月
别桥镇塘马村	江苏省首批100个红色地名之一	省民政厅、省委党史办、省文化和旅游厅、省退役军人事务厅	2021年5月
天目湖农业发展有限公司	江苏省乡土人才传承示范基地	省人力资源和社会保障厅	2021年6月
溧阳市委市级机关工委	全省机关党建工作先进集体	省人力资源和社会保障厅	2021年6月
天目湖农业发展有限公司	江苏省乡土人才传承示范基地	省人力资源和社会保障厅	2021年6月
江苏金瓜子电子商务产业园	江苏省电子商务示范基地	省商务厅	2021年6月
溧阳高新区城东老干部党支部	江苏省“百佳离退休干部党支部”	省委老干部局、省委离退休干部工作委员会	2021年6月
江苏天目建设集团有限公司	2020年度江苏建筑业百强企业	省住建厅	2021年7月
龙海建设集团有限公司	2020年度江苏建筑业百强企业	省住建厅	2021年7月
苏华建设集团有限公司	2020年度江苏建筑业百强企业	省住建厅	2021年7月
江苏天力建设集团有限公司	2020年度江苏建筑业百强企业	省住建厅	2021年7月
戴埠镇李家园村李家园	第七批次江苏省特色田园乡村	省住房和城乡建设厅	2021年7月
昆仑街道方里村里方	第七批次江苏省特色田园乡村	省住房和城乡建设厅	2021年7月
江苏金源高端装备股份有限公司	第三批专精特新“小巨人”企业	工业和信息化部	2021年7月
冶建新材料股份有限公司	第三批专精特新“小巨人”企业	工业和信息化部	2021年7月
溧阳市金昆锻压有限公司	第三批专精特新“小巨人”企业	工业和信息化部	2021年7月
别桥镇黄金山村	全省红色精品退役军人服务站	省退役军人事务厅	2021年7月
江苏安靠智能输电工程科技股份有限公司	首届江苏省科技创新发展奖优秀企业	省人民政府	2021年7月

获得单位	荣誉称号	授予单位	授予时间
文化新村	2019—2020 年度省级宜居示范居住区	省住房和城乡建设厅	2021 年 7 月
燕山南村	2019—2020 年度省级宜居示范居住区	省住房和城乡建设厅	2021 年 7 月
昆仑东苑	2019—2020 年度省级宜居示范居住区	省住房和城乡建设厅	2021 年 7 月
东方花园	2019—2020 年度省级宜居示范居住区	省住房和城乡建设厅	2021 年 7 月
市文化馆	2021 年度江苏省“最美公共文化空间”打造对象	省文化和旅游厅	2021 年 8 月
社渚中心小学	江苏省教育系统先进集体	省教育厅	2021 年 9 月
市财政局	全省法治财政标准化管理 2020 年度优秀单位	省财政厅	2021 年 9 月
天目湖全域旅游目的地信息化建设	江苏省智慧文旅培育项目	省文化和旅游厅 省工业和信息化厅	2021 年 10 月
溧阳茶舍小程序	江苏省智慧文旅培育项目	省文化和旅游厅、省工业和信息化厅	2021 年 10 月
曹山旅游度假区智慧旅游	江苏省智慧文旅培育项目	省文化和旅游厅、省工业和信息化厅	2021 年 10 月
戴埠镇杨家村	第二批省级乡村旅游重点村	省文化和旅游厅	2021 年 10 月
江苏优鲜到家科技有限公司	全省脱贫攻坚暨对口帮扶支援合作先进集体	省委、省人民政府	2021 年 10 月
江苏上上电缆集团有限公司	2021 江苏省百强创新型企业第 35 位	省科技发展战略研究院、省科技情报研究所	2021 年 10 月
江苏华鹏变压器有限公司	2021 江苏省百强创新型企业第 92 位	省科技发展战略研究院、省科技情报研究所	2021 年 10 月
埭头镇	2021 年省级耕地保护激励单位	省自然资源厅	2021 年 11 月
天目湖夜间文化和旅游消费集聚区	江苏省第二批夜间文化和旅游消费集聚区建设单位	省文化和旅游厅	2021 年 11 月
别桥原乡景区	国家 AAA 级旅游景区	省文化和旅游厅	2021 年 11 月
江苏海斌米业有限公司	省级农业龙头企业	省农村农业厅	2021 年 11 月
溧阳市鹏鹏畜禽机械化屠宰有限公司	省级农业龙头企业	省农村农业厅	2021 年 11 月
溧阳市农业农村局	省级财政农业相关专项资金部门绩效自评价优秀单位	省农业农村厅	2021 年 11 月
曹山旅游度假区管理办公室	江苏省文化和旅游系统先进集体	省人力资源和社会保障厅、省文化和旅游厅	2021 年 11 月
社渚镇党委	江苏省乡村振兴先进集体	省委、省政府	2021 年 11 月
溧阳市农业综合技术推广中心	2021 年度全省农民教育培训工作先进集体	省农业广播电视学校	2021 年 12 月

获得单位	荣誉称号	授予单位	授予时间
市财政局	江苏省财政“七五”普法工作表现突出单位	省法宣办、省司法厅、省委宣传部、省人力资源和社会保障厅	2021年12月
天目湖镇桂林村上桂林	第八批次省特色田园乡村	省田园办公室	2021年12月
埭头镇前六村钟家	第八批次省特色田园乡村	省田园办公室	2021年12月
布勒（常州）机械有限公司	省江苏优秀劳动关系和谐企业	省人力资源和社会保障厅、省文化和旅游厅	2021年12月
溧阳市金昆锻压有限公司	江苏省优秀劳动关系和谐企业	省人力资源和社会保障厅	2021年12月
江苏时代新能源有限公司	江苏省优秀“戎耀之家”	省退役军人事务厅、省总工会	2021年12月
市统计局	江苏省第七次全国人口普查先进集体	省第七次全国人口普查领导小组办公室、省统计局	2021年12月
南渡镇庆丰村	2021年度江苏省放心消费创建先进区域	省市场监督管理局	2021年12月
溧阳市新力机械铸造有限公司	2021年度江苏省放心消费创建先进企业	省市场监督管理局	2021年12月
溧阳市协进建材有限公司	2021年度江苏省放心消费创建先进企业	省市场监督管理局	2021年12月
江苏优鲜到家农业科技有限公司	2021年度江苏省放心消费创建先进企业	省市场监督管理局	2021年12月
溧阳国大人民药房有限公司中心店	2021年度江苏省放心消费创建先进企业	省市场监督管理局	2021年12月
溧阳点人家私房菜馆	2021年度江苏省放心消费创建先进企业	省市场监督管理局	2021年12月
溧阳市竹篑优优农庄	2021年度江苏省放心消费创建先进企业	省市场监督管理局	2021年12月
溧阳市扬子国际大酒店有限公司	2021年度江苏省放心消费创建先进企业	省市场监督管理局	2021年12月
溧阳市文体和旅游产业商会	2021年度江苏省放心消费创建先进行业（协会）	省市场监督管理局	2021年12月
社渚镇新华后街	2021年度江苏省放心消费创建示范街区	省市场监督管理局	2021年12月
南渡镇庆丰村	2021年度江苏省放心消费创建美丽乡村	省市场监督管理局	2021年12月
中国邮政储蓄银行股份有限公司溧阳市支行	2021年度江苏省放心消费创建先进单位	省市场监督管理局	2021年12月
市交通运输局	2019—2021年度江苏省文明单位	省文明委	2022年1月
中国移动通信集团江苏有限公司溧阳分公司	2019—2021年度江苏省文明单位	省文明委	2022年1月

获得单位	荣誉称号	授予单位	授予时间
溧阳市市场监督管理局	2019—2021 年度江苏省文明单位	省文明委	2022 年 1 月
溧阳市人民法院	2019—2021 年度江苏省文明单位	省文明委	2022 年 1 月
溧阳市人民医院	2019—2021 年度江苏省文明单位	省文明委	2022 年 1 月
江苏通用路桥工程有限公司	2019—2021 年度江苏省文明单位	省文明委	2022 年 1 月
溧阳市公安局交通警察大队	2019—2021 年度江苏省文明单位	省文明委	2022 年 1 月
安顺集团有限公司（本部）	2019—2021 年度江苏省文明单位	省文明委	2022 年 1 月
溧阳市中医医院	2019—2021 年度江苏省文明单位	省文明委	2022 年 1 月
溧阳市交通工程建设事业发展中心	2019—2021 年度江苏省文明单位	省文明委	2022 年 1 月
江苏正昌集团有限公司（本部）	2019—2021 年度江苏省文明单位	省文明委	2022 年 1 月
江苏国信溧阳抽水蓄能发电有限公司	2019—2021 年度江苏省文明单位	省文明委	2022 年 1 月
中国电信股份有限公司溧阳分公司	2019—2021 年度江苏省文明单位	省文明委	2022 年 1 月
国网江苏省电力有限公司溧阳市供电分公司	2019—2021 年度江苏省文明单位	省文明委	2022 年 1 月
中国银行股份有限公司溧阳支行	2019—2021 年度江苏省文明单位	省文明委	2022 年 1 月
中国人民银行溧阳市支行	2019—2021 年度江苏省文明单位	省文明委	2022 年 1 月
国家税务总局溧阳市税务局	2019—2021 年度江苏省文明单位	省文明委	2022 年 1 月
溧阳市烟草专卖局	2019—2021 年度江苏省文明单位	省文明委	2022 年 1 月
中国联合网络通信有限公司溧阳市分公司	2019—2021 年度江苏省文明单位	省文明委	2022 年 1 月
中国邮政集团有限公司江苏省溧阳市分公司	2019—2021 年度江苏省文明单位	省文明委	2022 年 1 月
江苏沙河抽水蓄能发电有限公司	2019—2021 年度江苏省文明单位	省文明委	2022 年 1 月
溧阳市客运有限公司	2019—2021 年度江苏省文明单位	省文明委	2022 年 1 月
溧阳市消防救援大队	2019—2021 年度江苏省文明单位	省文明委	2022 年 1 月
溧阳市气象局	2019—2021 年度江苏省文明单位	省文明委	2022 年 1 月
中国农业银行股份有限公司溧阳市支行	2019—2021 年度江苏省文明单位	省文明委	2022 年 1 月
别桥镇塘马村	江苏省生态文明创建示范村	省生态环境厅	2022 年 1 月
溧阳市畜牧兽医站	畜牧业统计监测先进单位	省农业农村厅	2022 年 1 月
溧阳市畜牧兽医站	第三次畜禽遗传资源普查先进单位	省农业农村厅	2022 年 1 月

获得单位	荣誉称号	授予单位	授予时间
溧阳市农业综合技术推广中心	江苏省水产技术推广系统先进集体	省渔业技术推广中心	2022年1月

常州市级先进集体

获得单位	荣誉称号	授予单位	授予时间
科华控股股份有限公司	2020年度常州市市长质量奖	常州市人民政府	2021年2月
别桥镇黄金山村	常州市先进基层党组织	常州市委	2021年6月
江苏时代新能源科技有限公司	2021年度常州市特别重大贡献奖	常州市委、市政府	2022年2月
江苏金峰水泥集团有限公司	2021年度常州市特别重大贡献奖	常州市委、市政府	2022年2月
江苏上上电缆集团有限公司	2021年度常州市重大贡献奖	常州市委、市政府	2022年2月
江苏时代新能源科技有限公司	2021年度常州市工业五星企业	常州市委、市政府	2022年2月
江苏金峰水泥集团有限公司	2021年度常州市工业五星企业	常州市委、市政府	2022年2月
江苏上上电缆集团有限公司	2021年度常州市工业五星企业	常州市委、市政府	2022年2月
江苏国强镀锌实业有限公司	2021年度常州市工业五星企业	常州市委、市政府	2022年2月
江苏华朋集团有限公司	2021年度常州市工业五星企业	常州市委、市政府	2022年2月
江苏国信溧阳抽水蓄能发电有限公司	2021年度常州市工业五星企业	常州市委、市政府	2022年2月
金纬机械溧阳有限公司	2021年度常州市工业五星企业	常州市委、市政府	2022年2月
江苏正昌集团有限公司	2021年度常州市工业五星企业	常州市委、市政府	2022年2月
安顺集团有限公司	2021年度常州市工业五星企业	常州市委、市政府	2022年2月
溧阳天山水泥有限公司	2021年度常州市工业四星企业	常州市委、市政府	2022年2月
科华控股股份有限公司	2021年度常州市工业四星企业	常州市委、市政府	2022年2月
江苏扬子水泥有限公司	2021年度常州市工业四星企业	常州市委、市政府	2022年2月
溧阳索尔维稀土新材料有限公司	2021年度常州市工业四星企业	常州市委、市政府	2022年2月
江苏安靠智能输电工程科技股份有限公司	2021年度常州市工业四星企业	常州市委、市政府	2022年2月
溧阳水务集团有限公司	2021年度常州市工业四星企业	常州市委、市政府	2022年2月
江苏金源高端装备股份有限公司	2021年度常州市工业四星企业	常州市委、市政府	2022年2月
溧阳中材重型机器有限公司	2021年度常州市工业三星企业	常州市委、市政府	2022年2月
布勒（常州）机械有限公司	2021年度常州市工业三星企业	常州市委、市政府	2022年2月
溧阳市四方不锈钢制品有限公司	2021年度常州市工业三星企业	常州市委、市政府	2022年2月
上汽时代动力电池系统有限公司	2021年度常州市工业三星企业	常州市委、市政府	2022年2月
溧阳市飞跃机电有限公司	2021年度常州市工业三星企业	常州市委、市政府	2022年2月
常州乔尔塑料有限公司	2021年度常州市工业三星企业	常州市委、市政府	2022年2月
江苏保龙设备制造有限公司	2021年度常州市工业三星企业	常州市委、市政府	2022年2月
常州时创能源股份有限公司	2021年度常州市工业三星企业	常州市委、市政府	2022年2月

获得单位	荣誉称号	授予单位	授予时间
江苏天目湖旅游股份有限公司	2021年度常州市现代服务业四星企业	常州市委、市政府	2022年2月
溧阳涵田文化旅游发展有限公司	2021年度常州市现代服务业四星企业	常州市委、市政府	2022年2月
龙海建设集团有限公司	2021年度常州市房地产和建筑业五星企业	常州市委、市政府	2022年2月
江苏天目建设集团有限公司	2021年度常州市房地产和建筑业五星企业	常州市委、市政府	2022年2月
江苏天力建设集团有限公司	2021年度常州市房地产和建筑业五星企业	常州市委、市政府	2022年2月
江苏溧阳建设集团有限公司	2021年度常州市房地产和建筑业四星企业	常州市委、市政府	2022年2月
江苏溧阳城建集团有限公司	2021年度常州市房地产和建筑业四星企业	常州市委、市政府	2022年2月
江苏茂盛建设集团有限公司	2021年度常州市房地产和建筑业三星企业	常州市委、市政府	2022年2月
江苏时代新能源科技有限公司	2021年度常州市纳税百强企业奖	常州市委、市政府	2022年2月
江苏金峰水泥集团有限公司	2021年度常州市纳税百强企业奖	常州市委、市政府	2022年2月
江苏上上电缆集团有限公司	2021年度常州市纳税百强企业奖	常州市委、市政府	2022年2月
江苏国强镀锌实业有限公司	2021年度常州市纳税百强企业奖	常州市委、市政府	2022年2月
苏华建设集团有限公司	2021年度常州市纳税百强企业奖	常州市委、市政府	2022年2月
江苏华朋集团有限公司	2021年度常州市纳税百强企业奖	常州市委、市政府	2022年2月
龙海建设集团有限公司	2021年度常州市纳税百强企业奖	常州市委、市政府	2022年2月
江苏天目建设集团有限公司	2021年度常州市纳税百强企业奖	常州市委、市政府	2022年2月
江苏金马工程有限公司	2021年度常州市纳税百强企业奖	常州市委、市政府	2022年2月
江苏国信溧阳抽水蓄能发电有限公司	2021年度常州市纳税百强企业奖	常州市委、市政府	2022年2月
金纬机械溧阳有限公司	2021年度常州市纳税百强企业奖	常州市委、市政府	2022年2月
江苏正昌集团有限公司	2021年度常州市纳税百强企业奖	常州市委、市政府	2022年2月
江苏天力建设集团有限公司	2021年度常州市纳税百强企业奖	常州市委、市政府	2022年2月
江苏金峰水泥集团有限公司	2021年度常州市销售规模奖	常州市委、市政府	2022年2月
江苏时代新能源科技有限公司	2021年度常州市销售规模奖	常州市委、市政府	2022年2月
江苏上上电缆集团有限公司	2021年度常州市销售规模奖	常州市委、市政府	2022年2月
江苏国强镀锌实业有限公司	2021年度常州市销售规模奖	常州市委、市政府	2022年2月
时代上汽动力电池及系统	2021年度常州市重大项目投入奖	常州市委、市政府	2022年2月
江苏时代动力及储能锂离子电池研发与生产项目（四期）	2021年度常州市重大项目投入奖	常州市委、市政府	2022年2月
天目湖先进储能技术研究院有限公司	2021年度常州市“三新经济”示范单位奖	常州市委、市政府	2022年2月

文件摘要

中共溧阳市委 溧阳市人民政府
关于开展“生态品质巩固提升年”活动的实施意见

溧委发〔2021〕2号

各镇（街道）党（工）委和人民政府（办事处），江苏省中关村高新区、天目湖旅游度假区、溧阳经济开发区、天目湖生命康原、现代农业产业园党工委和管委会（指挥部），市各部委办局、直属企事业单位：

为深入贯彻落实市委十二届十二次、十三次全会精神，阔步奔向生态创新的绿色现代化，经研究，决定在全市开展“生态品质巩固提升年”活动。制定如下实施意见：

一、指导思想

高举习近平新时代中国特色社会主义思想伟大旗帜，深入贯彻习近平总书记视察江苏重要讲话指示精神，聚焦长三角生态创新示范城市建设目标愿景，聚力生态品质的巩固提升，高起点推进以公园城市为愿景的美丽溧阳建设，确保“十四五”开好局、全面建设社会主义现代化起好步，以优异成绩庆祝建党100周年！

二、工作目标

（一）加速绿色转型步伐。坚持将提升“绿色实力”作为实现“美丽宁杭新支点”的生动实践，聚力攻坚重大项目，加快发展“四大经济”，积极培育绿色崛起新动能，努力夯实争创产业集群示范的基础。全年引进总投资超10亿元或1亿美元项目25个以上，其中30亿元或3亿美元项目4个以上、50亿元或5亿美元项目2个以上、100亿元或10亿美元项目1个，新增协议外资3000万美元以上项目6个。加速淘汰落后产能，大力提升产业质效，力争规上工业亩均产值、亩均税收均增长10%以上。确保“四大经济”在经济总量中的占比提高2个百分点。

（二）提升生态环境质量。致力彰显美丽宁杭“颜值担当”，持续擦亮“天蓝、水清、土净”生态名片，为全域旅游示范厚植生态底色。全面强化污染综合防治，确保主要污染物排放总量明显减少，空气质量排名进入全省县（市、区）前列，地表水达到或好于III类水比例保持100%。深化重点区域环境整治，大力提升社渚、上兴、上黄以及现代农业产业园整体环境面貌。实施“生态绿城”建设行动计划，积极申报国家森林城市。确保位居常州生态环境考核第一方阵。

（三）勾勒公园城市轮廓。坚持城乡融合发展，加快推进公园城市建设。重点深化“一路两廊”建设，推动“溧阳1号公路”提档升级，初步展现溧阳琴廊、森林长廊形态，精心建设焦尾琴公园。高起点规划建设天目湖生命康原。深化文明城市建设、优化城乡管理体制，确保文明城市测评持续走在全省、全国前列。聚焦争创乡村建设示范，全面改善农村环境，完成农村人居环境整治村庄120个以上，争创3～5个省级特色田园乡村。

（四）促进试点系统集成。聚焦“城乡融合试验田”定位，以推动城乡经济协合、城乡环境契合、城乡生活翕合、城乡治理匡合“四项融合”为重点，加强八大国家级试点任务系统集成，努力形成更多示范经验。重点在农村宅基地“三权分置”实现形式改革、生态产品价值交易、城乡公共服务均等化布局和县域社会治理现代化四个方面形成制度，系统打通“两山”双向转化路径，力争创成国家生态产品价值实现机制试点城市。

三、重点任务

（一）巩固提升项目攻坚能力，着力培育绿色发展动能。坚持把项目建设作为培育绿色动能、促进产业集群的关键抓手，努力推动经济高质量发展。在精准招商上持续发力。搭建上海、深圳、南京、杭州招商平台，充分发挥在外乡贤和商会作用，努力提高精准招商水平。聚焦“四大经济”产业方向，突出“引大扶优”，持续开展项目质态评审，努力在基地型旗舰型重大项目上攻坚突破。江苏中关村至少引进超百亿元或10亿美元工业项目1个、超50亿元或5亿美元工业项目1个、超10亿元或1亿美元工业项目10个。经济开发区引进超50亿元或5亿美元工业项目1个以上、超30亿元或3亿美元工业项目1个以上、超10亿元或1亿美元工业项目6个以上。苏皖合作社渚先导区引进超30亿元或3亿美元工业项目1个以上、超10亿元或1亿美元工业项目4个以上。别桥、竹箦、南渡镇各引进超10亿元或1亿美元工业项目2个以上。上黄、埭头镇各引进超10亿元或1亿美元工业项目1个以上。围绕高端休闲健康产业突破重大项目，天目湖旅游度假区超30亿元或3亿美元项目1个以上、超10亿元或1亿美元项目2个以上；曹山旅游度假区引进超10亿元或1亿美元项目2个以上；戴埠镇引进超10亿元或1亿美元项目2个以上。古县街道围绕生命科学、文旅康养、城市功能等领域引进10亿元或1亿美元项目2个以上；溧城街道引进现代服务业或生产性服务业项目2个以上，业内大型知名餐饮企业2家以上；现代农业产业园引进重大优质农业项目2个以上。“四大经济”招商办公室分别促成10亿元或1亿美元项目落地3个以上。在项目推进上持续发力。立足重大项目落地见效，加快德龙高端不锈钢项目、江苏时代四期项目、赛得利莱赛尔项目以及曹山未来城、天目湖休闲文旅特色街区、瑞吉酒店、中国再生医学健康管理中心等重大项目建设步伐，确保纳入省、常州市级的重大项目年度投资计划完成率100%。围绕重大产业项目、基本建设项目，继续实施领导干部挂钩责任制，不断完善代理代办、定期督查等机制，将精准服务落实到项目建设全流程，全力推动在谈项目抓签约、签约项目抓推进、在建项目抓进度、投运项目抓见效，着力跑出项目建设“溧阳速度”。提高基本建设项目运作效率、规范水平，重点提升人才公寓和安置房等领域项目建设速度，确保排定的基本建设项目在一季度大部分开工、上半年全部开工。在产业集聚上持续发力。聚焦“四大经济”，拓展产业链条，做大产业集群，切实增强产业链供应链自主可控能力。鼓励本土企业扩大规模上项目，大力发展核心装备、成套设备，加速向高端产业链、高质产品链、高效价值链攀升，力争动力电池产业链创成省级卓越产业链。加强对新基建、新材料、航空零部件等领域的战略性布局，重点推动5G通讯、人工智能等领域项目落地，努力在新技术、新产业、新模式、新业态上开疆拓土。实施“小升规”三年行动，大力推进“个转企、小升规、规改股、股上市”，确保全年净增规上工业企业80家以上、新增股改企业15家以上，力争企业上市2家。科学规划布局产业物流基地和区域物流支点，加快建设“溧阳港”。加大品牌酒店、创意文旅、夜间产品、溧阳茶舍等产品供给，打响江南铁军教育学院红色研学品牌。因地制宜布局“一村一品”专业村，大力发展生态精品农业，加快城乡产业协同发展平台建设，促进一二三产业融合发展，大力推进农业现代化。在创优载体上持续发力。加快推动江苏中关村创成国高新，支持经济开发区创建国家级经济技术开发区，大力提升苏皖合作社渚先导区功能配套和园区形象，积极谋划中外合作科技产业园区。加速天目湖、南山、曹山旅游区提档升级，推动曹山创建国家级旅游度假区。以创建国家级农业产业园的标准，完成现代农业产业园规划并启动重点建设工程。精心打造一批“产业定位明晰、园区规划完备、特色发展显著”的镇级产业园。（责任单位：市委党校，市发改委、商务局、财政局、工信局、文旅局、金融监管局、行政审批局，“四大经济”招商办公室，涉及基本项目建设相关单位，苏皖集团，各镇区、街道、现代农业产业园）

（二）巩固提升城市宜居水平，大力推动城乡融合发展。坚持以公园城市理念为引领，大力推进全省美丽宜居城市建设综合试点城市建设，着力塑造让溧阳人自豪、外来者留恋的美丽宜居城市。加快推进"一路两廊"建设。以公园城市理念为引领，完成国土空间规划编制。深化"一路两廊"建设，聚焦"路网优化、环境提升、配套完善、文化丰富、品牌推介"五项重点，推动"溧阳1号公路"提档升级，显露全域优质景观，赋予全程人文气质，加速集聚人气商机；推进"溧阳琴廊"全线规划落地，让"行在琴韵间，人在画中游"成为溧阳新的休闲方式；实施森林长廊全景勾画工程，完成城区示范段，开工建设"十二望楼"，构建独具魅力的城市标识；精心建设焦尾琴公园，致力打造高品质的"城市会客厅"。大力推动天目湖生命康原建设。咬定"十四五"成势成型目标，完成天目湖生命康原区域控规编制和城市设计深化；高速度推进征收征地和企业收储搬迁工作，完善管廊道路、景观水系等基础设施；高标准建设南航二期、省中医院溧阳分院、明顿国际学校等项目，全面启动山水中心、美音剧院、白龙池公园、美好生活中心等工程；高起点培育生命科学、休闲健康产业特色，全面掀起天目湖生命康原建设热潮。全面启动团城规划建设。加强团城片区研究，厘清存量空间特征，编制高水准、可持续发展的团城控制性规划及单体设计，赋予团城老城记忆形态和现代城市功能，打造宜居宜游的特色示范片区。以创建省级历史文化名城为契机，改造团城书院巷、费家巷历史街区，打造宝塔湾团城古街，修复古城墙遗址，复建文昌阁和跃龙桥，留住城市记忆。加强老城区危旧房调研与改造计划落定，加快老城区片区开发计划实施，抓好1～2个城中村城市化改造、危旧房成片改造。以业态转型升级和基层社会治理建设为抓手，以规划建设和业态运营共同谋划为方法，探索城市现代化前进中新旧城区共生共建路径。持续深化文明城市建设。锚定第七届全国文明城市复查"全国前十、全省前三"的目标，围绕经营秩序、交通秩序、施工秩序、小区秩序等群众关切的热点，突出城郊接合部、城中村、老旧小区、背街小巷等长效监管的重点，聚焦违法乱建、乱贴乱画、架空线网等影响市容的难点，大力整治群众反映强烈的城市管理顽疾。实施城市交通畅通工程，加快推进苏浙皖边界市场改扩建工程，升级改造城乡公厕，打造2条精品街道。以提升文明素养为重点，着力开展不文明行为、农村移风易俗等专项整治，推进"五堂一站"微民生工程向农村延伸，持续推动新时代文明实践工作走在全省乃至全国前列。改善农村人居环境。聚焦城乡融合发展，大力推动城乡基础设施、公共服务、人居环境一体化。实施城乡公交一体工程，实现城乡公交线路"一张图网"、经营"一个主体"、票价"一同标准"、服务"一样水平"。实施全域安全供水工程，努力实现全域供水"同源、同质、同网、同价、同服务"。新建和改扩建学校校舍20所，大力提升教育健康设施。持续加大农村优质幼儿园、中小学创建力度，努力推动教育现代化发展水平走在全省前列。改造新昌卫生院等4家卫生院，新建20家村卫生室，完善83家村卫生室设备配备。新建3家镇级老年人日间照料中心、3个农村如意小食堂。围绕美丽宜居宜业目标，强化镇村布局规划严肃性，有力有序推进农民集中居住和农房改造，以"两清两拆"为重点推动农村人居环境整治，打造若干精品民宿村和省级特色田园乡村。（责任单位：市自然资源局、住建局、交通运输局、城管局、农业农村局、水利局、教育局、卫生局、民政局、文明办，苏皖集团，各镇区，天目湖生命康原指挥部）

（三）巩固提升生态环境品质，努力打响全域洁净品牌。坚持生态优先导向，持续提升全域环境净美质地，全力打造绿意盎然的生态、生产、生活空间，让溧阳发展拥有更多的"绿色竞争力"。强化污染综合防治。坚持源头防治，铁腕治污，努力让溧阳青山常在、绿水常流、空气常新。构建大气精准防治监测体系，加大"控煤、治污、管车、降尘"力度，确保空气质量持续向好。统筹水生态综合治理，规范入河（湖）排污口管理，深化农村支流整治，确保国省考核断面全面达标、水源地水质稳定向好。新建北山污水处理厂，创新城乡生活污水处理设施运营机制，强化监督管理，确保正常运行，严格达标排放。构建土壤环境质量检测体系，加大矿山环境恢复治理力度，开展污染场地土壤综合治理与修复试点示范。深化水源地保护。大力实施天目湖流域污染控制与水质提升，力争三年行动两年完成，确保饮用水源安全。实施洙漕河二期生态治理项目，构建大溪水库上游安全屏障。加快推进省级生态安全缓冲区示范项目，努力实现"多级净化"的目标，增强水源地安全保障能力。加强渔业管理，加大退耕还林、退园还林力度，扩大水源涵养面积，提升藻类监测预警和防治能力，强化水质净化功能。深化重点区域整治。深化上黄、上兴、社渚3个涉矿区域环境专项整治，强力推进金峰、天山水泥廊道建设，提升现代农业产业园整体环境面貌。积极申报国家森林城市，注重自然景观形态、风格、色彩设计，通过创意主题塑造色彩板块，进一步丰富南山、曹山、瓦屋山等重点区域生态景观效果。实施“生态绿城”建设行动计划，大幅增加城市绿色空间和生态屏障，让山水之美可进入、可参与、可欣赏。完善跨区域生态保护和联合执法机制，大力提升与安徽广德、郎溪交界区域的环境面貌。（责任单位：市发改委、生态环境局、水利局、自然资源局、农业农村局、城管局，各镇区、街道、现代农业产业园）

（四）巩固提升生态产品价值，致力集成试点示范经验。牢牢把握国家级试点机遇，以更强担当全面深化改革，以更宽视野全面扩大开放，持续深化、大胆探索，努力打造更多引领性的示范成果。强化试点系统集成。坚持系统思维，强化集成改革，统筹推进全国城市基层党建工作示范市、全国新时代文明实践中心试点、城乡融合发展试验区和国家新型城镇化建设示范县城、县域创建国家级高新区试点、深化农村公路管理养护体制改革试点、全国首批乡村治理体系建设试点、全国农村宅基地制度改革试点八大国家级试点，重点打通各类试点任务之间互通互融的环节，集成提升试点经验，打造更多改革创新的“溧阳标准”，提供更多试点探索的“溧阳样本”。强化重点领域突破。以4个市级试点村为重点，推动农村宅基地“三权分置”实现形式改革取得突破，基本形成农村宅基地有偿使用、有偿退出机制、农村集体经营性建设用地入市制度。探索赋予入乡人才“新村民”权利，带动农村产业发展和农民收入水平提升。深化生态产品交易市场建设，探索更多生态产品价值核算机制，构建多元化生态产品价值实现体系。创新生态经济专项债券、绿色企业债券、基础设施投资基金等绿色融资方式，拓展生态保护投入机制。强化城乡公共服务布局区域化、片区化对接，从人口分布的角度统筹解决好城乡公共服务配置问题。深化网格化治理与基层治理融合，推动“三官一律”进网格，切实发挥村（社区）网格化工作联动站作用，打造可复制、可推广的乡村治理“三治融合”溧阳样板。强化区域绿色协同。坚持以生态推动区域联动，强化苏皖合作社渚先导区示范引领，深化“一岭六县”合作，构建以生态容量评价体系为基础的市场化区域生态补偿模式，建立完善区域生态产品交易市场和“生态银行”，推动跨区域生态产品价值实现，把长三角产业合作区打造成全国省际边界地区绿色发展新示范。打破行政壁垒，加快推进“一岭六县”智慧政务、智慧文旅、智慧养老建设，建设“智慧政务”体系，推动实现跨区域数据共享、行政许可事项“一网通办”，基本实现高频政务服务事项“跨省通办”。强化区域交通联通，加快推进溧宁高速、宁杭高速水西互通、市域交界通道整治等工程，大力推动连淮扬镇铁路南下经溧向西线型优化、沪宜轻轨西延与宁溧轻轨东进在溧阳交汇，创造城际轨道线。（责任单位：市委组织部、政法委，市发改委、科技局、自然资源局、住建局、交通运输局、财政局、农业农村局、行政审批局、文明办，平陵集团，各镇区）

四、保障措施

（一）强化安全发展。坚持把安全发展理念贯穿发展各领域和全过程，筑牢发展“安全屏障”。清醒认识疫情防控的复杂性长期性，压实“属地、部门、单位、个人”四方责任，健全“及时发现、快速处置、精准管控、有效救治”的常态化防控机制，防止疫情反弹反复。以创建省级安全发展示范城市为引领，深入开展安全生产专项整治三年行动，全面提升本质安全水平，全力实现“一杜绝双下降”。深化“智慧城市”建设，加快跨区域、跨部门、跨层级的数据资源集成运用，实现社会治理、政务服务“一屏统览”“一网统管”，让城市运行更加高效、百姓生活更加舒心。健全扫黑除恶长效常治机制，提升社会治安防控整体效能，营造稳定和谐的社会环境。

（二）强化要素保障。强化创新平台建设，加快推进中科院物理所长三角研究中心、中关村软件园溧阳基地等创新平台建设，努力促成南京航空航天大学研究生院、重庆大学智慧城市学院落地。突出企业自主创新能力培育，积极组建主导产业、骨干企业研发联盟，设立科技创新发展基金，实现科技创新财税激励常态化，“一企一策”集成扶持科技型企业。年内实施重大产学研合作项目50项以上，认定高新技术企业38家、省级以上“三站三中心”9家。深化新一轮“天目湖英才榜”三年行动，努力推动向产业集聚人才与人才引育产业并重转变，确保年内引进高层次人才280人以上，培育高技能人才超1100人。聚焦企业用工需求，统筹化解“招工难”问题。强化供电保障，完成白鹤滩—江苏特高压直流输电工程（溧阳段）和龙政直流线路迁改建设任务。确保争取土地指标5000亩以上，全年完成供地6000亩以上。加强政银企联动，全力降低企业融资成本，力争全年信贷增量高于上年、信贷服务优于周边。

（三）强化团结实干。深入开展庆祝建党100周年系列活动，传承发展好“团结、实干、开放、创新”精神基因，依靠溧阳人，办好溧阳事，全面汇聚同心向上的奋斗力量。深入开展“效能提标、效率提速、效绩提质”作风提升行动，切实把“争第一、创唯一”写在发展旗帜上，争取有更多工作被省政府表彰激励。积极向上争取，在项目、资金、政策等方面为溧阳争取更多、更大的支持。护航民营经济发展壮大，引导企业家弘扬新时代“四千四万”精神。激发社会投资活力，鼓励社会资本参与标准厂房、园区孵化器建设，投向生态建设、社会事业等领域，切实把社会各界力量汇集到溧阳绿色崛起上来。

（四）强化监督考核。突出“生态品质巩固提升年”工作主题，推广“工作项目化、项目目标化、目标节点化、节点责任化”，以明确的路线图、时间表、督查单，推动既定目标任务落实落地。强化项目在镇区考核中的“第一权重”地位，每月继续开展“项目招引流动红旗”评选，每月开展重大项目集中开工，持续项目攻坚热潮。将“生态品质巩固提升”作为2021年度镇（区、街道）、机关部门目标任务和绩效管理考核的重要内容。完善首问负责制、限时办结制和责任追究制，强化督查问责，将督查结果作为干部任用、绩效管理、评先评优的重要依据。

中共溧阳市委　溧阳市人民政府
关于加快建设“电动溧阳”的实施意见

溧委发〔2021〕10号

各镇（街道）党（工）委和人民政府（办事处），江苏省中关村高新区、天目湖旅游度假区、溧阳经济开发区、天目湖生命康原、现代农业产业园党工委和管委会（指挥部），市各部委办局、直属企事业单位：

为贯彻落实国家关于能源转型升级、新基建和发展新能源汽车战略要求，结合溧阳“十四五”规划，通过加快“电动溧阳”建设，构建绿色储能产业集群布局，打造便捷绿色交通出行体系，强化全社会节能环保共识，探索富有溧阳特色的“绿色现代化”之路，特提出如下实施意见。

一、总体要求

以习近平新时代中国特色社会主义思想为指导，秉承新发展理念，践行“生态创新”之路；坚持政府引导和市场主导相结合，通过龙头引领、示范带动，整合优势资源，加大创新驱动，打造优质品牌，带动全产业链发展；结合供给侧结构性改革，全面推广应用动力电池装备、新能源汽车装备、储能设备等产品，提高各领域电动化渗透率；按照适度超前、智能高效、便捷惠民原则，加快新能源汽车配套设施布局；积极倡导智能生产、低碳生活理念，全社会参与“电动溧阳”建设，推动“环境更友好、发展可持续、群众得实惠、政府有收益”的幸福经济发展。

二、主要目标

到2025年全市基本实现“电动溧阳”的目标任务，建成电动中国示范城市，发展模式在全国引领推广。

（一）建成全国绿色储能产业示范基地。以动力（储能）电池为核心，延伸产业链，重点培育动力电池装备、新能源汽车装备、智能充电基础设施、新型储能设备产业，全产业链年产值超过1000亿元。牵头在“一地六县”范围内建设储能产业联盟，培育国家级绿色储能技术与运用创新中心，推动储能产业规模化发展和商业化应用实现较大突破。

（二）建成全国新能源汽车、装备应用示范城市。公共用车领域新增车辆中新能源汽车占比达80%以上，实现景区内部车船电动化，全市各类新能源汽车累计超过10000辆。在全市重点区域、重点行业领域打造新能源智慧厂区（园区）试点3个以上，大型储能设备应用示范点5个以上。

（三）建成全国新能源汽车服务县级示范体系。立足溧阳发展实际，形成适度超前、布局合理、功能完善的智能充电基础设施体系，全市范围内公共充电桩与新能源汽车比例不低于 1 ∶ 5。建立“电动溧阳”大数据平台，逐步实现新能源汽车安全监控、维修保养、状态检测和动力电池回收利用功能，形成完整的安全使用、市场营销、回收利用和售后服务体系。

三、重点任务

（一）推动产业链延伸壮大

1．聚焦重大项目招引。编制溧阳市绿色储能产业发展规划，瞄准动力电池装备、新能源汽车装备、储能设备等产业链龙头企业，着力招引支撑作用大、科技含量高、填补产业链空白的核心关键环节项目，推动产业集群化发展。

2．实现科创水平提升。支持企业开展新一代动力电池、轻量化新材料、新型充电、废旧电池梯次与再生利用、电池安全检测等关键共性技术攻关和示范应用，创建省级以上“三站三中心”、国家重点实验室等。鼓励企业改扩建、装备提升、引进国际领先技术以及并购拥有国际领先技术、符合技术规划方向及应用的企业。

3．促进产业链协同发展。鼓励产业链企业与本地企业配套协作，建立联合培训、标准共享的协同管理体系，打造多方共赢、可持续发展的供应体系。支持企业建设行业级、区域级工业互联网平台、数据中心等共享型数字基础设施，吸引产业链上下游集聚发展。

4．加快人才队伍建设。聚焦管理、科研等领域，精准招引绿色储能产业人才。围绕产业发展方向和企业用工需求，实施产业工人精准培育，建设更多产业工人培训示范基地。

（二）推动新能源产品广泛应用

1．公共领域普及。全市公务用车更新（新增），必须选用新能源汽车；全市公交车、出租车更新（新增），必须选用新能源汽车；全市邮政、物流、环卫等其他公共服务领域车辆更新（新增），除特殊情况外，必须选用新能源汽车。全市旅游景区内旅游观光车船更新（新增），必须选用新能源车船。

2．社会层面推广。鼓励全市企业、个人购买新能源汽车，全市党政机关、事业单位、国有企业干部职工要做好示范引领。在主城区内积极推行重型卡车电动化；支持各行业企业开展新能源装备系统化应用。

3．推进储能应用。鼓励全社会使用储能设备，全市党政机关、事业单位、国有企业要发挥示范引领作用，大力推动储能商业化应用。探索建立储能交易市场，开展市场化交易试点。

4．降低消费成本。招引新能源汽车综合服务企业落户溧阳，建设“电动溧阳”城市展厅，开展“以旧换新”“汽车下乡”等惠民活动；优化金融服务，给予新能源产品购买相关政策优惠；支持行业龙头企业在我市开展电池租赁、车电分离等新模式试点；政府投资建设的公共停车场给予新能源汽车停车收费优惠。

（三）推动智能充电基础设施建设

1．优化布局规划。按照方便用户、合理布设原则，编制溧阳市充电设施布局规划，统筹建设公共充电设施，确保新能源汽车在溧阳区域范围内能及时快速充电；集中式充电站要大力提升综合服务功能。政府投资建设的停车场（位）充电设施原则上必须由国有企业建设。

2．简化审批程序。在符合规划及安全的前提下，要优化和完善充电设施用地、报装、建设、通电等流程。

3．强化公共服务。全市公共服务领域新建停车场（位）必须严格按照要求配建充电车位，既有公共服务领域停车场（位）要按一定比例实施充电车位改造。

4．加大补贴力度。对建成并投入运营的公共服务领域充电设施项目，给予建设、运营补贴，与上级补贴可重复享受。

5．完善配套服务。全市所有公共充电设施，按照“谁建设、谁管理、谁运营”的原则落实相关工作责任。建立“电动溧阳”智慧管理平台和“电动溧阳”App。设立新能源产业安全研究与监管机构，促进产业安全健康发展。

四、保障措施

（一）强化组织领导。成立“电动溧阳”工作领导小组，由市长担任组长，办公室设在市政府办公室（简称市电动办）。市电动办负责牵头制定“电动溧阳”行动方案，定期召开工作会议，协调解决工作推进中的问题。

（二）强化工作落实。各项工作具体牵头单位要制定具体实施细则，加快落实相关任务。市级层面成立电动溧阳经营管理责任有限公司（简称电动溧阳公司），隶属于江苏平陵建设投资集团有限公司，具体负责“电动溧阳”行动方案相关工作推进，市电动办对其进行业务指导。

（三）强化要素保障。市级层面设立“电动溧阳”专项基金，市电动办负责牵头及时兑现政策。相关部门要主动做好对上沟通对接，为“电动溧阳”建设争取更多政策、资源、资金。

（四）强化氛围营造。积极开展“电动溧阳”进校区、进社区、进景区、进厂区活动，倡导绿色出行、低碳生活理念。加强政策宣传引导，全方位推广“电动溧阳”相关政策，提高全社会认知度和参与度。

（五）强化督查考核。把新能源汽车、新能源装备、储能设备的推广应用、智能充电基础设施建设等纳入绩效考评及节能减排、生态环保考核范围，科学制定考核指标，定期通报进展情况。

中共溧阳市委　溧阳市人民政府
印发《关于建设长三角生态创新示范城市的意见》的通知

溧委发〔2021〕38号

各镇（街道）党（工）委和人民政府（办事处），江苏省溧阳高新区、天目湖旅游度假区、溧阳经济开发区党工委和管委会，天目湖生命康原、现代农业产业园、旧城更新与建设党工委和指挥部，市各部委办局、直属企事业单位：

《关于建设长三角生态创新示范城市的意见》已经中国共产党溧阳市第十三次代表大会审议通过，现印发给你们，请结合实际，认真抓好贯彻落实。

关于建设长三角生态创新示范城市的意见

为深入贯彻落实习近平总书记在庆祝中国共产党成立100周年大会上的讲话精神和视察江苏重要讲话指示精神，切实在江苏“争当表率、争做示范、走在前列”的使命担当中创新作为，决定把自“四大开发”肇始而逐步形成富有溧阳特质的生态创新之路，作为新时代践行新发展理念的立足点和落脚点，在迈向第二个百年奋斗目标新的赶考路上，奋力建设长三角生态创新示范城市，推进城乡融合，持续共同富裕，阔步奔向生态创新的绿色现代化，现提出如下意见：

一、指导思想

高举习近平新时代中国特色社会主义思想伟大旗帜，全面落实习近平总书记在庆祝中国共产党成立100周年大会上的讲话精神和视察江苏重要讲话指示精神，坚持和加强党的全面领导，坚持新发展理念，坚持以“生态创新、城乡融合”为统揽，以城乡经济协合、城乡环境契合、城乡生活翕合、城乡治理匡合“四大融合”为方向，以推动空间拓展与崛起长三角协同谋划、生态涵养与提升知名度协同推进、产业培育与深度城镇化协同互动、民生共享与增强辐射力协同发展“四个协同”为路径，以发展先进制造、高端休闲、现代健康、新型智慧“四大经济”为支撑，坚定不移将“生态创新”进行到底，全力以赴争创公园城市、全域旅游、产业集群、乡村建设、区域协作“五个示范”，推动生态美丽、产业美好、文化美妙、生活美满“四美并进”，努力在长三角一体化发展中体现溧阳作为、彰显溧阳特色、展示溧阳风采。

二、目标愿景

在溧阳奔向绿色现代化的征程中，坚定不移传承赓续“生态创新”路径，把生态作为基础变量、核心资源和比较优势，吸引产业、科技、人才等与其聚合裂变，带动城乡空间、公共服务、生活方式与其融合嬗变，系统、双向、持续地推动绿水青山就是金山银山的价值转化，从而在更大范围内实现以生态推动区域分工协作、城市能级提升，努力描绘“处处绿水青山，家家金山银山，人人寿比南山”的美丽画卷。

（一）处处绿水青山。到2025年，生态文明建设实现新进步，公园形态和城市空间有机融合的公园城市美丽格局初步奠定；城乡人居环境品质明显提升，空气质量优良天数比例超过85%，林木覆盖率提高到32%以上，地表水达到或好于III类水比例保持100%；建成美丽宜居城市和美丽田园乡村建设全省示范，成为美丽江苏建设的样板。到2035年，生产生活方式绿色转型成效显著，“三生共融”格局全面形成，“人城境业”高度和谐统一，人与自然和谐共生的美丽中国典范目标基本实现。

（二）家家金山银山。到2025年，经济绿色转型取得新成效，综合实力迈向苏南第一方阵，地区生产总值突破1550亿元，力争1700亿元；“四大经济”比重突破60%；规上工业企业超600家，力争850家；工业经济总量突破3000亿元，力争4000亿元；公共财政预算收入突破100亿元，力争120亿元；居民收入增长和经济增长基本同步，城乡居民人均可支配收入超过苏南地区平均水平。到2035年，实现“四大经济”向“环境更友好、发展可持续、群众得实惠、政府有收益”为主要特征的“幸福经济”跃升，全体人民共同富裕取得更为明显的实质性进展。

（三）人人寿比南山。到2025年，民生幸福指数达到新水平，教育强市、健康强市、文化强市达到标准，人均预期寿命进一步提高；迈进中等城市规模，城市建成区人口突破50万，城市化率超过65%；迈出城乡融合新步，农村宅基地制度改革、城乡融合试验区建设走在全国前列；迈入品牌城市前列，县域营商环境、法治环境、文明城市建设进入全国第一方阵，城市治理体系和治理能力明显提升。到2035年，社会文明程度达到新高度，人人平等参与发展、共享发展成果的获得感、幸福感和满意度全面增强，追求家乡更加美好、愿为家乡崛起付出成为溧阳新的城市风尚。

三、重点任务

（一）争创公园城市示范

1．在构建“三生融合”空间格局上形成范式。以“三生融合”为导向，创新国土空间规划编制方法，探索建立具有公园城市特色的国土空间规划管理体系，构建山清水秀的生态空间、集约高效的生产空间、宜居适度的生活空间。坚持将“三山一水六分田”自然本底有机融入生产、生活、生态空间，推动“一中心两副城”与“山、林、河、田、镇、村”渗透融合，构建“山水融城”的全域空间布局。以大尺度生态廊道融合城乡空间，以高标准生态绿道串联城乡单元，加快打造由“溧阳1号公路”路网串联外围、“溧阳十二望楼”横贯东西、“溧阳琴廊”链接城市功能组团而构成的“生态轴”，谋划芜申运河—城中河、焦尾琴大道形成“城市轴”，构建覆盖全域的生态“绿脉”。

2．在勾勒“城园相融”美学场景上打造地标。筑牢公园城市绿色本底，深入打好污染防治攻坚战，注重源头预防和源头治理，持续擦亮“天蓝、水清、土净”生态名片。深化文明城市建设，营造干净整洁、文明有序的市容市貌。按照“可进入、可参与、景区化、景观化”要求，加快推进“溧阳十二望楼”“溧阳琴廊”等七大公园主题带建设，塑造山地潮玩、水上运动、江南绿道、田园休闲等9大公园场景，形成城市靓丽名片。统筹实施焦尾琴公园、丁家山公园、西山河公园等10个公园建设，完善由自然公园、郊野公园、城镇公园、绿道体系构成的全域公园体系。提升城市设计水平，加强标志性建筑设计，赋予城市公共空间艺术品位，打造更多的城市“网红打卡点”。

3．在创新“人城境业”共生机制上寻求突破。聚焦“人城境业”构建公园城市建设指标体系，引导公园城市建设有序实施。以创建国家生态产品价值实现机制试点城市为契机，深化生态资源运营模式创新，加快建设生态产品交易市场，推动生态产品价值核算体系向各类碳汇资源延展，在以城市价值提升平衡建设投入、消费场景营造平衡管护费用的开发模式上谋求新突破，让生态投入可持续、价值增值可实现。深化“电动溧阳”建设，拓展“碳汇溧阳”应用场景，争创国家低碳城市试点和“碳中和”示范区。

4．在建设天目湖生命康原上塑造样本。坚持把“天目湖生命康原”作为公园城市样板区进行打造，高起点推进区域控规编制和城市设计深化。加大土地征用、民房征收和企业收储力度，梯次推进路网、绿化、管廊等基础设施和公共设施建设，高标准建设南航天目湖校区二期、省中医院溧阳分院、明顿国际学校等项目，规划建设山水中心、美好生活中心、美音大剧院等重点工程，精心打造一批识别度高、极具地方特色的经典建筑。着力打造白龙池、千里湖、丁家山、茶亭河等城市公园和近百个精品绿地景观，形成五分钟“公园圈”。加快健康经济的产业集聚，高起点培育智慧研发、生命科学、休闲健康等产业特色，塑造现代化健康智慧活力新城。力争通过五年时间，天目湖生命康原成势成型，规划、建设和管理取得全面突破，使之成为“健康经济主平台、城市发展新中心”。

（二）争创全域旅游示范

5．在创造“城旅一体，主客共享”的美好空间上展示风采。在“主客共享”的全域旅游视角下，将生产空间、生活空间、生态空间深度融合成旅游空间，统一规划布局、优化公共服务、推进产业融合、加强综合管理、实施系统营销，更好满足旅游消费需求，从而实现“城市即旅游，旅游即城市”的新格局。通过多姿多彩的“场景营造”为全域旅游提供丰富的游赏体验，充分发挥“溧阳1号公路”纽带作用，塑造文体赛事、江南绿道、山地潮玩等旅游场景；布局“溧阳十二望楼”形成城市标识，推动公共空间、自然生态与产业集群相融合；打造“溧阳琴廊”网红品牌，形成串联城市组团的生态空间、展示旅游文化的休闲空间；修复团城等历史街区，恢复人文地标，建设具有历史文化底蕴的生活场景，让城市成为“主客共享”的美好生活新空间。

6．在推动“旅游＋”赋能城市IP上彰显特色。促进文旅融合。大力挖掘溧阳长寿文化、茶文化、民俗文化、红色文化等元素，开发文化游、研学游、科技体验游等旅游新业态，打造系列文旅“IP”。加速康旅融合。以创建国家康养旅游示范基地为抓手，重点发展以高端体检、基因诊断、精准治疗等为特色的健康管理服务和度假式养生产品，引进一批高端体育康复治疗品牌或体育康复医院。探索科旅融合。依托中科院物理所长三角研究中心、南京航空航天大学天目湖校区、重庆大学智慧城市研究院、东南大学溧阳基础设施安全与智慧技术创新中心等科创资源，开发一批集科普和旅游为一体的旅游产品，策划一批娱乐感好、参与度高、教育性强的旅游活动。深化农旅融合。坚持将特色田园乡村纳入全域旅游建设体系，以创意激发农旅融合活力，推动塘马村、牛马塘村、杨家村等特色田园乡村创建全国乡村旅游重点村。

7．在创新全域旅游引领县域善治模式上勇探新路。围绕全域旅游来统筹经济社会发展，努力将县域范围内一切有吸引力的资源、元素都转化为旅游要素，探索县域善治的新模式、新路径。以“接轨国际化，服务创一流”标准，补短板、强弱项、扬优势，全力推进公共服务设施提标扩面、环境卫生设施提级扩能、市政公用设施提档升级。深化“智慧城市”建设，加快跨区域、跨部门、跨层级的数据资源集成共享、分析运用，实现社会治理、城市运行、政务服务、旅游管理“一屏统览”，让城市运行更加高效、主客体验更加舒心。持续办好茶叶节、旅游节、迷笛音乐节、爱情泼水节等节庆活动，加大城市宣传推介力度，让“美音自在溧阳”城市品牌享誉全国。

8．在建设富有文化底蕴的世界级旅游度假区上走在前列。按照“地域文化鲜明、主题资源突出、度假产品优质、品牌影响深远”的标准，重点在挖掘鲜明的文化特质和培育有世界知名度的文旅IP上下功夫，加快建设富有文化底蕴的世界级旅游度假区。对标国家历史文化名城，以“传承历史、融合创新”为导向，明确建设目标定位，确定“路线图”、绘好“时间表”、制定“任务书”，力争早日建成国家历史文化名城。通过实现旅游演艺产品零突破、加快知名度假康养产品集聚、打造“溧阳早茶”品牌、开发特色文创产品、加大宣传推介力度、培育旅游人才队伍等举措，全面提升高端休闲产品供给和旅游服务质量，夯实创建世界级旅游度假区的基础。

（三）争创产业集群示范

9．在千亿产业集群培育上形成声势。坚持把项目是试金石、硬通货、话语权的理念根植于心，依托“五大创新基地”，深入开展产业链招商、溧阳人招商、企业家招商。聚焦优势产业建链补链强链，集中精力打造动力电池、高端不锈钢2个全球有影响力的千亿级产业集群，智能电网、智能装备2个全国有特色的五百亿产业集群，以及在航天航空装备、绿色铸造、绿色纤维等战略性新兴产业领域形成若干个有地方特色的产业集群，塑造“2+2+X”先进制造产业集群。丰富“全景、全时、全龄”旅游业态，积极创建国家级夜间经济集聚示范区，培育千亿级休闲健康产业集群。推动建筑安装业逐步从单一的土建施工承包向具有科研、设计、施工、管理为一体的工程项目总承包转变，整合提升电梯、钢结构、机电安装等特色产业，壮大千亿级建筑安装产业集群。

10．在县域板块联动上协同发力。在县域范围内打破镇区行政界限、加强产业分工协作、促进资源要素优化配置、推动基础设施一体高效、共建共享公共服务，塑造富有溧阳特色的县域内产业协同发展新模式。串联溧阳高新区、经开区两个核心区域，以及南渡镇、竹箦镇两个组团，规划建设江苏中关村科技产业城。以溧阳高新区创建“国高新”为引领，统筹“两区两镇”，创新一体化体制机制，深化产业分工协作，构建科技创新策源地，完善城市功能配套，加快推动科技产业城成型成势。把握南京都市圈建设“风口”，加快推动经开区与竹箦镇共建“北湖特别合作区”，并向“两溧特别合作区”迈进，全力争当宁溧同城化先行区。

11．在多链融合创新上积蓄动能。深化产业链与创新链融合。鼓励企业持续加大研发投入，打造“独角兽＋瞪羚＋种子”企业梯队。全力推进中科院物理所长三角研究中心等高端科研平台建设，建设一批国家级和省级重点实验室、创新中心、工程技术中心等，探索建立关联产业集群间的协同创新体系。加速产业链与人才链融合。制订实施新一轮“天目湖英才榜”行动计划，大力提升人才政策的精准度和获得感。促进产业链与服务链融合。加强生产性和生活性服务平台建设，重点发展研发设计、现代物流、信息技术、检验检测认证、电子商务和人力资源服务，大力推动云计算、大数据、物联网应用，引导企业向价值链高端延伸。

12．在四大经济融合上塑造标识。深度参与长三角分工协作，牢牢把握当前沪深两地先进储能、电机电控、轻量化材料等产业向外拓展的机遇，打造承接沪深先进制造产业拓展的集聚城；聚焦长三角都市群消费升级的新需求，强化全域旅游开发，打造全国知名的长三角休闲康旅目的地；聚焦南京高等院校密集的科创资源和杭州活力涌动的科创资本，打造南京科技创新资源南下与杭州科技创业资本北上的交汇点；依托苏皖合作示范区建设，打造苏皖省际边界地区生态创新合作的示范区。坚持打破产业边界，突破城乡界限，推动“四大经济”在一二三产业间融合交汇、裂变聚能，致力把“四大经济”融合发展成为“幸福经济”，让“幸福经济”成为溧阳在长三角区域乃至全国最响亮的“城市标识”。

（四）争创乡村建设示范

13．在新型乡村居住方式上探索路径。统筹城乡空间布局优化，合理引导村庄分类发展。推动乡村建设规划纳入法制化渠道，建立常态化农村房屋建设管理制度。以清垃圾、清河塘、拆违章、拆围挡“两清两拆”为重点，深化美意田园行动，“十四五”期间每年开展农村人居环境整治村庄不少于120个，全市规划发展村全部建成美丽宜居乡村。创新特色田园乡村建设机制，实施创建申报制、方案评审制、综合考评制，力争到2025年，十分之一左右的规划发展村创成省级特色田园乡村，建成若干省级特色田园乡村示范区。增强规划发展村公共服务功能，同步谋划乡村产业发展和农民就地就近就业，有效引导农民集中居住，集聚发展一批新型农村社区，规划建设一批全国能示范的片区公共服务中心。

14．在土地潜在价值释放上形成机制。建设覆盖全市的农村宅基地基础数据库，夯实农村宅基地改革基础。围绕“落实宅基地所有权、完善宅基地资格权、放活宅基地使用权”三个环节，扎实推进庆丰村、水西村、三胜村、花村村4个试点村先行先试，在宅基地择地竞价、资格权有偿置换、利用宅基地开展创新创业等方面总结一批可复制、能推广、惠民生、利修法的基层创新成果，确保于2023年全面推开。建立农村集体建设用地和农民退出的闲置宅基地的有效管控机制，建立集体经营性建设用地市场交易规则和增值收益分配机制，探索直接就地入市和异地入市等多种模式，为乡村建设和产业发展等提供土地要素保障。

15．在乡村产业融合发展上提升水平。构建农村一二三产业融合发展体系，积极争创国家绿色农业发展先行区和全国农村一二三产业融合发展先导区。大力创建省级绿色优质农产品基地，积极培育绿色优质农产品品牌，发展农产品精深加工和体验农业、休闲农业、定制农业、农旅文创等新业态。推进电子商务进农村，大力培育规模化农业电商标杆企业和区域电商品牌。探索城市优质资源下乡长效促进机制，建立健全科技成果转化激励机制，加快科技成果入乡转换。加快推进现代农业产业园建设步伐，全力打造城乡产业协同发展先行区、农业总部集聚区、绿色农业发展样板区、智慧农业聚集示范区。力争到2025年，实现国家级现代农业产业园和国家级农业产业化龙头企业“零”的突破。

16．在数字赋能乡村治理上创造经验。深化全国乡村治理体系试点县建设，促进网格化治理与社区治理深度融合，加快数字化赋能，探索智慧乡村建设，打造乡村治理现代化样板。强化党建引领，依托社会治理网格划分和布局，实现“一网格一支部”。推动“互联网＋政务服务”向乡村延伸覆盖，推进涉农服务事项在线办理，促进网上办、指尖办、马上办。完善“大数据＋网格化＋铁脚板”治理机制，建立“网格化＋信息化”模式，加快实施“数字入村”工程，构建“全域数字乡村一张图”。优化政务协同指挥平台，整合乡村治理力量和资源，建立涉农服务事项清单，大力推进“敏捷乡村”治理体系建设，可视化管理农村生态、生产、生活，创成国家数字乡村试点县。

（五）争创区域协作示范

17．在区域交通互联互通上提速增效。围绕“聚焦上海、远拓京深，联动六县、融宁接杭”战略部署，坚持交通先行，加速区域融合发展步伐。深化规划融入、路径选择等研究工作，推动皖南沿江经溧阳进入苏南东部的通道规划，推动连淮扬镇铁路南下经溧阳向西线型优化、沪宜轻轨西延与宁溧轻轨东进在溧阳交汇，完成溧宁、宁杭与溧高高速连接线建设，规划建设宁杭高速水西互通与扬溧高速前马互通、瓦屋山互通。加强高铁直达班次、四小时以内到达城市覆盖率等关键问题解决，确保直达全国地级以上城市突破100个、北京四小时以内班次常态化、上海1小时高铁高频次。加快推进江苏中关村科技产业城区域内G233、S239等国省通道和创新大道等主干路网建设，建成焦尾琴公园隧道，完成龙山大道南延北拓、104国道改线段等重点工程，提升城市畅通水平。

18.在创新生态共育共护上争当表率。联动广德、郎溪共保共建重要生态功能区和南部江南丘陵保护带，重点维护水源涵养、森林管护、生物多样性保护等功能，严格控制矿产资源开发、畜禽水产养殖等，加大生态修复治理力度，探索实施天目山脉等跨界山体湖泊的协同治理。在苏皖合作示范区和"一地六县"范围内推广市场化区域生态容量交易模式，推动跨区域生态产品价值实现。试行集自然资源管理、开发、运营于一体的区域"生态银行"，通过对碎片化的生态资源进行收储、整合、优化，打通资源变资产、资源变资本的通道。加强与周边地区生态经济合作，探索绿色技术应用与生态资源保护开发协同机制。

19．在构筑公共服务高地上打响品牌。坚持民生共享与增强辐射力协同发展，推动教育、医疗等公共服务高质量发展，从而集聚资源要素，提升城市能级。加快推动高中入城步伐，加大学校改新建力度，进一步加强与名师名校合作办学，每年引入省内外名校合作办学项目1—2个，力争再引入1—2所应用型大学。建立跨区域职业教育联盟，完善中职、高职、职业型本科、应用型本科协调发展机制，推进师资、产学研、实习就业等全方位合作。加快构建苏皖边界地区医疗高地，推动江苏省人民医院溧阳分院创建三甲医院、江苏省中医院溧阳分院创建三级医院，引导乡镇卫生院与市外三级医院合作共建"医联体"，提升村卫生室建设水平。协作开展区域文化资源差异性研究，通过文化展示、演艺基地、研学旅行场所等，共塑区域文旅资源品牌。

20．在区域联动协同发展上担当作为。强化"苏皖合作"，依托三地产业基础和优势，加强已有企业的跨区域技术联合和产品配套，促进产业向高端化、集群化发展；重点建设苏皖合作示范区工业互联网平台，有效促进资源集约化利用、高效化配置、开放化共享；设立苏皖合作示范区康养社区，探索毗邻地区康养新模式；探索完善"飞地经济"，合作共建"区中园""园中园"；支持苏皖合作社渚先导区与郎溪、广德的经济开发区共同创建国家级经济开发区。深耕"一地六县"，共建长三角产业合作区，建立绿色储能产业联盟，打造长三角储能示范产业集群，培育国家级绿色储能技术与运用创新中心。积极对接宁杭生态经济带建设方案，努力在区域生态保护、产业集聚发展上走在前、探新路。

四、保障措施

（一）强化思想统一。长三角生态创新示范城市是新时代溧阳践行新思想、新理念、新格局的新定位、新目标、新使命，既与"四大开发"以来形成的生态创新路径一脉相承，又与长三角城市群、南京都市圈、宁杭生态经济带发展的时代大潮紧拍合流。要站在践行习近平总书记"两山"理念的角度来认识"处处绿水青山，家家金山银山，人人寿比南山"的美好图景；要站在服务和融入新发展格局的角度来把握先进制造、高端休闲、现代健康、新型智慧"四大经济"；要站在江苏"争当表率、争做示范、走在前列"的角度来强化争创公园城市、全域旅游、产业集群、乡村建设、区域协作"五个示范"，努力开创溧阳绿色现代化的美好未来。

（二）强化组织领导。围绕"五个示范"分别成立领导小组，市委书记、市长担任双组长，负责"五个示范"重点任务推进过程中相关重大规划、重大政策、重大项目和重点工作，协调解决重大问题，督促落实重大事项。以工作专班方式设立公园城市局、全域旅游局、产业集群局、乡村建设局、区域协作局，发挥牵头抓总、统筹协调作用。公园城市局设在市委办、全域旅游局设在市文旅局、产业集群局设在市政府办、乡村建设局设在市农业农村局、区域协作局设在市发改委，分别负责各自领域"五个示范"相关事项的统筹协调、推进落实、督导考评等工作。

（三）强化项目引领。坚持把项目作为奔向生态创新绿色现代化的永恒主题，切实抓好十大支撑项目：形成和完善沟通上海的交通，启动和扩大沪深宁杭苏五大创新基地建设，建成和丰富"一路两廊"，推动和深化天目湖生命康原，整合和推进江苏中关村科技产业城，培育和形成四大千亿产业集群，启动和推进世界级旅游度假区创建，完成和提升高中入城，建设和完成不少于20个省级特色田园乡村，启动和推进国家历史文化名城建设。

（四）强化政策集成。每三年制订一轮《发展“四大经济”、争创“五个示范”行动计划》，在土地、财税、资源、金融、人才、技术等方面，细化出台有含金量的扶持政策。围绕“五个示范”重点领域，完善常态化财政投入机制，加快形成财政优先保障、金融重点倾斜、社会积极参与的多元投入格局。优先将“五个示范”建设项目推荐纳入省、常州市重点项目，相关项目涉及用地、用能等要素资源，予以优先统筹保障。鼓励各板块和有关部门根据实际情况，创新工作思路，开展有益探索，实现互利共赢。

（五）强化督查推进。制订“五个示范”年度重点任务清单和重点项目清单，实行季度评比、年终总评，及时协调解决“五个示范”重点任务推进过程中存在的问题，总结务实管用的经验做法，着力推动“五个示范”落地落实。将“五个示范”年度重点任务纳入市委年度督查计划，进行常态化跟踪督查。科学制定“五个示范”工作目标责任考核办法，纳入全市综合考核评价体系，建立定责、查责、问责的工作机制。对表现突出、成效明显的单位和个人通报表扬，对行动迟缓、推诿扯皮的严肃约谈、严格问责。

2021年重要文件题录

中共溧阳市委员会

1号 关于印发《中共溧阳市委常委会2021年工作要点》的通知

2号 关于开展“生态品质巩固提升年”活动的实施意见

3号 关于印发《2021年溧阳市全市重点工程》的通知

4号 印发《关于深化改革加强食品安全工作的实施方案》的通知

5号 关于印发《溧阳市推进学前教育更好发展三年行动计划（2021—2023年）》的通知

6号 关于制定溧阳市国民经济和社会发展第十四个五年规划和二〇三五年远景目标的建议

8号 关于开展全市低保边缘家庭结对帮扶工作的通知

10号 关于加快建设“电动溧阳”的实施意见

11号 关于印发《溧阳市深化文明城市建设三年行动计划（2021—2023）》的通知

17号 关于印发《关于贯彻新发展理念 在全省县域高质量发展中争创乡村建设示范的实施意见》的通知

18号 关于印发《溧阳市推进苏锡常都市圈职业教育改革创新打造高质量发展样板的实施方案》的通知

19号 关于印发《溧阳市推进教育高质量发展行动方案》的通知

20号 关于印发《溧阳市高层次教育人才引进、培养奖励办法》的通知

25号 关于印发《关于贯彻新发展理念在全省县域高质量发展中争创公园城市示范的实施意见》的通知

26号 印发《关于贯彻新发展理念 在全省县域高质量发展中争创全域旅游示范的实施意见》的通知

29号 印发《关于贯彻新发展理念 在全省县域高质量发展中争创产业集群示范的实施意见》的通知

38号 印发《关于建设长三角生态创新示范城市的意见》的通知

41号 印发《关于在全市党员干部中开展“两在两同”建新功行动的实施意见》的通知

溧阳市人民政府

2号 关于印发《关于加快盘活城市存量楼宇引导创新经济发展的实施意见（试行）》的通知

3号 关于印发《溧阳市美丽宜居城市试点建设工作方案》的通知

4号 关于“十三五”期间“四好农村路”建设情况的报告

5号 市政府关于2021年春节期间减少外来员工流动的实施意见

6号 关于印发《溧阳市民宿业品质提升三年行动计划（2021—2023年）》的通知

7号 关于完善国有金融资本管理的实施意见

11号 关于授予江苏华鹏智能仪表科技股份有限公

司等 58 家企业资源集约利用综合评价优胜企业的决定

16 号 关于印发溧阳市国民经济和社会发展第十四个五年规划和二〇三五年远景目标纲要的通知

17 号 关于印发《溧阳市人民政府工作规则》的通知

18 号 关于举办溧阳市第九届运动会暨第六届全民健身节的通知

22 号 关于批转市自然资源和规划局《溧阳市 2021 年度国有建设用地供应计划》的通知

23 号 关于部分行政区划变更组织实施情况的报告

27 号 关于发布溧阳市 2020 年河湖和水利工程管理范围的通告

28 号 关于防止耕地“非粮化”稳定粮食生产工作有关落实情况的报告

29 号 溧阳市“大棚房”问题专项清理整治行动“回头看”工作报告

35 号 关于印发《关于做好北河治理工程建设的意见》的通知

37 号 关于公布证照分离改革事项清单的通知

38 号 关于公布政府规范性文件和政策措施类文件清理结果的通知

中共溧阳市委员会办公室

1 号 关于印发《溧阳市应急广播信息发布管理规定（试行)》的通知

2 号 关于认真组织开展 2020—2021 年度基层党员冬训工作的通知

3 号 市委办公室印发《关于巩固深化“不忘初心、牢记使命”主题教育成果的实施方案》的通知

4 号 关认真做好 2021 年版《溧阳年鉴》编撰工作的通知

5 号 关于印发《2021 年溧阳市作风建设“三效三提”专项行动方案》的通知

6 号 关于印发《溧阳市镇（街道）“属地管理”事项主体责任和配合责任清单》的通知

10 号 印发《关于加快建设“电动溧阳”的行动方案（试行)》的通知

15 号 关于印发《溧阳市创建省级安全发展示范城市实施方案》的通知

19 号 关于印发《溧阳市殡葬移风易俗实施方案》的通知

21 号 印发《关于建设富有文化底蕴的世界级旅游度假区行动方案》的通知

22 号 关于印发《2021 年溧阳市打造一流营商环境重点任务清单》的通知

30 号 关于印发《溧阳市打击治理电信网络新型违法犯罪专项行动实施方案（2021 年—2023 年)》的通知

34 号 关于印发《溧阳市 2021 年苏陕协作工作要点》的通知

35 号 关于印发《溧阳市创建新时代“两个健康”先行区实施方案》的通知

38 号 关于印发《落实“两在两同”建新功行动开展“四比四看一争当”实践活动的实施方案》的通知

44 号 印发《关于开展美韵乡居行动的实施意见（试行)》的通知

溧阳市人民政府办公室

1 号 关于印发《2021 年政府工作报告》的通知

2 号 关于做好溧阳市国土空间规划近期实施方案编制工作的通知

4 号 关于做好 2021 年春运工作的通知

5 号 关于印发《溧阳市防汛抗旱应急预案》的通知

6 号 关于印发溧阳市集中式饮用水源突发污染事件应急预案的通知

8 号 关于切实做好 2021 年农村公路建设、农危桥改造工作的通知

10 号 关于印发《溧阳市太湖流域入河（湖）排污口排查整治专项行动工作方案》的通知

12 号 关于印发《溧阳市关于规范设施农业用地管理的意见》的通知

20 号 关于印发《溧阳市地震应急预案》的通知

21 号 关于印发《溧阳市 2021 年重点经营场所违法建设整治工作实施方案》的通知

22 号 关于印发《2021 年溧阳市城乡生活垃圾分类工作实施方案》的通知

23 号 关于印发《溧阳市森林长廊区域高立柱广告设施专项整治行动方案》的通知

25 号 关于印发《溧阳市 2021 年深入打好污染防治攻坚战工作方案》的通知

26 号 关于印发《溧阳市建设项目“多测合一”改革实施方案》的通知

27号 关于印发《溧阳市旅游市场秩序专项整治工作方案》的通知
29号 关于印发防止耕地“非粮化”稳定粮食生产实施方案的通知
31号 关于印发《溧阳市菜市场长效管理综合考评办法》的通知
32号 关于印发《2021年溧阳市建设国家城乡融合发展试验区工作要点》的通知
33号 关于印发《溧阳市电动汽车推广应用补贴细则》的通知
34号 关于开展全市红色资源调研普查工作的通知
35号 关于印发《溧阳市“危污乱散低”出清提升行动实施方案》的通知
36号 关于印发《2021年溧阳市深化“放管服”改革工作要点》的通知
39号 关于建立全市打击治理电信网络新型违法犯罪工作联席会议制度的通知
40号 关于印发《溧阳市全面推行证明事项告知承诺制实施方案》的通知
41号 关于印发《溧阳市船舶碰撞桥梁隐患治理专项行动实施方案》的通知
45号 关于印发溧阳市实行告知承诺制证明事项清单（第一批）的通知
48号 关于印发《溧阳市2021年度地质灾害防治方案》的通知
49号 关于印发溧阳市自然灾害救助应急预案的通知
55号 关于加快推进溧阳市智慧广电乡镇（街道）建设的通知
56号 关于做好房地一体农村不动产登记发证工作的通知
60号 关于印发《溧阳市既有建筑安全隐患排查整治专项行动实施方案》的通知
61号 关于印发《关于加强天目湖保护区入湖船舶管控工作的实施意见》的通知
62号 关于印发《溧阳市金融突发事件应急预案》的通知
64号 关于印发《溧阳市水权交易实施方案》的通知
70号 关于调整2022年度溧阳市城乡居民基本医疗保险政策的通知
71号 关于印发《溧阳市城乡生活垃圾分类工作实施方案（2021—2025)》的通知
73号 关于印发《溧阳市农村宅基地资格权管理办法（试行)》的通知
77号 关于印发《溧阳市关于深化农村公共基础设施管护体制改革的工作方案》的通知
79号 关于印发《溧阳市深化农村公路管理养护体制改革实施方案》的通知
80号 关于印发《关于全面推行农村公路“路长制”的实施方案》的通知
83号 关于印发《溧阳市 2022年度松材线虫病防治方案》的通知
84号 关于印发溧阳市突发公共卫生事件应急预案的通知
85号 关于印发溧阳市突发事件医疗卫生救援应急预案的通知
86号 关于印发《溧阳市危险废物贮存设施清理整治工作方案》的通知
87号 关于印发《健康溧阳行动实施方案》的通知

统计资料

2021年溧阳市综合经济基本情况

表71

指标名称	计量单位	合计	指标名称	计量单位	合计
地区生产总值	亿元	1261.30	粮食产量	万吨	40.92
第一产业	亿元	56.80	油料产量	万吨	1.96
第二产业	亿元	648.81	淡水产品产量	万吨	1.06
第三产业	亿元	555.69	规模以上工业增加值	%	19.5
人均地区生产总值(按户籍人口计算)	元/人	160277	规模以上工业总产值	亿元	2112.80
人均地区生产总值(按常住人口计算)	元/人	158674	规模以上工业营业收入	亿元	2308.76
农林牧渔业总产值	亿元	93.45	规模以上工业利润总额	亿元	178.93

2021年溧阳市人口、就业及土地面积基本情况

表72

指标名称	计量单位	合计	指标名称	计量单位	合计
年末户籍户数	万户	27.02	第一产业	万人	8.31
年末户籍人口	万人	78.54	占比重	%	15.90
其中：男	万人	39.34	第二产业	万人	24.89
女	万人	39.21	占比重	%	47.62
户籍人口城镇化率	%	60.94	第三产业	万人	19.07
年末常住人口	万人	80.43	占比重	%	36.48
#城镇常住人口	万人	51.54	私营企业从业人员	人	240392
常住人口城镇化率	%	64.08	个体从业人员	人	120480
当年出生人口	人	4247	城镇登记失业率	%	1.5
其中：女	人	1986	建成区面积	平方公里	34.37
出生率	‰	5.41	城市规划建设用地面积	平方公里	47.80
当年死亡人口	人	5835	城市现状建设用地面积	平方公里	34.34
死亡率	‰	7.43	居住用地	平方公里	10.39
人口自然增长率	‰	−2.02	本年征用土地面积	平方公里	—
从业人员	万人	52.27			

2021年溧阳市财政、金融、保险基本情况

表73

指标名称	计量单位	合计	指标名称	计量单位	合计
上缴中央四税收入	万元	608613	公共安全支出	万元	63454
增值税	万元	353900	教育支出	万元	231979
消费税	万元	6062	科学技术支出	万元	32800
企业所得税(60%)	万元	214096	文化旅游体育与传媒支出	万元	18705
个人所得税(60%)	万元	64136	社会保障和就业支出	万元	154552
一般公共预算收入（税收占比87.07%）	万元	873251	卫生健康支出	万元	113603
税收收入	万元	760349	节能环保支出	万元	14331
其他税收收入	万元	18	城乡社区支出	万元	91058
企业所得税（40%）	万元	142731	农林水支出	万元	77583
个人所得税（40%）	万元	42757	交通运输支出	万元	16853
一般公共预算支出	万元	1099109	年末金融机构各项存款余额（人民币）	亿元	1732.20
一般公共服务支出	万元	113232	#住户存款余额	亿元	879.15
国防支出	万元	1577	年末金融机构各项贷款余额（人民币）	亿元	1325.78

表74

2021 年溧阳市固定资产投资基本情况

指　标　名　称	计量单位	合　计	指　标　名　称	计量单位	合　计
固定资产投资增速	%	8.0	其他资金	万元	15070
#工业投资增速	%	25.7	新增固定资产	万元	643382
服务业投资增速	%	−12.0	房屋施工面积	平方米	5447648
房地产投资增速	%	−4.4	本年房屋竣工面积	平方米	1242888
本年实际到位资金	万元	1382547	本年商品房销售面积	平方米	1153074
国内贷款	万元	90853	现房销售面积	平方米	183481
利用外资	万元	—	期房销售面积	平方米	969593
自筹资金	万元	500273	本年商品房销售额	万元	1170716

表75

2021 年溧阳市规模以上工业、建筑业基本情况

指　标　名　称	计量单位	合　计	指　标　名　称	计量单位	合　计
规模以上工业企业单位数	个	504	#大型企业	亿元	1025.39
1.内资企业	个	467	中型企业	亿元	389.11
#国有企业	个	—	小型企业	亿元	675.31
私营企业	个	442	资产总计	亿元	1944.84
2.港澳台商投资企业	个	14	流动资产合计	亿元	1167.11
3.外商投资企业	个	23	负债合计	亿元	1285.42
工业总产值（现价）	亿元	2112.80	从事建筑业活动的平均人数	人	295402
1.内资企业	亿元	1908.52	建筑业企业期末人数	人	264506
#国有企业	亿元	—	建筑业总产值	万元	10479774
私营企业	亿元	1845.24	房屋建筑施工面积	平方米	37539855
2.港澳台商投资企业	亿元	151.50	房屋建筑新开工面积	平方米	16195892
3.外商投资企业	亿元	52.78			

2021年溧阳市市政公用事业、环境保护基本情况

表76

指标名称	计量单位	合计	指标名称	计量单位	合计
公共供水综合生产能力	万立方米/日	15	建成区绿化覆盖率	%	42.50
水资源总量	万立方米	117582	森林覆盖率	%	32.07
用水总量	万立方米	51681	自然保护区面积	公顷	—
# 规模以上工业企业取水量	万立方米	—	工业废水排放量	万吨	697.28
公共供水总量	万立方米	5059	工业化学需氧量排放量	吨	234
# 售水量	万立方米	4395	工业氨氮排放量	吨	11
# 生产运营用水	万立方米	1212	工业化学需氧量去除率	%	92.03
居民家庭用水	万立方米	1614	工业氨氮去除率	%	89.15
公共服务用水	万立方米	1569	工业废气排放量	万立方米	1712
公共汽(电)车客运总量	万人次	2474	工业二氧化硫排放量	吨	3093
供气总量	万立方米	13721	工业氮氧化物排放量	吨	6091
# 家庭用量	万立方米	2114.4	工业二氧化硫去除率	%	60.0
液化石油气供气总量	万立方米	1245.36	工业氮氧化物去除率	%	77.7
# 家庭用量	万立方米	1241.98	工业烟(粉)尘排放量	吨	10822
人均城市道路面积	平方米	19.11	污水处理厂数	座	2
排水管道密度	公里/平方公里	11.79	污水处理率	%	98.5
绿化覆盖面积	公顷	1790.87	污水处理厂集中处理率	%	100.0
绿地面积	公顷	1689.50	一般工业固体废物综合利用率	%	98.8
人均公园绿地面积	平方米	13.25	空气质量优良天数比例	%	86.6
建成区绿地率	%	38.91	可吸入细颗粒物($PM_{2.5}$)年平均浓度	微克/立方米	32

2021年溧阳市批发零售贸易、外经、旅游基本情况

表77

指 标 名 称	计量单位	合 计	指 标 名 称	计量单位	合 计
社会消费品零售总额	亿元	388.98	外商投资项目个数	个	35
#限额以上	亿元	102.43	入境游客人数	万人次	—
人均消费品零售额	元/人	48363	入境旅游外汇收入	万美元	—
进出口总额	亿元	113.20	旅游接待总人数	万人次	1862.19
#出 口	亿元	91.20	旅游总收入	亿元	229.35
协议注册外资	亿美元	8.60	星级饭店数	个	8
实际到账注册外资	亿美元	3.62			

2021年溧阳市人民生活基本情况

表78

指 标 名 称	计量单位	合 计	指 标 名 称	计量单位	合 计
居民收支（城镇）			移动电话	部	267
#工资性收入	元	35714	计算机	台	90
经营净收入	元	9339	城镇职工基本养老保险参保人数	人	196218
财产净收入	元	7902	城乡居民基本养老保险参保人数	人	57386
转移净收入	元	7605	基本医疗保险参保人数	人	739756
居民人均可支配收入	元	49521	#城乡居民基本医疗保险参保人数	人	471852
#城镇居民人均可支配收入	元	60560	城镇职工基本医疗保险参保人数	人	267904
农村居民人均可支配收入	元	33371	失业保险参保人数	人	138162
居民人均消费支出	元	28296	工伤保险参保人数	人	235652
#城镇居民人均消费性支出	元	30792	生育保险参保人数	人	160154
#食品烟酒	元	8643	提供住宿的各类社会服务机构数	个	20
#农村居民人均消费性支出	元	24530	#养老服务机构数	个	18
#食品烟酒	元	7325	提供住宿的各类社会服务机构床位数	张	3402
每百户城镇居民家庭拥有			#养老服务机构床位数	张	3292
#家用汽车	台	69	不提供住宿的各类社会服务机构数	个	598
洗衣机	台	109	#社区服务机构数	个	370
电冰箱（柜）	台	117	城镇居民最低生活保障人数	人	283
彩色电视机	台	189	农村居民最低生活保障人数	人	2936
空调	台	251			

2021年溧阳市交通运输、邮电通信、电力基本情况

表79

指标名称	计量单位	合计	指标名称	计量单位	合计
公路里程	公里	—	邮电业务总量	万元	150656
#等级公路	公里	—	邮政行业业务收入	万元	40570
#高速公路	公里	—	电信业务收入	万元	108213
公路客运量	万人	324.04	固定电话用户	户	139240
公共汽(电)车客运总量	万人次	2474	移动电话年末用户	户	757756
公路货运量	万吨	2011	#3G以上移动电话用户	户	—
内河港口货物吞吐量（规模以上）	万吨	3263.8	每百户拥有移动电话	部	—
水上客运量	万人	58	互联网宽带接入用户	户	403431
水上货运量	万吨	894	全社会用电量	亿千瓦时	110.71
民用汽车拥有量	辆	227670	#工　业	亿千瓦时	91.89
#私人汽车拥有量	辆	200869	居民生活	亿千瓦时	7.90
邮政局所数	所	39			

2021年溧阳市教育、科技、卫生基本情况

表80

指标名称	计量单位	合计	指标名称	计量单位	合计
学校总数	所	151	#发明	件	291
专任教师总数	人	7471	公共图书馆数	个	1
农村义务教育专任教师本科及以上学历比例	%	94.9	公共图书馆图书藏量	万册	53.8943
在校学生总数	人	98997	卫生机构数	个	293
毕业生总数	人	17274	#医院、卫生院（含妇保院）	个	33
招生总数	人	19525	卫生机构床位数	张	4236
每万人中中学学生数	人	373	卫生技术人员	人	5557
每个教师负担学生数	人	13.3	#医　生	人	2257
专利申请受理量	件	—	注册护士数	人	2344
#发明	件	—	每万人拥有的医院卫生院床位数	张	53
专利申请授权量	件	3508			

说 明

一、本索引采用主题分析法编制，按主题词汉语拼音顺序排列。

二、本索引按标引词首字的汉语拼音（同音字按声调）顺序排列；首字相同按第二个字的音序排列，以此类推。

三、类目、分目名称用黑体字标明。标引词后的阿拉伯数字表示内容所在的页码，数字后面的 a、b、c 分别表示从左至右第一、二、三栏。标引词后第二个页码起，表示该索引参见内容所在位置。

四、特载、大事记、人物 · 先进集体、附录等只索目题。

五、为便于读者检索，溧阳市的企事业单位以及在溧阳市发生的事件名称，除易产生歧义者外，省略“溧阳市”或“溧阳”。

条目索引

A

B

C

D

F

K

M

N

P

Q

R

S

T

W

表 格 索 引

B

C

D

G

J

K

L

N

P

R

S

T

X

Y

Z

图片索引

A

B

C

书名索引